Prof. Dr. jur. Rüdiger Voigt (Hrsg.)

Abschied vom Staat – Rückkehr zum Staat?

Nomos Verlagsgesellschaft
Baden-Baden

Die Deutsche Bibliothek – CIP-Einheitsaufnahme

Abschied vom Staat – Rückkehr zum Staat? / Rüdiger Voigt (Hrsg.). – 1. Aufl. – Baden-Baden: Nomos Verl.-Ges., 1993
ISBN 3-7890-2903-3
NE: Voigt, Rüdiger [Hrsg.]

1. Auflage 1993

Vorwort

Dieses Buch hat eine vergleichsweise lange Entstehungsgeschichte, auf die hier allerdings nicht näher eingegangen werden kann. Danken möchte ich jedoch an dieser Stelle den Autoren der Beiträge zu diesem Band, die mir wertvolle Anregungen gegeben haben und die in bewundernswerter Geduld die Hindernisse und Verzögerungen auf dem Weg zu dieser Veröffentlichung (mit-) getragen haben. Dank schulde ich auch der Universität der Bundeswehr München, dem Deutschen Akademischen Auslandsdienst, der University of Sydney und nicht zuletzt der Nomos Verlagsgesellschaft. Sie alle haben, sei es durch die Gewährung eines Forschungsfreisemesters (UniBwM), durch die finanzielle Unterstützung für meine Gastprofessur in Sydney (DAAD), durch die großzügige Bereitstellung von Arbeitsmöglichkeiten und -mitteln (Sydney Law School) bzw. durch die Aufnahme dieses Buches in das Verlagsprogramm (Nomos), dazu beigetragen, die für eine ertragreiche wissenschaftliche Arbeit erforderlichen Bedingungen zu schaffen. Zu danken habe ich darüber hinaus den Mitgliedern meines Neubiberger Teams: Frau Sibylle Maier, sowie den Herren Dipl.-Verw.wiss. Nicolai Dose, Thomas Paulsen und Sven Römer-Hillebrecht, die durch ihren sachverständigen Rat und durch vielfältige Hilfestellungen die Publikation in dieser Form erst möglich gemacht haben.

München, im Oktober 1992 — Rüdiger Voigt

Schuppert, DÖV 95, 761 (Rückzug?), Stober, DÖV 00, 261

Inhaltsverzeichnis

Abschied vom Staat - Rückkehr zum Staat?

Rüdiger Voigt

"Der Staat ist tot - es lebe der Staat!" So oder ähnlich ließe sich die Trendwende in der Staatsdiskussion beschreiben, die gegenwärtig zu beobachten ist. Schien der Staat in der Ära des "Thatcherism" und der "Reagonomics" sich selbst überlebt und im Zuge der Privatisierung von Staatsaufgaben (fast) alle Macht an Wirtschaft und Gesellschaft abgegeben zu haben, so erlebt er heute eine Art Renaissance[1]. Offenbar wurde von Politikern und Wissenschaftlern Ende der siebziger und Anfang der achtziger Jahre die Fähigkeit des Staates unterschätzt, seine institutionellen Strukturen den veränderten Problemstellungen anzupassen[2]. Mit dem Titel eines im Jahre 1985 erschienenen Buchs der Amerikaner Evans, Rueschemeyer und Skocpol[3] "Bringing the State Back In" deutete sich die Trendwende an. Nach langer Abwesenheit ist der Staat in das Zentrum der Politischen Theorie zurückgekehrt[4]. Freilich ist dieser Staat - zumindest partiell - ein qualitativ anderer als der, mit dem sich die Politikwissenschaft in den fünfziger und sechziger Jahren beschäftigt hatte. Längst hat die Pluralisierung der Gesellschaft auch den Staat erfaßt und zur "Pluralisierung des Staates" geführt.

1. Zur staatswissenschaftlichen Diskussion

Die Frage, was unter "dem Staat" zu verstehen ist, war und ist allerdings schwer zu beantworten[5]. Zwar ist von den verschiedenen beteiligten Wissenschaftsdisziplinen, etwa von Rechts-, Politik-, Verwaltungs-, Wirtschafts- und Geschichtswissenschaft, Philosophie, Soziologie, Geographie etc., immer wieder versucht worden, den Staat begrifflich von seinem Umfeld abzugrenzen. Eine für alle Wissenschaftler verbindliche oder auch nur akzeptable Definition gibt es hingegen nicht. Die klassischen Elemente des staatsrechtlichen Staatsbegriffs: Staatsgewalt, Staatsgebiet und Staatsvolk[6], lassen sich für die politikwissenschaftliche Diskussion allenfalls als Ausgangspunkt, nicht jedoch als Ergebnis verwenden. Die zentralen Bezugspunkte jeder Staatsdefinition stehen allerdings weitgehend außer Zweifel. Es sind dies die innere und äußere Souveränität des Staates, die Frage nach der "Einheit" des Staates sowie die Frage nach dem heutigen

---

1 Hartwich 1987, S. 3; Ellwein/Hesse 1990, S. 310 ff.

2 Hesse/Benz 1990, S. 11.

3 Evans/Rueschemeyer/Skocpol 1985.

4 Vgl. Rockman 1990, S. 25 ff.

5 Maunz/Zippelius 1988, S. 1 ff.; Mitchell 1991, S. 77 ff.

6 Badura 1986, S. 3 f.; Stern 1984, S. 234 ff.

Verhältnis von Staat und Gesellschaft[7]. Mit sich veränderndem Blickwinkel steht allerdings jeweils eine andere Funktion des Staates im Mittelpunkt des Interesses. Bei näherem Hinsehen bleibt von der "Einheit" des Staates wenig übrig[8]. Er erweist sich vielmehr als ein multifunktionales Gebilde, das aus einer Vielzahl von Handlungsebenen, Organisationseinheiten und Akteuren besteht, die durchaus nicht alle gleiche, sondern z.T. sogar gegenläufige Interessen vertreten. Gebietskörperschaften mit Staatsqualität, wie Bund und Länder, stehen Gemeinden und Kreise als nichtstaatliche (kommunale) Gebietskörperschaften gegenüber. Letztere werden zwar verfassungsrechtlich als Bestandteile der Länder angesehen, erfüllen aber einen bedeutenden Anteil der öffentlichen Aufgaben, so daß sie dem Bürger als "Staat" gegenübertreten[9]. Die vertikale Gliederung in Bundes- und Landesebene wird noch ergänzt durch die horizontale Ausdifferenzierung in Ministerien, Ämter und Behörden, die ebenfalls den Staat repräsentieren, aber keinesfalls "mit einer Stimme sprechen"[10]. Der Staat erscheint zudem nicht mehr als das Handlungszentrum, sondern allenfalls als ein "multizentrales Handlungssystem"[11].

1.1. Staat oder politisches System?

Fast schien es so, als ob in den siebziger Jahren mit dem Siegeszug des systemtheoretischen Denkens der Begriff "Staat" aus der politikwissenschaftlichen Diskussion ganz verschwinden würde[12]. An seine Stelle trat in weiten Teilen der Politikwissenschaft der Begriff "politisches System" oder - etwas sperriger, aber genauer - der des "politisch-administrativen Systems (PAS)". Lediglich die neomarxistische Staatstheorie[13] hielt - ebenso wie auch die Rechtswissenschaft[14] - an dem Staatsbegriff fest. Letztere benötigte den Begriff zum einen, um das Rechtsverhältnis zwischen Staat und Bürger bzw. zwischen staatlichen Institutionen und Organisationen zueinander bestimmen zu können, zum anderen für das externe Rechtsverhältnis souveräner Staaten zueinander bzw. zu supra- und internationalen Organisationen[15]. Mit der Verwendung der Kategorie "System" war zumindest implizit die Anerkennung der - sozialwissenschaftlich im übrigen heftig umstrittenen[16] - systemtheoretischen Ausgangspositionen verbunden, ohne daß dies freilich jedem Autor stets bewußt gewesen wäre. Danach be-

---

7 Hartwich 1987, S. 7.

8 Vgl. Massing i.d.B., der von der "kondominialen Struktur" gesellschaftlicher und staatlicher Machtausübung spricht.

9 Dies gilt zumindest für die Erledigung der Angelegenheiten des übertragenen Wirkungskreises.

10 Vgl. Treutner i.d.B.

11 Fürst 1987, S. 262.

12 Offe 1980; Ronge 1980; Willke 1983.

13 Braunmühl/Funken/Cogoy/Hirsch 1973.

14 Vgl. Stern 1984.

15 Voigt 1987, S. 508 f.

16 Vgl. Bußhoff i.d.B.

stehen soziale Systeme nicht aus Menschen, sondern aus Kommunikationen und sind durch Sinn organisiert[17]. Da Sinn eine selektive Beziehung zwischen System und Umwelt bedeutet, sind Sinngrenzen zugleich Systemgrenzen.

1.2. Die Übernahme des Staates durch die Parteien

An die Stelle der altbekannten Dichotomie von Staat und Gesellschaft[18] trat nun die Vorstellung von einer Vielfalt von (Sub-) Systemen: politisches, administratives, ökonomisches, soziokulturelles System etc. Diese Teilsysteme sind freilich nicht nur voneinander - durch ihren unterschiedlichen Sinngehalt - zu unterscheiden, sondern sie haben selbstverständlich auch vielfältige Beziehungen zueinander. Mit der Bildung der Kategorie "politisches System" ist insofern ein gewisser Erkenntnisfortschritt verbunden, als so die im Gefolge der Vergesellschaftung des Staates sich bildende scheinbare Einheit "Gemeinwesen"[19] wieder ausdifferenzierbar und damit analysierbar wird. Durch die Verwendung der Kategorie "politisches System" läßt sich zudem der Tatsache Rechnung tragen, daß in den parlamentarischen Demokratien des Westens (und Japans) die politischen Parteien - neben den Interessengruppen - längst zu den wichtigsten Trägern der Politik geworden sind. Sie besetzen nicht nur die Parlamente und Regierungen, sondern auch die hohen und höchsten Positionen im Staate einschließlich des Staatspräsidenten wie selbstverständlich mit ihrem Personal. So erscheint es als konsequente Folge, wenn die allenthalben zu beobachtende Parteienverdrossenheit zugleich auch als Staatsverdrossenheit wahrgenommen wird. Denn neben den Parteien, ohne oder gar gegen sie ist der Staat nicht "machbar".

1.3. Überhöhung und Idealisierung des Staates?

Carl Schmitts Vorstellung, den Reichspräsidenten als Personifizierung des Staates ("Hüter der Verfassung"[20]) Parlament und Parteien überzuordnen, weist auf den monarchisch-absolutistischen Ursprung der Souveränitätsidee hin[21]. Ein solches Staatsverständnis konnte allenfalls für die Weimarer Reichsverfassung mit ihrer direkten Volkswahl des Reichspräsidenten eine gewise Plausibilität beanspruchen[22]. Die Parallele zwischen dem mit absoluter Befehlsgewalt[23] ausgerüsteten Reichspräsidenten und ei-

---

17 Luhmann 1984, S. 604 ff.; Willke 1987, 29 ff.

18 Vgl. Böckenförde 1976, S. 185 ff.; für die Beibehaltung dieser Unterscheidung: Kleger i.d.B.

19 Draht 1977.

20 Schmitt 1931.

21 Vgl. Grimm i.d.B.

22 Die Parallele zur Verfassung der V. Republik Frankreichs liegt auf der Hand, in der der Präsident der Republik in besonderer Weise mit dem Staat "gleichgesetzt" wird.

23 Der Reichspräsident hatte nach der Weimarer Verfassung bekanntlich den Oberbefehl über die Reichswehr, war oberster Dienstherr aller Reichsbeamten und besaß in Gestalt des Notverordnungsrechts (Art. 48 WRV) absolute Machtbefugnis.

nem absoluten Monarchen ist offensichtlich. Nach dem Grundgesetz kommt hingegen - ähnlich wie nach den Verfassungen der meisten anderen parlamentarischen Republiken - dem Staatsoberhaupt der Bundesrepublik Deutschland lediglich eine weitgehend repräsentative Funktion zu. Er ist zudem nicht - wie etwa der österreichische Bundespräsident - vom Volk, sondern von der Bundesversammlung gewählt, verfügt also nicht über eine eigene parteiunabhängige Legitimation. Dieses von der Verfassung als eher unbedeutend ausgestaltete Amt kann der Amtsinhaber mit Hilfe seiner natürlichen Autorität freilich in seiner Bedeutung erheblich aufwerten[24]. Offenbar besteht in der Bevölkerung ein starkes Bedürfnis einerseits nach dem Staat als interessenneutrale Instanz, die das "öffentliche Interesse" vertritt[25], andererseits nach Kontinuität der staatlichen Ordnung; beides schlägt sich in den Anforderungen an das Staatsoberhaupt nieder.

1.4. Die "wahren" Hüter des Staatswohls

In Deutschland ist demgegenüber das Bundesverfassungsgericht (BVerfG) Hüter der Verfasung, dessen Mitglieder ebenfalls indirekt[26] gewählt werden. Trotz der partiellen Abhängigkeit von den politischen Parteien und deren "Tickets"[27] ist es dieser Institution im Laufe der letzten Jahrzehnte gelungen, hohes Ansehen als unabhängige Verfassungsinstitution zu erlangen. Das Recht zur letztverbindlichen Interpretation des Grundgesetzes gibt dem BVerfG die Möglichkeit, trotz wechselnder Mehrheiten in den Gesetzgebungsorganen die Kontinuität des Staates zu sichern. Neben Bundestag, Bundesrat und Bundesregierung agiert allerdings noch eine weitere Instanz mit Hüter-Funktion, die Deutsche Bundesbank. Weder die Mitglieder des Zentralbankrates noch die des Präsidiums verfügen über eine direkte demokratische Legitimation. Dennoch bestimmt die Bundesbank als "Hüter der Währung" - von Weisungen der Regierung unabhängig - mit ihrer Geldpolitik über das wirtschaftliche Wohlergehen der Deutschen, aber auch der Bewohner anderer Länder, wie die Währungsturbulenzen der zweiten Hälfte des Jahres 1992 gezeigt haben. Bundesverfassungsgericht und Bundesbank erscheinen als Neben- oder sogar Ober-Regierungen, die in signifikanter Weise an der staatlichen Machtausübung beteiligt sind[28].

---

24 Es ist daher auch kein Zufall, daß sich Bundespräsident Richard von Weizsäcker verpflichtet gefühlt hat, öffentlich vor dem Machtmißbrauch der Parteien zu warnen, Richard von Weizsäcker 1992.

25 So schon Forsthoff 1971.

26 Die Verfassungsrichter werden - mit Zweidrittelmehrheit - je zur Hälfte von Bundestag und Bundesrat gewählt.

27 Bestimmte Positionen ("Tickets") in Rundfunkräten, für Moderatoren politischer Fernsehsendungen und für Verfassungsrichter werden im gegenseitigen Einvernehmen der politischen Parteien als "Besitzstand" vor allem der großen Parteien behandelt.

28 Vgl. Massing i.d.B.

1.5. Kooperativer Staat und Dritter Sektor

Der Staat befindet sich darüber hinaus in einer doppelten Zangenbewegung. Nach außen wird seine Souveränität durch die Verflechtung mit der Weltwirtschaft sowie durch die Beteiligung an internationalen und supranationalen Institutionen, Organisationen und Militärbündnissen eingeschränkt[29]. In diesem Sinne sind nur noch wenige Staaten dieser Erde wirklich souverän[30]. Um so erstaunlicher ist das Wiederaufleben des Nationalstaatsgedankens und der Souveränitätsidee Anfang der 1990er Jahre. Nach innen ist die Handlungs- und Entscheidungsmacht des Staates unter mehreren Gebietskörperschaften aufgeteilt, zudem hat er als "kooperativer Staat"[31] diese Macht mit Interessenverbänden und neuen Erscheinungsformen wie dem sog. Dritten Sektor zu teilen[32]. In vielen Bereichen tritt an die Stelle hoheitlichen Handelns des Staates die vertragliche Beziehung oder sogar ein informales Verwaltungshandeln[33], das auf Absprachen mit den Adressaten beruht. Dies alles läßt auf neue Formen und Stile staatlicher Problembearbeitung schließen. Dabei werden hier unter "Formen" die Handlungs- bzw. Entscheidungskonstellationen verstanden, während "Stile" Modi der Problembearbeitung bezeichnen sollen[34].

2. Zum Anliegen des Buches

Dieses Buch geht der Frage nach, ob sich in den entwickelten Industriegesellschaften des Westens - insbesondere unter dem Eindruck des Zusammenbruchs des "real existierenden Sozialismus" im ehemaligen Ostblock - der Trend zu einer Abkehr vom Staat, der vor allem in Gestalt des sog. Wohlfahrtstaates kritisiert wird, fortsetzt oder sich - im Gegenteil - eine Rückkehr zum Staat anbahnt. Anhaltspunkte für einen Rückzug des Staates als Zentrum politischer Steuerung finden sich beispielsweise in der noch noch immer aktuellen Denkfigur von der "Befreiung der Wirtschaft von den Fesseln staatlicher Bevormundung"[35]. Dazu gehört aber auch die besonders auf kommunaler Ebene zu beobachtende Neigung der Verantwortlichen zu einem Unterwerfen der Politik unter betriebswirtschaftliche Standards und zu einer weitgehenden Privatisierung von Leistungen der kommunalen Daseinsvorsorge. Eng damit verbunden sind die Bemühungen der Regierungen in Bund und Ländern, im Zuge einer langfristig angelegten Strategie der Gesetzes- und Verwaltungsvereinfachung Konzepte der "Entstaatlichung" bzw. der Entbürokratisierung durchzusetzen. Der geringe Erfolg der in dieser Frage be-

---

29 Vgl. Scharpf 1991, S. 421 ff.

30 Vgl. Voigt i.d.B.

31 Vgl. Ritter 1979, S. 389 ff.

32 Vgl. Ronge i.d.B.

33 Bohne 1981; Schulze-Fielitz 1984; Schulze-Fielitz i.d.B.

34 Fürst 1987, S. 263.

35 Vgl. Geissler 1978.

sonders engagierten Bayerischen Staatsregierung bei der Entstaatlichung legt allerdings den Schluß nahe, daß solchen Bestrebungen nicht nur Grundgesetz und BVerfG, sondern auch die gewachsene politische Kultur in der Bundesrepublik Grenzen setzen und führt zu der weitergehenden Überlegung, ob eine moderne Industriegesellschaft überhaupt auf "den Staat" verzichten könnte.

2.1. Überforderung des Staates

Politischen Rückhalt finden die Entstaatlichungsbefürworter allerdings nach wie vor in dem - eher diffusen - Wunsch der Bevölkerung nach dem Abbau bürokratischer Allmacht[36]. Hinzu kommt ein auch empirisch erfaßbarer realer Hintergrund. In einer von Komplexität gekennzeichneten Gesellschaft ist politische Steuerung wegen Überforderung von System und Akteuren kaum noch von einer Zentrale aus möglich. Vielmehr erscheint dezentrale Steuerung kleinerer - überschaubarer - Einheiten als das Gebot der Stunde. Heterarchische tritt an die Stelle hierarchischer Steuerung. Ein Ausweg aus dem Steuerungsdilemma wird in der Beschränkung des Staates auf eine bloße "dezentrale Kontextsteuerung"[37] gesehen. Weder über das geeignete Modell, noch über den einzuschlagenden Weg herrscht jedoch Einigkeit unter den beteiligten Wissenschaftlern. Da das politische System nicht (mehr) über die nötige Durchsetzungskraft gegenüber den (oder jedenfalls einigen) gesellschaftlichen Teilsystemen und Akteuren verfügt, um einmal gesetzte Ziele auch zu realisieren, müssen Akzeptanz und Mitwirkung von Individuen wie von Gruppen bei der Durchsetzung politischer Programme oft erst in langwierigen Tauschverhandlungen "erkauft" werden. Dieser Befund legt eine Verlagerung von (Steuerungs-)Aufgaben auf andere Teilsysteme, wie z.B. Wirtschaft, Sozialpartner etc., nahe. Die Folgen einer solchen Verlagerung und die Möglichkeiten für eine Koordinierung der Einzelaktivitäten sind allerdings noch weitgehend unerforscht.

2.2. Subtilere Methoden anstelle staatlicher Interventionen

Ausgangspunkt für eine "Rückkehr zum Staat" sind die schlechten Erfahrungen, die bislang mit (fast) jeder Art von "Deregulierung" gemacht worden sind, besonders gravierend in den USA[38]. Ein Mindestmaß an Staat scheint unverzichtbar zu sein. In sicherheitsrelevanten Politikfeldern, insbesondere bei Fragen der inneren und äußeren Sicherheit, Atompolitik etc., wurden und werden staatliche Machtpositionen allerdings ohnehin eher verstärkt und weiter abgesichert. Dennoch erscheint eine Rückkehr zum alten Interventionsstaat, der mit Hilfe von rechtlicher Regulation und staatlichem

36 Gegenwärtig manifestiert sich diese Aversion in der Anti-Maastricht-Bewegung, die sich gegen den Brüsseler Zentralismus und die "Eurokratie" richtet.

37 Glagow/Willke 1987.

38 Vgl. Ashford 1991, S. 351 ff.; vgl. Nahamowitz i.d.B.

Zwang zentrale Zielvorgaben durchzusetzen versucht, kaum möglich. Vielmehr ist nach subtileren Steuerungsmethoden zu suchen[39], für deren Erfolg möglicherweise Traditionen, Symbole, institutionelle Vorbilder und eingespielte Routinen eine ebenso wichtige Rolle spielen wie das rein materielle Steuerungswissen[40]. Es liegt daher auf der Hand, daß weder die Frage nach dem Rückzug, noch die nach dem Vormarsch des Staates mit einem klaren "Ja" oder aber mit einem klaren "Nein" beantwortet werden kann, sondern daß die Antworten zwangsläufig erheblich differenzierter ausfallen.

2.3. Zur sozialen Realität des "arbeitenden Staates"

Um eine sachgerechte Diskussion um den Staat führen zu können, bedarf es zum einen eines beträchtlichen Wissens über die historische Entwicklung des Staates. Nicht zufällig steht daher Dieter Grimms Beitrag über die Entstehung des modernen (kontinentalen) Staates am Anfang der Beiträge dieses Bandes. Aber auch im zweiten (Hagen Schulze) und im dritten Teil (Gerold Ambrosius) findet sich je eine historische Analyse. Zum anderen wird eine solide Kenntnis der verfassungstheoretischen und verfassungspolitischen Grundlagen sowie ein umfassender Einblick in das konkrete staatliche Handeln benötigt[41]. Hierzu sollen die übrigen Beiträge dieses Bandes Material liefern. Dem Titel dieses Buches entsprechend geht es dabei nicht um eine umfassende Darstellung des Staates unter Einbeziehung seiner vielfältigen Facetten und Widersprüchlichkeiten: Ordnungs-, Leistungs-, Rechts-, Verfassungs-, Bundes- oder Nationalstaat. Vielmehr steht im Vordergrund der Überlegungen die soziale Realität des "arbeitenden Staates" (Lorenz von Stein). Zwar spielen in einzelnen Beiträgen - naturgemäß - auch normative Aspekte eine Rolle, Anliegen des Bandes ist jedoch in erster Linie eine sozialwissenschaftliche Bestandsaufnahme des heutigen Staates. Diesem Ziel soll der Dialog zwischen den Repräsentanten unterschiedlicher Wissenschaftsdisziplinen und -traditionen dienen.

3. Zu den Beiträgen dieses Bandes

In fünf Kapiteln diskutieren daher Politikwissenschaftler, Soziologen, Rechtswissenschaftler, Historiker und Philosophen ausgewählte Aspekte der Diskussion um den Staat. Nicht zufällig steht dabei in mehreren Beiträgen das prekäre Verhältnis zwischen Staat und Wirtschaft im Zentrum der Analyse, hat doch das wirtschaftliche Gewicht des Staates im Zuge der Industrialisierung enorm zugenommen[42]. An die Einleitung, die das gemeinsame Anliegen aller Beiträge herauszuarbeiten sucht, schließt sich zunächst eine Diskussion um die Staatsidee an, die aus zwei Teilen besteht. Im 1. Kapitel ("Vom

---

39 Vgl. Treutner i.d.B.

40 Offe 1987, S. 316 f.

41 Vgl. Ellwein/Hesse, S. 309.

42 Vgl. Massing i.d.B., Ambrosius i.d.B.

Mythos zum Teilsystem") geht es nicht nur um die Entstehung des Staates und seine weitere Entwicklung sowie um die Souveränität als Essentiale des Staates, sondern auch um die Demystifikation des Staates und sein Verhältnis zur Gesellschaft. Demgegenüber ist das 2. Kapitel ("Zwischen Nationalismus und Verfassungspatriotismus") vor allem der Frage gewidmet, welche Konsequenzen sich aus dem Wiederentstehen eines deutschen Nationalstaates für das europäische Kräftefeld ergeben bzw. welche Alternativen es zum (deutschen) Nationalismus geben könnte. Die Entwicklungslinien des modernen Staates werden im 3. Kapitel unter dem Titel "Zwischen Marktfixierung und Staatsorientierung" behandelt, während das 4. Kapitel dem Funktionswandel des Staates gewidmet ist. Hier werden die zahlreichen Verflechtungen zwischen staatlicher Ebene und privatem Sektor insbesondere am Beispiel von Sozial-, Arbeits- und Jugendpolitik einerseits sowie technischer Regelsetzung andererseits thematisiert. Das Schlußkapitel (5. Kap.) zieht insofern die Bilanz aus den Beiträgen der vorangegangenen Kapitel, als es die Selbstblockade des Staates und seine Wandlung zum lernfähigen Staat als lediglich scheinbares Paradox herausstellt.

3.1. Vom Mythos zum Teilsystem

Der Bielefelder Öffentlichrechtler und Richter am Bundesverfassungsgericht Dieter Grimm zeichnet in seinem Beitrag die Entwicklungslinien des kontinentaleuropäischen Staates vom Mittelalter bis zur Gegenwart nach. Dabei wird deutlich, daß europäische Politik ohne Berücksichtigung der staatlichen Dimension nicht verstanden werden kann. Im Zuge der Entkoppelung von Religion und Herrschaft entstand in der mittelalterlichen Ordnung Souveränität als Recht des Monarchen, der mit dem Staat gleichgesetzt wurde. Erst unter dem Einfluß der Aufklärung begann man, zwischen Herrscher und Staat zu unterscheiden. Mit der Französischen Revolution wechselte die Souveränität vom Monarchen auf das Volk über, und der Staat wurde zur abstrakten Größe. Überhöhung und Idealisierung des Staates war die logische Konsequenz dieser Entwicklung. Mit der Ausweitung der Staatsaufgaben verliert der moderne Staat allerdings auch einen Teil seiner Macht. Grimms Fazit: Vieles deutet darauf hin, "daß es voreilig ist, vom Wegfall des Staates auszugehen, wenn der Maßstab für Staatlichkeit nicht unrealistisch hoch angesetzt wird". Hierzu bedarf es freilich einer Neubestimmung des Staates.

Anknüpfend an den Souveränitätsbegriff Hermann Hellers untersucht der Hannoveraner Politikwissenschaftler Otwin Massing Funktionsmechanismen und Funktionsmodus einerseits sowie Sinn und Zweck der Verwendung dieses Begriffs. Dabei macht der Autor ein voluntaristisches Erklärungsmodell aus, demzufolge das Streben nach Autonomie als Synonym für aufrechten Gang gilt. Aus dem Vergleich des Expansionsstrebens politischer Apparate und Institutionen mit dem individuellen Egoismus leitet Massing die Frage nach dem Willensträger und Handlungssubjekt staatlicher Souveränität ab. Sein Fazit nach einer Diskussion der Bodin'schen Souveränitätslehre: "Auf empirischer Grundlage ist die Souveränitätstheorie zu interpretieren als der politisch motivierte und politisch in Szene gesetzte Versuch ..., aus vielen und Vielem Eins zu machen". Den instrumentellen Charakter jeder Souveränitätstheorie belegt Massing anhand der Ansichten so unterschiedlicher Wissenschaftler wie Carl Schmitt und Max Weber. Massing plädiert für eine Theorie kondominialer Herrschaftsbeziehungen, um die zu pathologischem Verhalten tendierende Souveränitätsfixiertheit zu durchbrechen.

Im Vordergrund des Beitrages des Münchner Öffentlichrechtlers Helmuth Schulze-Fielitz stehen die rechtlichen Handlungsformen des Staates und ihre praktische Handhabung in der Bundesrepublik Deutschland. Als Erscheinungsformen gewandelten Staatshandelns in Reaktion auf veränderte gesellschaftliche Problemlagen untersucht der Autor u.a. die Aufwertung von öffentlich-rechtlichem Vertrag, informativem und informalem Staatshandeln sowie Privatisierungsprozesse. Einen weiteren Schwerpunkt bildet die Verarbeitung des staatlichen Funktionswandels in der Staatsrechtslehre, wobei der Autor sowohl Re-Etatisierungsprozesse als auch Theorien zur Krise des Rechts in den Blick nimmt. Sein Fazit: "Die neuere Diskussion der Staatsrechtslehre hat ... verdeutlicht, daß es jene substantielle Einheit 'des' Staates kaum mehr gibt, allenfalls als 'Mythos'." An ihre Stelle tritt die "Offenheit des pluralistischen Verfassungsstaates".

Indem er den Staat als ein "politisches System" auffaßt, unterzieht der Würzburger Politikwissenschaftler Heinrich Bußhoff sowohl das herkömmliche Staatsverständnis als auch die Grundlagen der Systemtheorie einem Test. Seine These lautet: "Unter der Voraussetzung, daß Staat überhaupt empirisch faßbar ist, auch dann, wenn unterstellt ist, die Realität eines sozialen Systems sei nur durch Kommunikation garantiert, muß der Staat als Teilfunktion des politischen Systems begriffen werden". In diesem Sinne wird der Staat als entpolisierte Teilfunktion des politischen Systems verstanden. Während Politiker - nach Auffassung Bußhoffs - ausnahmslos keine Profis, sondern Dilettanten sind, wird die Teilfunktion "Staat" von Profis bedient. Politik wäre danach ein "Ermöglichungsraum für bestimmte Aktivitäten", während der Staat mit seinem Gewaltmonopol die Mittel und das professionell geschulte Personal zur Durchsetzung ausgewählter Aktivitäten bereitstellt.

3.2. Zwischen Nationalismus und Verfassungspatriotismus

In seinem Beitrag "Vom Ende eines Sonderwegs" analysiert der Münchner Historiker Hagen Schulze deutsche Nation und deutschen Nationalismus in europäischer Perspektive. Aus der geographischen Mittellage Deutschlands in Europa ergibt sich eine unauflösliche Verbindung der deutschen Frage mit der europäischen Geschichte. Ein deutscher Nationalstaat stört das Gleichgewicht der europäischen Mächte. So mußte die Revolution von 1848/49 scheitern, nicht obwohl, sondern gerade weil sie ein liberal verfaßtes Großdeutschland anstrebte. Nur in bestimmten historischen Konstellationen, nämlich bei relativer Machtlosigkeit der europäischen Nachbarn, bietet sich für Deutschland die Chance zur staatlichen Einheit. Allerdings übernimmt es damit auch besondere Verpflichtungen. Schulzes Fazit: "Der Nationalstaat ist weniger wichtig, er ist aber keineswegs überflüssig geworden".

Der Frage, wie eine künftige europäische Staatenordnung, die sich nach der Umgestaltung des ehemaligen Ostblocks abzeichnet, aussehen könnte, geht der Münchner Politik- und Verwaltungswissenschaftler Rüdiger Voigt in seinem Beitrag "Abschied vom Nationalstaat - Rückkehr zum Nationalstaat" nach. Hierzu entwirft er ein Mehrebenenmodell des Staatensystems, das neben der nationalen und der supranationalen auch die subnationale Ebene der Länder und Regionen einschließt. Dieser Modellkonstruktion stellt er sodann ausgewählte historische Konstellationen gegenüber, in denen der Nationalstaat eine besondere Rolle spielte. Das Ergebnis ist eine relativ pessimistische Einschätzung der Zukunft. Anstelle einer einzigen Europäischen Gemeinschaft nach Maastrichter Modell sieht er verschiedene Gemeinschaften mit unterschiedlichen Teilnehmern. Sein Fazit: Der Nationalstaat ist keineswegs am Ende, sondern erweist sich vielmehr als eine (wenn nicht die) zentrale Bezugskategorie zumindest für Wähler und Politiker.

Ausgehend von Dolf Sternbergers Begriff des "Verfassungspatriotismus" analysiert der Münchner Politikwissenschaftler Hans Lietzmann das (gewünschte) Verhältnis der Deutschen zu ihrem Staat. Sternberger zufolge sollten sich die Bürger in der Demokratie aus freier Einsicht der staatlichen Führung als einer "sachlichen Autorität" anvertrauen. Diesem etatistischen Verständnis Sternbergers stellt der Autor das Konzept der "Zivilen Gesellschaft" in der Habermas'schen und Dahrendorf'schen Interpretation gegenüber. Der Legitimationsprozeß staatlicher Politik begründet sich danach aus dem Konsens und der Kritik der Bürger. Lietzmann geht aber noch einen Schritt weiter, indem er die Kritik an der Unterscheidung von System und Lebenswelt (Habermas) aufgreift und für eine Fortentwicklung der "Zivilgesellschaft" zu einer "politischen Gesellschaft" plädiert.

3.3. Zwischen Marktfixierung und Staatsorientierung

Ausgangspunkt des Hannoveraner Politik- und Rechtswissenschaftlers Peter Nahamowitz ist die Optimierung des Verhältnisses von marktwirtschaftlicher Eigendynamik und staatlicher Beeinflussung in der kapitalistischen Gesellschaft. In seinem Beitrag "Markt versus Staat" untersucht er die neuere ökonomische Theorieentwicklung in erster Linie am Beispiel von Konjunkturtheorien und konstatiert dabei einerseits eine Pendelbewegung zwischen Marktfixierung und Staatsorientierung und andererseits eine (verblüffende) Diskrepanz zwischen theoretischem Anspruch und politischer Umsetzung. Sein Fazit: "Die Zeichen der neunziger Jahre ... deuten auf eine Renaissance interventionistischer Wirtschaftspolitik in all ihren Erscheinungsformen ... hin ... Die umfassende Aufgabenzuweisung bedeutet für die Politik freilich keinen Freibrief: Marktversagen schließt 'Staatsversagen' nicht aus".

In seinem Beitrag "Abbau und Ausbau der öffentlichen Wirtschaft in den 80er Jahren" analysiert der Berliner Wirtschaftshistoriker Gerold Ambrosius das Verhältnis von Staat und Wirtschaft unter dem speziellen Aspekt der öffentlichen Wirtschaft. Der Autor konstatiert in der Bundesrepublik in den achtziger Jahren einen tiefgreifenden Strukturwandel, der sich als Deindustrialisierung, Tertiarisierung und Ökologisierung beschreiben läßt. Dabei verdichtete sich das Verhältnis von Staat und Wirtschaft. Mit dem Instrument "öffentliche Unternehmung" besitzt der Staat seit dem 19. Jahrhundert ein systemkonformes Regulierungsinstrument, das nach dem Übergang von der sozialliberalen zur liberalkonservativen Regierung in besonderem Maße dem Zeitgeist entspricht. Kein Zweifel: Der Staat wird (und muß) von diesem Instrument auch künftig regen Gebrauch machen.

Der Münsteraner Politik- und Verwaltungswissenschaftler Gerhard W. Wittkämper geht in seinem Beitrag der Frage nach, ob sich der Staat aus der Umweltpolitik verabschiedet hat. Ausgehend von einer Funktionsbestimmung des Staates untersucht er die innerstaatlichen Akteure, Ziele und Prinzipien der Umweltpolitik. Dabei arbeitet er folgende Merkmale der Umweltproblematik heraus: Komplexität, Kompliziertheit, Dynamik, "Sinnblindheit" sowie Vernetzung und Verflechtung. Sein Fazit: Die tragenden Prinzipien der Umweltpolitik (Verursacher-, Gemeinlast-, Vorsorge- und Kooperationsprinzip) sind ohne den Staat nicht realisierbar.

Ausgehend von der Erkenntnis, daß Kriege zu tiefgreifenden "Formveränderungen" des staatlichen Herrschaftsapparates führen, analysiert der Hagener Politikwissenschaftler Eckart Reidegeld den Krieg als Entwicklungsbedingung staatlicher Sozialpolitik in Deutschland. Reidegeld weist - im Anschluß an Max Weber - darauf hin, daß Sozialpolitik nicht zur "Weltbeglückung" diene, sondern die nationale Effizienz im internationalen Wettlauf steigern solle. Staatliche Sozialpolitik erweist sich damit als Mittel, auch in Kriegszeiten die "Massenloyalität" zu sichern. Im Vergleich der Sozialpolitik im Ersten Weltkrieg mit der im "Dritten Reich" kommt der Autor zu dem Ergebnis, daß der Staat in beiden Weltkriegen zwar - vorübergehend - an Stärke zugenommen, durch den Vertrauensverlust der Massen jedoch am Ende beider Weltkriege den Tiefpunkt seiner Macht und Legitimität erreicht hat.

3.4. Neue institutionelle Arrangements und "assoziative Demokratie"

In seiner Analyse der Verflechtung von Staat und Drittem Sektor am Beispiel der Jugendhilfepolitik konzentriert sich der Wuppertaler Politikwissenschaftler Volker Ronge auf zwei Problemkomplexe, die zunehmende Komplizierung des an bestimmte (Haushalts-)Bedingungen gebundenen staatlichen Steuerungsanspruches und die mögliche Verstärkung von Politikpartizipation bzw. Interessenberücksichtigung. Den Dritten Sektor definiert der Autor als einerseits privat, aber nicht gewinnorientiert, andererseits gemeinnützig, aber nicht staatlich. Dessen Beteiligung an der Planung sowie vor allem an der Verteilung öffentlicher Haushaltsmittel gehe an den Nerv staatlicher Ausdifferenzierung. Ronges Fazit: Die vorfindbare Tendenz besteht nicht in einer "entdifferenzierenden Verschmelzung" von Staat und Drittem Sektor, sondern in einer "zunehmenden Komplexierung ihrer Kooperation".

Am Beispiel der Arbeits- und Sozialpolitik untersucht der Düsseldorfer Soziologe und Verwaltungswissenschaftler Erhard Treutner die Entwicklung des Verhältnisses von staatlicher Administration und Gesellschaft. Sein Ausgangspunkt ist die Frage, ob die gegenwärtig zu beobachtenden Regulierungstendenzen wirklich zu einem Rückzug des Staates führen. Dabei stellt er fest, daß durch sog. deregulierende Maßnahmen oft nicht einfach bestehende Regulierungen aufgehoben werden, sondern z.T. neue Regeln an ihre Stelle treten, die lediglich ein modifiziertes ordnungspolitisches Konzept enthalten, dessen Durchsetzung jedoch wiederum dem Staat obliegt. Insgesamt konstatiert Treutner ein Nebeneinander verschiedener Handlungsformen. Neben Elementen von Deregulierung gibt es in diesen Politikfeldern neue z.T. intensivere Regulierungen, aber auch neue Formen, die subtilere, differenziertere und dezentralere Eingriffe des kooperativen Staates ermöglichen.

Im Politikfeld Telekommunikation analysiert der Kölner Politikwissenschaftler Edgar Grande die Umstrukturierung des klassischen Modells staatlicher Organisation, Regulierung und Intervention in neue "institutionelle Arrangements". Als Beispiele dienen ihm hierfür die USA, Großbritannien, Japan und die Bundesrepublik Deutschland. Dabei konstatiert der Autor zwar einen Rückzug des Staates aus dem Telekommunikationssektor, durch den jedoch keine "staatsfreie" Zone entstanden ist. Vielmehr ist der Staat in einer neuen Rolle mit ungebrochener Vitalität zurückgekehrt. Da die Liberalisierung der Telekommunikationsmärkte ein dynamischer Prozeß ist, bedarf es permanenter staatlicher Kontrolle und Intervention. In der Telekommunikation scheint sich der Staat vom Leistungs- zum Regulierungsstaat gewandelt zu haben, der vielfach seine Regelungen von Fall zu Fall und im Detail treffen muß.

An den Beginn ihrer Untersuchung stellen die Bochumer Soziologen Volker Eichener, Rolf G. Heinze und Helmut Voelzkow ihr Credo: "... es wird ein Staat gefordert, der durch prozedurale Steuerung sicherstellt, daß die öffentlichen Interessen an einer sozial- und umweltverträglichen Technikgestaltung hinreichend in die technische Regelsetzung einfließen". Da auf dem Gebiet der Techniksteuerung sowohl der Markt wie der Staat versage, liege der theoretische Ausweg in der Steuerung durch intermediäre Instanzen. Allerdings begegnet die verbandliche Techniksteuerung nicht zuletzt wegen der ungleichgewichtigen Interessendurchsetzung massiver Kritik. Dem stellen die Autoren Anforderungen gegenüber, die sie modellhaft als "assoziative Demokratie" skizzieren. Dieses Modell bedeute weder einen "Abschied vom Recht", noch einen "Abschied vom Staat", vielmehr erfordere es einen in mehrfacher Hinsicht aktiven Staat.

3.5. Von der Selbstblockade zum reflexiven Staat

In seinem Essay "Politik am Limit. Über das Elend des reinen Liberalismus" entdeckt der Leipziger (früher: Konstanzer) Politikwissenschaftler Wolfgang Fach pathologische Züge staatlichen Handelns. Da offenbar "nichts mehr geht", ganz gleich, ob die Politik auf Markt- oder Staatskräfte setzt, moderne Gesellschaften sich aber die Option eines Ausbaus des staatlichen Handlungspotentials verbaut hätten, fragt der Autor, warum es dem konsequenten Liberalismus nicht gelungen ist, einen radikalen Abbau des Staates durchzusetzen. Zur Beantwortung dieser Frage zieht Fach insbesondere die Lehren Adam Smith' und Herbert Spencers heran. Sein Fazit: "Mit dem Staat des Status quo können die Liberalen keinen Staat machen", als Regulationsprinzip versage aber auch der Markt kläglich. Die liberale Sache - so der Autor - ist am Ende.

Ausgehend von einer Theorie der umfassenden Gesellschaft, die den Staat "nicht außer sich, sondern in sich hat" (Luhmann) entwirft der Züricher Philosoph Heinz Kleger eine Staatssemantik (Staatspragmatik) des heutigen Staates, den er als "Zivilstaat" für unverzichtbar hält. Dabei verknüpft er drei theoretische Ansätze, nämlich die systemtheoretische Steuerungstheorie, das Habermas'sche Lebensweltkonzept und die Foucault'sche Machtkritik. Die praktisch-politisch differenzierte Identität des Staates bedarf danach der beständigen Reflexion. Sein Ergebnis: Auch der "reflexive" Staat hat in einer lernfähigen Demokratie keine feste Struktur, sondern muß von seinem Konstitutionsprozeß (d.h. den sozialen und demokratischen Auseinandersetzungen) her gedacht werden. "Politische Theorie in einer demokratischen Form ist daher an der Konstruktion des Staates beteiligt und findet ihren Gegenstand nicht einfach vor."

Die Beiträge dieses Bandes zeigen, daß die theorieorientierte Diskussion um den Staat eine "Schnittstelle" insbesondere zwischen Staatsphilosophie, Politischer Theorie (einschließlich ihrer systemtheoretischen Variante) und Staatsrechtslehre bildet. Je nach Wissenschaftsdisziplin werden unterschiedliche Aspekte des Staates hervorgehoben. Das gemeinsame Interesse gilt dabei freilich der staatlichen Souveränität. Sie erweist sich geradezu als Dreh- und Angelpunkt der Staatsdiskussion. Dementsprechend engagiert wird auch um die Frage gestritten, ob sie anachronistisch und verzichtbar oder aber ein zeitgemäßer und notwendiger Bestandteil moderner Staatlichkeit ist. Demgegenüber befassen sich die empirisch orientierten Beiträge dieses Bandes eher mit dem "arbeitenden Staat" und seinen konkreten Aktivitäten. Hierzu haben insbesondere Politik-, Verwaltungs-, Rechtswissenschaft und Soziologie wesentliches zu sagen. Es liegt auf der Hand, daß dabei vor allem die neuen Formen und Stile staatlicher Problembearbeitung im Mittelpunkt stehen. Insgesamt kann von einer mythologisierenden Überhöhung des Staates in diesen Beiträgen keine Rede sein, vielmehr bemühen sich alle Autoren um eine nüchterne Bilanz heutiger Staatlichkeit.

Literatur

Ashford, Douglas E.: Bringing the Welfare State Back In. In: Comparative Politics, 3/1991, S. 351 ff.

Badura, Peter: Staatsrecht. Systematische Erläuterung des Grundgesetzes für die Bundesrepublik Deutschland. München 1986

Böckenförde, Ernst Wolfgang: Staat, Gesellschaft, Freiheit. Studien zur Staatstheorie und zum Verfassungsrecht. Frankfurt a.M. 1976

Bohne, Eberhard: Der informale Rechtsstaat. Eine empirische und rechtliche Untersuchung zum Gesetzesvollzug unter besonderer Berücksichtigung des Immissionsschutzes. Berlin 1981.

Braunmühl, Claudia von/Klaus Funken/Mario Cogoy/Joachim Hirsch: Probleme einer materialistischen Staatstheorie. Frankfurt a.M. 1973.

Draht, Martin: Rechts- und Staatslehre als Sozialwissenschaft. Gesammelte Schriften. Berlin 1977.

Ellwein, Thomas/Joachim Jens Hesse (Hrsg.): Staatswissenschaften: Vergessene Disziplin oder neue Herausforderung. Baden-Baden 1990.

Ellwein, Thomas/Joachim Jens Hesse/Renate Mayntz/Fritz W. Scharpf (Hrsg.): Jahrbuch für Staats- und Verwaltungswissenschaft. Baden-Baden 1987. (zit. als "Jahrbuch").

Evans, Peter/Dietrich Rueschemeyer/Theda Skocpol (Hrsg.): Bringing the State Back In. Cambridge 1985.

Forsthoff, Ernst: Der Staat der Industriegesellschaft. Dargestellt am Beispiel der Bundesrepublik Deutschland. München 1971.

Fürst, Dietrich: Die Neubelebung der Staatsdiskussion: Veränderte Anforderungen an Regierung und Verwaltung. In: Jahrbuch 1987, S. 261 ff.

Geissler, Heiner (Hrsg.): Verwaltete Bürger - Gesellschaft in Fesseln. Bürokratisierung und ihre Folgen für Staat, Wirtschaft und Gesellschaft. Frankfurt a.M./Berlin/Wien 1978.

Glagow, Manfred/Helmut Willke (Hrsg.): Dezentrale Gesellschaftssteuerung. Probleme der Integration polyzentrischer Gesellschaft. Pfaffenweiler 1987.

Hartwich, Hans-Hermann: Die Suche nach einer wirklichkeitsnahen Lehre vom Staat. In: Aus Politik und Zeitgeschichte, B 46-47/1987, S. 3 ff.

Heller, Hermann: Staatslehre. Hrsg. von Gerhart Niemeyer. 4. Aufl. Leiden 1970.

Hesse, Joachim Jens/Arthur Benz: Die Modernisierung der Staatsorganisation. Institutionspolitik im internationalen Vergleich: USA, Großbritannien, Frankreich, Bundesrepublik Deutschland. Baden-Baden 1990.

Kriele, Martin: Einführung in die Staatslehre. Opladen 1980.

Luhmann, Niklas: Soziale Systeme. Grundriß einer allgemeinen Theorie. Frankfurt a.M. 1984.

Maunz, Theodor/Reinhold Zippelius: Deutsches Staatsrecht. Ein Studienbuch. 27. Aufl. München 1988.

Mitchell, Timothy: The Limits of the State. Beyond Statist Approaches and their Critics. In: American Political Science Review, 1/1991, S. 77 ff.

Offe, Claus: Die Staatstheorie auf der Suche nach ihrem Gegenstand. In: Jahrbuch 1987, S. 309 ff.

Offe, Claus: Strukturprobleme des kapitalistischen Staates. Aufsätze zur Politischen Soziologie. 5. Aufl. Frankfurt a.M. 1980.

Ritter, Ernst-Hasso: Der kooperative Staat. Bemerkungen zum Verhältnis von Staat und Wirtschaft. In: Archiv des öffentlichen Rechts, 1979 (Bd. 104), S. 389 ff.

Rockman, Bert A.: Minding the State - Or a State of Mind? Issues in the Conzeptualization of the State. In: Comparative Political Studies, 1/1990, S. 25 ff.

Ronge, Volker (Hrsg.): Am Staat vorbei. Politik der Selbstregulierung von Kapital und Arbeit. Frankfurt a.M./New York 1980.

Scharpf, Fritz W.: Die Handlungsfähigkeit des Staates am Ende des zwanzigsten Jahrhunderts. In: Politische Vierteljahresschrift, 4/1991, S. 621 ff.

Schmitt, Carl: Hüter der Verfasung. Tübingen 1931.

Schulze-Fielitz, Helmuth: Der informale Verfassungsstaat. Aktuelle Beobachtungen des Verfassungslebens der Bundesrepublik Deutschland im Lichte der Verfassungstheorie. Berlin 1984.

Stern, Klaus: Das Staatsrecht der Bundesrepublik Deutschland. Band 1: Grundbegriffe und Grundlagen des Staatsrechts, Strukturprinzipien der Verfassung. 2. Aufl. München 1984.

Voigt, Rüdiger (Hrsg.): Symbole der Politik - Politik der Symbole. Opladen 1989.

Voigt, Rüdiger: "Staat". In: Axel Görlitz/Rainer Prätorius (Hrsg.): Handbuch Politikwissenschaft. Reinbek 1987, S. 508 ff.

Weizsäcker, Richard von, im Gespräch mit Gunter Hoffmann und Werner A. Perger, Frankfurt a.M. 1992.

Willke, Helmut: Entzauberung des Staates. Überlegungen zu einer sozietalen Steuerungstheorie. Königstein 1983.

Willke, Helmut: Systemtheorie. Eine Einführung in die Grundprobleme. 2. Aufl. Stuttgart/New York 1987.

1. Kapitel

Zur Diskussion um die Staatsidee I:

Vom Mythos zum Teilsystem

Der Staat in der kontinentaleuropäischen Tradition*

Dieter Grimm

1. Die Krise der mittelalterlichen Herrschaftsordnung und die Entstehung des absoluten Staates

1.1. Der Staat als Grundbegriff kontinentaler Politik

Seit annähernd fünf Jahrhunderten finden auf dem europäischen Kontinent Völker die Form ihrer politischen Einheit im Staat. Er erscheint als abstraktes und überpersonales Gebilde, das weder mit den Herrschern noch den Beherrschten identisch ist, aber beide umgreift. Dieses Gebilde mag als lebendiger Organismus, als juristische Person, als Anstalt, als Apparat, als Wirkungszusammenhang oder als soziales System begriffen werden. In jedem Fall zeichnet es sich durch die höchste und unwiderstehliche Gewalt über die Bewohner eines bestimmten Territoriums aus. Diejenigen Personen, welche diese Gewalt ausüben, handeln im Namen des überpersonalen Staates und fungieren lediglich als dessen Organe. Ihre Macht kann auf unterschiedlichen sozialen Grundlagen beruhen: der Verfügung über das Militär, der Unterstützung einer herrschenden Klasse, allgemeinem Konsens, und sie kann auf verschiedene Weise ausgeübt werden: beschränkt oder unbeschränkt, konzentriert in einer einzigen Person oder verteilt auf mehrere Institutionen. Immer bleibt der Staat der Bezugspunkt für legitime Gewalt in der Gesellschaft. In dieser Tradition ist er nicht nur ein theoretisches Konstrukt zur Erfassung der politischen Realität, sondern selbst eine Realität. Die kontinentaleuropäische Politik kann nicht verstanden werden, wenn die staatliche Dimension unberücksichtigt bleibt. Politische Institutionen wie Parteien und Behörden, politische Prozesse wie Gesetzgebung und Regierungskontrolle haben unterschiedliche Bedeutung in Gesellschaften mit oder ohne Staatstradition. Umgekehrt wäre es freilich auch verfehlt, im Staat eine universale Gegebenheit zu sehen, wie es einige Autoren unter dem Eindruck der Prominenz des Staates in der politischen Tradition ihres eigenen Landes taten. Der Begriff des Staates im Sinn eines abstrakten Gebildes, dem die Ausübung von Herrschaft zukommt, war über lange Zeiträume völlig unbekannt und ist in einer ganzen Reihe von Ländern bis heute von geringer Bedeutung. Der moderne Staat verdankt seine Existenz vielmehr einer ganz bestimmten historischen Konstellation, in der er als notwendiges Mittel zur Lösung neuartiger Probleme erschien. Diese Konstellation war die Krise der mittelalterlichen Ordnung, die im 13. Jahrhundert einsetzte und im späten 15. und frühen 16.Jahrhundert ihren Höhepunkt erreichte.

---

* Zuerst erschienen in: Dieter Grimm, 1987: Recht und Staat der bürgerlichen Gesellschaft, Suhrkamp Verlag, Frankfurt am Main (=suhrkamp taschenbuch 1358).

1.2. Die vorstaatliche mittelalterliche Ordnung

In der mittelalterlichen Welt galt die Sozialordnung in ihrer Gesamtheit einschließlich der moralischen, religiösen, kulturellen, politischen, rechtlichen und ökonomischen Elemente als Bestandteil des göttlichen Schöpfungsplans. Sie diente dem ewigen Heil der Menschen und durchdrang daher alle Lebensbereiche. Gegenüber dieser auf göttliche Wahrheit gegründeten Ordnung gab es keine individuelle Freiheit, und auch jede geistliche und weltliche Autorität war ihr untergeordnet. Eine solche Vorstellung von Sozialordnung ließ aus verschiedenen Gründen keinen Raum für die Entstehung des Staates. Der göttliche Ursprung der Ordnung machte einen autonomen Bereich des Politischen, der sich von anderen sozialen Funktionen unterschied und nach ihm eigenen Kriterien entwickelte, unmöglich. Die Politik blieb vielmehr von der Offenbarung abhängig, und die Kirche als diejenige Institution, welche zur Deutung und Verwirklichung des göttlichen Willens auf Erden berufen war, beanspruchte die Führungsrolle in der Gesellschaft. Der umfassende und ausschließliche Charakter der Ordnung machte die Unterscheidung zwischen einer öffentlichen Sphäre, in der das Gemeinwohl verfolgt wurde, und einer privaten Sphäre, in der jeder seinen subjektiven Interessen nachgehen durfte, unmöglich. Jedermann war sozusagen an seinem Platz Funktionär der objektiven Ordnung. Da Gott selbst als Urheber der Ordnung betrachtet wurde, konnte keine irdische Gewalt eine Position über dieser Ordnung für sich beanspruchen. Infolge ihres göttlichen Ursprungs war die geltende Ordnung vielmehr zugleich die gerechte Ordnung. Irdische Autoritäten dienten nur der Aufrechterhaltung und Durchsetzung dieser Ordnung. Mit Ihrer Herstellung oder Veränderung hatten sie nichts zu tun. Überdies verhinderten die unentwickelten Kommunikationsverhältnisse, daß die Rechtsdurchsetzungsbefugnis zentralisiert wurde. Sie war vielmehr auf zahlreiche, voneinander unabhängige und untereinander gleichberechtigte lokale Gewalten verteilt, die Konflikte untereinander im Wege der Fehde austrugen, ohne darin von Papst und Kaiser als Rudimenten einer Zentralgewalt wirksam beschränkt zu werden. Schließlich übten die Autoritäten ihre Rechtsdurchsetzungsaufgabe nicht als eigenständige Funktion, für die sie eingesetzt und ausgerüstet waren, sondern als Annex eines bestimmten sozialen Status aus, der meistens durch Grundeigentum vermittelt wurde.

1.3. Die Krise der mittelalterlichen Ordnung

Die Funktionsfähigkeit einer so beschaffenen Sozialordnung hing an einer Reihe von Voraussetzungen. Als eine auf göttliche Offenbarung gegründete konnte sie nur so lange bestehen, wie der göttliche Wille oder zumindest die Autorität der Kirche, ihn bindend zu interpretieren, außer Streit standen. In ihrer Unverfügbarkeit war sie von relativ statischen Verhältnissen abhängig, so daß neuartige Probleme, die im Rahmen der bestehenden Ordnung unlösbar erschienen, nicht auftauchten. Mit ihrer segmentierten Obrigkeit verwies sie auf kleinräumige Lebensbeziehungen und ein geringes Maß an grenzüberschreitender Kommunikation. Die Krise der mittelalterlichen Ordnung ist nichts anderes als die allmähliche Veränderung dieser Voraussetzungen. Die Kreuzzüge und später die Entdeckungen weiteten die Kommunikation aus und brachten Fernhandel und Frühformen des Kapitalismus hervor. Die Erfindung des Schießpulvers führte zu einer Umwälzung der Kriegstechnik und untergrub langfristig die soziale Funktion des Adels und damit die Basis des Feudalsystems und der dezentralisierten Obrigkeit. Der Buchdruck ermöglichte eine schnellere Verbreitung von Nachrichten und Ideen. Die Probleme, die diese Veränderungen schufen, ließen sich im Rahmen der bestehenden Ordnung nur schwer lösen. Ihre Lösung setzte vielmehr eine räumliche und funktionale Ausweitung politischer Herrschaft voraus. Daher läßt sich bereits seit dem 13. Jahrhundert eine Ansammlung von Hoheitsrechten in der Hand der Fürsten beobachten. Ihr Bestreben war eine Beschränkung des Fehderechts und die Erstreckung des inneren Friedens auf größere Bereiche. Das setzte freilich eine Machtbasis voraus, die sie von der Lehnsfolge unabhängig machte. In dieser Absicht begannen sie mit der Bildung einer professionellen Verwaltung und eines stehenden Heeres. Auch kam es immer häufiger zu gesetzgeberischen Eingriffen in die auf Gott zurückgeführte oder gewohnheitsrechtlich begründete Ordnung. Die Folge dieser Veränderungen war freilich auch ein wachsender Geldbedarf, den die Fürsten indes nicht ohne Zustimmung der Stände zu decken vermochten, die als Vertreter des Landes das Steuerbewilligungsrecht innehatten. Die wachsende Bedeutung der Fürsten ging auf diese Weise mit einer wachsenden Bedeutung der Stände einher, die diese Position nutzten, um sich auch Einfluß auf die entstehende gesetzgebende Gewalt zu verschaffen.

1.4. Der moderne Staat als Produkt der konfessionellen Bürgerkriege

Setzten diese Veränderungen die mittelalerliche Ordnung unter Anpassungsdruck, so war das Ereignis, an dem sie schließlich zerbrach, die Glaubensspaltung des frühen 16. Jahrhunderts. Die Glaubensspaltung darf nicht nur als religiöses oder theologisches Phänomen verstanden werden. Da die gesamte Sozialordnung auf der göttlichen Offenbarung beruhte, wie die Kirche sie vermittelte, mußte Streit über den Inhalt der Offenbarung oder über die Befugnis des Papstes, sie authentisch zu interpretieren, die Ordnung selbst in Frage stellen. Während England den damit verbundenen Bruch schnell überwand, weil sich die neue Konfession vergleichsweise reibungslos durchsetzte, führte die Glaubensspaltung auf dem Kontinent und namentlich in Frankreich zu erbitterten Bürgerkriegen. Es ist für das Verständnis der kontinentalen politischen Ordnung von grundlegender Bedeutung, daß die Konzentration und Freisetzung der Herrschaftsgewalt, die den modernen Staat begründete, ein Produkt dieser Situation war. Die konfessionellen Bürgerkriege hoben die elementaren Voraussetzungen des menschlichen Zusammenlebens auf und setzten Leib und Leben einer permanenten Bedrohung aus. Dennoch fehlte es an Verständigungsbereitschaft, weil Konflikte über Wahrheit im Gegensatz zu Interessenkonflikten nicht durch Kompromisse zu schlichten sind. Die konfessionellen Kriege konnten unter diesen Umständen nur beendet werden, wenn es einer Konfessionspartei gelang, die andere auszurotten, oder wenn ein Dritter sich über die Bürgerkriegspartei erhob und sie mit Gewalt zu friedlicher Koexistenz zwang. In Deutschland mit seiner Vielzahl politischer Herrschaften unter dem Dach des Heiligen Römischen Reiches kam es zu einer gemäßigten Version der ersten Lösung: der Fürst erhielt die Befugnis, die Konfession innerhalb seines Territoriums zu bestimmen, während Dissidenten das Recht zum Auswandern erhielten. In dem weitgehend zentralisierten Frankreich war ein solcher Weg nicht gangbar. Daher griff hier im 16. Jahrhundert eine Gruppe von Theoretikern, die wegen ihres Eintretens für eine politische statt einer konfessionellen Beendigung des Konflikts »les politiques« genannt wurde, die zweite Lösung auf. Für die Entstehung des modernen Staates war es von ausschlaggebender Bedeutung, daß sich Heinrich IV. 1598 entschloß, diese Lösung zu übernehmen.

1.5. Souveränität als Kennzeichen des Staates

In der Folge dieser Entscheidung kam es zu einem radikalen Bruch mit dem überkommenen Herrschaftssystem. War Herrschaft bis dahin in eine ihr vorgegebene und transzendental legimitierte Ordnung eingebunden, die nicht zur Disposition des Herrschers stand, sondern seiner nur zur Durchsetzung bedurfte, so veränderte sich diese Situation nun grundlegend. Da die alte Ordnung ein friedliches Zusammenleben der Menschen nicht mehr gewährleistete, mußte eine geeignete neue Ordnung bereitgestellt werden. Diese konnte dann freilich nur irdischen Ursprungs sein. Dadurch erhob sich politische Herrschaft zunächst in einem formalen Sinn über die Ordnung, indem sie diese in Geltung setzte. Sie trat aber auch materiell betrachtet über die Sozialordnung, indem sie über ihren Inhalt bestimmte. Sollte die Ordnung nämlich ihren Sinn: friedliche Koexistenz unter den Bedingungen konfessioneller Gegensätze zu ermöglichen, erfüllen, dann mußte sie die Wahrheitsfrage offen lassen. Die Religion verlor dadurch ihre Führungsrolle und wurden von der Basis der gesamten Sozialordnung zu einer Frage persönlicher Präferenz, wie es sich bereits im Investiturstreit angekündigt hatte. Aus dieser Entkoppelung von Religion und Herrschaft ging ein eigenständiger Bereich des Politischen hervor, in dem der Herrscher auch über den Inhalt der Ordnung nach genuin politischen Kriterien entscheiden konnte. Das bedeutete nicht weniger als die Erstrekkung der Herrschaftsbefugnis von der Rechtsdurchsetzung auf die Rechtsetzung. Dadurch zerbrach die mittelalterliche Einheit von Recht und Gerechtigkeit. Das Recht wurde positiv und als solches zugleich kontingent, während die Gerechtigkeitsfrage von einem höherrangigen, rechtlich aber nicht bindenden Naturrecht beantwortet wurde. Schließlich änderten sich aber auch die Rechtsdurchsetzungsbedingungen. In der Bürgerkriegssituation konnte die neue Ordnung nur erfolgreich durchgesetzt werden, wenn die verschiedenen weitgefächerten und verstreuten Hoheitsrechte in einer Person vereinigt wurden, während umgekehrt alle übrigen ihren Anteil an der politischen Gewalt gegen die grundlegenden Werte des Zusammenlebens, inneren Frieden und persönliche

Sicherheit, eintauschten. Das Ergebnis war eine umfassende und unwiderstehliche Macht, für die Bodin den Begriff der Souveränität prägte und als das auschließliche Recht des Herrschers definierte, Recht im allgemeinen und im besonderen zu setzen, ohne dabei selbst rechtlich gebunden zu sein.

1.6. Souveränität als Attribut des Fürsten

Es ist die so verstandene Souveränität, die den modernen Staat von der mittelalterlichen Herrschaft unterscheidet. Unter der vorgegebenen göttlichen Ordnung war eine souveräne Gewalt nicht denkbar gewesen. Der gelegentlich anzutreffende Versuch, Souveränität im Mittelalter dem Recht selbst zuzuschreiben, läßt sich nicht aufrechterhalten. Wenn Souveränität ursprünglich die Befugnis bedeutet, zu entscheiden, was als Recht gelten soll, dann kann diese Befugnis nicht dem Produkt der Entscheidung zustehen. Als handlungsbezogener Begriff bedarf sie vielmehr eines personalen Trägers. In der historischen Lage, die den Begriff der Souveränität hervorbrachte, konnte die souveräne Gewalt nur beim Monarchen anfallen. An der Spitze der feudalen Pyramide stehend, hatte er bereits eine zentrale Position inne, mit der sich eine vergleichsweise große Zahl von Hoheitsrechten verband. Diese beiden Eigenschaften erhoben den Monarchen über alle anderen Gewalten im Land, die entweder nur lokale Bedeutung hatten oder, wenn sie zentrale Funktionen wahrnahmen wie Stände, nicht die Einheit, sondern die divergierenden Kräfte des Landes repräsentierten, die mittels der Souveränität gerade überwunden werden sollten. Souveränität entstand daher, bedingt durch die Situation, die sie hervorbrachte, als Monarchenrecht. Dieser Umstand machte es den Zeitgenossen freilich schwer, sogleich zwischen Monarch und Staat zu differenzieren. Die souveräne Gewalt trat ja nicht als systematische Konstruktion, sondern als Ergebnis eines historischen Prozesses ins Leben, in dessen Verlauf die bereits vorhandenen monarchischen Prärogativen nach und nach ausgeweitet und schließlich zur allumfassenden obersten Gewalt verdichtet wurden. Die Souveränität verband sich so mit ihrem sichtbaren Inhaber und erschien als Attribut der Landesherrschaft, das ebenso wie die älteren Einzelrechte nach den Regeln des Erbrechts erworben und übertragen, wie andere Privatrechte ausgeübt und vom Dienstpersonal des Herrschers verwaltet wurde. Der moderne Staat entstand unter diesen Umständen nicht als unpersönliche, abstrakte Anstalt, die von dem jeweiligen Herrscher unterschieden war, sondern als Patrimonium des Herrschers, während sich die Unterscheidung von Person und Institution als vergleichsweise späte Errungenschaft erweist.

1.7. Die Unterscheidung von Staat und Gesellschaft als Folge

Die neuartige Konzentration politischer Gewalt in einer Hand teilte die universale mittelalterliche Gemeinschaft in zwei verschiedene Sphären: eine kleine, die aus dem Fürsten und seinem militärischen und zivilen Stab bestand und durch das Monopol der legalen Zwangsgewalt charakterisiert war, und eine große, die alle übrigen Einwohner umfaßte, die dieser Gewalt unterworfen waren. Für den ersten Bereich kam eben zu dieser Zeit der Begriff des Staates auf, der bis dahin nur attributivisch, nämlich als Status von etwas, verwandt worden war. Für den zweiten Bereich blieb es beim älteren Begriff der Gesellschaft. Gesellschaft meinte aber nicht mehr die gesamte Gemeinschaft unter Einfluß der politischen Autoritäten, sondern die Gemeinschaft abzüglich des Staates. Die Konzentration aller politischen Gewalt in der Hand des Herrschers fand also ihre Entsprechung in der Privatisierung der Gesellschaft, und in ihrem privaten Status waren alle Gesellschaftsglieder ohne Rücksicht auf die sonstigen Unterschiede im rechtlichen und sozialen Status gleich. Der Bereich des Privaten bezeichnete freilich unter der absoluten Herrschaft keine Sphäre individueller Selbstbestimmung, die gegen politische Eingriffe abgeschirmt war, sondern lediglich den Status der Unterworfenheit unter den staatlichen Willen ohne Anteil an seiner Bildung oder Ausübung. Ebensowenig ließen sich die privaten Angelegenheiten von den öffentlichen durch vorgegebene Kriterien abgrenzen. Privat waren vielmehr diejenigen Gegenstände, an denen momentan kein öffentliches Interesse bestand. Einen dem staatlichen Zugriff prinzipiell entzogenen Bereich gab es nicht. Die Unterscheidung von Staat und Gesellschaft, privater und öffentlicher Sphäre spiegelte sich auch im Rechtssystem wider. Das universale mittelalterliche Recht zerfiel in zwei verschiedene Komplexe, das Privatrecht, das die Beziehungen der Gesellschaftsglieder untereinander ordnete, und das öffentliche Recht, das die Beziehungen zwischen diesen und dem Staat regelte. Die Unterscheidung selbst war nicht neu, sondern findet sich bereits im römischen Recht. Sie hatte dort jedoch nur lehrhaft-theoretische Bedeutung gehabt. Im absoluten Staat gewann sie praktische Relevanz, indem sie den Bereich des Rechtsschutzes festlegte. Die Zuständigkeit der Gerichte wurde auf privatrechtliche Angelegenheiten beschränkt, während öffentlichrechtliche Materien sich der gerichtlichen Beurteilung entzogen.

1.8. Die Grundlagen der monarchischen Souveränität

Die Souveränität war ihrer Intention nach keine Ermächtigung zu fürstlicher Willkür. Sie blieb vielmehr auf das gemeine Beste bezogen. Diese Formel oder ihre Synonyme hatten ältere Ursprünge, gewannen aber in der Entstehungsphase des modernen Staates neue Bedeutung. Das Gemeinwohl bildete keine in der göttlichen Offenbarung beschlossene unveränderliche Größe mehr, sondern konnte nach Zeit und Umständen variieren. Dadurch wurde es von einer Sache der Erkenntnis zu einer Sache der Entscheidung. Diese Entscheidung oblag dem Herrscher, der überlegene Einsicht in das Gemeinwohl für sich beanspruchte, wenngleich er dabei den Rat anderer nicht verschmähen sollte. Die Umstellung von Erkenntnis auf Entscheidung vergrößerte freilich den staatlichen Machtbedarf, und zunehmend wurde die Gemeinwohlformel auch im Sinne von Staatsräson verstanden. In der Formationsphase des modernen Staates war Macht vor allem eine Frage der Unabhängigkeit von rivalisierenden Gewalten. In der

Erringung dieser Unabhängigkeit bestand daher das vordringliche Anliegen der absoluten Monarchen. Ein stehendes Heer sollte die Unabhängigkeit von der Lehnsfolge des Adels, eine professionelle Verwaltung die Unabhängigkeit von lokalen Gewalten garantieren. Dabei setzte der Staat zunehmend auf Juristen, die im römischen Recht ausgebildet waren. Das römische Recht als Recht eines fortgeschrittenen und rational konstruierten Reiches hatte in der katholischen Kirche überlebt. Nicht zufällig drang es gerade zu jenem Zeitpunkt in die weltliche Herrschaft ein, als diese zentralisierte rationale Strukturen nach dem Vorbild der kirchlichen Hierarchie zu entwickeln begann. Die Rezeption des römischen Rechts auf dem Kontinent erklärt sich primär aus seiner überlegenen Rationalität und größeren Unabhängigkeit von lokalen und ständischen Gewalten, die es zu einer Zeit zur Verfügung stellte, in der die Fürsten von ihrem Gesetzgebungsrecht mangels einer entwickelten Gesetzgebungstechnik noch keinen ausgreifenden Gebrauch machen konnten. Zur Ausbildung seines Verwaltungspersonals gründete der Staat bald zahlreiche Universitäten, die ihn von der kirchlichen Erziehung unabhängig machten. Angesichts der Mittel, die der Ausbau einer unabhängigen Machtbasis verschlang, wurde die Finanzfrage freilich zum Kernproblem des absoluten Staates. Auf ein unbeschränktes Besteuerungsrecht und die Hebung der Wirtschaftskraft des Landes richtete sich daher auch sein Hauptbestreben.

1.9. Der englische Vergleichsfall

Der moderne Staat entstand in Gestalt des absoluten Staates, und zwar nicht aus dem Machtstreben der Fürsten und der Unachtsamkeit der Gesellschaft, sondern aus der geschichtlichen Lage, die die konfessionellen Bürgerkriege heraufbeschworen hatten. Staat und Souveränität waren die neuen Begriffe, mit denen die veränderte politische Wirklichkeit erfaßt wurde. Das erklärt zugleich, warum in England weder der Begriff des Staates und der Souveränität noch die Unterscheidung von Staat und Gesellschaft, öffentlichem und privatem Recht in derselben Weise aufkommen konnten. Es fehlte am realen Substrat dieser Begriffe. Die englische Krone besaß Prärogativen, aber keine oberste Gewalt. Es erhielt sich vielmehr eine Anzahl unabhängiger Gewalten, und vor allem das common law und sein Sachwalter, die Gerichte, konnten eine von der Krone relativ unabhängige Position behaupten. Der wichtigste Grund dafür liegt in einem frühzeitigen Verfall des Feudalsystems mit der Konsequenz, daß Adel und Bürgertum sich nicht scharf gegeneinander abgrenzten und infolgedessen das Land als Ganzes ein Gegengewicht zum Herrscher bildete. Das Parlament entwickelte sich unter diesen Umständen von der Ständevertretung zum Repräsentanten der Gesellschaft, die stets an der politischen Gewalt teilhatte. Überdies machte die Insellage Englands ein stehendes Heer für die Zwecke der Verteidigung unnötig. Der markanteste Unterschied zum europäischen Kontinent liegt jedoch darin, daß in England die Reformation nicht in einen Bürgerkrieg mündete, so daß auch keine historische Notwendigkeit für die Schaffung einer absoluten Staatsgewalt bestand. Im Gegenteil fand es Heinrich VIII. nützlich, sich für den Bruch mit Rom der Unterstützung des Parlaments zu versichern. Die Reformation, die auf dem Kontinent zum Absolutismus führte, stärkte auf diese Weise in England den Parlamentarismus. Die Versuche der Stuarts, eine Machtposition zu errichten, die der der französischen Könige ähnelte, fand keine historische Legitimation. Daher widerstanden Adel und Bürgertum gemeinsam diesen Plänen. Während die kontinentalen Bürgerkriege dem Absolutismus vorangingen, der als einziges Mittel der Wiederherstellung des Friedens erschien, ging in England der Absolutismus dem Bürgerkrieg voran, und dieser wurde geführt, um den Absolutismus zurückzuweisen und die traditionelle Ordnung wiederherzustellen.

1.10. Die unabgeschlossene Staatsbildung auf dem Kontinent

Allerdings kam es auch nicht in allen kontinentalen Ländern zur Herausbildung der absoluten Monarchie und des modernen Staates. Das Heilige Römische Reich entwickelte überhaupt keine geballte Hoheitsgewalt, und auch viele kleinere Territorien bewahrten hinter einer absolutistischen Fassade die alten Strukturen. Andere entwikkelten republikanische Strukturen, wie die Niederlande nach der Erringung der Unabhängigkeit. Ebensowenig erreichten alle Länder, die sich dem Absolutismus zuwandten, dieses Ziel zur selben Zeit oder in demselben Maß wie Frankreich. Aber nicht einmal in Frankreich als führendem kontinentalen Land vermochte der Monarch alle öffentlichen Funktionen in seiner Hand zu konzentrieren und unbeschränkt auszuüben. Im Ausbau des Absolutismus erscheint das Rußland des 17. Jahrhunderts fortgeschrittener als jeder westeuropäische Staat. Als absolutistisch gilt vielmehr ein Regime schon dann, wenn es sich von der Mitsprache der Stände in finanzieller und gesetzgeberischer Hinsicht frei gemacht und in einem stehenden Heer eine eigene Machtbasis verschafft hatte. Keine vollständige Macht wurde dagegen über die Gerichte gewonnen. Die französischen Gerichtshöfe, die sog. parlements, behielten die Befugnis, bestimmte gesetzgeberische Akte des Königs anzuerkennen oder zu verwerfen, und die Gerichte der meisten anderen Länder beanspruchten das Recht, königliche Eingriffe in wohlerworbene Rechte der Untertanen zu überprüfen. Zudem gewann kein absoluter Staat jemals vollständige Herrschaft über alle in seinem Herrschaftsgebiet lebenden Personen. Während der absolute Staat die privilegierten Stände ihrer politischen Mitspracherechte weitgehend entkleidete, ließ er die ständisch-feudale Sozialstruktur im wesentlichen unberührt, so daß die Bauern Untertanen ihrer Grundherren blieben und nicht Untertanen des Staates wurden. Angelegenheiten, die eng mit der Religion verbunden waren wie das Familienrecht oder die Erziehung, befanden sich noch immer unter der Aufsicht der Kirche. Die Bürokratie durchdrang keineswegs das gesamte Staatsgebiet. Sie bildete einen Stab bei Hofe, während die meisten Ämter auf dem Land käuflich waren. Gesetze wurden unter diesen Umständen zwar häufig erlassen, aber schlecht durchgeführt, und erst spät gelang es den absoluten Staaten, größere Teile des Rechts in Kodifikationen nach ihren Bedürfnissen neu zu ordnen.

2. Die Krise des Absolutismus und der liberale Staat

2.1. Der Sozialvertrag als Rechtfertigung des Staates

Die unerhörte Machtkonzentration in weltlicher Hand verlangte alsbald nach Rechtfertigung. Da eine transzendentale Rechtfertigung nicht mehr zur Verfügung stand, suchte die Sozialphilosophie sie auf Vernunftgründe, die jedermann ungeachtet seines Glaubens zugänglich sein mußten, zu stützen. Politische Herrschaft wurde als legitim betrachtet, wenn sie vor der Vernunft Bestand hatte, und als Prüfstein galt die hypothetische Zustimmung jedes vernünftigen Menschen. Herrschaft war dann nicht mehr auf göttliche Einsetzung gegründet, wie die Monarchen nach wie vor beanspruchten, sondern auf einen gedachten Vertrag. Die Bedeutung der vertraglichen Legitimation politischer Herrschaft lag in der Leugnung originärer Herrschaftsbefugnisse. Herrschaft leitete sich vielmehr von der Zustimmung der Beherrschten ab. Damit war nicht notwendig eine Abkehr vom monarchischen Absolutismus verbunden. Unter dem Eindruck der konfessionellen Bürgerkriege konnte es im Gegenteil als vernünftig erscheinen, alle natürlichen Rechte an den Staat abzutreten, wenn nur so Leben und Eigentum gesichert werden konnten, wie Hobbes lehrte. Auf diese Weise lieferte die Vertragstheorie anfangs eine Rechtfertigung des Absolutismus und trug zur Machtsteigerung des Staates bei. Die Vertragsform war freilich für verschiedene Inhalte offen. In Holland, wo die Generalstände 1581 die Unabhängigkeit von der spanischen Krone erklärt hatten, wurde die Souveränität schon früh beim Volk und nicht beim Fürsten angeknüpft. Auf lange Sicht unterhöhlte die Vertragstheorie auch in anderen Ländern die absolute Gewalt des Monarchen. Je besser dieser seine Funktion der Wiederherstellung des inneren Friedens erfüllte, desto unplausibler mußte es ja erscheinen, daß er über unbegrenzte Macht verfügte. Daher veränderte sich in der jüngeren Vertragstheorie der Inhalt des Sozialvertrags. Angesichts einer im Grunde friedlichen und harmonischen Gesellschaft verlangte die Vernunft nur noch die Abtretung jener natürlichen Rechte, die der Staat benötigte, um Freiheit und Selbstbestimmung jedes Einzelnen gegen externe Störungen abzuschirmen. Mit diesem Inhalt entfaltete die Vertragstheorie ein kritisches Potential gegen den unbegrenzten Verfügungsanspruch des absoluten Monarchen und die Entmündigung der Gesellschaft.

2.2. Der aufgeklärte Absolutismus als Übergangsperiode

Als diese Version der Vertragstheorie Ende des 17. Jahrhunderts von Locke formuliert wurde, konnte sie als Ausdruck der tatsächlichen Zustände der englischen Monarchie nach der Glorious Revolution erscheinen. In der kontinentaleuropäischen Situation mußte sie dagegen revolutionär wirken und fand erst Resonanz, nachdem ein wohlhabendes und selbstbewußtes Bürgertum entstanden war, das sich durch die alte Ordnung der Standesschranken und des staatlichen Dirigismus im Bereich der Wirtschaft eingeengt sah und daher für eine Theorie empfänglich wurde, die Veränderungen rechtfertigte. So verhielt es sich seit der Mitte des 18. Jahrhunderts in Frankreich, während die große Mehrheit des deutschen Bürgertums aufgrund des wirtschaftlichen Entwicklungsrückstands für den Liberalismus noch nicht hinreichend vorbereitet war. Die führende Position des Staates wurde in Deutschland nicht grundsätzlich in Frage gestellt, und auch das Vernunftrecht behielt seinen etatistischen Zug. In der Tat waren es in Deutschland die Monarchen der fortgeschrittensten Staaten, Österreich und Preußen, die aus eigener Initiative zur Überwindung des Feudalsystems und zur Modernisierung der Gesellschaft ansetzten. Die Sozialphilosophie der Aufklärung sah daher hier in den absoluten Monarchen ihre natürlichen Verbündeten. Unter dem Einfluß der aufklärerischen Theorie begannen diese nun, zwischen Herrscher und Staat zu unterscheiden und ihre Funktion als Dienst am Staat zu verstehen, dessen Wohl nicht mehr mit dem Interesse der Dynastie in eins fiel. Ebenso wandelte sich der Begriff des Gemeinwohls. Es bestand nicht mehr ausschließlich in der Staatsmacht, sondern umfaßte auch die individuelle Glückseligkeit. Damit ging eine gewisse Lockerung der bestehenden Bindungen einher. Der Staat schickte sich nicht nur an, seine Untertanen von feudalen, korporativen und kirchlichen Bindungen zu befreien, sondern erlegte auch sich selbst gewisse Beschränkungen im Interesse größerer Individualfreiheit auf. Die Herrscher waren aber nicht bereit, dem Einzelnen die ungeteilte Entscheidung über sein eigenes Glück zuzugestehen oder ihn gar an der Bestimmung des Gemeinwohls zu beteiligen. Der Staat behielt vielmehr die alleinige Einsicht in das Gemeinwohl, während die Vorstellungen der Gesellschaft ohne Belang für ihn blieben. Daran zeigt sich, in welchem Maß auch der aufgeklärte Absolutismus immer noch Absolutismus war.

2.3. Die Entstehung des liberalen Staates

Im Gegensatz dazu blieb der physiokratische Einfluß auf den französischen Staat eine kurzlebige und erfolglose Episode. Die absolute Monarchie verteidigte vielmehr die alte Ordnung desto hartnäckiger, je stärker sie vom Dritten Stand angegriffen wurde. Die Aufklärung ging daher in Frankreich eine Allianz mit dem Bürgertum gegen den Staat ein. Dessen Unwilligkeit und Unfähigkeit zur Reform drängte den Dritten Stand schließlich auf den Weg der Revolution. Revolution bedeutet dabei nichts anderes als die gewaltsame Übernahme der Staatsgewalt. Die Französische Revolution wäre allerdings mißverstanden, wenn man sie vornehmlich unter staatlich-politischem Blickwinkel interpretierte. Das eigentliche Ziel des französischen Bürgertums war die Umstellung der Gesellschaftsordnung von ständisch-feudalen Bindungen auf individuelle Freiheit, weil dadurch jene Selbststeuerungsmechanismen zum Zuge kamen, die nach der liberalen Doktrin automatisch wirtschaftlichen Wohlstand und soziale Gerechtigkeit hervorbrachten. Die politische Macht war nur das unerläßliche Mittel zur Erreichung dieses Zwecks. Allerdings hatte der Wandel der Sozialordnung Konsequenzen für die Gestaltung des politischen Systems, weil individuelle Freiheit und absolute Staatsmacht unvereinbar waren. Daher konnte der Staat nicht unverändert bleiben, wenn die Sozialreform erfolgreich sein sollte. Traf es zu, daß soziale Gerechtigkeit die von selbst eintretende Folge individueller Selbstbestimmung war, dann verlor der Staat seine umfassende Verantwortung für das Glück des Einzelnen und die Wohlfahrt der Gesamtheit. Seine Funktion reduzierte sich vielmehr darauf, die Voraussetzungen der Zielerreichung, nämlich individueller Freiheit, zu garantieren. Mittels der Verfassung sollte gesichert werden, daß er diese Funktion nicht überschritt. Daher begrenzten Grundrechte seinen Aktionsradius zugunsten individueller Freiheit, und das Staatsorganisationsrecht band die Staatsmacht an die Gesellschaft zurück, und zwar so, daß jeder Inhaber öffentlicher Gewalt einer direkten oder indirekten gesellschaftlichen Betrauung, die durch die Wahl vermittelt wurde, und jeder Akt öffentlicher Gewalt einer gesellschaftlichen Ermächtigung, die durch das parlamentarisch beschlossene Gesetz vermittelt wurde, bedurfte.

2.4. Die Beibehaltung der Souveränität

Mit der Vorstellung, daß die Gesellschaft auch ohne einen allmächtigen Staat zu Wohlstand und Gerechtigkeit gelangen könne, entfiel die historische Rechtfertigung für Souveränität. Dennoch war das französische Bürgertum nicht bereit, auf die Souveränität zu verzichten. Der Grund lag in dem Widerstand, den die privilegierten Stände des Ancien régime den liberalen Reformen entgegensetzten. Angesichts dieses Widerstands hing der Erfolg der Revolution von einer in ihrer Durchsetzungskraft eher noch gesteigerten öffentlichen Gewalt ab, die die sozialen und politischen Reformen sicherstellen konnte. Darin liegt auch die Erklärung für den offenkundigen Unterschied zwischen den Verfassungen, die aus der Französischen Revolution einerseits, der amerikanischen Revolution andererseits hervorgingen. Obwohl beiden dieselben theoretischen Prämissen zugrundelagen, lief die französische Verfassung auf einen souveränen Staat hinaus, die amerikanische dagegen nicht. In Amerika, wo es Standesschranken, Feudalismus und Merkantilismus nie gegeben hatte, bestand auch kein Bedürfnis nach einer liberalen Sozialreform. Die amerikanische Revolution konnte sich nach dem Bruch mit England auf eine Veränderung des Regierungssystems und die Errichtung von Sicherungen gegen den Mißbrauch der Staatsgewalt beschränken. In Frankreich mußte die öffentliche Gewalt dagegen denjenigen Zustand, der in Amerika wie die naturgemäße Ordnung erscheinen mochte, erst schaffen. Aus diesem Grunde zerstörte die Französische Revolution zwar die absolute Monarchie, aber nicht den souveränen Staat. Sie wechselte nur das Subjekt der Souveränität aus und übertrug sie vom Monarchen auf das Volk, in dessen Namen fortan alle staatlichen Funktionen ausgeübt wurden. Der Patrimonalstaat war damit endgültig überholt. An seine Stelle trat der Staat als abstrakte Größe. Seine Konstruktion nach Vernunftgesichtspunkten und auf der Basis einer geschriebenen Verfassung vollendete die vom Absolutismus nicht zum Abschluß gebrachte Konzentration der öffentlichen Gewalt, indem alle intermediären Gewalten, die sich im Ancien régime zwischen Staat und Individuen geschoben hatten, aufgelöst wurden, die Gerichte ihre Befugnis zur Rechtmäßigkeitskontrolle von Staatsakten, insbesondere Gesetzen, verloren, ein effektiver, nicht käuflicher öffentlicher Dienst und ein öffentliches Schulsystem errichtet wurden. Staat und Souveränität behielten auf diese Weise auf dem Kontinent ihre zentrale Bedeutung auch im Liberalismus.

2.5. Die Rangverkehrung von Staat und Gesellschaft

Nachdem die Sozialreform abgeschlossen war, konnte sich auch der französische Staat auf den Freiheitsschutz zurückziehen. Verglichen mit dem absoluten Staat bedeutete das nicht nur eine Funktionsbeschränkung, sondern auch einen Rangverlust. Die liberale Prämisse von dem Bedingungsverhältnis zwischen individueller Freiheit und allgemeiner Wohlfahrt mußte ja die hergebrachte Rangfolge von öffentlichen und privaten Interessen umkehren. Sorgte eine »invisible hand« dafür, daß alle ihre Einzelinteressen verfolgen konnten und am Ende doch immer das Gesamtinteresse dominierte, dann blieb für ein über den Freiheitsschutz hinausgehendes öffentliches Interesse kein Raum mehr. Das öffentliche Interesse, das früher das Betätigungsfeld des privaten abgesteckt hatte, empfing nun von diesem seine Bestimmung. Damit war aber auch der Staat als Sachwalter des Gesamtinteresses seiner Leitungsfunktion für die Gesellschaft entkleidet und trat in eine dienende Rolle. Desgleichen blieb dem öffentlichen Recht, das bis dahin dem privaten vorgegangen war, nur noch eine Schutzfunktion für dieses. Das galt selbst für die Verfassung, die dem Privatrecht zwar formal übergeordnet war, jedoch nur im Interesse seines desto wirksameren Schutzes gegen die Staatsmacht. Diese hatte sich ja durch die Abkehr vom Absolutismus in ihrer Substanz nicht geändert. Der Staat benötigte vielmehr auch für seine reduzierte Funktion das Monopol legitimer physischer Gewalt und unterschied sich gerade darin von der Gesellschaft, die ihrerseits von Herrschaft befreit und auf freiwillige Kooperation verwiesen war. Die Priorität der Gesellschaft blieb aber insofern gewahrt, als sie es war, die dem Staat die Bedingungen des Einsatzes der öffentlichen Gewalt vorschrieb. Ihre gewählten Repräsentanten legten im Parlament gesetzlich fest, wann und wie der Staat zum Zweck des Freiheitsschutzes in die individuelle Freiheit eingreifen durfte. Dabei garantierte, wie Rousseau dargelegt hatte, die gleichberechtigte Mitwirkung aller an politischen Entscheidungen und die gleichmäßige Betroffenheit aller von diesen Entscheidungen, daß der Staat nicht in den Dienst von Partikularinteressen treten konnte, sondern auf das Gemeinwohl bezogen blieb.

2.6. Die Wendung zum Klassenstaat

Die gerechtigkeitsverbürgenden demokratischen Prinzipien wurden von der liberalen Praxis allerdings weitgehend desavouiert. Die Beschränkung des Wahlrechts auf die besitzenden und gebildeten Schichten, wie sie in allen liberalen Staaten üblich war, wirkte sich in einer Gleichsetzung des Gesamtinteresses mit den bürgerlichen Interessen aus. Vor allem die französische Juli-Monarchie liefert dafür reiches Anschauungsmaterial. Zu dieser Zeit war die Konstellation von 1789, in der sich das Bürgertum noch überzeugend als Vertreter gesamtgesellschaftlicher Interessen ausgeben konnte, freilich längst Vergangenheit. Die Industrielle Revolution hatte den Vierten Stand hervorgebracht, der gerade durch den Mangel an Besitz und Bildung gekennzeichnet war und in einem über den Markt gesteuerten System nur seine Arbeitskraft verwerten konnte. Da diese wohlfeil war, setzten sich unter dem Schutz der Vertragsfreiheit Ausbeutung und Not in der Gesellschaft fest. Der grundlegenden Annahme des Liberalismus, daß individuelle Freiheit automatisch soziale Gerechtigkeit verbürge, war dadurch der Boden entzogen. In Wahrheit konnte das liberale Sozialmodell mit seinen über individuell ausgehandelte Verträge gesteuerten Sozialbeziehungen seine Verheißung nur einlösen, wenn der rechtlichen Gleichheit der Vertragspartner ein annäherndes faktisches Gleichgewicht entsprach. Daran fehlte es aber seit der Industriellen Revolution endgültig. Unter diesen Umständen war das Verharren des Staates bei der Nicht-Intervention kein Ausdruck seiner Neutralität, sondern Parteinahme für die stärkere Seite. Der Staat diente Klasseninteressen. Diese Erfahrung löste eine antistaatliche Wendung in der politischen Theorie aus, und es ist kein Zufall, daß diese Bewegung gerade unter den Sozialisten und Syndikalisten Frankreichs besondere Verbreitung fand. Viele von ihnen erblickten das eigentliche Hindernis sozialer Gerechtigkeit nicht in der Eigentumsverteilung oder in den Wahlberechtsbeschränkungen, sondern im Staat als solchen. Unabhängig von der Marxschen Theorie wurde soziale Gerechtigkeit für sie zu einer Frage der Abschaffung des Staates. Aber auch Marx'Theorie vom Staat als Agent von Klasseninteressen, der absterben mußte, sobald die Klassenspaltung überwunden war, ist ein Resultat des Anschauungsmaterials, das die französische Juli-Monarchie bot.

2.7. Das deutsche Modell der Trennung von Staat und Gesellschaft

Anders als in Frankreich bestand unter den deutschen Liberalismus-Kritikern eine starke Neigung, soziale Gerechtigkeit von vermehrter Staats-tätigkeit zu erwarten. Diese Erwartung hatte ihre empirische Grundlage in dem Umstand, daß der deutsche Staat nie in demselben Ausmaß wie der französische bürgerlicher Staat geworden war. Das deutsche Bürgertum hatte die Französische Revolution begrüßt, jedenfalls vor der Hinrichtung Ludwigs XVI., war aber nicht in der Lage, selbst zur Revolution zu schreiten. Die Verfassungen, die nach und nach auch in Deutschland Verbreitung fanden, wurden nicht vom Volk erkämpft, sondern von den Fürsten freiwillig gewährt. Sie sicherten mittels Grundrechten eine staatsfreie Sphäre privater Interessenverfolgung, in die die Regierung nur aufgrund einer zuvor erteilten Ermächtigung durch parlamentarisches Gesetz eingreifen durfte. Dessen ungeachtet beanspruchten die Fürsten die Staatsgewalt aber weiterhin ungeteilt für sich. Das führte dazu, daß die Volksvertretungen, obwohl verfassungsmäßige Organe, genau genommen außerhalb des Staates standen, der weiterhin vom Monarchen sowie seiner Verwaltung und seinem Heer gebildet wurde. Die Volksvertretung gewann keinen Einfluß auf die dem Staat vorbehaltenen Bereiche. Da es dem deutschen Bürgertum nicht gelungen war, den Staat seinem Willen zu unterwerfen, wurde es auf denjenigen Bereich verwiesen, den der Staat freigegeben und privater Initiative überlassen hatte. Freiheit bedeutete unter diesen Umständen nicht Teilhabe an der Bildung des Gemeinwillens, sondern Abwesenheit von staatlicher Lenkung. Einerseits verlor der Staat die vollständige Herrschaft über die Gesellschaft, die er im Absolutismus beansprucht hatte. Andererseits gewann die Gesellschaft nicht die Oberhand über den Staat, wie sie die Volkssouveränität vermittelte. Es war diese Konstellation, die zu der Trennung von Staat und Gesellschaft führte, die typisch für die deutsche politische Tradition im 19. Jahrhundert wurde und in dieser Form weder in Frankreich noch in den angelsächsischen Ländern bestand. Die Kompensation für das demokratische Defizit wurde im Rechtsstaat gesucht, der die Privatsphäre gegen staatliche Interventionen abschirmte, und die Vollendung des Rechtsstaates rückte zum wichtigsten politischen Anliegen des deutschen Bürgertums nach der fehlgeschlagenen Revolution von 1848 auf.

2.8. Die Überhöhung des Staates

In diesem dualistischen Konzept erschien die Gesellschaft als Ansammlung partikularer Interessen. Ohne den Staat war sie nicht fähig, zum Gemeinwohl zu gelangen. Erst recht bedurfte sie seiner, um zu einer unter einem Prinzip oder einer Idee geeinten Gemeinschaft zu werden. Der Staat verkörperte so alle höheren Werte des menschlichen Lebens, und nur unter seiner Führung und Hilfe konnte auch der Einzelne seine Bestimmung erreichen. Die Überhöhung und Idealisierung des Staates, wie sie in Hegels Philosophie kulminierte, war die zwangsläufige Konsequenz der gänzlich privaten Vorstellung von Gesellschaft in Deutschland. Diese Auffassung begünstigte eher einen substantiellen als einen funktionalen Staatsbegriff. Diesem Anspruch hielt weder der westeuropäische Staat stand, der einige Dienstleistungen für eine im Prinzip sich selbst genügende Gesellschaft erbrachte, noch der bloße Garant individueller Freiheit, wie er von der liberalen Theorie gefordert wurde, sondern nur ein Staat, der die Erfüllung aller höheren Bestrebungen des nationalen Lebens versprach. Ein solcher Staat konnte freilich nicht mit der zufälligen Person des Herrschers identifiziert werden. Die Annahme, daß es der Monarch sei, von dem alle staatlichen Entscheidungen ausgingen, war ohnehin von der Realität überholt worden. Die Möglichkeit des persönlichen Regiments setzte wesentlich einfachere Verhältnisse voraus. Die Theorie folgte der veränderten Wirklichkeit nach und gab im Lauf des 19. Jahrhunderts die Vorstellung vom Patrimonialstaat preis. Auch in Deutschland wurde der Staat nun als eigenständiges Gebilde, für welches der Monarch nur als oberstes Organ auftrat, begriffen, wobei organische Deutungen dieses Gebildes vorherrschten. Obwohl in Deutschland nie Zweifel an der Existenz der Souveränität aufgekommen waren, warf diese Umdeutung doch die Frage nach ihrem Träger auf. Ohne Zweifel schied, anders als in Frankreich, das Volk als Träger der Souveränität aus. Ebensowenig war es freilich möglich, die Souveränität dem Organ einer anderen Einheit zuzuschreiben. Daher kam die deutsche Theorie gegen Ende des 19. Jahrhunderts zu dem Schluß, daß es der Staat als solcher sei, dem die Souveränität zustehe, eine Lösung, die freilich wenig half, wenn die Ausübung von Souveränitätsrechten zwischen verschiedenen Organen des Staates in Streit geriet.

2.9. Der Aktionsradius des deutschen Staates

Die eigentümliche Stellung des deutschen Staates spiegelte sich nicht nur in der Theorie wider, sondern hatte durchaus praktische Konsequenzen. Der Umstand, daß das alte monarchische System nicht durch eine erfolgreiche Revolution überwunden, sondern nur durch konstitutionelle Zugeständnisse modifiziert worden war, ermöglichte es dem Staat, weiterhin die alleinige Verantwortung für das Gemeinwohl zu beanspruchen. Dieses ließ sich dann weder mit den Interessen einer herrschenden Klasse identifizieren noch als Resultante der Auseinandersetzung verschiedener gesellschaftlicher Interessen ansehen. Das Gemeinwohl blieb vielmehr eine Größe oberhalb der partikularen Interessen, die nur von dem selbst interessenfreien Staat erkannt werden konnte. Damit ist nicht gesagt, daß der Staat die vorgebliche Neutralität gegenüber den partikularen Interessen tatsächlich wahrte oder eine unparteiliche Politik betrieb. Aber der Staat genoß eine gewisse Unabhängigkeit von den partikularen Interessen, die in Ländern, welche verfassungsrechtlich weiter fortgeschritten waren als Deut-schland, keine Parallele fand. Der deutsche Staat ließ sich auch soziologisch betrachtet nie in einem solchen Maß dem Bürgertum zuschreiben, wie das für einige seiner westlichen Nachbarn zutraf. Wenn er ökonomischen Liberalismus praktizierte, blieb dieser doch dem Staatsinteresse untergeordnet. Er diente als Mittel zur Modernisierung der Gesellschaft im staatlichen Interesse. Daher konnte er auch eingeschränkt oder aufgegeben werden, wenn das staatliche Interesse andere Mittel erforderte. Es ist daher kein Zufall, daß sich soziale Ideen in Deutschland viel weniger gegen den Staat richteten als in Frankreich. Die Lösung der sozialen Frage wurde im Gegenteil vom monarchischen Staat erwartet. Diese Erwartung stimmte mit der paternalistischen Haltung überein, die für den absoluten Staat kennzeichnend gewesen und auch im konstitutionellen Staat nie gänzlich abgelegt worden war. Sie ließ sich wiederbeleben, als eine ganze Klasse der Gesellschaft in Not geriet und dadurch zur Bedrohung für das System wurde. Abhilfe für die Not der Arbeiterklasse war auch in anderen Industrienationen gefordert worden, aber das offenkundige Scheitern der Bemühungen dort und ihr erstaunlicher Erfolg hier finden ihre Erklärung gerade in dem unterschiedlichen Typ von Staatlichkeit. Die Tatsache, daß Deutschland trotz seiner konstitutionellen Rückschrittlichkeit führend in der Sozialpolitk wurde, liegt gerade in der Position des Staates in diesem Land begründet.

2.10. Die Identität des liberalen Staates

Der Wechsel vom Absolutismus zum Liberalismus, der den Abstand zwischen England und dem Kontinent verringerte, veränderte zwar die Funktion und Konstruktion, nicht aber die Natur des kontinentalen Staates. Im Gegenteil trat er in seiner Abstraktheit und Unpersönlichkeit erst jetzt unverstellt zutage, vollendete das Gewaltmonopol und zog daraus seine Identität im Gegensatz zur Gesellschaft. Indessen wechselte die Grundlage der Identität. Im Absolutismus beruhte die Identität des Staates auf dem Monopol des Politischen, das die Gesellschaft von jeder aktiven Teilhabe ausschloß und sie politisch in eine gänzlich passive Rolle drängte. Dieses Monopol verschwand, als das Volk in die Politik eintrat: entweder als Souverän, der nun seinerseits die Aktionen des Staates bestimmte wie in Frankreich, oder als Teilhaber an bestimmten politischen Entscheidungen wie in Deutschland. Da das Volk jedoch aus sich heraus zu organisiertem politischen Handeln unfähig ist, entstanden zur selben Zeit nichtstaatliche politische Institutionen wie Parteien und Verbände, Presse und öffentliche Meinung. Politik ließ sich seitdem unter Beschränkung auf den Staat nicht mehr zureichend beschreiben. Trotz des Verlustes seiner Monopolstellung blieb der Staat aber auch im Liberalismus eine unterscheidbare Größe. In Deutschland erlaubte die Trennung von Staat und Gesellschaft, die das Produkt einer Situation war, in der der Absolutismus von den Fürsten nicht länger aufrechterhalten und die Demokratie vom Volk noch nicht errungen werden konnte, eine verhältnismäßige klare gegenständliche Scheidung zwischen öffentlichen und privaten Angelegenheiten. In denjenigen Ländern, die den Staat auf die Volkssouveränität gründeten und so den deutschen Typ der Trennung von Staat und Gesellschaft nicht zuließen, war der Staat gleichwohl durch seine Funktionen unterscheidbar. Diese hoben sich ja für den Liberalismus klar von denjenigen der Gesellschaft ab. Während die Gesellschaft in ihren Aktivitäten grundsätzlich keiner Beschränkung unterlag, war der Staat auf die Wahrung von Sicherheit und Ordnung beschränkt. Die Erfüllung dieses Auftrags erforderte das Monopol physischer Gewalt, das umgekehrt die Gesellschaft als herrschaftsfreie Sphäre, die nur durch vertragliche Beziehungen koordiniert war, zurückließ. Obwohl Grenzüberschreitungen vorkommen konnten, stand die Grenze als solche doch außer Frage.

3. Die Krise des Liberalismus und der Wohlfahrtsstaat

3.1. Die Identitätsprobleme des gegenwärtigen Staates

Die Gewißheit früherer Jahrhunderte über den Staat ist mittlerweile verloren gegangen. Seine einstige Identität resultierte aus der Differenz zur Gesellschaft als einer auf Herrschaft angewiesenen Sphäre. Diese Differenz war in der Epoche des Absolutismus evident. Sämtliche Herrschaftsfunktionen verdichteten sich zu einer umfassenden obersten Gewalt, die einem persönlichen Träger, dem Monarchen, zustand, der sie als originäres und unbegrenztes Recht ausübte und weder des Konsenses noch der Mitwirkung der Herrschaftsunterworfenen bedurfte. Der Staat zeichnete sich durch das Gewaltmonopol aus. Dieses Kriterium zog die Linie zwischen zwei verschiedenen Personengruppen, so daß es möglich schien, zwischen Staat und Gesellschaft geradezu auf einer physischen Basis zu unterscheiden: der Staat bestand aus Personen mit öffentlicher Gewalt, die Gesellschaft aus Personen ohne öffentliche Gewalt. Nachdem die Einheit von Staat und Herrscher zerbrochen war und der Staat als abstrakte, unpersönliche Größe erschien, entfiel die Möglichkeit, zwischen Staat und Gesellschaft auf einer physischen Basis zu unterscheiden. Das galt vollends, wenn die Souveränität dem Volk zugeschrieben wurde. Die Differenz ließ sich dann nur noch auf einer funktionalen Ebene aufrechterhalten. Die liberale Theorie der Staatsaufgaben erleichterte freilich eine solche Unterscheidung. Nach dieser Theorie bestand die einzige Aufgabe des Staates in der Wahrung einer vorausgesetzten Ordnung, und das bedeutete im wesentlichen den Schutz der Bevölkerung vor auswärtigen Angreifern und die Rechtsdurchsetzung im Inneren. Für diesen begrenzten Zweck war der Staat mit allen nötigen Zwangsmitteln ausgerüstet, während sämtliche Tätigkeiten, die keine Gefahr für den inneren Frieden bildeten, der Gesellschaft überlassen blieben, die ihrerseits wiederum keinerlei Recht zur Gewaltanwendung beanspruchen konnte. Diese Unterscheidung von Funktionen und Mitteln erlaubte weiterhin eine klare Identifizierung des Staates. Wenn die gegenwärtige Unsicherheit über den Staat eine tatsächliche Grundlage hat, so muß diese in den funktionalen Beziehungen zwischen Staat und Gesellschaft zu finden sein. Die Zweifel, die aufgetaucht sind, legen die Vermutung nahe, daß hier seit der Blüte des Liberalismus einige Veränderungen eingetreten sind.

3.2. Die Industrielle Revolution und die Soziale Frage

Die Rechtfertigung für die Begrenzung der Staatsfunktionen lag in der liberalen Annahme begründet, daß soziale Gerechtigkeit und wirtschaftlicher Wohlstand am besten durch individuelle Freiheit gewährleistet würden. Die Regulierung der gesellschaftlichen Beziehungen wurde unter diesen Umständen dem Marktmechanismus überlassen, während staatliche Reglementierungen diesen Mechanismus stören mußten und daher das Gemeinwohl beeinträchtigten. Die Richtigkeit dieser Annahme geriet nach der Industriellen Revolution zunehmend in Zweifel. Die unmittelbare Folge der Industriellen Revolution bestand darin, daß in zahlreichen Gebieten der Marktmechanismus den von ihm erwarteten gerechten Interessenausgleich nicht mehr zu verbürgen vermochte. Das traf zunächst für den Arbeitsmarkt zu, von dem in der Industriegesellschaft mehr und mehr Menschen abhingen. Das Ergebnis war die Entstehung des Proletariats, dessen Not nicht, wie der Liberalismus einkalkuliert hatte, auf persönlichem Versagen beruhte, sondern strukturell bedingt und daher auch durch persönliche Anstrengung nicht behebbar war. In dem Prozeß wirtschaftlicher Konzentration, der der

Industriellen Revolution folgte, wiederholte sich der Vorgang für große Teile des Warenmarktes. Allgemeiner gewendet, machte die Industrielle Revolution endgültig klar, daß individuelle Freiheit nur unter der zusätzlichen Bedingung eines annähernden Kräftegleichgewichts der Individuen zu sozialer Gerechtigkeit führte. Die Existenz eines solchen Gleichgewichts war die stillschweigende Voraussetzung der liberalen Theorie gewesen, die sich unter vorindustriellen Bedingungen ausgebildet hatte. Im selben Maß, wie die vorausgesetzte Chancengleichheit verschwand, konnten Eigentums- und Vertragsfreiheit den vernünftigen Interessenausgleich nicht mehr garantieren. Das Prinzip der Freiheit entfaltete seine intendierte Wirkung zwar weiterhin in der Begrenzung des Staates. In der sozialen Dimension entpuppte es sich dagegen als Unterdrückungsmittel in der Hand der Stärkeren. In die von staatlicher Macht befreite Sphäre zogen soziale Machtstrukturen ein. Das liberale Ziel allgemeiner Wohlfahrt und sozialer Gerechtigkeit war mit den liberalen Mitteln nicht mehr erreichbar.

3.3. Die wachsende Komplexität der Industriegesellschaft

Zu dieser unmittelbaren Konsequenz der Industriellen Revolution gesellten sich auf längere Sicht weitere Folgen, die die liberale Staatsvorstellung in Mitleidenschaft zogen. In unserem Zusammenhang ragt dabei der nach wie vor anhaltende wissenschaftliche und technische Fortschritt hervor. Der Bereich natürlicher Entwicklungen verkleinert sich dadurch, während mehr und mehr ehedem natürliche Verläufe vom Menschen beherrscht werden können. Es findet eine generelle Zunahme des Machbaren statt. Für die Staatsfunktion ist das von Bedeutung, weil Machbarkeit stets verschiedene Wege eröffnet und die Richtung, die eingeschlagen werden soll, in den meisten Fällen umstritten und daher entscheidungsbedürftig ist. Von einem bestimmten Grad der Strittigkeit an werden die Probleme als politisch empfunden und dem Staat zur Lösung übertragen. Insofern besteht ein direkter Zusammenhang zwischen der technischen Entwicklung und den staatlichen Aufgaben. Die Reichweite der Politik hat sich verglichen mit der Epoche des Absolutismus dadurch erheblich ausgeweitet. Die Industrielle Revolution bringt daneben aber auch eine ebenfalls anhaltende Spezialisierung der sozialen Funktion mit sich. Das hat einen doppelten Effekt. Zum einen erhöht die funktionale Spezialisierung die Leistungsfähigkeit der Gesellschaft. Zum anderen steigert sie aber auch die gesellschaftliche Interdependenz und damit zugleich die Störungsanfälligkeit. Das binäre Modell der Regulierung sozialer Beziehung mittels frei ausgehandelter individueller Verträge scheint für den erreichten Grad sozialer Interdependenz nicht komplex genug zu sein. Das System bringt vielmehr Folge- und Nebenwirkungen hervor, die die Kontrolle der Vertragspartner übersteigen und dann als externe Kosten anfallen, die der Gesamtgesellschaft aufgebürdet werden. Auch deswegen resultiert die freie private Interessenverfolgung nicht mehr automatisch in dem Gemeinwohl. Die Fähigkeit der Gesellschaft, soziale Integration und soziale Gerechtigkeit durch eine

»invisible hand« zu gewährleisten, ist im Schwinden begriffen. Im gleichen Maß steigt der Bedarf an staatlicher Lenkung.

3.4. Die Ausweitung der Staatsaufgaben

Während die Erfahrung des Absolutismus die Forderung nach dem Rückzug des Staates aus der Gesellschaft hervorgerufen hatte, führte die Erfahrung des Liberalismus zum Ruf nach seiner Rückkehr. Vom Staat wird seitdem wieder erwartet, daß er Verantwortung für soziale Gerechtigkeit und wirtschaftlichen Wohlstand übernimmt. Je mehr die Negierung dieser Erwartung seine Legitimität bedrohte, desto weniger vermochte er sein anfängliches Zögern aufrechtzuerhalten. Seit dem späten 19. Jahrhundert läßt sich eine kontinuierliche Ausweitung des öffentlichen Sektors beobachten. Dabei können drei Schritte unterschieden werden. Zunächst begann der Staat die offenkundigsten Mißbräuche ökonomischer Freiheit, namentlich auf dem Gebiet der Arbeitsbeziehungen und des wirtschaftlichen Wettbewerbs, zu korrigieren. Sein Instrument war das Gesetz, das die Grenzen wirtschaftlicher Freiheit enger zog und eben dadurch den schwächeren Gliedern der Gesellschaft erhöhten Schutz bot. Die zweite Etappe folgte der sozialen und wirtschaftlichen Krise nach dem Ersten Weltkrieg. Angesichts dieser Krise und bedingt durch allgemeines Wahlrecht und Demokratie beschränkte sich der Staat nicht mehr auf gesetzgeberische Korrekturen des laissez-faire, sondern sprang zur Überwindung ökonomischer Engpässe und sozialer Notlagen ein. Aufgaben dieser Art ließen sich freilich nicht allein durch Gesetzgebung erfüllen, sondern verlangten tatsächliche Hilfsmaßnahmen finanzieller und sächlicher Art. Nach und nach entwikkelte der Staat so ein ganzes System von Vorsorge für die Risiken von Armut, Arbeitslosigkeit, Unfall, Obdachlosigkeit, Krankheit etc. Angesichts der wachsenden Komplexität und Verflechtung fortgeschrittener Industriegesellschaften erwiesen sich jedoch die auf eine vorausgesetzte Ordnung bezogenen nachträglichen und punktuellen Korrekturen des Staates bald als ungenügend. Daher wird vom Staat in der dritten Etappe erwartet, daß er drohende Krisen antizipiert und durch geeignete Vorkehrungen vermeidet, für eine günstige Infrastruktur sorgt, technologischen Fortschritt intiiert und die gesellschaftliche Entwicklung auf bestimmte Ziele hin aktiv steuert. Überdies verlangt die Logik des Wohlfahrtsstaates nach Kompensation für alle Arten individueller Benachteiligung, so daß man dem Staat heute wieder die umfassende Verantwortung für die soziale und kulturelle Wohlfahrt der Gesellschaft zuschreiben kann, die er vor der liberalen Ära besaß.

3.5. Machtverlust durch Funktionszuwachs

Diese Abfolge der Ausweitung von Staatsaufgaben darf nicht so verstanden werden, als hätte eine neu hinzutretende Funktion die vorhergehenden ersetzt. Der Prozeß verlief vielmehr kumulativ und führte zu einer enormen Ausweitung des Verwaltungspersonals und des staatlichen Finanzvolumens. Es erscheint allerdings fraglich, ob diese Zunahme auch zur Stärkung des Staates beigetragen hat. Im Gegensatz zu dem kleinen und homogenen Stab des absoluten Herrschers und selbst des konstitutionellen Monarchen ist der gegenwärtige öffentliche Dienst so angewachsen, daß er weder von einem Zentrum aus steuerbar noch für einen konzentrierten Einsatz geeignet erscheint. Vielmehr erstrecken sich die sozialen Spannungen und Widersprüche in den Staat selbst und verringern seine Kohärenz. Dasselbe gilt für die Vielzahl der Staatsfunktionen. Je mehr Bereiche der staatlichen Steuerung geöffnet werden, desto mehr Zielkonflikten sieht er sich ausgesetzt. Häufig verfolgen verschiedene Verwaltungszweige wissentlich oder absichtslos unvereinbare Zwecke oder verursachen unvorhergesehene Folgewirkungen in anderen Ressorts. Der Bedarf an Koordination, den die Ausweitung der Staatstätigkeit begründet, übersteigt bei weitem die Kapazität des politischen Systems. Zwar ist der öffentliche Dienst mit wenigen Ausnahmen immer noch in eine hierarchische Organisation eingebettet. Indessen wird die Spitze der Hierarchie von einer bestimmten Größe an mit Verantwortlichkeit dermaßen überlastet, daß die politische Führung der Verwaltung nur noch symbolische Bedeutung hat. Überdies ist das moderne Instrumentarium des Staates wie die Planung künftiger Entwicklungen oder die Prävention gegen unerwünschte Zustände einer hierarchischen Organisation weniger zugänglich als die traditionelle Repressionsfunktion. Gesetzliche Bindungen der Verwaltung vermögen diese Lücke nicht ausreichend zu schließen. Während nämlich die rechtliche Determinierung der punktuell und retrospektiv wirkenden Ordnungsverwaltung verhältnismäßig dicht ausfällt, haben die auf flächendeckende und prospektive Planungen bezogenen Normen eine wesentlich geringere Bindungskraft. Dadurch zerfällt die Staatsgewalt mehr und mehr in unzusammenhängende Partikel. Das macht es schwer, im gegenwärtigen Staat dasjenige homogene Handlungssubjekt zu sehen, als das er lange Zeit gelten konnte.

3.6. Der Abbau der Zwangsgewalt

Obwohl der moderne Wohlfahrtsstaat im Umfang seiner Tätigkeit den absoluten Staat erreicht oder gar übertrifft, sieht er sich, was die Mittel anbelangt, weit stärker beschränkt als dieser. Das spezifische Mittel des Staates zur Erfüllung seiner Funktion ist Befehl und Zwang. Ohne Befehl und Zwang läßt sich die öffentliche Ordnung nicht gegen Störungen aufrechterhalten. Bei der Wahrnehmung seiner Globalverantwortung für wirtschaftliche Entwicklung und soziale Wohlfahrt kann der Staat aber keinen unbegrenzten Gebrauch von diesen Mitteln machen. Die Wirtschaft ist vielmehr grundrechtlich autonom gestellt, und diese Autonomie schließt eine zwangsweise durchsetzbare Steuerung nach politischen Maßstäben im Kernbereich aus. Auf der Autonomie, die es sozialen Subsystemen wie der Wirtschaft erlaubt, sich ihren spezifischen Rationalitätskriterien gemäß zu entwickeln, beruht ihre Leistungsfähigkeit. Daß der Staat von dieser Leistungsfähigkeit abhängt, begrenzt direkte Staatseingriffe womöglich wirksamer, als Verfassungsformen es können. Die Folge ist, daß der Staat seine Ziele insoweit nur unter Verwendung indirekt wirkender Mittel wie Überzeugung, finanzielle Anreize und Abschreckungen oder Veränderung von Rahmenbedingungen wirtschaftlicher und sozialer Entwicklung verfolgen kann. An Zahl haben diejenigen Staatsfunktionen, die mit indirekten Mitteln wahrgenommen werden, die klassischen Bereiche der Eingriffsverwaltung bereits überrundet. Während deren Anteil am öffentlichen Dienst und an den Staatsausgaben relativ konstant bleibt, steigen die Werte für die planende und gestaltende Verwaltung schnell an. Die quantitative Zunahme geht mit einer Bedeutungssteigerung einher. Die Bedingungen des sozialen Lebens und die Chancen individueller Entfaltung werden regelmäßig von den nicht-imperativen Staatstätigkeiten weit stärker beeinflußt als von punktuellen Eingriffen. Ungeachtet des Volumens und der Bedeutung indirekt wirkender Mittel fördert die partielle Preisgabe der staatlichen Zwangsgewalt ebenfalls die Erosion des Staates. Indirekt wirkende Mittel unterscheiden sich nicht grundsätzlich von dem Instrumentarium, das der Gesellschaft zur Verfügung steht, und tragen daher dazu bei, den Staat aus seiner hierarchischen Position zu verdrängen und auf die gleiche Ebene mit der Gesellschaft zu stellen.

3.7. Die Abhängigkeit von gesellschaftlicher Kooperation

Der zunehmende Einsatz indirekt wirkender Mittel hat freilich noch einen weiteren und nachhaltigeren Einfluß auf die Möglichkeit der Unterscheidung zwischen Staat und Gesellschaft und der Identifizierung des Staates. In denjenigen Bereichen, in denen der Staat darauf beschränkt ist, Motivationsdaten für gesellschaftliches Verhalten zu setzen, hängt die Erreichung der Staatsziele nicht nur vom effektiven Wirken des Staates selbst, sondern zusätzlich von der Folgebereitschaft nicht-staatlicher Entscheidungsträger ab. Die Angewiesenheit des Staates auf deren Kooperation verschafft ihnen eine privilegierte Position, von der aus sie ihre spezifischen Interessen begünstigt wahrnehmen können. Sie werden in den Stand versetzt, vom Staat entweder Gegenleistungen für ihre Kooperation zu verlangen oder gesteigerten Einfluß auf politische Entscheidungen auszuüben, so daß politische Maßnahmen in diesem Bereich, die formell betrachtet vom Staat ausgehen, in Wirklichkeit das Ergebnis eines Zusammenwirkens staatlicher und privater Akteure bilden. In extremen Fällen kann das als staatlich etikettierte Handeln nur das Ergebnis äußerer Bestimmung sein. Das Problem wird gewöhnlich unter dem Gesichtspunkt privilegierten Einflusses auf den Staat behandelt. Indessen erscheint es fraglich, ob es sich auf diese Weise noch angemessen erfassen läßt. Einfluß, wie stark er auch sein mag, verharrt auf der Schwelle zum Staat und dringt nicht in das Entscheidungszentrum ein. Die Entscheidungsbefugnis bleibt allein den staatlichen Akteuren vorbehalten. Wenn sich der Staat die Entscheidungsmacht aber mit privaten Akteuren teilen muß, dann verlassen diese den Bereich der Gesellschaft und überschreiten die Schwelle zum Staat. Im Maße, wie das geschieht, steht das Monopol der öffentlichen Gewalt als wichtigstes Charakteristikum des modernen Staates auf dem Spiel. Das System entwickelt sich in Richtung auf eine modifizierte korporative Ordnung, und wo korporative Strukturen sich ausbreiten, schwinden klare Abgrenzungen zwischen Staat und Gesellschaft. Einige Züge des vorstaatlich-dezentralen mittelalterlichen Systems tauchen so im politischen System der Gegenwart wieder auf.

3.8. Die externe Auflösung der Staatsmacht

Die interne Auflösung der obersten Gewalt hat eine externe Parallele. Der moderne Staat fand seine stärkste Ausprägung in den Nationalstaten des 19. Jahrhunderts. Im Nationalstaat kulminierte die souveräne Gewalt. Äußere Souveränität diente dem Schutz der inneren. Dieses System beruhte auf einer annähernden Kongruenz von Problemlagen und Problemlösungseinheiten. Das schloß die Existenz grenzüberschreitender Probleme nicht aus. Doch mußten sie sich nach Art und Zahl in einem Rahmen halten, der bilaterale Regelungen im Vertragsweg erlaubte. Im Laufe des 20. Jahrhunderts nahm aber auch die wachsende Verflechtung der Wirtschaft, die zunehmende Verdichtung des Kommunikationssystems und die Reichweite und Kraft der modernen Waffen die Zahl derjenigen Probleme erheblich zu, die nicht mehr im Rahmen der Nationalstaaten gelöst werden können. Für eine Vielzahl dieser Probleme bieten internationale Verträge keine ausreichende Abhilfe, weil ihnen eine übernationale Administration fehlt, die die Durchsetzung der Verträge garantieren könnte. Deswegen sind auf regionaler Basis supranationale Organisationen entstanden, denen die Nationalstaaten eine Reihe von Hoheitsrechten übertragen haben. Dabei handelt es sich um einen Vorgang, der mit der bekannten faktischen Aushöhlung der Souveränität kleinerer Staaten nicht vergleichbar ist und sich auch von der Selbstbeschränkung der Nationalstaaten durch vertragliche Bindungen unterscheidet. Verträge lassen die ausschließliche Gewalt des Staates über ihre Bürger unberührt und halten so das wesentliche Charakteristikum der Staatlichkeit aufrecht. Dagegen üben supranationale Organisationen legislative, administrative und sogar judikative Funktionen aus, die ihre rechtlichen Wirkungen ohne Transformation in die Mitgliedstaaten erstrecken und im selben Maß die staatlichen Kompetenzen zurückdrängen. Auf diese Weise gehen Hoheitsrechte, die früher als genuin staatlich und unveräußerlich betrachtet wurden, an externe Einrichtungen über. Das Ergebnis kommt demjenigen nahe, das bereits auf der innerstaatlichen Ebene zu beobachten war: Der Staat konzentriert nicht mehr die gesamte legitime Zwangsgewalt in sich, sondern teilt sie mit anderen, nicht staatlichen, aber auch nicht privaten Institutionen. Die Erosion der Staatsgewalt schreitet also von zwei Seiten voran.

3.9. Das Ende des Staates?

Die verschiedenen Auflösungserscheinungen haben eine Reihe von Autoren bewogen, das Ende des Staates anzukündigen, während andere den Begriff des Staates stillschweigend fallen lassen und nur noch vom politischen System sprechen. Die erste Position wird häufig auf einen Vergleich zwischen der klassischen Theorie und der gegenwärtigen Realität des Staates gestützt. Vergliche man stattdessen die frühere und die heutige Realität, so fiele das Ergebnis weniger dramatisch aus. In der absolutistischen Epoche beanspruchte der Herrscher zwar ein unbegrenztes Verfügungsrecht über die Sozialordnung, aber es gelang ihm nicht einmal, unmittelbare Hoheitsgewalt über sämtliche Einwohner seines Territoriums zu gewinnen. Die Ausdehnung der Staatsgewalt auf die Gesamtheit der Bewohner war erst das Werk der Französischen Revolution und des liberalen Staates, die alle intermediären Gewalten abschafften und ein unmittelbares Staatsbürgerverhältnis begründeten. Indessen beanspruchte der liberale Staat nicht die unbegrenzte Verfügungsbefugnis über die Gesellschaft. Er respektierte vielmehr die Autonomie der sozialen Subsysteme und suchte seine Aufgabe in der Gefahrenabwehr. Gerade in dieser Beschränkung entfaltete er seine spezifische Stärke. Der gegenwärtige Staat hat seine Funktionen beträchtlich ausgeweitet, kann aber nicht alle unter Einsatz der spezifischen staatlichen Zwangsgewalt erfüllen. Indessen bleiben große Bereiche unbezweifelbarer und effektiver öffentlicher Gewalt bestehen, und auch im Verhältnis zu den supranationalen Organisationen liegt das Schwergewicht der Souveräntität immer noch bei den Staaten. Die stillschweigende Ersetzung des Staatsbegriffs reflektiert die offenkundige Tatsache, daß die politische Wirklichkeit unter Beschränkung auf den Staat nicht mehr angemessen begriffen werden kann. Damit ist aber nicht die Frage beantwortet, ob der Staat auch als unterscheidbares Subsystem innerhalb des politischen Systems nicht mehr vorkommt. Stellt man diese Frage, so fällt auf, daß im politischen System einige Akteure das Recht haben, kollektiv verbindliche Entscheidungen zu fällen und mit Gewalt durchzusetzen, andere dagegen nicht. Die letzteren mögen an der Entscheidungsvorbereitung beteiligt sein, selbst den Entscheidungsinhalt maßgeblich bestimmen. Dennoch bleiben sie auf die staatlich verfaßten Organe und Verfahren angewiesen, was ebenfalls darauf hindeutet, daß es voreilig ist, vom Wegfall des Staates auszugehen, wenn der Maßstab für Staatlichkeit nicht unrealistisch hoch angesetzt wird.

3.10. Die Notwendigkeit einer Neubestimmung des Staates

Es erscheint aber an der Zeit, die Position und Funktion des Staates neu zu bestimmen. Seine traditionelle Rolle bestand darin, das Gemeinwohl gegenüber den partikularen Interessen durchzusetzen. Um diese Aufgabe erfüllen zu können, war der Staat der Gesellschaft übergeordnet und mit höchster Gewalt ausgestattet. Mittlerweile hat sich die Grenze zwischen Gemeinwohl und partikularen Interessen verwischt. Auf der einen Seite ist der demokratische Parteienstaat selbst nicht frei von Eigeninteressen. Auf der anderen Seite kann auch die Verfolgung prtikularer Interessen dem Gemeinwohl dienen. Zum Problem wird aber die Eigenschaft spezialisierter Teilsysteme, hohe Sensibilität für die eigenen Angelegenheiten mit weitgehender Indifferenz für alle übrigen zu kombinieren. Die steigenden externen Kosten dieser unvermeidlichen Reduktion erfordern eine Institution, die die fehlende Aufmerksamkeit der autonomen Subsysteme für ihre Umwelt kompensiert. Darin scheint heute die spezifisiche Aufgabe des Staates in entwickelten Industriegesellschaften zu bestehen. Die Autonomie der anderen Teilsysteme begrenzt freilich den Einsatz der staatlichen Zwangsgewalt. Der Staat hat nur dann eine Chance, autonome Akteure zu beeinflussen, wenn er sich seinerseits ihrem Einfluß öffnet. Er handelt dann aber weder als alleiniger Repräsentant des Gemeinwohls noch aus einer überlegenen Position. Freilich verdankt er seinen Einfluß auf die autonomen Subsysteme auch hier noch dem Umstand, daß er als einziger über die Ressource rechtlichen Zwangs verfügt, während alle anderen Teilsysteme nur Sachzwänge schaffen können. Insoweit bleibt auch ein Kern traditioneller Staatlichkeit erhalten. Wie die anglo-amerikanische Tradition zeigt, muß diese Funktion nicht als Staat begriffen werden. Die Betonung kann auch auf die verschiedenen öffentlichen Funktionen, Institutionen und Verfahren statt auf das abstrakte Zurechnungssubjekt hinter ihnen gelegt werden. Die Frage ist allerdings, ob diese Konzeption ein besseres Verständnis des Phänomens gestattet. Die Antwort würde eine eingehende Analyse der Vor- und Nachteile beider Modelle voraussetzen, die den Rahmen dieser historischen Skizze sprengt.

Souveränität - ein unverzichtbarer Anachronismus?

Otwin Massing

"Je näher man ein Wort ansieht, desto ferner sieht es zurück." (*Karl Kraus*: Pro domo et mundo)[1]

"Alle geltenden juristischen Begriffe sind Schattenrisse realer gesellschaftlicher Vorgänge." (*Hermann Heller*: Die Souveränität)[2]

"Es gibt kein Generalkartell, das unsere Gesellschaft beherrscht." (*Otto Kirchheimer*: Zur Frage der Souveränität)[3]

1. Alltagstheoretische Vorverständnisse

Es fällt fast ebenso schwer, pauschal gegen Souveränität zu sein wie gegen Frieden. Wenn schon im alltagstheoretischen Verständnis das Wort "Friede" als ein Mittel gilt (und als Mittel eingesetzt wird), um in dieser Frage, unbeschadet der Qualität einschlägiger Politik, zumindest "verbalen Konsens"[4] herbeizuführen, dann dürfte es vielleicht nicht minder empfehlenswert sein, sich zunächst der positiven Konnotationen zu vergewissern, die der alltagspraktisch-laxe Gebrauch auch des Wortes Souveränität als Assoziationssaiten mitschwingen läßt.

Wenn nicht alles täuscht, dann gelten Durchsetzungswille, aber auch Selbstdisziplin und Entschlossenheit zur Selbstbehauptung als typisch für "souveräne" Situations- und Daseinsbewältigung, gleichgültig, ob sie als Leistung individuell oder kollektiv erbracht wird - eine Einschätzung, in der wie ein fernes Echo die sozialdarwinistische Vorstellung noch vibriert, die Evolution der Gattung werde wohl als jenes Spiel gespielt, bei dem die einzige Aufgabe darin besteht, sich selbst niemals und unter keinen Umständen aus dem Rennen werfen zu lassen.

Als etwa ein Jahr nach der Absturzkatastrophe in der Nähe des Nato-Luftwaffenstützpunktes Ramstein, verursacht durch mißglückte Manöver einer italienischen Kunstflugstaffel, und nachdem die erregte öffentliche Debatte über Sinn und Unsinn derarti-

1 In: Schriften, Bd. 8, Frankfurt a.M. 1986, S. 291.

2 Die Souveränität. Ein Beitrag zur Theorie des Staats- und Völkerrechts, in: Ders.: Gesammelte Schriften, 2. Bd., Leiden 1971, S. 120.

3 In: Politik und Verfassung, Frankfurt a.M. 1964, S. 57-95 (81).

4 *Johan Galtung*: Strukturelle Gewalt. Beiträge zur Friedens- und Konfliktforschung, Reinbek 1975, S. 7.

ger, paramilitärischer "Flugtage" ("Tage des offenen Himmels") abgeklungen schien, eine Maschine der Alliierten wiederum abstürzte, diesmal nach einem möglicherweise nicht genehmigten Tiefflug über dicht besiedeltem Wohngebiet, hob in der westdeutschen Presse erneut ein ebenso selbstgerechtes wie symptomatisches Gejammer an. Davon, daß wir nicht Besetzte sein wollten, war die Rede, und daß es unter solchen Umständen mit der bundesdeutschen Souveränität nicht weit her sein könne. An die Adresse der Alliierten gerichtet, wurde hinterlistig gefragt, ob sie unsere Besatzer oder unsere Beschützer sein wollten. Vor allem aber wurde die öffentliche Meinung mit gezielten Hinweisen auf die angeblichen Wildwestmethoden und Rambo-Manieren amerikanischer Flieger-Cowboys im deutschen Luftraum xenophobisch aufgewiegelt. Gleichzeitig bekamen die deutschen Stellen, allen voran das Bonner Verteidigungsministerium sowie die zuständigen Flugsicherheitsbehörden, wegen erwiesener Unfähigkeit zur Kontrolle fremder Mächte über deutschem Hoheitsgebiet ihre gehörige Portion Fett ab, wobei sowohl die rechtliche Zulässigkeit als auch die militärpolitische Notwendigkeit derartiger umweltschädigender und menschenverachtender Manöver über dem Gebiet der Bundesrepublik Deutschland mit Nachdruck bestritten wurden.

Tatsächlich hatte sich die Bundesregierung in dem medienwirksam hochgespielten Konfliktfall, der sie unmittelbar am Lebensnerv ihres Selbstverständnisses als einer autonomen, befehlsunabhängigen Zentralgewalt treffen mußte, die ihre Bündnispartner in die Schranken geltenden Rechts zu verweisen und für unerlaubte Handlungen in die Pflicht zu nehmen nicht nur willens, sondern effektiv auch in der Lage wäre, alles andere als "souverän" verhalten.

Als unmittelbar nach dem spektakulären Absturz der (angeblich Tiefflug übenden) amerikanischen Militärmaschine (über dichtbesiedeltem Wohngebiet, wobei es neben materiellen Schäden zahlreiche Tote und Verletzte gab) der damalige Parlamentarische Staatssekretär im Bundesverteidigungsministerium - offenbar gegen den Willen seines zuständigen Ministers - ein allgemeines, wenn auch befristetes "Tiefflug-Verbot" erließ, relativierten amerikanische Dienststellen die regierungsamtliche Weisung unverzüglich mit dem Hinweis, wenn sie sich an die vorläufige Aussetzung der zur Erfüllung ihrer Verteidigungsaufgaben erforderlichen Flugmanöver über deutschem Gebiet hielten, dann nicht etwa aus rechtlicher Verpflichtung gegenüber deutschem Recht bzw. aus Respekt vor deutscher Alleinzuständigkeit, sondern - allenfalls - aus Solidarität gegenüber einem politisch in die Bredouille geratenen Bündnispartner.

Die Botschaft war verschlüsselt, aber unüberhörbar: Angesichts der sogenannten und immer noch in Anspruch genommenen alliierten Vorbehaltsrechte aus (längst entschwundenen, weil vertraglich abgelösten) "Besatzungsrechtszeiten" wurde die Bundesrepublik Deutschland, nolens volens, in den Rang eines nicht nur faktisch, sondern auch rechtlich minderen, d.h. rücksichtsvoller Behandlung weniger bedürftigen Bündnispartners zurückgestuft, mit dem man (beliebig?) glaubte Schlitten fahren und den man nach Bedarf (und Laune?) ggf. auch glaubte herumschubsen zu können.

Diese Einstellung, deren unverklausulierter Zynismus das klaffende, nur notdürftig übertünchte Dissonanzerlebnis des tatsächlichen Macht- und Verfügungsgefälles zwischen der Blockführungsmacht USA und einer faktisch immer noch abhängigen, diesmal gar an die Grenzen ihrer rechtlichen Zuständigkeitssphäre angelangten Bundesrepublik schmerzlich ins ungeschönte öffentliche wie ins geschminkte offiziöse Bewußtsein rief, war es in erster Linie, die jene öffentliche Empörung provozierte, die sich zunächst in ohnmächtigen Appellen an eine zwanghaft kooperative Bündnismoral erging und sich schließlich im gebetsmühlenartigen Zitieren hinsichtlich gleichrangiger, gleichgearteter und gleichgewichtiger Souveränität usf. erschöpfte.[5] "Souverän nennen wir jene Entscheidungseinheit, die keiner anderen wirksamen universalen Entscheidungseinheit untergeordnet ist."[6]

De facto wirkungslos, mußte das Beschwörungsritual aber auch alsbald im normativen Anspruch verflachen. Zusehends entpuppte es sich als Residualkategorie eines verfassungs- und staatsrechtlichen Räsonierens, das, weil ohne Bezug auf reale, empirisch nachweisbare Machtverhältnisse, politische Beziehungsgeflechte und ökonomisch plausible Interessenkonstellationen, sehr schnell zum selbstverlorenen Glasperlenspiel einer Camouflage-Theorie verkommen mußte - zu einer sich selbst entfremdeten "reinen" Staats- und Völkerrechtslehre, wofern deren Apologeten es nicht gleich vorzogen, ihre Begriffs-Masken endlich fallenzulassen und sich unverblümt als Irrläufer der juridischen Evolution, als deren Popanz[7] und anarchisches Relikt, wenn nicht überhaupt als "rechtlichen und politischen Unbegriff"[8] zu deklarieren.

Noch bevor die Frage nach der geltenden Rechtslage hätte bündig beantwortet werden können - tatsächlich durfte und darf das Recht der Gaststreitkräfte in der Bundesrepublik zur Durchführung von Manövern und anderen Übungen im Luftraum gemäß Art. 46 des Zusatzabkommens zum Nato-Truppenstatut vom 01.07.1963 nur ausgeübt werden, soweit dabei die deutschen Vorschriften über die Benutzung des Luftraumes und die Inanspruchnahme von Anlagen und Einrichtungen der Luftfahrt eingehalten werden, de facto und rechtlich also nur nach wechselseitiger Konsultation und in "enger Zusammenarbeit" beider Seiten[9] -, reagierte die öffentliche Meinung auf die peinlichen Verantwortungsleugnungen und Schuldzuweisungen der zuständigen Stellen weitaus sensibler, ja geradezu allergisch, weil mit Empfinden und "Sinn" für die Bla-

---

5 Par in parem non habet jurisdictionem; sic volo, sic jubeo, stat pro ratione voluntas usf. Vgl. *Prodromos Daktoglu*: Souveränität, in: Evangelisches Staatslexikon, 3. Auflage, Stuttgart 1987, Sp. 3155-3169 (3164).

6 *Hermann Heller*: Die Souveränität. Ein Beitrag zur Theorie des Staats- und Völkerrechts, in: Gesammelte Schriften, 2. Band, Leiden 1971, S. 65.

7 *Karl Bilfinger*, zit. in: *Hans Boldt*: Staat und Souveränität IX-X, in: Geschichtliche Grundbegriffe. Historisches Lexikon zur politisch-sozialen Sprache in Deutschland, Bd. 6, Stuttgart 1990, S. 152.

8 *Heinrich Oberreuter*, in: Handlexikon zur Politikwissenschaft, hrsg. von *Wolfgang W. Mickel*, Bonn 1986, S. 451-454.

9 Vgl. *Dieter Deisenroth*: Tiefflüge der Gaststreitkräfte - begrenzte Souveränität der Bundesrepublik?, in: Verwaltungs-Archiv 1989, S. 330-351.

mage, die die Bundesregierung und ihre Handlungsbevollmächtigten, als diese sich überrumpelt vorkamen, weil sie auf dem Unzuständigkeitsfuß erwischt worden waren, namens des deutschen Volkes und stellvertretend für dieses sich eingehandelt hatten.

Weder war ein genereller Handlungsbedarf antizipiert, noch war die besondere Herausforderung der konkreten Gefahrenlage, die sich zwischenzeitlich fast schon zu einer politischen Legitimationsanfechtung ausgewachsen hatte, "souverän" gemeistert oder gar nur lethargisch-unverdrossen ausgesessen worden. Vielmehr hatte sich die Bundesregierung als schlecht informiert vorführen lassen. Darüber hinaus hatte sie sich als inkompetent erwiesen, als es darum ging, die rechtlichen Komplexverbindungen sowie die politischen Kompetenzen eindeutig und selbstbewußt nach außen zu vertreten. Vor allem aber hatte sie es versäumt, ihren Standpunkt hinsichtlich der Zuständigkeitenverteilung ihrer Bündnisvormacht gegenüber, erst recht aber gegenüber deren subalternen Handlangern nachhaltig und effizient durchzusetzen. Als um so unerträglicher wurde die "Arroganz der Macht" der in die Affäre verwickelten alliierten Militärdienststellen empfunden, je mehr diese den Eindruck erweckten, mit der deutschen Seite beliebig umspringen zu können, und kaum einen Hehl aus ihrer Meinung machten, wem danach das Sagen eigentlich zukäme.

In Reaktion auf derartige Zumutungen fühlte sich die westdeutsche öffentliche Meinung sozusagen stellvertretend kollektiv verletzt, weil bloßgestellt, angeschmiert und verschaukelt. Der Eindruck war kaum von der Hand zu weisen, als sei sie in ihrem Selbstwertgefühl narzißtisch gekränkt, weil wehr- und waffenlos gedemütigt worden.[10]

Was in unserem Zusammenhang an diesen typischen Negativ-Beispielen interessiert, sind zunächst nicht die mehr oder minder präzisen, rechtlich-politischen Vorstellungsgehalte, die mit dem in Rede stehenden Souveränitätsbegriff assoziiert bzw. mit den deutscherseits beklagten Souveränitätsdefiziten in Zusammenhang gebracht werden könnten. Hier interessieren in erster Linie die positiven assoziativen Besetzungen, die ins politische Konflikt-Spiel gebracht werden, teils mit verhaltenstheoretischen Überlegungen ausstaffiert, teils auf verhaltenspraktischer Grundlage angestellt. Es interessieren aber auch die negativen Besetzungen, die mit der Reaktion auf die behaupteten Souveränitätsdefizite in massenmedialer Streuung assoziiert werden.

Methodisch gewandt heißt das, daß die Reaktionen der öffentlichen (resp. veröffentlichten) Meinung und ihrer anonym die Hintergrundbemalung mit kollektiv plausiblen Wertvorstellungen, Überzeugungen und latenten Sinngehalten besorgenden Meinungsmacher als Testfolie sozusagen in Anschlag zu bringen sind. Die Gründe, Motive und Anlässe ihrer spezifischen Reaktionen werden dabei als "symptomatisch" angesehen, wobei der Symptomcharakter dieser Einschätzungen so zu interpretieren wäre, daß die Facetten unseres Themas deutlicher als bisher sich ausleuchten lassen. Die spezielle

---

10 Im übrigen ist eine gewisse Tendenz zur Schönfärberei, zur Selbstwertsteigerung und Selbststilisierung in Allmachts- und Potenzphantasien mit Neigung zur Überhöhung der eigenen Selbstwertgefühle zu interpretieren als Ausdruck teils von Selbstüberschätzung, teils von erhöhter Sensibilität fürs eigene Ego.

Form der Symbolverwendung sowie ihre je positive oder negative Aufladung mit "Bedeutungen" veranlaßt uns also, sowohl die Funktionsmechanismen als auch den Funktionsmodus, erst recht den intendierten Sinn und Zweck des mit "Souveränität" Gemeinten näherhin in Augenschein zu nehmen.

Konkret: Nicht die Forderung nach "Souveränitätsaufbesserung"[11], die danach sofort erhoben wurde, ist hier primär von Belang, schon gar nicht, was das im einzelnen inhaltlich, sachlich, verfahrenstechnisch und politisch implizieren könnte, auch nicht die Frage nach der Wünschbarkeit einer solchen "Aufbesserung", also die Frage nach der politischen Opportunität derartiger Wunschvorstellungen, ob diese in die politische Landschaft passen oder nicht, d.h. die normative Seite dieser Forderung, sondern einzig und allein die Frage, welches die Intentionen jener Dissonanzerlebnisse und welches die Motive für das "Leiden" an jenen Defiziten sind. Oder anders formuliert: Warum man glaubt, sich mit solchen Mängeln nicht abfinden zu können, sondern sie - wozu auch immer - glaubt ausgleichen, ausbügeln und überwinden zu müssen; ob vom Können her auch zu bewerkstelligen, sei einmal dahingestellt. Erst danach wäre zu fragen, was an der negativen Stigmatisierung für "positive", inhaltlich spezifischere Souveränitäts-Vorstellungen eventuell zu lernen wäre.

2. Souveränitätsdefizite und negative Stigmatisierung

Tatsächlich häuften sich die Klagen nicht nur in der Medienpublizistik, sondern auch in wissenschaftlichen Kreisen, z.B.in solchen dezent nationaldemokratischer Prägung. "Die Tiefflüge sind nur ein Beispiel für die Ohnmacht der Bundesregierung. Offenbar besitzen die Truppen der ehemaligen alliierten Kriegsgegner auf deutschem Boden auch sonst sehr eigenständige, von deutschen Amtsstellen unabhängige Rechte oder maßen sich diese an."[12] Wenn auch dabei der Tenor unüberhörbar in die Richtung ging, die "deutsche Ohnmachtsrolle"[13] hervorzukehren und zu bemitleiden, dann bedürfen die Gründe für dieses selbstquälerische Leiden an der Inkompetenz und Handlungsunfähigkeit der deutschen Stellen, es mag in deren Rollenstilisierung als Ohnmächtige noch so ironisch mit sich selbst kokettieren, erst recht einer genaueren Analyse.

Warum, so wäre etwa zu fragen, will sich die öffentliche Meinung mit einer solchen Ohnmachtsrolle nicht abfinden? Wieso reagieren Menschen auf angebliche Souveränitätsdefizite, die sie als Individuen nichts, "nur" amtliche Stellen etwas angehen, allenfalls ein so abstraktes Gebilde wie die BRD als Ganzes tangieren, als wären sie persönlich davon betroffen? Wieso empfinden sie die Schmälerung allgemeiner (staatlicher) Handlungsmöglichkeiten als individuelle Einbußen? Was wird daran als störend,

---

11 *Ludolf Herbst*: Wie souverän ist die Bundesrepublik? in: *Wolfgang Benz* (Hrg.): Sieben Fragen an die Bundesrepublik. Vorträge aus dem Institut für Zeitgeschichte, München 1989, S. 72-90 (76).

12 *Ludolf Herbst*, a.a.O., S. 72.

13 Ders., a.a.O. S. 72.

als anstößig, ja geradezu als obszön empfunden? Oder wird ihnen dieses "Gefühl" nur eingeredet? Wurden sie vielleicht Opfer interessierter Kreise und ihrer, in manipulativer Absicht unternommenen Desorientierungsversuche? Wer hätte dann, und aus welchen Gründen, ein derartiges Interesse und worauf zielte es eigentlich?

Abgesehen von dem insgeheim weiterwirkenden Groll darüber, daß die Bundesrepublik Deutschland nach 1949 keineswegs aus eigener Befugnis, eigenem Willen und Können, schon gar nicht aus freien Stücken ihre Souveränität wiederzugewinnen vermochte und ihre Souveränitätszuwächse erst allmählich und nach z.T. demütigenden Verfahren - mittels Adenauerscher Erfüllungspolitik unter "Bewährungszwang"[14] -, d.h. erst durch nachdrücklich unter Beweis gestelltes Wohlverhalten im Sinne multipler Geschäfte auf Gegenseitigkeit, sozusagen erst im "Deal"[15] erzielte, hat erst der unerwartete Zerfall des sowjetischen Hegemonialsystems und als deren Synergieeffekt die ebenso überraschende Möglichkeit, die ehemalige DDR der BRD beizugesellen und diese insoweit gesamtdeutsch zu arrondieren,[16] das neue Deutschland von seinen Minderwertigkeitskomplexen in Sachen Souveränität endgültig geheilt - sollte man wenigstens glauben.[17]

Kurz zuvor war von wohlmeinenden Zeitgenossen zwar noch gewarnt worden - pikanterweise von denselben Kreisen, aus deren Ecke Kritik auch an den Souveränitätseinbußen gekommen war -, die Wünsche, das "im Vergleich zu anderen Ländern zweifelsfrei zu konstatierende Souveränitätsdefizit"[18] nachhaltig abzubauen, dürften in keinem Falle zu weit gehen, wenn nicht von dem Vorhaben "einer Rückgewinnung nationaler Souveränitätsrechte"[19] sogar ganz abgeraten wurde. Nicht *ob* die alliierten Vorbehaltsrechte entrümpelt werden sollten, war da die Frage, sondern allenfalls das opportunistische Kalkül, *wie (weit)* die Bundesrepublik Deutschland souverän sein "dürfe", ohne ihre Sicherheitsinteressen und andere "essentielle Staatszwecke zu gefährden oder gar zu verfehlen."[20] Obwohl die Bundesrepublik Deutschland wegen ihrer

---

14 *Ludolf Herbst*, a.a.O., S. 81.

15 Ders., a.a.O., S. 82.

16 Vgl. *Elmar Altvater*: Ist das Wirtschaftswunder wiederholbar? Ein Leistungsvergleich zwischen Währungsreform 1948 und Währungsunion 1990, in: Blätter für deutsche und internationale Politik, H.6/91, S. 695-707.; vgl. *Otwin Massing*: Identität als Mythopoem. Zur politischen Symbolisierungsfunktion verfassungsgerichtlicher Spruchweisheiten, in: *Rüdiger Voigt* (Hrg.): Symbole der Politik - Politik der Symbole, Opladen 1989, S. 235-256.

17 Daß dadurch Anrainer der deutschen Souveränitätszone ihrerseits neue Souveränitätsvorbehalte in Form von Minderwertigkeitskomplexen aufbauen, steht zwar auf einem anderen Blatt, ist aber nur die Kehrseite derselben Medaille und unterstreicht einmal mehr, in welcher Weise über die Thematisierung der Souveränitätsfrage nationalstaatlich motivierte Konkurrenzmuster (als Überlegenheits- bzw. als Minderwertigkeitsgefühle) mobilisierbar werden. Vgl. u.a. *Alain Minc*: Die deutsche Herausforderung. Wird die Bundesrepublik den europäischen Binnenmarkt beherrschen? Hamburg 1989; *Heleno Saña*: Das Vierte Reich. Deutschlands später Sieg, Hamburg 1990.

18 *Ludolf Herbst*, a.a.O., S. 76.

19 Ders., a.a.O., S. 90.

20 Ders., a.a.O., S. 76.

Souveränitätsdefizite im "internationalen Geleitzug abgestuft souveräner Nationalstaaten sogar noch als hinter den Entwicklungsländern rangierendes Schlußlicht"[21] eingestuft wurde - kein Ruhmesblatt für eine mittlere Großmacht bzw. große Mittelmacht, so lautete die Double-bind-Botschaft[22] -, wurde ihr in vorauseilendem Gehorsam und auf der Grundlage eingefleischter Unterwürfigkeitsmentalität gleichwohl angeraten, angesichts einer "partiellen Mediatisierung nationalstaatlicher Funktionen"[23] infolge weltweit ausgreifender politischer und ökonomischer Interdependenzen gar nicht erst die unkalkulierbaren Risiken einer Souveränitätswiedergewinnung einzugehen - und zwar gerade im wohlverstandenen nationalstaatlichen Eigeninteresse.

"Begreift man Souveränität also als Handlungsfreiheit in Grundentscheidungen der Politik, so war und ist der bundesdeutschen Politik im ökonomischen Bereich eine deutliche Souveränitätsgrenze gezogen: sie kann die Option für den Westen nicht auflösen, ohne ihre Existenzgrundlage als führende Welthandelsnation zu erschüttern."[24] Andernfalls drohten erhebliche materielle Einbußen, Gefährdungen des Lebensstandards der Bevölkerung und infolgedessen soziale Erschütterungen, Unruhen und Revolten. Vergleichbare "Orientierungszwänge"[25] gäbe es auch in sicherheitspolitischer Hinsicht, angesichts sowjetischer Truppenmassierungen in Osteuropa und auf dem Gebiet der DDR, wie auch im Hinblick auf die militärstrategische Schutzlosigkeit ohne den US-amerikanischen Atomschild. In jedem Fall wurde das Berlinproblem als Menetekel an die Wand gemalt. Als taktisch-opportunistische Option wurde dies alles der politischen Klasse noch 1989 zur Beachtung empfohlen (ihre wichtigsten Repräsentanten taktierten selbst kaum anders) - noch vor der Auflösung des sowjetischen Imperiums, noch bevor die Berliner Mauer gefallen und der Anschluß der DDR an die Bundesrepublik Deutschland vollzogen waren.

3. Voluntarismus und aufrechter Gang

Hypokeimenon dieser Einschätzungen und Stellungnahmen, Warnungen vor bzw. Ruhmreden auf (staatliche) Souveränität (und ihrer instrumentellen Ausstattung mit Souveränitätsrechten) einschließlich der sozialanthropologisch begründeten Wertschätzung "souveränen Verhaltens" ist jenes *voluntaristische Erklärungsmodell*, wonach ein Streben nach Autonomie bzw. ein Verhalten, das auf Gewinnung und Erhalt des Subjekt-Status zielt, im universalistisch-normativen Verständnis positiv eingeschätzt, weil

---

21 Ders., a.a.O., S. 75.

22 Der nationale Machtstaatsgedanke in der Nachfolge *Treitschkes*, gebremst durch *Meinecke*, schimmert trotz allem bei unserem Historiker immer und überall durch, wobei sein "Ideal" eine Art Rundum-Bündnisfreiheit à la française (à tous azimuts sozus.), in letzter Konsequenz die freie, uneingeschränkte Verfügung über Krieg und Frieden zu meinen scheint.

23 *Ludolf Herbst*, a.a.O., S. 75.

24 Ders., a.a.O. S. 79.

25 Ders., a.a.O., S. 97.

für erstrebenswert gehalten wird, d.h. als Synonym für aufrechten Gang gilt. Nur so läßt sich die Konstanz dieser Wertschätzung seit der antiken Philosophie erklären, und nur so wird verständlich, wieso, über alle individualpsychologischen bzw. willenstheoretischen Begründungen hinaus, auch politische Souveränitätsvorstellungen schließlich positiv "besetzt" werden konnten.[26]

Tatsächlich geht der politische Selbstbehauptungs- und Selbstdurchsetzungsdrang weit über das Minimalbedürfnis des biologischen Selbsterhaltungstriebes hinaus. Vergleichbar egoistischen Selbstdurchsetzungsbedürfnissen, arbeitet auch der politische Expansionsdrang "auf Überschuß".[27] Was für individuellen Egoismus gilt, zeichnet gleichermaßen das Streben politischer Apparate und Institutionen nach Expansion und Entfaltung aus. Ihr Trachten ist auf soziale Penetration und Durchsetzung gerichtet, kurz, darauf, "Um- und Mitwelt für sich in Anspruch, in Besitz und Gebrauch zu nehmen und zu verbrauchen, um sie damit der Festigung und Ausweitung des eigenen individuellen Daseins im Lebenskampf nutzbar zu machen und das Dasein zu sichern. Was sich im Egoismus durchzusetzen sucht, ist ein Für-sich-haben-wollen."[28] Insoweit ist jede Expansionslust, die mobil macht, um Zugewinne an politischen Souveränitätsrenditen einstreichen zu können, zu egoistischen Selbsterweiterungswünschen in Analogie zu setzen.

Bleibt zu fragen, wie der Zusammenhang zwischen individualpsychologischen und sozialpsychologisch-politischen Zusammenhängen nicht nur zu denken, sondern wie er tatsächlich beschaffen ist, wer von wem abhängt - ob das individualistische Willensmodell[29] vom souveränen Staat und direkt vom Souverän her spiegelbildlich gleichsam sich herleiten läßt (= regressus ad minorem), oder ob individuelle Willensleistungen als Modell für die dem Staat als Ganzem abzuverlangenden Leistungen, Verhaltensweisen und Ansprüche gelten können. Die Frage in dieser Weise stellen, hieße jedoch, sich um die Priorität von Huhn oder Ei zu streiten.

Das aber ist der entscheidende Fehler des voluntaristischen Erklärungsmodells, daß so getan wird - und von den Prämissen her so getan werden muß -, als könne ein einzelner individueller Willensträger im staatlich-politischen Leben als souverän entscheidend und autonom bestimmend unterstellt werden. Soll dieser Willensbegriff jedoch mehr sein als eine bloße Metapher oder eine abstrakte semantische Sinnkopplung, soll er auch Realität indizieren, dann nötigt er seine Anhänger und Verfechter dazu, sich auf die Suche nach einem Subjekt als Träger staatlichen Willens zu machen. Die Frage

---

26 Nicht zuletzt könnte diese Überlegung dazu angetan sein, den *subjektiven Faktor* in Geschichte und Wissenschaft auch in der Völkerrechtstheorie und in der Lehre von den internationalen Beziehungen wieder etwas stärker zur Geltung zu bringen, und sei es nur als eine Art weit zurückreichender Erinnerung an Prozesse, die sich längst verselbständigt haben.

27 *Ph. Lersch*, zit. bei *Heinz Remplein*: Psychologie der Persönlichkeit. Die Lehre von den individuellen und typischen Eigenarten des Menschen, München/Basel 1954, S. 148.

28 Dto.

29 Der Triumph über die eigenen Charakterschwächen oder über widrige äußere Umstände wird dabei regelmäßig als Nachweis für "souveräne" Situationsbewältigung angesehen.

nach dem "Sitz im Leben" staatlicher Souveränität mit dem Verweis auf die universale Willenseinheit des Staates zu beantworten, läßt jedoch jede staatstheoretische bzw. völkerrechtliche Analyse in die Richtung abdriften - abgesehen davon, daß sich die Antwort in einem zirkulären Schluß verfängt -, in der sie den Prämissen des voluntaristischen Modells auf den Leim gehen muß. Da diese in Wirklichkeit überdeterminiert sind, muß ihre staatsrechtliche wie ihre völkerrechtliche Theorievariante immer wieder, ebenso automatisch wie verzweifelt, nach einem Individuum als Willensträger und Handlungssubjekt Ausschau halten, mag die Hoffnung noch so unrealistisch sein, in Richtung dieser Erwartung analytisch fündig zu werden.[30]

Noch bei Hermann Heller wird daran festgehalten, daß selbst für demokratische Staatswesen ein "Herr" als wirksame Entscheidungseinheit postuliert werden müsse, und nicht nur postuliert; ihm müsse auch Realexistenz zukommen. Da aber in einer Republik, d.h. in einer Nicht-Monarchie, Nicht-Monokratie etc., der Begriff des "Herrn" allemal problematisch geworden ist, weil ihm kein reales soziales Substrat mehr entspricht, er also hohl, leer und abstrakt bleiben muß und ihm allenfalls eine metaphorische Funktion zugemessen werden mag, muß er sogleich im puren "Willen" lokalisiert werden. Wie aber soll der abstrakte "Herr" einen konkreten Willen haben? Wie ihn äußern? Wie ihn in Befehle umsetzen und verbindlich durchsetzen?

Heller behilft sich mit der Verlegenheitslösung, nicht die Entscheidung als solche "souverän" zu nennen, geschweige denn ihre inhaltlichen Intentionen mit dieser Prädikation zu belegen. Nicht einmal die Verfahren, über die der Entscheidende unbeeinflußt, autonom verfügt und über die er als einziger "Herr" ist - wenn er denn exklusiv über sie verfügen sollte -, werden "souverän" genannt. Als "souverän" gilt vielmehr ausschließlich der autonome Selbststand im Willen, dessen In-sich-selber-Ruhen, die körperlich-räumlich abgegrenzte Sphäre sozusagen einer individuellen Existenz, die, ohne auf andere Rücksicht nehmen zu müssen, nur um sich selbst kreist und in sich selbst ihr Genüge hat - womit der solipsistische Selbststand sich als Souveränitäts-Ideal entpuppt. Als Ort der Souveränität gilt also "der Wille", ein ebenso abstrakter wie blutleerer, inhaltsloser, subjektloser Wille, noch dazu ein frei flottierender, dem schließlich nur noch die Funktion zukommt, auf einen abstrakten Bezugspunkt hin Realitäten zu fokussieren und konkrete Hoffnungen mit hohlen Begriffskokons zu umspinnen.

In einer geradezu klassisch zu nennenden Übersprunghandlung hypostasiert Heller die unabweisbare Notwendigkeit, "ein Souveränitätssubjekt zu fordern, das oberste Rechtssätze zu positivieren, unter allen Umständen also willentlich wertender Entscheidungen fähig sein muß",[31] als *Staats*souveränität. Als sei dies die selbstverständlichste Sache von der Welt und nicht historisch erschlichenes quid pro quo, supponiert und po-

30 Vgl. *Michel Foucault*: Mikrophysik der Macht. Über Strafjustiz, Psychiatrie und Medizin, Berlin 1976, S. 105.

31 *Hermann Heller*, a.a.O., S. 81.

stuliert er in einem Atemzug den souveränen "Staatswillen" als polemische "Antithese gegen die autokratische Fürstensouveränität"[32] und gleichzeitig als deren Surrogat.

Gleichwohl dürfte die Vorbildfunktion individuellen souveränen Handelns - auch die Vorbildfunktion des "Souveräns", in dem sich der legitime, durchsetzungsfähige Wille nachgerade personalisiert, - außer Frage stehen.[33] Es braucht nicht einmal vom einzelnen auf die Komplexionen der vielen Einzelnen und ihren Interaktionen geschlossen zu werden. Es genügt, wenn deutlich wird, daß infolge unmittelbarer Konnexe individueller wie staatlich-politischer Vorteilssuche, Durchsetzungs- und Selbstbehauptungsfähigkeit nicht nur metaphorisch geredet zu werden braucht, sondern gleich Doppel-Realitäten in Rechnung zu stellen sind.

4. Repräsentationsfiktion, Bürgerkrieg und soziale Asymmetrie

Historisch-empirisch betrachtet, hat die Willenshypothese des voluntaristischen Modells nur unter den Bedingungen des monarchischen Absolutismus eine aktiv-erklärende Rolle spielen können. In der Tat ist dessen Souveränitätskonzept auf die Rechtsfigur der fürstlichen Gewalt hin entworfen; auf jenen Fürsten als deren Usurpator, Inhaber, Nutznießer und Verwalter, der nach innen die ihm feindlichen, weil gleichermaßen egoistische Interessen verfolgenden intermediären Gewalten allmählich unter Kontrolle gebracht und ausgeschaltet hatte - das französische Beispiel, das Bodin in die Theorie übersetzte und dem seine Theorie im selben Atemzug die legitimatorische Rechtfertigung gab, ist dafür symptomatisch -, und der wegen der Autonomie seiner Entscheidungen eine Rechenschaftspflicht keinem anderen gegenüber glaubte anerkennen zu müssen und nur sich selbst zu genügen brauchte.

Selbst wenn diese Fiktion des allen Fremdverpflichtungen enthobenen, nur seinen eigenen Willenssetzungen gegenüber verantwortlichen und sie allein exekutierenden "souveränen" Fürsten als herrschaftslegitimierendes Konstrukt theoretisch je von Bedeutung gewesen sein sollte, empirisch hat ihm kaum je eine Wirklichkeit entsprochen. Demgegenüber käme es darauf an, erst recht im modernen, nationalstaatlichen Rahmen, die Träger der Willensbildung zu benennen, darüber hinaus, die Struktur ihrer "Willensbefehle" bloßzulegen, vor allem aber die in diesen latent oder offen zutage tretenden Absichten, ihren intentionalen "Sinn" also, zu entschlüsseln.

Wird Souveränität verstanden als Abwesenheit jeglicher Fremdbestimmung, dann bedeutet sie prinzipielle, negative Freiheit, grundsätzliche und bewußte Indifferenz gegenüber jedem Bestimmtwerden durch andere und anderes. In letzter Konsequenz wäre sie eine Art willensautarke Selbstgenügsamkeit, die - wenn überhaupt - ihr Modell in der Subsistenzwirtschaft vorindustrieller, autarker Agrargesellschaften fände. Als Indif-

32 Ders., a.a.O., S. 96 et passim.

33 Weil keine einfache metaphorische Übertragung vorliegt, brauchen hier auch keine methodenkritischen Vorbehalte thematisiert zu werden, die sonst am Platze wären.

ferenzphänomen erzeugte sie gleichzeitig die Fiktion, Souveränität ließe sich, als zeitlos Gültiges, in eine Art Naturkonstante verzaubern, die allen mensch-lichen, gesellschaftlichen und geschichtlichen Verhältnissen zugrundeläge, ohne Rücksicht auf feudalismus-, kapitalismus- oder sozialismusspezifische Besonderheiten.

In Wirklichkeit jedoch wird durch den Indifferenz-Zauber, den eine "Souveränitätstheorie" dieses Schlages verbreitet, die besondere Abhängigkeit des souveränen Akteurs von den jeweiligen Zeit-Umständen im Geflecht je unterschiedlicher Akteursinteressen und Systemoptionalitäten sowohl empirisch-faktisch zugedeckt als auch ideologisch gezielt verschleiert. Dies läßt sich vor allem am monarchischen Souveränitätsbegriff des absolutistischen Zeitalters belegen.

In der Tat verkörpert der souveräne Fürst als monarchischer Autokrat die gelebte Fiktion, keine Rücksicht nehmen zu müssen auf fremde Mächte und von außer ihm stehenden Instanzen, Räten zumal, unabhängig zu sein. In Wirklichkeit jedoch - und dies verkennt jede ausschließlich begriffsgeschichtlich operierende Analyse[34] - wurde selbst der noch so solipsistisch sich gebärdende Monarch, wenn nicht von Kronräten, Beichtvätern und sonstigen, Einfluß nehmenden Ratgebern - ob im Vorhof oder in den chambres séparées der Macht -, zumindest von dynastischen Interessen und deren besonderen Sachwaltern umgetrieben.[35]

Die zahllosen "höfischen" Ratgeber, die die "Niedertracht", daß sie durch ihre Urteile zur Lage, durch ihren Einfluß und Rat, ihre Einflüsterungen und Ränkespiele dem Fürsten und seiner Entourage die Illusion raubten, legibus et consiliis solutus zu handeln, mit ihrer Entmachtung büßen mußten, belegen zwar die moralische Verkommenheit, gleichzeitig aber auch die reale Funktion jener Souveränitätsmetaphorik, die mit Hilfe spitzfindiger juristischer Kulissenschiebereien und wissenschaftlich verbrämter Staatsmetaphysik jener "absoluten" Willensbildung die Absolution erteilte, die in Wirklichkeit von den Zuträgern, Hilfsfreiwilligen, Ratgebern und Handlangern lebte, diese aber um jeden Preis im Hintergrund bzw. in der Versenkung historischer Bedeutungslosigkeit halten mußte, wenn sie nicht aufs Schafott oder ins Exil geschickt wurden, sollte die Illusion der eigenen Plenipotestas nicht in Frage gestellt werden.

Gleichwohl vermochte die monarchische Souveränität, die so tat, als sei deren Plenipotestas im Fürsten unmittelbar verkörpert und andere als deren Belange vertrete er nicht, selten über längere Zeit darüber hinwegzutäuschen, daß in erster Linie dynastische Interessen den Monarchen und "sein Haus" in Atem hielten. Die historischen Auseinandersetzungen um erbrechtlich verbindliche, dauerhafte Normen, niedergelegt in allseits anerkannten Sukzessionsordnungen oder besiegelt in Konfraternitäten, belegen diesen Sachverhalt zur Genüge. Die dynastischen Interessen des "Hauses" galt es mindestens ebenso zu sichern wie die hypostasierten, vielfach bloß erschlichenen allgemei-

34 Vgl. *Horst Dreier*: Der Ort der Souveränität, in: *Horst Dreier/Jochen Hofmann* (Hrg.): Parlamentarische Souveränität und technische Entwicklung, Berlin 1986, S. 11-44.

35 Ob es trotz allem gelang, darüber den Schein der souveränen, "absoluten" Entscheidung zu verbreiten, müßte am einzelnen historischen Fall überprüft werden.

nen, egal, ob aus dem Bündnis aller "Communitates" oder aus der "volonté générale" des gemeinen Volkes abgeleitet. Die zahllosen Erbfolgekriege, die die Bahn der Geschichte wie blutrote Fäden durchwirken, belegen die Konstanz der am Streit um Thronfolgerechte, Erblande oder Erbreichspläne sich aktualisierenden politischen Terrainkämpfe, an denen dann, untrennbar miteinander verknüpft, immer auch allgemeinere soziale Konflikte sich entzündeten.

Die Funktion dieser Souveränitätslehre bestand demnach darin, vom dynastischen Besitzstandswahrungs-Interesse - und allen mit ihm in Zusammenhang stehenden Verquickungen der großen und kleinen Politik - wegsehen zu lassen bzw. abzulenken. Statt dessen wurde jedes realempirisch motivierte Beobachtungsinteresse von der "staatswissenschaftlichen" Souveränitätsmetaphorik mit normativistisch-konstruktivistischer Umwegproduktion auf Sachverhalts-Seitenwege abgelenkt, so daß es sich verfranzte und jeder möglichen Opposition zu Fürsten und Fürstenhäusern der Stachel gezogen wurde.

Wie sehr in der fiktiven Einheitsvorstellung zentralisierender Machtallokation die auseinanderdriftenden Interessen und Motivationen realpolitischer Prägung sich sowohl theoretisch wie realempirisch bündeln ließen - dies die Funktion der Souveränitätstheorie -, wird deutlich an der angelsächsischen Vorstellung vom "King in Parliament". Dessen souveräne Plenipotestas, so die Konstruktion, ist Ausdruck der "Gesamtgenossenschaft aller communitates des Königreiches",[36] verdankt sich also der Machtbündelung aller korporativen Oligarchien, als da sind Krone, Magnaten, Prälaten, Grafschaften, Städte und Flecken, zu der diese sich bereit gefunden hatten, geeint im Interesse an der freien Verfügung und Nutzung des ihnen jeweils zur Verfügung stehenden Land- und Grundbesitzes als der ihrer spätfeudalen Produktionsweise gemeinsamen Produktionsgrundlage.

Selbstverständlich war das offene und verdeckte Gerangel um den Erwerb von Machtvorteilen, um Vorteilsannahme und Besitzstandsmehrung auf Dauer nicht zu bändigen. Untereinander bekriegten und befehdeten sich die Kräfte dieses temporären Zweckbündnisses unentwegt, wenn seither auch in einigermaßen geregelten, "verfaßten" Bahnen. Änderten und verschoben sich die Zweckbündnisse der Koalitionen, dann konnte man sicher sein, daß sich in ihren grundlegenden materiellen Beziehungen wichtige Veränderungen vollzogen hatten.

Gleichwohl war es mittels der Repräsentations- und Symbolisierungsformel vom "King in Parliament" gelungen, die latente Bürgerkriegsspannung zwischen den mächtigsten politischen und ökonomischen Opponenten und ihrer kaum minder mächtigen Klientel in die Vorstellung eines organischen, quasi sozialpartnerschaftlichen Miteinanders zu transformieren. Dadurch konnte die reale Koexistenz von König, Oberhaus und "House of Commons" sozusagen überführt werden in die parlamentarische Repräsenta-

36 *Otto Brunner*: Land und Herrschaft. Grundfragen der territorialen Verfassungsgeschichte Österreichs im Mittelalter, Darmstadt 1973, S. 422; ders.: Neue Wege der Verfassungs- und Sozialgeschichte, 3., unveränderte Auflage, Göttingen 1980.

tionsfiktion - das Pendant zur christologischen Realpräsenz unter den Gestalten von Brot und Wein, wie sie von der katholischen Abendmahlslehre verfochten wird -, die sich über den englischen Reformparlamentarismus des 19. Jahrhunderts hinaus bekanntlich als äußerst tragfähig erwiesen hat. Danach durfte jeder Engländer sich als realpräsent im Parlament vertreten fühlen, wenn auch nicht in effigie, so wenigstens durch Repräsentation.

Bataille hat diesen ineinander verschobenen Zusammenhang auf die Formel gebracht: "Die soziale Differenz ist die Grundlage der Souveränität, und indem sie Souveränität setzten, schufen die Menschen vergangener Zeiten die Skala der Differenzierungen."[37] Amtsinhaber und politische Klientel, Gefolgschaften und Akteurseliten sind nicht nur über konkrete, relativ konstante, wenngleich regelmäßig diskontinuierliche Interessenlagen aufeinander bezogen, sie sind auch über "Symbolresonanzen"[38] aneinander rückgekoppelt. Keiner der in dieses Zweckbündnis involvierten Akteure samt Anhang hat schließlich so viel Macht, Einfluß- und Veränderungsmöglichkeiten, daß er alle anderen unterwerfen, seinem Willen unterjochen und seiner Interessendurchsetzung gefügig machen könnte. Keiner kann es sich aber auch leisten, aus dieser Allianz auf Zeit einseitig auszubrechen, es sei denn bei Strafe physischer Vernichtung oder seines ökonomischen Untergangs. Die Angst vor dem drohenden Verlust ihrer Machtbastionen, in letzter Konsequenz vor Enteignung und Entmachtung, läßt alle wie Pech und Schwefel zusammenhalten.

In dieser Perspektive stellt sich selbst das weltliche Theologoumenon der Volkssouveränitätslehre dar als Versuch, in die nach der Umwälzung ihrer Reproduktionsgrundlagen auf Basis von Massenproduktion und universeller Kapitalverflechtung sozialrevolutionär veränderten Machtverhältnissen entwickelter Industriegesellschaften einerseits berechenbare politische Ordnung zu bringen und so ihre Entwicklungsdynamik kalkulierbar zu halten, auf der anderen Seite all denen, über deren Interessen notwendigerweise hinweggegangen werden mußte (und immer noch hinweggegangen wird), mit der legitimatorischen Exkulpationsformel die Versicherung an die Hand zu geben, daß sie sich, wenn schon nicht in effigie, so doch wenigstens in Realabstraktion vertreten fühlen dürfen. Ihnen bleibt der Trost, daß wenigstens die Theorie es gut mit ihnen meint. Schließlich verfügt Art. 20 GG nicht nur hypothetisch, sondern prädikativ: "Alle Staatsgewalt geht vom Volk aus", selbst wenn niemand zu sagen weiß, wann sie je wieder an dieses zurückfällt, und einige trotz allem der Ansicht sind, nicht alle Staatsgewalt sei Emanation des Volkes, wie 1971 noch explizit verkündet werden konnte.[39] Dabei kann die Souveränitätstheorie in ihrer derzeit gültigen legitimatorischen Version nur auf Hoffnung setzen und auf den Sankt Nimmerleinstag vertrösten. Tatsächlich hat sich auf

---

37 *Georges Bataille*: Die psychologische Struktur des Faschismus - Die Souveränität, München 1978, S. 61.

38 *Otwin Massing*, a.a.O., S. 248.

39 *Dolf Sternberger*: Nicht alle Staatsgewalt geht vom Volke aus. Studien über Repräsentation, Vorschlag und Wahl, Stuttgart u.a. 1971.

der Basis der Volkssouveränität ein ganzes System sozialer Asymmetrien und politisch präfigurierter Ungleichgewichte erhoben. Der Anspruch der Theorie ist von der Wirklichkeit nur eingeholt, nicht eingelöst worden. Wäre es anders, es ließe sich kaum erklären, warum diejenigen, deren Repräsentationsfunktionen ihrem eigenen Verständnis zufolge in erster Linie ihrer verantwortungsethischen Grundhaltung sich verdanken, um die knappen Positionen, Ämter und Schaltstellen von Einfluß und Macht unter Erbringung kaum verständlich zu machender persönlicher Opfer miteinander rivalisieren und mit derart großer Rücksichtslosigkeit gegeneinander konkurrieren.[40]

5. Monismus statt Reziprozität

Auf empirischer Grundlage ist die Souveränitätstheorie zu interpretieren als der politisch motivierte und politisch in Szene gesetzte Versuch - selbstverständlich theoretisch untermauert und legitimatorisch abgesi-chert -, aus vielen und Vielem Eins zu machen. Harold Laski hat sie deshalb nicht zufällig eine "monistische Staatstheorie" genannt. So wie im Laufe der zentralisierenden Verstaatlichung des politischen Lebens die intermediären Gewalten de facto zunehmend unter Kontrolle gebracht oder doch zu Anhängseln des höfischen Apparates umfunktioniert und insoweit tatsächlich verstaatlicht worden waren, wenn sie nicht marginalisiert oder gar physisch und psychisch liquidiert wurden, so erweist sich auch die Souveränitätstheorie als das probate Mittel schlechthin, den zentralisierenden Tendenzen der Zeit, schließlich der staatlichen Zentralgewalt, ihren Verfechtern und Nutznießern, legitimatorisch zuzuarbeiten.

Aufgehoben wurde damit das traditionale Prinzip der "Reziprozität", das noch in der frühen Neuzeit die königliche bzw. landesherrliche Macht reziprok auf die übrigen Haus-Herren als Herrschaftsträger bezogen hatte.[41] In wörtlichem Sinne verhinderte damit die Souveränitätstheorie, die über unterschiedliche Verdichtungsprozesse hinweg erst allmählich sich entwickelte und aus vielen Motiv-Quellen gespeist wurde, die Verselbständigung der intermediären Gewalten zu gefährlichen Konkurrenten der Zentralgewalt und ihrer bürokratisierten Herschaftsapparate.[42] Gleichzeitig war es mit ihrer Hilfe möglich, die real vorhandenen Gegentendenzen, daß die intermediären Gewalten sich selbst an der Zentralisierung hätten beteiligen oder daran wenigstens hätten partizipieren können, zurückzudrängen und ggf. im Keim zu ersticken. Das Monopol physi-

---

40 Notwendigerweise führt der Souveränitätsbegriff als Rechtsfigur, ob darunter die Fürstensouveränität gemeint ist, die nationalstaatliche oder die Rechtssouveränität, aber auch dann, wenn von Volkssouveränität die Rede ist, erst recht aber, wenn aktuelle soziale und politische Phänomene wie Währungssouveränität o.dgl. zur Debatte stehen, in die Sackgasse unzähliger unbegriffener Ambivalenzen, sobald seine analytische Verwendung von empirisch gehärteten Überlegungen abgekoppelt wird.

41 Vgl. *Stefan Breuer*: Sozialgeschichte des Naturrechts, Opladen 1983, S. 125 et passim.

42 Die Stadien dieses Entwicklungsprozesses sind zu bekannt, als daß sie hier noch einmal nachgezeichnet werden müßten. Vgl. *Michael Stolleis*: Staat und Staatsräson in der frühen Neuzeit. Studien zur Geschichte des öffentlichen Rechts, Frankfurt a.M. 1990.

scher Gewaltsamkeit des späten Nationalstaates stellt damit die entwickeltste politische Form der neuen gesellschaftlichen Synthesis dar. Gegen die rechtliche und tatsächliche Parzellierung der unterschiedlichsten Souveränitäten hatte sich die monistische Lösung durchgesetzt: ihre Monopolisierung als innerstaatliche Souveränität auf einem rechtlich eindeutig umgrenzten Territorium als Hoheitsgebiet. Der Machtwille derer, die aus dem spätfeudalen Konkurrenzkampf um die "Schlüsselmonopole" (Norbert Elias) hervorgegangen waren, koinzidierte mit den aus der Geldökonomie sich ergebenden Zwängen zu wohlfahrtsstaatlichen Rationalisierungsmaßnahmen, wodurch die Bedingungen jener verwaltungstechnischen Rationalisierung erst geschaffen wurden, die auf der Grundlage eines erneuerten Revenuesystems die Förderung des städtischen wie des bürgerlichen Gewerbefleißes und damit die innere Reichtumsmehrung des jeweiligen Territorialstaates zum Ziele hatte.

Dieser territorial zwar beschränkten, ansonsten jedoch unbeschränkten souveränen Staatsmacht hatten sich hinfort die partikularen Mächte und lokalen Besonderheiten mehr oder minder bedingungslos zu fügen. "Indem die weltliche Obergewalt solchermaßen jedem Rechtsfähigen, gleich welchen Ranges, die Möglichkeit selbständiger Rechtswahrung entzog und Gesetzgebungskompetenz und Sanktionsgewalt monopolisierte, vollbrachte sie, was die mittelalterliche Hierokratie immer schon intendiert, faktisch jedoch nie durchzusetzen vermocht hatte: die radikale Durchgliederung der Gesellschaft, ihre Zentrierung auf eine überempirische, gleichwohl reale Instanz, die der einzige Geltungsgrund der erzwungenen Ordnung war."[43]

Die "puissance absolue" des Fürsten besteht denn in der Tat darin, wie es ebenso kraß wie eindeutig Bodin formuliert hat, "den Untertanen in ihrer Gesamtheit ohne ihre Zustimmung das Gesetz vorzuschreiben."[44] Fehlende Zustimmung der Betroffenen und infolgedessen mangelnde Kontrolle über die Akte souveränen Entscheidens sind gleichwohl kein Freibrief für ein Willkürregiment des Fürsten. Daher wird dessen Gesetzgebungskompetenz ausdrücklich an einem sachlich eindeutigen, rationalen Zweck festgemacht. Dem souveränen Fürsten sei souveräne Verfügungsgewalt über die Gesetzgebung nur eingeräumt, schreibt er, "um den Staat zweckmäßig regieren zu können",[45] eine Bedingung, die erst recht in einer Demokratie unentbehrlich sei, einmal abgesehen von der Unterstellung des Willensbefehls souveräner Fürsten unter das "Gesetz Gottes und der Natur"[46] als unabdingbarer Voraussetzung.

Insofern steht die Souveränitätslehre, egal in welcher Fassung sie uns entgegentritt, immer auch in der Auseinandersetzung um politische und ökonomische, legitimatorische und ideologische Terrainerweiterung, die jene führen, die sich die Beseitigung jedweder Art zu ihnen in Konkurrenz stehender intermediärer Gewalten zum Ziel ge-

---

43 *Stefan Breuer*, a.a.O., S. 130.

44 *Jean Bodin*: Sechs Bücher über den Staat, eingeleitet und herausgegeben von *P.C. Mayer-Tasch*, München 1981, I. Buch, 8. Kapitel, S. 222.

45 Ders., a.a.O., S. 223.

46 Ders., a.a.O., S. 229.

setzt haben. Sie selbst ist immer schon Partei, und nur in den seltensten Fällen stand sie auch auf der Seite der historisch Unterlegenen.

Des Rätsels Widerspruch, daß sie sich ständig in argumentative Widersprüche verstricke, daß sie theoretisch unausgegoren sei, normativistisch argumentiere, und was der Vorwürfe an ihre Adresse sonst noch sein mögen,[47] läßt sich daher auflösen, sobald sie begriffen wird als Ausdruck ihrer historisch bestimmten Funktion, wonach sie denjenigen gesellschaftlichen Kräften in die Hände spielte, die in der Lage waren, sie zu ihren Gunsten zu instrumentalisieren.

In der Tat eignet dem Souveränitätskonzept von Anfang an - schon in seiner entwickeltsten, theoretischen Fassung, bei Bodin -, ein pragmatisch-funktionales Moment. Den Repräsentanten jener Vereinheitlichungstendenzen, die den Gesellschaftskörper ihren rationalisierenden Maßnahmen unterwarfen, diente sie als probates Mittel, um ihre Interessen gegen sämtliche widerstreitenden Kräfte durchzusetzen. Insoweit war die ihr eigentümliche ratio legis fortschrittlichen Charakters. Gleichzeitig waren ihr aber auch defensive Aufgaben zugefallen, und zwar von Anfang an. Diese bestanden vor allem darin, die monarchische Gewalt gegenüber den kurialen Ansprüchen des Papstes sowie gegenüber den gebietshoheitlichen, politischen wie ökonomischen Expansionstendenzen bzw. Arrondierungsversuchen aller anderen ständischen Gewalten systematisch abzuschirmen.[48]

6. Souveränität, "vested interests" und die Rationalisierung von Herrschaft

Daher sind sowohl moderne wie die klassischen Souveränitätskonzepte, aber auch die Souveränitätstheorie im allgemeinen, hinreichend nur zu verstehen, wenn ihr instrumenteller Charakter in Rechnung gestellt wird. Dies gilt es erst recht zu beherzigen, trotz oder gerade wegen der veränderten Bedingungen, unter denen sie heutzutage eine Rolle spielen.

An einem völlig unverfänglichen Text läßt sich diese Behauptung leicht belegen. In seinem kleinen ironischen Versuch, betitelt "Europa",[49] hat der Schweizer Schriftsteller und Essayist Kurt Marti aus gegebenem Anlaß, zugegebenermaßen einem kleinräumigen Sonderproblem der Schweiz, seine "Verwirrung" eingestanden, die ihm die Behandlung der eidgenössischen Souveränitätsproblematik durch die tonangebenden Kreise seines Landes verursacht hat. Marti nimmt mit Erstaunen folgende Widersprüchlichkeiten zur Kenntnis:

---

47 Zum Mängelkatalog des Souveränitätsbegriffs vgl. *Hans Kurz* (Hrg.): Volkssouveränität und Staatssouveränität, Darmstadt 1970.

48 *Gerhard Leibholz*: Die Zukunft der nationalstaatlichen Souveränität im 20.Jahrhundert, in: *Hans Hubert Hofmann* (Hrg.): Die Entstehung des modernen souveränen Staates, Köln/Berlin 1967, S. 377-385.

49 *Kurt Marti*: Herausgehoben. Notizen und Details, Stuttgart 1990, S. 180-186.

"Letztes Jahr hat sich das Volk entschieden, die Schweizer Armee beizubehalten. Ohne Armee, so hieß es, gingen wir unserer Souveränität verlustig, würden allzuleicht erpressbar, verlören überdies Zehntausende von Arbeitsplätzen. Zwei Dritteln des Stimmvolkes leuchtete diese Argumentation ein. Die Armee blieb uns erhalten. Damit, sollte man annehmen, auch die Souveränität. Doch nun hört man gerade aus jenen politischen und wirtschaftlichen Kreisen, die sich für die Armee eben noch stark gemacht hatten, mit anschwellender Lautstärke verkünden, unser Land werde, um europa- und binnenmarktfähig zu sein, auf manche Souveränitätsrechte verzichten müssen. Ohne solche Souveränitätsverzichte zugunsten von EG und EWR würden wir uns unabsehbaren Pressionen aussetzen, und damit stünden auch viele Arbeitsplätze auf dem Spiel. Ja, wie denn nun? Ist, was die Armee erklärtermaßen garantieren soll, somit überhaupt nicht garantiert oder garantierbar? Bröckelt unsere Souveränität ohnehin ab, mit oder ohne Armee? Die Verwirrung ist groß... Argumente werden je nach Bedarf oder Interesse ausgespielt, mit zunehmender Nervosität, je näher das Jahr 1992 rückt."[50]

In unserem Zusammenhang ist dabei das Sonderproblem einer militärischen Selbstbehauptungsfähigkeit eines auf ewig neutralen Landes wie der Schweiz, also auch die Debatte über die Mittel, die deren Souveränitätserhalt garantieren könnten, trotz veränderter welt- und europapolitischer Bedingungen, nicht sonderlich von Belang. Um so mehr verdient Aufmerksamkeit die Beobachtung Martis, daß im Hinblick auf die Souveränitätsfrage, wie in anderen politischen Zusammenhängen auch, die Argumente, wie er schreibt, "je nach Bedarf oder Interesse ausgespielt (werden)", so daß, mit anderen Worten, je nach wechselndem Bedarf selbst eine politisch derart kontroverse Option wie die Notwendigkeit oder Nichtnotwendigkeit einer unabdingbaren Souveränitätsbehauptung in je unterschiedliches Licht getaucht erscheint, je nachdem wer sich für die eine oder andere Lösung einsetzt.

In dieser Hinsicht scheint die Frage nach dem Stand und nach der Verfügungskompetenz über Souveränität, erst recht die nach den Mitteln ihrer Durchsetzung und Selbstbehauptung, dem Einfluß interessierter Kreise und ihrer "vested interests" nach Belieben ausgesetzt zu sein. In gleicher Weise entwickeln sich die entsprechenden Argumente des Für und Wider nach dem Schema politischer Wanderanekdoten. Die Staatsrechtslehre, die Völkerrechtstheorie und die Historiker werden darüber selbst zur Partei. Da es sich jedoch um theoretisch-praktische Barrikadenkämpfe in einem latenten Bürgerkrieg handelt, stehen sie entweder auf der einen oder der anderen Seite der strittigen Frontlinien, was von der Kritik der Verhältnisse, von der Kritik der Theorie sowie von jeder politischen Kosten-Nutzen-Analyse vorrangig herauszuarbeiten wäre.

50 Ders., a.a.O., S. 180.

"Eindeutig verfassungswidrig", so schreit es jedesmal Zeter und Mordio, ob nun von Seiten derer, die jede angebliche Souveränitätseinschränkung, die ggf. ins Haus steht, in Acht und Bann tun, oder von Seiten jener, die gerade im bewußt geleisteten Verzicht auf ebensolche angeblich unveräußerlichen Souveränitätsrechte die eigentliche "souveräne" Willensbekundung erblicken: Befehlsunabhängigkeit und autonome, freie Entscheidung seitens einer zentralen Willenseinheit.

So wurde z.B. 1939, als Hitler den Rest der besetzten Tschechoslowakei in ein Protektorat Böhmen und Mähren umfunktioniert hatte, die Gründung eines eigenständigen slowakischen Staates von nationalistisch-nationalstaatlichen Kreisen ebenso angeprangert, wie zweiundfünfzig Jahre später Mitarbeiter des Instituts für Staatsrecht der Tschechoslowakischen Akademie der Wissenschaften die gleichen Argumente bemühen (nur in umgekehrter Stoßrichtung), um den Gesamterhalt des nationalen Status quo gegen ein angeblich unkontrolliertes Überhandnehmen politischer Selbstbestimmungsforderungen seitens ethnischer Minderheiten mit Zähnen und Klauen zu verteidigen. (Einschlägige Beispiele ließen sich beliebig auflisten.)

Damit aber befinden sich Staats- und Völkerrechtswissenschaft mittendrin in der politischen Auseinandersetzung. Sie selbst sind Mittel dieses Kampfes um Verfassungspositionen, wobei die Auseinandersetzung um die semantische Besetzung der politischen Schlüsselworte nur die vordergründige Szenerie darstellt, sozusagen die Fassade abgibt - den politisierenden Juristen sei es ins Stammbuch geschrieben -, wohingegen die (mögliche und tatsächliche) Finalisierung der Wissenschaft zugunsten bestimmter, im einzelnen anzugebender "vested interests" ein noch immer nicht zur Gänze gelöstes Analyserätsel darstellt.

Kaum zu bestreiten jedenfalls, daß die Geschichte der Souveränität und ihrer Theorie in der Entwicklung des okzidentalen Rationalismus an den Stadien der Rationalisierung von Herrschaft teilhat. Zu rekonstruieren ist diese als jener Prozeß, in dem die diskontinuierlich verlaufende Akkumulation von gesellschaftlicher und politischer Macht die Sphäre des Homogenen in demselben reproduktiven Akt erweitert und verfestigt, in dem sie das Nichthomogene als nicht assimilierbar abstößt. Dazwischen verläuft, in jeweils unterschiedlicher Ausprägung selbstverständlich, die Grenze zwischen gesellschaftlicher Synthesis und Identität versus Vielheit und Heterogenität als den negativen Vexierbildern homogener Vergesellschaftung.[51]

Angesichts dieser Geschichte souveräner Machtentfaltung und ihrer vielfältigen, ebenso diskontinuierlichen wie unberechenbaren Transformationen verläuft die Geschichte von Subjektivität zur Rationalisierung von Herrschaft umgekehrt proportional. Eine kritische Geschichte des Souveränitätsdenkens und ihrer Funktionsbestimmung hätte infolgedessen deren Geschichte nicht nur zu rekonstruieren, sondern auch zu interpretieren aus der Perspektive dessen, was alles durch diesen Prozeß der Rationalisie-

---

51 Vgl. *Rita Bischof*: Über den Gesichtspunkt, von dem aus gedacht wird, in: *Georges Bataille*, a.a.O., S. 87-120 (100).

rung an den Rand gedrängt, um seine Chancen gebracht, marginalisiert und schließlich vom allgemeinen "main stream" des Vergesellschaftungsprozesses abgekoppelt wurde. Gleichwohl bleiben beide Momente unabdingbar aufeinander verwiesen (und angewiesen).

Es ist kein Zufall, daß der Kampf um politische Selbstbehauptung, wie er in weltweitem Maßstab zuletzt vor allem von den Formationen souveräner Nationalstaaten sowohl europäisch-kapitalistischer wie realsozialistisch-imperialistischer Prägung bis an den Rand ihrer eigenen und der Menschheit "Extermination"[52] in selbstzerstörerisch-kollektiver, wahnhafter Verblendung geführt wurde, bereits von Hegel zu einem Kampf auf Leben und Tod seitens der Völker und Nationen hochstilisiert wurde. Insoweit reflektiert selbst eine "idealistische" Geschichtsphilosophie im materialistischen Konstruktionsprinzip ihres Entwurfs den Prozeß zunehmender Militarisierung der frühneuzeitlichen Gesellschaftsformationen in dem Maße, wie mit dem Anwachsen arbeitsteiliger sozialer Differenzierung und des gesellschaftlichen Reichtums im Zuge auch der Internationalisierung des Güter-, Dienstleistungs- und Kapitalverkehrs die politisch wie ökonomisch akkumulierten Machtmittel souveräner Staaten deren Auseinandersetzung ("auf Leben und Tod") nicht nur materiell möglich, sondern auch theoretisch denkbar, damit in doppelter Hinsicht wahrscheinlicher, weil "führbar" werden ließen. Seit eh und je pflegen Tod und Vernichtung das Vexierbild von Herrschaft in den Flickenteppich der Geschichte zu zeichnen.

Kein Zufall also, daß souveräne Staaten, erst recht solche mit ausgeprägt nationalstaatlichem Charakter, meist kriegerische Staaten sind, zumal dann, wenn sie nach den Verwertungsgesetzen ihrer volkswirtschaftlich beschränkten Ökonomien auf wie immer unzulänglich organisierten Weltmärkten ihre Rolle zu spielen hatten, was vor allem hieß, fremden Mitbewerbern um die Verteilung des in internationaler Arbeitsteilung erwirtschafteten gesellschaftlichen Reichtums als gefährliche Konkurrenten gegenüberzutreten, bei gegenseitiger Tendenz zu imperialistisch raumgreifender Expansion. Historisch wird dieses "moderne" Weltmarktsystem vor allem vom Entwicklungsprozeß europäisch-atlantischer Nationalstaaten und deren Formierung zu einem unverwechselbaren politischen Regimetyp markiert. Ihre innere politische Verfaßtheit ist infolgedessen, bei allen unübersehbaren Differenzen im Detail, ein gleichermaßen akzelerierendes wie retardierendes Moment, vom Prozeß gesellschaftlicher Synthesis ebenso determiniert wie diesen selbst determinierend.

Auf dieses nicht beliebig aufzudröselnde Ineinander von unentbehrlichen Staatsfunktionen, wie wir heute sagen würden, hat Bodin, ohne daß die einschlägige Textstelle in ihrer politischen Tragweite so recht begriffen worden wäre, ausdrücklich hingewiesen, als er politische *und* ökonomische, rechtliche *und* moralische, ethische *und* sozialkommunikative Weisungs- bzw. Handlungsbefugnisse in der einen Kompetenz-

52 *Egbert Jahn*: Zur Phänomenologie der Massenvernichtung. Kolyma, Hiroshima und der potentielle nukleare Holocaust, in: Leviathan, H. 1/1990, S. 7-38.

Kompetenz zu bündeln suchte, die er darüber hinaus in der Verfügungsgewalt des Souveräns monopolisiert wissen wollte, als Befugnis nämlich, über alle politischen Richtungsentscheidungen verbindlich, weil mit Sanktionsgewalt bewehrt, zu befinden und insoweit allen Gliedern des Gesellschaftskörpers gegenüber befehlsunabhängig, legitim und souverän Sozialschicksal zu exekutieren.

Wissend, daß Souveränitätsmerkmale "ihrem Wesen gemäß unübertragbar, unveräußerlich und unverwirkbar sind",[53] erläutert er detailliert:

> "Diese Befugnis zu Erlaß und Aufhebung von Gesetzen umfaßt sämtliche anderen Hoheitsrechte und Souveränitätsmerkmale. Genaugenommen könnte man daher sagen, daß sie das einzige Souveränitätsmerkmal ist, weil sie eben alle anderen in sich einschließt als da sind das Recht über Krieg und Frieden zu entscheiden, die Entscheidung in letzter Instanz über die Urteile der Magistrate [i.e. das Recht der höchstrichterlichen Entscheidungsgewalt], das Recht zur Ernennung und Absetzung der höchsten Beamten, das Recht, den Untertanen Steuern und Abgaben aufzuerlegen oder sie davon zu befreien, das Recht von der Härte des Gesetzes durch Gnadenakte oder Dispense abzuweichen, die Befugnis, über die Bezeichnung der Währung, Anhebung und Senkung des Geldwertes und des Münzfußes zu bestimmen und das Recht, von Untertanen und ligischen Vasallen verlangen zu können, daß sie demjenigen, dem sie den Treueid zu leisten haben, uneingeschränkte Treue halten. Sie alle sind Ausfluß der Macht, allen als Gesamtheit und jedem einzelnen das Gesetz vorschreiben zu können und selbst nur von Gott Gesetze anzunehmen."[54]

Es ist daher nur zu verständlich, daß Carl Schmitt auf das mythische Bild des (göttlichen, gottähnlichen) Demiurgen glaubte zurückgreifen zu müssen, wenn er sich anläßlich der Frage nach Ort und Funktion staatlicher Souveränität auf das Problem des Ursprungs aller rechtlichen und sozialen Ordnung verwiesen sieht, sich aber mit triftigen und schlüssigen Antworten darauf, etwa von Seiten des Staats- oder Völkerrechts, im Stich gelassen fühlt. Zwar werden in der Demiurgen-Metapher die Tendenzen zur Willens- und Machtkonzentration, wie sie von den konkreten "Mächten des Daseins" realiter umgesetzt wurden, wenigstens literarisch-ironisch gebrochen, gleichwohl verdeckt sie die tatsächliche Heterogenität, den gleichsam unreinen Ursprung jeder sozialen Ordnung aus Akten der Gewalt, der Unterjochung und einseitiger, asymmetrischer Überherrschung. Die Souveränitätstheorie, die, statt diesen Ursprung einzubekennen, ihre Zuflucht nimmt bei jenem Bild des Demiurgen, bindet vielmehr den gewalttätigen Ursprung aller sozialen Systeme an die Idee der Vernunft, in einer für die Geschichte

---

53 *Jean Bodin*, a.a.O., I, 10, S. 318.

54 Ders., a.a.O., I, 10, S. 294.

des abendländischen Denkens durchaus gängigen Ausdeutung.[55] Es erscheint dann der souveräne Willensakt des gottgleichen Demiurgen als creatio ex nihilo, und in transformierter Gestalt geben sich im Ideenhimmel die realen Mächte des Daseins ihr Stelldichein, zwar zeit- und funktionsversetzt gewissermaßen, doch metaphorisch verklärt und mit den sich hart im Raume stoßenden Sachen, struktureller Gewalt und asymmetrischen Herrschaftsbeziehungen zumal, am Ende allemal versöhnt.

Demgegenüber hat Max Weber, zutiefst geprägt von der kapitalistisch-imperialistischen Staatenwelt seiner Zeit, die "sachliche Pragmatik" aller Staatsräson in der gegen alle praktischen Widerstände und theoretischen Einwände konsequent sich durchsetzenden Selbstbehauptung einer jeden Nation im Kampf um Anerkennung ihrer besonderen Geltung in der Welt positioniert, was für ihn selbstredend bedeutete: in der Welt einer sich globalisierenden Staatengemeinschaft, in der es die (zu) früh gekommenen Etablierten gab sowie die vielen anderen, die sich ihre internationale Anerkennung sozusagen erst noch verdienen mußten, worunter er auch Deutschland zählte. Staatstheoretisch eher beiläufig, weil religionssoziologische Überlegungen präludierend, stößt Weber in diesem Zusammenhang bekanntlich auf den Staat als den Monopolisten der legitimen Gewaltsamkeit - "anders ist er nicht zu definieren."[56] Und dieser Nötigung quasi theoretischer Art fügt er gleich die realanalytische, instrumentelle Bestimmung eines jeden politischen Verbandes hinzu: ihn charakterisiere - wesentlich - "die nackte Gewaltsamkeit der Zwangsmittel nach außen nicht nur, sondern auch nach innen."[57] Mit geradezu herablassend arroganter Verachtung spricht er vom "Gewaltkampf" der einander bekämpfenden Gruppen, gerade auch im rationalen Staat, den er idealtypisierend in einen Gegensatz zum unbefangenen, naturwüchsigen Heldentum glaubt setzen zu müssen.

Wie unpathetisch, nüchtern-skeptisch immer, weil ungeschminkt ihr Telos beim Namen nennend, die Bestimmung der Staatsräson bei Weber ausfallen mag - er legt sie fest auf den "Selbstzweck der Erhaltung (oder Umgestaltung) der inneren und äußeren Gewaltverteilung"[58] -, so entgeht er doch nicht der Gefahr, die historischen Entstehungsbedingungen eines Staates (und aller ihm ähnlichen) sowie deren spezifische Konfigurationen und Gestaltungsmuster zur Handlungs-"Logik" des Staates schlechthin zu substantialisieren, statt sie funktional zu verorten und als historisch und gesellschaftlich notwendige (bzw. nichtnotwendige) Arrangements mit Gewinn und Verlust zu bilanzieren.

---

55 Vgl. *Rita Bischof*, a.a.O., Anm. 11, S. 119.

56 *Max Weber*: Die Wirtschaftsethik der Weltreligionen, in: Ders.: Gesammelte Aufsätze zur Religionssoziologie I, 9. Auflage, Tübingen 1988, S. 237-573 (547).

57 Dto.

58 Dto.

7. Souveränitätsdiffusion und globale Vergesellschaftung

Zwar läßt sich in der Perspektive globaler Vergesellschaftung, vor der heute niemand mehr die Augen verschließen kann, staatliche Außenpolitik - ob sie sich in klassisch-nationalstaatlicher Weise verselbständigt hat oder ob sie als neu formatierte Machtpolitik in Erscheinung tritt - mehr denn je bestimmen als eine Art Clan-Konkurrenz von Staaten, die unter den Bedingungen vielfältigster, perennierender Knappheit (Knappheit der Möglichkeiten und Chancen, der materiellen und der Zeit-Ressourcen) gegen entgegenstehende andere Interessen (und Interessenten) vorrangig ihre eigenen durchzusetzen versuchen.[59] Der naturalistische Bedeutungshintergrund nahezu aller wesentlichen völkerrechtlichen Argumentationsfiguren, wie er noch am ehesten in der Lehre vom "ius belli ac pacis" aufscheint, verweist eindeutig, wenn auch meist idealistisch, weil in rechtfertigend-verharmlosender Absicht gebrochen, auf diesen gewalttätigen Reproduktionszusammenhang und die ihm zugrundeliegenden gesellschaftlichen "battle-of-the-fittest"-Mechanismen. Einzig darin ließe sich mit Fug und Recht dem Staat eine Gebrauchswertfunktion zugunsten des einzelnen abmarkten, nicht umgekehrt.

Gleichwohl bedeutet diese Tendenz zur bündnisgestützten Interessendurchsetzung alles andere als eine Ermächtigung zur autonomen politischen Selbstregulation. Da die Funktionsbereiche von Prozeß- *und* Ordnungspolitik in ihr nicht zufällig so sehr ineinander verschränkt sind, daß sie nicht einmal theoretisch gesondert werden könnten, kann von einer institutionellen Verselbständigung zur souveränen Entscheidung, die möglicherweise noch einem eigens dafür "zuständigen" Organ vorbehalten wäre, mit einigermaßen empirisch triftigem Gehalt kaum gesprochen werden, zumal zu den "geborenen" Repräsentanten nationaler Außenpolitik, den jeweiligen Regierungen, heutzutage zunehmend nationale bzw. internationale Nebenregierungen treten, die durchaus in der Lage sind, eine eigenständige "Nebenaußenpolitik" zu betreiben (z.B. Gruppen und Fraktionen aus dem Lager einer Regierungskoalition bzw. ihrer politischen Opposition; international operierende Finanzgruppen, Produzentenkartelle; die Mafia und andere "Händler des Todes" usf.). Neuerdings verhandelt sogar die Verwaltungsspitze der Vereinten Nationen nicht mehr nur mit offiziellen staatlichen Stellen, obwohl ihr die Definition der UNO-Exekutive als "Summe aller Mitgliedstaaten" eine ausschließlich zwischen*staatliche* Verhandlungsoption abfordert, sondern selbst mit "privaten" Geiselgangstern und ihren paramilitärisch organisierten Verhandlungskartellen. Ihre Mittler- bzw. Vermittlerrolle nach den jüngsten Geiselnahmeaffären und Terroranschlägen gegen nationale und internationale Einrichtungen belegen dies eindeutig. Dabei ist der Charakter eines politisch ungeplanten Zuwachses an "souveräner" Handlungskompetenz im Handling internationaler, transnationaler und zwischenstaatli-

59 So lassen sich etwa die Staatengruppen der Nordatlantischen Allianz, die der sogen. Dritten Welt und schließlich die des Ostblocks - jedenfalls solange der Kalte Krieg noch nicht zu Ende war - durchaus als solche Groß-Clans beschreiben - durch Bündnisverträge bzw. ideologische "Blutsbande" zusammengehalten -; entsprechend lassen sie sich funktional einander zuordnen.

cher Konflikte unverkennbar. Durchmischt werden dabei die relativ niedrigen Ordnungsstrukturen von Souveränitätskonzepten mit solchen komplexerer Natur, wie sie i.d.R. kooperativen Aushandlungs- und Verflechtungssystemen auf Basis von "sustainability" zu eigen sind.

Um so verwunderlicher, daß ein auf empirische Sättigung dermaßen erpichter Politologe wie Klaus v. Beyme den Bundestag wie eh und je als "institutionellen(r) Sitz der Souveränität"[60] bezeichnet. Immerhin ist ihm zugutezuhalten, im Gegensatz etwa zum Bundesverfassungsgericht, das methodisch zwar mit funktionell-rechtlichen Argumenten, in der Sache nichtsdestoweniger regierungsfromm das Parlament nahezu vollständig von der außenpolitischen Prärogative der Regierung abkoppelt,[61] daß er, sozus. in einem Anflug deistischer Weltfrömmigkeit, den Bundestag für den Vollzug seiner Alltagsgeschäfte dann doch nicht vom allerhöchsten Souveränitätsthron herunterholt, sondern ihm "Nichteinmischung" gerade so weit zubilligt, ja aufnötigt, wie ihm möglich ist, sich "aus der täglichen Verantwortung" davonzustehlen. Danach sollte der Bundestag, obwohl Sitz der Souveränität, "nur über die Instrumente der Steuerung entscheiden", nicht aber über den materialen Gehalt, die Richtung und Verwendung der von diesen ausgehenden Steuerungsimpulse selbst, weil die Instrumente und Institutionen "relativ unabhängig von ihrem Schöpfer handeln"[62] sollten.

Selbstverständlich ist nicht zu bestreiten, daß faktisch, weil verfassungsrechtlich von Art. 24 GG zwingend vorgeschrieben, Souveränitätsabgaben und Souveränitätsverzichte im Wege rechtlicher wie institutioneller Verselbständigung seit eh und je erfolgt sind und ständig erfolgen. Der westdeutsche Wehrbeitrag zum Nordatlantischen Verteidigungsbündnis, die Römischen Verträge und zuletzt die Planvorgaben zur Schaffung einer Wirtschafts- und Währungsunion im Rahmen der EG bzw. ihrer erweiterten Version als Europäischer Wirtschaftsraum (EWR) sind dafür die charakteristischsten Beispiele.

An der Vorgeschichte wie an den Akteurs-Szenarien, aber auch an der relativ homologen Gemengelage der handelnden politischen Eliten und der von ihnen vertretenen Interessen, die in den erwähnten Fällen zu jener demonstrativen Entfaltung souveräner Staatlichkeit geführt haben, der sich die neue Ordnung atlantischen Zuschnitts in erster Linie verdankt, läßt sich jedoch belegen, daß weder von fingierten Souveränitätsthronen, von denen herab souveräne Willensakte erfolgt wären, noch von eigenständigen, d.h. in eigener Kompetenz und autonom, d.h. allein verantwortlich handelnden souverä-

---

60 *Klaus v. Beyme*: Leistungen des deutschen Bundestages in Wirtschafts- und Sozialpolitik, in: *Porzner/Oberreuter/Thaysen* (Hrg.): 40 Jahre Deutscher Bundestag, Baden-Baden 1990, S. 185-200 (186).

61 Vgl. die sogen. Pershing-Entscheidung, in: BVerfGE 68, S. 1-111; wichtig in unserem Zusammenhang die abweichende Meinung des Richters *Mahrenholz* zum Urteil vom 18. Dezember 1984, in: BVerfGE 68, S.111-132.

62 *Klaus v. Beyme*, a.a.O.

nen Willens- und Entscheidungseinheiten[63] die Rede sein kann. Dabei geht der ebenso fruchtlose wie vorgeschobene Streit um Kaisers Bart in erster Linie darum, ob der unabdingbare Verzicht auf die Ausübung ungeschmälerter Souveränität ("keinen Größeren über sich anerkennen müssen"[64]) die eigentliche Souveränitätsentfaltung, weil die überragende staatspolitische Leistung darstelle, oder ob nicht doch die interessenabgleichende Rolle als Bündnis-Ko-Akteur in den Pokerspielen um handfeste politische Deals unter Beweis stelle, daß die gebetsmühlenartige Beschwörung aller möglichen Souveränitätsformeln und Souveränitätsvorbehalte den illusionären Charakter jeder Inanspruchnahme souveränen Wollens und souveränen So-tuns nur desto eindeutiger und nun erst endgültig offenbare.

In der politikwissenschaftlichen Literatur jedenfalls war man seit langem schon davon überzeugt - spätestens seit Harold Laski's Studies in the Problem of Sovereignty (1917) -, daß es sich im Falle des Souveränitätsaxioms entweder um eine empirische Chimäre oder um einen politischen Anachronismus,[65] wenn nicht gar um ein theoretisches Nullum handeln müsse. Zwar wird diese Einschätzung nicht zufällig besonders gern von Staatsrechtslehrern und Politologen kolportiert, die das in der Souveränitätsproblematik sich verkapselnde Problem der nach innen unentwegt sich durchsetzenden, latenten Gewaltförmigkeit von Politik auch "im demokratischen Verfassungsstaat" aus allzu durchsichtigen Gründen eskamotiert wissen möchten. Heinrich Oberreuter z.B. konstatiert nicht ohne Augenzwinkern - denn er weicht sofort ins "klassische Verständnis" aus -: "Nach innen stellt sie [sc. die Souveränität] im demokratischen Verfassungsstaat heute einen rechtlichen und politischen Unbegriff dar."[66] Martin Kriele seinerseits zieht aus der Einsicht, daß es schon nach der Theorie des Absolutismus unmöglich gewesen sei, "legibus solutus" zu regieren, den Schluß, dann könne es Souveränität im modernen Verfassungsstaat erst recht nicht geben (§ 28), allenfalls eine "staats*rechtliche*", was dann für ihn bedeutet, daß "der *Staat* als das Gesamt der Staatsorgane und des Staatsrechts *gegenüber der Gesellschaft souverän* (ist)"[67] - und dies trotz Volkssouveränitätsprinzip und Art. 20 Abs. 1 GG.[68] Konsequenterweise korreliert dem affirmativen Charakter dieser Positionen der Verzicht zahlreicher, weitverbreiteter Staatsrechtslehrbücher in der Bundesrepublik, die politischen Probleme, die eine staatli-

---

63 Vgl. *Hermann Heller*, a.a.O., der im übrigen durchgängig so argumentiert.

64 Es ist dies vielleicht zum ersten Mal von *Prokulus* in den Digesten in die Formel gefaßt worden, souverän sei, "qui nullius alterius potestati subjectus est", zitiert bei *Dimitri S. Constantopoulos*: Zwei Grundbegriffe der Souveränität, in: *Hans Kurz* (Hrg.): Volkssouveränität und Staatssouveränität, S. 397-416 (402).

65 *Ernst-Otto Czempiel* (Hrg.): Die anachronistische Souveränität. Zum Verhältnis von Innen- und Außenpolitik, (= Politische Vierteljahresschrift, Sonderheft 1), Köln und Opladen 1969.

66 *Heinrich Oberreuter*: Souveränität, in: Handlexikon zur Politikwissenschaft, herausgegeben von *W.W. Mickel*, Bonn 1986, S. 451.

67 *Martin Kriele*: Einführung in die Staatslehre, Reinbek 1975, S. 112, Hervorhebung von mir, O.M.

68 Zur Kritik daran vgl. *Ingeborg Maus*: Sinn und Bedeutung von Volkssouveränität in der modernen Gesellschaft, in: KJ 1991, H. 2, S. 137-150.

cherseits in Anspruch genommene "Souveränität" unter den Geltungsbedingungen des Volkssouveränitätsaxioms aufwirft, verfassungsrechtlich auch nur anzudenken.[69]

Empirisch jedenfalls läßt sich zeigen, daß es einer illusionsfreien Analyse abträglich wäre, das dynamische Zentrum politischer Entscheidungsprozesse im "souveränen Willen" eines Staatsverbandes lokalisieren zu wollen, sei er nun demokratisch, autokratisch oder wie immer legitimiert. Der individualistisch-solipsistische Willensbegriff ist, wie wir gesehen haben, für die politologische Analyse problemlos kaum verwendbar. Die "souveränen Willen" konkreter Staaten sind heute mehr denn je in alles überwölbende Bündnistrukturen und/oder ökonomische Interessengemeinschaften eingebunden. Infolgedessen sind sie gehalten, nicht nur der eigenen Bedürfnislage Rechnung zu tragen, sie müssen auch Rücksicht nehmen auf die Optionen bzw. Wahlakte der übrigen Teilnehmer an ihrem gemeinsamen Nullsummenspiel, und schließlich ist allemal das übergeordnete Dritte von besonderer Bedeutung, das Interessengeflecht etwa einer Zweckgemeinschaft, daher vorrangig zu berücksichtigen und ins jeweilige politische Kalkül gesondert einzubeziehen.

Mit Sicherheit werden die eigenen Optionsspielräume dadurch eingeengt, mit Sicherheit müssen auch die eigenen Aktionsradien neu definiert werden, und ebenso gewiß dürfte sein, daß es unter solchen Umständen auf weitaus riskantere Ausbalancierungsmanöver ankommt, im übrigen mit unkalkulierbareren Risiken des Scheiterns behaftet, wenn es gilt, auf gesteigerte Empfindlichkeiten und Interessendivergenzen Rücksicht zu nehmen, die nicht per ordre de Mufti aus der Welt zu schaffen sind. Die Kosten des kläglich gescheiterten Versuchs, auf Biegen und Brechen[70] der jüngsten Jugoslawienkrise Herr zu werden und eine eigenständige EG-Außenpolitik nicht nur zu formulieren, sondern erfolgreich zu koordinieren und schließlich auch durchzusetzen, müssen erst noch bilanziert werden.

Einschränkungen ähnlicher Art, die die politischen Dispositionsräume eng machen, belasten nicht nur die Außenbeziehungen politischer Gesellschaften und ihrer staatlichen Aggregate und verbieten es nachgerade, für derart komplizierte Operationen, die der ständigen, diplomatisch versierten, also professionellen Abfederung bedürfen, den einen souveränen Willensakt zu reklamieren und ihn darüber hinaus einem einzigen Entscheidungszentrum vorzubehalten. Schon ein flüchtiger Blick auf die jüngsten Skandalaffären, in denen sich bundesdeutsche Parteiencliquen in niederträchtiger Verteiler-Eintracht des parlamentarischen "spoils-system" bedienten, um unter der Hand ihre Lagerente - die Diäten - im unkontrollierten Zugriff einer Allparteienkoalition zu optimieren, zeigt deutlich, daß sie zwar die Monopolstellung ihrer "Parlamentssouveränität" durchaus hätten nutzen können, Mehrwertdifferentiale in die eigene Tasche abzuzweigen, wenn sich nicht gleichzeitig oppositionelle Gruppen ihrer eigenständigen demokratischen Souveränität qua außerparlamentarischer Gegenöffent-

69 Vgl. *Jürgen Habermas*: Volkssouveränität als Verfahren. Ein normativer Begriff von Öffentlichkeit, in: Merkur 89, 1991, S. 465-477.

70 Vgl. *Albrecht Schöne*: Vom Biegen und Brechen, Göttingen 1991.

lichkeit besonnen hätten, allen voran, wie nicht anders zu erwarten, interessierte Gegenexperten[71] sowie teils normativistisch motivierte, teils skandalträchtig hechelnde, mediale Meinungsmacher.

Noch schlechter aber dürfte es um die Parlamentssouveränität bestellt sein - es sei denn, die idealtypisch argumentierende Lehre vom "gouverne-ment d'assemblée" wollte ihre Theoreme schleunigst korrigieren -, wenn der Regelfall des parlamentarisierten politischen Lebens in den westlich-kapitalistischen Regimes in Betracht gezogen wird: daß sie politisch entweder nur mit wechselnden Koalitionen oder im Dauerzustand konkordanzdemokratischer Allparteienregierungen zu überleben vermögen. Selbst in der Schweiz scheinen die Jahre des alten, bundesrätlichen Kollegialsystems gezählt zu sein, dessen Konstruktion bekanntlich sicherstellen sollte, daß Parlament, Volk und Gliedstaaten, d.h. die Kantone, ihre eigenständigen Positionen sollten wahren und gleichzeitig eine funktionsfähige Regierung sollte amtieren können. Im Bericht der Reformkommission heißt es dazu:

> "Es geht jetzt darum, daß die Regierung eine wirksame und effektvolle Führung zustande zu bringen vermag, daß die Entscheidungs- und Handlungsfähigkeit sichergestellt wird, daß die Regierungsmitglieder vor dauernder Überlastung bewahrt bleiben und daß die Regierung dank überzeugender Leistungen von den anderen Staatsorganen respektiert und vom Volk akzeptiert wird und dadurch über eine Legitimation verfügt, die ihre Führungsrolle rechtfertigt."[72]

M.a.W., auch nach innen - und nicht nur in der Schweiz - steht es um die angeblich uneingeschränkte, ungeschmälerte Souveränität staatlicher Entscheidungsinstanzen keineswegs zum besten.

8. Kondominiale Handlungsstruktur und fragmentierte Souveränität

Gleichwohl umschreibt "Souveränität" für moderne, durchweg "durchstaatlichte" Gesellschaften mit ihren, auf industriewirtschaftlicher Grundlage entwickelten "mixed economies" und parlamentarisierter politischer Formbestimmtheit ebenso unentbehrliche wie unverzichtbare Handlungs- und Kompetenzdispositive, vor allem aber eindeutig zurechenbare Verantwortlichkeiten. Diese erstrecken sich vorrangig auf drei Dimensio-

71 Es handelte sich im wesentlichen um die in Hamburg oppositionellen GRÜNEN, um die Landesvorsitzenden der Parteien, die schon auf Grund von Unruhen an der Parteienbasis sowie massiver Austrittsbewegungen allen Grund zur Besorgnis hatten, vor allem aber um Aktivitäten des Bundes der Steuerzahler, der sich auf ein Gutachten eines Speyrer Rechtsprofessors stützen konnte, ferner um eine überparteiliche "Vereinigung Demokratische Offenheit" sowie um gezielte Protestbriefkampagnen.

72 Zit. in: Frankfurter Rundschau v. 6.1.1992.

nen staatlich-politischer Tätigkeit: auf die Schaffung, Verwaltung und Verteilung von ökonomischem, kulturellem und sozialem Kapital[73] - jedenfalls soweit die binnengesellschaftlichen Belange in Rede stehen. Dem hinzuzufügen wäre als zusätzliche staatliche Funktionsbestimmung - für die gesellschaftlichen Außenbeziehungen nämlich - die Schaffung und Hegung eines über die territorialen Grenzen des jeweiligen gebietshoheitlichen Verbandes hinausreichenden außenpolitischen "Ambiente", dessen Gestehungs- und Verwaltungskosten im gesamtgesellschaftlichen Interesse so niedrig wie möglich zu halten sind. Die grenzüberschreitenden politischen Umwelten günstig zu stimmen, für die eigenen Angelegenheiten eine höhere Akzeptanzbereitschaft zu erzeugen, kurz, die außenpolitischen Rahmenbedingungen so zu optimieren (sich die einen zu Freunden machen, ohne daß darüber andere zu Feinden werden), daß sich die binnengesellschaftlichen Nutzenquanten zwanglos mehren lassen - das sind ebenso wichtige wie unverzichtbare Aufgaben. Müßten diese von anderen als staatlichen Stellen, die derzeit vorrangig mit ihnen befaßt sind, ausgeführt werden, ihre Erledigung würde (und könnte) kaum anders erfolgen als in ebenso konsequent funktionsbezogenen, arbeitsteilig gegliederten Zusammenhängen, d.h. in gleicher funktionaler Ausdifferenziertheit und mit ähnlichen Kompetenzen ausgestattet wie jene, also selbst wieder in bürokratieförmig-staatsanaloger Weise. Eine Alternative dazu wäre allenfalls, sie mittels gesellschaftlich überflüssiger Doppel- oder sonstiger Mehrarbeit zu ersetzen oder wenigstens zu entlasten.

Dies alles spricht ohne Frage für die überlebenswichtige Notwendigkeit wenn schon nicht des konkreten Staates und seiner historisch spezifischen Formbestimmtheit,[74] so doch für die Unverzichtbarkeit und Unersetzbarkeit jener gesellschaftlich funktionalen Erfordernisse, die der Staat allerdings, in historisch durchaus widersprüchlichen Aneignungsprozessen, wenn nicht ausschließlich, so doch überwiegend in eigene Regie überführt hat, eine Tendenz, die sich in Zukunft eher noch ausweiten dürfte.

Obwohl jene Funktionsbereiche, weil kompetenzspezifisch ausgegrenzt und nicht beliebig instrumentalisierbar, mittels der dem Staat zur Verfügung stehenden Souveränitätsdispositive systematisch politisch genutzt werden können, ist dieser, zumal in seiner industriekapitalistisch funktionalisierten Version sowie auf der Grundlage parlamentarisch-politischer Steuerungsnotwendigkeiten dennoch nicht in der Lage, sie für die Erfüllung seiner Aufgaben gleichermaßen konsequent zu nutzen. Abgesehen davon kann von Einheitlichkeit, Unilinearität und eindeutiger "Konsequenzlogik" staatlicher

---

73 Vgl. *Pierre Bourdieu*: Ökonomisches Kapital, kulturelles Kapital, soziales Kapital, in: *Reinhard Kreckel* (Hrg.): Soziale Ungleichheiten, (= Soziale Welt, Sonderband 2), Göttingen 1983, S. 183-198.

74 Hier läuft bekanntlich jede, selbst eine kritische Staatstheorie Gefahr, im voreiligen Zirkelschluß - auch mangels Phantasie, meist jedoch infolge unzureichender sozialphilosophischer Handlungskonzepte, die strategische Anweisungen geben könnten, - den konkreten Staat, wie er leibt und lebt, und alles, was ihn beleibt und belebt, ihn also "ausmacht", zu rechtfertigen.

Zwecke keine Rede sein. Zu sehr sind diese gleichsam mit sich selbst im unreinen, mit sich selbst im Konflikt und einander im Weg, gemäß ihrer Herkunft aus den Kämpfen um latent gewaltförmige Durchsetzung unterschiedlicher politischer und ökonomischer Interessen, als daß sich an und aus ihnen "der" Staat formieren könnte. Selten genug ist dieser Herr im eigenen Haus, trotz der Fiktionen, die die Versicherungen seiner Souveränität uns regelmäßig glauben machen wollen, von jenen willensaxiomatischen Theorien gestützt, die seine komplexen Dimensionen immer nur aufs Maß des Menschlich-Individuellen reduzieren möchten, ohne die gesellschaftlichen Wirklichkeiten, denen er entstammt und zu deren Gestaltung er ins Werk gerufen wurde, selbstkritisch zu hinterfragen.

Je differenzierter seine Strukturen, mit desto größerer Gewißheit hat es der moderne Staat - was in concreto heißt: die staatlich-bürokratischen Apparate - mit mächtigen Gegenspielern zu tun, die sich längst nicht alles bieten und schon gar nicht alles gefallen lassen. Sie selbst haben durchaus eigenständige Vorstellungen von Sinn und Zweck ihres Tuns und Lassens sowie der Realisierungswege, auf denen sie ihre Ziele zu erreichen gedenken. Mit ihnen hat er sich ständig abzugleichen; mit ihnen teilt er Verfügungsinteressen und Kompetenzen. Will er bei Geltung der Mehrheitsregel konsensfähige Optionen durchsetzen, muß er sich zumindest um Verhandlungslösungen bemühen. Sollen verbindliche Entscheidungen zustandekommen, bedarf es darüber hinaus verläßlicher politischer Koalitionen auf Zeit oder auf Dauer, und je zäher die Widerstände sind, die es zu überwinden gilt, desto höher fallen die Entscheidungskosten aus. Sind beispielsweise Kompromisse nur in Verhandlungslösungen zwischen Kontrahenten zu erzielen, die in etwa gleich starke Markt- = Machtpositionen besetzt halten - selbst wenn jeder jeden zu übervorteilen suchen sollte -, dann sind andere Rücksichten zu nehmen und andere Loyalitäten[75] zu bedenken, als wenn die Verhandlungsgewichte ungleich verteilt wären und Willfährigkeit ultimativ erzwungen werden könnte.

Nicht nur die auswärtige Gewalt - wie einige Juristen sie immer schon verstanden wissen wollten - sollte infolgedessen als "kombinierte Gewalt" beschrieben werden; auch die innere Struktur ihres gesellschaftlichen Widerlagers[76] ist nur zu verstehen, erst recht in der Perspektive parteienstaatlicher und verbändepluralistischer Gewaltenteilung, wenn die *kondominiale Struktur* gesellschaftlicher und staatlicher Machtausübung systematisch in Rechnung gestellt wird.

Wie das westdeutsche Beispiel lehrt, entbehrt die Frage nach absoluter (Staats-) Souveränität, d.h. nach befehlsunabhängiger, autonomer politischer Entscheidungsgewalt jeder empirisch nachvollziehbaren Grundlage. Wenn in den Anfangsjahren der

---

75 Vgl. *Otwin Massing*: Loyalität als soziales Tauschverhältnis, in: Ders.: Verflixte Verhältnisse. Über soziale Umwelten des Menschen, Opladen 1987, S. 48-74.

76 Vgl. *Eckehard Kehr*: Englandhaß und Weltpolitik. Eine Studie über die innenpolitischen und sozialen Grundlagen der deutschen Außenpolitik um die Jahrhundertwende; in: Ders.: Der Primat der Innenpolitik. Gesammelte Aufsätze zur preußisch-deutschen Sozialgeschichte im 19. und 20. Jahrhundert, 2. Auflage, Berlin 1976, S. 149-175.

westdeutschen Staatsgründung von einer staatlichen Kompetenz-Kompetenz überhaupt die Rede sein soll, dann lag diese mit Sicherheit nicht in den Händen westdeutscher Stellen (zumal ein Zentralstaat West bzw. Ost formell erst ab 1949 existierte), sondern allenfalls bei der US-Militäradministration bzw. bei deren Washingtoner Zentrale. Und die war politisch-konzeptionell kaum eines strategisch kalkulierbaren Sinnes und in Hinsicht ihrer Kompetenzverteilung alles andere als einheitlich gegliedert oder gar berechenbar koordiniert. Die Gestaltung der westeuropäischen Nachkriegsordnung lag dort - und nicht nur dort - in vielen Händen, wobei in den seltensten Fällen die rechte Hand wußte, was die linke tat oder zu tun gedachte, ganz abgesehen von der Gemengelage der unterschiedlichsten Interessenkonstellationen.

Die kondominiale Struktur dieser prekären Prozesse politischer Willensbildung läßt sich in aller Kürze verdeutlichen, wenn auf die komplexe Struktur der unterschiedlichen, einander überlagernden Rechtskreise und somit auf unterschiedlich dichte, d.h. mit abgestufter Verbindlichkeit ausgestattete und auf die unterschiedlichsten Stellen verteilte Weisungsbefugnisse hingewiesen wird. So war beispielsweise das Bonner Grundgesetz seit seiner Verabschiedung durch die westdeutschen Landtage sowohl "eingerahmt" als auch eingebunden, d.h. in seinen Handlungsdispositiven eingeschränkt durch die übergeordneten Weisungsbefugnisse, die im Besatzungsstatut und im besonderen Status Berlins, in den Verboten und Auflagen der mehrfach revidierten Industrie- und Demontagepläne, in den Direktiven des Militärischen Sicherheitsamtes und der Internationalen Ruhrbehörde, aber auch in den verschiedenen Genehmigungsschreiben der Alliierten Hohen Kommissare zum Grundgesetz wie Fußangeln untergebracht waren, abgesehen davon, daß deren Vorbehaltsrechte aus Besatzungszeiten keineswegs zur Gänze außer Kraft gesetzt waren, sondern, wie wir gesehen haben, noch in zahlreiche spätere politische Affären hineinspielten. Derartige, weithin ungeklärte rechtliche Verquickungen konnten die Beziehungen zu politischen "Freunden und Partnern" deswegen so belasten, weil mit ihnen jederzeit der Satrapie-Status eines ursprünglich durch Debellatio unterworfenen, danach mittels dollarimperialistischer Penetration kolonialisierten Gebietes assoziiert werden konnte.[77]

Sowenig wie nach 1945/49, sowenig kann heute von einer "Staatsleitung zur gesamten Hand" gesprochen werden. Vielmehr haben wir es allenthalben mit Kondominien fragmentierter "Gewalten" in segmentierten "Gewalten"-arealen zu tun. Darüber hinaus ist deren binnensystemische Rivalitätsstruktur in Rechnung zu stellen. Rivalisiert wird nicht nur im Kompetenzgerangel von Instanzen und Ämtern, d.h. bürokratieförmig gemäß ressortspezifischen Interessen, sondern ebenso um individuelle Macht- und Einflußverteilung. Positionskämpfe um die gesellschaftlichen Rangordnungen gehören dazu ebenso wie Vorteilssuche von einzelnen und der Vielen, die sich zu solchen Zwecken eigens zusammenschließen, um eine Verbesserung ihrer jeweiligen "pool-po-

77 Vgl. *Michael Bothe*: Besatzungsrecht, in: Staatslexikon, 7. Auflage, Freiburg 1985, Bd. 1, Sp. 698-702; zur Rechtslage Berlins vgl. *Möller/Stern/Watter/Becker*: Berlin, in: Staatslexikon, 7. Auflage, Freiburg 1985, Bd. 1, Sp. 635-654.

sition" zu erreichen.[78] Schlitzohrige Gerissenheit und taktisches Geschick gelten schließlich nicht nur im binnensystemischen Verhältnis der Staatsgewalten zueinander und ihrer Repräsentanten untereinander als Ausdruck diplomatischer Versiertheit. Als klassischen Sekundärtugenden hat ihnen bereits der Machttheoretiker Machiavelli größte Aufmerksamkeit zuteil werden lassen, und dies nicht nur aus Gründen seines theoretisch-literarischen Interesses an der Gattung Fürstenspiegelliteratur, sondern weil er davon überzeugt war, daß unter den Geltungsbedingungen einer absolutistischen Staatsräson die zwischenstaatlichen Beziehungen bzw. der Verkehr zwischen nationalstaatlich saturierten Gesellschaftsformationen nicht anders "gehandelt" werden könnten, denn nach dem Muster jener Politikführung, wie er sie in den Stadtrepubliken des frühneuzeitlichen Italien durch eigene Praxiserfahrungen kennengelernt hatte.

9. "Informaler Verfassungsstaat", Staatsinterventionismus und polyzentrische Gesellschaft

Dies bedeutet, theoretisch gewandt, daß wir es hinsichtlich des Macht- und Sicherheitsdilemmas, das den Verkehr und die Beziehungen (nationaler) Staaten untereinander kennzeichnet, mit einer durchgängigen strukturellen Gleichartigkeit souveräner Akteure zu tun haben, nicht zuletzt im Hinblick auf analoge Muster der ihnen eigentümlichen Gewaltstruktur.[79] Gleiches gilt aber auch für die Mechanismen ihrer internen Willensbildungs- und Entscheidungsprozesse. Es interagieren ja nicht nur Subjekte, d.h. eine Vielzahl individueller Willen mit- bzw. gegeneinander, sondern Subjekte in institutionellen Bezügen und diese komplexen Ordnungen selbst wiederum untereinander, teils mit den Subjekten im Verbund, teils gegen sie. Dabei kommt es entscheidend auf Wechselbezüglichkeit an, d.h. auf die katalysatorischen Effekte wechselseitiger Verstärkung und Hemmung. Insoweit handelt es sich innerhalb moderner, ausdifferenzierter Gesellschaften um politische Interaktionsbeziehungen und Handlungssysteme mehrfach gesteigerter Komplexität. Intentionale und nichtintentionale Momente, sinnhaft-symbolische und nichtsinnhafte Ordnungselemente, d.h. systemisch verselbständigte Mechanismen der Vergesellschaftung überlagern einander und durchdringen sich gegenseitig.[80] Das Rechtssystem selber ist ein solcher ambivalenter institutioneller Komplex, dessen aggregierte Problemlösungsfähigkeiten sich der individuellen normativen Grundorientierung, je nachdem hemmend oder stimulierend mitteilen.

Ohnehin besteht das Souveränitätsparadox darin, daß bei der Bewältigung der Risiken, die mittels "souveräner" Entscheidungen provoziert worden sind, auf genau jenes Instrument wieder zurückgegriffen wird - auf die souveräne Willensentscheidung zen-

78 Würde diese elitistische Willensbildungs- und Entscheidungsstruktur systematisch vernachlässigt, müßte jede Analyse zu kurz greifen vgl. *Werner Link*: Der Beitrag des Parlaments zur Außenpolitik, in: *Porzner/Oberreuter/Thaysen*, a.a.O., S. 201-213.

79 Vgl. *Johan Galtung*, a.a.O.

80 Vgl. *Bernhard Peters*: Rationalität, Recht und Gesellschaft, Frankfurt/M. 1991.

traler staatlicher, insbesondere nationalstaatlicher Stellen nämlich -, dessen ausschließliche Verwendung die Produktion jener Risiken erst mitverursacht hat. Es ist analytisch aber unzulässig, selbst die gebündelten Willen einzelner Individuen - möglicherweise nach dem Modell von "rational choice" - als das alles bestimmende Kraftzentrum bestimmen zu wollen. Vielmehr muß dessen Funktion in der Dynamik sozialer Systeme, d.h. in der Interaktion ihrer unterschiedlichen Komponenten - wozu sicher auch rational entscheidende Akteure gehö-ren -, selber verortet werden. Eine Dimension des damit angeschnittenen Problems, organisationstheoretisch reformuliert, läßt sich z.B. in die Überlegung fassen, wieviel Macht die Macht hat.[81]

Um so unabweisbarer stellt sich die Frage, von welcher Art und Beschaffenheit diese komplexen institutionellen Ordnungen sind, die ihrerseits handeln und in denen individuelles Tun und Lassen sich ereignet, weil und solange es sich primär dort abspielt. Insoweit damit das Modell verwaltender Bürokratie, wie es uns aus dem 19. Jahrhundert überkommen ist, stillschweigend oder unbewußt hypostasiert wird, weil primär auf die Mittelausstattung der jeweiligen Machtsphären, ihrer Inhaber und Nutznießer, d.h. auf den wesentlich instrumentellen Charakter des bürokratieförmigen "Gehäuses der Hörigkeit" (M.Weber) abgehoben wird, geraten weite Bereiche der modernen Staatsadministration notgedrungen aus dem Blickfeld des wissenschaftlich-analytischen Interesses. Mindestens ebenso wichtig aber sind die Dimensionen, die mit Akteurskonfiguration, Zeithorizont und Intentionalität ihrer Absichten, d.h. Zielvorstellungen und Optionalitäten, oder als politische Formbestimmtheit und sozio-ökonomisches Konfliktverhältnis, d.h. als dialektischer Zusammenhang von Politik und Ökonomie etc. umschrieben werden können. Erst recht gilt dies für diejenigen politischen Phänomene - verrechtlicht, wie sie sind -, deren unvoreingenommene Analyse eine aufgeklärte Staatsrechtslehre, ohne Berührungsängste vor dem "bösen Blick" sozialwissenschaftlicher Tiefenanalyse zu haben, immerhin veranlaßt hat, zwecks Ergänzung ihrer staatsorganisationsrechtlichen Voreingenommenheiten, erste eigenständige "Anläufe" zu einer Theorie und Dogmatik des "informalen Verfassungsstaates" zu nehmen.[82]

Mag die derzeit vorherrschende Ideologie den Markt als überlegenen Allokationsmechanismus noch so preisen, ob unbesehen, wie in der Regel der Fall, oder in systematisch-provozierender Absicht, d.h. voreingenommen wie immer, weil ideologiegesteuert, ernsthaft zu bestreiten ist kaum, daß die modernen westlichen Demokratien und darüber hinaus sämtliche politischen Gesellschaften, wofern sie sich auf den Modernisierungspfad ihrer Industrialisierung begeben haben, ohne massive Interventionsmaßnahmen seitens steuernder und gestaltender Politik, ihrer Regierungsapparate vor allem, nicht zu überleben vermögen, mag die Interaktionsstruktur zwischen dem politisch-ad-

---

81 Vgl. *James G. March*: Die Macht der Macht, in: Ders. (Hrg.): Entscheidung und Organisation. Kritische und konstruktive Beiträge, Entwicklungen und Perspektiven, Wiesbaden 1990, S. 131-167.

82 Vgl. *Helmuth Schulze-Fielitz*: Der informale Verfassungsstaat. Aktuelle Beobachtungen des Verfassungslebens der Bundesrepublik Deutschland im Lichte der Verfassungstheorie, Berlin 1984.

ministrativen System und dem System der politischen Interessenvermittlung noch so zwangsläufig in theoretische Widersprüche und praktische Ambivalenzen führen.[83]

In Anlehnung an neuere Forschungen auf der Basis von Modellvorstellungen, die sich an der Funktionsweise des menschlichen Hirns orientieren, wobei intelligente Handlungen und die Verarbeitung von Stimuli nicht mehr als die Abarbeitung eines in diskrete Schritte zerlegbaren Computerprogramms, sondern als eine Form der Zusammenarbeit parallel interagierender Einzelprozessoren in neuronalen Netzwerken verstanden werden, ließe sich daher auch in unserem Zusammenhang unschwer eine Art von "konnektionistischem" Interaktionsmuster[84] entwerfen, wenn darunter die Vorstellung von interagierenden, "politischen" Einzelprozessoren, also natürlicher individueller und institutioneller Akteure sowie entsprechender Koalitionen aus ihnen, zu verstehen ist. Zu fragen ist dabei nicht nur, was alles hinter intelligenten Handlungen steckt (weil dadurch ausschließlich die kognitive Problemdimension ausgelotet würde), sondern ebenso auch, was hinter irrationalen, nichtintelligenten und sonstigen (vor allem abweichenden) Formen individuellen wie kollektiven Verhaltens steckt, erst recht, was ihre offenkundigen und verborgenen Motive sind.

Tatsächlich sind in der Bundesrepublik - wie in anderen vergleichbaren, hochindustrialisierten Staaten nicht anders - in zentralen Bereichen der Wirtschaft und des gesellschaftlichen Verkehrs die sogenannten freien Marktgesetze wenn nicht außer Kraft gesetzt, so doch einigermaßen sozialverträglich zumindest "reguliert". Dies gilt für den Bereich der verfassungsrechtlich garantierten Aushandlungssysteme zur Lösung von Lohn- und Tarifkonflikten ebenso wie für große Teile des staatlich subventionierten Wohnungsmarktes, für den öffentlichen Sektor der Versorgung mit Wasser und Energie, Straßen, Schienen-, Luft- und Wasserwegen wie für die öffentlich-rechtlich organisierte "Grundversorgung" mit Kommunikationstechnologie und ihren medialen Derivaten, für Schulen und Theater, Altenpflege und Sport ebenso wie für öffentliche Subventionen aus den Kassen von Bund, Ländern und Gemeinden zur Linderung in Fällen unverschuldeter individueller Not oder als Ersatzvornahme zum Ausgleich kollektiv eintretender Verarmung infolge der Gesetzmäßigkeiten und Zwänge kapitalistischer Kapitalverwertung usw. Unabhängig von individueller Arbeitsleistung werden insoweit "von Staats wegen" jedermann Güter und Dienstleistungen kostenlos zur Verfügung gestellt.

Spielte vor der Jahrhundertwende der Staat als Wirtschaftsfaktor nur eine relativ unbedeutende Rolle, insoweit er seine Aktivitäten weitgehend auf staatliche Kernfunktionen wie Verteidigung und die Aufrechterhaltung der öffentlichen Ordnung beschränkte, so hat im Zuge der Industrialisierung sein wirtschaftliches Gewicht um ein

---

83 Vgl. *Mancur Olson*: Rise and Decline of Nations: Economic Growth, Stagflation and Social Rigidities, New Haven and London 1982, dt.: Aufstieg und Niedergang von Nationen. Ökonomisches Wachstum, Stagflation und soziale Starrheit, 2. Auflage, Tübingen 1991; vgl. auch *Klaus Schubert*: Interessenvermittlung und staatliche Regulation, Opladen 1989.

84 Vgl. *Georg Dorffner*: Konnektionismus. Von neuronalen Netzwerken zu einer "natürlichen" Intelligenz, Stuttgart 1991.

Mehrfaches zugenommen. Tatsächlich sind in den Vereinigten Staaten von Amerika zwischen 1880 und 1991 die Staatsausgaben, ausgedrückt in Prozent der Wirtschaftsleistung, von 8% auf 36%, in Schweden von 6% auf 60% und in Deutschland von 10% auf 49% hinaufgeschnellt. Mit zunehmender wirtschaftlicher Entwicklung, mit dem Aufbau von Systemen der sozialen Sicherung und Versorgung, mit der Internationalisierung seiner binnen- und außenwirtschaftlichen Verflechtungen, auch im Zuge der wachsenden Ansprüche der Bürger an "ihren" daseinsvorsorgenden Leistungsstaat expandierten dessen Aufgaben geradezu ins Unermeßliche, wucherten aber auch seine Ausgaben in gleichem Maße nahezu irreversibel.[85] Generelle soziale Disziplinierung ist freilich der Preis für das gemeinwohlorientierte Anwachsen dieser staatlichen Versorgungssysteme.

Tatsache jedenfalls ist, daß es heute nicht mehr um das "Ob" staatlicher Interventionstätigkeit geht - insofern ist die Frage nach dem möglichen Absterben des Staates ein Stück unbewältigtes Erbe aus dem 19. Jahrhundert -, sondern nur noch um das "Wie". In Deutschland jedenfalls läuft rund die Hälfte des Sozialprodukts durch die Kassen der öffentlichen Hände. An Grundrente und Erbschaft partizipiert der Staat ebenso, wie er über progressive Steuern nach Kräften auch die Profite zu expropriieren sucht. Als Steuerungsinstrument für wirtschaftspolitisches Krisenmanagement kontrolliert z.B. ein politisches Zentralorgan wie die Bundesbank monopolistisch-souverän die Kreditbedürfnisse der gesamten Wirtschaft, entscheidet also - wenn auch nicht ausschließlich, so doch ebenso konkludent und in kondominialer Weise wie das Bundesverfassungsgericht über die Einheitlichkeit der Lebensverhältnisse in rechtlicher Hinsicht - direkt und indirekt mit über die wichtigsten Akzeleratorgrößen bzw. Verzögerungsfaktoren, die Einfluß auf die gesamtgesellschaftliche Dynamik ausüben. Dabei kommt es entscheidend an auf die synchrone Präsenz und Funktionstüchtigkeit der institutionell zwar parzellierten, gleichwohl "de concert" handelnden Bestandteile des politischen Krisen-Managements und seiner verschiedenen Akteurskoalitionen unter der Voraussetzung eines generell gegebenen staatsinterventionistischen Handlungsbedarfs.[86]

Angesichts dieser Befunde, die allein von einer Theorie kondominialer Herrschaftsbeziehungen zureichend erfaßt und schlüssig erklärt werden könnten, ist das Insistieren auf der Souveränität staatlichen Handelns, staatlicher Entscheidungen und staatlich-politischer Zielvorgaben durch ausschließlich für derartige Funktionen vorgesehene, ebenso kompetente wie autonome, insoweit also "souveräne" Instanzen, die

---

85 Vgl. *Manfred G. Schmidt* (Hrg.): Staatstätigkeit, (= Politische Vierteljahresschrift, Sonderheft 19), Opladen 1988.

86 Vgl. *Otwin Massing*: Das Bundesverfassungsgericht als Instrument sozialer Kontrolle. Überlegungen zu einer funktionskritischen Formanalyse der Verfassungsgerichtsbarkeit in der Bundesrepublik, in: *Mehdi Tohidipur* (Hrg.): Verfassung, Verfassungsgerichtsbarkeit, Politik, Frankfurt a.M. 1976, S. 30-91; ders.: Identität als Mythopoem. Zur politischen Symbolisierungsfunktion verfassungsgerichtlicher Spruchweisheiten, in: *Rüdiger Voigt* (Hrg.): a.a.O.; desgleichen *Peter Nahamowitz*: Staatsinterventionismus und Recht. Steuerungsprobleme im organisierten Kapitalismus, Habilitationsschrift der Universität Hannover, 1992.

reinste Augenwischerei. Souveränität nach innen läßt sich ohne Differenzierung im Herrschaftsbegriff[87] und ohne daß in den Herrschaftsstrukturen, innerhalb der dort aggregierten Interessen, den Akteurskonstellationen sowie im Herrschaftsvollzug selbst den real obwaltenden Verhältnissen Rechnung getragen würde, kaum ernsthaft behaupten, geschweige denn empirisch zuverlässig nachweisen. Selbst wenn noch immer Legitimationsformeln wie Staatsleitung mittels "suprema potestas", "politische Gesamtverantwortung" oder Regierung "zur gesamten Hand" und wie die Beschwörungsformeln sonst noch lauten mögen, die mehr verdecken als erhellen, dahergeleiert werden, als gäbe es weder eine pluralistische Theorie noch als hätten Autoren wie Harold Laski oder Otto Kirchheimer[88] je gelebt, eine moderne, die ineinander verschränkten politischen und ökonomischen Verhältnisse nicht a priori ausklammernde Souveränitätstheorie kommt nicht darum herum, dem polyzentrischen Charakter des modernen Parteien- und Verbändestaates Rechnung zu tragen. Die Gesellschaft selbst - auch außerhalb bzw. jenseits ihrer staatlich-politischen Funktionsbereiche - ist polyzentrisch zerklüftet und, folgt man den Linien ihrer "cleavages", oligopolistisch strukturiert. Die Folge ist, daß alle politischen Akteure, erst recht die gouvernementalen - sie mögen sich auf ihre "Souveränität" noch so viel zugute halten -, im Geflecht ihrer kompetitiven Beziehungen - um nicht zu sagen im Dschungel der von ihnen konkurrenziell "gelebten" sozialen Verhältnisse - um ständige Koordination ihrer Strategiezüge und um Kooperation bei der Durchsetzung ihrer spezifischen Interessen bemüht bleiben müssen - allein schon im wohlverstandenen Eigeninteresse. Noch daran läßt sich ablesen, daß Souveränität nach innen ursprünglich aus der Unterdrückung rivalisierender Bürgerkriegsparteien resultierte und darauf gerichtet war, der Tendenz nach alle entgegenstehenden Kräfte oder "countervailing-powers" auszuschalten, mundtot zu machen, an die Wand zu spielen und, wenn nötig oder möglich, auch an die Wand zu stellen. Soweit allerdings nicht kooperative, sondern kompetitive Beziehungsmuster noch immer konstitutiv für die Beziehungen der Menschen untereinander sowie für die Arrangements ihrer staatlich organisierten Außenkontakte sind, hat sich an der bekannten "condition hobbésienne" bis heute wenig geändert.

10. Übervorteilungstendenz, Usurpation und Gegengewalt

Es ist eine großenteils männerbündische Logik des Haben- und Verfügenwollens, die das Interesse an gebietshoheitlicher Arrondierung, Sicherung und Geltungsdurchsetzung - ob dynastisch oder nationalstaatlich-expansionistisch motiviert - legitimatorisch trägt und dazu tendiert, es mit angemaßten Souveränitätsansprüchen zu umkleiden und

---

87 Vgl. *Otwin Massing*: Herrschaft, in: Politikwissenschaft. Theorien - Methoden - Begriffe, herausgegeben von *Dieter Nohlen* und *Rainer-Olaf Schultze* (= Pipers Wörterbuch zur Politik, herausgegeben von *Dieter Nohlen*, Band 1), München 1985, S. 328-334.

88 *Otto Kirchheimer*: Zur Frage der Souveränität, in: ders.: Politische Herrschaft, Frankfurt a.M. 1964, S. 57-122.

aus diesen wiederum dauerhaft begünstigende Rechtsfolgen abzuleiten. Jeder Akt einer Usurpation steuert seinen Kommentar zu diesem universellen Handlungsmuster bei. Man braucht nur die Frage zu stellen, was eigentlich an dem tatsächlichen oder auch nur eingebildeten Verlust an Souveränität als störend, gar als erniedrigend, wenn nicht als obszön empfunden wird. In der Regel wird die Antwort in Kategorien patriarchalisch-männerbündischer Ehr- und Selbstachtungsvorstellungen[89] zum Ausdruck gebracht werden. Daß daraus feindselige, mißtrauische und zugleich großmannssüchtig-arrogante Einstellungen resultieren, ist bloß die Umkehrung jener autistischen Selbstbespiegelungstendenz, die das eigene Böse auf das fremde alter ego projiziert und eigene Übervorteilungsstrebungen dem fremden Anderen anlastet. Noch die Angst, der souveräne Staat könne durch soziologisierende Relativierung, d.h. durch empirische Zurückführung auf die ihm realiter zugrundeliegenden Kräfte und die ihn umtreibenden Motive, in Anarchie und Chaos versinken - es ist dies die Angst vor den Folgen, die die allegorische Frage nach des Kaisers neuen Kleidern bekanntlich provozierte -, bringt insgeheim zum Ausdruck, daß seine Souveränität, sie mag sich noch so selbstgefällig spreizen, als eine im Innersten angemaßte empfunden wird, die allen Grund zur Beunruhigung und Anlaß genug zu Selbstzweifeln hat. Verkappte Unsicherheit, die mit desto bombastischeren Manövern an äußerer Prunk- und Machtentfaltung verschleiert werden muß,[90] ist gleichsam die Kehrseite ihrer glänzenden, zeremoniellen Fassade, sozus. die Leiche im Keller. Kein Zufall, daß die von Angst motivierten Reaktionen souveräner Staaten nach außen - ihr Austeilen und Auskeilen mit kriegerischen Mitteln zumeist - oft genug einem blindwütigen Anrennen an unsichtbare Fatums- und Fatalitätsgrenzen ähneln. Insoweit tendiert Souveränitätsfixiertheit auch zu pathologischem Verhalten. Dies zeigt sich nicht zuletzt darin, daß sie sich glaubt leisten zu können, nicht hinzulernen zu müssen. In der Regel verkennt sie die Optimalitätsbedingungen sogar des eigenen Überlebens, weil sie dieses in den seltensten Fällen mit der conditio sine qua non verknüpft, auf Gedeih und Verderb aufeinander angewiesen zu sein, und statt dessen lieber auf die autistisch überspannten eigenen Möglichkeiten setzt. Nicht einmal in Gleichgewichtsmodellen wird die politische "Umwelt" von der Souveränitätstheorie als notwendig zur eigenen gedeihlichen Entwicklung wahrgenommen. Allenfalls räumt sie in provozierend herablassender Weise die Möglichkeit ein, sich mit anderen, gleichrangigen Mächten gerade so eben zu arrangieren und sich mit deren Existenz, mehr nolens denn volens, in der Allüre interessierter Gleichgültigkeit leidlich abzufinden. In Wirklichkeit verursacht sie gerade dadurch serienweise Selbstblockaden. Konfrontation statt Kooperation als politische Verhaltensmaxime wird infolgedessen Anrainer-Gesellschaften leicht mit "Herrenvolk"-Allüren bedenken, wobei der, der einschlägig projektive Vorwürfe glaubt erheben zu dürfen, nicht selten demjenigen gleicht, der im Glashaus sitzt und als erster mit dem Steinewerfen anfängt.

---

89 Vgl. *Ute Frevert*: Ehrenmänner. Über das Duell in der bürgerlichen Gesellschaft, München 1991.

90 Vgl. *Jürgen Hartmann*: Staatszeremoniell, 2. Auflage, Köln u.a. 1990.

Die Ambivalenz derartiger Verhaltensweisen wird deutlich an einem Konflikt, der jüngst die dänisch-deutschen Beziehungen belastete. Wegen des geplanten Brückenbaus über den Öresund war es zu einem umweltpolitischen Streit zwischen Kopenhagen und Bonn gekommen. Der Zwist gründete auf der Forderung Bonns, Experten aus Deutschland und den anderen Ostseeanrainerstaaten sollten in jener Kommission vertreten sein, die die Umweltfolgen der geplanten Öresundbrücke prüfen sollte. Auf deutsche Vorhaltungen gegen das Projekt reagierte der konservative dänische Umweltminister mit den erwähnten Vorwürfen, woraufhin die deutsche Seite mit gleicher Münze heimzahlte. Der Einwand, Dänemark habe seine Informationspflichten gegenüber seinen Nachbarstaaten erfüllt, und der Brückenbau sei eine rein dänisch-schwedische Angelegenheit, wurde von der Bonner Regierung mit der Feststellung gekontert, die Weigerung der dänischen Seite, eine internationale Kommission mit der Technikfolgenabschätzung ihres Vorhabens zu beauftragen, widerspreche dem Gedanken (und der neuen Praxis) einer erweiterten internationalen Zusammenarbeit im Umweltbereich. Die dänische Opposition schloß sich dieser Einschätzung an und warf ihrerseits dem zuständigen dänischen Minister "Herrenvolkmentalität" vor.[91]

In der Tat tendiert eine monistische Staatstheorie, die auf Souveränitätsaxiomen basiert, nur zu leicht dazu, nicht nur den Individuen und ihren Personenverbänden wie selbstverständlich das sacrificium intellectus abzupressen, sondern auch anderen Staaten, selbst gleichrangigen und also gleichberechtigten, das Opfer ihrer Unterwerfung abzuverlangen. Die ihr konstitutiven Überherrschungstendenzen und Übervorteilungsängste, die ebenso zwanghaft wie selbstverständlich mit anderslautenden Forderungen kaschiert und mit gegenläufigen Praktiken kompensiert werden müssen, lassen sich allenfalls auf Zeit suspendieren. Subordinationszwang, ob aus Stärke aktiv ausgeübt oder aus Schwäche passiv hinzunehmen, ist als Konstruktionsprinzip, dem sie zu gehorchen hat, aus ihr nicht wegzudenken. Dessen unabdingbares Korrelat aber ist die Pflicht zum Gehorsam, sei es der unters Joch gebeugten Individuen, sei es der unter die Stiefel ihrer Eroberer geratenen Staaten, Völker und Nationen. Ohne die ihr immanente Tendenz, sich als Monopol eines "Herren" zu etablieren, ist Souveränität nicht vorstellbar. In letzter Konsequenz wäre Infallibilität der ihr einzig gemäße universale Überlegenheitsanspruch und das papale Repräsentationsprinzip einer Stellvertreterschaft Gottes auf Erden dafür der konsequenteste Ausdruck.

Dem aber stehen andere Infallibilitäts- und andere Souveränitätsansprüche entgegen. Keine Ethnie und keine Nation kann sich auf universalen Selbststand gründen. Immer sind andere Ethnien und andere Nationen im Spiel und als intentional handelnde Einheiten in Rechnung zu stellen. Monistische Theorien sind infolgedessen zur Erklärung der vielfältigen historischen und sozialen Wirklichkeiten, mit denen es Soziologie und Politische Wissenschaft zu tun haben, völlig ungeeignet, ja prinzipiell untauglich. Daß sie überhaupt je eine Rolle spielten, hängt, wie wir gesehen haben, mit ihrer Funk-

91 Vgl. Frankfurter Rundschau vom 28.9.1991.

tion in den sozialen Kämpfen unterschiedlicher Epochen selbst zusammen. Zweckorientiert, wie sie historisch in Erscheinung traten, dienten (und dienen sie) einzeln benennbaren Individuen und/oder Kollektiven bei der Durchsetzung ihrer jeweiligen Interessen.

Souverän ist, wer nicht geschoben wird. Souverän ist, wer sich nicht schieben läßt. Souverän ist, wer es nicht nötig hat, sich schieben zu lassen. Sich auf souveräne Entscheidungskompetenz berufen, impliziert daher so viel, wie nicht verhandeln zu müssen. Dies aber ist Ausdruck jener Monopolposition, der zufolge allein die Macht es sich leisten kann, wie Karl W. Deutsch es einmal ausgedrückt hat, nicht lernen zu müssen.[92] In der Konsequenz eines derart verstandenen Souveränitätskonzepts liegt es demzufolge, insbesondere dann, wenn Anpassungselastizitäten nicht vorhanden sind und Lernkapazitäten mangelhaft ausgebildet wurden, erst recht, wenn Mangel an wirklichen Wahlalternativen sich breitmacht, den Gordischen Problemknoten ohne Rücksicht einfach durchzuhauen, koste es, was es wolle.

Der Krieg allerdings, der in der Regel aus solchen Übersprunghandlungen resultiert und dessen Charakter als einer "ultima ratio politica" gleichwohl jedem rationalen Vernunft- und Politikbegriff ins Angesicht Hohn spricht, indiziert das Versagen jenes die Fluchtdistanz wahrenden, d.h. Sicherheit vor der Katastrophe des Gefressenwerdens bietenden Mechanismus, der zwar im Prinzip zur Naturalausstattung der Gattung Mensch gehört, seiner instinktiven Wirkung jedoch durch schuldhaftes Versagen derer, die sich seiner Nutznießung eigentlich erfreuen sollten, längst verlustig ging. Obwohl Kriege die denkbar möglichen Handlungsvarietäten vergesellschafteter Menschen einschränken und darüber hinaus deren Entwicklung mit unkalkulierbaren Verzugskosten belasten, so daß kaum verständlich zu machen ist, warum sie nicht längst als kollektiv zu verantwortendes Versagen gesellschaftlicher Selbststeuerungsfähigkeit geächtet wurden, bleibt die Frage unbeantwortet, wieso und weshalb, auf welchen Wegen und mittels welcher Methoden es ihren Nutznießern immer wieder und nahezu widerstandslos gelingen konnte, sich ihrer zur eigenen Interessendurchsetzung zu bedienen und sie für ihre besonderen Zwecke jeweils neu zu instrumentalisieren

11. Freund und Feind im Bürgerkrieg

Verständlich, daß einmal als Scheitelpunkt aller Souveränität galt, über die entsprechenden Machtdispositive (und die rechtliche Befugnis über sie) zu verfügen, den Gesellschaftskörper in einen äußersten, den extremsten Zustand versetzen zu können, d.h. ihn entweder in einen Krieg zu verwickeln oder ihm Frieden zu bescheren. Carl

92 In einer paradoxen Umkehrung der Verhältnisse könnte dieser Umstand sogar einen strukturellen Vorteil bedeuten, dann nämlich, wenn sich herausstellen sollte, daß das Dilemma aller Gesellschaften, nicht eigentlich zu wissen, ob das, was sie lernen - wenn sie lernen - "richtig" und ihrem Überleben in einer ungewissen Zukunft zweckdienlich ist, auch für lernpathologisch sich verhaltende Machtaggregate zutrifft.

Schmitt hat dieses "ius belli ac pacis" der Dispositionsgewalt zentraler staatlicher Willenseinheiten keineswegs entziehen wollen, selbst wenn er es auf die innenpolitischen Lösungsbedürfnisse der Weimarer Zeit zurechtbog. Im Gegenteil, er paßte das Bodinsche Konzept lediglich der "Diktaturgewalt" des Reichspräsidenten nach Art. 48 WRV an und unterstellte es damit unmittelbar dem einzig existierenden, staatsrechtlich kontrollfreien Willensmonopol.[93] Dessen alleinige Befugnis zur Einzelfallentscheidung über den inneren Notstand ("Souverän ist, wer über den Ausnahmezustand verfügt")[94] unterstreicht deutlicher als jede Umdeutungsmaßnahme sonst, daß durch die Entkoppelung von dezisionistisch-souveräner Maßnahme und kollektiver politischer Willensbildung in erster Linie Kontrollfreiheit von gruppenspezifischen, möglicherweise hemmenden Einflüssen gewährleistet werden sollte, so daß für den oder die am Ende allein Übrigbleibenden freie Bahn gegeben wäre.

Systematisch betrachtet bedeutet dies, daß allenfalls in der Singularität des Ausnahmezustandes Souveränität nicht kollektiv praktiziert wird, während hingegen die Bewältigung aller Normalzustände,[95] sollte sie den Rückgriff auf Souveränitäts-Dispositive erforderlich machen, eine kooperative Lösung im kondominialen Verbund wechselnder Akteurskoalitionen zur Voraussetzung hat. Souveränität ist elitengemacht, und Souveränität ist elitenmachend. Sie sind ihre obligatorischen Protagonisten. Sie sind aber auch ihre Nutznießer. Dies wird nicht zuletzt an der 8-Punkte-Vereinbarung von Schelesnodwosk im Juli 1990 zwischen dem Bundeskanzler der Bundesrepublik Deutschland und dem damaligen Präsidenten der Sowjetunion deutlich, die nach übereinstimmender Meinung aller Beobachter erst die Tür zur Vereinigung der beiden deutschen Staaten auf der Grundlage der "vollen und uneingeschränkten Souveränität" (Ziff. 2 der Vereinbarung) aufstieß. Gleiches ist zu sagen hinsichtlich der sogen. 2+4-Verhandlungen über die deutsche Einheit. "Ein Staat mag in der Theorie zu dem Zweck existieren, die höchstmögliche Lebensform für seine Mitglieder zu sichern. Aber wenn wir dazu kommen, harte Fakten zu analysieren, wird peinlich offenbar, daß das tatsächlich behauptete Wohl nur das eines bestimmten Teiles, nicht des Volkes als eines Ganzen ist."[96]

---

93 *Carl Schmitt*: Die Diktatur. Von den Anfängen des modernen Souveränitätsgedankens bis zum proletarischen Klassenkampf, 3. Auflage, Berlin 1964; ders.: Legalität und Legitimität, in: Verfassungsrechtliche Aufsätze aus den Jahren 1924-1954. Materialien zu einer Verfassungslehre, Berlin 1973, S. 263-350.

94 Ders.: Politische Theologie. Vier Kapitel zur Lehre von der Souveränität, Zweite Ausgabe, München und Leipzig 1934, S. 11. - Diese kompetenzrechtlich klare, politisch aber spröde, weil gleichsam mittellose Definition ist dann sehr schnell, wie es ja auch in der Logik ihrer Urheber lag, in eine politisch handlichere Fassung gebracht worden, und zwar von *Ernst Rudolf Huber*, der stramm verkünden ließ: "Souverän ist, wer über die Wehrmacht verfügt".

95 Vgl. *Luzius Wildhaber*: Entstehung und Aktualität der Souveränität, in: *Georg Müller* u.a. (Hrg.): Staatsorganisation und Staatsfunktion im Wandel. Festschrift für *Kurt Eichenberger* zum 60. Geburtstag, Basel/Frankfurt a.M. 1982, S. 131-145.

96 *Harold J. Laski*: An Introduction to Politics, 8. Auflage, London 1945, dt.: Einführung in Staatsrecht und Politik, Berlin o.J., S. 100.

Das schließt ein internes Rivalitätsverhältnis ihrer historischen "Produzenten" wie ihrer aktuellen "Konsumenten" selbstverständlich nicht aus, wobei die Nutzenquanten der einzelnen Profiteure in der Regel unterschiedlich ausfallen. Der pragmatistische Staatstheoretiker Laski hat das mit ironisch-angelsächischem Understatement auf den Begriff gebracht.

> "Der Staat ist zum Beispiel nicht dasselbe für den Kaiser wie für den Herrn Karl Liebknecht. Wenn jener um die Unterstützung der Deutschen bittet, damit der Staat nicht zugrunde gehe, so schwebt ihm dabei etwas vor, das fast die Antithese zu dem bildet, was es für Herrn Liebknecht bedeutet. Erreicht man etwas, wenn man diesen Unterschied ignoriert und hartnäckig darauf besteht, daß dieser für beide Männer so grundlegend verschiedene Staat für beide einen gleichermaßen gültigen Anspruch haben soll?"[97]

Unter besonderen Entstehungsbedingungen indes konvergieren beide Funktionen. Die Geschichte aller "nation-building"-Prozesse mit ihren (nationalen/nationalistischen) Staatsgründungen liefert dafür genügend Beispiele, gerade auch aus allerjüngster Zeit.

Wie wenig es uns weiterbringt, davon auszugehen, Souveränität könne mit willenseinheitlichen Entscheidungen in Zusammenhang gebracht werden, die von einem eindeutig auszumachenden Willenssubjekt oder mit unanfechtbaren Kompetenzen ausgestatteten Rechtsträger ihren Ausgang nehmen, lehrt nicht zuletzt ein Blick auf die putschistisch verselbständigten Bürgerkriegskonflikte, in denen der Vielvölkerstaat der jugoslawischen Volksrepublik z.Z. auseinandergebrochen ist.[98] Für unser Thema von Interesse sind dabei die Unterschiede in der Praxis der regulären Kampfhandlungen und irregulären Partisanenscharmützel, mit denen die verschiedenen Teil-Junten operieren, sowie die Legitimationsmuster, mit denen sie ihre kriegerischen Operationen rechtfertigen und ihre je nach Motiven durchaus unterschiedlich zu beurteilenden Interessen an taktischen Geländegewinnen zu verschleiern pflegen, selbst wenn mit ihnen automatisch territoriale, ideologische, politische und ökonomische Machtzuwächse Hand in Hand gehen. Es handelt sich im wesentlichen um selbständig operierende, weil keinem zentralen Kommando mehr gehorchende Freischärlergruppen, um offizielle militärische Kader sowie um Reserveeinheiten der Bundesarmee, aber auch um paramilitärische Milizionäre, die territoriale Abspaltungstendenzen in cäsaristisch-bonapartistischer Putschmanier mit dem Versuch verbinden, auf eigene Faust und für eigene Rechnung vollendete Tatsachen zu schaffen. Noch bevor es einer mit Sanktionsgewalt ausgestat-

97 *Harold J. Laski*: a.a.O., S. 105.

98 Von Marschall *Tito* wird der Stoßseufzer kolportiert: "Ich bin das Oberhaupt von einem Land mit zwei Alphabeten, drei Sprachen, vier Religionen und fünf Nationalitäten, die in sechs Teilrepubliken leben, von sieben Nachbarstaaten umgeben sind und mit acht nationalen Minderheiten auskommen müssen", (zit. in: Alle Länder unserer Erde, 2., revidierte Auflage, Stuttgart u.a. 1990, S. 332).

teten und unter internationaler Kontrolle stehenden Konferenz möglich wäre, den Status quo der föderativen Republiken wiederherzustellen, sollten die territorialen Vorabgewinne wenigstens als Faustpfänder beim politischen Feilschen, Ramschen und Schachern in zukünftigen Friedensverhandlungen vorgehalten werden können.

In organisationssoziologischer Hinsicht ist der jugoslawische Bürgerkrieg auch insofern von Interesse, als die Expansion der einen serbischen Teilrepublik auf Kosten der anderen, deren teilweise offen separatistische Tendenzen als Vorwand herhalten mußten, mit Hilfe des zentralen Machtinstruments Bundesarmee nur deswegen so konsequent bewerkstelligt werden konnte, weil diese in sozialer, organisatorischer und personeller Hinsicht systematisch auf Homogenität zur serbischen Mehrheit getrimmt worden war. So waren allein 77 der 153 Generäle Serben, und Serben stellen auch fast zwei Drittel aller höheren Armeeoffiziere, nämlich 7.500 von 12.000.

An diesem Versuch, zentralstaatliche Souveränität im Wege der Durchsetzung von Partikularinteressen zu behaupten - womit sie sich freilich als die Form zu erkennen gibt, mit der sich die Interessen der herrschenden politischen Klasse regelmäßig zu camouflieren pflegen -, waren nicht nur majoritätshomologe Armeekreise beteiligt, wenngleich diese über das schlagkräftigste Bürgerkriegsinstrument, eben die bewaffnete Macht, verfügten, sondern auch andere "vested interests". Neben den materiellen Sonderinteressen, von denen selbst die nichtserbischen Funktionäre umgetrieben wurden, soweit sie in den noch bestehenden Bundesinstitutionen um ihre Jobs und Privilegien bangen mußten, erwies sich das elitistisch-technokratische Interesse der herrschenden Nomenklatura an der Erhaltung des Machtmonopols der kommunistisch-titoistischen Staatspartei und der mit deren Monopolstellung untrennbar verbundenen Pfründenwirtschaft als ausschlaggebend für den Rigorismus, mit dem die Souveränität des jugoslawischen Staates - coûte que coûte - verfochten wurde. So erweist sich das Menetekel eines Verlusts an nationaler Souveränität, die es unter allen Umständen zu erhalten gelte, in Wahrheit als seitenverkehrter Ausdruck jener Souveränitätsvorstellung, deren Fiktionen dazu dienen, wie einst das dynastische Interesse, so jetzt das besondere Nomenklatura-Interesse an der in Rechnung zu stellenden Souveränitätsrendite mittels Camouflage desto nachhaltiger zur Geltung zu bringen - massenwirksam und auf Dauer. Das internationale Staatensystem selbst würde faktisch für partikulare Interessenwahrung und partikulare Interessendurchsetzung einseitig instrumentalisiert.

12. Souveränitätstraum und Irredentismus

Mag der Begriff der Souveränität noch immer heillos umstritten sein - vor Jahren schon konstatierte Leibholz, daß "die Auffassungen über Begriff und Wesen der Souveränität trotz viel literarischen Aufwandes ... weit auseinandergehen"[99] -, zur Zeit jedenfalls hat es den Anschein, als habe er den Status eines politisch ebenso brisanten wie

---

99 *Gerhard Leibholz*, a.a.O., S. 377.

kontroversen Themas, den er früher einmal innehatte, wieder zurückgewonnen. Trotz grenzüberschreitender Kommunikationsmöglichkeiten infolge neuartiger Nachrichten-, Satelliten- und Fernsehtechnologien, trotz der Weltmarktverflechtung international operierender Handelskapitale und "kosmopolitischer Gestaltung" (Marx/Engels) von Produktion und Konsumtion aller Länder, wodurch der Industrie und ihrer Annexe ein für allemal der "nationale Boden unter den Füßen weggezogen"[100] wurde, trotz Weltraumüberwachung und Völkerwanderungsbewegungen ungeahnten Ausmaßes läßt sich Souveränität heutzutage weiterhin, geradezu unverdrossen, "behaupten" - und dies im doppelten Wortsinn: sowohl rhetorisch wie faktisch in Anspruch nehmen als auch erfolgreich verteidigen. Grundlegende Veränderungen in den vorherrschenden Verkehrsformen sowohl der Zentren des kapitalistischen Weltmarktsystems wie seiner Peripherieländer sind daran ebenso schuld wie die sich widersprüchlich entfaltende Dynamik transnationaler bzw. zwischenstaatlicher Entwicklungsprozesse und ihrer jeweiligen Protagonisten, mögen diese als die vorherrschenden Eliten handelnd in Erscheinung treten, dominierend wie bisher, oder als neu sich formierende Gegeneliten auf den Plan treten, mit dem Anspruch im Gepäck, alles umzuwälzen und alles anders zu machen.

Die Allmachtsphantasien, die mit ihren Dispositiven in Verbindung gebracht werden, sind erhalten geblieben, damit aber auch der Wahn, mit der schlechthinnigen, autonomen Verfügung über das Äußerste an Unterwerfungs- und Vernichtungsmöglichkeiten - legibus solutus - einen jeden ein für allemal und alle für immer in die Knie zu zwingen. Interesse an der Eroberung hegemonialer Vorrangpositionen haben auch Nichthegemone. Nur so läßt sich die durch keinen Vernunfteinwand zu bremsende Sehnsucht selbst politischer Zwerge und wirtschaftlicher Habenichtse erklären, es in jeder Hinsicht den politischen und wirtschaftlichen Riesen gleichtun zu wollen. Die Politik einer Nichtproliferation atomarer, biologischer und chemischer Vernichtungswaffen ebenso wie die unablässigen Versuche aller möglichen Schwellenländer, deren Kontrollschranken trick- und listenreich zu unterlaufen, liefern die schlagendsten, aber auch die haarsträubendsten Beweise dafür, daß die Souveränität der atomaren Hegemone noch immer als der Menschheit Höchstes und als ihrer *arcana imperii* Allerheiligstes gilt, kurz, als das Souveränitäts-Ideal schlechthin. "So konstituieren die materiellen Vorteile die Substanz der Souveränität, und um ihretwillen wird die Souveränität erstrebt."[101] In der Tat sollte der materialistische Grund jeder praktischen Souveränitätsphilosphie nie aus den Augen gelassen werden: au fond geht es ihr immer um den Erhalt und die Mehrung jener sozialen, materiellen und ideellen Ressourcen, ohne die eine Gesellschaft nicht glaubt auszukommen und nicht glaubt existieren zu können.

Es lassen sich aber auch noch andere Motive benennen, die eine neuerlich aufflammende Renaissance von Souveränitätsvorstellungen, die man für endgültig überholt glaubte, politisch plausibel machen. Die Frage nach den Möglichkeiten und Chancen

100 *Karl Marx/Friedrich Engels*: Manifest der kommunistischen Partei, in: MEW 4, Berlin 1974, S. 466.

101 *Georges Bataille*, a.a.O., S. 66.

staatlicher Souveränität heute aufwerfen, heißt daher - es mag noch so bedauerlich sein, dies feststellen zu müssen -, die Frage nach der Überlebensfähigkeit des Nationalstaates neu stellen. Am aktuellen Auseinanderbrechen des jugoslawischen Vielvölkerstaates, dessen Verständnis von nationaler Souveränität, mit parteikommunistischem Monopolanspruch definiert, gleichzeitig aber einseitig ethnisch dominiert wurde, lassen sich neu-alte Sollbruchstellen aufweisen, die anderswo ebenfalls für Umwälzungen in den politischen Verhältnissen sorgen könnten.

Es dürfte inzwischen unstreitig sein, daß gesamtstaatliche Souveränitätsbehauptungen ethnische und soziale bzw. sozialstrukturelle Sollbruchstellen nur notdürftig zu überbrücken vermögen, längerfristig ohnehin nur mittels Zwangsmaßnahmen, Gewalt und Terror, abgesehen davon, daß sie in der Regel sich gegenseitig verstärken, dann aber unerwartete Multiplikatoreffekte zeitigen. Das war der Fall im Verhältnis der ehemaligen UdSSR zu ihren sezessionistischen Teilrepubliken, die sich mittlerweile alle zu eigenständigen und souveränen Staaten ausgerufen haben, im übrigen unter Mißachtung sämtlicher, bisher gültiger gesamtstaatlicher, d.h. sowjetischer Souveränitätsvorbehalte. Ihrer höheren Weihen als "Souveränitätsträger" konnten sie aber erst sicher sein, nachdem sie auch von der internationalen Staatengemeinschaft (namentlich deren tonangebenden Mitgliedern, den informellen Führungsmächten also) als solche anerkannt worden waren. Auch das jugoslawische Föderationsexperiment muß wegen der krassen wirtschaftlichen und sozialen Wohlstandsgefälle zwischen den einzelnen Teilrepubliken, die ohne allzu großes Mißverhältnis in den Verteilungsverhältnissen kaum noch ausgeglichen werden konnten, aber auch wegen unüberbrückbarer ethnisch-nationalistischer Divergenzen inzwischen als gescheitert angesehen werden.

Zu konstatieren ist also *Gegenläufigkeit als Zeittendenz.* Längst für tot gesagte Nationalismen mit ihren obsoleten Ideologierelikten, von anderen ganz zu schweigen, feiern unerwartet fröhlich Urständ. Angesagt ist eine Renaissance des auf ethnischer Basis sich neu formierenden Neo-Nationalismus. Naturalistisch wie eh und je, wird der Neo-Nationalstaat, der darauf aufbaut, zum kontraproduktiven Widerpart jener EG-europäischen Vereinheitlichungspolitik mit Entsouveränisierungstendenz, aus deren Ecke uns angeblich schon der Atem der Geschichte anweht. Doch auch der stinkt, wenn man's riechen will.

Wieder ist es jener schon erwähnte Schweizer Essayist und Kritiker, der die Widersprüchlichkeit der neo-europäischen "Begründungs-attrappen",[102] die jeden Bezug zu der politischen und sozialen Realität ihrer Länder verloren zu haben scheinen, aufs Korn nimmt.

> "In Westeuropa sind die mittel- und osteuropäischen Umbrüche, Umstürze lebhaft begrüßt worden, zu Recht. Doch während man der Auflehnung ge-

---

102 *Joachim Nocke*: Alles fließt. Zur Kritik des strategischen Rechts, in: Jahresschrift für Rechtspolitologie 4 (= Postinterventionistisches Recht), Pfaffenweiler 1990, S. 123-140 (126).

gen Zentralismus, Bürokratie und Nivellierung applaudierte, baut zu gleicher Zeit die EG ihre zentralistische und bürokratisch nivellierende Machtstellung zügig aus. Mehr und mehr dekretiert die Brüsseler EG-Zentrale, von keinem Parlament kontrolliert, in einer technokratischen Weise von oben nach unten, wie sie in Mittel- und Osteuropa kaum noch denkbar wäre. Das Volk ... hat dabei keine Interventionsmöglichkeit mehr. Die Entscheidungen fallen an der Spitze der Hierarchie, die nicht zufällig derjenigen von supranationalen Konzernen ähnelt, für deren Aktivitäten die EG in der Tat einen optimalen Rahmen schafft ... Der sozialistische Zentralismus ist gescheitert - dem EG-Zentralismus aber soll die Zukunft gehören? Eine Zukunft, ausgeheckt von EG-Ministerräten, Ministerialbürokraten, Technokraten und Industrie-Lobbyisten, die, unbelästigt von demokratischer Kontrolle, legiferieren?"[103]

Wo immer man in Europa (und nicht nur in seinem engen Rahmen[104]) derzeit hinschaut - ob nach Jugoslawien, in die ehemalige Sowjetunion, nach Süd- oder Welschtirol, nach der CSFR und der Slowakei oder wohin sonst -, überall regen sich, hat es den Anschein, die Völker. Überall machen sich sezessionistische und separatistische Tendenzen bemerkbar, und überall scheint das Konzept des geschlossenen, den Willen seiner Völker nur zu oft mit der Zwangsgewalt zentraler Stellen oder zentralisierender Einheitsparteien widerrechtlich niederhaltenden Nationalstaates ins Kriseln zu geraten. Zwar ist es vielfach "nur" der Aufstand von Provinzfürsten und der hinter ihnen stehenden, oft allzu eindeutig interessierten Kräfte, von ethischen und religiösen Fundamentalisten, aber auch von politischen Desperados. Häufiger noch ist es der kollektive Aufschrei gegen lange, zu lange ertragene Unterdrückung und Versklavung. Dann schlägt die Stunde, da die Völker und ihre Führer erneut für sich und die Ihren Handlungsfreiheit reklamieren. Dann wollen sie frei, befehlsunabhängig und souverän sein, und kein Preis ist ihnen dafür zu hoch.

Den anderen aber bleibt dann nur die Hoffnung, daß, wenn aus diesen Umwälzungsprozessen der Geschichte wieder ein souveräner Staat hervorgehen und die Oberhand gewinnen sollte - wie erneuert er sich als Phönix aus der Asche auch erheben mag -, die Menschen dafür Sorge tragen werden, daß seine Rechte teleologisch und seine Gesetze konventionelle Regeln sind, deren Wert in den Konsequenzen für sie alle besteht: Sie müssen sich bewähren.[105] Nur ein solcher Staat kann in Zukunft noch Zustimmung finden.

---

103 *Kurt Marti*, a.a.O., S. 182 f.

104 Vgl. *Rolf Knieper*: Nationale Souveränität. Versuch über Ende und Anfang einer Weltordnung, Frankfurt a.M. 1991.

105 Vgl. *Harold J. Laski*, a.a.O., S. 99.

Der Leviathan auf dem Wege zum nützlichen Haustier?

Helmuth Schulze-Fielitz

I. "Abschied vom Staat" - ein staatsrechtliches Paradox

"Der Leviathan, der furchtlos-furchterregende, ist alt geworden. Er wird sich mit seiner Rolle als nützliches Haustier abfinden müssen."[1] Erhard Denningers optimistische Bilanz seiner über zwanzigjährigen staatsrechtlichen Beobachtungen der Bundesrepublik Deutschland scheint sich mit verschiedenen, in den Sozialwissenschaften verbreiteten "staatstheoretischen Resignationslehren" (Claus Offe) zu treffen, die das alltägliche konkrete Handeln des Staates als rechtlich organisierter Handlungs- und Wirkungseinheit gesamtgesellschaftlich weithin als irrelevant ansehen. Worin besteht jener Wandel herkömmlicher Staatlichkeit? Nachstehend geht es nicht um allgemeine theoretische Aussagen über "den" Staat als solchen oder sein Ende; solche entbehren in aller Regel empirischer Plausibilität und Nachprüfbarkeit und sind in ihrer schlechten Abstraktion notwendig falsch.[2] Bezugspunkt ist der konkrete Staat der Bundesrepublik Deutschland, wie er vom Grundgesetz rechtlich konstituiert und organisiert wird. Ein staatsrechtlicher "Abschied" von der Bundesrepublik Deutschland erscheint in dieser Blickverengung bestenfalls paradox - zu offenkundig gibt es diesen Staat und sein alltägliches wirksames Handeln. Zuletzt hat der staatlich gesteuerte Prozeß der politischen Vereinigung Deutschlands diese Wirkkraft "des" Staates nachhaltig veranschaulicht. Zu ihm gibt es keine realistische Alternative.[3]

Eine nähere juristische Analyse offenbart indessen eine Reihe von Erscheinungsformen und Wandlungsprozessen staatlichen Handelns, die mit dem herkömmlichen Verständnis der Staatsrechtslehre vom Staat nicht mehr ungebrochen harmonieren. Schwerpunkt der nachstehenden Ausführungen ist eine primär beschreibende Bilanz jener Veränderungen: Es geht nicht um staatliche "Steuerung" und ihre Probleme, sondern nur um die rechtlichen Handlungsformen des Staates und ihre praktische Handhabung (II.). Die Verarbeitung jener Entwicklungen in der Rechtswissenschaft erfolgt einerseits durch Einarbeitung der Probleme in den herkömmlichen Rahmen der Dogmatik des öffentlichen Rechts, andererseits durch eine neo-etatistische Bekräftigung traditio-

---

1 E. Denninger, Einleitung, in: ders., Der gebändigte Leviathan, 1990, 9 (29).

2 H. Dreier, Hierarchische Verwaltung im demokratischen Staat, 1991, 11; ähnlich E.-H. Ritter, Das Recht als Steuerungsmedium im kooperativen Staat, in: D. Grimm (Hrsg.), Wachsende Staatsaufgaben - sinkende Steuerungsfähigkeit des Rechts, 1990, 69 (86).

3 Gleichsinnig etwa G. F. Schuppert, Zur Neubelebung der Staatsdiskussion: Entzauberung des Staates oder "Bringing the State Back in"?, Der Staat 28 (1989), 91 (102 f.); C. Offe, Die Staatstheorie auf der Suche nach ihrem Gegenstand. Beobachtungen zur aktuellen Diskussion, in: Jahrbuch zur Staats- und Verwaltungswissenschaft 1/1987, 309 (315).

nellen Staatsdenkens oder durch diffus-unbestimmte Krisenanalysen der Gestaltungskraft von Recht (III.). Begreift man den Verfassungsstaat als ein unabgeschlossenes "Projekt der Moderne", so lassen sich jene Entwicklungstendenzen als ein Funktionswandel des Staates interpretieren, der auf veränderte gesellschaftliche Problemstellungen reagiert, ohne daß dieser Wandel staats- und verwaltungsrechtlich schon angemessen verarbeitet worden wäre (IV.).

II. Erscheinungsformen einer Abkehr von "Staatlichkeit"

1. Wandlungen der staatlichen Handlungsformen

Das vorherrschende Bild vom Staat wird entscheidend geprägt von der Vorstellung einer Einheit des Staates, die in dessen innerer Souveränität gründet und nach Maßgabe und mit Hilfe des Rechts das politische Gemeinwesen hierarchisch ordnet.[4] Charakteristikum des rechtlich verfaßten Staates ist es, daß er nach Maßgabe des Rechts in jenen Formen handelt, die die Rechtsordnung für das staatliche Handeln vorsieht. Eine Abkehr von "Staatlichkeit" im traditionellen Sinne muß deshalb an Wandlungsprozessen und Schwerpunktverschiebungen im Bereich des traditionellen Kanons der anerkannten rechtlichen Handlungsformen des Staates ablesbar sein.

a) Bereich der Rechtsetzung

Signifikant ist im Bereich der Rechtsetzung durch Parlament und/oder Verwaltung weniger der Umstand, daß nur noch selten "allgemeine" Rechtsgesetze im "klassischen" Sinne erlassen werden, d.h. Gesetze mit dem Anspruch, für einen gesellschaftlichen Bereich eine rechtliche Ordnung zu schaffen, die - wie z. B. das BGB - für alle Bürger eine dauerhafte Orientierung und damit eine Selbstregulierung durch die Aktivitäten der Bürger ermöglicht.[5] Demgegenüber ist der größte Teil heutiger Gesetzgebung durch sog. Maßnahmegesetze gekennzeichnet, die punktuell regelnd in einem gesellschaftlichen Bereich ein bestimmtes politisch zweckmäßiges Ziel durch eine entsprechende gesetzliche Vorschrift zu verwirklichen suchen; man denke an eine befristete steuerliche Abschreibungsmöglichkeit für bestimmte Güter zwecks Förderung bestimmter privater Investitionen. So läßt sich im jahrzehntelangen Wandel von der Kodifikations-gesetzgebung zur Maßnahmegesetzgebung ein charakteristischer Wandel auch der Staatsaufgaben und des Gesetzesverständnisses der Gesetzgebungsorgane feststellen. Dieser schon im 19. Jahrhundert einsetzende Wandel i.S. einer Schwerpunktverschiebung ist aber weder ein Spezifikum der Bundesrepublik Deutschland, noch läßt

4 Dreier, Hierarchische Verwaltung (Fn. 2), 1 ff., 108 ff. u. ö.

5 Vgl. H. Schulze-Fielitz, Theorie und Praxis parlamentarischer Gesetzgebung, 1988, 59 f.; R. Voigt, Gegentendenzen zur Verrechtlichung, in: ders., Gegentendenzen zur Verrechtlichung, 1983, 17 (29f.).

sich insoweit heute eine qualitativ neuartige Entwicklung der parlamentarischen Gesetzgebung feststellen.

Als vielleicht neuartig lassen sich aber solche Versuche des Gesetzgebers ansehen, mit denen er statt allein durch direkten normativen hoheitlichen Zwang in Form von Geboten oder Verboten ("regulatives Recht") den privaten Adressaten indirekt zu veranlassen sucht, daß dieser durch freiwillige Verhaltensänderungen wirtschaftlichen Belastungen aufgrund des Gesetzes zu entkommen sucht. Zu nennen ist vor allem die Abgabengesetzgebung besonders im Bereich des Umweltrechts,[6] die Abwasserabgabe zum Beispiel.[7] Der Gesetzesadressat soll durch eigene Investitionen diese staatliche Abgabenerhebung unterlaufen. Dem staatlichen Gesetzgeber geht es nicht um die unmittelbare Durchsetzung seiner Ziele durch typisch hoheitliche Gebote oder Verbote, sondern durch Angebote an die Bürger, ihr Verhalten freiwillig zu ändern, ohne daß sie es müßten: Jeder hat die Freiheit, sich jenes Verhalten zu erkaufen, an dessen Begrenzung dem Staat besonders gelegen ist.[8] Noch ist dieser Regelungstyp des Gesetzes eine eher seltene Ausnahme, soweit es nicht die Finanzlage des Staates, sondern allein das Verhalten der Bürger steuern will. Man denke ferner an die diversen Kronzeugenregelungen oder Rücktrittsvorschriften etwa im Betäubungsmittelstrafrecht, aber auch an das neue Umwelthaftungsgesetz. Solche Ausnahmen lassen sich aber als Symptome für Wandlungen der staatlichen Gesetzgebung interpretieren, die auf "intelligentere" und/oder stärker marktorientierte Steuerungsformen auszuweichen sucht, als sie mit "einfachen" gesetzlichen Geboten oder Verboten sonst regelmäßig zur Verfügung stehen. Theoretisch hat sich bereits eine breite juristische Diskussion über Alternativen zum Gesetzesrecht als Steuerungsmedium entwikkelt,[9] ohne daß sich ihre Ergebnisse in einer als neuartig zu qualifizierenden Gesetzgebungspraxis niederschlagen würden; bei den Alternativen handelt es sich regelmäßig nur um andere, aber prinzipiell bekannte Erscheinungsformen von Recht.

b) Die Aufwertung des öffentlich-rechtlichen Vertrages

Auffälliger sind Verschiebungen auf der Ebene der staatlichen Einzelmaßnahmen. So läßt sich ein Gewichtszuwachs der Handlungsform des öffentlich-rechtlichen Ver-

---

6 Allg. M. Kloepfer, Umweltrecht, 1989, 175 ff.; K. Meßerschmidt, Umweltabgaben als Rechtsproblem, 1986.

7 Ausf. jetzt M. Böhm, Die Wirksamkeit von Umweltlenkungsabgaben am Beispiel des Abwasserabgabengesetzes, 1989.

8 Dazu auch R. Hendler, Umweltabgaben und Steuerstaatsdoktrin, AÖR 115 (1990), 577 (587 f., 591 f.).

9 S. nur etwa G. F. Schuppert, Recht als Steuerungsinstrument: Grenzen und Alternativen rechtlicher Steuerung, in: Th. Ellwein/J. J. Hesse (Hrsg.), Staatswissenschaften: Vergessene Disziplin oder neue Herausforderung?, 1990, 73 (75 ff.); W. Brohm, Alternative Steuerungsmöglichkeiten als "bessere" Gesetzgebung?, in: H. Hill (Hrsg.), Zustand und Perspektiven der Gesetzgebung, 1989, 217; s. a. K. H. Ladeur, Selbstorganisation sozialer Systeme und Prozeduralisierung des Rechts, in: Grimm (Hrsg.), Staatsaufgaben (Fn. 2), 187 ff.

trages beobachten. Was für einen Otto Mayer unvorstellbar war und noch in den fünfziger und sechziger Jahren sich mühsam gegen die herrschende Meinung der Verwaltungsrechtslehre durchsetzen mußte, ist spätestens seit der Kodifikation der §§ 54 ff. VwVfG(e) von 1976 selbstverständlich geworden: Der Staat begibt sich, statt durch hoheitlich verbindliche Einzelfallregelung (d.h. durch Verwaltungsakt) einseitig zu entscheiden, durch einen öffentlich-rechtlichen Vertrag mit dem Bürger auf dessen Ebene als gleichberechtigter Partner eines Vertrages. Gewiß hat allein diese rechtliche Möglichkeit zu bis heute ungelösten Folgestreitigkeiten, insbesondere um die Rechtsfolgen von rechtswidrigen öffentlich-rechtlichen Verträgen, geführt;[10] aber als Institut war der öffentlich-rechtliche Vertrag nun vom Gesetzgeber ausdrücklich anerkannt.

Eine neuartige Qualität des Staatshandelns scheint es nun zu sein, daß der öffentlich-rechtliche Vertrag seit etwa einem Jahrzehnt auch weithin praktiziert wird. Noch 1982 konnte behauptet werden, dieses Institut spiele für die öffentliche Verwaltung praktisch eine völlig untergeordnete Rolle.[11] Das war wahrscheinlich schon damals unrichtig, wenn man die Rechtsprechung als die Spitze eines Eisbergs ansehen darf;[12] jedenfalls hat sich mittlerweile der öffentlich-rechtliche Vertrag in weiten Bereichen, vor allem auch im Bau-, Umweltschutz- und Wirtschaftsverwaltungsrecht, in einem derartigen Ausmaß durchgesetzt, daß er über eine Ergänzungs- oder Ersatzfunktion hinaus rechtlich unverzichtbar geworden ist.[13] Darin läßt sich eine Abkehr vom traditionellen Staatsverständnis sehen, indem der Staat seine Aufgaben statt durch Befehl und Zwang in Kooperation mit dem Bürger erfüllt. Das wird nirgends deutlicher als dann, wenn der Staat den Vertragsinhalt zwangsweise realisieren muß: Statt ihn (wie einen Verwaltungsakt) selbst durch seine Verwaltungsvollstreckungsbeamten zwangsweise durchzusetzen, muß der Staat grundsätzlich zunächst vor einem neutralen staatlichen Gericht um seine Rechte aus dem Vertrag streiten, ehe er mit einem Gerichtsurteil als Vollstrekkungstitel die Vertragspflichterfüllung erzwingen darf.

---

10 H. Maurer, Der Verwaltungsvertrag - Probleme und Möglichkeiten, DVBl. 1989, 798 (801 ff., 804 ff.), auch in: H. Hill (Hrsg.), Verwaltungshandeln durch Verträge und Absprachen, 1990, 15; J. Punke, Verwaltungshandeln durch Vertrag, 1989, 110 ff.; A. Blankenagel, Folgenlose Rechtswidrigkeit öffentlich-rechtlicher Verträge?, VerwArch 67 (1985), 276.

11 G. Püttner, Wider den öffentlich-rechtlichen Vertrag zwischen Staat und Bürger, DVBl. 1982, 122 (123).

12 H. Maurer/B. Hüther, Die Praxis des Verwaltungsvertrags im Spiegel der Rechtsprechung, 1989, 67 ff., 85.

13 E. Schmidt-Aßmann/W. Krebs, Rechtsfragen städtebaulicher Verträge - Vertragstypen und Vertragsrechtslehren, 1988, 1 ff.; W. Krebs, Konsensuales Handeln im Städtebaurecht, DÖV 1989, 969 (970 ff., 974), auch in: Hill (Hrsg.), Verwaltungshandeln (Fn. 10), 77; P. Arnold, Die Arbeit mit öffentlich-rechtlichen Verträgen im Umweltschutz beim Regierungspräsidium Stuttgart, VerwArch 80 (1989), 125 ff.; Maurer/Hüther, Praxis (Fn. 12), pass.; zum Vordringen im Abgabenrecht W. Heun, Die Zulässigkeit öffentlich-rechtlicher Verträge im Bereich der Kommunalabgaben, DÖV 1989, 1053.

c) Die Aufwertung des informativen Staatshandelns

Als eine andere Entwicklungstendenz läßt sich eine Aufwertung des informativen Staatshandelns festhalten. Seit langem ist bekannt und anerkannt, daß der Staat durch seine "Öffentlichkeitsarbeit", insbesondere auch die der Regierungen,[14] handeln darf. Diese Informationstätigkeit der Verwaltung wird allgemein der (als Auffangkategorie inhaltlich breit angelegten und heterogenen) Handlungsform des "schlicht-hoheitlichen" Verwaltungshandelns zugeordnet.[15] Die Aufgaben des Staates zur Information der Bevölkerung folgen kompetenziell als Annex der jeweiligen Sachkompetenz des Staates. Wenn nicht alles täuscht, nimmt die in diesem Sinne informierende Staatstätigkeit, in Abkehr von Arkan-Traditionen der deutschen Verwaltung,[16] tendenziell zu. Statt oder in Ergänzung der sonstigen gesetzlichen Handlungsformen sucht der Staat die Gesetzesziele durch informative Beeinflussung der Bevölkerung oder einzelner Gesetzesadressaten zu erreichen. Diese Informationstätigkeit ist bislang oft nicht ausdrücklich gesetzlich geregelt.[17] Sie wird rechtlich immer dann problematisch, wenn staatliche Informationen den einzelnen auf erhebliche Weise belasten können.[18] Praktisch bedeutsam sind diese Fragen vor allem in Rechtsbereichen, wo es um den Schutz der Verbraucher, etwa vor gesundheits- oder umweltschädlichem Verhalten geht.[19] Die Veröffentlichung von sog. "Transparenzlisten" für Ärzte zwecks Kostenvergleichs von gleichartigen Arzneimitteln,[20] von Warnungen vor umweltschädlichen Produkten wie diethylenglykolhaltigen Weinen,[21] paradichlorbenzolhaltigen Toilettensteinen,[22] aber

---

14 Vgl. BVerfGE 44, 125.

15 Vgl. G. Robbers, Schlichtes Verwaltungshandeln, DÖV 1987, 272 (277 f., 279 f.); empirische Übersichten bei C. Gramm, Aufklärung durch staatliche Publikumsinformationen, Der Staat 30 (1991), 51; W.G. Krueger, Das amtliche Informationswesen, in: K.G.A. Jeserich, H. Pohl und G.-C. v. Unruh (Hrsg.), Deutsche Verwaltungsgeschichte, Band 5, 1987, 1012 ff.

16 Dazu auch E. Gurlit, Die Verwaltungsöffentlichkeit im Umweltrecht, 1989, 31 ff., 47 ff.; J. Scherer, Verwaltung und Öffentlichkeit, 1978, 17 ff., 27 ff.

17 Anders etwa jetzt §§ 103 - 109 des Entwurfs für ein Umweltgesetzbuch - Allgemeiner Teil, gutachtlich erarbeitet von M. Kloepfer, Ph. Kunig, E. Rehbinder und E. Schmidt-Aßmann, vgl. in Kurzfassung: dies., Zur Kodifikation des Allgemeinen Teils eines Umweltgesetzbuches (UGB-AT), DVBl. 1991, 339 (343 f.).

18 F. Ossenbühl, Umweltpflege durch behördliche Warnungen und Empfehlungen, 1986; G. Lübbe-Wolff, Rechtsprobleme der behördlichen Umweltberatung, NJW 1987, 2705; zur Sondersituation im Lebensmittelrecht K.-P. Dolde, Behördliche Warnungen vor nicht verkehrsfähigen Lebensmitteln, 1987; W. Berg, Die behördliche Warnung - eine neue Handlungsform des Verwaltungsrechts?, ZLR 17 (1990), 565 (567 ff.); H. Hummel-Liljegren, Staatliche Warnungen vor unschädlichen Lebensmitteln sind unverhältnismäßig, unzumutbar und verfassungswidrig, ZLR 18 (1991), 126.

19 Umfassend R. Philipp, Staatliche Verbraucherinformationen in Umwelt- und Gesundheitsrecht, 1989, 5 ff., 59 ff.; s. a. M. Schulte, Informales Verwaltungshandeln als Mittel staatlicher Umwelt- und Gesundheitspflege, DVBl. 1988, 512; zum Arzneimittelrecht K. H. Hohm, Arzneimittelsicherheit und Nachmarktkontrolle, 1990.

20 BVerwGE 71, 183.

21 OVG NW NJW 1986, 2783; OVG NW GewArch 1988, 11.

auch die Warnung der Bundesregierung vor den sog. Jugendsekten[23] oder die Aids-Aufklärungskampagne[24] sind Teil eines tiefgreifenden Wandels staatlichen Handelns. Der Staat greift "schlicht-hoheitlich" zu Mitteln und Maßnahmen im Vorfeld einseitig-hoheitlicher rechtlicher Befehle, die dadurch überflüssig zu werden scheinen. Die verschiedenen Erscheinungsformen des informativen Staatshandelns sind teils (innerstaatliches) "soft law", teils handfeste Grundrechtseingriffe und lassen sich nicht über einen rechtlichen Leisten schlagen.

d) Privatisierungsprozesse

Schon immer hat der Staat seine Aufgaben in Formen des Privatrechts erfüllt, etwa als Träger von Gesellschaften in Form von Gesellschaften mit beschränkter Haftung oder von Aktiengesellschaften, die öffentliche Aufgaben wahrnehmen. Schon immer auch hat er nach Maßgabe des Privatrechts gehandelt, ungeachtet des gelegentlichen juristischen Tadels, er dürfe sich nicht durch die "Flucht ins Privatrecht" den öffentlich-rechtlichen Bindungen entziehen. Wenn nicht alles täuscht, lassen sich neuerdings verstärkt Tendenzen sehr heterogener Art feststellen, die sich unter dem Oberbegriff einer Privatisierung des Staatshandelns zusammenfassen lassen. Von symbolischer und symptomatischer Bedeutung mag es bereits sein, wenn in weitem Umfang private Wachdienste selbst die Bundeswehranlagen bewachen, damit Wehrpflichtige nicht übermäßig Wache schieben müssen. Grundsätzlicher geht es um einen Rückzug des Staates aus seinem konstitutiven Schutzauftrag, wenn die Verwaltung z.B. vom Betreiber eines Kernkraftwerks die Aufstellung einer mit Faustfeuerwaffen ausgestatteten Werkschutz-Truppe verlangt.[25] Zu nennen ist ferner die (gewiß auch aus fiskalischen Gründen geförderte) vollständige oder partielle Privatisierung öffentlicher Unternehmen, durch die staatliches Handeln in Privatrechtsform in rein privates Handeln umgewidmet wird.[26] Aber auch die Versuche, öffentlich-rechtliche Formen und Bindungen marktgerecht abzubauen, gehen davon aus; man denke etwa an die Privatisierung eines Teils der Postdienste, an die von den Bindungen des Beamtenrechts weithin befreite Konstruktion des Vorstandes der Deutschen Bundesbahn, an die auch politisch geforderte Ablösung öffentlich-rechtlicher Monopole (vom Rundfunk bis zu Teilen des Telefonbereichs) oder an die absehbaren Versuche, die Deutsche Bundesbahn zu privatisieren. Die verschiedenen, gesetzlich vorgesehenen betrieblichen Umweltbeauf-

---

22 Vgl. Ossenbühl, Umweltpflege (Fn. 18), pass.; R. Gröschner, Öffentlichkeitsaufklärung als Behördenaufgabe, DVBl. 1990, 619 (625 ff.).

23 BVerwG NJW 1989, 2272; BVerfG NJW 1989, 3269; OVG NW NVwZ 1986, 400.

24 C. Gramm, Rechtsfragen der staatlichen Aids-Aufklärung, NJW 1989, 2917.

25 BVerwGE 81, 185 (188 ff.); krit. E. Denninger, Einleitung (Fn. 1), 26; s. allg. C.-D. Bracher, Gefahrenabwehr durch Private, 1987.

26 Vgl. zuletzt D. Ehlers, Die wirtschaftliche Betätigung der öffentlichen Hand in der Bundesrepublik Deutschland, JZ 1990, 1089; s. a. W. Berg, Die wirtschaftliche Betätigung des Staates als Verfassungsproblem, GewArch 1990, 225.

tragten lassen sich in diesem Sinne als Element der Privatisierung öffentlich-staatlicher Kontrolle auffassen. Auch Versuche zur "Deregulierung" zwecks Beseitigung angeblicher Investitionshemmnisse lassen sich im weitesten Sinne als eine Privatisierung begreifen, durch die der Staat auf seine hoheitlichen Maßnahmemöglichkeiten zugunsten autonomer Entscheidungen Privater verzichtet - dies aber in der Hoffnung, daß das öffentliche Interesse an diesen Aufgaben optimaler erfüllt wird.

e) Informales Verwaltungshandeln

Zum Wandel der staatlichen Handlungsformen ist schließlich das (mittlerweile breit diskutierte) sog. informale Staats- und Verwaltungshandeln zu zählen. Dabei geht es um rechtlich unverbindliches Handeln, das sich den rechtlich möglichen Formen rechtsstaatlichen Handelns beim Gesetzesvollzug gerade entzieht. Solches form*un*gebundenes Verwaltungshandeln ist nicht neu und seit langem im Rahmen der gesetzesfreien Verwaltung als Erscheinungsform jener erwähnten Auffangkategorie des "schlicht-hoheitlichen" Verwaltungshandelns durch Realakte durchaus anerkannt; deshalb wird auch das oben hervorgehobene informative Verwaltungshandeln mitunter als Problem des informalen Verwaltungshandelns thematisiert,[27] obwohl es um durchaus verschiedene Probleme geht. Neu ist nämlich die Erkenntnis, daß im *Vollzug* von parlamentarischen Gesetzen der Anteil an solchen "informalen" Verwaltungstätigkeiten neben oder im Rahmen der Anwendung des Gesetzes offenkundig zunimmt. Es geht um rechtlich unverbindliche (Begleit-)Entscheidungen in Absprache mit den Gesetzesadressaten, um das Gesetz anwendbar, einen Antrag genehmigungsfähig oder sonst die Vollzugsentscheidungen für die Betroffenen akzeptabel zu machen.[28]

Vor allem empirische Studien zum Umweltrecht haben die juristische Diskussion wesentlich gefördert.[29] Gemeint sind z.B.[30] sog. Sanierungsabsprachen zwischen dem Betreiber einer emittierenden Anlage und den Umweltbehörden: In ihnen verzichtet der Staat auf den Gebrauch der ihm grundsätzlich gegebenen hoheitlichen Ver- und Gebote

---

27 G. Püttner, Der informale Rechtsstaat, KritV 1991, 63 (64, 71 f.); F. Ossenbühl, Informelles Hoheitshandeln im Gesundheits- und Umweltschutz, in: Jahrbuch des Umwelt- und Technikrechts 1987, 27 (29 ff.); Schulte, DVBl. 1988, 512 f.

28 Grdl. E. Bohne, Informales Verwaltungshandeln im Gesetzesvollzug, in: E. Blankenburg/K. Lenk (Hrsg.), Organisation und Recht, 1980, 20 ff.; s. zuletzt D. Gentzcke, Informales Verwaltungshandeln und Umweltstrafrecht, 1990; zum Jugendstrafrecht P.-A. Albrecht (Hrsg.), Informalisierung des Rechts, 1990; ausf. Nw. bei H. Schulze-Fielitz, Informales oder illegales Verwaltungshandeln?, in: A. Benz/W. Seibel (Hrsg.), Zwischen Kooperation und Korruption, 1992.

29 Grdl. R. Mayntz u.a., Vollzugsprobleme der Umweltpolitik, 1978, 33 ff., 318 ff., 405 ff., 449 ff.; J. Hucke/A.A. Ullmann, Konfliktregelung zwischen Industriebetrieb und Vollzugsbehörde bei der Durchsetzung regulativer Politik, in: R. Mayntz (Hrsg.), Implementation politischer Programme, 1980, 105 (111 ff.).

30 Typologisierend R. Breuer, Verhandlungslösungen aus der Sicht des deutschen Umweltschutzrechts, in: W. Hoffmann-Riem/E. Schmidt-Aßmann, Konfliktbewältigung durch Verhandlungen, Band 1, 1990, 231 (240 ff.).

zur Durchsetzung der gesetzlichen Umweltstandards zugunsten einer freiwilligen Sanierung des Anlagenbetreibers, die nach Zeit und Emissionsmenge möglicherweise unterhalb der gesetzlichen Standards bleibt. Diese Absprache wird nicht etwa durch öffentlich-rechtlichen Vertrag schriftlich verbindlich vereinbart, sondern erfolgt mündlich bzw. durch Aktenvermerke in Begleitung eines Verwaltungsakts, der inhaltlich diese Absprache im Vorfeld aufnimmt oder sonst berücksichtigt. Informales Verwaltungshandeln versucht also, verallgemeinert, durch rechtlich unverbindliche Absprachen mit den Betroffenen die traditionellen Handlungsformen des Staates an die je spezifische Interessensituation anzupassen, weil Private und Behörden jene traditionellen Handlungsformen für unzweckmäßig halten. Diese Praxis ist nicht auf den Umweltbereich beschränkt, sondern im gesamten öffentlichen Wirtschaftsrecht verbreitet.[31]

Die Gefahren einer solchen informalen Verwaltungspraxis[32] liegen in einer Schwächung formgebundenen staatlichen Handelns, vor allem durch das Unterlaufen gesetzlicher Gebote möglicherweise auch zu Lasten der Rechte von Dritten, die an den Absprachen im Vorfeld des außenwirksamen staatlichen Handelns unbeteiligt bleiben; sie rücken informales Verwaltungshandeln schnell in die Nähe der Illegalität, auch wenn informales Verwaltungshandeln nicht notwendig illegal ist. Die Rechtswissenschaft bemüht sich daher, die rechtlichen Maßstäbe des Verwaltungsverfahrensrechts für die rechtlichen Handlungsformen analog oder mehr oder weniger modifiziert auf die informalen Handlungsweisen zu übertragen.[33] Dieser Ansatz stößt freilich mehr oder weniger bald auf Grenzen, weil er die Gründe für das informale Verwaltungshandeln nicht angemessen aufnehmen kann und letztlich oft nur eine Verlagerung der vorrechtlichen Prozesse in andere Verfahren oder Formen bewirkt.

2. Wandlungen der Staats- und Verwaltungspraxis

Nicht nur die Handlungsformen haben sich gewandelt, sondern auch ihre Handhabung in der Staats- und Verwaltungspraxis unterliegt einem Stilwandel, dem man eine neue rechtliche Qualität bescheinigen kann.

---

31 J. Becker, Informales Verwaltungshandeln zur Steuerung wirtschaftlicher Prozesse im Zeichen der Selbstregulierung, DÖV 1985, 1003; H. Bauer, Informales Verwaltungshandeln im öffentlichen Wirtschaftsrecht, VerwArch 78 (1987), 241; R. Schmidt, öffentliches Wirtschaftsrecht. Allgemeiner Teil, 1990, 494 ff.

32 Zsfssd. H. Schulze-Fielitz, Der Konfliktmittler als verwaltungsverfahrensrechtliches Problem, in: W. Hoffmann-Riem/E. Schmidt-Aßmann, Konfliktbewältigung durch Verhandlungen, Band 2, 1990, 55 (67 f.); H. Bauer, VerwArch 78 (1987), 254 ff.

33 Grdl. E. Bohne, Der informale Rechtsstaat, 1981; W. Hoffmann-Riem, Selbstbindungen der Verwaltung, VVDStRL 40 (1982), 187; zuletzt J. Scherer, Rechtsprobleme normersetzender "Absprachen" zwischen Staat und Wirtschaft am Beispiel des Umweltrechts, DÖV 1991, 1.

a) Die Aufwertung des Verwaltungsverfahrensrechts

Ein Kennzeichen der neueren Rechtsentwicklung ist der Bedeutungszuwachs des Verwaltungsverfahrensrechts.[34] Die Vorbereitungsphase von bestimmten Verwaltungsentscheidungen hat sich angesichts immer komplizierterer Entscheidungsnotwendigkeiten verlängert und an Gewicht zugenommen, weil immer mehr Informationen vor einer Entscheidung zu berücksichtigen sind. Dieser Prozeß kann oft nicht mehr in einem einzigen Verwaltungs- oder Rechtsetzungsakt abgeschlossen werden, sondern vollzieht sich in gestreckten und gestuften Verfahren einer schrittweisen Aufarbeitung. Der Kreis der Beteiligten wird tendenziell größer, so daß sie schon aus Gründen der Information der Verwaltung rechtzeitig beteiligt werden müssen (Stichwort: Partizipation und Verwaltungsentscheidungen). Bevor der Staat einseitig-verbindlich Verwaltungsakte erlassen kann, ist er auf einen ausführlichen vorbereitenden Willensbildungsprozeß im Vorfeld der Entscheidung angewiesen. Als Beispiel seien die hochkomplexen Genehmigungsverfahren nach dem Atomgesetz, aber auch nach dem BImSchG oder neuestens nach dem Gentechnologiegesetz genannt, oder die neuen Anforderungen des Gesetzes über die Umweltverträglichkeitsprüfung. Die gesetzliche Ausgestaltung dieser Genehmigungsverfahren dient nicht zuletzt dem Schutz der betroffenen Grundrechtsträger, weil diesen durch eine allein nachträgliche gerichtliche Kontrolle nur unzureichend geholfen werden kann.

Diese Entwicklungstendenz ist schon länger als solche erkannt und anerkannt. Sie hat zu einer Fülle von rechtlichen Folgeproblemen geführt, die teilweise noch unverarbeitet sind bzw. unverändert Rechtsprechung und Lehre beschäftigen und insbesondere um den geänderten Stellenwert von Verstößen gegen Verfahrensvorschriften kreisen.[35] Unter dem hier interessierenden Gesichtspunkt einer Abkehr von herkömmlicher "Staatlichkeit" ist daran beachtenswert, daß der Verfahrensgedanke das staatliche Handeln verändert. Der Staat wird immer mehr zu einer planenden, abwägenden und deliberierenden Instanz, ehe er abschließend hoheitlich-verbindlich handelt; seine Entscheidungen werden in mehrere oder viele Teil-Entscheidungen gesplittet; sie werden dadurch insgesamt rationaler, öffentlicher, transparenter, oft kompromißhafter, aber auch langwieriger, bürokratischer, oft unflexibler.

---

34 S. etwa R. Pitschas, Verwaltungsverantwortung und Verwaltungsverfahren, 1990, 54 ff., 155 ff. u. ö.; M. Morlok, Die Folgen von Verfahrensfehlern am Beispiel von kommunalen Satzungen, 1988, 15 ff.; E. Schmidt-Aßmann, Der Verfahrensgedanke in der Dogmatik des öffentlichen Rechts, in: P. Lerche/W. Schmitt Glaeser/E. Schmidt-Aßmann, Verfahren als staats- und verwaltungsrechtliche Kategorie, 1984, 1 (25 f.).

35 Dazu etwa H. Maurer, Abgestufte Rechtsfolgen bei Gesetzesverstößen der Verwaltung?, in: Hill (Hrsg.), Zustand (Fn. 9), 233; Morlok, Folgen (Fn. 34), pass.; F. Hufen, Fehler im Verwaltungsverfahren, 1986; H. Hill, Das fehlerhafte Verfahren und seine Folgen im Verwaltungsrecht, 1986.

b) Die Pluralisierung der staatlichen Binnenorganisation

Als weiteres Kennzeichen der neueren Rechtsentwicklung läßt sich die wachsende Ausdifferenzierung des Staates als Handlungs- und Wirkungseinheit hervorheben, die die ohnehin bundesstaatlich begründete heterogene Verwaltungsvielfalt erhöht. Die theoretische Einsicht in die Pluralisierung und Prozeduralisierung des öffentlichen Interesses[36] macht dessen Hervorbringung zu einem Problem der Verfahrensorganisation der Gemeinwohlfindung als eines aufgegebenen Prozesses. Immer stärker spezialisierte Verwaltungsbehörden, Organisationseinheiten und Verwaltungsbeamte fördern eine allein an den je speziellen eigenen Interessen orientierte fachliche Blickrichtung jeder Teil-Einheit des Staates mit der Folge zunehmender staatsinterner Abstimmungsprobleme, wie sie als Rechtsfragen etwa bei parallelen Genehmigungsverfahren bzw. bei dem Verhältnis der verbindlichen Entscheidungen verschiedener staatlicher Behörden zueinander oder bei der Koordination der Träger öffentlicher Belange sichtbar werden, ohne daß es stets einen "partei"-übergreifenden Schlichter gäbe. Insgesamt läßt sich dieser Prozeß der Binnenpluralisierung und Ausdifferenzierung der Verwaltungsorganisation als Destabilisierung des klassisch-hierarchischen Verwaltungsprinzips um einer besseren Erfüllung der gewachsenen Aufgaben willen interpretieren.[37] Eine therapeutische Antwort auf diese zunehmende Binnendifferenzierung der staatlichen Verwaltung sind z.B. Verwaltungsbeauftragte (etwa für Datenschutz, Frauen, Ausländer usw.), die gerade einzelkompetenz- bzw. amtsübergreifend, nämlich sachproblembezogen jene Lücken auszufüllen bzw. zu vermeiden suchen, die zwischen den spezialisierten Verwaltungseinheiten bleiben.[38] Eine andere Antwort wären Planungsformen, in denen es gerade um eine Koordination der voneinander abweichenden Verwaltungseinheiten geht. Auch diese Pluralisierung der Binnenorganisation führt zu einer Fülle rechtlicher Folgeprobleme, vom (regelmäßig rechtswidrigen) Widerstand einzelner Bundesländer gegen Weisungen und/oder Entscheidungen im Rahmen der Bundesauftragsverwaltung (z.B. im Atomrecht) bis hin zu Kompetenzüberschreitungen von Selbstverwaltungskörperschaften oder anderen staatlichen In-Sich-Konflikten in Planungsverfahren.

---

36 P. Häberle, Öffentliches Interesse als juristisches Problem, 1970, 87 ff., 657 ff., 708 ff.; H. Schulze-Fielitz, Sozialplanung im Städtebaurecht, 1979, 297 ff.; Morlok, Folgen (Fn. 34), 18.

37 Dreier, Hierarchische Verwaltung (Fn. 2), 153 ff., 211 ff., 270 ff.; B.-O. Bryde, Die Einheit der Verwaltung, VVDStRL 46 (1988), 181 (182 ff.); W. Brohm, Die Dogmatik des Verwaltungsrechts vor den Gegenwartsaufgaben der Verwaltung, VVDStRL 30 (1972), 245 (261 ff., 293 ff., 298, 302 f.).

38 Vgl. zu den Erscheinungsformen, Eigenarten und Gefahren M. Fuchs, "Beauftragte" in der öffentlichen Verwaltung, 1985, 134 ff., 136 ff., 138 f., 165 ff., 170 ff., 210 ff.; krit. W. Schmitt Glaeser/R. Mackeprang, Zur Institution des öffentlich-rechtlichen Beauftragten, Die Verwaltung 24 (1991), 15 (24 ff., 29 ff.), die gerade umgekehrt den öffentlich-rechtlichen Beauftragten nicht als Folge, sondern als eine Ursache der Aufsplitterung der herkömmlichen Verwaltungsstrukturen ansehen (S. 25).

c) Kooperation als Prinzip des Staatshandelns

Die Aufwertung des Verwaltungsverfahrens und die Pluralisierung des Staates werden begleitet durch staatliche Handlungsweisen, die sich auf den Generalnenner einer verstärkten Kooperation zwischen Staat und Gesellschaft vor und bei "staatlichen" Entscheidungsprozessen bringen lassen und als eine Tendenz zum "kooperativen Staat" theoretisch verallgemeinert werden können.[39] Auch diese Erscheinungsformen lassen sich vor allem in den neuen Problembereichen des Umweltschutzes beobachten, wo sie sogar schon als "Kooperationsprinzip" zu einem geltenden Rechtsgrundsatz zusammengefaßt werden;[40] indessen reichen die Erscheinungsformen von Kooperation weit über den Umweltbereich hinaus.

(aa) Ergänzung staatlicher Gesetzgebung durch private Rechtsetzung. Schon immer ist das staatliche Rechtsetzungshandeln beeinflußt worden durch Einflußnahmen von Privaten, etwa durch Interessenverbände ("Korporatismus") und Parteikreise, und ergänzt worden durch komplementäre Entscheidungen in Form privater Rechtsetzung,[41] von den normativen Regelungen im Arbeitsrecht (z.B. Tarifverträge) über das Vereins- und Gesellschaftsrecht bis hin zum sonstigen Zivilrecht. In ihrem Gewicht zugenommen haben dürfte vor allem die Rezeption von Schutzstandards der privaten Wirtschaft durch die Rechtsordnung etwa im Umwelt- und Technikrecht: Sie ergehen entweder nach Anhörung der beteiligten Kreise (z.B. § 51 BImSchG) als Verwaltungsvorschriften (z.B. TA Luft) oder werden als private Regelwerke (DIN-Normen, VDI-Richtlinien usw.) von der staatlichen Verwaltung durch ausdrückliche Übernahme, Verweisung oder bei der Konkretisierung unbestimmter Rechtsbegriffe rezipiert.[42]

(bb) Rechtsvertragliche und informale Kooperation. Deutlicher wird die Zunahme an Kooperation in Vereinbarungen, wie sie in der Zunahme des Gebrauchs von öffentlich-rechtlichen Verträgen (s.o.), vor allem aber auch in informalen Absprachen sichtbar

---

39 In diesem Sinne: E.-H. Ritter, Steuerungsmedium (Fn. 2), 73 ff.; ders., Der kooperative Staat, AÖR 104 (1979), 389; Pitschas, Verwaltungsverantwortung (Fn. 34), 275 ff.; J. J. Hesse, Aufgaben einer Staatslehre heute, in: Jahrbuch zur Staats- und Verwaltungswissenschaft 1/1987, 55 (86 ff).

40 T. C. Paefgen, Emanationen des kooperativen Umweltstaates, GewArch 1991, 161; W. Grüter, Umwelt und Kooperationsprinzip in der Bundesrepublik Deutschland, 1990; H.-J. Müggenborg, Formen des Kooperationsprinzips im Umweltrecht der Bundesrepublik Deutschland, NVwZ 1990, 909; M. Kloepfer, Umweltrecht, 1989, 91 ff.; W. Rengeling, Das Kooperationsprinzip im Umweltrecht, 1988; krit. G. Lübbe-Wolff, Das Kooperationsprinzip im Umweltrecht - Rechtsgrundsatz oder Deckmantel des Vollzugsdefizits?, NuR 1989, 295.

41 Umfassend F. Kirchhof, Private Rechtsetzung, 1987.

42 S. zsfssd. G. Lübbe-Wolff, Konfliktmittlung beim Erlaß technischer Regeln, in: Hoffmann-Riem/Schmidt-Aßmann, Konfliktbewältigung II (Fn. 32), 87 (89 ff.); ausf. U. Battis/C. Gusy, Technische Normen im Baurecht, 1988; M. Müller-Foell, Die Bedeutung technischer Normen für die Konkretisierung von Rechtsvorschriften, 1987; P. Marburger, Die Regeln der Technik im Recht, 1979; R. Breuer, Direkte und indirekte Rezeption technischer Regeln durch die Rechtsordnung, AÖR 101 (1976), 46.

werden. Sie sollen meist das Tätigwerden der Verwaltung entbehrlich machen (gesetzesabwendende oder normvertretende Absprachen)[43] oder das Verwaltungshandeln in den herkömmlichen Handlungsformen vorbereitend oder begleitend ergänzen (normergänzende Absprachen). Kennzeichnend ist dabei, daß Staat/Verwaltung und Bürger im Zusammenwirken aufgrund von Verhandlungen gleichberechtigt an der Problemlösung konsensual mitwirken.[44] Industrielle Selbstbeschränkungsabkommen gehören dazu (ob mit oder ohne den Zweck, Normsetzungen durch den Staat zu verhindern), aber auch alle anderen Formen von Abstimmungen, Arrangements, Agreements, planerische Absichtserklärungen, Vorabzuleitung von Entscheidungsentwürfen usw.[45] Der gesamte Bereich von nichtvertraglichen Absprachen zwischen Verwaltung und Wirtschaftsunternehmen etwa im Immissionsschutzrecht ist zentraler Teil des kooperativen Staatshandelns.[46] Diese Praxis einverständlicher Absprachen erfaßt aber auch den klassischen Bereich des Polizei- und Sicherheitsrechts, selbst - bundesverfassungsgerichtlich "abgesegnet"[47] - die Durchführung von Großdemonstrationen mit der Polizei,[48] ja sogar den Strafprozeß.[49]

(cc) Organisationsrechtliche Kooperation. Rechtsetzung und Absprachen erfolgen weithin im Rahmen von rechtlich organisierten Dauerbeziehungen zwischen Verwaltung und Privaten, die als Ausprägung des kooperativen Staatshandelns interpretiert werden können.[50] Zu nennen sind die gesetzlich vorgesehenen Beteiligungsformen Privater an der Planung oder am Verfahren vor Erlaß von Rechtsvorschriften, Sachverständigengremien, Beteiligung Privater an staatlichen Aufgaben der Kontrolle oder Rechtsetzung, Mitentscheidungsgremien im Verwaltungsvollzug, Planungsräte usw.

---

43 J. Oebbecke, Die staatliche Mitwirkung an gesetzesabwendenden Vereinbarungen, DVBl. 1986, 793; G. Hartkopf/E. Bohne, Umweltpolitik, Band 1, 1983, 223 f.

44 Verwaltungswissenschaftlich N. Dose, Die verhandelnde Verwaltung, 1993 (i. E.); Praxisberichte: R. Funke, Die Sanierung der Norddeutschen Affinerie in Hamburg - ein Beispiel kooperativen Verwaltungshandelns, in: Hill (Hrsg.), Verwaltungshandeln (Fn. 10), 179.

45 M. Bulling, Kooperatives Verwaltungshandeln (Vorverhandlungen, Arrangements, Agreements und Verträge) in der Verwaltungspraxis, DÖV 1989, 277; ders., Umweltschutz und Wirtschaftsüberwachung, in: Hill (Hrsg.), Verwaltungshandeln (Fn. 10), 147.

46 H. D. Jarass, Effektivierung des Umweltschutzes gegenüber bestehenden Anlagen, DVBl. 1985, 193; W. Beyer, Der öffentlich-rechtliche Vertrag, informales Handeln der Behörden und Selbstverpflichtungen Privater als Instrument des Umweltschutzes, Diss. jur. Köln 1986; vgl. auch R. Häusler, Konsensuales Verwaltungshandeln durch Absprachen aus der Sicht des Rechtsanwalts am Beispiel des Baurechts und des Umweltrechts, in: Hill (Hrsg), Verwaltungshandeln (Fn. 10), 171 ff.

47 BVerfGE 69, 315 (354 ff.).

48 W. Hoffmann-Riem, Demonstrationsfreiheit durch Kooperation?, in: W. Brandt u. a. (Hrsg.), Ein Richter, ein Bürger, ein Christ. Festschrift für Helmut Simon, 1987, 379 ff.; ausf. W. Buschmann, Kooperationspflichten im Versammlungsrecht, 1990.

49 Umfassend: B. Schünemann, Absprachen im Strafverfahren? Grundlagen, Gegenstände und Grenzen, 1990.

50 Vgl. Ritter, Steuerungsmedium (Fn. 2), 76 ff., 98; grdl. G. F. Schuppert, Die Erfüllung öffentlicher Aufgaben durch verselbständigte Verwaltungseinheiten, 1981.

d) Die Entformalisierung des Gesetzesrechts

Die erwähnten neuen Kooperationspflichten im Rahmen des seit langem unverändert geltenden Versammlungsgesetzes stehen nur symptomatisch für eine generelle Tendenz, die allenthalben das Recht der Leistungs- wie der Ordnungsverwaltung beeinflußt, nämlich eine Entformalisierung oder Materialisierung des positiven Gesetzesrechts. Gefördert durch entsprechende Entscheidungen des parlamentarischen Gesetzgebers führen die (wachsende) Anzahl von Generalklauseln und immer weniger bestimmte Gesetzesbegriffe sowie eine Vielzahl neuartiger gesellschaftlicher Konflikte im Rahmen der Gesetzesanwendungspraxis dazu, daß die Verwaltung zunehmend selber die Reichweite ihrer Handlungsmöglichkeiten bestimmt.[51] Die Verwaltungsbehörden nehmen die mit unbestimmten Gesetzesbegriffen und mit Ermessensvorschriften eingeräumten Spielräume für das Verwaltungshandeln auch unterschiedlich wahr, teilweise eben auch gegensätzlich. Das gilt nicht nur für die besonders schwach determinierten finalen Planungsentscheidungen nach Maßgabe von abstrakten Gesetzesaufträgen. Die Wertungsspielräume des alles staatliche Handeln beherrschenden und prägenden Grundsatzes der Verhältnismäßigkeit tragen ein übriges dazu bei, daß widersprüchliche und unklare staatliche Entscheidungen diese immer weniger präzise berechenbar erscheinen lassen. Solche Abwägungs-, Wertungs- und Ermessensspielräume können zu pathologischen Erscheinungsformen führen, der Umfang von Implementationsdefiziten, d.h. von Umsetzungsdefiziten bei der Gesetzesverwirklichung, kann gar verfassungswidrig sein.[52] Sie sind gleichwohl strukturell (weithin) unvermeidlich und bezeichnen insoweit Grenzen des Rechts als Steuerungsmedium.[53] Sie sind bevorzugter Anknüpfungspunkt insbesondere von kulturkritisch inspirierten sozialwissenschaftlichen Analysen des Rechts namentlich bei der Bewältigung der Technik,[54] die sich in ihrer Diagnose mit den Theorien vom Verfall des "klassischen" Rechtsstaats treffen.[55]

---

51 Siehe nur Dreier, Hierarchische Verwaltung (Fn. 2), 148 ff., 164ff.; W. Brohm, Situative Gesetzesanpassung durch die Verwaltung, NVwZ 1988, 794.

52 K. Lange, Staatliche Steuerung durch offene Zielvorgabe im Lichte der Verfassung, VerwArch 82 (1991), 1 (4 f.).

53 Dreier, Hierarchische Verwaltung (Fn. 2), 165 ff., 207 ff.; Schulze-Fielitz, Gesetzgebung (Fn. 5), 136 ff.

54 Z.B. R. Wolf, Zur Antiquiertheit des Rechts in der Risikogesellschaft, in: Leviathan 15 (1987), 357 (365 ff., 373 ff., 377); zurückhaltend St. Breuer, Rationale Herrschaft. Zu einer Kategorie Max Webers, PVS 31 (1990), 4 (21 ff., 26 ff.); allg. auch U. Beck, Risikogesellschaft, 1986, 254 ff., 306 ff.

55 Vgl. E. Forsthoff, Der Staat der Industriegesellschaft, 1971, 42 ff.

III. Die Verarbeitung des staatlichen Funktionswandels in der Staatsrechtslehre

1. Die Kleinarbeitung der Probleme

a) Einfügung der Probleme in den Rahmen des geltenden Rechts

Die beschriebenen Wandlungsprozesse im öffentlichen Recht und die Handhabung durch die Praxis sind auch durch die Staatsrechtslehre erkannt, thematisiert und weithin nach Maßgabe und in Fortschreibung der juristischen Dogmatik des Verfassungs- und Verwaltungsrechts erörtert worden.[56] Im Zentrum aktueller öffentlich-rechtlicher Diskussionen stehen bezüglich des informativen Staatshandelns z.B. die nachhaltigen, grundrechtsrelevanten Folgewirkungen für Betroffene und der Versuch, diese mit den Anforderungen des Gesetzesvorbehalts zu verbinden.[57] Die Privatisierungsprozesse wirken z.B. auf das öffentliche Dienstrecht oder die Rundfunkjudikatur des Bundesverfassungsgerichts zurück. Das informale Verwaltungshandeln wird im Ansatz den rechtlichen Bindungen des Grundgesetzes (z.B. Gesetzmäßigkeitsprinzip, Gleichheitssatz) oder des Verwaltungsverfahrensrechts,[58] insbesondere den Regeln der öffentlich-rechtlichen Verträge unterworfen.[59] Die Folgen von Rechtsfehlern bei der Anwendung des aufgewerteten Verwaltungsverfahrensrechts für die untergesetzliche Normsetzung werden ebenso breit diskutiert (und mit Hilfe des Gesetzgebers eher provisorisch gelöst)[60] wie der wachsende Zeitaufwand des Verwaltungshandelns und dessen Bewältigung durch zeitliche Dynamisierung.[61] Zunehmend wird die rechtsstaatliche Disziplinierung der kooperativen Beteiligung Privater an der staatlichen Normsetzung zum Thema.[62] Viele Versuche lassen sich dahingehend verallgemeinern, die verschie-

56 Vgl. zsfssd. H. Hill, Das hoheitliche Moment im Verwaltungsrecht der Gegenwart, DVBl. 1989, 321 (324 ff.); zuletzt die Referate auf der 31. Tagung der wissenschaftlichen Mitarbeiterinnen und Mitarbeiter der Fachrichtung "Öffentliches Recht" im März 1991 in Bremen, und dazu A. Middeke/M. Gellermann, Wandel der Handlungsformen im Öffentlichen Recht, DVBl. 1991, 526; verwaltungswissenschaftlich K. König/N. Dose, Klassifizierungsansätze staatlicher Handlungsformen, 1989; K. König/N. Dose (Hrsg.), Instrumente und Formen staatlichen Handelns, 1992 (i. E.) und dazu C. Ullrich, Handlungsleitende Formen staatlicher Steuerung - Zu den Entwicklungsperspektiven in Wissenschaft und Praxis, DÖV 1991, 285.

57 Nw. oben Fn. 17 ff. und noch M. Heintzen, Staatliche Warnungen als Grundrechtsproblem, VerwArch 81 (1990), 532; H. Sodan, Gesundheitsbehördliche Informationstätigkeit und Grundrechtsschutz, DÖV 1987, 858 (864 ff.).

58 Vgl. etwa C.-E. Eberle, Arrangements im Verwaltungsverfahren, Die Verwaltung 17 (1984), 439; E. Bohne, Informales Regierungs- und Verwaltungshandeln als Instrument des Umweltschutzes, VerwArch 75 (1984), 343; Ph. Kunig/S. Rublack, Aushandeln statt Entscheiden?, Jura 1990, 1.

59 So zuletzt J. Scherer, DÖV 1991, 3 ff.

60 S. neben Nw. in Fn. 10, 13, 34 und 35 noch H. Maurer, Bestandskraft für Satzungen?, in: Festschrift für Otto Bachof, 1984, 215 ff.

61 M. Bullinger, Verwaltung im Rhythmus von Wirtschaft und Gesellschaft, JZ 1991, 53.

62 Nw. in Fn. 42 sowie E. Denninger, Verfassungsrechtliche Anforderungen an die Normsetzung im Umwelt- und Technikrecht, 1990.

denen neuen informalen und formellen Handlungsformen einerseits mit dem Demokratieprinzip, andererseits mit den klassischen Anforderungen des Rechtsstaatsprinzips wie dem Vorbehalt des Gesetzes, dem Grundsatz des fairen Verfahrens, dem Gesetzmäßigkeitsgrundsatz, dem Gleichheitssatz oder dem Verhältnismäßigkeitsprinzip in Einklang zu bringen.[63]

Auch staatliche Planung gewinnt ein neues Gewicht. Die breiten Diskussionen um das wechselseitige Verhältnis verschiedener staatlicher Genehmigungen z.B. für ein komplexes Vorhaben[64] spiegeln ebenso wie die Pluralisierung der staatlichen Verwaltung selber das Bestreben und die Notwendigkeit, die unterschiedlichen Verwaltungsperspektiven gerade bei Querschnittsaufgaben zu koordinieren. Dabei gewinnen die Planung und neue Planungsformen ohne eine rechtliche Verbindlichkeit im Außenrechtskreis Staat/Bürger im Schatten einer eher ermüdeten wissenschaftlichen Planungsdiskussion eine praktisch bedeutsame neue Rolle: Die staatliche Praxis entwickelt durch Information und neue Formen rechtlich zunächst unverbindlicher inneradministrativer Planungen planerische "Konzepte" jenseits der herkömmlichen rechtlichen Handlungsformen und linearen Zweckrationalitäten.[65]

Kennzeichen dieser unverändert aktuellen Diskussionen ist meist die primäre Orientierung am jeweiligen Einzelproblem, das nach Maßgabe der bekannten Raster der Wissenschaft eingeordnet wird. Dieses Vorgehen entspricht dem Praxisbezug der Rechtswissenschaft, die stets den lösungsbedürftigen Einzelfall (vor Gericht) im Vordergrund sieht und in der (handlungsanleitenden) Perspektive der juristischen Dogmatik argumentiert. Gewiß lassen sich dabei (Wertungs-)Widersprüche durch den Gesetzgeber und (vorübergehend) durch die Rechtsdogmatik nicht immer vermeiden - die "Einheit der Rechtsordnung", sollte es sie im neuzeitlichen Verfassungsstaat je gegeben haben, wird zur bloßen, aber unaufgebbaren "regulativen Idee", ohne daß diese vollständig realisierbar wäre. Dennoch lassen die praktisch handhabbaren Ergebnisse dieses Verarbeitungsprozesses vom internen Maßstab der Rechtsdogmatik her nicht den Schluß auf eine Krise des Öffentlichen Rechts zu, die den Staat handlungsunfähig oder völlig irrational erscheinen ließe. Vielmehr wird als Aufgabe anerkannt, die Dogmatik

---

63 Zuletzt W. Pauly, Der Regelungsvorbehalt, DVBl. 1991, 521; Lange, VerwArch 82 (1991), 12 ff.; Ph. Kunig, Alternativen zum einseitig-hoheitlichen Verwaltungshandeln, in: Hoffmann-Riem/Schmidt-Aßmann (Hrsg.), Konfliktbewältigung I (Fn. 30), 43 (55 ff.).

64 Ausf. M.-J. Seibert, Die Bindungswirkung von Verwaltungsakten, 1989, 353 ff. u. ö.

65 Vgl. H. Hill, Staatliches Handeln bei veränderlichen Bedingungen, in: Ellwein/Hesse (Hrsg.), Staatswissenschaften (Fn. 9), 55 (58 f., 61, 63 ff.); D. Fürst, Neuere theoretische Ansätze in Raum- und Umweltplanung, Staatswissenschaften und Staatspraxis 1990, 512; E.-H. Ritter, Staatliche Steuerung bei vermindertem Rationalitätsanspruch? Zur Praxis der politischen Planung in der Bundesrepublik Deutschland, in: Jahrbuch zur Staats- und Verwaltungswissenschaft 1/1987, 321 (345 ff.).

der staatlichen Handlungsformen fortzuschreiben, daß neben die Instrumente hoheitlicher Regelung eine Dogmatik der "vermittelnden Verwaltung" treten muß.[66]

b) Pathologisierungs- und Illegalisierungsstrategien

Soweit eine Einfügung in den Rahmen des positiven Rechts scheitert, folgen als Antwort auf die beschriebenen Entwicklungstendenzen aber auch Versuche der Abwehr durch ihre Pathologisierung: Sie werden teilweise für rechtswidrig oder staatspolitisch verfehlt erklärt. Die Vielfalt der Reaktionen läßt sich beispielhaft am informalen Verwaltungshandeln ablesen. Es wird teils schon in seiner praktischen Bedeutung bestritten,[67] seine Diskussion mitunter ins Lächerliche gezogen.[68] Ernster zu nehmen sind die Versuche, seine Erscheinungsformen in die Formen des Rechts zurückzuzwingen.[69] Solche Argumentationsweisen berufen sich zu Recht auch auf verfassungsrechtliche Grenzen und sind keineswegs neuartig; sie folgen der völlig legitimen Aufgabe des "lästigen Juristen" (Ernst Forsthoff), den Wildwuchs des freien, dynamischen, politischen und sozialen Handelns nach Maßgabe des Rechts zu beschneiden. Die strenge Orientierung an der Formgebundenheit staatlichen Handelns ist juristisch notwendig und unvermeidliche Aufgabe jeder rechtswissenschaftlichen Betrachtung.[70] Solche Versuche stoßen freilich auf immanente Grenzen, weil sich die neue Staatspraxis nicht immer umstandslos in die alte Dogmatik einfügen läßt; die Grenzen sind aber durchaus noch unausgelotet, ihre Diskussion noch unabgeschlossen.[71] Jene "neue" Staatspraxis gründet in hier nicht näher zu diskutierenden staatsaufgabenbezogenen sachlichen Zweckmäßigkeiten oder Zwängen,[72] ohne deren präzise empirische Berücksichtigung eine juristische Therapie unzureichend bleiben muß.

2. Makrotheoretische Reflexe in der Staats- und Verfassungstheorie

Die Versuche zur Lösung jener (und vieler anderer) Einzelprobleme finden also durchaus ihren Niederschlag in Lehre und Rechtsprechung und scheinen der Problemverarbeitungskapazität von Staatsrechtslehre und Staatspraxis ein gutes Zeugnis

---

66 In diesem Sinne E. Schmidt-Aßmann, Diskussionsbeitrag, VVDStRL 47 (1989), 218 (219); zust. G. F. Schuppert, Konfliktmittlung bei Verhandlungen und Verwaltungsverfahren, in: Hoffmann-Riem/Schmidt-Aßmann (Hrsg.), Konfliktbewältigung II (Fn. 32), 29 (35).

67 S. nur die Diskussionsbeiträge von H.-J. Papier, P. Badura, R. Breuer und J. Burmeister, in: VVDStRL 40 (1982), 287 f., 292 f., 294, 300 f.

68 J. Isensee, Buchbesprechung, DVBl. 1986, 955.

69 Nw. Fn. 33 und 58; zuletzt etwa Scherer, DÖV 1991, 3 ff.

70 P. Kirchhof, Mittel des staatlichen Handelns, in: J. Isensee/P. Kirchhof, Handbuch des Staatsrechts III, 1988, § 59 Rn. 40 ff.; Ossenbühl, Hoheitshandeln (Fn. 27), 48.

71 Püttner, KritV 1991, 72 f.

72 Vgl. nur J. J. Hesse, Staatliches Handeln in der Umorientierung: Thesen zur institutions- und verwaltungspolitischen Diskussion, in: Ellwein/Hesse, Staatswissenschaften (Fn. 9), 151 (155 ff.); Ritter, Steuerungsmedium (Fn. 2), 80 ff., 89 ff.

auszustellen. Fraglich ist indessen, ob hinter diesen Einzelproblemen nicht auf einer - abstrakteren - verfassungs- bzw. staatstheoretischen Ebene Folgewirkungen zu vermerken sind, die auf ungelöste Grundfragen der modernen Entwicklung des Verfassungsstaats verweisen. Der wissenschaftliche Anspruch der Staats- und Verwaltungsrechtslehre geht über die dogmatische Bewältigung der Alltagspraxis hinaus und zielt auf ihre theoretische Verarbeitung. Insofern deuten sich in der wissenschaftlichen Diskussion zwei tendenziell entgegengesetzte, mitunter verschränkte Entwicklungen der theoretischen Diskussion an. Sie knüpfen keineswegs immer oder auch nur ausdrücklich an die oben skizzierten Entwicklungstendenzen an. Sie lassen sich aber unschwer als zumindest mittelbarer Antwortversuch auf neue Fragen interpretieren, vor die das neue Staatshandeln stellt, und überschreiten insoweit das Niveau der Alltagsjurisprudenz, soweit diese sich auf die einzelfallbezogene Kleinarbeitung oder Illegalisierung beschränken will.

a) Re-Etatisierungsprozesse

Einerseits verdichten sich gegenwärtig anscheinend die Tendenzen zu einer Renaissance des Staatlichen. "Es ist kein Zufall, daß neuerdings wieder mit Betonung 'vom Staat als Staat' die Rede ist,"[73] statt die Verfassung und ihr Recht zum Ausgangspunkt aller Überlegungen zu machen. Auf diesen gemeinsamen Nenner lassen sich jedenfalls zahlreiche neuere Versuche bringen, die genannten Entwicklungstendenzen durch Rückbesinnung auf die einzigartige überlegene Hoheitsmacht des Staates zu steuern. Im Kielwasser der zunächst wenig nachhaltigen theoretischen Diskussion der 70er Jahre, die unter den Stichworten "Unregierbarkeit"[74] oder "Grundwerte"[75] den Pluralismus in Staat und Gesellschaft zu disziplinieren suchte, gibt es eine Reihe von doch wohl tiefgehenden Folgediskussionen auf höchst unterschiedlichen Feldern. Man könnte schon an die Versuche denken, die Grundpflichten als vernachlässigte verfassungsrechtliche Kategorie zu revitalisieren,[76] oder an die "Sehnsucht der deutschen Staatsrechtslehre",[77] (im Ergebnis vergeblich) für Regierung und Verwaltung Vorbehaltsbereiche zu ermitteln, in die hineinzuregieren den parlamentarischen Vertretungsorganen Grenzen auferlegt werden.[78] Dem entspricht die neuere Zurückhaltung gegen-

---

73 Denninger, Einleitung (Fn. 1), 9.

74 W. Hennis u. a. (Hrsg.), Regierbarkeit, Band 1, 1977; Band 2, 1979; P. Noack, Ist die Demokratie noch regierbar?, o. J. (1979).

75 Dokumentiert bei G. Gorschenek (Hrsg.), Grundwerte in Staat und Gesellschaft, 1977; Bilanz bei P. Häberle, Erziehungsziele und Orientierungswerte im Verfassungsstaat, 1981, 19 ff.

76 Zsfssd. O. Luchterhandt, Grundpflichten als Verfassungsproblem in Deutschland, 1988; vgl. speziell zum Rechtsgehorsam zuletzt C. Link, Staatszwecke im Verfassungsstaat - nach 40 Jahren Grundgesetz, VVDStRL 48 (1990), 7 (27 ff.).

77 So B. Schlink, Die Bewältigung der wissenschaftlichen und technischen Entwicklungen durch das Verwaltungsrecht, VVDStRL 48 (1990), 235 (253).

78 BVerfGE 49, 89 (124 ff.); 67, 100 (139); 68, 1 (87); dazu auch R. Scholz, Parlamentarischer Untersuchungsausschuß und Steuergeheimnis, AÖR 105 (1980), 564 (598); ferner H. Maurer und F. E.

über der "Wesentlichkeitsdoktrin" des Bundes-verfassungsgerichts,[79] die alle wesentlichen Entscheidungen in das Parlament verlagern statt der Exekutive überlassen wollte; stattdessen scheint sogar die (unzulässige) Schlußfolgerung von einer Aufgabe des Staates auf die Eingriffsbefugnisse auch ohne parlamentsgesetzliche Grundlage wieder hoffähig zu werden.[80] Auffälliger erscheinen die Versuche, parallel zur Renaissance des Denkens von und über Carl Schmitt[81] die verfassungsrechtliche Konstituierung des Verfassungsstaats unter Berufung auf die Eigenarten des vorverfassungsrechtlich existenten Staates an sich (objektiv) abzuwerten.[82] Es handelt sich keineswegs um praktisch bedeutungslose theoretische Glasperlenspiele.[83] Die hinhaltende und eher halbherzige Gesetzgebungspraxis, die Anforderungen des Volkszählungsurteils des BVerfG umzusetzen, spiegelt solche Akzentverschiebungen ebenso wie die gesetzgeberische Verbesserung des polizeirechtlichen Instrumentariums hoheitlicher Machtausübung, nicht nur im Hinblick auf die neuen Formen der organisierten Kriminalität.[84] In diesen Zusammenhang gehört die Rechtsprechung des Bundesverwaltungsgerichts, die einen Informationsanspruch des Bürgers auf seine Kriminalakte von Verfassungs wegen für ausgeschlossen hält[85] oder (vorerst nur?) im Atomrecht durch Anerkennung "normkonkretisierender" Verwaltungsvorschriften dem technischen Sachverstand der Verwaltung und ihrer Berater Vorrang vor einer gerichtlichen Kontrolle einräumt.[86]

Schnapp, Der Verwaltungsvorbehalt, VVDStRL 43 (1985), 135 bzw. 172; allg. A. Janssen, Über die Grenzen des legislativen Zugriffsrechts, 1990.

79 Vgl. M. Kloepfer, Der Vorbehalt des Gesetzes im Wandel, JZ 1984, 685; ders., Wesentlichkeitstheorie als Begründung oder Grenze des Gesetzesvorbehalts?, in: Hill (Hrsg.), Zustand (Fn. 9), 187; F. Ossenbühl und H.-J. Papier, Der Vorbehalt des Gesetzes und seine Grenzen, in: V. Götz u. a. (Hrsg.), Die öffentliche Verwaltung zwischen Gesetzgebung und richterlicher Kontrolle, 1985, 9 bzw. 36.

80 BVerwG, NJW 1989, 2272; BVerfG, NJW 1989, 3269 (3270); krit. Böckenförde, Zur Lage der Grundrechtsdogmatik nach 40 Jahren Grundgesetz, 1990, 21 mit Fn. 35; C. Gusy, Urteilsanmerkung, JZ 1989, 1003 (1005); Gröschner, DVBl. 1990, 628 f.; K.-U. Meyn, Warnung der Bundesregierung vor Jugendsekten, BVerwG, NJW 1989, 2272 und BVerfG, NJW 1989, 3269, JuS 1990, 630 (633).

81 H. Münkler, Carl Schmitt in der Diskussion, NPL 35 (1990), 289; H. Quaritsch, Positionen und Begriffe Carl Schmitts, 1989, 2. Aufl. 1991; B. Rüthers, Carl Schmitt im Dritten Reich, 1989.

82 Vgl. G. Ress, Staatszwecke im Verfassungsstaat - nach 40 Jahren Grundgesetz, VVDStRL 48 (1990), 56 (61 ff., 68, 71 ff., 78 f., u. ö.); J. Isensee, Staat und Verfassung, in: ders./P. Kirchhof (Hrsg.), HdbStR, Band 1, 1987, § 13 Rn. 20 ff., 144, 174 u. ö.; s. a. K. Stern, Das Grundgesetz im fünften Jahrzehnt seiner Geltung, NWVBL 1990, 1 (2); krit. H. Schulze-Fielitz, Staatsaufgabenentwicklung und Verfassung, in: Grimm (Hrsg.), Staatsaufgaben (Fn. 2), 11 (14 f.).

83 Vgl. H. Schulze-Fielitz, Staatszwecke im Verfassungsstaat - nach 40 Jahren Grundgesetz, Staatswissenschaften und Staatspraxis 1 (1990), 223 (230 f.).

84 Dazu näher V. Götz, Die Entwicklung des allgemeinen Polizei- und Ordnungsrechts (1987 - 1989), NVwZ 1990, 725; E. Denninger, Verfassungsrechtliche Grenzen polizeilicher Datenverarbeitung, insbesondere durch das Bundeskriminalamt, in: ders., Leviathan (Fn. 1), 441; vgl. auch A. Blankenagel, Verlängerung des polizeilichen Unterbindungsgewahrsams in Bayern, DÖV 1989, 689.

85 BVerwG NJW 1990, 2765.

Diese Rechtsprechung ist nur Teil einer neuerdings wohl verstärkten Tendenz, in der jahrzehntelangen Diskussion um Ermessen, unbestimmte Rechtsbegriffe und Beurteilungsspielräume der Verwaltung wieder mehr einer Autonomie der Verwaltung zu vertrauen.[87]

Wenn sich in diesen Tendenzen ein - wie begrenzt auch immer - verallgemeinerbarer einheitlicher staatstheoretischer Haupttrend spiegelt, dann ist ein solcher jedenfalls alles andere als ein "Abschied vom Staat", sondern er spiegelt das genaue Gegenteil. Die überlegene rechtliche Hoheitsmacht des Staates, der überlegene Informationsstand und Sachverstand der Verwaltung, die überlegenen allkompetenten Befugnisse des Staates werden angesichts der neuen Herausforderungen durch eine wachsend risikoreichere Zukunft aktiviert.

b) Theorien zur Krise des Rechts

Auf der anderen Seite lassen sich auch solche Positionen objektiv als Reaktion auf die skizzierten Erscheinungsformen einer Abkehr von "Staatlichkeit" interpretieren, die die Grenzen der normativen Kraft des öffentlichen Rechts unter den gewandelten gesellschaftlichen Rahmenbedingungen deutlich akzentuieren. Die Geltungskraft von Recht wird immer stärker problematisiert.[88] Auch diese Diskussion hat höchst unterschiedliche Erscheinungsformen.

(aa) So wird einerseits etwa auf grundrechtstheoretischer Ebene wieder stärker die Gefahr hervorgehoben, daß durch eine (zu) starke Betonung der objektiv-rechtlichen Dimensionen der Grundrechte vor allem auch in der Rechtsprechung des BVerfG ein "verfassungsgerichtlicher Jurisdiktionsstaat" drohe, der den politisch-demokratischen Prozeß auf die Rolle der verfassungskonkretisierenden Verordnungsgebung beschränkt.[89] Damit werden die alten Zweifel[90] vertieft und revitalisiert, ob das Verfassungsrecht und das Verfassungsgericht im Geltungsumfang der verfassungsgerichtli-

---

86 Dazu BVerwGE 72, 300 (316 f., 320 f.); OVG NW, DVBl. 1988, 152 (153); OVG Lüneburg, NVwZ 1985, 357 (357 f.); krit. zuletzt J. Ipsen, Die Bewältigung der wissenschaftlichen und technischen Entwicklungen durch das Verwaltungsrecht, VVDStRL 48 (1990), 177 (191 f.) m. Nw.; zu den Folgeproblemen R. Wahl, Risikobewertung der Exekutive und richterliche Kontrollwirkung - Auswirkungen auf das Verwaltungs- und das gerichtliche Verfahren, NVwZ 1991, 409.

87 C. Degenhart, Die Bewältigung der wissenschaftlichen und technischen Entwicklungen durch das Verwaltungsrecht, NJW 1989, 2435 (2441); symptomatisch H. Sendler, Skeptisches zum unbestimmten Rechtsbegriff, in: W. Blümel u. a. (Hrsg.), Verwaltung im Rechtsstaat, 1987, 337 (347 ff.); vgl. ferner G. Püttner und F. O. Kopp, Handlungsspielräume der Verwaltung und Kontrolldichte gerichtlichen Rechtsschutzes, in: Götz u. a. (Hrsg.), Verwaltung (Fn. 79), 131 bzw. 146.

88 Vgl. schon R. Voigt (Hrsg.), Abschied vom Recht?, 1983; ders. (Hrsg.), Gegentendenzen (Fn. 5), pass.

89 E.-W. Böckenförde, Grundrechte als Grundsatznormen, Der Staat 29 (1990), 1 (24 ff., 27 ff.), auch in: ders., Zur Lage (Fn. 80), 60 ff., 66 ff.

90 Grdl. E. Forsthoff, Die Umbildung des Verfassungsgesetzes, Festschrift für Carl Schmitt, 1959, 2. Aufl. 1989, 35 ff.

chen Präjudizien nicht überfordert werden, wenn sie (statt des politischen Gesetzgebers) allseitig dirigierend auch "die Ausmittlung der einzelnen Rechtspositionen" leisten sollen.[91] Dahinter steht das Bestreben, die Verantwortung der Politik zu Lasten von Justiz und Bürokratie zu erhöhen, ohne daß als Alternative mehr als die bloße Hoffnung auf die Klugheit des politischen Prozesses, praktisch also der politischen Parteien, erkennbar würde. Diese Position verbindet auf spezifische Weise die Zweifel an der Reichweite der Geltungskraft der Grundrechte mit dem Bestreben einer Stärkung der politischen Instanzen des Staates.

Eine ähnliche Lesart argumentiert nicht nur grundrechtstheoretisch, sondern umfassender verfassungsstrukturell: Verfassungsrecht entfalte seine spezifische Rationalität bei Erfüllung der formalen Aufgaben, die Aktivitäten des Staates zu begrenzen; es verliere seine Regelungskraft tendenziell mit der Zunahme von inhaltlichen Staatsaufgaben wie die einer aktiven und umfassenden Sozialgestaltung oder der Prävention von Sicherheitsrisiken, die dem Wohlfahrtsstaat u.a. aufgrund von Marktversagen zuwüchsen; diesen Aufgaben entsprächen die klassischen staatlichen Handlungsformen von Befehl und Zwang nicht mehr.[92] Die neuen Handlungsformen gründen demnach in einem Funktionswandel des Staates, der seinerseits den Regelungsgegenstand und Regelungszweck des Verfassungsrechts aushöhlt.[93] Grundrechtsdogmatisch gewendet: Die individuelle, an der bipolaren Zweierbeziehung Staat/Bürger orientierte, punktuell und retrospektiv auf einen aktuellen Moment bezogene Rechtsbeziehung, die im Mittelpunkt des formalen Rechtsstaates steht, wird abgelöst durch mehrpolige, kollektiv relevante, flächendeckende, nach zukunftsgerichteter Abwägung von vielfältigen Interessen und Rechtsgütern verlangende und revisible Verhältnisse.[94] Der Ruf nach einer Rückbesinnung auf die sei es politisch, sei es rechtlich überlegene Hoheitsmacht des Staates erscheint demzufolge eher anachronistisch. Er kann nur vergeblich sein, weil er die gesellschaftlich-strukturellen Grundlagen des Wirksamkeitsschwunds von Staat, Verfassung und Recht allenfalls "ideologisch", nicht wirklich effektiv beeinflussen kann. Insbesondere verliert das Verfassungsrecht die Kraft zur Kontrolle gerade jener Herrschaftsorganisationen, die bei einem Rückzug verfassungsgerichtlicher Kontrolle zugunsten des politischen Prozesses die allein maßgebenden Entscheidungsträger sind: die großen politischen Parteien.[95]

---

91 Böckenförde, Der Staat 29 (1990), 31. - Es fehlt an empirischen Analysen, ob und in welchem Ausmaß das BVerfG dem *Gesetzgeber* unter Hinweis auf die objektiv-rechtliche Funktion der Grundrechte definitiv und nachhaltig Schranken gesetzt hat.

92 D. Grimm, Die Zukunft der Verfassung, Staatswissenschaften und Staatspraxis 1990, 5 (10, 12 ff., 17 ff.); ders., Der Wandel der Staatsaufgaben und die Krise des Rechtsstaates, in: ders. (Hrsg.), Staatsaufgaben (Fn. 2), 291 (296 ff.).

93 Grimm, Zukunft (Fn. 92), 24 ff.

94 Ausf. F. Hufen, Die Grundrechte und der Vorbehalt des Gesetzes, in: Grimm (Hrsg.), Staatsaufgaben (Fn. 2), 273 (276 ff.); Grimm, Wandel (Fn. 92), 299 f.

95 Vgl. Grimm, Zukunft (Fn. 92), 24 f.; ders., Politische Parteien, in: E. Benda u. a. (Hrsg.), Handbuch des Verfassungsrechts, 1983, 317 (370).

(bb) Ähnliche Zweifel an der Geltungskraft des Rechts werden auf der Ebene des öffentlich-rechtlichen Gesetzesrechts noch häufiger geäußert. In der Tendenz des kooperativen Staates zu informalem Handeln wird eine Schwächung der Bedeutung des Gesetzesrechts gesehen;[96] allgemeiner geht es um die "Steuerungsschwächen" oder "Grenzen des Rechts" oder speziell um die "Krise des Rechts der Technik"[97] und alternative Konzepte der Steuerung, die sich in aller Regel aber als modifizierte oder modernisierte Erscheinungsformen von Recht erweisen, nicht aber als wirkliche Alternativen:[98] Recht als rationales Steuerungs- oder Herrschaftsmedium des Staates ist einerseits unverzichtbar, andererseits nicht unbegrenzt verwendbar. Soweit darüberhinaus neue oder gewandelte Funktionen "des" Staates diskutiert werden,[99] korrelieren solche nicht den hier allein interessierenden rechtlichen Handlungsformen.

Im Bewußtsein einer Krise oder einer Schwäche des Rechts geht es insoweit darum, in Anerkennung der begrenzten ««normativen Kraft des Mediums Recht im Verfassungsstaat dieses zu reformieren[100] bzw. nach ergänzenden, auch nichtrechtlichen Alternativen einer teil- oder gesamtgesellschaftlichen Steuerungsmöglichkeit zu suchen.[101] Zentrale Voraussetzung dieser Sichtweise ist es, den Staat und sein Handeln nicht von vornherein nur durch die Brille der herkömmlichen juristisch-dogmatischen Kategorien zu betrachten, sondern zunächst einmal ohne normative Wertung die empirisch feststellbaren Entwicklungstendenzen wahrzunehmen und die zugrundeliegenden Wirkungsfaktoren zu erklären und zu deuten.

---

96 Ritter, Steuerungsmedium (Fn. 2), 82 ff., 101.

97 Zsfssd. R. Pitschas, Die Bewältigung der wissenschaftlichen und technischen Entwicklungen durch das Verwaltungsrecht, DÖV 1989, 785 (787 ff.).

98 Ausf. G. F. Schuppert, Grenzen und Alternativen von Steuerung durch Recht, in: Grimm (Hrsg.), Staatsaufgaben (Fn. 2), 217 (228 ff.); vgl. auch H. Schulze-Fielitz, Grenzen rationaler Gesetzesgestaltung, insbesondere im Leistungsrecht, DÖV 1988, 758.

99 Ritter, Steuerungsmedium (Fn. 2), 105; Hesse, Staatliches Handeln (Fn. 72), 168 ff.

100 Allg. W. Hoffmann-Riem, Reform des allgemeinen Verwaltungsrechts als Aufgabe - Ansätze am Beispiel des Umweltschutzes, AÖR 115(1990), 400 (416 ff.); speziell zum Atomrecht R. Steinberg, Rechtliche Perspektiven der energiewirtschaftlichen Nutzung der Kernenergie, JZ 1991, 431 (435 f.).

101 Z.B. T. Würtenberger, Akzeptanz durch Verwaltungsverfahren, NJW 1991, 257 (261 ff.); W. Hoffmann-Riem/E. Schmidt-Aßmann (Hrsg.), Konfliktbewältigung (Fn. 30 und 32); B. Holznagel, Konfliktlösung durch Verhandlungen, 1990; W. Hoffmann-Riem, Konfliktmittler in Verwaltungsverhandlungen, 1989; G. F. Schuppert, Selbstverwaltung, Selbststeuerung, Selbstorganisation - Zur Begrifflichkeit einer Wiederbelebung des Subsidiaritätsgedankens, AÖR 114 (1989), 127.

IV. Würdigung und Ausblick: Vom Strukturwandel des Staates

1. Die neue Unübersichtlichkeit

Die skizzierten Entwicklungstendenzen in Staatspraxis und Verfassungstheorie lassen sich nicht auf eine einheitliche Entwicklungsrichtung trimmen. Es handelt sich um widersprüchliche und heterogene Erscheinungsformen, die auch für die Einschätzung des Staates und die öffentlich-rechtliche Theoriebildung über sein Handeln die Formel von der "neuen Unübersichtlichkeit" (Jürgen Habermas) treffend erscheinen lassen.

a) Unterschiedliche Aufgabenfelder

Zunächst ist zwischen den verschiedenen Aufgabenfeldern staatlichen Handelns deutlicher zu differenzieren. So liegt ein Schwerpunkt solcher Entwicklungen, die oben unter der Chiffre Re-Etatisierungsprozesse zusammengefaßt wurden, im Bereich des traditionellen Rechts der polizeilichen Sicherheit und Ordnung, also dem engeren Bereich der "klassischen" Staatsaufgabe Gefahrenabwehr. Hier lassen sich die Gründe für die Zweifel an der Bindungsfähigkeit des Rechts leicht übersehen.[102] Hier nehmen aber auch die präventiven Aufgaben[103] und mit ihnen die Handlungsmöglichkeiten der Sicherheitsbehörden zu, von neuen Fahndungstechniken wie der "Rasterfahndung" bis hin zur präventiven Verwahrung von Personen. Das Wachstum polizeilicher Handlungsmöglichkeiten korreliert den gewachsenen Möglichkeiten von Straftätern in einer offenen Gesellschaft; die anfängliche Überforderung der Polizei in den neuen Bundesländern angesichts der neuen, "westlichen" Formen der Kriminalität spiegelt diesen Zusammenhang.

Demgegenüber dominieren die neuen Handlungsformen und staatlichen Steuerungstechniken, die sich als Abkehr von traditioneller Staatlichkeit interpretieren lassen, vor allem im Umwelt- und Technikrecht, allgemeiner in jenen Feldern sozialstaatlichen Handelns, die als Folgen der Herausforderung durch die technisch-industrielle Entwicklung für die Umwelt und die Gesellschaft dem Staat über Gefahrenabwehr i.e.S. hinaus zunehmend zugewachsen sind. Dort geht es um Staatsaufgaben, die von vornherein nur von Staat/Verwaltung und Gesellschaft/Wirtschaft gemeinsam effektiv gelöst werden können und sich deshalb gegen einseitig-hoheitliches Staatshandeln nach dem Muster von Befehl und Gehorsam sperren. "Abschied vom Staat" formuliert offenbar nur eine sehr selektive Erkenntnis.[104]

---

102 Grimm, Wandel (Fn. 92), 296.

103 Vgl. allg. nur D. Grimm, Verfassungsrechtliche Anmerkungen zum Thema Prävention, KritV 1986, 38.

104 Schulze-Fielitz, Staatsaufgabenentwicklung (Fn. 82), 23.

b) Verfassungstheoretische und staatspraktische Ebene

Zu differenzieren ist auch danach, ob es um die Folgen jener Wandlungsprozesse auf einer verfassungstheoretischen, "ideologischen" Ebene oder auf der Ebene der Alltagspraxis der staatlichen Verwaltung geht; die Diskussionen verlaufen durchaus nicht streng parallel. Die Alltagspraxis der Umwelt- und Planungsverwaltung sucht zunächst einmal eigengesetzlich den neuen Anforderungen gerecht zu werden, die an das staatliche Handeln gestellt werden. Ob die Veränderungen insoweit auch von staatstheoretischem Gewicht sind, hängt von ihrer Einordnung durch die Wissenschaft ab; deren Diskussionen können sich ihrem realen Substrat gegenüber durchaus verselbständigt haben und "überschießenden Gehalt" bekommen. Ein solcher scheint mir insbesondere dort verbreitet zu sein, wo sozialwissenschaftliche Theoriebildung den Alltag des öffentlichen Rechts weder wahrnimmt noch erreicht.[105]

Insoweit ist zu berücksichtigen, daß weite Teile der klassischen Agenden der Ordnungs- und Leistungsverwaltung nahezu unverändert in herkömmlicher Tradition agieren. Es ist derzeit empirisch-analytisch nicht entscheidbar, ob die (wohl unstreitig) veränderten Handlungsweisen des Staates gerade auch im Umwelt- und Technikrecht Ausdruck einer ganz neuen Qualität staatlichen Handelns sind, die zumindest tendenziell eine Neueinschätzung "des" Staates und das Urteil eines "Abschieds vom Staat" erlauben. Die Rechtswirklichkeit wird insoweit oft zu abstrakt nach Maßgabe theoretischer Vorgaben (vorurteilshaft), d.h. zu selektiv wahrgenommen. So wird die "Krise regulativer Politik" (Renate Mayntz) umstandslos auf wenige Erscheinungsformen von rechtlichen Normierungsformen bezogen; die Formenvielfalt rechtlicher Steuerung verbietet es aber, ohne nähere Differenzierung pauschal von einer Krise "des" Rechts zu sprechen.[106] Deshalb verlangt eine Dichotomie von Recht durch Gebote/Verbote einerseits, offenen Zielvorgaben andererseits[107] stärkere Differenzierungen der verschiedenen Formen nichtregulativen Rechts.

Zu berücksichtigen ist insbesondere auch das Verhältnis jener neuen Handlungsformen und Staatspraktiken zu den traditionellen gesetzlichen Instrumenten der Gebote/Verbote.[108] Diese Handlungsmöglichkeiten des Staates sind nicht etwa hinfällig, weil wirkungslos geworden, sondern sie finden lediglich eine praktisch stärker begrenzte Anwendung. Sie bleiben gesetzlich normiert und stehen somit als Instrumente mit ultima-ratio-Charakter im Einzelfall im Hintergrund des sonstigen Staatshandelns: Die neuen Handlungsformen gedeihen (nur) "im Schatten des Rechts"; ohne jene erzwingbaren Rechtsinstrumente traditioneller Art wäre die neue Staatspraxis sehr wahr-

105 In diesem Sinne krit. Schuppert, Grenzen (Fn. 98), 223 ff. u. ö.

106 Dazu Schuppert, Grenzen (Fn. 98), 231 ff.

107 In diesem Sinne Lange, VerwArch 82 (1991), 6 ff.

108 Vgl. dazu J. J. Hesse u. a., Staatswissenschaften: Von der Notwendigkeit disziplinübergreifenden Denkens, in: Ellwein/Hesse (Hrsg.), Staatswissenschaften (Fn. 9), 309 (315 f.); Ritter, Steuerungsmedium (Fn. 2), 84.

scheinlich kraftlos;[109] der "kooperative Staat" ist demnach nur ein neues äußeres Kleid für die traditionelle Staatlichkeit. Andererseits ermöglichen informelle Verhandlungen oft überhaupt erst die Anwendung eines Gesetzes;[110] Kooperation ist oft Voraussetzung für einzelfallgerechte Problemlösungen.[111]

c) Die Offenheit des pluralistischen Verfassungsstaats

Bislang wurde vom Staat als vorausgesetzter, feststehender begrifflicher Einheit gesprochen und damit beim Leser auf dessen Vorverständnis von "Staat" implizit Bezug genommen. Die neuere Diskussion der Staatsrechtslehre hat indessen verdeutlicht, daß es jene substantielle Einheit "des" Staates kaum mehr gibt, allenfalls als "Mythos".[112] Staat ist vielmehr die Chiffre für eine Fülle von Verwaltungsträgern und ihren Behörden, die miteinander, nebeneinander, aber auch gegeneinander im Gemeinwesen zur Verwirklichung des gemeinen Wohls beitragen (wollen). Hinter der Einheit des Staates (und der Einheit der Rechtsordnung) verbirgt sich eine heterogene Vielfalt von staatlichen Aufgabenträgern i.S. eines "Netzwerks verselbständigter Verwaltungseinheiten", die den Verfassungsstaat als "pluralistisch" kennzeichnen.[113] Re-Etatisierungsprozesse und Schwächen des Rechts, aber auch die Wandlungen der Verwaltungspraxis bedürfen schon deshalb einer sachbereichsspezifisch differenzierten Diskussion, weil die organisatorischen Erscheinungsformen vom Staat nicht mehr erkenntnisreich allein durch den Umstand charakterisiert werden, daß sie einem öffentlich-rechtlichen Träger der öffentlichen Verwaltung zugerechnet werden können.

d) Die Methodenfrage

Hinter der Bewertung des skizzierten Wandlungsprozesses verbirgt sich auch die Frage nach der richtigen juristischen Erkenntnismethode. Für eine juristische Dogmatik, die primär vom status quo gegebener positiver Rechtsbegriffe und ihrer Auslegung und dogmatischen Systematisierung aus denkt, stellt sich das Problem nach dem "Abschied vom Staat" von vornherein verengt oder zugespitzt auf die Frage nach der Rechtswidrigkeit/Rechtmäßigkeit des neuen Staatshandelns. Soweit es für rechtswidrig gehalten wird, reduziert sich die Problematik auf die Frage der Durchsetzung des als richtig erkannten Rechts; die Probleme werden dann auf eine nichtjuristische Ebene der Politik oder Moral verschoben: Politische Durchsetzungsfähigkeit, Verantwortung der

---

109 D. Murswiek, Freiheit und Freiwilligkeit im Umweltrecht, JZ 1988, 985 (988); ähnlich Schuppert, Grenzen (Fn. 98), 230, 238 ff.

110 R. Voigt, Grenzen rechtlicher Steuerung, in: ders. (Hrsg.), Recht als Instrument der Politik, 1984, 14 (22).

111 Zuletzt Lange, VerwArch 82 (1991), 6.

112 G. F. Schuppert, Die Einheit der Verwaltung als Rechtsproblem, DÖV 1987, 567.

113 Dreier, Hierarchische Verwaltung (Fn. 2), 211 ff.; grdl. G. F. Schuppert, Die Erfüllung öffentlicher Aufgaben durch verselbständigte Verwaltungseinheiten, 1981.

Politiker, Führungsschwäche usw. sind dann Stichworte, die die juristisch a priori richtige Diagnose nur bestätigen, nicht widerlegen können. "Abschied vom Staat" ist dann kein juristisches Problem, sondern nur eines des Verfalls politischer Kultur des verantwortlichen Führungspersonals in Politik und Verwaltung.

Zu einem juristischen Problem wird diese Frage, wenn man sich zunächst auf eine empirische, sozialwissenschaftliche Weise dem Problem nähert. Nicht zufällig sind es *empirische* Studien über das Vollzugsdefizit im Umweltrecht und ihre theoretische Durchdringung durch die "Implementationsforschung" gewesen, die die juristische Diskussion um die neuen Staatsaktivitäten nachhaltig angeregt haben. Empirisch ist es mittlerweile eine gesicherte Erkenntnis, daß die Verwaltung Gesetze oft nur *teilweise* vollziehen kann; daß neben oder im Rahmen der Gesetzesauslegung breite gesetzliche Spielräume bestehen und unterschiedlich genutzt werden können, ohne daß die Auslegung rechtswidrig wäre; daß mithin die Umsetzung eines Gesetzesbefehls von der parlamentarischen Verabschiedung bis zum letztgebundenen Bürger-Adressaten an zahlreichen Stationen des Umsetzungsprozesses "verfälscht" werden kann.[114] Dieser Prozeß läßt sich nicht mit dem "binären Code" rechtswidrig/rechtmäßig, sondern nur differenzierter beurteilen.

Die juristischen Folgerungen sind aber auch dann keineswegs zwingend. Man kann einerseits in Kenntnis jener Grenzen der normativen Kraft von Gesetzen eine komplementäre Ethik verlangen, um die strukturellen, d.h. unvermeidlichen Defizite juristisch-methodischen Denkens zu kompensieren; die Funktion der "h.M." in der Rechtswissenschaft hat eben diese objektive Funktion schon seit langem übernommen.[115] - Die andere Möglichkeit besteht darin, nach den sachbereichsspezifischen Gründen der Grenzen der normativen Kraft der Gesetze oder des Rechts zu fragen. Deren Rückwirkung auf das Recht und die Verknüpfungen bei dessen Anwendung mit funktionalen Äquivalenten in Form von nichtrechtlichen Steuerungsmöglichkeiten verbinden i.e.S. juristische und wirklichkeitswissenschaftliche Fragestellungen; hier auch beginnt der Übergang zur wissenschaftlichen Rechtspolitik fließend zu werden. In jedem Falle verlangt dieses Vorgehen eine Rechtswissenschaft, die auch die sozialen Gesetzmäßigkeiten ihres Regelungsbereichs in ihr Wissenschaftsprogramm aufnimmt; zur Frage der Notwendigkeit einer sozialwissenschaftlich informierten Jurisprudenz ist das letzte Wort noch keineswegs gesprochen.

2. Der "Abschied vom Staat" als Entwicklungsprozeß

Unbestreitbar befindet sich der Staat im Wandel; unbestreitbar stößt er an Grenzen seiner Möglichkeiten. Das Modell des souveränen Staates ist einer formalen

114 S. nur R. Mayntz, Berücksichtigung von Implementationsproblemen bei der Gesetzesentwicklung, in: D. Grimm/W. Maihofer (Hrsg.), Gesetzgebungstheorie und Rechtspolitik, 1988, 130 ff.

115 Vgl. R. Zimmermann, Die Relevanz einer herrschenden Meinung für Anwendung, Fortbildung und wissenschaftliche Erforschung des Rechts, 1983.

Zweck-Mittel-Rationalität verhaftet, die unter den Bedingungen heutiger Staatlichkeit auf immanente Schranken trifft. Schon der objektive Zwang zur Staatsentlastung etwa durch Privatisierung, Deregulierung oder Delegation führt zu Prozessen, die man als (partiellen) "Abschied vom Staat" interpretieren kann. Diese Entwicklung ist aber nicht einlinig, sondern sie wird ergänzt um zusätzliche, neue Aufgaben für den Staat, die ihm - ebenfalls weithin unbestritten - neu zuwachsen, neuestens etwa die Kontrolle der Gen-Technik. Alle diese Prozesse werden überformt und kompliziert durch Kompetenzverluste des Nationalstaats zugunsten der europäischen Institutionen oder von internationalen Organisationen, die das Problem der pluralistischen Vielfalt in der (über-) staatlichen Einheit ganz neu stellen. Der strukturelle Funktions- und Formenwandel der Staatlichkeit wird ein dauerhafter Prozeß bleiben, der weder mit einem Absterben des Staates zu verwechseln ist noch durch Beschwörung eines starken Staates zu bewältigen ist.[116] Der Abschied von der je historisch gewachsenen konkreten Staatlichkeit ist im Verfassungsstaat als einem Entwicklungsprozeß eine alltäglich immer wieder neu gestellte Aufgabe.[117]

116 Hesse, Staatliches Handeln (Fn. 72), 171.

117 Abgeschlossen im Mai 1991.

Der Staat als politisches System - Überlegungen zu einem (möglichen) Testfall für die Systemtheorie

Heinrich Bußhoff

1. Vorbemerkung

Systemtheoretische Betrachtungsweisen sind in den Sozialwissenschaften seit geraumer Zeit üblich, wenngleich immer noch umstritten. Auch unter den Befürwortern der Systemtheorie herrscht keineswegs Klarheit über ihren Status und ihre Leistungsfähigkeit. Insofern ist es auch nicht verwunderlich, daß es eine Vielzahl von systemtheoretischen Ansätzen gibt.

Für alle systemtheoretischen Ansätze ist das Problem der Grenzziehung entscheidend. Das gilt in besonderer Weise, wenn - wie z.B. ausdrücklich von Luhmann gefordert[1] - für die Grenzziehung eine "Realitätsgarantie" möglich sein muß. Mit den verschiedenen Antworten auf die Frage nach der Grenzziehung - auch unter der Überschrift "Ausdifferenzierung" thematisiert - werden unterschiedliche systemtheoretische Ansätze begründet.

Mit dem Paradigmawechsel in der Systemtheorie, d.h. der Überführung der System/Umwelttheorie in die Theorie selbstreferentieller Systeme, wird das Problem der Grenzziehung weiter verschärft. Jedoch wird dafür trotz gegenteiliger Behauptung nicht nur keine Lösung angeboten, sondern es werden weitere Hindernisse aufgebaut. Insofern begründet der Paradigmawechsel die Notwendigkeit, nach anderen Lösungen Ausschau zu halten. Dabei geht es nicht nur - wie etwa Pokol[2] meint - um einen neuen Systemtyp, sondern zunächst und vorrangig um andere - wie auch immer dieses "andere" aussehen mag - Grundlagen einer sozialwissenschaftlichen Systemtheorie.

Beabsichtigt ist - mehr kann im Rahmen dieses Beitrages auch nicht erwartet werden -, einige Überlegungen anzustellen, um bestenfalls Hinweise dafür zu bekommen, wie solche Grundlagen beschaffen sein sollten. Geeignete Anstöße dazu sind zu erwarten - das ist die Vermutung -, wenn man versucht, den Staat als ein "politisches System" aufzufassen. Diese Vermutung gründet auf der Annahme, daß eine systemtheoretische Betrachtungsweise des Staates nicht nur zur Überprüfung des herkömmlichen Staatsverständnisses[3], sondern auch zur Überprüfung der Grundlagen der Systemtheorie zwingt, und daß dadurch eine weiterführende staatstheoretische Diskussion eingeleitet werden könnte.

1 Vgl. z.B. Luhmann 1970: 155 und 1984: 604.

2 Pokol 1990.

3 Als Beispiel für eine solche Betrachtungsweise siehe Willke 1983.

2. Zur Begrifflichkeit

Den Staat als "politisches System" zu kennzeichnen, ist ebenso üblich geworden wie die Verwendung des Systemsbegriffs in den Sozialwissenschaften. Die besondere Problematik dieser Begriffsverwendung wird schlagartig deutlich, wenn damit nicht nur eine grundlegend andere Position zur herkömmlichen Staatslehre aufgezeigt, sondern auch und insbesondere die herkömmliche Auffassung einer Trennung von Staat und Gesellschaft überwunden werden soll. Indem die Verwendung dieses Begriffs gerade zur Überwindung dieser Trennung dienen soll, kann er nicht mehr - so könnte man folgern - für den Staat in Anspruch genommen werden. Insofern wäre - so könnte man weiter folgern - die Themenstellung dieses Beitrages widersinnig; ganz zu schweigen davon, daß der Staat zudem als ein soziales System aufgefaßt wird.

Das "Geflecht von politisch-staatlicher Begrifflichkeit" lasse sich auflösen, wenn man - und das ist die These der Systemtheorie nach dem Paradigmawechsel - die Theorie selbstreferentieller Systeme zugrundelege. Zwar kann danach Staat noch gedacht und thematisiert werden, aber der Bezug auf den Staat erfolgt auf einer grundsätzlich anderen Ebene als der Bezug auf das Funktionssystem für Politik als eines ausdifferenzierten Teilsystems der Gesellschaft. Demzufolge kann der Staat auch nicht als eine ausdifferenzierte Teilfunktion des Funktionssystems der Politik begriffen werden; er kann überhaupt nicht als ein soziales System aufgefaßt werden.

Andererseits verzichtet diese Theorie selbstreferentieller Systeme nicht auf den Begriff des Staates. Dies ist befremdlich, wenn man berücksichtigt, was alles von seiten dieser Theorie gegen die "alteuropäische Tradition" der Staatsauffassung vorgebracht wird. Daß dennoch der Begriff des Staates Verwendung findet, ist ein Indiz für Unsicherheit. Zwar ist es für diese Theorie zwingend, den sozialen Systemen die Fähigkeit zur Selbstbeschreibung, zur Entwicklung einer Semantik, zuzuschreiben, aber daß dafür der Begriff des Staates herangezogen, der Staat als die "Formel für die Selbstbeschreibung des politischen Systems der Gesellschaft" aufgefaßt wird[4], mutet fast wie ein Trick an, um den Begriff des Staates irgendwie für diese Theorie zu retten. Konsequent wäre die endgültige Verabschiedung dieses Begriffs. Damit das Funktionssystem der Politik seine Einheit durch Selbstbeschreibung sichern kann, um so als Bezugspunkt für das selbstreferentielle Prozessieren zur Verfügung zu stehen, ist es nicht auf den Begriff des Staates angewiesen, sondern konsequenterweise wäre eine "politische Theorie des politischen Systems *im* politischen System" zu postulieren. Die jeweiligen Anpassungen der "Theorie" an die spezifischen Funktionsbedingungen in ihren jeweils historischen Ausprägungen kann man - worauf hier nicht eingegangen werden kann - als politische Semantik bezeichnen. Festzuhalten ist, daß zwischen "Theorie" und "Semantik" ein Wechselwirkungsverhältnis besteht.

Welche Unsicherheit und Unklarheit über Funktion und Status des Staatsbegriffs diese Theorie selbstreferentieller Systeme akzeptiert, um den Staatsbegriff in ihr Theo-

---

4 Luhmann 1987: 78.

rieprogramm einzubauen, mag folgende Formulierung - die wegen ihrer charakteristischen Merkmale umfassend zitiert wird - belegen: "Das hier ausgearbeitete systemtheoretische Konzept ermöglicht zunächst eine Reformulierung des Problems mit Hilfe der Unterscheidung des Systems und seiner Selbstbeschreibung. Man verschiebt damit die erfolglos diskutierten Begriffsfragen in die Realität und kann dann sagen: der Staat ist die Selbstbeschreibung des politischen Systems. Er ist ein semantisches Artefakt, mit dem es möglich ist, die Selbstreferenz des politischen Systems zu konzentrieren, sie von der Beurteilung konkreter Machtlagen unabhängig zu machen und sie, ähnlich wie im Falle von Geld, zur mitlaufenden Sinnverweisung aller Operationen zu machen, die Anspruch darauf erheben, als Elemente des politischen Systems zu fungieren. Hierzu ist wichtig, daß der Staat als rechtsfähig, als juristische Zurechnungseinheit konstituiert wird, so daß hoheitlich und fiskalische Maßnahmen den Kernbestand aller politischen Operationen ausmachen; daß aber andererseits eine Politik möglich bleibt, die sich juristisch "von außen", aber politisch im politischen System, um staatliche Aktivitäten oder ihre Verhinderung bemüht. In jedem Falle ermöglicht die Orientierung am Staat jene Geschlossenheit der Selbstreferenz, die im Wirtschaftssystem schon durch das Medium Geld gesichert ist, und koppelt sie zugleich an Entscheidungsanliegen, Interessen- und Strukturveränderungen in der Umwelt des politischen Systems"[5].

Ohne auf dieses Zitat näher einzugehen - was nach meiner Auffassung auch nicht nötig ist, es spricht für sich selbst -, wird der zitierten Auffassung die These entgegengestellt: Unter der Voraussetzung, daß Staat überhaupt empirisch faßbar ist, auch dann, wenn unterstellt ist, die Realität eines sozialen Systems sei nur durch Kommunikation garantiert[6], muß der Staat als Teilfunktion des politischen Systems begriffen werden. Von dieser Annahme ausgehend, wird im folgenden versucht, umrißhaft aufzuzeigen, warum das Staatsverständnis ein Testfall für die Systemtheorie sein kann. Daß dabei viele Fragen nicht diskutiert werden können und viele nicht einmal erwähnt werden, muß in Kauf genommen werden.

3. Ausdifferenzierung als Co-Ausdifferenzierung der Politik - Thesen und Erläuterungen -

Ausgangspunkt unserer weiteren Überlegungen ist die - keineswegs originelle - These, die in drei Teile zerfällt:

a) Die Ausdifferenzierung jedes Teilsystems der Gesellschaft ist als eine Co-Ausdifferenzierung, und jede dieser Ausdifferenzierungen ist in bezug auf die Ausdifferenzierung des Systems der Politik der Gesellschaft zu begreifen.

5 Luhmann 1984: 627.
6 Luhmann 1984: 604.

b) Die Ausdifferenzierung eines gesellschaftlichen Teilsystems der Politik ist in bezug auf eine Ausdifferenzierung der Funktion "Staat" als Teilsystem des gesellschaftlichen Teilsystems der Politik zu begreifen.

c) Bei den Bemühungen zur Beantwortung der Frage nach der Grenzziehung muß die Funktionsbedienung einbezogen werden.

Ziel der Überlegungen zu dieser These ist zu zeigen, daß Status und Leistungsfähigkeit einer sozialwissenschaftlichen Systemtheorie daran zu messen sind, ob und wie sie von ihren Grundlagen her notwendigerweise den Staat als ein politisches System, als Teilfunktion der Politik der Gesellschaft, aufzufassen hat. Von diesen Überlegungen wird die Folgerung - um das Ergebnis vorwegzunehmen - abgeleitet, daß sowohl dem System der Politik der Gesellschaft als auch dem Staat als seiner Teilfunktion im Vergleich zu anderen gesellschaftlichen Teilsystemen und deren Teilfunktionen ein Sonderstatus zukommt und daß dieser Sonderstatus durch die Bedienung der Funktionen in besonderer Weise ausgewiesen werden muß. Absicht dabei ist auch, in Parallele zu den vertragstheoretischen Ansätzen Überlegungen zu möglichen systemtheoretischen Grundlagen anzustellen, um der "Erklärung von unten" eine "Erklärung von oben" entgegenstellen zu können. Daß schließlich nur in einer komplementären Betrachtungsweise die "richtige" Grundlage zu finden sein wird, sei hier nur erwähnt.

Entstehen, Entwicklung und Zerfall funktional ausdifferenzierter Gesellschaften sind trotz vielfacher gegenteiliger Behauptungen keineswegs geklärt. Wird zugrundegelegt, daß funktionale Ausdifferenzierung immer eine Spezialisierung von Kommunikation auf eine Funktion bedeutet und daß in der *kommunikativen Bedienung der Funktion die Realitätsgarantie* für die jeweilige Ausdifferenzierung zu sehen ist, also die Ausdifferenzierung dadurch faßbar - auch empirisch faßbar - wird, sind die in der vorhin formulierten These zusammengefaßten Annahmen jedenfalls nicht ausgeschlossen. Entscheidend wird sein die Frage nach den Anfangsbedingungen einer solchen Ausdifferenzierung.

Co-Ausdifferenzierung meint nicht "das Erfordernis von (mindestens) zwei Komplexen mit divergenten Perspektiven zur Konstitution dessen, was im System als Einheit (Element) fungiert"[7]. Dieses Erfordernis ist ein logisch-analytisches Erfordernis, ohne dessen Anerkennung jede Ausdifferenzierungsdiskussion widersinnig wäre. Co-Ausdifferenzierung meint, jede Ausdifferenzierung eines gesellschaftlichen Teilsystems erfolgt in einem Wechselwirkungsverhältnis entweder mit einer gleichzeitig ablaufenden Ausdifferenzierung des Systems der Politik oder, sofern eine solche Ausdifferenzierung schon erfolgt ist, mit einer gesamtgesellschaftlich bedeutsamen Funktionsveränderung des politischen Systems und damit Veränderung seiner Grenze gegenüber der gesellschaftlichen Umwelt.

---

7 Luhmann 1984: 65.

Ausgangspunkt der Überlegungen zur gesellschaftlichen Ausdifferenzierung muß entgegen der üblichen Betrachtungsweise die Gesamtgesellschaft sein, und zwar die Gesamtgesellschaft als *"politische Gesellschaft"*. Gesamtgesellschaft als "politische Gesellschaft" heißt, daß *jedes* Thema, über das in der Gesellschaft kommuniziert wird, *ausschließlich* nach *einem* und insofern *universellem* Dual prozessiert wird, was notwendigerweise funktional und strukturell gesamtgesellschaftlich bedeutsam ist, nämlich Verändern/Bestätigen. Dabei geht es immer um die "Ordnung", die die Einheit der Gesellschaft als "politische Gesellschaft" ermöglicht und sichert und dabei auch immer um die grundsätzliche Thematisierung der Differenz von Ordnung und Störung. Aber diese Thematisierung erfolgt immer nur in der Weise, als dadurch keine Veränderungen der Ordnung im Sinne der Herausbildung und Etablierung einer neuen "Ordnung" in Gang kommen kann, sondern nur das Bestätigen der bestehenden Ordnung ermöglicht wird. Die Einführung der Differenz von Ordnung und Störung in die Gesellschaft als Ausgangspunkt für gesellschaftliche Veränderungen in Richtung auf Ausdifferenzierung gelingt also nicht, kann auch nicht gelingen, weil es keine *gesellschaftliche* Umwelt gibt, in der Störungen stattfinden könnten. Eine Funktionsausdifferenzierung findet also nicht statt, so daß auch das Erfordernis einer Qualifizierung und Professionalisierung zur Bedienung von Funktionen nicht entstehen kann. Das impliziert, daß es jedenfalls für politische Aktivitäten kein Qualifikationserfordernis gibt. Jeder ist fraglos in gleicher Weise für jedes gesellschaftliche Thema kompetent und qualifiziert.

Diese "Ordnung" einer "politischen Gesellschaft" kann man als eine "Nicht-Ordnung" bezeichnen. Sie kann aber keine Unordnung sein, weil sie ihre eigene "Ordnung" nicht bzw. noch nicht kennt und daher nicht reflektieren kann, also auch nicht erkennen kann, was Ordnung und somit Unordnung (und umgekehrt) sein kann. Man kann auch sagen, es handle sich um eine "Ordnung", die sich in keiner Weise selbst zur Disposition stellen kann, weil sie keine Selbstreferenz ausgebildet hat bzw. ausbilden konnte. Dennoch ist Selbstorganisation prinzipiell als möglich anzunehmen, aber dafür hat das System keinerlei Entscheidungsgrundlage bzw. keine Entscheidungskriterien und insbesondere auch keine für Selbstorganisation notwendige "Motivation zum Selbstaufbau", die nach *Eigen* schon biotische und insofern selbstorganisierende Systeme mitbringen müssen[8]. Diese Selbstorganisation müßte nicht nur durch puren Zufall in Gang gesetzt, sondern auch durch puren Zufall in Gang gehalten werden.

Eine durch die vorstehend aufgeführten Merkmale charakterisierte Gesellschaft überhaupt als "Gesellschaft" und zudem als "politische Gesellschaft" zu bezeichnen, mag verwundern. Dennoch bleibt festzuhalten, diese Gesellschaft ist Gesellschaft, sofern sie politische Gesellschaft ist - und umgekehrt. Sie ist eine "politische Gesellschaft", sofern in ihr zu jeder Entscheidung prinzipiell eine andere möglich ist, und sei es nur - wie in unserer Konstruktion -, daß jeweils nur das strikte Gegenteil davon (also nur ein Nein, das durch den Inhalt dessen, wozu das Nein gehört, genau festgelegt ist -

---

8 Eigen 1987: 102.

vgl. dazu die Bemerkung zu "Ordnung" und "Nicht-Ordnung") möglich ist. Vorausgesetzt ist, daß ausschließlich nach dem Dual Verändern/Bestätigen prozessiert wird, und daß es sich bei den Themen, die zur Entscheidung anstehen, immer um solche handelt, die vorhin in bezug auf "Ordnung" erwähnt wurden. Weil Selbstorganisation ohne Selbstreferenz möglich ist, kann eine "Ursprungsgesellschaft" als "politische Gesellschaft" gedacht werden. Und diese "Ursprungsgesellschaft" ist, wenngleich in ihr Kommunikation möglich und notwendig ist, keine funktional ausdifferenzierte, kann es auch nicht sein. Ihr fehlt notwendigerweise eine gesellschaftliche Umwelt. Dennoch kennt sie eine Umwelt, nämlich die der Entscheider, ohne die keine Kommunikation zustandekommt und von denen jeder für jedes Thema gleich kompetent und qualifiziert ist und auch bindend (immer nur für sich) entscheiden kann. Eine so "organisierte" Gesellschaft kann - was hier unterbleibt - durch das strikte Gegenteil der vorhin erwähnten Merkmale charakterisiert sein bzw. werden (bereits angedeutet durch die Bemerkung über "Ordnung/Nicht-Ordnung"). Auch eine Umkehrung in der Positivierung des Duals der "Ursprungsgesellschaft" könnte nur ein Bestätigen sein. Die beiden grundlegenden Organisationsprinzipien dieser "Selbstorganisation ohne Selbstreferenz" sind - um einen überspitzten Hinweis zu geben - absoluter Zwang einerseits und absolute Freiheit andererseits. Es handelt sich also um eine "Ursprungsgesellschaft", die logisch unmöglich ist.

4. Co-Ausdifferenzierung - Entparadoxierung - Entpolitisierung

Dennoch ist gerade diese Unmöglichkeit Ausgangspunkt für weiterführende Überlegungen. Das bedeutet zunächst, daß es in einer (historischen) Gesellschaft kein Monopol für Politik bzw. für politische Entscheidungen geben kann. Das bedeutet weiter, daß jede Gesellschaft als Gesellschaft notwendigerweise eine politische Gesellschaft und als solche, d.h. in Rücksicht auf ihre Kommunikationsfähigkeit, differenziert sein muß. Jede Ausdifferenzierung in gesellschaftliche Teilsysteme bedeutet zwangsläufig die Ausdifferenzierung eines politischen Systems und somit auch ein Stück "Entpolitisierung" der Gesellschaft. Darauf verweist der Begriff der Co-Ausdifferenzierung. Jede weitere Ausdifferenzierung gesellschaftlicher Teilsysteme bedeutet ein weiteres Stück "Entpolitisierung", was die Frage nach einem Teilsystem der Politik und insbesondere nach der Teilfunktion Staat weiter verschärft.

Mit Co-Ausdifferenzierung ist die Entparadoxierung der Gesellschaft verknüpft. Abweichend von der üblichen Auffassung meint Entparadoxierung in diesem Zusammenhang eine Ermöglichungsbedingung für die Ausbildung einer gesellschaftlichen Teilfunktion. Somit wird durch funktionale Ausdifferenzierung eine Gesellschaft differenziert in Funktionssysteme, die - allgemein formuliert - jeweils die Einheit einer Differenz prozessieren, und zwar bei Positivierung eines Wertes (so Wahrheit, Recht, Profit usw.), weswegen die einzelnen Funktionssysteme ja ausdifferenziert wurden, und einem System, das nur Differenzen von Differenzen prozessiert, und das deswegen auch kein "normales" gesellschaftliches Funktionssystem sein kann. Es muß, um überhaupt Bestand haben zu können, im Zuge der erwähnten Co-Ausdifferenzierung selbst eine Co-Ausdifferenzierung vollziehen, nämlich die Teilfunktion "Staat" ausdifferenzieren.

Wie aber kommt eine Selbstreferenz in die Gesellschaft, damit ein solcher Differenzierungsprozeß überhaupt in Gang kommen kann? Die grundsätzliche Antwort ist, daß der Anstoß dazu aus der Umwelt kommen muß. Da es - entsprechend unserer Annahme - zur "Ursprungsgesellschaft" keine gesellschaftliche Umwelt gibt, kann er nur aus der Umwelt der Kommunikatoren bzw. Entscheider kommen.

Auf die Problematik des Entstehens von sozialen Systemen kann hier nicht eingegangen werden. Ob man mit Luhmann, der sich dabei auf von Foerster beruft, annehmen soll, soziale Systeme entstünden aufgrund der Geräusche, die psychische Systeme erzeugen würden bei ihren Versuchen zu kommunizieren[9], sei dahingestellt. Dagegen wird hier ohne nähere Erläuterung behauptet, daß es darauf ankommt, kognitive Prozesse in den Sozialprozeß zu verankern und dadurch die "Erklärung von unten" einzubringen bzw. die komplementäre Betrachtungsweise zu ermöglichen und grundzulegen.

Damit der erwähnte Differenzierungsprozeß in Gang kommen kann, muß jedenfalls eine Information - die Unterscheidung von Information und Mitteilung greift hier jedenfalls nicht - auftauchen, eine Umweltinformation, die nicht durch die politische Kommunikation in der "Ursprungsgesellschaft" erzeugt wurde. Diese Information muß zudem eine besondere Qualität haben. Sie muß nach dem "herrschenden" Dual Verändern/Bestätigen nicht mehr prozessierbar sein. Dadurch erzwingt sie die Einsicht in die "Ausweglosigkeit" bisherigen Prozessierens und begründet so die *Notwendigkeit* für ein "neues" Prozessieren. Der erste Schritt zur Veränderung der "Selbstorganisation ohne Selbstreferenz" in eine "Selbstorganisation mit Selbstreferenz" besteht darin, die Positivierung des Duals Verändern/Bestätigen aufzuheben, es zu verändern in Verändern/Verändern. Durch diese Änderung steht das "Dual" dann für alle möglichen Positivierungen zur Verfügung, ohne deswegen schon einer bestimmten Positivierung einen Vorrang einzuräumen. Damit wird Offenheit erzeugt. Die so erzeugte selbstreferentielle und operative Offenheit ist Ermöglichungsbedingung (Selbstermöglichungsbedingung) von Politik in einer funktional ausdifferenzierten Gesellschaft; sie kennzeichnet aber auch die Risiken von Politik und damit die Risiken für den Bestand und die Möglichkeiten eines Funktionssystems der Politik in einer funktional hochdifferenzierten Gesellschaft. Dieses Funktionssystem der Politik wäre - pauschal gesagt - gegenüber allen anderen gesellschaftlichen Teilsystemen wegen seines prinzipiell tautologischen Duals und damit wegen seiner selbstreferentiellen und operativen Offenheit (scheinbar ein Widerspruch in sich) in seinen kommunikativen Möglichkeiten hoffnungslos unterlegen; es wäre von ihnen als "leichte Beute" nutzbar, wenn es nicht in sich ein "Gegensystem", den notwendigerweise mit dem Gewaltmonopol ausgestatteten Staat, ausdifferenzieren würde (weshalb dann versucht wird, den Staat zur "Beute" zu ma-

9 So Luhmann 1984: 291 f.

chen). Das politische System ist in einer funktional ausdifferenzierten Gesellschaft zwangsläufig ein System mit Sonderstatus, was aber nicht dazu berechtigt, von Spitze oder Zentrum zu reden.

5. Politisches System - Staat als Teilfunktion des politischen Systems

Ebenso wie Freiheit entscheidende Bedingung für die Ausbildung von Selbstreferenz ist, die auf funktionale Ausdifferenzierung gerichtet ist, ist es - was hier ohne Begründung oder Erläuterung einfach vorausgesetzt wird - Zwang. Insofern ist Zwang auch Bedingung für Selbstorganisation. Das gilt auch und in besonderer Weise in Rücksicht auf das politische System. Die Ausdifferenzierung der Teilfunktion "Staat" - von anderen Teilfunktionen wie etwa "Parteien" und "Interessengruppen" wird hier abgesehen - ist als ein herausragender Teil der Selbstorganisation des politischen Systems zu begreifen.

Die Teilfunktion Staat muß so organisiert werden, daß dadurch ermöglicht wird, das Dual der "politischen Gesellschaft" (der "Ursprungsgesellschaft") zu prozessieren, ohne daß dabei dieses Dual (Verändern/Bestätigen) in das Dual des politischen Systems (Verändern/Verändern) zurückfällt. Diesen Sachverhalt kann man auch so formulieren: Das politische System muß sich selbst entpolitisieren und damit paradoxieren; es muß eine entpolitisierte Teilfunktion ausdifferenzieren, um als politisches System fungieren zu können. Der Staat als entpolitisierte Teilfunktion des politischen Systems muß jedoch das Dual der "Ursprungsgesellschaft" prozessieren, damit nicht nur er seine Funktion leisten kann, sondern das politische System auch ihre, die darin besteht, die Kommunikativität für prinzipiell (also nicht aktuell) alle gesellschaftlich bedeutsamen Themen zu ermöglichen und zu sichern. Diese Themen werden dadurch erzeugt, daß bei der Ausdifferenzierung der gesellschaftlichen Teilsysteme zwangsläufig Externalisierungseffekte erzeugt wurden und laufend erzeugt wer den, für die eine gesellschaftliche Bearbeitung möglich sein muß, will die Gesellschaft ihre Einheit ermöglichen und sichern.

Im Verhältnis von politischem System und Staat manifestiert sich ein funktionaler Grundwiderspruch der Gesellschaft, der nicht aus der Welt zu schaffen ist, der konstitutiv ist für eine funktional ausdifferenzierte Gesellschaft und dessen Ausgestaltung und Handhabung, und demzufolge die Bedienungen sowohl der Teilfunktion des politischen Systems als auch der Teilfunktion Staat über Stabilität und Erfolg einer solchen Gesellschaft entscheiden. Diese Problematik reicht bis in die eingangs dieses Beitrages in Rücksicht auf seine Themenstellung angesprochene Frage nach dem Politikbegriff. Man könnte die Behauptung, in der Verwendung des Politikbegriffs liege ein Widerspruch zurückweisen mit der Entgegnung, der Staat werde als Teilsystem des politischen Systems begriffen und daher sei die Bezeichnung des Staates als politisches System jedenfalls nicht widersinnig. So einfach kann die Antwort jedoch nicht sein, weil der Staat ausdrücklich als ein entpolisiertes Teilsystem bestimmt wurde.

Eine Beantwortung dieser Frage hat anzusetzen bei den Ausführungen zur "politischen Gesellschaft" ("Ursprungsgesellschaft") und dem Problem seiner Grenzziehung. Es geht - vereinfacht gesagt - darum, daß eine "positive" Grenzziehung nicht möglich ist, sondern nur eine "negative", was eine Ausdifferenzierung und damit eine "Entpolitisierung" der Gesellschaft impliziert. Insofern verdoppelt sich die Co-Ausdifferenzierung des politischen Systems aus der Gesellschaft als Co-Ausdifferenzierung des Staates aus dem politischen System. Die Grenze zwischen politischem System und Staat (als eine Grenze des politischen Systems im System selbst) ist eine Grenze, die in Rücksicht auf Funktionalität als Umkehrung der Grenze zwischen System und den gesellschaftlichen Teilsystemen wirkt. Das politische System muß sich deshalb funktional selbst paradoxieren. Während das Verhältnis des politischen Systems zu den gesellschaftlichen Teilsystemen darin besteht, daß das politische System für die durch die Ausdifferenzierung der verschiedenen gesellschaftlichen Teilsysteme zwangsläufig erzeugten Externalisierungen - als Folge von Entparadoxierungen - kommunikative Anschlußmöglichkeiten bereitstellen und sie prozessieren muß, nämlich als Differenzen von Differenzen, besteht das Verhältnis zwischen politischem System und Staat in seiner funktionalen Umkehrung (oder umkehrenden Funktionalität) darin, daß das politische System die von ihm selbst produzierten Entparadoxierungen (immer bezogen auf jeweilige Differenzen von Differenzen) nicht als Externalisierungen an die externe Umwelt abschieben und dort einer von wem auch immer und wie auch immer erfolgten Bearbeitung oder Nicht-Bearbeitung überlassen kann, sondern an eine Funktion der internen Umwelt zur weiteren Bearbeitung übergeben muß. Diese Teilfunktion muß - zugespitzt formuliert - etwas "Unmögliches möglich" machen, einerseits Themen als Paradoxa (Differenzen von Differenzen) prozessieren und andererseits Entparadoxierungsleistungen erbringen. Es muß daher eine weitere Differenzierung der Teilfunktion erfolgen - üblicherweise als Gewaltenteilung thematisiert -, und diese Differenzierung muß - wie auch immer sie sonst jeweils ausfallen mag - in jedem Falle eine Funktion ausweisen, die - allgemein formuliert - die Differenz von Politik und Nicht-Politik als Einheit prozessiert auf bindende Entscheidungen hin (üblicherweise als Legislativ-Funktion bezeichnet). Die Einheit dieser Differenz von Politik/Nicht-Politik ist in ihrer Ausrichtung auf Entscheidungen hin nicht nur allgemein auf Entparadoxierung angelegt, sondern auch, damit diese Entparadoxierungen auf Entscheidungen hin prozessiert werden, asymmetrisch strukturiert.

6. Funktionen von Politik und Staat

Zwar mag man mit Luhmann der Auffassung sein, das derzeit "einzig solide Angebot" einer "funktionalen Definition der Politik" sei die "als Herstellung kollektiv bindender Entscheidungen für das Gesellschaftssystem",[10] aber sie reicht - das dürften die

10 Luhmann 1987a: 78.

vorstehenden Überlegungen aufzeigen - keineswegs aus. Es kann hier nicht darum gehen, in eine Erörterung zum Politikbegriff einzusteigen, sondern nur darum anzuzeigen, daß diese Definition trotz/wegen ihrer Allgemeinheit sowohl erweitert als auch präzisiert werden muß. Festhalten kann man grundsätzlich: Dem *politischen System* ist - unbeachtet der Teilfunktion "Staat" - eine *Ist*-Funktion zuschreibbar insofern, als es zwangsläufig als Folge der Ausdifferenzierung der gesellschaftlichen Teilsysteme entsteht. Indem es diese Ausdifferenzierung als Co-Ausdifferenzierung nutzt, ermöglicht es sich selbst. Ihm ist eine *Hat*-Funktion zuschreibbar insofern, als es im Zuge dieser Ausdifferenzierung bzw. Co-Ausdifferenzierung die "Entpolitisierung" der "politischen Gesellschaft" ermöglicht und sie über die eigene Selbstermöglichung und Ausgestaltung steuert. Dem *Staat* ist - unbeschadet der Gesamtfunktion des politischen Systems - eine *Ist*-Funktion zuschreibbar insofern, als er zwangsläufig als Folge der Co-Ausdifferenzierung des politischen Systems entsteht. Indem er diese Co-Ausdifferenzierung nutzt, ermöglicht er sich selbst. Ihm ist eine *Hat*-Funktion zuschreibbar insofern, als er im Zuge dieser Co-Ausdifferenzierung die "Entpolitisierung" der Gesellschaft sichert und sie unter Mitwirkung des politischen Systems über seine eigene Selbstermöglichung steuert.

Die Kennzeichnung des Staates als politisches System ist also nicht einfach deswegen berechtigt, weil der Staat als Teilfunktion des politischen Systems zu sehen ist. Der Rückverweis auf die Ausgangskonstruktion der "Ursprungsgesellschaft" als "politischer Gesellschaft" besagt in Rücksicht auf die vorstehende Umschreibung, daß die Funktion von Politik darin besteht, die funktionale Ausdifferenzierung der Gesellschaft und damit sich selbst als gesellschaftliches Teilsystem zu ermöglichen. Aber diese Selbstermöglichung muß notwendigerweise auch ihre Selbstbegrenzung durch eine *Umkehrung der Funktion* ermöglichen, und zwar genau deshalb, weswegen sie ihre funktionale Ausdifferenzierung ermöglicht hat. *Diese Funktionsumkehrung ist Bedingung der Funktionserfüllung.* In dieser Funktionsumkehrung manifestiert sich letztlich der Sonderstatus des politischen Systems, d.h. in der Funktion von Politik als Staat.

Das Erfordernis einer solchen Funktionsumkehrung gilt nur für das politische System als gesellschaftliches Teilsystem. Zwar müssen die übrigen gesellschaftlichen Teilsysteme eine Teilfunktion für Politik ausdifferenzieren, eben deshalb, weil ihre Ausdifferenzierung als gesellschaftliche Teilsysteme eine Ermöglichungsbedingung für die Ausdifferenzierung des politischen Systems ist und umgekehrt, und sie deshalb aus "Existenzgründen" (d.h. auch immer: aus Gründen der Sicherung ihrer Grenze) dazu gezwungen sind, dem politischen Prozeß aus ihrer Sicht die "richtigen" Themen bzw. "richtigen" Differenzen als Themen zur Bearbeitung zu vermitteln.

Das bedeutet zwar, daß das Rechtssystem, das Wirtschaftssystem, das Erziehungssystem usw. auch Entscheidungen des politischen Systems prozessieren können müssen - wie umgekehrt das politische System Entscheidungen des Rechtssystems, des Wirtschaftssystems usw. Das bedeutet auch, daß das Rechtssystem, das Wirtschaftssystem usw. die Entscheidungen des politischen Systems jeweils unter rechtlichen, unter ökonomischen usw. Gesichtspunkten prozessieren. Das bedeutet ebenso, daß das politische System die Entscheidungen der anderen Funktionssysteme unter politischen Gesichtspunkten prozessiert. Daraus folgt, daß alle gesellschaftlichen Funktionssysteme (also einschließlich des politischen Systems) gemäß ihrer Entparadoxierung arbeiten, also das Rechtssystem Rechtsfragen nicht z.B. nach politischen Kriterien, das Wirtschaftssystem ökonomische Tatbestände nicht nach z.B. pädagogischen Kriterien usw. bearbeiten dürfen. - Dennoch stellt das politische System eine Ausnahme dar. Es muß als Folge der Co-Ausdifferenzierung sich intern entpolitisieren; es muß eine Funktion ausdifferenzieren, die das Politische als Nicht-Politisches (was auch immer es positiv sein mag - so z.B. Recht, Erziehung, Kultur, Profit usw.) prozessieren kann und doch eine Funktion des politischen Systems ist und bleibt. Das politische System muß - überspitzt und paradox formuliert - etwas (logisch) Unmögliches (faktisch) möglich machen.

Bei dieser Paradoxierung des politischen Systems handelt es sich nicht um den - von Luhmann in Anlehnung an George Spencer Brown immer wieder neu thematisierten - Wiedereintritt (re-entry) einer Unterscheidung zur Bezeichnung von zwei Seiten, die dadurch für den Beobachter paradox werden. Vielmehr handelt es sich um eine bestimmte Art von Neutralisierung, um eine Neutralisierung, die verhindern soll (ob und wie das gelingt, ist eine andere Frage), daß die vom politischen System erbrachten und bereitgestellten und von der Umwelt abzunehmenden Leistungen, die den begründeten und berechtigten Erwartungen der Umwelt (d.h. der externen Umwelt des politischen Systems) widersprechen, wieder paradoxiert werden, damit das politische System nicht genau die Funktion verfehlen würde, die im Zuge der Co-Ausdifferenzierung ausdifferenziert wurde.

7. Politisches System im Verhältnis zu anderen gesellschaftlichen Teilsystemen

Die Grenzen des politischen Systems zu den anderen gesellschaftlichen Teilsystemen sind Grenzen jeweiliger sozialer Selbstorganisation. Das Selbstorganisationsprinzip des politischen Systems ist das der gesamtgesellschaftlichen Kommunikativität. Das bedeutet, daß das politische System solche Strukturen entwickeln muß, um notwendigerweise prinzipiell (nicht aktuell) mit allen anderen gesellschaftlichen Teilsystemen kommunizieren zu können und dabei gemäß seiner Funktion Externalisierungen, die die gesellschaftlichen Teilsysteme produzieren, durch eigene Leistungen Kompensationen bereitzustellen und so den Teilsystemen ein "geordnetes Überleben" zu ermöglichen. Diese Ermöglichungen müssen aber - das sollte nicht übersehen werden - auch als Zwänge wahrgenommen und angenommen werden (in welchem jeweils konkreten Ausmaß auch immer).

Das politische System muß, um als gesellschaftliches Teilsystem sich selbst ein "geordnetes Überleben" zu ermöglichen, sich selbst im Zuge der Selbstbindung mit Zwängen ausstatten. Dazu gehören z.B. Rechtsstaatlichkeit, Einheitlichkeit der Verwaltung, aber auch Einhaltung von Normen wie Fähigkeit und Bereitschaft der Parteien zur Übernahme von Regierungsverantwortung, Verankerung und Ausstattung der Opposition mit Rechten, Fähigkeit und Bereitschaft zur Toleranz gegenüber politischen Gegnern usw.

Die Kommunikationsfähigkeit der anderen gesellschaftlichen Teilsysteme ist zwingend; sie ist einerseits Bedingung für die Co-Ausdifferenzierung des politischen Systems und andererseits Bedingung für ein "geordnetes Überleben" des jeweiligen gesellschaftlichen Teilsystems; sie ist Bedingung sowohl für die Selbststeuerung als auch Fremdsteuerung; sie ist Folge und Bedingung (und umgekehrt). Die gesellschaftlichen Teilsysteme müssen also im Zuge der Co-Ausdifferenzung jeweils eine Funktion, ein Subsystem, für kommunikative Tätigkeit dieser Art ausdifferenzieren. Daher kann man an der Ausdifferenzierung dieser Teilfunktion und ihrer Bedienung ablesen, ob und wie ein gesellschaftliches Teilsystem als ausdifferenziert betrachtet werden kann. Aber diese Teilfunktion ist und bleibt Teil des jeweiligen gesellschaftlichen Teilsystems; sie wird von dessen Kernfunktion dominiert.

8. Qualifikation und Profession - Politik und Staat

Die Bedienung von Funktionen ist - so kann man lapidar formulieren - grundsätzlich jedenfalls auch eine Frage der Bediener. Hier soll und kann nicht versucht werden, über diese Fragestellung die oben angesprochene "Erklärung von unten" einzuführen. Es geht um jene Bedingung für die Funktionstüchtigkeit von Funktionen, von der behauptet wird, daß ohne sie gesellschaftlich ausdifferenzierte Funktionen nicht arbeiten. Dabei kann es hier nicht darum gehen, eine "Bedienertheorie" zu entwickeln oder auf evtl. vorhandene zurückzugreifen. Es geht um die grundsätzliche Frage nach der Qualifikation zur Bedienung jeweils spezifischer Funktionen. Indem ein solcher Zusammenhang gesehen wird, wird behauptet, daß bestimmte Qualifikationen von Bedienern eine Bedingung funktionaler Ausdifferenzierung ist, und zwar in der Weise, daß zwischen Qualifizierung bzw. Qualifikation und Entstehen von Selbstreferenz ein Wechselwirkungsverhältnis besteht. Unter dieser Voraussetzung kann der Staat in gewisser Weise als Selbstreferenz des politischen Systems begriffen werden. Das heißt, das politische System kann den Staat nur dann und nur insoweit als Selbstreferenz nutzen, falls und so weit für diese Selbstreferenz eine Bedienungsfunktion organisiert ist. Sofern es um diese Teilfunktion des politischen Systems geht, kann "Staat" als Selbstreferenz dieser Teilfunktion, nämlich "Staat als politische Theorie im Staat" aufgefaßt werden.

Qualifikation meint jene Aktivitätsmerkmale von Elementen (daß hier ein anderer Elementenbegriff als z.B. bei Luhmann zugrundeliegt, sei ausdrücklich erwähnt), die die Elemente dazu befähigen, sich mittels Selbstreferenz zu organisieren. Qualifikation ist zwar nur durch Elemente realisierbar, aber als eine Art Zugangs- und Berechtigungsbedingung dafür, daß Elemente als Elemente sich auf bestimmte Aktivitätsmuster hin organisieren können. Insofern ist in Rücksicht auf die Ausübung einer bestimmten

Funktion Qualifikation Selbstermöglichungsbedingung von Elementen und insofern auch von Systemen. Die Einheit einer Qualifikation als Einheit von qualifizierten Bedienern ist die *Profession*, die nicht mit der jeweiligen Aktualisierung durch jene Bediener (eben die Profis) jeweils entsteht und auch nicht mit ihrem jeweiligen Ende wieder verschwindet. Die Profession ist die Garantie und insofern auch die Realitätsgarantie dafür, daß die Ausdifferenzierung *nicht* "von Moment zu Moment stattfindet und mit der Zahlung etc. sofort verschwindet".[11]

Da ohne Bedienung durch eine Profession gesellschaftlich ausdifferenzierte Funktionen nicht arbeiten, stellt sich im Zusammenhang unserer Themenstellung zunächst die Frage nach der Professionalität von Politik. Die vorweggenommene Antwort ist: Politiker (gemeint sind *alle*, die sich in irgendeiner Weise am politischen Prozeß beteiligen) sind trotz Diätenurteil des Bundesverfassungsgerichts und trotz der richtigen Beobachtungen von Max Weber - ausnahmslos *keine* Profis; sie sind - vielleicht noch - Dilettanten (um die Bezeichnung "Laie" zu vermeiden). Wissenschaftler, Künstler, Juristen, Pädagogen usw. sind Profis oder sie sind keine Wissenschaftler, Künstler usw. Politiker können als Dilettanten zwar Experten sein, und sie sind es vielfach auch (so für Rechtspolitik, Wirtschaftspolitik, Verkehrspolitik usw.), aber keine Profis, weil für sie kein Dual mit einer einzigen und somit feststehenden Positivierung zur Verfügung steht. Würde ein solches Dual Verwendung finden, würde Politik als das Prozessieren der Differenzen von Differenzen nicht möglich sein. Insofern kann man das politische System als einen Ermöglichungsraum für ein solches Prozessieren auffassen.

Jedoch kann man demzufolge das politische System nicht - so könnte man folgern - als ein ausdifferenziertes Funktionssystem betrachten. Diese Folgerung ist richtig, wenn man nach der Kernprofession fragt. Diese gibt es für das politische System als Ganzes nicht. Damit ist zunächst auf jeden Fall angezeigt, daß, wenn von einem gesellschaftlichen Funktionssystem der Politik die Rede ist, dieses System einen Sonderstatus haben muß. Fragt man danach, was diesen Sonderstatus ausmacht, dann gibt der Verweis auf den Staat als Teilfunktion des politischen Systems grundsätzlich die Richtung der Beantwortung. Dann ist jene Folgerung falsch; denn über diese Teilfunktion ist das politische System als gesellschaftliches Funktionssystem faßbar, wenn auch nur in Rücksicht auf die Grenze zum Staat relativ deutlich. Die Teilfunktion "Staat" arbeitet, indem sie von Profis bedient wird. Die Funktion des politischen Systems, sofern sie nicht Staat ist, arbeitet insofern - wenngleich dilettantisch -, als sie Politik in "Beziehung auf den Staat" prozessiert. Sofern das nicht in eindeutig beobachtbarer Weise der Fall ist, ist die Funktion des politischen Systems deshalb nicht notwendigerweise ohne Bedienung, jedoch in hohem Maße diffus, was in Rücksicht auf das "Qualifikationserfordernis" auch nicht weiter verwunderlich ist.

---

11 Pokol 1990: 331.

9. Expertentum - Profession - Politik

Politiker sind Experten als Mitglieder des politischen Systems. Die Experten, die bei den von der Politik veranstalteten sogenannten Expertenanhörungen auftreten, sind Experten, weil ihre Profession durch ihre Teilnehmerschaft in anderen sozialen Systemen definiert ist. Politiker können nur Experten sein, aber eben weil sie als Politiker Dilettanten sind und bleiben, keine Profis. Politiker sind Dilettanten und keine Profis, weil die Sache, die sie prozessieren, prinzipiell - wie erläutert - paradox ist. Sofern und soweit eine Entparadoxierung *im* politischen System stattfindet, wird die Sache eine Sache der Profis (innerhalb des politischen Systems), die wiederum auch als Experten gefragt sein können. Damit diese Sache (wiederum) zu einer politischen gemacht werden kann, muß sie erst einmal paradoxiert werden. So kann man jedenfalls eine Offenheit in der Sache wiederherstellen bzw. begründen. Und das - so scheint es - verlangt grundsätzlich geringe Fähigkeiten.

Daher glauben auch viele Bürger - aus ihrer Sicht zurecht - über Politik sachkompetent mitreden zu können. Als Wähler sind sie verfassungsrechtlich ausdrücklich als solche anerkannt. Aber sobald es darum geht, die einzelnen Teilpolitiken und ihre Themen als Sache zu begreifen und dann zu paradoxieren, um eben am politischen Prozeß teilnehmen zu können, wird die Sache höchst schwierig. Dies ist deshalb so, weil die "einfache" Paradoxierung ausfällt, d.h. man kann nicht - um es zugespitzt zu verdeutlichen - auf geltendes Recht, anerkannte Schönheit, akzeptierte Wahrheit, ausgewiesene Effizienz usw. mit Unrecht, Häßlichkeit, Unwahrheit, Ineffizienz usw. antworten. Das schließt nicht aus, sondern, im Gegenteil, verführt dazu, den Auffassungen, mit denen man nicht einverstanden ist, vorzuwerfen, daß sie Unrecht, Häßlichkeit, Unwahrheit, Ineffizienz usw. fördern. Dies alles zeigt nicht nur, daß die Politik als Tätigkeit von Dilettanten höchst verwickelt und verwirrend sein kann und in der Regel auch ist, sondern auch, daß es für diese Tätigkeit in Rücksicht auf die Sache, die prozessiert wird, keine vergleichbaren Kriterien gibt, wie sie in anderen gesellschaftlichen Teilsystemen - bezogen auf die Organisation der "Kernprofession" - in der Regel angewandt werden. Dies läßt zumindest plausibel erscheinen, daß und warum Politiker geneigt sind, sich vorwiegend mit "großen Themen" und dazu auf einer sehr allgemeinen und unverbindlichen Abstraktionsebene zu beschäftigen und ansonsten die Sache möglichst rasch den Profis im politischen System (in seiner Verengung: dem administrativen System) zuzuschieben, um sie von ihnen bearbeiten zu lassen, so daß die Resultate von Politik bei den Bürgern als Gebote, Verbote, Angebote, insgesamt als verrechtlichte und bürokratisierte Regelungen ankommen. Das alles ist den Politikern jedenfalls in der Regel nicht als Versagen anzulasten. Die Bedingungen, unter denen sie tätig sind, lassen in der Regel nichts anderes zu. Daß allerdings die Politiker daran ihren Anteil haben, steht außer Frage.

Anteil daran haben auch die schon erwähnten Experten. Ein Experte ist Profi - mit Ausnahme des Experten als Politiker - eines Systems X, der auf Anforderung über seine

Erkenntnisse und Erfahrungen als Profi des System X dem System Y gegenüber Auskunft gibt. Ein Profi zeichnet sich im Verhältnis zu seinen Profikollegen zwangsläufig durch andere Tätigkeitsmerkmale aus als Experte im Verhältnis zu Mitgliedern anderer Systeme. Er kann als Experte nicht in einen Diskurs z.B. über Wahrheit/Unwahrheit wissenschaftlicher Erkenntnisse eintreten, wie er es als Profi gegenüber Profikollegen tut und wozu er als Profi auch gezwungen ist. Was er als wissenschaftliche Erkenntnisse mitteilt, ist entweder gesichertes wissenschaftliches Wissen (und insofern wahres) Wissen oder ungünstigstenfalls unsicheres wissenschaftliches Wissen, aber nicht eindeutig falsches wissenschaftliches Wissen. Eineindeutig falsches Wissen als wissenschaftliches Wissen weiterzugeben, disqualifiziert den Experten und damit auch den Profi. Denn dann würde er eine Paradoxierung betreiben, sich also genau im Widerspruch zu Zwecksetzung und damit Funktion des Systems befinden, dessen Profi er ist und weswegen er als Experte gefragt wird. Daß manche Experten unsicheres Wissen als sicheres - und umgekehrt - ausgeben, zeigt an, daß sie mittels Paradoxierungen Politik betreiben bzw. sich in der politischen Auseinandersetzung auf einen bestimmten Standpunkt stellen wollen. So können Experten in dieser Eigenschaft "erfolgreicher" sein als Profis, ebenso wie Wissenschaftler als Lehrer "erfolgreicher" sein können als Forscher - und umgekehrt.

Die Schwierigkeiten, denen sich Experten im Verhältnis zum politischen System gegenüber sehen, sind grundsätzlich zweifacher Art. Zum einen sind sie in der Regel der Konkurrenz zu denen ausgesetzt, die als Mitglieder desselben oder anderer Systeme deren politische Funktion bedienen. Zum anderen ist das politische System grundsätzlich, d.h. als eine Systembedingung, sowohl von Dilettanten als auch von Profis besetzt, die wiederum Experten sein können. Anhörungen und auch die Arbeit von Enquete-Kommissionen geben hierfür deutliche Anhaltspunkte. Verdeutlicht wird diese Problematik in der Regel dann, wenn die Experten als Profis Sozialwissenschaftler (insbesondere Soziologen, Politikwissenschaftler, Psychologen, Pädagogen usw.) sind. Eingeengt und insofern verschärft wird diese Problematik dann, wenn jene Experten auf die Profis des politischen Systems, also die des Staates, treffen. Experten, die als Profis solche des politischen Systems sind, haben im Vergleich zu den anderen Experten einen bedeutenden Vorteil. Sie sind - von allen sonstigen Vorteilen abgesehen - nicht nur Kenner der Sache "Politik", sondern auch und vor allem Kenner der Verfahren, diese Sache zu entparadoxieren und als Nicht-Politik zu bestimmen und zu prozessieren. Grundsätzlich kann man in Rücksicht auf das politische System sagen, daß Experten jene Profis sind, die dem politischen System bei der Bearbeitung der Sache "Politik" Hilfen für Entparadoxierungen geben, damit die Sache (als entparadoxierte Sache, als Nicht-Politik) den Profis des politischen Systems zur weiteren Bearbeitung übergeben werden kann - oder auch nicht.

Da auch Politiker - wie erwähnt - Experten (keine Profis) für Rechtspolitik, für Verkehrspolitik, für Wirtschaftspolitik usw. sein können und vielfach auch sind, gibt es auch die Umkehrung, nämlich daß diese Experten zu Profis werden und dann wiederum als Experten gefragt werden und auftreten. Das geschieht z.B. dadurch, daß "verdiente" Politiker in Führungspositionen der Wirtschaft, der Finanzwelt, der Kultur- und Medienwelt, aber auch Profipositionen des Staates - so z.B. von Bundesbehörden und (was nicht vergessen werden sollte) der Jurisdiktion (gemeint ist z.B. das Verfassungsgericht) einrücken. Das ist erklärlich; denn Politiker können, außer daß sie im erwähnten Verständnis Experten sein können, Kenner (was nicht notwendigerweise einen Profi ausmacht) der Erbringer von Führungsleistungen sein, die zur Funktion des politischen Systems gehören. Es ist daher auch nicht weiter verwunderlich, daß die "verdienten" Politiker, die zudem noch Experten sind, z.B. nicht als Sachbearbeiter oder als Amtsrichter eingesetzt werden bzw. werden können. Sie erhalten eine Position in der Spitze einer jeweiligen Kernprofession. Aufgrund dieser Position sind sie in der Lage, die politische Teilfunktion, die das betreffende System ausdifferenziert hat, gezielt zu unterstützen oder gar zu bedienen. Insofern ist erklärlich, daß sie auch Positionen zur Bedienung der jeweiligen Teilfunktion für Politik einnehmen. Generell läßt sich sagen, daß Politiker, die als Politiker Experten sind, in eigener Sicht und in der Sicht derjenigen, die bei der Einsetzung in Profipositionen mitgewirkt haben - und zu Recht auch in der Sicht der Öffentlichkeit -, in solche Profipositionen gelangen, um - wenn es denn notwendig erscheint - die politische Teilfunktion so zu unterstützen oder zu bedienen, daß die "richtigen" Paradoxierungen, zumindest keine "falschen" Paradoxierungen zum Zuge kommen.

10. Profession und Grenzziehung

An solchen Beispielen für Positionenwechsel könnte man die Frage näher untersuchen nach dem Verhältnis zwischen gesellschaftlichen Teilsystemen und dem politischen System in Rücksicht auf ihre jeweiligen Professionen. Dabei dürfte sich herausstellen - das ist die These -, daß die Grenzproblematik klarer herausgearbeitet werden kann, als das über die Anwendung eines für jedes gesellschaftliche Teilsystem typischen Codes möglich ist, wenngleich die Verwendung von Codes nicht ohne Bedeutung hierfür ist.

Grundsätzlich ist festzuhalten, daß auch hierfür das Kriterium der Ausbildung einer Teilfunktion für Politik gilt. Diese Teilfunktion setzt die Organisation einer "Kernprofession" voraus, für deren Abgrenzung die Verwendung des betreffenden Systemcodes sorgt. Die Ausdifferenzierung einer politischen Teilfunktion schließt die Ausdifferenzierung weiterer Teilfunktionen nicht aus, sondern macht sie generell wahrscheinlich, vielfach zwingend. Insofern ist die Organisation der "Kernprofession" in der Regel durch eine Vielzahl von "Randprofessionen" umgeben, die zwar der Kernprofession zuarbeiten, aber jeweils einen anderen Code anwenden als die Kernprofession, und deren Codes jedoch wiederum Codes der Kernprofessionen anderer gesellschaftlicher Teilsysteme sein können. Das heißt, im Verhältnis von "Kernprofession" zu "Randprofessionen" gibt es notwendigerweise Zweitcodierungen, die darin bestehen, daß die Codes der Randprofessionen von dem der jeweiligen Kernprofession gesteuert werden in der Weise, daß die Organisation der Randprofessionen ohne die der jeweiligen Kernprofessionen jedenfalls in der jeweils aktualisierten und aktualisierbaren Weise nicht existieren würden.

Das Rechtssystem z.B. wird üblicherweise als ein gesellschaftliches Teilsystem angesehen. Diese Auffassung ist nur bedingt zutreffend. Die Frage nach der Ausdifferenzierung einer politischen Teilfunktion gibt bereits deutliche Anhaltspunkte. Zwar gehören die Tätigkeiten von Richtern, Staatsanwälten und Rechtsanwälten zur Kernprofession des Rechtssystems, aber sie gehören nicht zur Kernprofession des politischen Systems. Diese gibt es nicht. In Rücksicht auf das politische System gehören sie zur Kernprofession der Funktion "Staat". In Rücksicht auf diese Funktion gehören sie wiederum zur Organisation der Teilfunktion "Jurisdiktion".

Ähnlich problematisch - wenn auch anders gelagert - ist die Frage nach der Zuschreibung von Parteien und Interessengruppen. Es dürfte unstreitig sein, daß deren Tätigkeiten dem politischen System und darüberhinaus aber nicht der Teilfunktion "Staat" zuzuschreiben sind. Die Bestimmung in Rücksicht auf ihre Randprofessionen - wie Öffentlichkeitsarbeit, Verwaltungsdienst, wissenschaftlicher Dienst, Rechtsberatung usw. - dürfte ebenfalls kein Streitpunkt sein. Fragt man jedoch nach ihrer Kernprofession, macht sich in der Regel eine Unsicherheit breit. Entweder wird Politik angegeben, oder man weicht aus auf Definitionen und Beschreibungen, wie sie häufig in einschlägigen Publikationen zu finden sind und die eben nicht eine Profession beschreiben, sondern auf Mitwirkungsrechte, Aufgaben, Zielsetzungen, Strukturmerkmale verweisen.

Diese Unsicherheit in der Zuschreibung zu einer Profession bestätigt, daß eine Profession für Politik nicht bestimmt werden kann. Dennoch muß es so etwas geben, wenn es die erwähnten - und weitere - Randprofessionen für Parteien und Interessengruppen gibt. Die Stichworte sind "Kommunikativität" und "Führungsleistungen". Dazu kommen die Erläuterungen im Zusammenhang der funktionellen Definition von Politik.

Wenn Politik nicht als Profession bestimmt werden kann, dann ist umgekehrt Politik - wie erwähnt - ganz allgemein als Ermöglichungsraum für bestimmte Aktivitäten aufzufassen. Diese Aktivitäten sind nicht durch bestimmte Aktivitätsmuster zu kennzeichnen - mögen auch bestimmte Muster häufiger als andere vorkommen -, sondern sie werden organisiert durch bestimmte Themen und die dadurch geforderten Leistungen, um diese Themen erfolgreich, d.h. in der Erarbeitung von Umsetzungsmöglichkeiten bearbeiten zu können. Bei diesen Themen handelt es sich generell um Paradoxien, in ihren jeweiligen aktuellen Ausprägungen um Asymmetrien, und als solche um Thematisierungen von Entparadoxierungen, die von anderen als dem politischen System zur Bearbeitung mit dem Ziel der Umsetzung nicht angenommen wurden oder nicht angenommen werden können. In Rücksicht auf die Struktur solcher Themen bzw. Thematisierungen von einem Code Regierung/Opposition zu sprechen, scheint trotz einer gewissen Plausibilität sehr vordergründig zu sein.

Diese Bedenken werden verstärkt, wenn man auf die Leistungen schaut, die dabei zu erbringen sind. Von "Führungsleistungen" kann man sprechen, weil es darum geht, die Thematisierungen und die Bearbeitung der Themen so einzurichten, daß schließlich im jeweiligen Endergebnis jene Entparadoxierungsleistungen vom politischen System an die Umwelt abgegeben werden können, deren Erfolg Ziel jener Aktivitäten war. Das setzt voraus, daß diese Aktivitäten auf einen solchen Erfolg hin ausgerichtet werden. Darin bestehen die Führungsleistungen. Sie erfordern Anstrengungen, die nicht nur die Paradoxien der Themen bzw. Thematisierungen in sich, sondern auch im Verhältnis zueinander prozessieren und dabei erfolgreiche Auflösungen so weit vorantreiben müssen, daß sie den Profis des politischen System zur Bearbeitung übergeben werden können.

11. Professionalität der Politik und Gewaltenteilung

Die umfassende Fähigkeit ("Kernfähigkeit") zur Erbringung der "Führungsleistungen" bzw. ihr "Kernmerkmal" ist *Kommunikativität*. Dabei handelt es sich um die Fähigkeit, den vorhin erwähnten Erfolg anzustreben und zu erreichen. In diesem Zusammenhang bekommt Kommunikativität nicht nur in Rücksicht auf die Themen und deren Prozessieren eine bestimmte Bedeutung, sondern auch in Rücksicht auf die während des Prozessierens bewirkten Effekte. Das heißt, der Kommunikationsprozeß selbst ist ein Steuerungsprozeß, der als solcher Zwänge produziert und verändert und dadurch Selbstorganisationseffekte auslöst. Daher ist auch die Teilnahme an einem solchen Prozeß so wichtig. Das ist jedenfalls ein entscheidender Grund dafür, warum von den vielen Themen bzw. Thematisierungen immer nur eine relativ kleine Anzahl die Profiebene des politischen Systems erreichen und in *institutionalisierte Erfolge* umgesetzt werden. Durch Teilnahme werden nicht nur solche institutionalisierten Erfolge ermöglicht und erreicht, sondern auch solche behindert und verhindert. Die so zustandegekommenen Erfolge sind für diejenigen, die sie ermöglicht und angestrebt haben, Vorteile, und für diejenigen, die sie verhindern wollten, Nachteile - und umgekehrt.

Die so bewirkten Vor- und Nachteile sind weitreichend, da damit eine *Stoßrichtung* gesamtgesellschaftlicher Steuerung verknüpft ist, und zwar dadurch, daß der Staat mit seinen Professionen und insbesondere seinem Gewaltmonopol dahintersteht. Was die Ausdifferenzierung des Staates als Teilsystem des politischen Systems anlangt, so zeigt sich, daß im Verhältnis dieses Teilsystems zu dem politischen System eine Funktion ausdifferenziert werden muß, die die Doppelfunktion bzw. Sonderfunktion des politischen Systems in spezifischer Weise leistet, nämlich - vereinfacht gesagt - das Politische und das Nicht-Politische zu prozessieren. Die Ausdifferenzierung dieser Sonderfunktion ist zwingend, weil das politische System - im Unterschied zu den anderen gesellschaftlichen Teilsystemen - sowohl Paradoxien prozessieren muß als auch die von ihm selbst (als gesellschaftlichem Teilsystem) produzierten Entparadoxierungen nicht einfach als Externalisierungen der Umwelt überlassen kann in der Annahme, daß die

Umwelt damit schon in irgendeiner Weise zurechtkommt. Diese spezielle Doppelfunktion ist von der Legislative zu erfüllen.

Die weitere Differenzierung der Funktion "Staat" in ihrer Ausprägung als Gewaltenteilung verdeutlicht die Schwierigkeiten, die das politische System mit der Erfüllung seiner Funktion hat. So nutzt die Exekutive - im Unterschied zur Jurisdiktion - die Legislative für ihre eigenen, von ihr zu erbringenden politischen Leistungen (Führungsleistungen). So ist die Jurisdiktion jene ausdifferenzierte Funktion, die - im Unterschied zur Legislative und Exekutive - sich gegen eine Aufzehrung durch Politik schützt, indem sie die Politik durch ein generelles Verbot der Politisierung des Rechts aussperrt.

In Rücksicht auf ihre Doppelfunktion ist die Legislative jene Sonderfunktion des politischen Systems, die in Rücksicht auf Tätigkeitsmerkmale bzw. Fähigkeiten sowohl mit Professionalität als auch mit Dilettantismus bedient wird. Um Experten handelt es sich bei den Bedienern in jedem Falle. Bei parlamentarischen Einrichtungen wird das dadurch ausgewiesen, daß die Mitglieder (Abgeordnete) irgendwelchen Parlamentsausschüssen angehören. Als Profis unter den Experten bzw. Dilettanten kann man die Fraktionsvorsitzenden, Ausschußvorsitzenden und erst recht parlamentarische Staatssekretäre und Minister ansehen. Im Zusammenhang der Bedienung dieser Sonderfunktion der "Politik der Gesellschaft" kann sinnvollerweise von der Verwendung des Codes Regierung/Opposition die Rede sein.

Zwar ist grundsätzlich auch für die ausdifferenzierten Funktionen der Exekutive und der Jurisdiktion die Ausdifferenzierung einer Teilfunktion "Politik" anzunehmen - allerdings in einer sehr unterschiedlichen Weise, was hier unberücksichtigt bleibt -, aber bei dieser Teilfunktion "Politik" handelt es sich nicht wie bei der Legislative um den Spezialfall einer "Einheit einer nichtdifferenzierbaren Doppelfunktion". Weil Exekutive und Jurisdiktion eine Teilfunktion "Politik" ausdifferenzieren müssen, um die notwendige Trennung zwischen Professionalität und Nicht-Professionalität (Dilettantismus) erreichen und sichern zu können, ist und bleibt gerade diese Ausdifferenzierung grundsätzlich problematisch. Diese Problematik verdeutlicht sich allein schon in der Frage, mit welchen Kompetenzen diese ausdifferenzierten Teilfunktionen in Rücksicht auf die Dauer der Besetzung ihrer jeweiligen Positionen, der Dauer ihrer Amtsführung, ausgestattet sind bzw. sein sollen. Es gibt jedenfalls gute *funktionelle* Gründe dafür, die Mitglieder des Bundesverfassungsgerichts, das ja z.B. im Unterschied zum Supreme Court der USA eine Reihe von Entscheidungen in "hochpolitischen Fragen" getroffen hat und laufend trifft, in der Dauer ihrer Tätigkeit zu beschränken.

Daß bei der Zuschreibung von Kompetenzen an professionelle Teilfunktionen nicht nur funktionelle Überlegungen zum Zuge kommen, sondern auch solche, die eine Antwort suchen auf die Herausforderung, was als "politische Frage" gilt bzw. gelten soll und was als nicht-politische Frage (d.h. bereits durch Politik jedenfalls vorläufig entschiedene bzw. politisch nicht-entscheidbare Frage), ist offenkundig. Diese Herausforderung so zu formulieren, zeigt an, daß auch sie wiederum als eine politische Frage aufgefaßt werden kann und - je nach aktuell gegebenen Voraussetzungen - auch so aufgefaßt werden muß. Das heißt grundsätzlich, daß es kein Kriterium - weder ein funktionelles noch ein normatives - gibt, dem universelle Geltung zukommen kann bei der Suche nach einer Antwort auf die Frage, wo und wie die Funktionsgrenzen der Politik genau verlaufen. Zwar wäre es entschieden zu einfach - und insofern auch irreführend zu sagen - sie verlaufen, wo und wie sie verlaufen. Aber ebenso einfach und irreführend wäre es zu sagen, sie könnten beliebig bzw. willkürlich festgelegt werden.

Ein Kriterium dafür, wo diese Grenzen jeweils tatsächlich verlaufen, kann man sich erschließen mit der Frage, in Rücksicht worauf ein Gewaltmonopol besteht und - vor allem - auch tatsächlich ausgeübt wird. Wird dieser Frage sorgfältig nachgegangen, so dürfte man nicht nur bestätigt finden, daß das angesprochene universelle Kriterium tatsächlich nicht auffindbar oder nachweisbar ist, sondern auch, daß das betreffende Monopol tatsächlich sehr unterschiedlich ausgeprägt und gesichert ist und ausgeübt wird. Daraus folgt, daß die Monopolisierung - in Rücksicht auf die Aktivitäten immer durch Professionalität ausgewiesen - der Bearbeitung und Umsetzung von Themen, die politisch zu entscheiden waren und entschieden wurden, zwar eine Verstaatlichung darstellen, aber nicht notwendig durch den Staat erledigt werden müssen. Wofür auch immer eine "Entstaatlichung" oder "Verstaatlichung" angestrebt wird, dafür gibt es grundsätzlich nur zwei Möglichkeiten: Politik - was immer das Erzeugen von Zwängen und insofern Steuerung bedeutet - oder Gewalt. Daß es nur diese Alternative gibt, verdeutlicht, daß Monopolisierung die Trennlinie zwischen Politik und Staat anzeigt, und daß das politische System als gesellschaftliches Teilsystem die Sonderfunktion bzw. Doppelfunktion "Legislative" ausdifferenzieren muß, da für die Bedienung dieser Kernfunktion im Unterschied zu den anderen gesellschaftlichen Teilsystemen keine Kernprofession zur Verfügung steht, sondern Dilettantismus mit Professionalität eine Kombination eingeht, die nur in dieser Kombination Bestand oder Nicht-Bestand hat.

Daran, ob und wie die Doppelfunktion "Legislative" erfüllt wird, ist besonders deutlich ablesbar, welche Steuerungskonzepte dem politischen System und damit auch dem Staat zur Verfügung stehen bzw. gestellt werden. Steuerungskonzepte kann man als Selbststeuerungskonzepte des politischen Systems begreifen. So kann man - um einen einleuchtenden Hinweis zu geben - "Totalitarismus" ebenso wie "Pluralismus" als solche Selbststeuerungskonzepte auffassen. Als Steuerungskonzept besagt "Totalitarismus" in Rücksicht auf das politische System, daß die Ausdifferenzierung der Teilfunktion "Staat" nicht angesteuert wird. Daraus folgt, daß jedenfalls die Doppelfunktion "Legislative" nicht existiert. Daß es dennoch institutionelle Einrichtungen geben kann, die mit Legislative bezeichnet werden, ist selbstverständlich nicht ausgeschlossen. Solche Einrichtungen erfüllen aber dann andere Funktionen, in der Regel Ersatz- oder Quasi-Funktionen, die man auch als Tarn-Funktionen bezeichnen könnte.

Ein Steuerungskonzept "Totalitarismus" liegt allen Anstrengungen zugrunde, die gerichtet sind auf ein Aufgehen des politischen Systems als Staat bzw. umgekehrt. Erreicht werden soll eine Identität von Staat und politischem System. Davon werden zwangsläufig auch die Teilfunktionen "Exekutive" und "Jurisdiktion" erfaßt. Da diese beiden Funktionen nicht in der Weise die Doppelfunktion des politischen Systems erfüllen bzw. erfüllen können wie die Funktion "Legislative", können sie - eben weil sie professionelle Institutionensysteme sind und daher über Kernprofessionen bedient werden können - relativ gut die Funktion "Staat" erfüllen. Damit aber die für den Bestand einer Gesellschaft notwendige Funktion "Politik" nicht in diese beiden Funktionen eindringt und dadurch evtl. von (politischen) Dilettanten "gefährdet" wird, werden deren Profipositionen mit "politisch zuverlässigen" und insofern qualifizierten und auch funktionstüchtigen Personen besetzt, die dann als Akteure fungieren. Das bedeutet, die Funktion "Politik" wird in Rücksicht auf diese beiden Funktionen völlig gesperrt, indem sie in die externe Welt verlagert wird, nämlich in die Umwelt der Personen in der Annahme, daß für die Aktivitäten in Rücksicht auf jene beiden Funktionen keine "Unruhe" ausgeht, weil hierfür nur eine einzige Ressourcenquelle zur Verfügung steht: eine Einheitsideologie.

Mit der Ausschaltung der Doppelfunktion "Legislative" und der angedeuteten Ausrichtung der Funktionen "Exekutive" und "Jurisdiktion" verschärft sich die Frage nach dem Träger der für den Bestand einer Gesellschaft notwendigen Funktion "Politik" und deren Ausrichtung. Da es sich dabei um eine Einheitsideologie handelt, verfügt der Träger dieser Funktion über ein Monopol. Entscheidendes Merkmal eines Monopols ist, daß es existiert, d.h. daß es faktisch wirksam ist, so wie ein Embargo oder ein Boykott nur wirksam sind, wenn sie tatsächlich eingehalten werden. Da für dieses Monopol als Träger keine staatliche Institution infrage kommt, hat sich dazu in modernen bzw. sich modernisierenden Gesellschaften in der Regel eine Partei, eine Monopol-Partei (die man mit gutem Grund Einheitspartei nennen kann) etabliert. Diese Monopolpartei braucht aber für die faktische Durchsetzung des Monopols die staatlichen Funktionen der "Exekutive" und "Jurisdiktion", wofür sie nicht nur die Prozeßgegenstände festlegt, sondern in Gestalt von politischer Theorie und politischer Semantik auch die Ressourcen bereitstellt, damit in einer je spezifizierten Weise das Prozessieren in Gang kommen und insbesondere in Gang gehalten werden kann. Sie selbst muß die Doppelfunktion der "Legislative" wahrnehmen, damit überhaupt eine Funktion "Politik" geleistet werden kann. Das bedeutet aber, daß die Monopolpartei, indem sie diese Doppelfunktion wahrnimmt, auch die Funktion der "Politik der Gesellschaft" leisten muß. Insofern ist die Organisation des Systems der "Politik der Gesellschaft" die Gesellschaft als Organisation der Monopolpartei, was die Monopolisierung des Staates durch diese Partei einschließt.

Literatur

Bußhoff, Heinrich, 1990a: Komplementarität und Politik. Zu einer interdisziplinär orientierten Begründung des Politischen und der Politischen Wissenschaft, Würzburg.

Bußhoff, Heinrich, 1990b: Vorüberlegungen zu einer allgemeinen Institutionentheorie. In: Göhler, Gerhard/Lenk, Kurt/Schmalz-Bruns, Rainer (Hg.), 1990: Die Rationalität politischer Institutionen, Baden-Baden, S. 301 - 327.

Luhmann, Niklas, 1970: Soziologie des politischen Systems. In: ders., Soziologische Aufklärung. Aufsätze zur Theorie sozialer Systeme, Köln und Opladen, S. 154 - 177.

Luhmann, Niklas, 1981a: Politische Theorie im Wohlfahrtsstaat. (Analysen und Perspektiven 8), München, Wien.

Luhmann, Niklas, 1981b: Selbstlegitimation des Staates. In: Achterberg, Norbert/Krawietz, Werner (Hg.), 1981: Legitimation des modernen Staates. Archiv für Rechts- und Sozialphilosophie, Beiheft Nr. 5, Wiesbaden, S. 65 - 83.

Luhmann, Niklas, 1984: Soziale Systeme. Grundriß einer allgemeinen Theorie. Frankfurt/Main.

Luhmann, Niklas, 1987a: Die Unterscheidung von Staat und Gesellschaft. In: Luhmann, Niklas (Hg.), 1987: Soziologische Aufklärung 4, Opladen, S. 74 - 103.

Luhmann, Niklas, 1987b: Staat und Politik. Zur Semantik der Selbstbeschreibung politischer Systeme. In: Luhmann, Niklas (Hg.), 1987: Soziologische Aufklärung 4, Opladen, S. 104 - 116.

Pokol, Béta, 1990: Professionelle Institutionensysteme oder Teilsysteme der Gesellschaft? Reformulierungsvorschläge zu Niklas Luhmanns Systemtypologie. In: Zeitschrift für Soziologie 19 (1990), 1990, S. 329 - 344.

Willke, Helmut, 1983: Entzauberung des Staates. Überlegungen zu einer sozietalen Steuerungstheorie. (Sozialwissenschaftliches Forum 8), Königstein/Ts.

2. Kapitel

Zur Diskussion um die Staatsidee II:

Zwischen Nationalismus und Verfassungspatriotismus

Vom Ende eines Sonderwegs. Deutsche Nation und deutscher Nationalismus in europäischer Perspektive

Hagen Schulze

Wer sich in diesen Tagen in der Mitte Berlins auf den Spaziergang vom Brandenburger Tor zum Gropius-Bau begibt, muß sich auf einen befremdlichen Eindruck gefaßt machen. Bisher hatte man einen schmalen, aber nur zu deutlich gekennzeichneten Pfad zurückzulegen gehabt: es ging immer die Mauer entlang, ganz einfach. Jetzt ist die Mauer fort, und der Spaziergänger bewegt sich vom Pariser Platz über den Potsdamer zum Leipziger Platz wie in einer surrealistischen Traumlandschaft: ringsum Steppengelände, hier und da ein stehengebliebenes Haus, Trümmer, Schutt, irgendwo unter den Füßen immer noch die alten Maulwurfsgänge des Führerbunkers. Die Landschaft ist überwältigend offen, aber man kann sich neuerdings auch leicht verlaufen.

Die neue Offenheit in der Mitte Berlins hat Ähnlichkeiten mit der geistigen Landschaft, in die die Deutschen sich in kürzester Zeit versetzt finden. Jetzt erst wird deutlich, wie bequem es sich in der scheinbar so stabilen Nachkriegswelt hat einrichten lassen. Die intellektuellen Diskussionen über Vergangenheit und Zukunft Deutschlands und Europas wurden vor dem Hintergrund einer politischen Konstellation geführt, in der die einzigen wirklichen Veränderungen von der Dritten Welt ausgingen, während die beiden hegemonialen Weltsysteme der nördlichen Erdhälfte sich gegenseitig in Schach hielten, einander in dauerhafter Starre verbunden. Darin zwei Deutschlands, auf doppelte Weise festbetoniert: Zum einen in ihrer Frontlage im Kalten Krieg, zum anderen in ihrer besonderen historischen Verantwortung dafür, daß diese Nachkriegsordnung überhaupt möglich geworden war.

Aus dieser Lage ergaben sich für die deutsche Vergangenheit wie für die Zukunft besondere Perspektiven. Die Geschichte des deutschen Nationalstaats hatte in Schreck und Schande geendet, die Zukunft lag für die einen in einem idealistisch erträumten Europa, das mit der wirklichen Europäischen Gemeinschaft oft wenig zu tun hatte, für die anderen in der romantischen Idylle von Regionen und Heimaten; ein bundesdeutscher Verfassungspatriotismus, der die nationalen Traditionsbindungen ersetzen sollte, blieb ein kaltes Ding in den Köpfen Weniger. Bei allen Disputen über die deutsche Vergangenheit, bei denen es meist nur nebenbei um Geschichte, vor allem aber um Politik, Moral und letzte Dinge ging - ich erinnere vor allem an den sogenannten Historikerstreit der letzten Jahre, der im Rückblick geradezu gespenstisch anmutet - bei allen diesen Disputen bestand in einem Punkt Einigkeit: Der Nationalstaat der Deutschen war ein von der Geschichte geprüfter und von der Geschichte als ungeeignet abgelehnter Entwurf.

Das hat sich geändert: schnell, radikal, unerwartet und bisher kaum begriffen. Ausgerechnet die Deutschen erhalten mit der Verwandlung Europas die Chance, ihren Nationalstaat ein zweitesmal zu gründen. Und weil trotz des jahrzehntelangen offiziellen Wiedervereinigungs-Pathos das künftige deutsche Staatswesen nie wirklich gedacht worden ist, finden sich die Deutschen jetzt auf freiem Felde wieder wie die Spaziergänger über dem Führerbunker in Berlins Mitte.

Wie also wird die deutsche Zukunft aussehen? Während in Deutschland, von einigen verbitterten Kulturschaffenden abgesehen, eher Optimismus herrscht, überwiegt bei den deutschen Nachbarn eine gewisse Skepsis, denn "es hat sich wirklich alles verändert, seit die Mauer gefallen ist," wie die amerikanische Zeitschrift "Time" in ihrer jüngst erschienen Deutschland-Sondernummer schreibt. "Geopolitisch gesehen treibt die Mitte Europas von Großbritannien und Frankreich nach Osten, um sich, wenn zur Zeit auch noch unsicher, in Deutschland zu etablieren, dem Angelpunkt eines größeren Europa, das sich vom Atlantik bis zur sowjetischen Grenze erstreckt, vielleicht sogar bis zum Ural."[1]

Wenn in Frankreich, in Großbritannien, in den Niederlanden von Deutschland die Rede ist, dann stellen sich unvermeidlicherweise historische Reminiszenzen ein. Der Herausgeber der Pariser Tageszeitung "Libération" beispielsweise erinnert daran, daß "in der Geschichte des deutschen Bewußtseins die staatliche Einheit wiederholt das Vorspiel zu den großen Katastrophen war", und diese Befürchtung steht, wenn auch zumeist unausgesprochen, hinter den meisten Kommentaren unserer Nachbarn zur künftigen Rolle Deutschlands in Europa. Seit Jahrhunderten war die Gestaltung der europäischen Mitte ein Problem des gesamten Kontinents; die deutsche Frage ist eine Frage an die europäische Geschichte.

Eine große Konstante der deutschen wie der europäischen Geschichte, die alle Wechselfälle überdauert und jede Epoche entscheidend beeinflußt hat, ist eine geographische Grundgegebenheit: Deutschlands Mittellage in Europa. Seit dem Ausgang des Mittelalters, seit der Reformation und Gegenreformation hat sich diejenige Staatenwelt ausgebildet, die die Geschicke Europas bis in unser Jahrhundert hinein bestimmt hat: England, Frankreich, Spanien, Osmanisches Reich, Rußland, Schweden, dazu dann die Vereinigten Niederlande und Dänemark - allesamt an der Peripherie Europas angeordnet, mit mehr oder minder natürlichen Grenzen und einem gleichermaßen geographischen, politischen, wirtschaftlichen und kulturellen Zentrum begabt. Dazwischen lag europäisches Niemandsland, eine Fülle von "Deutschländern" - les Allemagnes, wie man in Frankreich sagt - eine Menge größerer oder kleinerer Territorialstaaten zwischen Maas und Memel, Etsch und Belt, in denen man zwar in aller Regel Deutsch sprach, im übrigen aber dem jeweiligen Landesherrn und dessen Konfession anhing und Kaiser und Reich allenfalls wie eine bunte Fata Morgana wahrnahm, anrührend, aber weit entfernt und wesenlos.

1 F. Painton: The Fine Art of Bridge Building, in: Time International 26 (25.6.1991), S. 24.

Daß sich in diesem Raum nicht zur gleichen Zeit wie im übrigen Europa eine moderne Großmacht entwickeln konnte, hatte eine Reihe von Gründen: kein natürlicher Mittelpunkt, keine natürlichen Grenzen. Das Land zerfloß, war offen nach allen Seiten, zudem in seiner Verkehrsgeographie durch Flüsse und Gebirge zerhackt. Kein anderes Land hat im Laufe seiner Geschichte soviele Hauptstädte gehabt wie Deutschland: Aachen, Speyer, Goslar, Frankfurt, Nürnberg, Prag, Wien, Berlin, Bonn. Und welches die deutschen Grenzen seien, darüber hat es bis zur Gründung des zweiten deutschen Kaiserreichs im Jahr 1871 nie eine klare Antwort gegeben. Gewiß, zu Beginn des 16. Jahrhunderts kam es unter den habsburgischen Kaisern Maximilian I. und vor allem Karl V. zu einem Anlauf, um aus dem transnationalen, eher metaphysischen Gebilde des Heiligen Römischen Reichs so etwas wie einen geschlossenen deutschen Staat zu entwikkeln. In der Folgezeit jedoch wurde die deutsche Einheit Opfer von Reformation und Gegenreformation; während in allen anderen Staaten Europas der Kampf zwischen den Konfessionen so oder so entschieden wurde, blieb er in Deutschland in der Schwebe, versteinerte gewissermaßen im territorialstaatlichen Prinzip des "cuius regio, eius religio" und überwölbte die territoriale Spaltung durch die konfessionelle, mit Folgen für die politische Kultur der Deutschen, die bis in die Gegenwart hinein sichtbar geblieben sind.

Diese Zersplitterung blieb das Prinzip der Verfassung des Heiligen Römischen Reichs, eines Gebildes ohne eigene Staatlichkeit, Organisation und Macht, was alles auf die Territorien und Reichsstädte übergegangen war. Deren "Libertäten", ihre souveränen Rechte, waren zudem seit dem Ausgang des Dreißigjährigen Krieges durch seinen internationalen Vertrag, den Westfälischen Frieden von 1648, garantiert - seitdem galt die Verfassung des Reichs, eines "unregelmäßigen und einem Monstrum gleichen Staatskörpers", wie der Staatsphilosoph Pufendorf sagte,[2] als Bestandteil des internationalen europäischen Rechts. Anders gesagt: Die Organisation, die Ordnung, die Grundlagen der deutschen Reichsinnenpolitik - das war Sache aller europäischen Mächte.

Diese Konstellation war kein Zufall, sondern logisches Ergebnis der europäischen Ordnung. Nur der amorphe Zustand Mitteleuropas hielt den Kontinent in Balance, und jeder Blick auf die Landkarte zeigt, weshalb: Wer dieses Gebiet besäße, sei es eine der europäischen Großmächte oder eine Macht, die in Mitteleuropa selbst entstünde, könnte Herr Europas werden. Jede Machtballung in Deutschland wirkte daher wie eine Aufkündigung des europäischen Gleichgewichts; die notwendige Folge war die Bildung feindlicher Koalitionen, deren Erfolg um so wahrscheinlicher war, als sich eine mitteleuropäische Hegemonialmacht nach mehreren Seiten zugleich zu behaupten hatte und dabei über verteidigungsfähige natürliche Grenzen nicht verfügte.

Aus diesem Grund galten den europäischen Nachbarn die "Libertäten" der mehr als 300 deutschen Klein- und Kleinststaaten als Garantie der europäischen Freiheit, des

---

2 Severinus de Mozambano (=Samuel v. Pufendorf): De statu imperii germanici (1666), hrsg. v. H. Breßlau, Berlin 1922, S. 94.

Gleichgewichts der Staaten und ihrer Existenz. Deshalb garantierten die Staaten Europas insgesamt das Überleben und die Unabhängigkeit der deutschen Duodez-Fürstentümer und der Reichsstädte. Jeder Übergriff einer Großmacht rief unweigerlich die Konkurrenz auf den Plan. Schon im Laufe der früheren Zeit war deshalb der Versuch Habsburgs gescheitert, das halbmetaphysische Reichskonglomerat in einen mehr oder weniger modernisierten Machtstaat umzuformen. In der Folgezeit orientierte sich deshalb Österreich-Habsburg immer stärker auf die europäische Peripherie, auf Ost- und Südosteuropa sowie Italien, und verlor im gleichen Maße an zentraleuropäischer Macht: Es war die lange Wanderung Österreichs aus der deutschen Geschichte heraus, die 1866 ihren vorläufigen, 1945 ihren endgültigen Abschluß gefunden hat.

Preußens Aufstieg im Laufe des 18. Jahrhunderts störte deshalb die europäische Balance empfindlich. Was hier entstand, das war ein durch den Herrschaftswillen der Hohenzollern und dank ihrem Organisationstalent überdauerndes, weitgehend künstlich territoriales Gebilde, in fern voneinander liegende Provinzen zerrissen, durch Flüsse ost-westlich zerschnitten, ohne sichere Grenzen. Ein unlösbares, durch die geographischen Gegebenheiten diktiertes Paradox: Die Mittellage Preußens verlangte eine Politik, durch die kein Nachbar sich bedroht fühlte; zugleich aber stand Preußen so lange am Rande seiner Existenz, wie seine Grenzen offen und jedem Druck ausgesetzt waren.

Aus dieser Situation führten zwei Auswege: Preußen mußte sich entweder, wie Deutschland im ganzen, den politischen Einwirkungen seiner Nachbarn öffnen und es ihnen gestatten, seine Politik zumindest teilweise zu kontrollieren. Das war der Weg, den der andere große Staat der europäischen Mitte, Polen, betrat; die Folgen für den polnischen Staat waren Aushöhlung seiner Souveränität, innenpolitische Anarchie und schließlich die Aufteilung zwischen den Nachbarn. Oder aber Preußen organisierte sich und rüstete so weit auf, daß es imstande war, jeden Krieg an den weit auseinanderliegenden Grenzen auch gegen eine gegnerische Koalition zu führen und zu gewinnen. Und auf das Gewinnen kam es an, denn anders als im Fall der älteren und traditionellen Staaten Europas ging es für Preußen in jedem Konflikt um Sein oder Nichtsein. Daher jenes Übergewicht des militärischen Sektors, deshalb die bürokratische Durchorganisation aller Lebensbereiche, um auch die letzten Kräfte dieses bettelarmen Staatswesens mobilisieren zu können, daher jener Zug von Angestrengtheit, Ernst und dieser Mangel an Urbanität und Lebensfreude, der das preußische Wesen und später das deutsche bei den europäischen Nachbarn so unbeliebt gemacht hat.

Das waren die Grundfigurationen preußischer Existenz: Mittellage, unsichere Grenzen, die Furcht vor feindlichen Koalitionen und vor dem Mehrfronten-Krieg, Balance auf dem Trennstrich zwischen Ost und West und eine innere Verfassung, die der äußeren Lage entsprach. Alles das kehrte im Laufe der Jahrhunderte in wechselnden Konstellationen wieder und wurde um so bestimmender, je größer die deutsche Machtballung wurde.

Neben dem preußischen Staat tauchte seit Beginn des 19. Jahrhunderts zudem ein weiteres Element im mitteleuropäischen Raum auf, das das System Europa bedrohte:

die deutsche Nationalstaatsidee, zunächst Sache einiger kleiner intellektueller Zirkel, von den Freiheitskriegen 1813-15 bis zur Rheinkrise von 1840 jedoch wie absinkendes Kulturgut sich nach unten ausbreitend, bis die Idee von dem Nationalstaat aller Deutschen, mit Karl Marx gesprochen, die Massen ergriff und zur materiellen Gewalt wurde. Die europäische Öffentlichkeit notierte das zunächst durchaus wohlwollend, denn wie überall in Europa war auch der deutsche Nationalismus einstweilen die Kehrseite des politischen Liberalismus, mithin eins mit den Tendenzen der Epoche.

Aber kaum zeichnete sich der deutsche Nationalstaat auch nur am Horizont als mögliche Wirklichkeit ab, da verflog alle internationale Sympathie. Der deutsche Nationalismus drohte in der Revolution von 1848/49 das Wiener Friedenssystem von 1815 zu sprengen; der britische Botschafter Sir Stratford Canning predigte der preußischen Regierung, sie müsse ihre Politik "an dem System des internationalen Rechts ausrichten, der besten Garantie des Friedens, das die Enthusiasten der deutschen Einigung so eifrig zu überwinden suchen und das die Apostel der Unordnung mit so großem Erfolg der Verachtung und Vergessenheit zu überantworten streben ..."[3]. Sir Stratfords Unruhestifter waren die liberalen Vorkämpfer des deutschen Nationalstaats, die Unordnung war für ihn die Einigung Deutschlands. Den Kabinetten in London, Paris und Petersburg schien das friedliche Treiben des Paulskirchenabgeordneten der schiere Aufruhr wider die geheiligten Prinzipien des europäischen Gleichgewichts. Französische Gesandte forderten Garantien für den Fortbestand der souveränen deutschen Territorialstaaten, britische Kriegsschiffe demonstrierten in der Nordsee, russische Truppen marschierten an der preußischen Ostgrenze auf, und nicht zuletzt an der Gefahr einer Drei-Mächte-Intervention scheiterte die deutsche Revolution von 1848/49, der Versuch, ein liberal verfaßtes Großdeutschland auf der Grundlage von Volkssouveränität und Menschenrechten zu begründen.

Der nächste Anlauf zur Reichseinigung, diesmal gestützt auf die preußischen Waffen und ein Bündnis der deutschen Fürsten, gelang dagegen 1871. Man mag es als Tragik der deutschen Geschichte ansehen, daß der deutsche Nationalstaat auf diese Weise kein liberal-volksstaatliches, sondern ein preußisch-obrigkeitsstaatliches Gewand erhielt - aber es ist durchaus fraglich, ob Europa eine andere Grundlegung der deutschen Einheit überhaupt ertragen hätte. Ohnehin gelang der Bismarcksche Coup nur, weil sich Europa im "Wellental" der Krise nach dem Krimkrieg befand. Das europäische Konzert war gestört, England und Rußland waren weit auseinandergerückt, Frankreich wurde durch die preußischen Waffen niedergehalten: eine einmalige geschichtliche Konstellation. Aber auch jetzt war der Argwohn in den europäischen Hauptstädten unüberhörbar, in Worte gefaßt von dem britischen Oppositionsführer Benjamin Disraeli, der am 9. Februar 1871 vor dem Unterhaus in London erklärte, die Gründung des Deutschen Reiches sei nicht weniger als "die deutsche Revolution, ein größeres politisches Ereignis

---

3 Sir Stratford Canning an Lord Palmerston, 3.4.1848, nach M. Stürmer: Die Geburt eines Dilemmas, in: Merkur 35 (1981), S. 5.

als die Französische Revolution des vergangenen Jahrhunderts ... Es gibt keine einzige diplomatische Tradition", fuhr Disraeli fort, "die nicht hinweggefegt worden ist. Wir haben eine neue Welt, neue Einflüsse am Werk, neue und unbekannte Größen und Gefahren, mit denen wir fertig werden müssen, und die zur Zeit, wie alles Neue, noch undurchschaubar sind ..."[4].

Daß die Reichseinigung eine Revolution Europas bedeutete, hatte zur Folge, daß das neue Deutsche Reich sich äußerstes Wohlverhalten auferlegen mußte, wenn es auf die Dauer inmitten Europas überleben wollte. Dazu genügte nicht die Versicherung Bismarcks, das Reich sei saturiert; dazu gehörte vor allem die glaubwürdige Fähigkeit des neuen preußisch-deutschen Staatswesens, die unruhigen Kräfte seines Inneren zu bändigen, ihren Expansionsdrang über die Reichsgrenzen hinaus zu dämpfen und zu beherrschen. Das galt besonders für den gärenden deutschen Nationalismus, dem das kleindeutsche Reich nur eine Abschlagszahlung auf die Verwirklichung der Utopie vom Nationalstaat aller Deutschen war, und deshalb war ein deutsches Reich unter preußischer Herrschaft den übrigen Großmächten zwar wenig sympathisch, aber immer noch erträglicher als ein liberaler Volksstaat, hinter dem die europäischen Kabinette und Höfe germanisches Jakobinertum gewittert hätten. Zu bändigen waren aber auch die wirtschaftlichen Kräfte, die mächtig über das Gebiet des einstigen Zollvereins nach außen drangen und nach Kolonien und Einflußzonen riefen, und nicht zuletzt der zum Bewußtsein seiner selbst gelangende vierte Stand und dessen immer lauter werdende Drohung der sozialen Revolution - nicht umsonst galt die deutsche Sozialdemokratie als Vorreiterin der sozialistischen Internationale.

Das war die Dialektik von Außen- und Innenpolitik, die Deutschland notwendigerweise beherrschte: Eine schnelle und durchgreifende Liberalisierung und Demokratisierung des Reichs, die Freisetzung der politischen und gesellschaftlichen Triebkräfte stieße unter anderem an die Grenzen der deutschen Daseinsfähigkeit im Mächtegleichgewicht Europas. Der britische Historiker John Robert Seeley hat damals den Satz geprägt, das Maß innerer Freiheit eines Staates stehe immer im umgekehrten Verhältnis zum äußeren Druck auf seine Grenzen: Das paßte präzise auf Deutschland und dessen Lage in der Mitte des Kontinents.

Es war deshalb auch nicht etwa ein Widerspruch, daß Bismarck nach innen eine Politik sozialer und polizeilicher Repression, nach außen dagegen eine des Ausgleichs und der Kriegsverhütung betrieb. Tatsächlich war das eine ohne das andere gar nicht möglich: Deutschland wurde von seinen Nachbarn so lange und gerade eben noch ertragen, wie der Deckel fest auf seinem brodelnden Inneren saß.

Aus diesem Grund wurde der Weltkrieg früher oder später auch unvermeidlich, als Bismarcks Nachfolger dessen Politik der strikten Beschränkung aufgaben, und als darüberhinaus die Macht der alten preußischen Oberschicht, die mit ihrer Stellung in

---

4 W. F. Monypenny, G. E. Buckle: The Life of Benjamin Disraeli, Earl of Beaconsfield, Bd. II, London 1929, S. 473

Deutschland sehr zufrieden war und keine weiterreichenden Ambitionen besaß, zunehmend unterhöhlt wurde. Das Aufkommen organisierter Verbandsinteressen, nationalistischer und imperialistischer Massenorganisationen, der allmähliche Parlamentarisierungsprozeß und der schleichende Machtverlust des preußischen Staatsministeriums, "Drang zur Sonne" und Schlachtflottenbau - all das hing miteinander zusammen und zerstörte unaufhaltsam die Begrenzungen, die das europäische System der Existenz des deutschen Nationalstaats setzte. Nicht, daß der Ausbruch des Ersten Weltkriegs ausschließlich das Schuldkonto eines einzigen der beteiligten Staaten belastet hätte; aber angesichts der zunehmenden Spannungen zwischen der europäischen Mitte und den Mächten der Peripherie war der Konflikt so absehbar wie die deutsche Niederlage von 1918, und wahrscheinlich war auch die anschließende Auflösung des Deutschen Reiches.

Ein Wunder also, daß dies 1919 nicht geschah, und der Grund dafür war der gleiche, der bereits 1807 Preußen hatte überleben und 1871 das Reich hatte entstehen lassen: ein Auseinanderrücken West- und Osteuropas, das westeuropäische Bedürfnis nach einer strategischen Barriere gegen Rußland. In London, in Washington ging die Angstvorstellung um, in Deutschland könne eine bolschewistische Regierung die Oberhand gewinnen, die dann gemeinsam mit Sowjetrußland Europa unterwerfen werde.

Allerdings begingen die westlichen Siegermächte einen schweren Fehler: Anstatt das Deutsche Reich entweder, wie dies die französische Generalität forderte, erneut in eine Vielzahl deutscher Kleinstaaten aufzulösen oder aber die neuerstandene deutsche Demokratie, die Republik von Weimar, ohne Wenn und Aber in den Kreis der westlichen Welt aufzunehmen, entschied man sich für einen zerstörerischen Mittelweg. Mit dem Vertrag von Versailles wurde Deutschland unter Sonderrecht gestellt, militärisch entmachtet, wirtschaftlich ruiniert und politisch gedemütigt. Aus dem deutschen Blickwinkel erschien das "Diktat von Versailles", wie man damals sagte, als Instrument westlicher Willkür; die europäische Ordnung von 1919 schien ebenso unannehmbar wie die innenpolitische Ordnung der Siegermächte, die aufgrund des Kriegsausgangs auch die des geschlagenen Deutschland geworden war, die Demokratie. Das war der entscheidende Grund dafür, daß für die meisten Deutschen der Kampf gegen den Versailler Vertrag, gegen die europäische Friedensordnung und gegen die Demokratie ein und dasselbe bedeutete; das war der Humus, auf dem das totalitäre und innen- wie außenpolitisch aggressive Regime Hitlers wachsen konnte.

Vorerst aber war das einzige Argument, mit dem ein Reichsaußenminister der Weimarer Republik noch deutsche Politik machen konnte, die Position Deutschlands zwischen Ost und West. Alle Westpolitik des Deutschen Reichs stand fortan unter der unausgesprochenen Drohung des Bündnisses zwischen den beiden Parias des internationalen Systems, Deutschlands und der Sowjetunion, während man gegenüber der Sowjetunion mit dem Versprechen operierte, im Falle einer neuerlichen westlichen Interventionspolitik neutral zu bleiben. Ein Kunststück blieb der Balanceakt zwischen Ost und West allemal, und es gab Beobachter, denen dabei unheimlich wurde. Der Kölner

Oberbürgermeister Konrad Adenauer stieß sich bereits in den zwanziger Jahren an jenem "Unsteten und Schaukelnden", wie er Stresemanns Außenpolitik bezeichnete,[5] und empfahl statt dessen, den Frieden Europas auf ein enges und einseitiges Bündnis zwischen Deutschland und den Westmächten zu gründen. Vorerst sprachen noch die Logik der politischen Situation ebenso dagegen wie die diplomatischen Traditionen, aber auch für Adenauers Pläne sollte die Zeit kommen.

Zunächst allerdings erschien Hitler auf der Bühne. Es kann kein Zweifel sein, daß die Absichten und Ziele des "Führers" aus der Kontinuität deutscher und europäischer Politik hinausführten. Hitler dachte nicht in den Kategorien von Gleichgewicht oder Hegemonie in Europa - die klassischen Themen der europäischen Diplomatie waren ihm fremd und gleichgültig. Er wollte etwas vollständig anderes - die Weltherrschaft einer Herrenrasse, die nur in den kranken Köpfen einiger Ideologen existierte, und die auf den Knochen anderer, minderwertiger Rassen errichtet werden sollte. Das war der Ausbruch aus allen Traditionen, die zerstörerische Rolle der reinen Ideologie. Aber es ist auch wahr, daß Hitlers Herrschaft nur deshalb möglich war, weil Mitglieder der alten Eliten ihn mißverstanden und ihm in den Sattel geholfen hatten, weil sie geglaubt hatten, es gehe lediglich um die Revision des Versailler Vertrags und der Ergebnisse des Ersten Weltkriegs. Das war der schrecklichste Irrtum in der Geschichte des deutschen Konservativismus, einer Geschichte voller Fehler und Mißgriffe.

Erst danach konnte die Ära Konrad Adenauers beginnen. Der erste Kanzler der Bundesrepublik Deutschland brauchte gar nicht, wie er meinte, "Deutschlands Gesicht nach Westen zu wenden" - es gab für die Bundesrepublik überhaupt keine andere politische Himmelsrichtung mehr. Der Grund dafür war offenbar: Das europäische Konzert war verstummt, ein eiserner Vorhang teilte Europa, Deutschland, Berlin; anstelle des einen Deutschland der Mitte gab es jetzt zwei Deutschlands, beide an den gefährdeten Rand globaler Machtsysteme gerückt und deshalb von den jeweiligen Hegemonialmächten, Amerika und Sowjetrußland, favorisiert. Es kann kein Zweifel sein, daß die feste Einbindung der Bundesrepublik Deutschland in das westliche Bündnis nicht in erster Linie der freien politischen Entscheidung deutscher Parteien oder einzelner Politiker entsprang, sondern dem Zwang der geographischen Lage. Die Wahl war einfach zu treffen, neben der Option für die Sowjetunion oder für die Vereinigten Staaten gab es kein Drittes, und war diese Wahl einmal getroffen - und aufgrund der besonderen Stellung der westlichen Siegermächte in den Westzonen Deutschlands war das Ergebnis unausweichlich -, so gehorchte fortan die deutsche Politik strikten außenpolitischen Zwängen.

Nicht jedermann mochte das einsehen. In allen großen Parteien, von der regierenden CDU bis zur oppositionellen SPD, gab es Politiker, die aus der Blockbindung ausbrechen und um den Preis verminderter Souveränität ein vereinigtes, blockfreies, neu-

5 Notiz Konrad Adenauers aus Anlaß der Konferenz von Locarno 1925, nach: P. Weymar: Konrad Adenauer. Eine Biographie, München 1955, S. 28.

trales Deutschland zwischen den Gegnern des Kalten Kriegs anstrebten. Und im Frühjahr 1952 schien die Chance greifbar nah: In mehreren Noten an die Westmächte schlug damals Stalin die Vereinigung der beiden deutschen Teilstaaten zu einem neutralen Gesamtdeutschland vor, unter gesamtalliierter Kontrolle, mit schwachen eigenen Streitkräften und einer Demokratie, die ausschließlich auf "demokratischen und friedliebenden Parteien" beruhen sollte. Die Westmächte lehnten Stalins Vorschlag ab, und die deutsche Bundesregierung schloß sich dieser Ablehnung ohne Wenn und Aber an.

Neuere Forschungen aufgrund des amerikanischen Aktenmaterials zeigen jedenfalls, wie gering anläßlich der sowjetischen Notenkampagne von 1952 der Einfluß Adenauers auf die Formulierung der westlichen Antwort gewesen ist.[6] Eine verpaßte Gelegenheit, die deutsche Einheit durch Neutralisierung Gesamtdeutschlands herzustellen, hat es für die Politik der Bundesrepublik nicht gegeben. Und an diesen strikten Bindungen hat sich bisher nichts Wesentliches geändert; die neue deutsche Ostpolitik von 1970, die tatsächlich ihre ersten Anstöße bereits in der Adenauer-Ära erhalten hatte, folgte lediglich der Änderung amerikanischer und französischer Ostpolitik, und auch in den Jahren konzentriertester Bemühungen um eine Entspannung und Verbesserung der deutsch-sowjetischen Beziehungen hat es nie einen Zweifel darüber gegeben, daß die Bundesrepublik Deutschland ihre Ostpolitik ausschließlich aus der Deckung des westlichen Verbundes heraus betrieb und betreiben konnte.

Und das hatte entscheidende Auswirkungen auf die politische Kultur Westdeutschlands. Ohne die enge Bindung der Bundesrepublik an die westlichen Demokratien wäre die erstaunliche Stabilität der deutschen Demokratie kaum möglich gewesen. Von Anfang an verlieh die amerikanische Unterstützung der Regierung Adenauer der neuen deutschen Staatsform einen erheblichen Prestigeschub. Überspitzt gesagt: Demokrat sein hieß das erstemal in der deutschen Geschichte, erfolgreich zu sein. Wer weiß, wie sich die erste deutsche Demokratie, die von Weimar, entwickelt hätte, wenn ein Ebert, ein Stresemann, ja ein Brüning sich eines alliierten Wohlwollens hätten erfreuen können wie nach dem Zweiten Weltkrieg Konrad Adenauer. Neben dem wirtschaftlichen Erfolg der Nachkriegsjahre war es vor allem die politische Stabilität Westeuropas, die die innenpolitische Stabilität unserer Verfassungsordnung ermöglicht hat.

Seit dem 9. November 1989 hat sich jedoch der politische Rahmen der deutschen Frage entscheidend verändert. Mit dem Fall des Eisernen Vorhangs, mit der demokratischen Revolution in Osteuropa und dem strategischen Rückzug der Sowjetunion auf ihr eigenes Territorium hat Europa seine traditionelle Struktur wiedergewonnen. Die Spaltung des Kontinents, die nach dem Ersten Weltkrieg durch die Teilung in diktatorische und demokratische Staaten begonnen und nach dem Zweiten durch den Kalten Krieg vertieft worden war, ist fast über Nacht beendet. Europa ist wieder der Kontinent einer

---

6 H. Graml: Die Legende von den verpassten Gelegenheiten. Zur sowjetischen Notenkampagne von 1952, in: VfZ 29 (1981), S. 307-341; H.-J. Rupieper: Zu den sowjetischen Deutschlandnoten 1952. Das Gespräch Stalin-Nenni, in: VfZ 33 (1985), S. 547-557; J. Foschepoth (Hrsg.): Adenauer und die deutsche Frage, Göttingen 1988.

bunten und labilen Staatenvielfalt, und das wiedervereinigte Deutschland in der europäischen Mitte ist mehr denn je auf dem Wege, zur Vormacht in diesem wiedererstandenen Europa zu werden.

"An einer deutschen Führungsposition in Europa ist nichts Unnatürliches," meint die amerikanische Zeitschrift "Newsweek". "Die Nachkriegszeit war eine historische Anomalie, in der der Kontinent von zwei auswärtigen Mächten beherrscht worden war, deren Bündnisse und Nuklearsenale ein unbehagliches Gleichgewicht erzeugten. Die deutsche Wiedervereinigung führt zu einer neuen und natürlicheren Machtbalance, die die Beziehungen zwischen den Mächten erheblich verändert. Aber ein neues Gleichgewicht garantiert noch nicht Stabilität." Und das Blatt zitiert einen führenden amerikanischen Diplomaten mit den Worten: "Man kann leicht davon reden, Europa solle zu seinem natürlichen Zustand zurückkehren, aber der natürliche Zustand Europas bedeutete immer wieder auch Krieg. Ein Grund dafür war diese drängende, ziemlich plumpe Machtballung in der Mitte Europas."[7]

Hat sich also jetzt, mit dem erneuten Erstehen eines starken, vereinten Deutschland in der Mitte Europas, ein Kreis geschlossen? Besteht wieder eine Konstellation, in der die nationalen Ambitionen der Deutschen nur auf Kosten der europäischen Nachbarn erfüllt werden können? Ist die deutsche Geschichte die Wiederkehr des Immergleichen?

Wenn das so wäre, dann hätten diejenigen recht, die jetzt dazu neigen, die Hoffnungen, Frustrationen, Vergeblichkeiten und Zusammenbrüche der deutschen Geschichte des 19. und 20. Jahrhunderts in unsere Zukunft zu projizieren und von dem Katastrophenweg des ersten deutschen Nationalstaats düstere Prognosen für die Zukunft des zweiten abzuleiten. "Einen neuen Nationalismus und die Wiederbelebung seiner alten Mythen" fürchtet der Historiker Hans-Ulrich Wehler - die alte Furcht vor der ewig gleichen Anfälligkeit der Deutschen für einen übersteigerten, aggressiven Nationalismus, scheinbar unverrückbarer Bestand unseres Nationalcharakters.[8]

Diese Furcht ist unbegründet. Gerade der Historiker muß heute der Versuchung des historischen Analogiedenkens widerstehen: Der deutsche Sonderweg, das deutsche Sonderbewußtsein sind an ihrem Ende angelangt. Denn in mehrfacher Hinsicht hat sich, nicht das erstemal in der deutschen Geschichte, ein abrupter Abbruch mächtiger historischer Kontinuitäten ereignet, und mit ihnen das Ende der entscheidenden Voraussetzungen für jene Gefährdungen der deutschen politischen Kultur, die im Neunzehnten Jahrhundert und in der ersten Hälfte des Zwanzigsten zu einem neurotisch übersteigertem, systemsprengenden Nationalismus geführt haben.

In zumindest vierfacher Hinsicht unterscheidet sich die deutsche Gegenwart grundlegend von der deutschen Vergangenheit:

---

7 R. Watson et al.: A New Germany, in: Newsweek 28 (9.7.1990), S. 7.

8 H.-U. Wehler: Wider die falschen Apostel, in: Die Zeit 46 (9.11.1990), S. 12.

1. Das erstemal in der Geschichte ist der deutsche Nationalstaat "gesättigte Gegenwart", wie sich Ernest Renan im Blick auf das französischen Staatswesen ausdrückte.[9] Bisher galt das Diktum Nietzsches: "Die Deutschen sind von vorgestern und von übermorgen - sie haben noch kein Heute."[10] Das lag daran, daß seit der Entstehung der Nationalstaatsidee in Deutschland am Beginn des 19. Jahrhunderts und seit 1871 mit den aufeinanderfolgenden Varianten des Nationalstaats Nation und Staat stets auseinandergetreten waren. Die frühen Anhänger der Nationalbewegung hatten von der Wiederkehr des mittelalterlichen Reichs geträumt, unter deutscher Führung, aber einschließlich Böhmens und Oberitaliens; das kleindeutsche Bismarck-Reich galt Vielen nur als Abschlagszahlung auf die Verwirklichung eines großdeutschen Reichs. Die Weimarer Republik zerrieb sich im Kampf um die Revision des Versailler Vertrags und der deutschen Ostgrenze, der Teilstaat Bundesrepublik Deutschland hatte die Wiederherstellung der Grenzen von 1937 zum politischen Imperativ erhoben: Nie war die jeweilige staatliche Hülle genug, sie war stets Provisorium, Durchgangsstadium auf dem Weg zu einer Utopie, die nur gewaltsam oder gar nicht verwirklicht werden konnte. Daher die besonderen neurotischen Ausdrucksformen des deutschen Nationalismus und der deutschen Identitätssuche. Das ist jetzt zuende. Seit dem 3. Oktober 1990 ist die Bundesrepublik Deutschland die einzige denkbare staatliche Hülle der deutschen Nation, ohne jede legitime Konkurrenz in den Köpfen der Bürger. Abgesehen von einigen verbitterten Vertriebenen denkt niemand mehr daran, die früheren deutschen Ostgebiete "heim ins Reich" zu holen. Gewiß wird es noch ein paar Jahre dauern, bis diejenige Generation abgetreten ist, für die Königsberg, Breslau und Stettin so deutsche Städte waren wie Berlin, München oder Köln. In den nachgewachsenen Generationen gibt es sowenig Ambitionen auf Ostpreußen und Schlesien wie auf Österreich oder das Elsaß. Die Frage, die Ernst Moritz Arndt 1813 stellte: "Was ist des Deutschen Vaterland": Diese Frage ist erst jetzt endgültig beantwortet.

2. Damit im Zusammenhang: Das erstemal in ihrer Geschichte können die Deutschen beides ganz haben: Einheit und Freiheit. Seit dem Beginn der Moderne hatte es so ausgesehen, als sei das nicht möglich, als könnten die Deutschen von der Freiheit und der Einheit immer nur das eine ganz, das andere allenfalls verkrüppelt oder nur für kurze Zeit bekommen. Dem "Vertrag zur deutschen Einheit" zufolge soll nun die Präambel des Grundgesetzes geändert werden. An die Stelle der Aufforderung an das deutsche Volk, die Einheit und Freiheit Deutschlands zu vollenden, tritt künftig der Satz: "Damit gilt dieses Grundgesetz für das gesamte deutsche Volk."[11]

Das heißt: Die alte Diskussion darüber, ob die Identität der Deutschen durch nationale Tradition oder durch Verfassungsbindung bestimmt sei, eine Diskussion, die

---

9 E. Renan: Que est-ce qu'une nation?, Paris 1882, S. 12.

10 F. Nietzsche: Jenseits von Gut und Böse. Zur Genealogie der Moral, hrsg. v. G. Colli, M. Montinari, Berlin 1968, S. 188.

11 Der Vertrag zur deutschen Einheit. Texte und Erläuterungen, hrsg. v. F. U. Fack, Frankfurt/M., Leipzig 1990, Art. 4,1, S. 46 f.

sich vom Vormärz bis zum sogenannten Historikerstreit gezogen hat: Diese Diskussion hat sich erledigt. Künftig ist der deutsche Nationalstaat das Gehäuse für die freiheitlichen Institutionen des Grundgesetzes. Beides - Verfassungspatriotismus und Nationalbindung - fällt von jetzt an in eins.

3. Das erstemal in ihrer Geschichte haben sich die Deutschen nicht gegen ihre Nachbarn, sondern mit deren Zustimmung zusammengeschlossen. Das vereinigte Deutschland wird nicht mehr als Störenfried Europas wahrgenommen. Bei allen verständlichen, historisch begründeten Reminiszenzen, bei allen Befürchtungen angesichts der wirtschaftlichen und demographischen Ballung in der Mitte des Kontinents: Deutschland wird als notwendiger Bestandteil des europäischen Systems, aber auch als künftige Großmacht akzeptiert. Das liegt daran, daß derzeit die Interessengemeinsamkeiten der europäischen Mächte stärker sind als die Gegensätze. Die historisch vertraute Konstellation einer balance of power mit der notwendigen Folge einer schwachen und zersplitterten Mitte entfällt deshalb. Die Voraussetzung für die neue Rolle, die unsere Nachbarn uns Deutschen zutrauen, liegt auf der Hand: In den Augen der Staatengemeinschaft besitzt der neue deutsche Nationalstaat zwei Daseinsgründe: Zum einen schützendes Gehäuse für demokratische Institutionen zu sein, bis diese Aufgabe auf europäischer Ebene besser erfüllt werden kann, und zweitens als Garant für den wirtschaftlichen Lastenausgleich zwischen West und Ost dazustehen, um die Gründung eines den Kontinent umfassenden Europa zu ermöglichen und das Wiederaufleben der alten Ost-West-Spannung zu verhindern. Die über seine Eigenexistenz hinausweisende Aufgabe des neuen deutschen Nationalstaats besteht darin, den Bundesstaat Europa Wirklichkeit werden zu lassen, um dann darin aufgehoben zu werden.

4. Der deutsche Nationalstaat ist unwiderruflich an den Westen gebunden. Gerade der Umsturz in der DDR hat aller Welt gezeigt, daß auch die Menschen in Ostdeutschland nicht nur der wirtschaftlichen Ordnung, sondern auch der politischen Kultur des Westens angehören wollen. Die alte deutsche Selbstdefinition durch Feindmarkierung, der direkte Zusammenhang zwischen der Entwicklung des deutschen Nationalbewußtseins mit den Hindernissen, die die alte europäische Ordnung dem Entstehen eines deutschen Nationalstaats in den Weg stellte, hat seinerzeit dazu geführt, daß in Krisenlagen massenwirksame antiwestliche Ressentiments virulent wurden. Daraus ergab sich eine politisch höchst folgenreiche Ablehnung der westlichen politischen Kulturnormen mitsamt der dazugehörigen Institutionen. Heute dagegen sind diejenigen, die in Deutschland den Einrichtungen wie der Kultur der westlichen parlamentarischen Demokratie fremd gegenüberstehen und politischen, kulturellen und wirtschaftlichen Sonderwegsträumen nachhängen, eine politisch ausichtslose Minderheit.

Dies um so mehr, als sich eine der ältesten Konstanten der europäischen Geschichte entscheidend zu verändern scheint: Die alte Trennung zwischen Ost- und Westeuropa. Gewiß gilt dies nicht in wirtschaftlicher Hinicht - im Gegenteil, angesichts des dramatischen Wirtschaftsgefälles zwischen Ost und West sind schwere Belastungsproben für den reichen Westen unseres Kontinents abzusehen. Aber die alte konfessionelle, ideologische und kulturelle Spaltung Europas scheint beendet zu sein - ein Tatbestand, der überhaupt noch nicht hinreichend erfaßt und verstanden ist. Wo selbst Rußland beginnt, sich nach westlichen Vorbildern verändern zu wollen, gibt es für die Europäer und für die Deutschen keine andere Himmelsrichtung mehr als den Westen.

Das alles spricht für die Annahme, daß wir uns in einer für die deutschen Geschichte gänzlich neuen Situation befinden, die ein neues Nachdenken über die Nation und ihre Bedeutung in der deutschen und europäischen Geschichte und Zukunft nicht nur erlaubt, sondern auch fordert. Es wird nun klarer erkennbar, daß der moderne Nationalstaat, wie er mit der amerikanischen und der französischen Revolution seit dem ausgehenden 18. Jahrhundert ins Leben getreten ist, aus der Perspektive der Nachkriegs-Bundesrepublik in aller Regel falsch eingeschätzt worden ist - kein Wunder, nachdem das Experiment des ersten deutschen Nationalstaats von Bismarck bis Hitler so katastrophal fehlgeschlagen war. Im übrigen hatte der bundesrepublikanische Stolz darauf, den Nationalstaat ad acta gelegt zu haben und deshalb den anderen Europäern auf dem Weg nach Europa um einiges voraus zu sein, Ähnlichkeit mit der Geschichte vom Fuchs und den Trauben.

Nun haben wir ihn von neuem, den Staat der deutschen Nation, wenn er auch nach innen noch zu gründen ist. Aber gerade hier zeigt sich, wie notwendig dieses Staatswesen ist - nur in nationaler Solidarität sind die schweren inneren Belastungen Deutschlands, die wirtschaftlichen ebenso wie die der politischen Kultur, in absehbarer Zeit auszugleichen. Und beweist nicht der Blick auf unsere westlichen und nördlichen Nachbarn, daß es seit dem 19. Jahrhundert der Nationalstaat, und nur er, es vermocht hat, dauerhaften demokratischen Institutionen eine stabile Hülle zu sein? Die Abgesänge auf den Nationalstaat waren voreilig; solange nicht die entsprechenden demokratisch legitimierten Institutionen auf europäischer Ebene bereitstehen, gibt es zum Nationalstaat keine erkennbare Alternative, und auch nach dem Entstehen eines europäischen Staatswesens wird eine Reihe staatlicher Aufgaben weiterhin auf den nationalen Ebenen erfüllt werden müssen. Der Charakter von westlichen Nationalstaaten hat sich im Laufe der letzten hundertfünfzig Jahren gewandelt, sie haben an Souveränität und Autonomie ebenso verloren wie an Ausschließlichkeit des Loyalitätsanspruchs an ihre Bürger. Der Nationalstaat ist weniger wichtig, er ist aber keineswegs überflüssig geworden.

Daß die zweite Gründung eines Staats der Deutschen unter weitaus glücklicheren Vorzeichen steht als die erste, ist bereits im Laufe der vergangenen anderthalb Jahre sichtbar geworden. Für manchen Beobachter ist die Vereinigung von Bundesrepublik Deutschland und DDR geradezu beunruhigend sachlich verlaufen; wer nach Ausbrüchen nationalistischer Emotionen Ausschau hielt oder gar die Ankunft des Vierten Reiches erwartete, ist enttäuscht worden. Das Gegenteil ist der Fall: Die einzige nennenswerte rechtsradikale Partei der Bundesrepublik Deutschland, die "Republikaner", erreichten bei den ersten gesamtdeutschen Parlamentswahlen seit 58 Jahren nicht mehr als 2,1 Prozent der Stimmen, nachdem sie noch ein halbes Jahr zuvor in den Umfragen bei etwa 5 Prozent gelegen hatten. Und diese Tendenz hat sich in den deutschen Landtagswahlen fortgesetzt und verfestigt. Das Wahlverhalten der Deutschen entspricht auch ihrer demoskopisch gemessenen Stimmungslage;[12] im Herbst 1990 bekannten sich nur vier von zehn Deutschen uneingeschränkt zur deutschen Einheit, während 25 Prozent entschieden gegen die Einheit eingestellt war. Seitdem dürfte die Skepsis in der Bevölkerung eher zugenommen haben; zunehmende Arbeitslosigkeit in Ostdeutschland, immer weiter steigende Finanz- und Steuerlasten in Westdeutschland haben dafür gesorgt, daß von einer nationalen Hochstimmung nicht die geringste Rede sein kann.

Gewiß gibt es nationale Ressentiments, und zwar in erster Linie in Ostdeutschland. Die dortige Bevölkerung hat nicht den Erziehungsprozeß durchgemacht, der die Westdeutschen, bei allen Einschränkungen im Einzelnen, zu einem relativ offenen und toleranten Teil der westlichen Gesellschaftsordnung hat werden lassen. In Ostdeutschland sind bis zum Fall des SED-Regimes alle Fragen des Zusammenlebens unterschiedlicher Völker und Bevölkerungsteile ideologisch übertünscht worden, mit der Folge, daß die Menschen dort erst jetzt beginnen, sich in den schmerzhaften Tugenden der Toleranz und des Ausgleichs zu üben. Deshalb jene erschreckenden Bilder von jugendlichen Rowdys, die Vietnamesen und Schwarze drangsalieren, polnische Autos mit Steinen bewerfen und antionalistische Parolen brüllen. Aber das sind Probleme der Polizei und der Erziehung, nicht der Politik. Daß Deutschland künftig ein weltpolitisches Gewicht darstellen soll, wollen laut Umfragen nur 22 Prozent der Deutschen, während 60 Prozent gegen eine stärkere Rolle Deutschlands in der Welt sind. Auch die Haltung der deutschen Bevölkerung während des Golfkriegs hat gezeigt, daß die deutsche Bevölkerung und die großen Parteien ein möglichst niedriges außenpolitisches Profil anstreben, was zu einer gelegentlich schon bedenklichen Scheu vor internationaler Verantwortung führt.

Das alles begründet die Zuversicht, daß Deutschland sich diesmal innerhalb seiner europäischen Bindungen in eine westliche Normallage einpendeln wird. Das heißt nicht, daß uns nicht möglicherweise ökonomische und politische Krisen ins Haus stehen, in denen tiefgreifende innere Gegensätze und Auseinandersetzungen ausbrechen können. Aber die Anzeichen mehren sich, daß diese Auseinandersetzungen weniger verquält und überspannt geführt werden als bisher, daß insbesondere antidemokratische Kräfte mit weitaus weniger Zulauf rechnen können, als dies in den Krisen des ersten deutschen Experiments in Demokratie der Fall gewesen war, in der Republik von Weimar. Wo die wichtigsten Ursachen für die politisch-kulturelle Krankheit der europäischen Mitte in den vergangenen hundertfünfzig Jahren verschwunden oder unwichtiger geworden sind, besteht nicht nur die Aussicht auf dauerhafte Stabilität der demokratischen Institutionen, sondern auch auf eine gelassenere Betrachtungsweise und Tonlage in den öffentlichen Angelegenheiten des deutschen Nationalstaats - eines westlichen Staatswesens wie andere auch.

---

12 Die demoskopischen Zahlen nach: Das Profil der Deutschen. Was sie vereint, was sie trennt, hrsg. v. Spiegel-Verlag, Hamburg, Januar 1991.

Abschied vom Nationalstaat - Rückkehr zum Nationalstaat?

Zur künftigen Gestalt der europäischen Staatenordnung[1]

Rüdiger Voigt

> "Der Nationalstaat ist nicht am Ende. Wer aber glaubt, die Zukunft allein mit ihm meistern zu können, der lebt in einer vergangenen Zeit. Die wichtigsten Aufgaben kann keine Nation mehr allein lösen. Die modernen Systeme denken und funktionieren nicht national. Dies gilt für die Sicherheit und die Ökologie, für die Wirtschaft und die Energie, für den Verkehr und die Telekommunikation, für Forschung und Wissenschaft. Souveränität bedeutet in unserer Zeit Mitwirkung in der Gemeinschaft der Staaten." (Richard von Weizsäcker[2])

> "Welches sind die Realitäten Europas und die Eckpfeiler, auf denen man weiterbauen könnte? In Wirklichkeit sind es die Staaten. Staaten, die gewiß sehr verschieden sind, von denen jeder seine eigene Seele, seine Geschichte und seine Sprache, seine Mißgeschicke, seinen Ruhm und seinen Ehrgeiz hat, doch es sind Staaten, die jeder für sich eine Einheit bilden mit dem Recht Gesetze zu verabschieden, und mit dem Anspruch auf Gehorsam. Es ist eine Schimäre zu glauben, man könnte etwas Wirksames schaffen und daß die Völker etwas billigen, was außerhalb oder über dem Staat stehen würde. (Charles de Gaulle[3])

Welche Staatenordnung zur Jahrtausendwende in Europa etabliert sein wird, darüber läßt sich vorerst nur - wenn auch auf der Grundlage gesicherten Wissens - spekulieren. Daß dabei neben kleinen und großen Nationalstaaten zumindest die Europäische Gemeinschaft - entweder in der Form einer Freihandelszone bzw. einer lockeren Wirtschaftsgemeinschaft[4] oder aber in der Gestalt eines Staatenbundes bzw. sogar eines Bundesstaates - eine Rolle spielen wird, scheint ebenso sicher zu sein wie die Bedeutungszunahme der Regionen. Vor diesem Hintergrund soll im folgenden einerseits das Verhältnis des europäischen Nationalstaates zu supranationalen Gemeinschaftsbildungen, andererseits sein Verhältnis zu subnationalen Gliederungen untersucht werden. Frankreich dient dabei als Beispiel für einen "alten" Nationalstaat, der zugleich stellvertretend für den Typus des Einheitsstaates behandelt wird, zumal es in ihm nach wie vor eine Vielzahl von ethnischen und anderen Minoritäten gibt, deren Eigenständigkeit im Laufe der Jahrhunderte unterdrückt wurde und sich allmählich Bahn zu brechen beginnt.

---

1 Für die kritische Durchsicht der ersten Fassungen dieses Beitrages danke ich meinen Mitarbeitern, den Herren Dipl.-Verw.wiss. Nicolai Dose und cand. phil. Thomas Paulsen.

2 Rede des deutschen Bundespräsidenten beim Staatsakt am 3. Oktober 1990.

3 de Gaulle auf einer Pressekonferenz am 5. September 1960, abgedruckt in: Stercken 1969, S. 200.

4 Vgl. Kramer 1992, S. 34 f.

Deutschland steht demgegenüber als Beispiel für einen "neuen" Nationalstaat einer "zu spät gekommenen" Nation, der zugleich den Typus des Bundesstaates repräsentiert. Nach zahlreichen Schrumpfungen sind - abgesehen von den in ihrer Mehrzahl türkischen Gastarbeitern[5] - Anzahl und Bevölkerungsstärke der in ihm lebenden Minderheiten (Sorben, Dänen, Friesen[6]) verschwindend gering. Während in diesem Zusammenhang die Rolle von NATO, WEU, Europarat und KSZE nur am Rande behandelt wird, liegt das Schwergewicht bei der supranationalen Ebene auf der Europäischen Gemeinschaft, ihrer allmählichen Entwicklung und ihrer künftigen Gestalt. Da die deutsch-französische Freundschaft zweifellos einen der geistigen Tragpfeiler der Europäischen Gemeinschaft bildet, findet ihre Entstehung und ihr Verlauf im folgenden besondere Beachtung. Das andere Ende der Skala bilden die Regionen als - wenn auch von Staat zu Staat unterschiedliche - Struktureinheiten der subnationalen Ebene. Ihre Entwicklung sowie ihre Einbeziehung in die Staatenordnung sind ebenfalls Gegenstand der Untersuchung. Dagegen steht die Frage der Hegemonie, sei es die der Deutschen, der Briten oder der Franzosen in Europa[7], nicht im Zentrum dieses Beitrages.

1. Die europäische Staatenordnung als Mehrebenenmodell

Die europäische Staatenordnung der zweiten Hälfte des 20. Jahrhunderts ist weder statisch, noch läßt sie sich als eindimensionales Gebilde angemessen beschreiben. Sie ist vielmehr in hohem Grade dynamisch und läßt sich angesichts der Vielzahl der Akteursebenen nur in einem Mehrebenenmodell erfassen[8]. Europa steht - vor allem aufgrund der Veränderungen, die sich im Zuge der Gorbatschowschen Umgestaltung und der "sanften Revolution"[9] in den Ländern des ehemaligen Ostblocks ergeben haben - an der Schwelle des nächsten Jahrtausends vor einer bedeutungsvollen Neustrukturierung. Immerhin geht es dabei um die Frage, ob Europa nach dem Ende der Sowjetunion als Kontinent eine eigenständige Rolle in der Weltpolitik spielen kann, oder ob es weiterhin als unter sich zerstrittene Gruppe von Juniorpartnern einer Supermacht (oder ggf. meh-

---

5 Vgl. Voigt 1988. Mit 124.600 Bewohnern (Stand Dez. 1989) befindet sich in Berlin-West (Kreuzberg) die viertgrößte türkische Siedlung (nach den türkischen Städten Istanbul, Ankara und Izmir). Vgl. Statistisches Bundesamt (Hrsg.): Statistisches Jahrbuch für das vereinte Deutschland, Wiesbaden 1992. Dezember 1991 waren von den ca. 1,9 Mio. sozialversicherungspflichtig beschäftigten Ausländern im früheren Bundesgebiet ca. 650.000 türkischer Herkunft. Vgl. Statistisches Bundesamt: Bevölkerung und Erwerbstätigkeit, Fachserie 1, Reihe 4.2.1. Struktur der Arbeitnehmer 31.12.1991, Wiesbaden 1992.

6 Insbesondere die Friesen auf den Halligen bewahren Sprache und Brauchtum.

7 Vgl. Markovits/Reich 1992, S. 15 ff., insbes. S. 26 ff.; dieser Frage wird der Verf. dieser Abhandlung an anderer Stelle nachgehen.

8 Man könnte es auch - unter Einbeziehung der Kommunen - das "Europa der vier Etagen" nennen, vgl. Rovan 1992, S. 207.

9 Revolution wird hier verstanden als grundlegende Umgestaltung der bestehenden Machtverhältnisse in Staat und Gesellschaft, insbesondere durch Neugestaltung der Wirtschaftsordnung sowie als Wechsel in den Eliten, vgl. Markovits/Reich 1992, S. 15.

rerer Supermächte) auftritt. Einzelne europäische Nationen sind für eine eigenständige Rolle in der Weltpolitik offenbar auch dann nicht stark genug, wenn sie - wie Großbritannien und Frankreich - über eigene Atomwaffen und einen Sitz im Sicherheitsrat der UNO oder - wie Deutschland - über die ökonomische Potenz verfügen. Vielmehr verspricht nur ein gemeinsames Vorgehen Erfolg.

Ob die Herstellung der notwendigen Gemeinsamkeit gelingt, hängt freilich vor allem davon ab, welche Bedeutung die Menschen in den betroffenen Ländern der Nationalstaatsidee verstandes- und gefühlsmäßig beimessen[10]. Gemeinschaftliche Aktionen sind nämlich nur dann wirkungsvoll, wenn die beteiligten Nationen (Staaten und Völker) bereit sind, einen Teil ihrer Kompetenzen und damit ihrer Souveränität an eine supranationale Organisation abzutreten. Dies haben die Mitgliedstaaten der Europäischen Gemeinschaft bereits in hohem Grade getan[11]. Die europäische Integration, deren Entwicklungsrichtung durch die Maastrichter Verträge vorgegeben zu sein schien, ist jedoch nicht zuletzt deshalb ins Stocken geraten, weil durch die Beseitigung der Teilung Europas eine neue Situation geschaffen worden ist, deren Auswirkungen für die Handelnden noch ebensowenig abschätzbar sind wie die Reaktion des Wahlvolkes. Alle Beteiligten versuchen ihre Figuren auf dem Schachbrett neu zu ordnen, um eine möglichst gute Ausgangsposition für die nächste Runde im internen wie externen Kampf um Machtanteile zu erlangen. Institutionalisierte Akteure auf der politischen Bühne sind dabei nicht nur die Staaten selbst, sondern neben der Europäischen Gemeinschaft als Manifestation der supranationalen Ebene, auch die Regionen, die als Einheiten einer subnationalen Ebene nach einer stärkeren Beteiligung am politischen Entscheidungsprozeß verlangen[12].

1.1. Nation und Nationalstaat: Die nationale Ebene

Die Frage nach der künftigen europäischen Staatenordnung ist daher untrennbar mit Inhalt und Stellenwert von Nation und Nationalstaat verbunden[13]. Inhaltlich geht es dabei zum einen um den Begriff der Nation, der keineswegs mit dem des Volkes identisch ist. Er läßt sich am ehesten historisch-psychologisch rekonstruieren, da hierbei vor allem das historisch gewachsene ebenso wie das ideologisch gesteuerte Nationalbewußtsein eine Rolle spielt. Zum anderen geht es um den Begriff des Staates und seiner spezifischen Ausprägung, des Nationalstaates. Aus staatsrechtlicher Perspektive steht

---

10 Neben dem allseits bekannten Nationalgefühl gibt es bekanntlich auch - u.U. sogar stärkere - gefühlsmäßige Bindungen zu der engeren Heimat; die Frage nach gefühlsmäßigen Bindungen an eine Föderation oder eine supranationale Organisation ist hingegen weit schwerer zu beantworten.

11 Siehe die Einheitliche Europäische Akte von 1986.

12 Ähnlich wie die deutschen Bundesländer haben inzwischen auch die französischen Regionen Informationsbüros in Brüssel errichtet.

13 Die Begriffe werden hier vorwiegend in ihrem europäischen Kontext verwendet, auf Nationen anderer Kontinente sind die hier verwendeten Definitionen nur beschränkt anwendbar.

dabei die staatliche Souveränität im Zentrum des Interesses, aus politikwissenschaftlicher Sicht die interne wie die externe Machtverteilung. An den Nationalstaatsbegriff anzuknüpfen heißt freilich sich auf ein Konstrukt zu beziehen, das vor allem im Laufe des 19. Jahrhunderts in seiner heutigen Bedeutung entwickelt worden ist. Nicht zuletzt wegen der historischen Aufladung dieses Begriffs fragt es sich daher, ob er angesichts seines realen Machtverlusts im Zuge der zunehmenden internationalen Verflechtung für die Analyse der Situation im ausgehenden 20. Jahrhundert überhaupt noch geeignet ist[14]. Neben den tatsächlichen - insbesondere ökonomischen - Machtverhältnissen, die unmißverständlich den Bedeutungsverfall nationalstaatlicher Entscheidungsmacht anzeigen[15], müssen in eine sozialwissenschaftliche Analyse allerdings auch die Wertvorstellungen der Menschen und deren Anforderungen an ihren Staat einbezogen werden[16]. Im Zentrum dieser Wertvorstellungen scheint noch immer - wenn auch von Staat zu Staat in unterschiedlichem Maße - die Nation und im Mittelpunkt der Anforderungen der Wähler der Nationalstaat zu stehen[17].

1.1.1 Nation und Nationalstaat

Während der Begriff "Volk" auf die gleiche (ethnische) Abstammung verweist, die sich zumeist in der gleichen Sprache manifestiert, kann Nation entweder als die natürliche Einheit oder aber auch als künstlicher - willkürlich im Laufe der Geschichte gesetzter - Rahmen für das Zusammenleben der Menschen verstanden werden[18]. Die Frage, warum Bretonen, Normannen, Korsen, Aquitanier, Basken und andere zu der französischen Nation geworden sind, läßt sich nicht ohne Rückgriff auf die Geschichte und die Rolle der französischen Könige in ihr beantworten[19]. Ebenso geschichtsbezogen ist aber auch die Frage der deutschen Nation[20], die z.B. in den Paulskirchen-Verhandlungen der Jahre 1848/49 in der Auswahl zwischen den Alternativen "kleindeutsche" oder aber "großdeutsche" Lösung[21] eine bedeutende Rolle spielte[22]. Anders als historisch läßt sich aber auch kaum erklären, warum z.B. die Alemannen oder die Friesen nicht in einem Staatsgebiet leben, sondern auf mehrere Staaten verteilt sind.

---

14 Vgl. Czempiel 1969; Held 1991a, S. 138 ff.

15 Beispielhaft erscheint die Hilflosigkeit der britischen Regierung angesichts der Schwäche des brit. Pfundes, vgl. Der Spiegel, 39/1992, S. 144 ff.

16 Vgl. Salewski 1991.

17 Vgl. Hillgruber 1991, S. 12.

18 Rovan 1992, S. 201.

19 Dazu gehört aber auch die einheitsstiftende Kraft der Französischen Revolution.

20 Art. 116 des Grundgesetzes steckt für die Definition, wer ein Deutscher im Sinne des Grundgesetes ist, einen sehr weiten Rahmen.

21 unter Einschluß Österreichs.

22 Vgl. Schulze i.d.B.

Offenbar gehört zur Nationwerdung mehr oder anderes, als nur ethnische Zusammengehörigkeit, gleiche Sprache und gleiche Kultur. Zur Einheitsbildung müssen vielmehr im allgemeinen äußere Einflüsse hinzutreten. Im Falle von Territorien mit heterogener Bevölkerung gehen der Nationenbildung regelmäßig zunächst Eroberungsfeldzüge starker Monarchen zur Unterdrückung der Minderheiten voraus[23]. Ihnen folgen im weiteren Verlauf Zentralisierungsbestrebungen zur Festigung der monarchischen Macht. Diese Machtverhältnisse müssen freilich, um dauerhaft zu sein, ideologisch abgesichert werden[24]. Zunächst übernimmt der Militärdienst diese Aufgabe, die jungen Männer auf die Nation einzuschwören. Schulische[25] und außerschulische Erziehung sowie universitäre Bildung, Literatur und Theater erfüllen besonders im 19. Jahrhundert diese Aufgabe im Wege der Sekundärsozialisation. Mit dem Aufkommen der Massenmedien übernehmen diese immer mehr die Rolle von Ideologietransporteuren. Auf diese Weise wird ein emotionales Band zur Nation hergestellt. Die Nation wird als Symbolisierung des Wir-Gefühls (fast) aller in dem Staatsgebiet lebenden Menschen empfunden. Erst jetzt wird es möglich, die Menschen der einen Nation gegen die der anderen in den Krieg zu führen, um ihren Nationalstaat gegen eine andere Nation und deren Staat zu "verteidigen".

Abhängig von Geschichte, Kultur und Sprache eines Volkes hat der Begriff "Nation" von Land zu Land eine andere Bedeutung. Hatte für die Deutschen das Wort "Nation" nach den im Namen der deutschen Nation unter dem Hitler-Regime begangenen Verbrechen und im Zeichen der Zweistaatlichkeit eher den Beigeschmack des Anstößigen, Verbotenen, ja nicht einmal Wünschenswerten, so galt für andere europäische Nationen eher das Gegenteil. Die Europabegeisterung der Westdeutschen hing auch damit zusammen, daß die Identifikation mit der Idee eines geeinten Europas für viele zum Ersatz für die tabuisierte nationale Identität wurde[26]. Da Frankreichs nationales Gefüge durch den Krieg nicht von Grund auf erschüttert war[27], sondern die Resistance nach dem Kriege zu der einzig legitimen Stimme der Nation erhoben wurde[28], waren Nation und Nationalismus auch nicht derartig diskreditiert. Dementsprechend hatte der europäische Elan der Franzosen andere Motive als der der Deutschen. Zu diesen Motiven gehört vor allem die Grundüberzeugung, daß Frankreich nicht nur für sich selbst

---

23 Vgl. Rokkan 1971, S. 7 ff.; Elias 1979.

24 Vgl. Senghaas 1992, S. 23 ff.

25 Während die allgemeine Schulpflicht im 19. Jahrhundert dazu beitrug, die Staats- und Nationalideologie zu verbreiten, hat heute diese Aufgabe vor allem die institutionalisierte Politische Bildung übernommen.

26 Vgl. Salewski 1991, Einleitung, S. X; der in anderen Ländern selbstverständliche Nationalstolz schien zumindest in politischer Hinsicht seine Legitimationsgrundlage verloren zu haben und beschränkte sich im wesentlichen auf die Begeisterung für die deutsche Mannschaft bei internationalen Sportwettkämpfen.

27 Vgl. Grosser 1980, S. 18 f., 452.

28 Damit ließen sich sowohl die Kollaboration des Vichy-Regimes als auch die Niederlage gegen Deutschland auf längere Zeit aus dem Bewußtsein der Franzosen verdrängen.

sorgen, sondern auch führend an der Gestaltung Europas mitwirken müsse[29]. Demgegenüber wurde das nationale Selbstbewußtsein der Briten zum einen noch immer aus der Erinnerung an das glorreiche Empire und zum anderen aus dem Stolz auf den nationalen Widerstand nach der Niederlage von Dünkirchen gespeist[30]. Ihr Engagement für das kontinentale Europa war daher stets gedämpft. Und die Polen hatten ihren Nationalstaat unter so großen Opfern wiedererlangt und zu verteidigen versucht[31], daß es der eisernen Faust eines Stalin bedurfte, um das polnische Nationalbewußtsein zumindest zeitweilig unterdrücken zu können.

1.1.2. Teilung der Souveränität - Teilung der Nation?

Der neuzeitliche Staatsbegriff setzt Souveränität[32] nach außen und Hierarchie nach innen voraus. Beides ist heute weniger denn je gesichert[33]. Nationalstaaten sind heute keineswegs mehr in der Lage, im Sinne einer "nationalen Schicksalsgemeinschaft"[34] allein über die eigenen Angelegenheiten zu bestimmen oder für ihre eigene Zukunft zu sorgen[35]. Der moderne Nationalstaat ist zwar souverän in dem Sinne, daß er das selbstverständliche Recht besitzt, gesetzliche und andere Regelungen in seinem Territorium aufzustellen und seine Politik daran auszurichten, er ist aber nicht mehr autonom in dem Sinne, daß er frei und ohne Bindungen handeln könnte[36]. Jeder moderne Nationalstaat ist - wenn auch mit großen Unterschieden zwischen den Staaten - vielfach verflochten mit der Weltwirtschaft, internationalen Organisationen, supranationalen Institutionen, Internationalem und zwischenstaatlichem Recht und Militärbündnissen. Insbesondere das Abwandern der wirtschaftlichen Entscheidungsmacht von der nationalen auf die supra- und internationale Ebene ist offensichtlich unaufhaltsam.

Um eine Verlagerung von Souveränität geht es freilich erst dann, wenn deren Kernbereich, die Gesetzgebungskompetenz, zumindest teilweise übertragen wird[37]. Der Bedeutungszuwachs der Europäischen Gemeinschaft einerseits und der Einheiten einer

---

29 Für Frankreich war das Jahr 1945 - im Gegensatz zu den Deutschen - nicht die "Stunde Null", vgl. Gödde-Baumanns 1991, S. 48 f.

30 Vgl. Schmidt 1991, S. 169 ff.

31 Vgl. Cziomer 1991, S. 295 ff.

32 Zur Souveränität vgl. Massing i.d.B.

33 An die Stelle hierarchischer Steuerung sind weithin Netzwerke von formellen und informellen Verhandlungssystemen getreten, vgl. Scharpf 1991, S. 620 f.

34 Vgl. Bauer 1907, S. 1 ff.

35 Held (1991a, S. 142) spricht in diesem Zusammenhang von einer "regional and global interconnectedness" politischer Entscheidungen, die nicht zuletzt durch die Mobilität von Ideen, Nachrichten, Kapital, Gütern und Menschen ("Globalization") bewirkt wird.

36 Vgl. Held 1991b.

37 Grundsätzlich sind alle drei Gewalten betroffen, insbesondere natürlich auch die Jurisdiktion, in den liberaldemokratischen Rechtsstaaten des Westens ist die Basis für politisches Handeln aber stets ein Gesetz.

innerstaatlichen Ausdifferenzierung andererseits im Zeichen einer "Pluralisierung der Macht"[38] führt in der Konsequenz zu Souveränitätsgewinnen dieser Ebenen und damit zu Souveränitätsverlusten des Nationalstaates. Diesen kritischen Punkt hat die Europäische Gemeinschaft spätestens mit den Maastrichter Verträgen erreicht, ihre Mitgliedsstaaten sind nicht länger die einzigen Träger von Souveränität in ihrem Staatsgebiet. Ist die Teilung der Souveränität zwischen Nationalstaat und EG also heute bereits - zumindest teilweise - vollzogen[39], so ist eine weitere Teilung zwischen Nationalstaat und Region keineswegs ausgeschlossen, wie das Beispiel der deutschen Bundesländer zeigt. Der Widerstand hiergegen ist allerdings von Staat zu Staat unterschiedlich stark. Während eine solche Teilung zwar in föderalistischen Staaten in der Figur des Kondominiums zwischen Zentralstaat und Gliedstaaten selbstverständlich ist, erscheint sie in Einheitsstaaten immer noch als undenkbar. Am Ende der Entwicklung der europäischen Staatenordnung wird aller Voraussicht nach dennoch eine Teilung der Souveränität zwischen EG, Nationalstaat und Region stehen, entweder in der Form einer (geschriebenen) Unionsverfassung oder aber als bloße politische Praxis[40].

1.1.3. Kompetenzübertragung und Wählerakzeptanz

Mit der Hoch- oder Geringschätzung von Nation und Staat sowie deren Verkörperung, dem Nationalstaat, im Bewußtsein der Menschen stehen und fallen alle Konzepte für die dauerhafte Übertragung nationaler Zuständigkeiten auf supranationale Zusammenschlüsse. Denn nach wie vor ist der Nationalstaat die erfolgreichste gebietsbezogene Interessengruppe[41]. Die Bedeutung von Nationalstaat, Nationalismus sowie des Strebens nach territorialer Unabhängigkeit und Souveränität haben trotz der unübersehbaren Tendenz zur Internationalisierung kaum nachgelassen[42]. Da die politische Willensbildung in erster Linie auf nationaler Ebene - durch Parteien, Verbände etc. - organisiert ist, muß bei allen Fragen der Kompetenzübertragung den gefühlsmäßigen Bindungen des (Wahl-)Volkes in den einzelnen Staaten Rechnung getragen werden[43]. Sie sind es, die sich - zumindest mittelbar - in Wahlergebnissen niederschlagen und ggf. zur Wiederwahl oder aber zur Abwahl von Regierungen führen. Es kommt hinzu, daß die Politiker der Nationalstaaten immer stärker dazu übergehen, die Verantwortung für alle den Bürger belastenden Entscheidungen - wie z.B. die Erhöhung des Mehrwertsteuersatzes - der EG zuzuschieben. Hinzu kommt eine wachsende Neigung der Regierungen

38 Gegenstand dieses Beitrages ist nicht die ebenfalls die Souveränität des Staates (z.T. erheblich) einschränkende Macht von politischen Parteien, bürokratischen Organisationen, Verbänden etc., vgl. hierzu aber: Offe 1987, S. 309 ff.; Scharpf 1991, S. 626 ff.; Held 1991a, S. 138 ff.

39 Dies muß natürlich auch Konsequenzen für die Staatswissenschaft haben, vgl. Held 1991a, S. 154.

40 Die Frage ist also nicht so sehr die des "Ob", sondern die des "Wie" und des "Wann".

41 Duchacek 1987, S. 57.

42 Held 1991a, S. 148.

43 Daß diese im Wege "kultureller Rahmensteuerung" beeinflußt werden können, liegt auf der Hand, der Nachweis dieses Einflusses ist eines der Ziele dieses Beitrags.

der europäischen Partnerländer, Deutschland für alle Mißhelligkeiten verantwortlich zu machen. Die Diskussion um die jüngsten Ereignisse bei der Ablehnung (Dänen) bzw. der Zustimmung (Iren) zu den Maastrichter Verträgen hat gezeigt, daß sowohl die Brüsseler "Berufseuropäer" als auch die nationalen Politiker das Problem der Schaffung eines europäischen Bewußtseins bei ihrer bürokratischen "Integration von oben" sträflich vernachlässigt haben.

Die subnationale Ebene kann vor allem dort ebenfalls eine erhebliche Rolle bei der Verlagerung von Kompetenzen auf die supranationale Ebene spielen, wo die Regionen über eine eigene, nicht abgeleitete Souveränität und damit über Staatsqualität verfügen und ihnen das nationale politische System zudem wirksame Machtmittel in die Hand gibt. Beispielhaft ist dies in der Bundesrepublik Deutschland durch die Institution des Bundesrates und dessen Rolle bei der Verabschiedung insbesondere von zustimmungsbedürftigen Gesetzen verfassungsrechtlich gesichert. Die Interessengegensätze zwischen "Föderalisten" und "Unitaristen" sind im Falle der Übertragung staatlicher Zuständigkeiten auf Einheiten einer subnationalen Ebene allerdings oft nur schwer zu überbrücken. Denn die Entscheidung darüber, ob den Regionen eigene Kompetenzen übertragen werden sollen, hängt nicht zuletzt davon ab, ob an der Fiktion von der einen unteilbaren Nation[44], der Staatsnation, unter allen Umständen festgehalten wird, oder ob auch nationalen bzw. ethnischen und anderen Minderheiten auf diese Weise die Ausübung ihres Selbstbestimmungsrechts ermöglicht werden soll. Der z.T. emotional bedingte Widerstand gegen die Einräumung eines solchen regionalen Selbstbestimmungsrechts ist nicht zuletzt deshalb so stark, weil dies im Extremfall bis zum Herauslösen der Region aus dem alten Staatsverband und der Gründung eines oder mehrerer neuer Staaten (Sezession) führen kann.

1.2. Europäische Gemeinschaft: Die supranationale Ebene

Die Europäischen Gemeinschaften haben sich - beginnend mit der Montanunion (1952) über die Europäische Wirtschaftsgemeinschaft (EWG) sowie Euratom (1958), die Fusion der Organe der Gemeinschaft (1967) und nicht zuletzt durch die Einheitliche Europäische Akte (1987) - zu einer supranationalen Organisation entwickelt, die über ihre rein ökonomische Ausrichtung längst hinausgewachsen ist. Zwar ist diese Zielrichtung selbstverständlich auch bei der Verwirklichung des gemeinsamen Binnenmarktes sowie bei der Realisierung der Wirtschafts- und Währungsunion im Spiel[45], am Ende dieser Entwicklung steht jedoch aus der Sicht vieler EG-Mitgliedstaaten eine politisch-staatsrechtliche Umwandlung der EG zur Europäischen Union (EU).

---

44 Besonders deutlich in der Formel "La France est une republique indivisible ...", Art. 2 der französischen Verfassung vom 4. Oktober 1958.

45 Frenkel/Klein 1992, S. 65 ff.

Bei dieser Europäischen Union geht es in letzter Konsequenz um den allmählichen Übergang von einem Zusammenschluß eigenständiger Nationalstaaten zu einem neuen Europäischen Bundesstaat, in dem die Nationalstaaten lediglich die Funktion von teilsouveränen Gliedstaaten haben. Diese fortschreitende Integration der EG, an der die Bundesrepublik Deutschland von ihrer Entstehung an - zumindest bis zur Wiedervereinigung - ein starkes Interesse hatte, schien bislang abgemachte Sache zu sein. Ein vorsichtiger Optimismus im Hinblick auf die spätere Bildung der "Vereinigten Staaten von Europa"[46] schien angebracht zu sein, auch wenn insbesondere Großbritannien deutliche Vorbehalte gegenüber jeglichem Souveränitätsverlust seines nationalen Parlaments geltend machte. Freilich schien hier der Wechsel im Amt des Premierministers - von Margaret Thatcher zu John Major - bereits eine konziliantere Haltung der britischen Regierung in Aussicht zu stellen[47]. Und unbestreitbar entfalteten inzwischen Vereinheitlichungstendenzen ihre Wirkung, die in einen kaum wieder rückgängig zu machenden Entwicklungsprozeß münden. Schon jetzt wickeln die EG-Länder untereinander einen großen Teil ihres Außenhandels ab. Mit Vollendung des Binnenmarktes wird darüber hinaus die Mobilität von Kapital und Arbeit vollends hergestellt sein. Alle größeren Ausschreibungen für öffentliche Baumaßnahmen haben dann EG-weit zu erfolgen. Eine einheitliche europäische Währung, der ECU[48], sollte kurz vor der Jahrtausendwende die unterschiedlichen Währungen innerhalb der EG ablösen. Am erstaunlichsten ist aber die fast unbemerkt sich vollziehende Anpassung des englischen Rechtssystems (Common Law) an das kontinentaleuropäische Rechtsdenken (Civil Law), bei der die Rechtsprechung des Gerichtshofs der Europäischen Gemeinschaft eine bedeutende Rolle spielt.

1.2.1. Weiterentwicklung zu einer föderalistischen Union

Aus deutscher - bundesstaatlicher - Perspektive stellte sich die Weiterentwicklung der Europäischen Gemeinschaften zu einer politischen Union - zumindest bis zur Wiedervereinigung - als weitgehend problemloser Vorgang dar. Aus einer supranationalen Organisation mit spezifischer, insbesondere wirtschaftlicher Aufgabenstellung wird ein Staatenbund und schließlich ein Bundesstaat. In dieser neuen Europäischen Union wären die bisher souveränen Mitgliedstaaten dann lediglich teilsouveräne Gliedstaaten, vergleichbar mit den Staaten der USA. Die staatliche Herrschaft würde also in einem Kondominium von Zentralstaat (Europäische Union) und Gliedstaaten (Mitgliedsländer der EU) gemeinsam ausgeübt, die Souveränität wäre dementsprechend auf (mindestens)

---

46 Dieses politische Ziel wurde zum ersten Mal von Victor Hugo 1849 auf dem Internationalen Friedenskongreß in Paris formuliert und später von Churchill aufgegriffen.

47 Dafür spricht u.a., daß die britische Königin am 12. Mai 1992 zum ersten Mal eine Rede vor dem Europäischen Parlament in Straßburg gehalten hat.

48 European Currency Unit; die Franzosen verbinden damit allerdings die Erinnerung an eine Münzeinheit, die im Mittelalter in Frankreich gegolten hatte.

zwei Ebenen verteilt. Die deutsche Geschichte, aber auch die Geschichte der Vereinigten Staaten von Amerika, bietet hierfür zahlreiche Beispiele und Varianten.

Problematisch ist aus der Sicht der besonders engagierten deutschen Föderalisten, und das sind auf der politischen Bühne in aller Regel die Vertreter der Länder, lediglich die Sicherstellung der Staatsqualität der Länder, die ihrerseits auf nationalstaatlicher Ebene die staatliche Herrschaft gemeinsam mit dem Bund ausüben. Hierzu würde sich eine Einbeziehung der Länder in den zentralstaatlichen Entscheidungsprozeß auf gesamteuropäischer Ebene anbieten. Unabhängig von der parteipolitischen Ausrichtung der Landesregierungen beharren die Länder darauf, daß nur dann ihre Rechte als - mehr oder weniger - gleichberechtigte Partner des Bundes gewahrt bleiben, wenn die Deutschland betreffenden Fragen auf Unionsebene von Bund und Ländern gemeinsam getroffen werden[49]. Der Bund teilt diese Auffassung allerdings keineswegs in allen Punkten. Die Sicht der übrigen Mitgliedstaaten der EG unterscheidet sich z.T. sogar ganz erheblich von der deutschen Auffassung, die aus innenpolitischen Gründen auch die Länderinteressen aufnehmen muß. Dabei lassen sich zwei Problemkomplexe feststellen, die nur bedingt zusammenhängen und in denen die Mitgliedsstaaten teilweise unterschiedliche Positionen vertreten.

1.2.1.1. Teilung der nationalen Souveränität mit der EG

Der erste Problemkomplex betrifft die grundsätzliche Frage, ob ein Mitgliedstaat bereit ist, Souveränitätsrechte auf die künftige Europäische Union zu übertragen und damit den eigenen Status freiwillig herunterzustufen. Hier zeigte sich Deutschland - zumindest bis zu seiner Wiedervereinigung - als Vorreiter der Entwicklung zum europäischen Bundesstaat. Ein Übergang nationalstaatlicher Souveränitätsrechte auf EG-Institutionen wurde allgemein befürwortet[50], wenn auch kritische Stimmen eine stärkere Demokratisierung des europäischen Entscheidungsverfahrens durch substantielle Stärkung des Europäischen Parlaments forderten[51]. Auch die übrigen fünf Gründungsmitglieder der EG, die Benelux-Länder, Italien und Frankreich schienen zum Souveränitätsverzicht zugunsten einer künftigen Europäischen Union bereit. Frankreich machte lediglich Bedenken gegenüber der Aufwertung des Europäischen Parlaments geltend. Den Gegenpol in dieser Frage bildete, insbesondere in der Ära Thatcher (1979-1991), Großbritannien. Die britische Regierung lehnte jede Vorstellung konsequent ab, andere als bestimmte wirtschaftliche Entscheidungen von London auf Brüssel zu übertragen. Eine Aufwertung des Europäischen Parlaments käme schon gar nicht in Betracht. Die

49 Zur Sicherung ihrer spezifischen Interessen auf EG-Ebene haben die größeren Länder sog. Informationsbüros in Brüssel errichtet, die durchaus als eine Art "Botschaften" verstanden werden können, wenn sie auch (noch) keinen solchen Status besitzen, vgl. Gunlicks/Voigt 1991.

50 Vgl. Weidenfeld/Piepenschneider 1990, S. 51 ff.

51 Bundeskanzler Kohl konnte sich mit dieser Forderung auf dem Maastrichter Gipfeltreffen allerdings nicht durchsetzen.

britische Kampagne Anfang der neunziger Jahre gegen Föderalismus und Eurokratie machte deutlich, daß nicht nur der Trend zu Zentralismus und Bürokratismus die Briten abstieß, sondern daß vielen Briten die Idee einer politischen Union schlechthin zutiefst unsymphatisch war/ist.

1.2.1.2. Teilung der nationalen Souveränität mit den Regionen?

Der zweite Problemklomplex betrifft die Regionalisierung der EG, die in der Frage gipfelt, ob ein Mitgliedstaat prinzipiell bereit ist, seinen Regionen Mitentscheidungsbefugnisse auf staatlicher Ebene einzuräumen. Während die deutschen Länder selbstverständlich Staatsqualität haben, also zumindest keiner innerverfassungsrechtlichen Aufwertung bedürfen, wird einer Region wie Schottland, die in vielen Aspekten Ähnlichkeiten zu Bayern aufweist, ebenso selbstverständlich diese Staatsqualität von der britischen (Zentral-)Regierung verweigert[52]. Die Abstufungen in den institutionellen Positionen der Regionen sind vielfältig, die Meinungen hierüber variieren dementsprechend stark[53]. Sie unterscheiden sich zum einen nach der Verfaßtheit der einzelnen Mitgliedstaaten. Die Spannweite reicht hier von quasi-föderalistisch organisierten Mitgliedstaaten wie Belgien, über solche, die ihren Regionen einen gewissen Autonomiestatus eingeräumt haben wie Spanien, und stärker zentralistisch ausgerichteten Mitgliedsländern wie Frankreich, bis hin zu zentralistisch verfaßten Mitgliedsländern wie Großbritannien, die ihren Landesteilen (Schottland, Wales, England[54]) jegliche Art von Autonomie verweigern. Die Meinungen unterscheiden sich aber auch nach der (institutionellen) Position des Meinungsträgers innerhalb des Mitgliedstaates.

1.3. Region und Regionalismus: Die subnationale Ebene

Unterhalb der Gemeinschaftsebene hat die subnationale Ebene längst damit begonnen, ein Selbstbewußtsein zu entfalten, das nach stärkerer Berücksichtigung der Regionen im Entscheidungsprozeß der EG verlangt. In den Mitgliedstaaten haben sich regionalistische Bewegungen formiert, die - gegen den umfassenden Herrschaftsanspruch der nationalstaatlichen Zentrale - nach Anerkennung ihrer regionalen ethnischen, sprachlichen oder religiösen Besonderheiten streben[55]. Dabei handelt es sich teils um eigenständige Nationen bzw. Ethnien in einem größeren Staatsgebilde, wie z.B. die Katalanen in Spanien, oder um solche verteilt auf zwei oder mehr Staaten, wie z.B. die Friesen in Dänemark, Deutschland und den Niederlanden oder die Basken in Spanien und Frankreich, teils um nationale Minderheiten im Nachbarstaat, wie z.B. die Elsäßer

---

52 Erst die Zukunft wird zeigen, ob der britische Premierminister auf die Dauer dem Unabhängigkeitsstreben der schottischen Nationalisten widerstehen kann oder ob er Schottland - zumindest auf mittlere Sicht - einen gewissen Autonomiestatus zugestehen muß.

53 Vgl. Voigt 1990, S. 92 ff.

54 Nordirland bildet dabei ein besonderes Problem.

55 Vgl. Elkar 1980; Hrbek 1991, S. 277 ff.; zur Klassifizierung: vgl. Engel 1991, S. 9 ff.

in Frankreich, die Südschleswiger in Deutschland und die Nordschleswiger in Dänemark, die Südtiroler in Italien, die Slowenen in Österreich oder die Ungarn in der Slowakei, teils um ethnische Minderheiten, deren Eigenständigkeit und Identität lange im Zeichen des nationalen Einheitsstaates unterdrückt worden war und sich nun erst allmählich wieder zu entfalten begonnen hat, wie etwa die Bretonen in Frankreich[56].

1.3.1. Regionalismus in Westeuropa

Mit dem Fortschreiten der europäischen Einigung schien der Druck zur Aufrechterhaltung des ungegliederten Nationalstaates in Westeuropa nachgelassen zu haben. Zwar hatte Italien bereits unmittelbar nach dem Zweiten Weltkrieg eine Einteilung des Landes in Regionen vorgenommen, von denen zwei zudem einen Sonderstatus genossen (u.a. Südtirol), diese blieb jedoch solange formal, wie sich kein hinreichender Gegendruck in den Regionen formierte[57]. Erst, als militante Kräfte mit Bomben auf die Probleme Südtirols aufmerksam machten, reagierte die Römische Regierung mit (halbherzigen) Reformen, die den Südtirolern zumindest Zweisprachigkeit zusicherte. Die jüngsten Wahlerfolge der "Ligen"[58] machen jedoch deutlich, daß auch in Rom die Regionen nicht länger ignoriert werden können[59]. In Spanien kam es nach dem Ende der Franco-Diktatur mit der demokratischen Verfassung von 1978 zur Institutionalisierung von 17 Autonomen Gemeinschaften mit eigenen Parlamenten und Regierungen, u.a. um den separatistischen Bestrebungen vieler baskischer Organisationen zu begegnen[60]. Und Frankreich trug dem Ansinnen seiner Regionen im Zuge der von Mitterrand im Jahre 1982 eingeleiteten Dezentralisierung zumindest ansatzweise Rechnung. An die Stelle der alten Departements mit dem von Paris ernannten Präfekten an der Spitze traten - theoretisch - die Regionen mit eigenen gewählten Regionalräten und bestimmten Verwaltungsbefugnissen, aber ohne Gesetzgebungskompetenz und ohne jegliche Form von Souveränität[61].

Das schier unlösbare Problem der Gegensätzlichkeiten zwischen den holländisch sprechenden Flamen und den französisch sprechenden Wallonen in Belgien wurde schließlich ebenfalls durch die Aufteilung des Landes in drei Regionen (unter Einschluß einer gemischtsprachigen Hauptstadtregion) zu lösen versucht. Damit kommt Belgien

---

56 Vgl. Gerdes 1980; Blaschke 1980; Guillorel 1992, S. 147 ff.

57 Militante Aktionen sind auch aus anderen Regionen Italiens bekannt, z.B. aus Sardinien.

58 Am bekanntsten ist die Lega Lombarda, die bei den italienischen Kommunal- und Regionalwahlen 1990 19% der Stimmen erhielt.

59 Auch bei den italienischen Regionen finden sich Ansätze eines Verfahrens, das ihnen eine ähnliche Beteiligung an der Entwicklung der Gemeinschaftspolitik sichern soll wie den deutschen Ländern, vgl. Wiedmann 1992, S. 48.

60 Vgl. Voigt 1989a, S. 19 ff.

61 Jeder "interne Föderalismus" ist ohnehin vom Conseil Constitutionel für verfassungswidrig erklärt worden, vgl. Wiedmann 1992, S. 54 ff.

dem Modell des Föderalismus am nächsten, das allerdings in reiner Form in Europa nur in der Schweiz, in Österreich und in Deutschland verwirklicht ist. Anders als die spanischen Autonomen Gemeinschaften, die niederländischen Provinzen, die belgischen, italienischen oder französischen Regionen haben die Schweizer Kantone, österreichischen Länder und deutschen Bundesländer Staatsqualität[62]. Die in Westeuropa bestehenden subnationalen Einheiten unterscheiden sich also nicht nur - zum Teil ganz erheblich - voneinander[63], sondern sie zerfallen darüber hinaus auch in zwei Kategorien, solche mit und solche ohne Staatsqualität[64]. Es liegt auf der Hand, daß insbesondere die deutschen Bundesländer in höchstem Maße daran interessiert sind, auch den Status der übrigen Regionen zumindest innerhalb der EG aufzuwerten, da sie deren Unterstützung benötigen, um in den vollen Genuß ihres Sonderstatus zu gelangen.

1.3.2. Regionale Beteiligung und Subsidiaritätsprinzip

Insbesondere die Grenzregionen[65] haben innerhalb Westeuropas ein ganzes Netzwerk von Kooperationsbeziehungen gebildet, das von der Regio Basiliensis über die Region Saar-Lor-Lux[66] und die Arbeitsgemeinschaft Alpenländer bis zu den "vier Motoren Europas"[67] reicht. Da zum einen immer mehr Kompetenzen, die die Regionen berühren, auf die EG übergehen[68], zum anderen aber die Regionen in den meisten Staaten nicht einmal ausreichend am innerstaatlichen Entscheidungsprozeß über EG-Angelegenheiten beteiligt sind, wird die Organisation einer gemeinsamen Interessenvertretung der Regionen zunehmend wichtiger. Nicht nur zur Stärkung des regionalen Selbstbewußtseins, sondern vor allem auch zur Vorbereitung einer institutionalisierten Beteiligung am Entscheidungsprozeß auf europäischer Ebene wurde daher 1987 die Versammlung der Regionen Europas gegründet[69]. Unter maßgeblicher Beteiligung Bayerns wurde 1989 zudem eine Konferenz "Europa der Regionen" ins Leben gerufen,

---

62 "Die Länder sind als Gliedstaaten des Bundes Staaten mit eigener - wenn auch gegenständlich beschränkter - nicht vom Bund abgeleiteter, sondern von ihm anerkannter staatlicher Hoheitsmacht", BVerfGE 1, 14 (34); 60, 175 (207); zur Entwicklung: Engel 1991, S. 9 ff.

63 Innerhalb der EG sind insgesamt 165 Regionen nach unterschiedlichsten Gesichtspunkten klassifiziert worden, vgl. Wagner 1992, S. 19.

64 Um so bemerkenswerter ist die Forderung des Europäischen Parlaments nach der europaweiten Schaffung von Regionen, denen eigene legislative und exekutive Kompetenzen zustünden, vgl. Gemeinschaftscharta der Regionalisierung vom 18.11.1988.

65 Grosser (1980, S. 445) weist darauf hin, daß die drei Schöpfer der europäischen Gemeinschaft Adenauer (Rheinland), de Gasperi (Trient) und Schuman (Lothringen) alle aus Grenzregionen kamen, in denen die Notwendigkeit zur Zusammenarbeit über die Grenzen hinweg besonders sichtbar wurde. Es ist hinzuzufügen, daß auch de Gaulle Lothringer war.

66 Diese Region umfaßt das Saarland, Lothringen und Luxemburg, vgl. Wagner 1992, S. 20.

67 Gemeint ist die Zusammenarbeit von Baden-Württemberg mit Rhone-Alpes, Katalonien und der Lombardei, vgl. Hrbek 1991, S. 278 f.

68 Z.B. in den Bereichen des Kultur-, Erziehungs-, Bildungs- und Ausbildungswesens, aber auch des Rundfunkwesens und der regionalen Wirtschaftsförderung, vgl. Wiedmann 1992, S. 46 ff.

69 Dieser Konferenz gehören inzwischen mehr als 160 Regionen an, vgl. Hrbek 1991, S. 280 f.

die jährlich tagt und gemeinsame Interessen artikuliert[70]. Beide fordern übereinstimmend die Einführung des Subsidiaritätsprinzips in die EG-Verträge sowie das Recht, daß die Mitgliedstaaten einen zweiten - regionalen - Vertreter in den EG-Ministerrat entsenden können. Gefordert wird außerdem die Einrichtung eines eigenständigen Regionalgremiums, einer "Regionalkammer", nach dem Vorbild des Wirtschafts- und Sozialausschusses, das Stellungnahmen zu allen Vorhaben der EG abgeben darf und ein Klagerecht besitzt. Und schließlich soll das Wahlrecht zum Europäischen Parlament nach den Vorstellungen der Regionen so gestaltet werden, daß dessen Mitglieder in regionalen Wahlkreisen gewählt werden[71].

Nicht nur die Beteiligung der Regionen am Entscheidungsprozeß der EG, sondern auch das Subsidiaritätsprinzip ist freilich außerordentlich umstritten[72]. Zwar wird EG-Kommissionspräsident Delors nicht müde, das Subsidiaritätsprinzip, in dem er einen Kompromiß zwischen deutschen und britischen Vorstellungen sieht, zu preisen, aber Inhalt und Wirkungsweise dieses Prinzips, das in engem Zusammengang mit der katholischen Soziallehre steht[73], sind nach wie vor unklar. Jeder Hinweis auf eine föderale Ordnung wird von Seiten der EG vor allem deshalb vermieden, weil von einigen Mitgliedstaaten (Großbritannien, Frankreich) Föderalismus aus prinzipiellen Erwägungen abgelehnt wird[74]. Diese Gruppe der Mitgliedstaaten will das Subsidiaritätsprinzip daher auch allenfalls auf die Beziehungen zwischen supranationaler und nationaler Ebene angewandt wissen, um sich so nationale "Reservatsrechte" erhalten zu können[75]. Eine andere Gruppe (Belgien, Deutschland, die Niederlande sowie die Vertreter der Regionen) sieht darin vor allem ein Mittel gegen Zentralismus und Etatismus und bezieht dieses Prinzip dementsprechend auf alle drei Ebenen der Gemeinschaft. Die entscheidende Frage ist dabei jedoch, ob das Prinzip in einer Gemeinschaft Wirksamkeit entfalten kann, die nicht über eine Verfassung zur Abgrenzung der Kompetenzen von zentraler Ebene und Mitgliedstaaten verfügt[76].

Mit der 1988 vollzogenen Einrichtung eines "Beirates der regionalen und kommunalen Körperschaften" als Beratungsgremium der EG ist ein erster - wenn auch unvollkommener - Schritt in Richtung auf eine Anerkennung der Regionen als Ansprech-

---

70 Dieser Konferenz gehören hingegen lediglich 39 Regionen aus 9 EG-Staaten an, vgl. Wagner 1992, S. 21.

71 Vgl. Hrbek 1991, S. 282.

72 Für das Umweltrecht wurde das Subsidiaritätsprinzip allerdings bereits durch die Einheitliche Europäische Akte festgeschrieben, durch die Maastrichter Verträge (Art. 3b) würde es sogar zum tragenden Kompetenzverteilungsgrundsatz.

73 Vgl. Constantinesco 1990, S. 165 ff.; Wiedmann 1992, S. 46 ff.

74 Innerstaatlicher Föderalismus wird hier mit Separatismus gleichgesetzt.

75 Vgl. Wagner 1992, S.21f.

76 Das Europäische Parlament hat zwar kürzlich einen Entwurf für eine Verfassung der geplanten Europäischen Union vorgelegt, der Entwurf wurde jedoch bislang nicht weiterverfolgt.

partner getan[77]. Die unterschiedlichen Positionen der Mitgliedstaaten im Hinblick auf die Befugnisse einer "Regionalkammer" machen jedoch eine die Vertreter der Regionen zufriedenstellende Lösung in absehbarer Zukunft unwahrscheinlich[78]. Der Weg bis zu einer echten Beteiligung aller Regionen am Entscheidungsprozeß der EG-Institutionen ist vor allem deshalb so weit, weil die unitarischen Staaten (Frankreich, Großbritannien, Italien) sich nicht von der EG eine Aufwertung ihrer Regionen vorschreiben lassen wollen. Sie sind vielmehr vor allem daran interessiert, den in ihren Ländern aufkeimenden innerstaatlichen Nationalismus (Korsika, Schottland etc.) kleinzuhalten. Die Position der deutschen Länder in diesem Konzert ist hingegen verfassungsrechtlich ungleich viel stärker[79], sie werden sich voraussichtlich einen Platz auf der Verhandlungsbank der deutschen Seite erkämpfen[80].

2. Alte und neue Staatenordnung

Die Analyse des komplexen Beziehungsgeflechts zwischen supranationaler Ebene (EG), Nationalstaaten und Regionen soll hier am Beispiel ausgewählter Konstellationen illustriert werden, die als politische "Weichenstellungen" bei der Veränderung der europäischen Staatenordnung verstanden werden können. Dabei sind allerdings nicht nur die "harten" historischen Fakten, wie Vertragschließungen etc., zu berücksichtigen, sondern auch die Entwicklung und allmähliche Durchsetzung neuer Ideen im Bewußtsein der Völker[81]. Als solche geistig-kulturelle Umbruchsituationen kommen vor allem die "Gründerjahre" nach dem Zweiten Weltkrieg (Gründung von Bundesrepublik, DDR, Montanunion, EWG, WEU und NATO), die Ära de Gaulle mit der Vision eines "Europa vom Atlantik bis zum Ural", die Ostpolitik der Regierung Brandt/Scheel, die sich der "konkreten Utopie" einer Aussöhnung mit den Völkern Osteuropas verpflichtet fühlte, die Konferenz für Sicherheit und Zusammenarbeit in Europa als erster konkreter Ausdruck einer gesamteuropäischen Perspektive sowie schließlich die Ära Gorbatschow und die "Sanfte Revolution" im sog. Ostblock (insbesondere die in der DDR) in Be-

---

77 Gemäß Art. 4 Abs. 2 und Art. 198a i.d.F. der Maastrichter Verträge werden Rat und Kommission von einem 189-köpfigen "Ausschuß der Regionen" beraten.

78 Die ebenfalls im Beirat vertretenen Städte, die sozusagen die "vierte Ebene" Europas bilden, haben demgegenüber eigene (lokale) Interessen, die besser in einem besonderen Gremium aufgehoben wären.

79 Für die Verfassungsänderungen, die sich aus den Maastrichter Verträgen ergeben, ist auch eine Zweidrittelmehrheit der Stimmen des Bundesrates erforderlich.

80 Art. 2 des Gesetzes zur Einheitlichen Europäischen Akte verpflichtet bereits jetzt die Bundesregierung, den Bundesrat frühestmöglich über alle die Länder interessierenden EG-Angelegenheiten zu unterrichten, insbesondere in Bereichen der ausschließlichen Landesgesetzgebung von der Stellungnahme der Länder nur aus "unabweisbaren außen- und integrationspolitischen Gründen" abzuweichen.

81 Vgl. Voigt 1989b.

tracht[82], die nach dessen Untergang die enorme geistig prägende Kraft des sowjetischen Kommunismus offenbar werden läßt.

Angesichts der verheerenden Folgen, die ein übersteigerter Nationalismus[83] der europäischen Staaten den Menschen in Europa - und in anderen Teilen der Welt - aufgezwungen hatten, schien es nach dem Ende des Zweiten Weltkrieges zunächst so, als ob sich die Nationalstaatsidee überlebt hätte[84]. Als Folge des alliierten Sieges über Hitler-Deutschland, der die Rote Armee bis an die Elbe hatte vorrücken lassen, und im Zuge der sich anbahnenden Konfrontation der Supermächte wurde Europa eine grundlegende Neustrukturierung seiner Staatenordnung aufgezwungen, in der Nationalstaaten keine zentrale Rolle mehr zu spielen schienen. Auch de Gaulles einsamer Kampf gegen die Zementierung der Blöcke in Europa und für eine stärkere Berücksichtigung nationaler, insbesondere französischer Interessen, erscheint aus der Perspektive der achtziger Jahre eher als eine Art Zwischenspiel. Spätestens die neunziger Jahre dieses Jahrhunderts zeigen jedoch, daß der totgesagte Nationalstaatsgedanke quicklebendig ist und - vorerst vor allem - die osteuropäischen Völker umtreibt. Aber auch das halbe Jahrhundert, das zwischen dem Kriegsende und dem Zusammenbruch der Sowjetunion liegt, läßt sich aus heutiger Sicht eher als ein ständiges Auf und Ab der Nationalstaatsidee und weniger als ein allmählicher Niedergang derselben beschreiben.

2.1. Abschied vom Nationalstaat: Die Gründerjahre

Mit dem Ende des Zweiten Weltkriegs schien die Idee vom Nationalstaat in Europa endgültig diskreditiert zu sein[85]. Deutschland hatte - zumindest vorerst - aufgehört, als Nationalstaat zu existieren[86]. Nach dem sog. Schuman-Plan, der die "Entnationalisierung" der westeuropäischen Montanidustrie vorsah, wurde eine supranationale Behörde zur gemeinsamen Kontrolle, Planung und Verwertung von Kohle und Stahl geschaffen[87]. Frankreich, die Bundesrepublik Deutschland, Italien und die Benelux-Länder gründeten die Europäische Gemeinschaft für Kohle und Stahl

82 Da an dieser Stelle der Platz für eine ausführlichere Darstellung der historischen Dimension fehlt, wird dies an anderer Stelle nachgeholt.

83 Einen guten Überblick über den Zusammenhang zwischen Nationalismus und sozialen Faktoren gibt Coakley 1992, S. 1 ff.

84 In anderen Ländern, wie z.B. den USA oder Australien, scheint dieser Aspekt ohnehin eine viel geringere Rolle zu spielen als in Europa.

85 Am 5. Mai 1949 wurde das Statut des Europarates verabschiedet. Die Bundesrepublik trat dem Europarat am 8. Juli 1950 als assoziiertes Mitglied bei.

86 Die bedingungslose Kapitulation fand am 8. Mai 1945 in Berlin-Karlshorst statt. In der "Declaration Regarding the Defeat of Germany", die am 5. Juni 1945 von den Chefs der vier alliierten Streitkräfte unterzeichnet wurde, wurde ausdrücklich erklärt, daß es sich nicht um eine Annexion Deutschlands handelte.

87 Der Namensgeber war der französische Außenminister Robert Schuman, der eigentliche "Mann hinter den Kulissen" des Schuman-Plans war hingegen der international erfahrene Wirtschaftsexperte Jean Monnet, der erste Präsident der Montanunion, vgl. Birke 1989, S. 277 f.

(Montanunion)[88], die erste der drei Gemeinschaften, die später zur EG zusammengeschlossen wurden[89]. Der Streit zwischen den "Erbfeinden" Deutschland und Frankreich wurde zumindest entschärft, da Frankreich in der Montanunion eine Garantie gegen künftige Expansionsbestrebungen Deutschlands sah[90]. Nach einer Phase der Stagnation, deren Ursache vor allem das Scheitern der Europäischen Verteidigungsgemeinschaft (EVG) war, wurden 1957 schließlich die Römischen Verträge zur Gründung von Europäischer Wirtschaftsgemeinschaft (EWG) und Euratom unterzeichnet. Trotz der Einladung zur Mitarbeit blieb Großbritannien jedoch der EWG zunächst fern[91]. Und der britische Beitrittsantrag des Jahres 1961 scheiterte schließlich am Veto des französischen Staatspräsidenten de Gaulle.

Auf östlicher Seite hatte Stalin den sog. Ostblock mit Hilfe der kommunistischen Partei und der Roten Armee, die ihre Stellungen in Europa auch nach dem Ende des Krieges nicht geräumt hatte, bald fest im Griff[92]. Nationale Eigenständigkeit war den Ost- und Mitteleuropäern im sog. Ostblock nicht erlaubt[93]. Ihren deutlichsten Ausdruck fand diese beschränkte Souveränität der Ostblockländer in der sog. Breschnew-Doktrin, mit der der Einmarsch der Truppen des Warschauer Pakts in die CSSR "gerechtfertigt" wurde[94]. Während die ideologische Bindung an die Sowjetunion über die kommunistische Ideologie und deren Sachwalter, die kommunistischen Parteien in den Ostblockländern, gewährleistet und durch das Militärbündnis Warschauer Pakt sichergestellt wurde, waren die ökonomischen Bindungen im Rat für gegenseitige Wirtschaftshilfe (RGW) institutionalisiert[95]. Damit waren - vorerst jedenfalls - starke Nationen mit ausgeprägtem Nationalgefühl im Zentrum Europas sozusagen neutralisiert[96].

---

88 Vertragsunterzeichnung am 18. April 1951.

89 Fusionsvertrag vom 8. April 1965.

90 Allerdings war die starre Haltung Frankreichs in der Saar-Frage zunächst ein ernstes Hindernis für eine deutsch-französische Verständigung.

91 In Konkurrenz zur EWG trat die EFTA (European Free Trade Association), die 1959 durch die Stockholmer Vereinbarung gegründet wurde und 1960 in Kraft trat.

92 Wo sich unmittelbar nach Kriegsende demokratische Regierungen etabliert hatten, wie z.B. in der Tschechoslowakei, wurden diese zugunsten kommunistischer Regime liquidiert.

93 Eine deutliche Sprache sprechen in dieser Hinsicht die nationalen Erhebungen in der DDR (1953), Ungarn (1956), Tschechoslowakei (1968), die sämtlich durch die Sowjetunion selbst oder auf deren Veranlassung durch Truppen des Warschauer Paktes niedergeschlagen wurden.

94 Brief Breschnews an das Zentralkomitee der Kommunistischen Partei der CSSR vom Juli 1968; Quelle: Meissner, 1969, S. 47 f.

95 Die DDR trat dem RGW 1950 bei.

96 In Deutschland waren an die Stelle eines Nationalstaates zwei nach dem Willen ihrer jeweiligen Besatzungsmächte geformte halb-souveräne Staaten, eine geteilte Hauptstadt sowie die von der Sowjetunion bzw. von Polen annektierten Ostgebiete getreten.

2.2. Rückkehr zum Nationalstaat: De Gaulles "Europa der Vaterländer"

Mit der Ablehnung der EVG durch die französische Nationalversammlung war nicht nur die supranationale Europakonzeption der Gründergeneration vorerst gescheitert, sondern auch der Weg zu einer eigenständigen Rolle der "Sechsergemeinschaft" unter Führung Frankreichs[97] zwischen den Supermächten auf absehbare Zukunft versperrt. Die daraufhin einsetzende Konzentration der westeuropäischen Verteidigungsanstrengungen auf die NATO bedeutete zwar einerseits eine Schwächung der militärischen Souveränität der beteiligten Nationalstaaten[98], andererseits eröffnete sie jedoch zugleich den Weg für das wirtschaftliche Erstarken vor allem der in der EWG zusammengeschlossenen Staaten unter der Prämisse einer Vormachtstellung der USA in Westeuropa. Die Bundesrepublik erlangte durch den Deutschlandvertrag[99] die Anerkennung als gleichberechtigtes Mitglied der europäischen Völkergemeinschaft[100] und wurde schließlich auf der Grundlage der Pariser Verträge[101] Mitglied von NATO und WEU[102]. Damit war die der EVG zugrunde liegende Intention, die Bundesrepublik aus der NATO fern zu halten, gescheitert[103].

Frankreich, das bis 1958 ebenfalls als "proatlantisch" bezeichnet werden konnte, änderte seine Politik jedoch radikal, als mit General de Gaulle ein Mann Präsident der Republik wurde, der der "Grand Nation" eine eigene Rolle als europäische Großmacht zugedacht hatte. Indem er Frankreich von den Fesseln des Algerienkrieges befreite[104], eröffnete er für sein Land den Weg nach Europa. Hier freilich fand de Gaulle Strukturen vor, die für die von ihm angestrebte Sonderrolle Frankreichs keine Basis boten. Mit der Politik des "leeren Stuhls" erzwang er daher eine stärkere Berücksichtigung der französischen Interessen in der Gemeinschaft, wodurch diese jedoch an den Rand des Scheiterns gedrängt wurde. De Gaulles Vision von einem "Europa der Vaterländer"[105] schloß

97 Großbritannien hatte ohnehin nicht vorgehabt, der EVG beizutreten.

98 Das bedeutete, daß die nationalen Streitkräfte im Konfliktfall innerhalb des Rahmens der von der NATO-Führung, letztlich also den USA, ausgearbeiteten Strategien und Entscheidungen zu operieren hatten, vgl. Held 1991a, S. 156 f.

99 26. und 27. Juni 1952.

100 Stalins Angebot aus dem Jahre 1952, der Wiedervereinigung eines neutralen Deutschlands zuzustimmen, wurde von den Westmächten und von Adenauer abgelehnt.

101 vom Oktober 1954.

102 Die Bundesrepublik trat der 1948/49 gegründeten NATO am 9. Mai 1955 bei. Mit dem Inkrafttreten der Pariser Verträge war das Besatzungsstatut erloschen. An die Stelle der gescheiterten EVG trat die Westeuropäische Union (WEU), die 1948 von Frankreich, Großbritannien, Belgien, den Niederlanden und Luxemburg unter dem Namen "Brüsseler Vertrag" gegründet worden war und die als europäischer Pfeiler der NATO diente.

103 Vgl. Gödde-Baumanns 1991, S. 64.

104 Am 3. Juli 1962 endete der Algerienkrieg offiziell.

105 Der Begriff des Vaterlandes weist auf konservative Wertvorstellungen hin; das von den Vätern Ererbte soll gegenüber unguten Neuerungen (de Gaulle sprach von "Dekadenz") bewahrt werden;

zum einen Osteuropa ausdrücklich mit ein, zum anderen wandte er sich vehement gegen einen zu raschen Ausbau der Gemeinschaftskompetenzen zulasten der nationalen Eigenständigkeit. Bemerkenswerterweise hielt de Gaulle den innerstaatlichen französischen Zentralismus für historisch überholt und leitete eine Regionalreform ein, die er jedoch nicht mehr durchführen konnte[106].

Um den amerikanischen Einfluß auf die Westdeutschen zurückzudrängen, forcierte de Gaulle die deutsch-französische Freundschaft[107]. In Bundeskanzler Adenauer fand de Gaulle einen Partner auf deutscher Seite[108], dessen Vorstellungen sich in wichtigen Punkten mit den seinen deckten. Dieser sah nämlich ebenfalls in der deutsch-französischen Freundschaft den Ausgangspunkt einer Wiedergeburt Europas in den Dimensionen des Karolingerreiches[109]. Von einem grundsätzlichen Dissens zwischen Deutschen und Franzosen waren allerdings nach wie vor die Vorstellungen über die verfassungspolitische Konzeption für das künftige Europa charakterisiert. Während die deutsche Seite ein möglichst weitgehend integriertes Europa anstrebte, das in letzter Konsequenz zum Aufgehen der Nationalstaaten in der Europäischen Gemeinschaft der sechs geführt hätte, lief dem die de Gaulle'sche Vison von einem Europa, das in einer losen politischen Union verbunden - mit Hilfe der französischen Atomwaffen - über sein eigenes Schicksal verfügen sollte, strikt zuwider. Die Weiterentwicklung der EG geriet daher folgerichtig im Jahre 1965 in eine ernste Krise.

2.3. Die nationale Dimension der Entspannung: Brandts Ostpolitik

Mit dem Abbau der Spannungen zwischen den Supermächten öffnete sich auch für die westdeutsche Außenpolitik ein neues "Politikfenster"[110]. Im Rahmen einer Strategie des "Wandels durch Annäherung"[111] setzte die sozial-liberale Bundesregierung ihre Prioritäten[112]. Das Hauptaugenmerk lag jetzt auf der Neuordnung der Beziehungen der Bundesrepublik zu Osteuropa und der Sowjetunion[113]. Brandts Ostpoli-

---

zugleich verweist der Begriff Patriotismus auf den Kampf als Mittel zur Erhaltung des Vaterlandes, vgl. Rovan 1992, S. 201.

106 De Gaulle hatte seine Pläne in einem Referendum am 27.04.1968 den Franzosen zur Abstimmung unterbreitet und damit sein politisches Schicksal verknüpft. Aufgrund des für ihn negativen Ausgangs des Referendums trat er zurück.

107 Der deutsch-französische Freundschaftsvertrag wurde am 27. Januar 1963 abgeschlossen.

108 Die erste Begegnung de Gaulles mit Adenauer fand am 14. September 1958 statt, vgl. Adenauer 1967, S. 424 ff.

109 Vgl. Der Spiegel, 12.09.1962, S. 16.

110 Policy Window, vgl. Windhoff-Héritier 1992.

111 Diese Formel hatte Egon Bahr geprägt.

112 am 22. Oktober 1969.

113 Link 1986, S. 163.

tik[114] manifestierte sich in den Verträgen der Bundesrepublik Deutschland mit der Sowjetunion[115], der Volksrepublik Polen[116] und der CSSR[117]. Zugleich brachte die Bundesrepublik damit aber auch ihre Unabhängigkeit gegenüber den USA zum Ausdruck[118]. Die Tatsache allein, daß die Bundesrepublik selbständig mit der Sowjetunion verhandeln konnte, veränderte bereits die politische Landschaft in Europa[119]. Die von der Bundesregierung zu akzeptierende sowjetische Hegemonie über Osteuropa führte allerdings dazu, daß die Grundzüge auch der Verträge mit den anderen Ostblockländern vorab mit der Sowjetunion zu vereinbaren waren[120]. Indem sie in diesen Verträgen die Unverletzlichkeit der als Ergebnis des Zweiten Weltkrieges geschaffenen Grenzen verbindlich festlegte[121], zahlte die Bundesregierung einen hohen Einstandspreis. Ihr Ziel war die Schaffung einer tragfähigen Grundlage für ihr Konzept einer neuen europäischen Friedensordnung[122].

Der Vorwurf des Revanchismus - gemeint waren insbesondere die Forderungen der deutschen Vertriebenenverbände -, der das Verhältnis zu Polen bis dahin vergiftet hatte, war mit der Grenzgarantie hinfällig geworden. Vor allem aber Brandts Kniefall vor dem Mahnmal für die im Warschauer Ghetto Ermordeten[123] führte der Welt vor Augen, daß sich Deutschland seiner Schuld zu stellen bereit war. In dem Vertrag mit der Volksrepublik Polen wurde zwar der von polnischer Seite gewünschte Verzicht auf die Ostgebiete festgelegt[124], die polnische Regierung war zu echten Gegenleistungen aber nicht bereit. Im Hinblick auf die deutsche Minderheit in Polen wurden lediglich unverbindliche Erklärungen über eine Erleichterung der Familienzusammenführung gemacht[125], von einer Sicherung der sprachlichen und kulturellen Rechte der in Polen zurückbleibenden Deutschen war überhaupt nicht die Rede. Als drei Jahre später der Vertrag mit der CSSR geschloßen wurde, war vor allem der Widerstand in den Reihen

---

114 Ein Wort, das zu diesem Zeitpunkt auch Eingang in den Wortschatz der englischsprachigen Welt fand.

115 vom 12. August 1970.

116 vom 7. Dezember 1970.

117 Unterzeichnet am 11. Dezember 1973.

118 Die USA wurden zwar informiert, aber nicht mehr konsultiert.

119 Vgl. Link 1986, S. 169.

120 Es liegt auf der Hand, daß vor allem die polnische Regierung darin eine Mißachtung ihrer Souveränität sah und äußerst verstimmt reagierte.

121 Die deutschen Ostgebiete waren freilich - unbemerkt von der westdeutschen Bevölkerung - längst verloren, hatten es doch die Westalliierten bereits im Jahre 1950 abgelehnt, die Oder-Neiße-Gebiete in eine Wiedervereinigungsoption des Generalvertrages (später: Deutschlandvertrag) einzubeziehen. Die DDR hatte am 6. Juli 1950 offiziell die Oder-Neiße-Linie anerkannt.

122 Ohne freilich einem endgültigen Friedensvertrag vorzugreifen.

123 am 7. Dezember 1970.

124 Art. 1 des Warschauer Vertrages legte den politischen, aber nicht den endgültigen - völkerrechtlich verbindlichen - Verzicht fest.

125 Erst Brandts Nachfolger Helmut Schmidt gelang es am 9. Oktober 1975, gegen finanzielle Zugeständnisse die Zusage für weitere Ausreisegenehmigungen zu erreichen.

der bayerischen CSU groß[126], die sich als Sachwalterin der Interessen der sudetendeutschen Landsmannschaft sah. Hauptstreitpunkt war die Frage, ob das "Münchner Abkommen" des Jahres 1938 für von Anfang an ("ex tunc") oder aber für von jetzt an ("ex nunc") ungültig erklärt werden sollte[127]. Es liegt auf der Hand, daß es dabei vor allem um die Rechtsansprüche der von dort vertriebenen Deutschen ging.

Auf der Basis normalisierter Beziehungen zur Sowjetunion und nach Abschluß des Berlin-Abkommens[128] war nun auch eine Politik der Annäherung an die DDR möglich. In Bezug auf Deutschland hatte die Sowjetunion akzeptiert[129], daß der deutsch-sowjetische Vertrag die Politik einer friedlichen Wiedervereinigung nicht als vertragswidrig untersagte und daß die freiwillige Vereinigung oder Grenzkorrektur zwischen zwei souveränen Staaten unveräußerliche Rechte seien. Mit dem Grundlagenvertrag des Jahres 1972[130] ging die Regierung Brandt-Scheel dann freilich bis an den Rand eines Verdikts durch das Bundesverfassungsgericht, das den Vertrag nur widerwillig und nur in seiner spezifischen "verfassungskonformen" Auslegung passieren ließ[131]. Streitpunkte waren vor allem das in der Präambel des Grundgesetzes niedergelegte Wiedervereinigungsgebot und die Frage einer - wie auch immer gearteten - Anerkennung der DDR als zweiten deutschen Staat sowie die Anerkennung einer eigenen DDR-Staatsbürgerschaft[132]. Immerhin ließ sich die Präambel des Vertrages, in der von der Unverletzlichkeit der Grenzen, der Achtung der territorialen Integrität und der Souveränität aller Staaten in Europa in ihren gegenwärtigen Grenzen ausgegangen wurde, durchaus als de-facto-Anerkennung der DDR interpretieren. Lediglich in der unverbindlichen Form eines "Briefes zur deutschen Einheit" konnte die Bundesregierung ihre Auffassung zum Ausdruck bringen, daß der Vertrag nicht in Widerspruch zum Wiedervereinigungsziel der Bundesrepublik stehe[133]. Beide deutsche Staaten wurden 1973 in

---

126 Dieser Widerstand flammte erneut auf, als nach der Wiedervereinigung ein deutsch-tschechoslowakischer Freundschaftsvertrag abgeschlossen wurde.

127 Eine noble Geste war die öffentliche Entschuldigung des ersten demokratisch gewählten tschechoslowakischen Staatspräsidenten Havel gegenüber dem wiedervereinigten Deutschland für das Unrecht der Vertreibung. Damit brachte er allerdings eine Meinung zum Ausdruck, die keinesfalls von seinen Landsleuten mehrheitlich geteilt wurde.

128 Am 3. Juni 1972 in Kraft gesetzt.

129 Es handelte sich dabei um eine Interpretation des Vertragstextes, die mit sowjetischer Zustimmung als Anlage zur Vertragsdenkschrift von der Bundesregierung veröffentlicht wurde.

130 Vertrag über die Grundlagen der Beziehungen zwischen der Bundesrepublik Deutschland und der Deutschen Demokratischen Republik vom 21. Dezember 1972.

131 BVerfGE 36, 1. Dies führte beispielsweise dazu, daß die schwer bewachte Demarkationslinie zwischen der Bundesrepublik und der DDR als eine innerdeutsche Grenze wie die zwischen westdeutschen Bundesländern bezeichnet wurde.

132 Forderungen, welche die Bundesregierung ohnehin aus verfassungsrechtlichen Erwägungen nicht erfüllen konnte.

133 Bulletin des Presse- und Informationsamtes der Bundesregierung, Bonn 22.09.1972; vgl. auch Denkschrift der Bundesregierung zum Vertrag, in: Bundesminister für innerdeutsche Beziehungen 1973, S. 397 ff.

die UNO aufgenommen. Mit der Fortsetzung der bisherigen Europapolitik versuchte die Regierung Brandt/Scheel sich der Rückendeckung ihrer EG-Partner zu versichern.

2.4. Die europäische Dimension der Entspannung: Die KSZE

Die "Entspannung" ('détente') zwischen den Supermächten erlaubte nicht nur einzelnen Staaten, wie der Bundesrepublik, ihre Interessen über die Grenzen der Blöcke hinaus neu zu ordnen, sondern führte auch zu einer - wenn auch zunächst sehr vagen - gesamteuropäischen Konzeption. Auf Initiative der Sowjetunion und gegen den anfänglichen Widerstand des Westens trat 1975 in Helsinki zum ersten Mal die Konferenz für Sicherheit und Zusammenarbeit in Europa (KSZE) zusammen. Die von der Konferenz verabschiedeten Formulierungen hatten die Form von Absichtserklärungen mit moralisch-politischer Verbindlichkeit[134]. Obgleich das Verfahren, wie etwa die Zusammenfassung bestimmter Themenkomplexe in sogenannten "Körben", für Außenstehende als bloße Spielerei erschien, zeichneten sich auf längere Sicht doch Ergebnisse der KSZE-Diplomatie ab. So wurden in "Korb drei" alle vertragschließenden Staaten zur Einhaltung der Menschenrechte verpflichtet. Danach sollte es nun nicht mehr in das Ermessen des einzelnen Nationalstaates gestellt sein, die Menschenrechte in seinem Territorium einzuhalten oder zu verletzen.

Diese gesamteuropäische Verpflichtung[135] hielten viele Westeuropäer für einen symbolischen Akt ohne praktische Bedeutung, zumal die Durchsetzung insbesondere in den Ostblockländern als kaum realistisch erschien. Damit wurde jedoch die politische Sprengkraft der dahinterstehenden Idee erheblich unterschätzt. Da sich die Teilnehmerstaaten zur Veröffentlichung der KSZE-Schlußakte verpflichtet hatten, erwies sich die Schlußakte als Ausgangspunkt für eine politische Bewegung, die schließlich zum Untergang des Ostblocks führte. In der Tschechoslowakei und in anderen Ostblockländern bildeten sich sog. Helsinki-Komitees[136], die sich beharrlich für die Einhaltung der in der KSZE-Akte verbrieften Menschenrechte einsetzten. Die Mitglieder dieser Komitees waren zwar ständigen Verfolgungen durch die Staatsmacht ausgesetzt, die jedoch zunehmend unter den Druck der öffentlichen Meinung im Westen geriet. Prominente Repräsentanten dieser Bewegung, wie der Dichter und spätere Staatspräsident der Tschechoslowakei, Vaclav Havel, wurden zu geistigen Vätern des Widerstandes gegen den Kommunismus und mobilisierten auch aus dem Gefängnis heraus durch ihr Vorbild neue Anhänger.

---

134 Lübkemeier 1990, S. 308 ff.

135 Vgl. Salewski 1991, Einleitung, S. XI.

136 Z.B. die Charta 77, deren prominentester Vertreter Vaclav Havel war.

2.5. Das Ende der alten Staatenordnung: Gorbatschow und die "sanfte Revolution"

Als im März 1985 Michail Gorbatschow Generalsekretär der KPdSU wurde[137] und bald darauf dem Westen Abrüstungsvorschläge von bis dahin unbekannter Radikalität unterbreitete[138], gerieten erstmals die scheinbar unverrückbaren Blöcke ins Wanken. An die Stelle der bisherigen (gebremsten) Konfrontation trat nunmehr allmählich die Kooperation der Supermächte. Mit der von Gorbatschow verkündeten Perestroika, der wirtschaftlichen Umorganisation des Landes, und Glasnost, der neuen Offenheit des politischen Systems, veränderte er nicht nur die Sowjetunion, sondern setzte auch die Umgestaltung Europas in Gang. Insbesondere seine Idee[139] von Europa als einem "gemeinsamen Haus" aller Europäer "vom Atlantik bis zum Ural" erregte Aufsehen. Allerdings stellte Gorbatschow unmißverständlich klar, daß Ausgangspunkt für diese Form der "friedlichen Koexistenz" die Beschlüsse von Jalta und Potsdam seien. Dazu gehöre selbstverständlich auch das Weiterbestehen zweier deutscher Staaten[140], deren Grenzen ein für allemal festgelegt seien. Eine Neuordnung Europas lag also nicht in seinem Sinne, wohl aber eine Intensivierung der Zusammenarbeit und eine Reduktion der lebensbedrohenden Überrüstung[141]. Unter diesen veränderten Rahmenbedingungen, die eine Abkehr von der Breschnew-Doktrin einschlossen, konnten sich nun jedoch auch die Länder des Ostblocks anders entfalten.

In Polen entwickelte sich die Solidarnosc, welche Anfang der 80er Jahre als unabhängige Gewerkschaft begonnen hatte, trotz aller Widerstände zu einer politischen Bewegung[142], die die demokratische Erneuerung des Landes vorbereitete. Und die Ungarn lösten schließlich mit ihrer Öffnung der Grenzen nach Österreich den Anstoß zu einer Massenflucht von DDR-Bürgern[143] aus. Die politische Situation in der DDR wurde schließlich unhaltbar. Im Gefolge der berühmten Montagsdemonstrationen in Leipzig[144] kam es schließlich zur Artikulation des Wunsches nach einer Vereinigung der beiden deutschen Staaten. Im Zuge dieser Vereinigung wurde die Mitgliedschaft in der NATO auf ganz Deutschland ausgedehnt und ein teilweiser Abzug der alliierten

137 Vgl. Druwe 1991.

138 Maßgeblich hierfür war insbesondere Gorbatschows Erkenntnis, daß die weitere Beteiligung der Sowjetunion am Wettrüsten mit den USA sein Land wirtschaftlich ruinieren würde.

139 Gorbatschow 1987, S. 252 ff., insbes. S. 257. Gorbatschow verschwieg nicht, daß er dabei wesentliche Anregungen aus seinen Gesprächen mit Mitterrand erhielt.

140 Die Verantwortung für diese Teilung lastete Gorbatschow den westlichen Alliierten an, vgl. Gorbatschow 1987, S. 261.

141 Zugleich beendete er das sowjetische Engagement im Afghanistan-Krieg.

142 In Polen spielte bei dem Aufbegehren gegen das kommunistische System die nationale Komponente eine weit größere Rolle als in anderen Ostblockländern.

143 Am 17. Oktober 1989 trat schließlich Honecker zurück, sein Nachfolger wurde Egon Krenz.

144 Deren politische Aussagen von der Parole "Wir sind das Volk" bis zu der eindeutigen Absichtserklärung "Deutschland, einig Vaterland" führten.

Truppen aus Deutschland verabredet. Im Gegenzug verpflichtete sich Deutschland zu einer Verringerung der Bundeswehr auf 370.000 Mann. Die Ablösung der alliierten Vorbehaltsrechte gegenüber Deutschland als ganzem wurden in den sog. "Zwei-plus-vier-Gesprächen" festgelegt[145], deren Bezeichnung bereits signalisierte, daß die beiden deutschen Staaten zumindest als gleichberechtigte Partner am Verhandlungstisch mit den vier Alliierten saßen. Damit existiert im Zentrum Europa nunmehr wieder ein Staat, der zwar nicht in seinem Territorium, aber in seiner Wirtschaftskraft und Bevölkerungsstärke aus den anderen herausragt. Freilich ist dieser Staat eng in ein Netz von internationalen Vereinbarungen eingebunden, das seinen Handlungsspielraum begrenzt.

Mit der Ablösung der Sowjetunion durch die Gemeinschaft unabhängiger Staaten (GUS), die Loslösung der bis dahin unselbständigen Republiken aus der jugoslawischen Föderation und die Teilung der Tschechoslowakei haben sich zahlreiche neue Staaten auf dem Territorium des ehemals kommunistischen Osteuropas gebildet. Die fast schon tot geglaubte Nationalstaatsidee entfaltet besonders in Mittel-, Südost- und Osteuropa große Attraktivität, auch wenn die wirtschaftliche Lebensfähigkeit vieler dieser neuen Staaten, insbesondere der Kleinstaaten, kaum gesichert ist. Ökonomische Rationalität scheint jedoch bei dem Streben der lange unterdrückten Völker nach eigener nationaler Identität die geringste Rolle zu spielen, wie das Beispiel der slowakischen Unabhängigkeitsbewegung zeigt. Sie bestreitet gar nicht die Tatsache, daß die Slowakei im Verbund mit der Tschechei erheblich bessere Chancen zu einer wirtschaftlichen Gesundung hätte, sondern sie erklärt diese Tatsache einfach für unwesentlich.

3. Die Zukunft Europas

Die Konturen einer stabilen nachrevolutionären Staatenordnung in Europa sind noch nicht klar erkennbar. Angesichts des gewaltigen Umbruchs im ehemaligen Ostblock ist das auch kaum zu erwarten. Andererseits sind doch einige Elemente dieser neuen Staatenordnung identifizierbar, die es herauszuarbeiten und auf ihre künftige Tragfähigkeit hin zu überprüfen gilt. Nach wie vor spielen die größeren Industrienationen wie Deutschland, Frankreich, Großbritannien und Italien und deren Verhältnis zueinander sowie die Einbindung der kleineren Staaten eine ausschlaggebende Rolle. Allerdings hängt die europäische Staatenordnung nicht nur von innereuropäischen Faktoren ab, vielmehr kommt dabei dem Verhältnis zu außereuropäischen Mächten besondere Bedeutung zu. Das gilt nicht nur für die Frage der Militärbündnisse, sondern vor allem auch für die wirtschaftlichen Außenbeziehungen. Daß dabei das Verhältnis Europas, insbesondere der Europäischen Gemeinschaft, zu den USA - und zu Japan - auch weiterhin im Mittelpunkt stehen wird, scheint angesichts der ungeheuren ökonomischen

145 Unterzeichnung am 3. Oktober 1990 in Moskau.

Potenz Europas, das in direkte Konkurrenz zu den Wirtschaftsräumen Nordamerikas[146] und Ostasiens tritt, außer Frage zu stehen.

Die allgemeine Tendenz zur Entstehung und Begünstigung multinationaler Konzerne, deren Entscheidungen nicht nach nationalen Gesichtspunkten getroffen werden und die sich zunehmend sogar als immun gegenüber den Eingriffsversuchen nationaler Regierungen erweisen, läßt den Nationalstaat in seiner tatsächlichen Bedeutung zurücktreten. Dies spiegelt sich aber keineswegs immer im Bewußtsein der Menschen wider. Neben wirtschaftlicher Verknüpfung - beispielsweise der EG-Staaten untereinander - sowie der ökonomischen bis hin zur monetären Abhängigkeit kleinerer Länder von den großen Staaten (und Staatengruppen) Europas[147] werden künftig vermutlich auch solche traditionellen Bindungen der Völker wieder größere Bedeutung erlangen, die in gemeinsamer Geschichte, Sprache und/oder Kultur zum Ausdruck kommen. Noch herrscht der Eindruck vor, daß die Entwicklung in Westeuropa und in Osteuropa nach verschiedenen Mustern ablaufen würde. In Westeuropa scheint die Staatenbildung abgeschlossen zu sein, während in Osteuropa die nachrevolutionären Umgestaltungen, welche die Staatenbildung beeinflussen, noch keineswegs abgeschlossen sind. Eine solche Einschätzung der westeuropäischen Entwicklungsdynamik verkennt jedoch die Schubkräfte des Regionalismus und des Nationalismus, die angesichts des nachlassenden äußeren Drucks durchaus zu Veränderungen der Staatenlandschaft in Westeuropa führen könnten.

3.1. Die unsichere Zukunft der Gemeinschaft

Noch vor wenigen Jahren stellte sich die Zukunft Europas als ein weitgehend vorgezeichneter Weg dar. Europa war in einen Westteil und einen Ostteil gespalten, die unterschiedlichen militärischen Blöcken angehörten. Zwar gab es auch neutrale Staaten mit graduell unterschiedlichen Stufen von Neutralität - von der Schweiz bis zu Finnland etwa -, insgesamt schien die Freiheit Westeuropas jedoch untrennbar mit der Existenz der NATO und der andauernden Präsenz US-amerikanischer Truppen insbesondere auf deutschem Boden verbunden zu sein. Die wirtschaftliche Kraft Westeuropas zeigte sich hingegen in erster Linie in der Europäischen Gemeinschaft (EG), deren ökonomische Attraktivität dazu führte, daß immer mehr Staaten des westlichen Teils Europas der EG beitraten[148]. Epizentrum der europäischen Zusammenarbeit war die enge Freundschaft zwischen Frankreich und der Bundesrepublik Deutschland, die nach der Zahl ihrer Einwohner annähernd gleich groß waren. Da auch Italien und Großbritannien der gleichen Größenklasse angehörten, konnte in den Entscheidungsgremien der EG relativ einfach

146 Siehe die neue Freihandelszone NAFTA, die Kanada, die USA und Mexiko umfaßt.

147 In diesem Zusammenhang ist auch die Abhängigkeit vieler europäischer Währungen von der DM zu sehen.

148 1981 wurde Griechenland Mitglied und 1986 Spanien und Portugal.

ein Gleichgewicht zwischen den "großen Vier" geschaffen werden. Zwar war die Wirtschaftskraft der Bundesrepublik bald deutlich stärker als die ihrer Partner, dies ließ sich jedoch durch Ausgleichsmechanismen innerhalb der EG auffangen.

Noch ist nicht endgültig abzusehen, welche Staaten schließlich der Union angehören werden, d.h. ob der Europäische Wirtschaftsraum (EWR)[149] den vorläufigen Endpunkt der Expansion darstellt oder ob Länder des ehemaligen Ostblocks[150] oder auch die Türkei als Vollmitglieder zugelassen werden. In jedem Fall würde diese Europäische Union ein enormes Machtpotential bilden, wenn es gelingen sollte, ihre Institutionen handlungsfähig zu machen. Parallel zu der Bildung eines europäischen Binnenmarktes und der fortschreitenden Verlagerung von Kompetenzen der Mitgliedstaaten auf die Europäische Gemeinschaft gewinnt die Regionalisierung noch an Bedeutung. Vor allem im "klassischen" Einheitsstaat Frankreich läßt die Aktivität der regionalistischen Bewegungen erkennen, daß die Vorstellung von der einen (hier: der französischen) Nation sich nicht mehr länger halten läßt. Auf institutioneller Ebene verleiht der (Staats-) Charakter der deutschen Bundesländer dem Regionalismus besondere Schubkraft. Demgegenüber scheint die deutsche Wiedervereinigung eher dazu angetan zu sein, die Position der Länder in Deutschland[151] und damit auch in Europa zu schwächen.

Die Maastrichter Verträge, die der französische Staatspräsident, François Mitterrand, kürzlich[152] als "ein Projekt Frankreichs" bezeichnet hat, bilden zugleich den Höhepunkt wie den Abschluß dieser Epoche. Ihre Ausarbeitung und Verabschiedung durch den Europäischen Rat, die institutionalisierte Versammlung der Staats- und Regierungschefs der 12 Mitgliedstaaten, hat vor allem das überragende Verhandlungsgeschick des Präsidenten der EG-Kommission, Jaques Delors, unter Beweis gestellt. Das Inkrafttreten dieser Verträge würde das Gesicht Europas verändern. An die Stelle von 12 Währungen, die allerdings zum großen Teil - zumindest bis zum Jahr 1992 - im EWS bereits stark miteinander verflochten waren[153], soll eine einheitliche Währung treten. Zu den

---

149 Der EWR umfaßt die Mitgliedsstaaten von EG und EFTA. Nach eingehender Prüfung der Beitrittsgesuche hat die Europäische Kommission am 31.07.1992 festgestellt, daß der EG sowohl Österreich, als auch Schweden willkommen sind.

150 Polen, Ungarn, baltische Staaten, Tschechei, Slowakei, Slowenien etc. Der Europäische Rat wird demnächst über die Erweiterung der EG auf 18, später womöglich auf 35 Mitgliedstaaten beraten, vgl. Der Spiegel 17/1992, S. 165.

151 Abhängigkeit der ostdeutschen Bundesländer vom Bund, vgl. Gunlicks/Voigt 1991.

152 Laut Aussage des Nachrichtenmagazins "Der Spiegel" in einem Interview des französischen Fernsehens im Jahre 1992.

153 Die Briten wollen erst dann in das EWS zurückkehren, wenn dieses - zu ihren Gunsten - reformiert worden ist.

bordeauxroten Pässen der Europäer[154] würde in diesem Fall als weiteres Symbol europäischer Integration das gemeinsame Geld treten. Und obwohl sich der deutsche Bundeskanzler, Helmut Kohl, mit dem von ihm geforderten Junktim zwischen Währungsunion und Politischer Union auf dem Maastrichter Gipfeltreffen nicht durchsetzen konnte, ist das eine ohne das andere kaum denkbar. Bis vor kurzem schien der Weg zur Europäischen Union als unumkehrbarer Prozeß. Vertraglich festgeschrieben ist eine unabhängige Europäische Zentralbank, deren Unabhängigkeit von den Regierungen der Mitgliedsländer angesichts der Äußerungen von Staatspräsident Mitterrand allerdings fragwürdig ist.

Ob die Verträge jedoch jemals in Kraft treten werden, steht nunmehr dahin. Das negative Votum des dänischen Volkes war zwar für die Experten keine Überraschung, da die Skepsis der Dänen - wie die der Briten - gegenüber jeglicher politischen Integration bekannt war. Da die dänische Volkswirtschaft jedoch ohne die EG kaum überlebensfähig ist und Dänemark nach dem Willen zumindest seiner Politiker auch EG-Mitglied bleiben will, stellt sich für die Dänen die Frage, wie sie sich die Vorteile der Mitgliedschaft erhalten können, ohne die Maastrichter Verträge unterzeichnen zu müssen[155]. Weit wichtiger für die Zukunft der Gemeinschaft dürfte hingegen das Votum der beiden Großen in der EG, Deutschland und Frankreich, sein. Das Referendum vom 20. September 1992 hat gezeigt, daß nur noch ein Teil des französischen Volkes hinter einer Weiterentwicklung der EG im Sinne der Maastrichter Verträge steht[156]. Und in Deutschland wird der Ratifikationsprozeß, der durch die Notwendigkeit von Verfassungsänderungen erschwert wird, durch die Wünsche der Länder belastet, die ihre Zustimmung im Bundesrat von einer verfassungsrechtlichen Verankerung ihrer Beteiligung am europäischen Entscheidungsprozeß abhängig machen. Ein nationales Referendum ist hingegen nach dem Grundgesetz nicht möglich. Zudem ist mit der Wiedervereinigung das Nationalgefühl der Deutschen, das lange unterdrückt war, wieder auferstanden. Es fragt sich daher, ob dies - zusammen mit der territorialen Vergrößerung Deutschlands - nicht auf mittlere Sicht zu einer Änderung der deutschen Haltung gegenüber der Gemeinschaft führen wird[157].

---

154 Die Bürger der EG-Mitgliedsländer haben trotz des gemeinsamen Passes keine einheitliche EG-Staatsbürgerschaft. Allerdings ist nach Art. 8 i.d.F. der Maastrichter Verträge eine "Unionsbürgerschaft" vorgesehen.

155 Der Vorschlag deutscher FDP-Politiker, es solle neu verhandelt werden, erscheint angesichts der Schwierigkeiten, neue "Paketlösungen" zu erarbeiten, als wenig realistisch.

156 Die Bildung parteienübergreifender Pro- und Anti-Maastricht-Bewegungen hat zu einer starken Polarisation innerhalb Frankreichs in dieser Frage geführt.

157 Vgl. Wickert 1980; Häußermann 1992, S. 9 ff.

3.2. Die Überwindung der Teilung

Die Radikalität und Brisanz der staatlichen Neuordnung Osteuropas, die in den blutigen Bürgerkriegen in der Gemeinschaft unabhängiger Staaten (GUS) und den Nachfolgerepubliken des ehemaligen Jugoslawiens ihren traurigen Höhepunkt erreicht haben, zeigen, daß alle Prognosen für die künftige Entwicklung der europäischen Staatenordnung neu überdacht werden müssen. Mit dem Ende der Teilung Europas in einen Westblock und einen Ostblock ist auch die Basis entfallen, auf der die bisherigen Vorhersagen gründeten. Bislang deutlichstes Zeichen der Beendigung der Ost-West-Konfrontation ist die Wiedervereinigung Deutschlands am 3. Oktober 1990, standen sich doch bis dahin auf deutschem Boden die beiden Supermächte samt ihrer die menschliche Vorstellungskraft übersteigenden Vernichtungskapazität ("overkill capacity") gegenüber. Der Abzug der sowjetischen Truppen aus der ehemaligen DDR und der Zerfall des Warschauer Paktes einerseits, sowie der teilweise Abzug der US-amerikanischen Truppen[158] und sämtlicher französischer Soldaten aus dem alten Bundesgebiet und die Ausdehnung der NATO auf ganz Deutschland andererseits, machen deutlich, daß sich das Kräftefeld in Europa nachhaltig verändert hat.

Zugleich mit dem Untergang der Sowjetunion als Zentrum des Weltkommunismus hat darüber hinaus ein rapider Bedeutungsverfall der kommunistischen Parteien überall auf der Welt, besonders aber in Europa, eingesetzt. So wurde nicht nur in fast allen Ländern des ehemaligen Ostblocks die Kommunistische Partei entmachtet und meist sogar verboten, sondern selbst in westlichen Ländern wie Italien, erlitt die KPI, obwohl früher zweitstärkste Partei im Parlament, deutliche Verluste[159]. Beide Stützpfeiler der sowjetischen Machtposition, die Führungsrolle im Warschauer Pakt und im Weltkommunismus, sind inzwischen zusammengebrochen und haben ein Machtvakuum hinterlassen, das erst allmählich gefüllt werden kann. Eine dritte Säule sowjetischer Machtausübung, der Rat für gegenseitige Wirtschaftshilfe, mit dem die Sowjetunion die Wirtschaften der osteuropäischen Länder im eigenen Interesse umgeformt hatte, war hingegen schon seit längerer Zeit nicht mehr recht tragfähig. Denn zum einen erwies sich die zentrale Planwirtschaft als wenig erfolgreich und zum anderen hatten die wirtschaftlich potenteren Mitgliedstaaten - wie z.B. Ungarn - bereits seit geraumer Zeit eine engere wirtschaftliche Kooperation mit dem Westen praktiziert[160].

Das durch den Untergang der östlichen Supermacht entstandene Machtvakuum wirkt sich zwar in erster Linie auf die Länder des ehemaligen Ostblocks aus, hat aber

---

158 Die Zahl der in Europa verbleibenden US-Truppen wurde auf 150.000 Soldaten festgelegt, inzwischen wird im amerikanischen Kongreß jedoch bereits über eine Zahl von 100.000 US-Soldaten diskutiert.

159 Jahrzehntelang hatte die KPI von einem "historischen Kompromiß" mit dem DC, den italienischen Christdemokraten, "geträumt".

160 Die DDR hatte über ihre Verträge mit der Bundesrepublik ungehinderten Zugang zum EG-Markt.

auch nachhaltige Auswirkungen auf Westeuropa. Die Auflösung des Warschauer Paktes hat einige osteuropäische Staaten - allen voran die um ihre wiedererlangte Unabhängigkeit fürchtenden baltischen Staaten - bereits dazu getrieben, sich um eine Mitgliedschaft in der NATO zu bewerben, was bislang allerdings ohne Erfolg blieb[161]. Die Umstrukturierung ihrer Volkswirtschaften vom System der zentralen staatlichen Lenkung auf das einer Marktwirtschaft macht diese Länder zudem abhängig von westlichen Investitionen und vom Transfer von ökonomischem und technologischem Wissen. Es liegt auf der Hand, daß Staaten wie Ungarn sich ernsthaft um eine Aufnahme in die Europäische Gemeinschaft bemühen. Auch für Polen scheint es verlockend, einen Ausweg aus den wirtschaftlichen Schwierigkeiten mit Hilfe der EG zu suchen. Die EG selbst verhält sich solchen Wünschen gegenüber jedoch sehr reserviert und besteht darauf, daß im Falle eines Beitritts auch die Maastrichter Verträge unterschrieben werden müssen. Es ist durchaus fraglich, ob die eben erst frei gewordenen Staaten eine solche Einschränkung ihrer Souveränität hinzunehmen bereit sind. Insbesondere die britische Regierung redet allerdings einer solchen Erweiterung der Gemeinschaft das Wort, um auf diese Weise eine stärkere politische Integration der EG zumindest zu verzögern, wenn nicht ganz zu verhindern.

Die Reaktion der EG auf die osteuropäische Herausforderung reicht bislang von Handelsverträgen und multilateralen Hilfsaktionen bis zu umfassenden Assoziationsverträgen in zweiseitigen "Europa-Abkommen"[162]. So erfaßt das von der EG im Auftrag der OECD-Länder koordinierte sog. PHARE-Programm[163], das einen Gesamtumfang von 70 Mrd. DM hat, inzwischen alle europäischen Staaten des ehemaligen Ostblocks mit Ausnahme Rußlands. Während dieses Programm vorerst bis 1992 befristet ist, sollen die Assoziationsabkommen der EG mit den mittel- und osteuropäischen Staaten unbefristet sein. Entsprechende zweiseitige Abkommen sind bereits mit Polen, Ungarn und der Tschechoslowakei abgeschlossen worden, weitere sollen folgen. Sowohl der Abschluß wie die Durchführung der Europa-Abkommen wird allerdings von Bedingungen abhängig gemacht, die zum einen die wesentlichen Grundlagen eines demokratischen Systems, zum anderen die wirtschaftliche Liberalisierung des Landes betreffen. Die Abkommen enthalten den Hinweis auf die Möglichkeit eines späteren Beitritts. Dieser Passus wird von den Vertragspartnern in Mittel- und Osteuropa als moralische und politische Verpflichtung der EG interpretiert, während die EG selbst hierin lediglich einen Verweis auf Art.137 des EWG-Vertrages sieht, der jedem europäischen Staat das Recht zugesteht, einen Beitrittsantrag zu stellen[164].

---

161 In Reaktion auf diese Beitrittswünsche wurde der NATO-Kooperationsrat gebildet.

162 Vgl. Kramer 1992, S. 30 f.

163 Abkürzung für (französisch) "Polen, Ungarn - Hilfe zum wirtschaftlichen Strukturwandel".

164 Vgl. Kramer 1992, S. 31.

Mit dem Wegfall der Bedrohung von außen ist aber auch für die westeuropäischen Länder der Zwang zur Einigkeit weitgehend entfallen. Dies dürfte sich zunächst vor allem in einem rapiden Bedeutungsverfall der NATO manifestieren. Nicht zufällig spricht US-Präsident Bush eindringlich davon, daß Amerikas Engagement in Europa die beste Garantie für ein sicheres Europa sei, was wiederum im vitalen Interesse der USA liege[165]. Es liegt auf der Hand, daß die USA ihren Einfluß auf (West-)Europa - nicht zuletzt aus Wettbewerbsgesichtspunkten - nicht verlieren wollen. Milliardenschwere Rüstungsprogramme - wie der Jäger 90 - lassen sich freilich vor dem veränderten weltpolitischen Hintergrund nicht mehr innenpolitisch durchsetzen. Stattdessen werden die Bemühungen der Europäer ernsthafter, zumindest in Konflikten "vor ihrer Haustür" unabhängig von den USA ihre eigenen - europäischen - Interessen zu vertreten[166]. Zwar sind die ersten Versuche, zu einer einheitlichen Haltung der EG gegenüber dem Bürgerkrieg in Jugoslawien zu gelangen, bislang gescheitert, auf Dauer werden sich hier jedoch auch militärische Absprachen auf europäischer Ebene nicht vermeiden lassen, soll es nicht zu ernsten Interessenkollisionen der bisherigen Partner kommen.

Für viele Bürger des Westens, deren Einverständnis mit einer fortschreitenden Integration (West-)Europas die Politiker bislang als selbstverständlich voraussetzten, ist damit eine wachsende Skepsis gegenüber jeglicher Erweiterung und Vertiefung der europäischen Zusammenarbeit, insbesondere in der Europäischen Gemeinschaft, verbunden[167]. Erschien das stetige Zusammenwachsen der EG bislang geradezu als naturgegebener Mechanismus, so hat das negative Votum der Dänen, aber auch der knappe Ausgang des französischen Referendums, deutlich werden lassen, daß es künftig nicht allein auf den mehr oder weniger guten Willen der regierenden Politiker ankommt, sondern vor allem darauf, die Zustimmung der Bürger für die erzielten Kompromisse zu gewinnen. Eines der Haupthindernisse ist dabei die Undurchschaubarkeit der Entscheidungsfindung in der EG. Einem weitgehend machtlosen Europaparlament steht eine EG-Kommission mit Beratungsfunktionen gegenüber, die eine echte Regierung der Gemeinschaft nicht ersetzen kann. Der Europäische Rat, das eigentliche Machtzentrum der EG, vermittelt demgegenüber dem Beobachter eher den Eindruck einer Institution, in der es um das Aushandeln von Kompromissen geht, bei denen allen nationalen Egoismen bestmöglich Rechnung getragen wird, gemeinschaftliche Interessen aber kaum eine Rolle spielen[168].

---

165 Rede der amerikanischen Präsidenten George Bush vor der Luftwaffenuniversität Maxwell am 13.04.1991 in Montgomery/Alabama; Quelle: Vital Speeches of the Day, No. 15, 15.05.1991.

166 In diesem Zusammenhang ist auch der - innenpolitisch außerordentlich umstrittene - Einsatz der deutschen Marine im Sommer 1992 in der Adria zu sehen.

167 Das zeigte sich auch in der Kampagne vor dem französischen Referendum, in der die Warnungen vor einem nationalen Souveränitätsverlust, aber auch vor einer Hegemonie Deutschlands, eine wichtige Rolle spielten.

168 Vgl. Scharpf 1991, S. 621 ff.

3.3. Chancen und Risiken im neuen Europa

Die gegenwärtige Situation in Europa bietet Chancen und Risken. Zum einen kann mit der Beseitigung der unnatürlichen Trennung durch den "Eisernen Vorhang" wieder zusammenwachsen, was seit altersher zusammengehört hatte. Zum anderen entfallen manche Restriktionen für ein souveränes politisches Handeln, die zumindest einigen, insbesondere den mitteleuropäischen Staaten auferlegt waren. So konnte Deutschland - wenn auch durch die Abtrennung seiner Ostgebiete fast um ein Drittel seines Staatsgebietes verkleinert - wiedervereinigt werden und seine volle staatliche Souveränität 45 Jahre nach Kriegsende zurückerlangen. Die freiwillig oder vertraglich zur Neutralität verpflichteten Länder Schweden, Finnland, Österreich und die Schweiz, bemühen sich inzwischen um eine Aufnahme in die Europäische Gemeinschaft. Ihre bloße Mitgliedschaft im Europäischen Wirtschaftsraum, die sie von dem eigentlichen Entscheidungsprozeß innerhalb der EG ausschließt, genügt ihnen nicht mehr. Auch Norwegen zeigt Interesse. Während in Norwegen die bereits beschlossene Aufnahme in die EG 1972 an einem negativen Votum der Norweger scheiterte[169], hält die Kontroverse über das Für und Wider eines EG-Beitritts in der Schweiz noch an. Ein offizieller Beitritt bedürfte in jedem Fall eines positiven Volksentscheids durch die Schweizer. Ob dieser zustande kommen würde, ist jedoch ungewiß.

3.3.1. Chancen der Neuordnung

Mit einer solchermaßen erweiterten Mitgliedschaft könnte u.a. den traditionell engen Bindungen zwischen Deutschland und Österreich auch auf wirtschaftlichem Gebiet noch stärker Rechnung getragen werden. Zudem käme ein weiteres föderalstaatlich verfaßtes Land hinzu, das die deutsche Position gegenüber den Föderalismus-Gegnern, insbesondere Großbritannien, stärken würde. Ein Vorteil für die EG würde darin liegen, daß bei einer Mitgliedschaft von Österreich - und ggf. der Schweiz - die Alpenbarriere, die bislang das EG-Territorium "zerschneidet", überwunden werden könnnte, auch wenn beide Länder für den Transitverkehr zahlreiche Sonderregelungen beanspruchen. Polen, die Tschechei[170] und Ungarn würden ebenfalls das EG-Gebiet arrondieren und traditionelle Handelsbeziehungen teils wiederherstellen, teils intensivieren helfen. Unabdingbare Voraussetzung für die Aufnahme dieser Länder in die EG wäre freilich ihre wirtschaftliche Anpassung an die Marktwirtschaften der Gemeinschaft, was jedoch - legt man die Erfahrungen mit der ehemaligen DDR zugrunde - noch geraume Zeit auf sich warten lassen dürfte. Auf längere Sicht könnten dann auch die baltischen Staaten, sowie die Ukraine und Rußland, im Südosten die Nachfolgestaaten Jugoslawiens - nach entsprechenden wirtschaftlichen Fortschritten - Mitglieder der EG werden. Damit würde das von Gorbatschow propagierte "Gemeinsame europäische Haus" vielleicht in einem

---

169 53% der Wähler votierten damals gegen die EG-Mitgliedschaft Norwegens.

170 Die Slowakei dürfte wirtschaftlich dazu noch lange nicht in der Lage sein.

Zeitpunkt Gestalt annehmen, zu dem Gorbatschow selbst längst aus der aktiven Politik ausgeschieden ist.

3.3.2. Risiken der Neuordnung

Die Risiken der neuen, teilweise noch unübersichtlichen Lage Europas liegen u.a. im Minderheitenproblem, das zwar bislang in Westeuropa - trotz von Zeit zu Zeit aufflackernder Gewalt - einigermaßen zufriedenstellend gelöst werden konnte[171], in Osteuropa aber bereits zum Sprengsatz geworden ist und in vielen Fällen noch werden kann. Minderheiten entstehen dann, wenn ethnische, religiöse oder sprachliche Gemeinschaften in ein größeres, von einer anders geprägten Gemeinschaft beherrschtes Staatswesen eingegliedert werden. Dies kann etwa durch zwangsweise Abtretung von Gebieten an den Nachbarstaat nach einem verlorenen Krieg geschehen. Die künstlich geschaffene Gemeinschaft eines Staates kann aber auch durch äußere Einwirkungen politischer oder ökonomischer Natur gesprengt werden. Die ehemalige Sowjetunion ist ein anschauliches Beispiel für die Brisanz des Minderheitenproblems. Aufgrund der militanten Russifizierungspolitik der russisch-sowjetischen Führung leben in fast allen Teilen des ehemaligen Sowjetimperiums russische Minderheiten. Zudem sind durch gezielte Gebietserweiterungen bereits während des Zarenreiches und später vor allem nach dem Zweiten Weltkrieg nationale Minderheiten, wie z.B. die Rumänen in Moldawien, entstanden. Insbesondere aber durch Stalins menschenverachtende Umsiedlungspolitik sind ganze Völker[172] in andere Teile der Sowjetunion verschleppt worden, um dort gezwungenermaßen mit anderen Völkern zusammenzuleben.

Sowohl in der ehemaligen Sowjetunion wie auch in deren osteuropäischen früheren "Satellitenländern" besteht damit die ständige Gefahr des Ausbrechens nationaler oder ethnischer Konflikte[173], da viele Völker erst jetzt nach dem Ende der Sowjetherrschaft sich auf die Suche nach ihrer eigenen Identität und nach der ihnen zusagenden staatlichen Organisationsform begeben können. Es liegt auf der Hand, daß der maßlose Gebrauch der neuen Freiheit vor allem dort zu blutigen Auseinandersetzungen führen kann, wo die Grenzziehung wegen der gegenseitigen Durchmischung der Siedlungsgebiete nicht ohne weiteres möglich ist[174]. Ließ sich nach dem Zweiten Weltkrieg die Vertreibung der Deutschen aus dem Sudentenland sowie aus den Gebieten jenseits der Oder-Neiße-Linie noch unter dem "Schutz" der Roten Armee und mit stillschweigender Duldung der Westalliierten bewerkstelligen, so stößt - fast 50 Jahre später - die

---

171 Abgesehen von traditionellen "Brandherden" wie Nordirland, Korsika, Sardinien oder dem Baskenland.

172 Z.B. die Krimtataren oder die Wolgadeutschen.

173 So der frühere tschecho-slowakische Präsident Vaclav Havel in einem Interview des Magazins "Time" (Vol. 3 No. 31 vom 03.08.1992).

174 Das Beispiel des ehemaligen Jugoslawiens bietet hierfür - insbesondere in Bosnien-Herzegowina - ein blutiges Beispiel.

"ethnische Flurbereinigung"[175] der Serben in Bosnien-Herzegowina zu recht auf die einhellige Ablehnung der Völkergemeinschaft.

4. Schlußfolgerungen

Auf der Grundlage der bisherigen Überlegungen lassen sich - bei aller gebotenen Vorsicht - einige Schlußfolgerungen im Hinblick auf die künftige europäische Staatenordnung ziehen. Sie sollen im folgenden auf die Komplexe "Nationalstaat und Souveränität", "Legitimation und Umgestaltung der EG" sowie auf ein "Europa der unterschiedlichen Gemeinschaften" konzentriert werden.

4.1. Nationalstaat und Souveränität

Der Nationalstaat hat sich keineswegs aus der Politik verabschiedet. Er ist vielmehr - auch innerhalb der generellen Trends zur Internationalisierung einerseits und der Regionalisierung andererseits - immer noch zentrale Referenzebene für politische Parteien, Interessengruppen etc., vor allem aber für das Wahlvolk. Das ändert jedoch nichts an der Tatsache, daß die Nationalstaaten Europas, insbesondere dann, wenn sie Mitglieder der EG und/oder der NATO sind, an Autonomie und Souveränität verloren haben. Sie haben die Souveränität nunmehr mit supranationalen Instanzen, vor allem der EG, zu teilen. Als Einheiten der subnationalen Ebene streben die Regionen ebenfalls danach, an der Entscheidungsmacht, letztlich also an der Souveränität, beteiligt zu werden. Souveränität kann daher nicht länger als unteilbar und schon gar nicht als einzig dem Nationalstaat zustehende Kompetenz-Kompetenz betrachtet werden. Die Teilung der Souveränität zwischen den Ebenen eines europäischen Bundesstaates könnte zwar in verfassungsrechtlich einwandfreier Weise z.B. in einer Verfassung der Europäischen Union[176] vorgenommen werden, die sich vielfach überlappenden Souveränitätsübertragungen[177] lassen sich jedoch auf diese Weise nur schwer erfassen[178].

Ist demnach mit der Entstehung einer quasi-mittelalterlichen Staatenordnung in Europa zu rechnen, in der jeder Staat die Herrschaft über seine Bürger mit anderen Autoritäten zu teilen hat[179]? Dieses Modell mag zwar eine gewisse Attraktiviät für diejenigen haben, die sich ein "Heiliges Römisches Reich deutscher Nation" zurückwünschen. Allerdings verkennt der Rückgriff auf diese historische Konstellation die öko-

---

175 In der internationalen Diskussion wird der Begriff "Ethnical Cleansing" verwendet.

176 So wie sie vom Europäischen Parlament bereits vorgeschlagen worden ist.

177 Wie z.B. die (teilweise) Übertragung der militärischen Souveränität auf die NATO, oder im Falle bestimmter Weltbank-Kredite die (weitgehende) Übertragung der ökonomischen Autonomie auf die Weltbank.

178 Dabei könnte die Bildung einer verfassunggebenden Versammlung und die Ausarbeitung einer europäischen Verfassung der Europaidee durchaus neue Schubkraft verleihen.

179 Vgl. Bull 1977, S. 254 f.; Held 1991a, S. 158 f.; Scharpf 1991, S. 623 ff.

nomische, soziale und kulturelle Entwicklung, die in Europa seit dem Mittelalter stattgefunden hat. Parallelen sind nur in Grenzen erkennbar, etwa in der großen Vielfalt der Territorien in Europa. Vergleichbar mit den Problemen der Kaiser im Mittelalter, ihr Riesenreich zu regieren, ist der Schwierigkeitsgrad, eine größere supranationale Organisation als die künftige Europäische Gemeinschaft der 18 Mitgliedsländer[180] so zu gestalten, daß sie regierbar ist. Denn dies wirft nicht nur Organisations- und Steuerungsprobleme auf, sondern vor allem auch die Frage danach, wie die Rivalität zwischen den politischen Ebenen sowie zwischen den Akteuren einer Ebene wenn nicht vermieden, so doch zumindest kanalisiert werden kann.

4.2. Legitimation und Umgestaltung der EG

Ungelöst ist nach wie vor auch das Problem der Legitimation der EG und ihrer Entscheidungen[181]. Dabei wirft der Grundsatz demokratischer Mehrheitsentscheidungen vielfältige Probleme auf. Ein Hauptproblem ist die relative Machtlosigkeit des Europäischen Parlaments (EP). So kann das EP beispielsweise jederzeit vom Ministerrat überstimmt werden, selbst den Ministerrat aber nicht zu einer Entscheidung zwingen. Auch das Budgetbewilligungsrecht ist eingeschränkt. Das einzige Druckmittel des EP im Kampf um mehr Mitwirkungsrechte ist das Recht auf Letztentscheidung im Falle von Beitrittsverhandlungen. In seiner Entschließung vom 16. Februar 1989[182] hat das EP daher klargestellt, daß es keinem Beitrittsvertrag zustimmen werde, ohne daß die vom EP geforderten grundlegenden institutionellen Reformen realisiert werden. Diese Forderungen[183] betreffen die volle Gleichberechtigung des EP mit dem Ministerrat im Entscheidungsverfahren, ein eigenes Initiativrecht für Gesetze, ein Zustimmungsrecht bei internationalen Abkommen und zu Vertragsänderungen, das Recht auf Zustimmung zur Ernennung der Mitglieder der EG-Kommission, des Europäischen Gerichtshofs und des Rechnungshofes sowie die Möglichkeit, Untersuchungsausschüsse zu bilden. Die Chancen für eine baldige Verwirklichung dieser institutionellen Reformen sind allerdings gering.

Immerhin ist das heutige Europäische Parlament in direkter Wahl von dem Wahlvolk der Mitgliedstaaten gewählt. Noch unterscheiden sich aber von Staat zu Staat Wahlsystem und Wahlmodalitäten. Ein europäischer Bundestaat würde hingegen nicht nur ein einheitliches Wahlrecht, sondern auch zumindest annähernd gleich große Wahlkreise voraussetzen. Da dies die bevölkerungsstärkeren Länder, insbesondere Deutschland, begünstigen würde, ist mit einer solchen Neuerung in näherer Zukunft allerdings

180 EWG + EFTA, heute zusammengeschlossen im Europäischen Wirtschaftsraum.

181 Vgl. Grimm 1992, S. 57 f.

182 Entschließung zur Strategie des Europäischen Parlaments im Hinblick auf die Schaffung der Europäischen Union.

183 Vgl. EP-Entschließung vom 14.03.1990 zur Regierungskonferenz über die Wirtschafts- und Währungsunion (Martin-Bericht). In: Amtsblatt der EG, C 96 vom 17.04.1990, S. 114 - 118.

nicht zu rechnen[184]. Auch müßten die Kompetenzen zwischen Parlament, Kommission und Rat neu verteilt werden, was wiederum auf den Widerstand einiger Mitgliedstaaten stößt. So müßte etwa die EG-Kommission zu einer vom EP gewählten Europaregierung umgestaltet werden[185]. Zwar ist grundsätzlich nichts dagegen einzuwenden, daß der Europäische Rat die gouvernementale Ebene der Mitgliedstaaten bei der EG-Gesetzgebung repräsentiert[186], dies wäre freilich nur dann unschädlich, wenn er einen großen Teil seiner Kompetenzen zugunsten des EP sowie einer Europaregierung abgeben und sich auf die Rolle einer zweiten Kammer im europäischen Gesetzgebungsverfahren beschränken würde.

Es spricht für die Vorherrschaft der Nationalstaaten in der supranationalen Organisation EG, daß es trotz des (falschen) Anscheins, den der Europapaß erweckt, keine einheitliche EG-Staatsbürgerschaft gibt. Erst mit dem Inkrafttreten der Maastrichter Verträge wird es eine Unionsbürgerschaft geben. Zwar werden in allernächster Zukunft die Bürger aller EG-Mitgliedstaaten unter bestimmten Voraussetzungen[187] das Wahlrecht zu den nationalen Parlamenten in den Ländern besitzen, in denen sie sich niedergelassen haben, eine europäische Staatsangehörigkeit würde hingegen über kurz oder lang die aus der bayerischen Debatte bekannte Frage aufwerfen, welche Staatsangehörigkeit Vorrang hat, die nationalstaatliche oder die EG-europäische. Neben den verfassungsrechtlichen und staatsorganisatorischen Umstrukturierungen kommt es jedoch vor allem darauf an, das Europabewußtsein der EG-Bürger zu stärken. Symbolische Akte[188] können dazu beitragen, müssen aber durch konkrete Akte der Gemeinschaftlichkeit flankiert werden. Darüber hinaus müßte unter den beteiligten Völkern ein Klima von Toleranz und gegenseitigem Respekt geschaffen werden, das eine unverzichtbare Bedingung für Bestand und Erfolg einer vergrößerten Europäischen Union ist.

4.3. Das Europa der verschiedenen Gemeinschaften

Allerdings sind die Aussichten für die Verwirklichung dieser Idee nicht gut, Pessimisten sprechen bereits von einem Scheitern des Projekts "Europa". Kein Zweifel, wenn die Franzosen auch nur mit einer Stimme Mehrheit gegen das Referendum gestimmt hätten, wäre Maastricht politisch "gestorben". Obgleich dieses Desaster vermie-

184 Die Bevölkerungsstärke wird in relativierter Form in der Zahl der EP-Abgeordneten des einzelnen Mitgliedsstaates sowie in der Stimmenzahl im Ministerrat berücksichtigt. Allerdings haben die 18 deutschen EP-Abgeordneten aus dem Beitrittsgebiet nach wie vor lediglich einen Beobachterstatus, eine Neuverteilung der Sitze steht noch aus.

185 Im Falle der Installierung einer präsidentiellen Demokratie nach französischem Vorbild könnte - ohne Schaden - auch eine stärkere Abhängigkeit der Regierung vom Präsidenten vorgesehen werden.

186 Insofern ist der Europäische Rat ähnlich konstruiert wie der Bundesrat des Deutschen Kaiserreichs und sollte in Richtung auf den heutigen deutschen Bundesrat umstrukturiert werden.

187 Wie Aufenthaltsdauer etc.

188 Wie der einheitliche EG-Paß oder das E-Schild, das zur schnelleren Grenzabfertigung führen soll.

den wurde, scheint es doch so, als ob das "Politikfenster", das sich Mitte der achtziger Jahre für die Realisierung der Europäischen Union geöffnet hatte, sich bereits wieder geschlossen hätte; wann sich eine neue günstige Konstellation ergeben wird, weiß niemand. Das Ausscheren Großbritanniens und anderer Staaten aus dem Europäischen Währungssystem im Spätsommer 1992 und die damit verbundenen Wortgefechte insbesondere zwischen Briten und Deutschen sind der vorläufige Höhepunkt einer Trendwende in der Europapolitik, die sich spätestens seit dem negativen Votum der Dänen abzuzeichnen begonnen hat. Weder sind die Volkswirtschaften der EG-Mitglieder auf einem annähernd gleichen Entwicklungsstand, noch sind es die politischen, sozialen und Rechtssysteme. Am schwersten jedoch wiegt das mentale Auseinanderdriften der westeuropäischen Völker, das eine Wiederannäherung naturgemäß erschwert. Zu einer Zeit, da die tödliche Bedrohung von außen entfallen ist, erscheint den Menschen offenbar eine größere politische Gemeinschaft als ihr eigener Nationalstaat zumindest als überflüssig, wenn nicht sogar als bedrohlich. Vielfältige Ängste der Menschen, z.B. vor wirtschaftlichem Abstieg, vor "Überfremdung" sowie vor einer Entmündigung durch eine unheilige Allianz von Politik, Kapital und Bürokratie, werden der EG angelastet und machen die "Eurokraten" in Brüssel zu den Sündenböcken für einen weltweiten Entwicklungstrend, dem sich diese allenfalls angepaßt haben, für den sie aber keinesfalls ursächlich sind.

Angesichts dieser veränderten Lage fragt es sich, was von dem Projekt Europa noch zu retten ist. Denkbar wäre ein Rückzug der EG auf das ursprüngliche Europa der sechs unter Einschluß Spaniens, möglicherweise erweitert um die Mittelmeerländer Griechenland und Portugal. Eine solche Lösung verbietet sich jedoch aufgrund der veränderten Interessen- und Machtkonstellation zwischen Deutschland und Frankreich. Das Machtungleichgewicht zugunsten Frankreichs, das als "Siegermacht" und Atommacht einen ganz anderen politischen Spielraum als die Bundesrepublik Deutschland besaß, war für die EWG konstitutiv. Nach Erlangen der vollen Souveränität schlagen jetzt jedoch die stärkere Wirtschaftskraft und die größere Bevölkerung des vereinigten Deutschlands zu Buche. Zudem mußte sich die Bundesrepublik zwangsläufig auf Westeuropa hin orientieren, das vereinigte Deutschland kann hingegen aufgrund seiner Mittellage nicht auf eine gleichzeitige Orientierung nach Osteuropa verzichten. Daher verbietet sich auch eine "Radikallösung", die manche Beobachter als Ultima ratio ansehen, eine politische Fusion Frankreichs und Deutschlands[189]. Auch wenn die deutsch-französische Freundschaft nach wie vor ein Eckpfeiler der Europäischen Gemeinschaft ist, und die Institutionalisierung dieser Allianz weit fortgeschritten ist[190], kann darin nicht

---

189 Ein weiteres schwer zu überwindendes Hindernis sind die unterschiedlichen Interessen in der Sicherheits- und Verteidigungspolitik.

190 Neben einem deutsch-französischen Wirtschaftsrat und einem entsprechenden Währungsgremium steht ein gemeinsamer Verteidigungs- und Sicherheitsrat. Aus der deutsch-französischen Brigade soll ein gemeinsames Armeekorps entstehen.

die Lösung des viel tiefer liegenden Problems bestehen. Auch in der Vision de Gaulles - und später Gorbatschows - von einem Europa, das vom Atlantik bis zum Ural reicht, war niemals ein vereinigtes Deutschland vorgesehen. Vielmehr sollte eine allmähliche Überwindung der Blöcke lediglich zu einer Annäherung der Ostblockländer - einschließlich der DDR - an die westeuropäische Gemeinschaft führen. Die von Gorbatschow ausgelöste "sanfte Revolution" hatte also mindestens zwei "Schönheitsfehler", das Auseinanderbrechen der Sowjetunion und - im direkten Zusammenhang damit stehend - die Vereinigung der beiden deutschen Staaten.

Eine andere denkbare Lösung würde darin bestehen, unterschiedliche Gemeinschaften zu bilden, die sich um einen Kern herum gruppieren. Dieser Kern würde vermutlich aus den Beneluxländern, Frankreich und Deutschland bestehen. Unter Einschluß dieses Kerns sowie partieller Erweiterung der Mitgliedschaften könnten dann eine Währungsunion (EWU), eine Sozialunion, eine Politische Union sowie - als weiteste Lösung - eine (neue) Europäische Freihandelszone entstehen[191]. Die diesem Vorschlag zugrundeliegende Idee eines "Europa der verschiedenen Geschwindigkeiten" ist keineswegs neu oder revolutionär, vielmehr ist sie bereits in verschiedenen Vereinbarungen enthalten, die innerhalb der EG-Mitgliedschaft bzw. mit Nichtmitgliedstaaten getroffen worden sind. So sind z.B. die Kriterien für eine Mitgliedschaft in der EWU so strikt formuliert, daß zur Zeit nur wenige Staaten beitrittsfähig wären. Dieser Tatsache wird Rechnung getragen, indem zunächst die EG-Länder die Währungsunion bilden, die dazu objektiv in der Lage sind, andere können sich später anschließen. Ein ähnliches Verfahren wurde in dem Schengener Abkommen über den schrittweisen Abbau der Kontrollen an den gemeinsamen Grenzen angewandt, das am 14. Juni 1985 von den Benelux-Ländern, Frankreich und Deutschland abgeschlossen wurde und dem später Italien, Portugal und Spanien beitraten[192]. Grundsätzlich steht der Beitritt auch den anderen EG-Mitgliedsstaaten frei, die jedoch - wie z.B. Großbritannien und Irland - zum Teil bereits verbindlich erklärt haben, daß sie nicht beitreten werden. Und schließlich weist auch die Konzeption des Europäischen Wirtschaftsraumes (EWR) ähnliche Merkmale auf. Die ehemaligen EFTA-Mitglieder genießen im EWR die wirtschaftlichen Vorteile einer Freihandelszone, sie können der EG beitreten, um damit volles Stimmrecht in den Entscheidungsgremien zu erhalten, sie müssen aber nicht beitreten.

Das könnte z.B. bedeuten, daß einer Sozialunion, der alle EG-Mitgliedstaaten mit Ausnahme Großbritanniens beitreten würden und der auch Schweden und Norwegen Positives abgewinnen könnten, eine Währungsunion gegenüberstehen könnte, der lediglich die Benelux-Länder, Dänemark, Deutschland und Frankreich, sowie - nach deren Beitritt - die Schweiz und Österreich, angehören. Angesichts der unüberbrückbaren

---

191 Die Frage der Entscheidungsstrukturen, insbesondere die Koordination der Entscheidungen der verschiedenen "Kommissionen" und "Räte" ist freilich noch ungelöst.

192 Der "Schengen II"-Vertrag wurde von denselben Staaten am 19.06.1990 unterzeichnet und enthält konkrete Durchführungsvorschriften.

konzeptionellen Gegensätze zwischen den Befürwortern eines "Europas der Staaten" (vor allem Großbritannien, aber auch Dänemark) und den Protagonisten eines "Vereinigten Europas" (insbesondere: Deutschland, Frankreich, Niederlande) ließe sich die Politische Union vermutlich zunächst nur mit den sechs Gründungsmitgliedern der EWG realisieren, wobei diese Union selbstverständlich für den Beitritt weiterer Mitglieder offen sein müßte. Freilich würde sich eine von den Briten favorisierte Politik des kurzfristigen "opting in" bzw. "opting out" vor allem für die Politische Union von vornherein verbieten. Da die Anpassungsleistungen der Mitgliedsstaaten auf ökonomischem und vor allem auf rechtlichem Gebiet nur langfristig und dauerhaft zu erbringen sind, und auch die Entscheidungsgremien der einzelnen Gemeinschaften nur auf einer stabilen Grundlage arbeiten können, kommt insbesondere in der Politischen Union nur eine Mitgliedschaft auf Dauer in Betracht.

Es liegt auf der Hand, daß von (fast) allen Regierungschefs der EG-Staaten in der Debatte um die Europäische Union das Konzept eines Europas der verschiedenenen Gemeinschaften (noch) vehement zurückgewiesen wird. Ein allzu frühes Eingehen auf diese letzte Rückzugsposition des europäischen Integrationsprozesses würde jede Hoffnung auf eine Ratifizierung der Maastrichter Verträge von vornherein zunichte machen. Zu unterschiedlich sind die Interessen der 12 EG-Staaten, als daß man ohne Not die "Büchse der Pandora" (Jaques Delors) öffnen dürfte, um die Maastrichter Verträge neu zu verhandeln. Letztlich wird allerdings kaum ein anderer Ausweg offenbleiben, denn eine Ratifizierung der Verträge in der gegenwärtigen Form ist höchst unwahrscheinlich. In jedem Fall arbeitet die Zeit "gegen Europa", denn am Ende des Prozesses könnten durchaus wieder gestärkte Nationalstaaten stehen, die ihre Interessengegensätze und Machtkämpfe auf offener Bühne austragen. Angesichts der jetzt manifest gewordenen Interessengegensätze und Frontstellungen erscheint es - umgekehrt - fast wie ein Wunder, daß die Maastrichter Verträge tatsächlich die Unterschriften aller 12 Staats- und Regierungschefs der EG-Mitgliedstaaten tragen. Die Erklärung hierfür ist u.a. in einem allseits bekannten Phänomen der Politik zu suchen, dem wachsenden Abstand zwischen Regierenden und Regierten. Zwischen ihnen liegen offensichtlich "Welten". So verwundert es kaum, daß die Regierenden offensichtlich nicht nur die weltpolitische Entwicklung, sondern auch die Stimmung in ihren Völkern falsch eingeschätzt haben.

Mit einer Erweiterung der EG - auch in Form einer Europäischen Freihandelszone - um Ungarn, Polen und andere Länder des ehemaligen Ostblocks ist ohnehin nicht mehr bis zur Jahrtausendwende zu rechnen[193], sie wäre aber auch danach ohne die Durchführung der skizzierten politischen Reformen der Gemeinschaft kaum wünschenswert. Es wird daher voraussichtlich bis auf weiteres bei einer bloßen Assoziation der osteuropäischen Länder mit der EG bleiben. Der Binnenmarkt wird allerdings auch

193 Vgl. EG: Reformen oder Kollaps? In: "Der Spiegel" 17/1992, S. 164 ff.

ohne territoriale Erweiterung seine Wirkung entfalten[194]. Eine Einbeziehung der europäischen Regionen in den EG-Entscheidungsprozeß, der über die beratende Funktion eines Regionalrates hinausgehen und etwa die ständige Beteiligung eines (womöglich stimmberechtigten) Regionalvertreters an den Sitzungen des Europäischen Rates vorsehen würde, würde eine erhebliche Erschwerung des ohnehin schwierigen Entscheidungsprozesses darstellen, die aus heutiger Sicht als nicht vertretbar erscheint. So sehr einerseits die Aufwertung der Regionen als Träger eigenständiger Kompetenzen im Interesse einer auch regional tiefgestaffelten Selbstbestimmung zu befürworten ist, so sehr muß andererseits jedoch davor gewarnt werden, den Integrationsprozeß mit zu weitgehenden Forderungen der Regionen zu belasten. Das Schwergewicht der Reformbemühungen sollte also zunächst einerseits auf der Bildung "maßgeschneiderter Gemeinschaften" sowie andererseits auf der Demokratisierung dieser Gemeinschaften liegen.

4.4. Rückkehr zum Nationalstaat

In der doppelten Zangenbewegung zwischen supranationaler Gemeinschaftsbildung und subnationaler Regionalisierung hat "der" Nationalstaat in Westeuropa zeitweise an Einfluß verloren. Seine Souveränität war in weit stärkerem Maße eingeschränkt, als dies im kommenden Jahrzehnt zu erwarten ist. Im Zeichen der militärischen Bedrohung durch den Sowjetblock, die eine Anlehnung an die USA unvermeidlich erscheinen ließ, verzichteten zumindest die der NATO angehörenden Staaten weitgehend auf ihre militärische Souveränität. Auch der außenpolitische Spielraum der meisten westeuropäischen Staaten war durch ihre Integration in den Westblock zumindest eingeschränkt. Dies galt insbesondere für die Bundesrepublik Deutschland. Weltwirtschaftliche Verflechtungen und die zunehmende Bedeutung multinationaler Unternehmen führten überdies in allen westlichen Ländern dazu, daß ökonomische Entscheidungen von den nationalen Regierungen nicht mehr autonom getroffen werden konnten. Dieser zuletzt genannte Trend wird sich auch in Zukunft eher noch verstärken. Allerdings werden ohne die Schiedsrichterrolle Amerikas, die die westeuropäischen Staaten jahrzehntelang mehr oder weniger akzeptiert haben, auch die Interessengegensätze zwischen den befreundeten Nationen wieder deutlicher zutage treten. So wird vor allem der Konkurrenzkampf zwischen den westlichen Industrienationen stärker werden. Der Handelskonflikt[195] zwischen der EG und den USA einerseits sowie zwischen der EG und Japan andererseits machen dies ebenso wie die zunehmende Furcht der Nachbarländer vor einer ökonomisch-monetären Dominanz der Deutschen, die in den bitteren Vorwürfen der Briten gegen die deutsche Geldpolitik ihre bisher schärfste Artikulation gefunden haben, deutlich.

---

194 Vgl. Newsweek, 19.10.1992, S. 10 ff.

195 Ein echter Handelskrieg droht, wenn die GATT-Verhandlungen scheitern sollten.

Eine Patentlösung für diese neue Problemkonstellation ist nicht in Sicht. Auch wenn sich die Beziehungen zwischen den 12 Partnern in der Gemeinschaft tendenziell eher lockern werden, bleibt die EG - und sei es in der Form einer Freihandelszone und mehrerer Gemeinschaften mit unterschiedlicher Mitgliedschaft - doch als Instrument eines gesamteuropäischen Konsultationsmechanismus unverzichtbar. Als Alternative zu den Nationalstaaten ist die EG in der Form der Maastrichter Verträge freilich kaum noch vorstellbar. Aber auch als Widerpart zu den wiedererstarkenden Nationalstaaten wird sie künftig vermutlich eine weniger bedeutende Rolle spielen. Der Nationalstaat schien sich nach dem Ende des Zweiten Weltkrieges fast schon aus der Politik verabschiedet zu haben, seine Wiedergeburt als "Phönix aus der Asche" ist um so erstaunlicher. Man mag diese Rückkehr der Politik zu dem Konzept des Nationalstaats als kleinster Handlungseinheit mit (wenn auch eingeschränkter) Souveränität bedauern, zu bezweifeln ist sie allerdings kaum noch.

Literatur

Adenauer, Konrad: Erinnerungen. 1955-1959. Stuttgart 1967.

Alemann, Ulrich von/Rolf G. Heinze/Bodo Hombach (Hrsg.): Die Kraft der Region. Nordrhein-Westfalen in Europa. Bonn 1990.

Anderson, Benedict: Die Erfindung der Nation. Frankfurt a.M. 1988.

Bahr, Egon: Was wird aus den Deutschen? Fragen und Antworten. Reinbek 1982.

Bauer, Joachim (Hrsg.): Europa der Regionen. Aktuelle Dokumente zur Rolle und Zukunft der deutschen Länder im europäischen Integrationsprozeß. Berlin 1990.

Bauer, Otto: Die Nationionalitätenfrage und die Sozialdemokratie. Wien 1907.

Birke, Adolf M.: Die Deutschen und ihre Nation. Nation ohne Haus. Deutschland 1945-1961. Berlin 1989.

Blaschke, Jochen (Hrsg.): Handbuch der westeuropäischen Regionalbewegungen. Frankfurt a.M. 1980.

Bull, Hedley: The Anarchical Society. London 1977.

Bundesminister für innerdeutsche Beziehungen (Hrsg.): Texte zur Deutschlandpolitik. Band 11: 2. Juni 1972 - 22. Dezember 1972. Bonn 1973.

Busch, Klaus: Nationalstaat und europäische Integration - Strukturelle Probleme des ökonomischen Integrationsprozesses in der Europäischen Gemeinschaft. In: Elsenhans/Junne/Kirsch/Pollmann 1989, S. 259 ff.

Constantinesco, Vlad: Subsidiarität: Zentrales Verfassungsprinzip für die Politische Union. In: Integration, 4/1990, S. 165 ff.

Coakley, John (Hrsg.): The Social Origins of Nationalist Movements. The Contemporary West European Experience. London usw. 1992.

Coakley, John: The Social Origins of Nationalist Movements and Explanations of Nationalism: A Review. In: Coakley 1992, S. 1 ff.

Czempiel, Ernst Otto (Hrsg.): Die anachronistische Souveränität. Zum Verhältnis von Innen- und Außenpolitik. PVS-Sonderheft 1, Köln usw. 1969.

Cziomer, Erhard: Die Stellung Polens zur Sicherheit und Entspannung in Europa nach 1945. In: Salewski 1991, S. 295 ff.

Deutsch, Karl W.: Nationalism and its Alternatives. New York 1969.

Deutsch, Karl W.: Nationalism and Social Communication. An Inquiry into the Foundations of Actionality. 2. Aufl. Cambridge 1966 (1.Aufl. 1953).

Druwe, Ulrich: Das Ende der Sowjetunion. Krise und Auflösung einer Weltmacht. Weinheim 1991.

Duchacek, Ivo D.: Comparative Federalism. The Territorial Dimension of Politics. London 1987 (1. Aufl. London 1970).

Elkar, Rainer S. (Hrsg.): Europas unruhige Regionen. Geschichtsbewußtsein und europäischer Regionalismus. Stuttgart 1980.

Elias, Norbert: Über den Prozeß der Zivilisation. Soziogenetische und psychogenetische Untersuchungen. Band 2: Wandlungen der Gesellschaft. 6. Aufl. Frankfurt a.M. 1979

Elsenhans, Hartmut/Gerd Junne/Gerhard Kirsch/Birgit Pollmann (Hrsg.): Frankreich - Europa - Weltpolitik. Festschrift für Gilbert Ziebura zum 65. Geburtstag. Opladen 1989.

Engel, Christian: Regionen in der Europäischen Gemeinschaft. Eine integrationspolitische Rollensuche. In: Integration, 1/1991, S. 9 ff.

Frenkel, Michael/Martin Klein: Eine theoretische Analyse zur Kontroverse um Unabhängigkeit versus Koordination der Fiskalpolitik in einer Währungsunion. In: Jahrbuch für Sozialwissenschaft, 1992, S. 65 ff.

Gaulle, Charles de: Memoiren der Hoffnung. Die Wiedergeburt 1958 - 1962. Wien usw. 1971.

Gellner, Ernst: Nationalismus und Moderne. Berlin 1991.

Gerdes, Dirk (Hrsg.): Aufstand der Provinz. Regionalismus in Westeuropa. Frankfurt a.M. 1980.

Gipson, Heather D./Euclid Tsakalotos: European Monetary Union and Macroeconomic Policy in Southern Europe: the Case for Positive Integration. In: Journal of Public Policy, 3/1991, S. 249 ff.

Glotz, Peter: Der Irrweg des Nationalstaats. Europäische Reden an ein deutsches Publikum. Stuttgart 1992.

Gödde-Baumanns, Beate: Nationales Selbstverständnis, Europabewußtsein und deutsche Frage in Frankreich. In: Salewski 1991, S. 47 ff.

Gorbatschow, Michail: Perestroika. Die zweite russische Revolution. Eine neue Politik für Europa und die Welt. München 1987.

Gottstein, Klaus (Hrsg.): Integrated Europe? Eastern and Western Perceptions of the Future. Frankfurt a.M./Boulder, Col. 1992.

Grimm, Dieter: Der Mangel an europäischer Demokratie. In: Der Spiegel, 43/1992, S. 57 ff.

Grosser, Alfred: Deutschlandbilanz. Geschichte Deutschlands seit 1945. 7. Aufl. München 1980.

Gunlicks, Arthur B./Rüdiger Voigt (Hrsg.): Föderalismus in der Bewährungsprobe. Die Bundesrepublik in den neunziger Jahren. Bochum 1991.

Guillorel, Herve: The Social Bases of Regionalism in France: The Breton Case. In: Coakley 1992, S. 147 ff.

Häberle, Peter: Föderalismus, Nationalismus, Kleinstaaten in Europa. In: Die Verwaltung, 1/1992, S. 1 ff.

Häußermann, Hartmut: Über nationales Bewußtsein im neuen Deutschland. In: Leviathan, 1/1992, S. 9 ff.

Held, David: Democracy, the Nation-state and the Global System. In: Economy and Society, 1991, S. 138 ff. (zit. als Held 1991a).

Held, David (Hrsg.): Political Theory Today. Cambridge 1991 (zit. als Held 1991b).

Hillgruber, Andreas: Das Problem "Nation und Europa" seit dem 19. Jahrhundert. In: Salewski 1991, S. 1 ff.

Hobsbawm, Eric J.: Nationen und Nationalismus. Mythos und Realität seit 1780. Frankfurt a.M. 1991.

Hrbek, Rudolf: Nationalstaat und Europäische Integration. Die Bedeutung der nationalen Komponente für den EG-Integrationsprozeß. In: Peter Haungs (Hrsg.): Europäisierung Europas? Baden-Baden 1989, S. 81 ff.

Hrbek, Rudolf: Regionen in Europa. In: Werner Weidenfeld/Wolfgang Wessels (Hrsg.): Jahrbuch der Europäischen Integration 1990/91. Bonn 1991, S. 277 ff.

Katzenstein, Peter J.: Policy and Politics in West Germany: The Growth of a Semi-Sovereign State. Philadelphia 1987.

Kramer, Heinz: Die EG und das neue Europa: Veränderungsprozesse im regionalen Umfeld und die Reaktion der Gemeinschaft. In: Sozialwissenschaftliche Informationen, 4/1992, S. 29 ff.

Lepsius, M. Rainer: Nationalstaat oder Nationalitätenstaat als Modell für die Weiterentwicklung der Europäischen Gemeinschaft. Baden-Baden 1991.

Link, Werner: Außen- und Deutschlandpolitik in der Ära Brandt 1969-1974. In: Karl-Dietrich Bracher/Wolfgang Jäger/Werner Link (Hrsg.): Republik im Wandel 1969-1974. Die Ära Brandt. Mannheim 1986, S. 161 ff.

Lipgens, Walter: Europa-Föderationspläne der Widerstandsbewegungen 1940-45. München 1968.

Loth, Wilfried: Nationale und europäische Momente bei der Formulierung der französischen Europapolitik nach 1945. In: Salewski 1991, S. 73 ff.

Loth, Wilfried/Robert Picht (Hrsg.): De Gaulle, Deutschland und Europa. Opladen 1991.

Lübkemeier, Eckhard: KSZE (Konferenz über Sicherheit und Zusammenarbeit in Europa). In: Wichard Woyke (Hrsg.): Handwörterbuch Internationale Politik, 4. aktualisierte u. erweiterte Aufl., Opladen 1990, S. 308 ff.

Markovits, Andrei S./Simon Reich: Deutschlands neues Gesicht: Über deutsche Hegemonie in Europa. In: Leviathan, 1992, S. 15 ff.

Meißner, Boris: Die "Breschnew-Doktrin". Köln 1969.

Michelis, Gianne de: Die EG als Gravitationszentrum: Für ein Europa der vier Kreise. In: Integration, 4/1990, S. 143 ff.

Offe, Claus: Die Staatstheorie auf der Suche nach ihrem Gegenstand. Beobachtungen zur aktuellen Diskussion. In: Jahrbuch zur Staats- und Verwaltungswissenschaft, Band 1, 1987, S. 309 ff.

Rokkan, Stein: Nation Building: A Review of Models and Approaches. In: Current Sociology, 1/1971, S.7 ff.

Roskin, Michael G.: The Rebirth of East Europe. Englewood Cliffs, N.J. 1991.

Rovan, Joseph: Europa der Vaterländer oder Nation Europa? In: Merkur, 3/1992, S. 200 ff.

Salewski, Michael (Hrsg.): Nationale Identität und Europäische Einigung. Göttingen/Zürich 1991.

Scharpf, Fritz W.: Regionalisierung des europäischen Raumes. Die Zukunft der Bundesländer im Spannungsfeld zwischen EG, Bund und Kommunen. In: von Alemann/Heinze/Hombach 1990, S. 32 ff.

Scharpf, Fritz W.: Die Handlungsfähigkeit des Staates am Ende des zwanzigsten Jahrhunderts. In: Politische Vierteljahresschrift (PVS), 4/1991, S. 621 ff.

Scharpf, Fritz W.: Die Politikverflechtungs-Falle: Europäische Integration und deutscher Föderalismus im Vergleich. In: PVS 4/1985, S. 323 ff.

Schmidt, Gustav: Großbritannien, die Gründung der Europäischen Wirtschaftsgemeinschaft und die 'Sicherheit des Westens': "The American Connection". In: Salewski 1991, S. 169 ff.

Schwarz, Hans-Peter: Präsident de Gaulle, Bundeskanzler Adenauer und die Entstehung des Elysée-Vertrages. In: Loth/Picht 1991, S. 169 ff.

Stürmer, Michael: Die alten Dämonen tanzen. Michael Stürmer über Peter Glotz' "Der Irrweg des Nationalstaats", in: Der Spiegel, 3/1991, S. 63 ff.

Uterwedde, Henrik: Gesellschaftliche Grundlagen der Industriepolitik in Deutschland und Frankreich und ihre Auswirkungen auf den europäischen Einigungsprozeß. In: Elsenhans/Junne/Kiersch/Pollmann (Hrsg.) 1989, S. 116 ff.

Voigt, Rüdiger (Hrsg.): Gastarbeiter zwischen Integration und Remigration. Bamberg 1988.

Voigt, Rüdiger: Europäischer Regionalismus und föderalistische Staatsstruktur. In: Aus Politik und Zeitgeschichte, B 3/89, S. 19 ff. (zit. als Voigt 1989a).

Voigt, Rüdiger (Hrsg.): Symbole der Politik - Politik der Symbole. Opladen 1989. (zit. als Voigt 1989b).

Voigt, Rüdiger: Föderalismus in der Bundesrepublik. Modell für Europa? In: von Alemann/Heinze/Hombach 1990, S. 92 ff.

Voigt, Rüdiger: German Constitutionalism after Reunification. Fulfilled and Unfulfilled Expectations. In: Alice E.-S. Tay/Conita S.C.Leung (Hrsg.): Constitution-Making and Restructuring in the Present and Former Communist World. Sydney 1992, S. 63 ff.

Wagner, Jürgen: Welche Gemeinschaft für Europa? Das Europäische Parlament und die Regionen fordern mehr Mitsprache. In: Sozialwissenschaftliche Informationen, 4/1992, S. 18 ff.

Weidenfeld, Werner/Melanie Piepenschneider: Junge Generation und Europäische Einigung. Einstellungen - Wünsche - Perspektiven. Bonn 1990.

Weidenfeld, Werner/Wolfgang Wessels (Hrsg.): Europa von A - Z. Taschenbuch der europäischen Integration. Bonn 1991.

Wickert, Ulrich (Hrsg.): Angst vor Deutschland. Hamburg 1990.

Wiedmann, Thomas: Föderalismus als europäische Utopie. Die Rolle der Regionen aus rechtsvergleichender Sicht. Das Beispiel Deutschlands und Frankreichs. In: Archiv des Öffentlichen Rechts, 1/1992, S. 46 ff.

Wieland, Beate: Verfassungspolitische Probleme der "Staatswerdung Europas". In: Wildenmann 1991, S. 429 ff.

Wildenmann, Rudolf (Hrsg.): Staatswerdung Europas? Optionen für eine Europäische Union. Baden-Baden 1991.

Windhoff-Héritier, Adrienne: Staatliche Steuerung aus politikwissenschaftlicher, policy-analytischer Sicht - erörtert am Beispiel der amerikanischen Luftpolitik. In: Klaus König/Nicolai Dose (Hrsg.): Instrumente und Formen staatlichen Handelns. Köln usw. 1992 (i.E.).

"Verfassungspatriotismus" und "Civil society". Eine Grundlage für Politik in Deutschland?

Hans Lietzmann

Als 1950 der Konsolidierungsprozeß Westdeutschlands mit der Verabschiedung des Grundgesetzes und der Konstituierung des Bundestages zu einem vorläufigen Ergebnis gekommen war, meldete sich einer der Beobachter der Szene mit der Bemerkung zu Wort, daß das, was in den Westzonen geschehen sei, den Charakter einer - wie er sich ausdrückte - "negativen Revolution" habe. Und mit dem Begriff der "negativen Revolution" wollte er Folgendes verdeutlichen: es seien zwar nach Form und Inhalt revolutionäre Veränderungen in diesem Land, also Westdeutschland, vollzogen worden; allerdings begleite diesen Veränderungsprozeß keinerlei positive Begeisterung auf Seiten der Bevölkerung; dem revolutionären Wandel stehe keinerlei innovatives Pathos der Bevölkerung zur Seite. Diese vollziehe eher geschäftsmäßig als innovativ, eher lau als leidenschaftlich den ihr abverlangten Übergang seiner politischen Institutionen und Ideen. Nicht etwa revolutionärer Elan, in seiner Mischung aus "Romantik und Wissenschaft", sondern eine schlichte Abneigung gegen das Fortdauern oder das Wiederaufleben eines alten (damals faschistischen) Systems habe in der Bundesrepublik zu der Installierung eines Regierungssystems westlichen Musters und zu einer politischen "Westorientierung" der Bevölkerung geführt. Demokratische Ideale seien bei dessen Umsetzung weniger relevant gewesen als vielmehr ein genereller Wunsch nach Erneuerung sowie der Druck der alliierten Besatzungsmächte.

Der, der dies sagte, wußte wohl, wovon er redete, denn es handelte sich um den deutsch-amerikanischen Politologen Carl Joachim Friedrich, einen der wesentlichen Mitbegründer der Politikwissenschaft im Nachkriegsdeutschland und Lehrstuhlinhaber an der Harvard-Universität in Massachusetts und in Heidelberg; zugleich war er allerdings auch Chefberater des amerikanischen General Clay in Fragen der Regierungsstruktur im besetzten Deutschland gewesen.[1]

Da Friedrich seine politischen und politikwissenschaftlichen Grundvorstellungen in den zwanziger Jahren im Umfeld der Jugendbewegung gebildet hatte, deshalb große Sympathien für bündische, gemeinschaftsorientierte Gesellschaftskonzeptionen hatte und großen Wert auf die Existenz einer kollektiven Identität legte, war ihm die leidenschaftslose, in einem etwas oberflächlichen Sinn pragmatische Geisteshaltung der modernen Nachkriegsdeutschen nicht geheuer. Zwar konzidierte er den Menschen das Recht, vorläufig keine enthusiastischen Konzepte mehr zu verfolgen. Andererseits schien ihm auf dem gesamten Gebäude neuer deutscher Staatlichkeit wie ein Alpdruck zu lasten, daß die Menschen - mit Ausnahmen versteht sich - in einer vergleichsweise

1 Vgl. Friedrich 1950, 335.

dumpfen Mentalität verharrten und keinerlei positive Begeisterung für die neu gewonnenen Ideale der westlichen Demokratie aufbrächten. Einzig ihre Erschöpfung, sagte er, die Erschöpfung einer ganzen Generation, käme in diesem Verhalten zum Ausdruck. Gesellschaftliches Leben, stabile Staatlichkeit und konstruktive Entwicklung wären auf dieser Basis - so Carl Joachim Friedrich 1950 - nicht zu gewährleisten. Denn diese setzten ein homogenes Gemeinschaftsempfinden, eine positive ideelle Identität, zumindest aber den Stolz auf gemeinsam Vollbrachtes voraus. Stabile Politik ohne stabile kollektive Identität sei ausgeschlossen. Eine Einschätzung Westdeutschlands übrigens, in der sich Friedrich mit manchem anderen Vertreter der internationalen politischen Theorie und Institutionenlehre wie Arnold Brecht, John H. Herz oder Karl Löwenstein einig war.

Auch in unseren Tagen hören wir besorgte Stimmen, die vermelden, daß das, was zusammengehöre, nur dann zusammenwachsen könne, wenn nicht nur die politischen, ökonomischen und administrativen Institutionen und Strukturen vereinheitlicht und zusammengefaßt würden; sondern ebenso auch die mentalen Befindlichkeiten, die Ideale der Menschen in den alten und den neuen Bundesländern einer gemeinsamen Melodie folgten. Nicht nur die ökologischen und ökonomischen Altlasten seien zu beseitigen, sondern ebenso auch die - wie etwa Dahrendorf dies sinngemäß formuliert - "Verwüstungen", die die alten Regime Osteuropas in den Köpfen der Menschen hinterlassen hätten. Eine Wiedervereinigung im Sinne einer stabilen Zukunft sei nur auf dem Weg stabiler gemeinsamer Überzeugungen zu gründen.

Darüber freilich, worin diese Überzeugungen zu bestehen hätten oder bestehen könnten, gehen die Meinungen naturgemäß weit auseinander. Als ein Modell eines solchen gemeinschaftsbegründenden Konsenses wird nun seit geraumer Zeit die Vorstellung eines allen gemeinsamen "Verfassungspatriotismus" diskutiert. Dieser wird als Korrektiv gefordert sowohl für die bornierte Geisteshaltung im Westen, die man unter dem Habermas'schen Stichwort des "D-Mark-Nationalismus" diskutieren könnte, zum anderen und verstärkt aber für das, was man (in einer Verharmlosung der realen Umstellungsimperative, denen sie sich konfrontiert sehen) den "Fatalismus" der neuen Bundesbürger nennt. Da mir in dieser Diskussion - gerade auch in den Reihen der Politikwissenschaft - eine große Verwirrung darüber zu herrschen scheint, welche unterschiedlichen Vorstellungen mit dem Begriff des "Verfassungspatriotismus" verbunden werden und da sich die Beteiligung an diesem Diskurs in rapider Geschwindigkeit bis in die Hallen des Bundespräsidialamtes ausweitete, erscheint es mir dringend erforderlich, hier eine gewisse Klärung herzustellen. Es könnte sonst die dringend erforderliche Präzision unter den euphorischen Metaphern der tagespolitischen Debatte allzu sehr zu leiden haben bzw. ganz verschwinden: aktualistische Terraingewinne auf Kosten begrifflicher, historischer und theoretischer Klarheit (und auch der wissenschaftspolitischen Angemessenheit).

Ich werde dabei zunächst anhand der Schriften Dolf Sternbergers eine mögliche - und wenn man so will: die ursprüngliche - Bedeutung der Rede vom "Verfassungspatriotismus" erläutern, um ihr dann andere - personalisierbar etwa an den theoretischen Beiträgen Jürgen Habermas' und Ralf Dahrendorfs - gegenüber zu stellen, um schließlich zu einer Erörterung darüber zu kommen, welche Bedeutung dem Wunsch nach und dem Willen zu "Verfassungspatriotismus" in dem Modell einer "Zivilgesellschaft" (einer "Civil society") in der deutschen Entwicklung unserer Tage aus politikwissenschaftlicher Sicht zukommt.

*

Alle Entwürfe eines Verfassungspatriotismus, und sie stammen aus der Feder so unterschiedlicher Autoren wie Dolf Sternberger und Jürgen Habermas, von Karl Dietrich Bracher, Jürgen Gebhard, Ralf Dahrendorf, Alexander Schwan und Helmut Dubiel verstehen sich als Konzepte einer sogenannten, und das heißt aus der anglo-amerikanischen politischen Theorie abgeleiteten, "zivilen Gesellschaft", einer Bürgerdemokratie auf demokratischer Grundlage. Ihre Abwendung von Despotie und Diktatur, aber auch von allen nationalistischen oder ethnozentristischen Regimen stellt ihren gemeinsamen Nenner dar; auf dessen Basis freilich kommen sie zu den unterschiedlichsten Konsequenzen.

Dolf Sternberger, der als Schöpfer des Begriffs vom "Verfassungspatriotismus" von allen Seiten anerkannt wird,[2] arbeitet sein hinter dieser Begrifflichkeit verborgenes Politikmodell freilich schon seit unmittelbar nach dem Kriege unter anderen Überschriften aus; mal (1949) unter dem Etikett der "Vaterlandsliebe", dann (1959) als "Vaterländische Gesinnung" im Verfassungsstaat, 1963 als "Staatsfreundschaft" apostrophiert. Immer kreisen seine Überlegungen um das eine Zentrum: eine leidenschaftliche, also von Emotion gespeiste Rationalität, soll die dumpfe Emotionalisierung autoritärer Systeme ablösen. Eine emotionalisierte Bürgergesinnung soll die Entindividualisierung und Entmündigung der Staatsbürger ersetzen. An die Stelle der erzwungenen und doktrinären Bejahung des Staates soll die bereitwillige und freiwillige Akzeptanz einer "wahren" Autorität konstitutioneller, also verfassungsgebundener Staatlichkeit treten. Die Bürger in der Demokratie sollen sich aus freier Einsicht der staatlichen Führung als einer "sachlichen Autorität" anvertrauen.

Zu recht geht Sternberger zunächst davon aus, daß Patriotismus mitnichten an ein spezifisches Nationalgefühl gebunden sein muß. Auch ohne sich der deutschen Romantik und einer in ihrer Tradition stehenden völkischen Interpretation des Vaterländischen verbunden fühlen zu müssen, sei Patriotismus denkbar; wenngleich auch gerade diese völkische Tradition schmerzliche Erinnerungen speist und den üblen Hautgout beim deutschen Umgang mit vaterländischer Rhetorik aufrecht erhält. Patriotismus läßt sich aber tatsächlich nicht generell auf Ernst Moritz Arndt und seine großdeutschen Phantasien beschränken; dieser appellierte in rhetorischer Frage:

---

2 Vgl. seine Rede vor der Politischen Akademie in Tutzing, 1982.

"Was ist des Deutschen Vaterland? Ist's Preußenland, ist's Schwabenland, ist's wo am Rhein die Rebe blüht, ist's wo am Belt die Möwe zieht? ... Oh nein, oh nein, sein Vaterland muß größer sein ... so weit die deutsche Sprache klingt ... das ganze Deutschland soll es sein."

Die Erinnerung an die untaugliche und in deutscher Geschichte unselige Verbindung von Volk, Volkssprache und politischer Nation verschärft allerdings entschieden die Begründungspflicht und den Argumentationsdruck für jede Wiederbelebung eines wie immer auch motivierten begrifflichen "Patriotismus".

Bei Sternberger nun definiert sich Patriotismus zunächst als nicht-nationale oder ausser-nationale "Vaterlandsliebe"; als eine - und sofort mystifiziert sich der Begriff eben doch erneut: - "natürliche Empfindung der Zugehörigkeit",[3] als eine "fraglose Identifizierung" mit dem politischen Gemeinwesen. Er sieht sie als eine nicht-rationale, naturwüchsige "starke Empfindung", die keine Rückfrage zuläßt; zugleich auch keiner Rückfrage bedarf. Es geht um Gewißheiten vaterländischer Art, um eine nicht-nationale und nicht-völkische Mystik vaterländischer Herkunft. Und daß dies keine wirklichkeitswissenschaftlichen, quasi-soziologischen Feststellungen, sondern ein normatives gesellschaftspolitisches Konzept darstellt, wird sich weisen.

Denn Sternberger ist Etatist. Das Zentrum seiner Überlegungen ist die staatliche Autorität (1959). Und Kritik von Seiten der Bürger ist nur als staatssichernde erwünscht und zulässig. Die Staatlichkeit hat bei ihm starke - und zwar naturalistische - Bezüge zur elterlichen, und zwar einzig und eindeutig zur väterlichen, Gewalt. Seine Betonung des Vaterländischen, dieses naturalisierten Patriotismus, steht bei ihm in deutlichem Gegensatz zu dem - wie er sagt - "entindividualisierenden, dunklen Mutterschoß".[4] Als dessen Ergebnis sieht er düstere Mythen und Irrlichter, wie sie in der Geschichte ein überzogener Nationalismus darstelle. Der - in seinen Augen - entmächtigenden Mütterlichkeit stellt er in pathetischem Gestus die "relative Kühle und Helligkeit des Vaterverhältnisses"[5] gegenüber:

"Der Vater ist der Regent im Hause und die symbolische Figur der moralischen Ordnung ... Gegen den mütterlichen Bereich gehalten, erscheint der Vater freier, fremder, mehr geistig als leiblich, auch deutlicher als individuelles Gesicht, als Person, mehr als Erzieher denn als Erzeuger, als distanzierte Macht ..."[6].

Nicht Verwirrung der Sinne, als die er die Mütterlichkeit phantasiert, sondern klares Kalkül; nicht Sinnlichkeit, aber freiwillige Unterwerfung unter das "Machtgebot,

---

3 Sternberger 1982, 89.

4 Sternberger 1947, 20; ders., 1982, 81.

5 Sternberger 1947, 20.

6 ebda.

das Zucht- und Züchtigungsrecht"[7] lebt in diesem Begriff des vom pater familiae, des vom Vater abgeleiteten Patriotismus wieder auf; Staatlichkeit und Gesellschaft verbinden sich in diesem Begriff des Patriotismus weniger mit Geborgenheits- und Heimatgefühlen, als mit den Attributen einer patriarchalen und hierarchischen Macht- und Ordnungsidee. Wie Sternberger sagte: der "distanzierte(n) Macht"!

Und diese Macht hat sich mitnichten als Partner oder als der Garant einer pluralen, toleranten Öffentlichkeit allein oder in erster Linie zu bewähren, sondern in ihrer traditionell-autoritären Ordnungsfunktion:

> "Solange das Mißverständnis der Autorität (d. h. ihre Abwertung in Demokratie und Republik, H.L.) nicht aufgeklärt ist, wird uns die liberale Republik nicht zum Vaterlande werden und wird in uns auch keine Vaterlandsliebe erwecken können."[8]

Und erfährt fort in Form eines Einschubes:

> "'Vaterland' - da haben wir ihn wieder, den Vater, da treffen wir sie wieder an, die Vaterrolle und die Vaterverbindung, und mit krasser Deutlichkeit meinen wir zu empfinden, wie auch der Begriff des Vaterlandes selbst eben darum dem republikanisch und demokratisch geordneten Gemeinwesen verschlossen und versagt ist, weil in ihm die väterliche Autorität keinen rechtmäßigen Platz habe."[9]

Verfassungspatriotismus führt vor diesem Hintergrund bei Sternberger zwar zu Bürgerbeteiligung an der Politik; aber nicht im Sinne einer gleichberechtigten, kritikfähigen und kritikbereiten, also offenen Gesellschaftlichkeit, sondern im Sinne einer - in Sternbergers Worten - "fraglosen Identifizierung"[10] mit der Staatlichkeit, mit der Verfassung.

Diese Verfassung wiederum, das Objekt und das Ziel, die Ordnung des Patriotismus, ist nicht das geschriebene Recht und sie ist längst nicht mehr so klar bestimmt, wie es Sternbergers ursprünglicher Anspruch auf Rationalität erwarten lassen könnte. Denn nicht die geschriebenen Verfassungsregeln, Verfahrensnormen und Kompetenzzuweisungen sind hier gemeint. Sondern vielmehr der vorherrschende Moral- und Sittenkodex nicht eigentlich einer Gesellschaft, sondern eher eines Staates. Diesen meint Sternberger, wenn er von Verfassung spricht.

In diesem Kontext herrscht also gerade nicht mehr Rationalität und Klarheit, sondern viel eher Moralismus, Symbolismus und Nichtfestgelegtheit. Es geht um "Loyalität" und "Anhänglichkeit"; nicht um Kommunikation, gegenseitige Anerken-

---

7 Sternberger 1947, 20.

8 Sternberger 1959, 119.

9 a.a.O., 119 f.

10 Sternberger 1982, 78.

nung und Verständnis. Es geht um die leidenschaftliche Identifikation mit einem Wert- und Interpretationssystem, wie es sich am ehesten noch in der ja auch nicht gerade präzisen Formulierung einer "freiheitlich demokratischen Grundordnung" grob umreißen ließe. Doch auch diese erscheint Sternberger immer noch zu "fragwürdig dogmatisch", zu sehr in Form "ausgeleierter Rechtsfiktionen"[11] gefaßt, als daß von ihr eine "Anhänglichkeit" fordernde, Emotionalität bindende Kraft ausgehen könnte.

In seinem Versuch einer definitorischen Eingrenzung des von ihm gemeinten "Verfassungs"-Gehalts summiert Sternberger dann freilich vor allem den institutionalisierten Kern deutscher Staatlichkeit sowie den diesen (auch von sich selbst definitorisch gefördert) umgebenden Wert-Kordon auf. Sein Schwerpunkt liegt auf der "gepanzerten Freiheit"[12] der staatlichen Machtausübung; und er liegt dort prinzipiell. Die die Staatlichkeit begrenzenden Bürgerrechte, den "negativen" Bereich des liberalen Rechtsstaats, übergeht er ganz.

Zeitgenossen, die anders als er selbst, die eher die Individuen schützenden Funktionen der Grundrechte hervorzuheben wünschen, verweist auf deren strukturelle Tendenz zu Anarchie und Chaos:

> "Viele reden von Demokratie mit einem gewissen utopischen Unterton, als wäre das eine Lebensart und Lebensform jenseits aller Staatlichkeit, überdies auch höher und besser als alle Staatlichkeit."

Diese Einstellung rangiert ihm unmittelbar neben "Chiliasmus" und "Schwärmgeisterei". Er hält einer solchen 'inflationären' und 'fälschlichen' Betonung der Demokratie seinen streng etatistischen, staatsorientierten Verfassungsbegriff entgegen, der den Inhalt der Verfassung mit dem Substitut einer "Streitbaren Demokratie", einer die Ordnung und die Sicherheit staatlicher Politik garantierenden Struktur annähernd gleich setzt. Nur so ist daher auch der Satz zu verstehen, der die Bedeutung seines Verständnisses von "Verfassungspatriotismus" freilich radikal eingrenzt:

> "Es ist wahrscheinlich aussichtslos, aber es wäre doch ratsam, wenn ich mir die Bemerkung erlauben darf, etwas weniger von Demokratie und etwas mehr von Verfassung zu reden."

Auch Karl Dietrich Brachers und Alexander Schwans[13] Adaption der Sternberger'schen Gedanken folgt dieser Denktradition; wie dessen Vorgabe so läuft auch ihre Interpretation des Verfassungspatriotismus mit wenigen Abstrichen auf die Feststellung und Formulierung einer "freiheitlich demokratischen" Staats(!)räson heraus:

---

11 a.a.O., 85.

12 a.a.O.

13 Bracher 1987, 101 ff., Schwan 1987, 85.

> "Das im Verfassungspatriotismus zentrierte Staatsbewußtsein ist bundesrepublikanisches Staatsbewußtsein ... In der Bildung eines solchen Staatsbewußtseins, der Bindung an die freiheitliche politische Ordnung und der damit verknüpften Westbindung, liegt die wesentliche Errungenschaft der deutschen Politik nach dem zweiten Weltkrieg."[14]

Und diese Interpretation von Sternbergers Verfassungspatriotismus erfolgt zu recht. Verfassungspatriotismus in seinem Verständnis ist am ehesten als der Versuch zu verstehen, auch unter den Bedingungen der Demokratie das Äquivalent einer unwiderruflichen, der Diskussion enthobenen Staatsräson zu etablieren und durch die Unwägbarkeiten des politischen Prozesses hindurch zu garantieren. Als gemeinschaftliches Bewußtsein der dem Staat unterworfenen oder sich ihm zuordnenden Bürgerinnen und Bürger dient dieser Verfassungspatriotismus nur insofern, als diese von sich aus bereit sind, alle Moral, alle Maßnahmen und alle Gesetze, wie sie von oben kommen, zunächst fraglos zu akzeptieren.

*

Dieses Manko und dieses Verständnis der "Zivilen Gesellschaft" zu korrigieren, versuchen auf unterschiedliche Weise die Interpretationsversuche von Jürgen Habermas und Ralf Dahrendorf.

Sie gestehen Sternberger zwar unmittelbar zu, ein neues, nämlich von Nationalismen gereinigtes, Habermas sagt: "ernüchtertes", Bild kollektiver Identität entworfen zu haben. (Eine Charakterisierung, die angesichts des naturalistisch-paternalen Hintergrundes bei Sternberger allerdings nur relative Richtigkeit beanspruchen kann.) Sie gehen freilich bei der Abschaffung aller "-ismen" in der gemeinschaftsbildenden Identität, die Sternberger begonnen hatte, selbst noch einen wesentlichen Schritt weiter. Dies wird vor allem und systematisch in der von ihnen vorgenommenen Ausgestaltung des "Verfassungs"-Begriffs deutlich; war dieser bei Sternberger ja noch ganz durchsetzt gewesen von der Tradition der deutschen Staatsrechtslehre, also besonders von dem Bezug aller politischer Prozesse auf den Staat, auf staatliche Kompetenzen und staatliche Handlungsparameter.

Bei Dahrendorf und Habermas hingegen liegt dem Verfassungsbegriff nun nicht mehr nur ein starres Bild staatlicher Struktur, sondern auch eine Vorstellung gesellschaftlicher Praxis zugrunde. Politik und auch die Verfassung bilden sich so erst aus der Tätigkeit der in einer Gemeinschaft zusammenlebenden Menschen. Sie können nicht von oben verordnet werden; und es kann und darf nicht davon ausgegangen werden, die Bürger unterwürfen sich einer Politik aus der Vorstellung identifikatorischer oder naturalistischer (z. B. familiärer) Übereinstimmung. Habermas formuliert:

---

14 A. Schwan, 1987, 85; zu K. D. Brachers "Staatsräson der Bundesrepublik" in ihrer "postnationalen Demokratie" vgl. ders., 1987, 110.

> "Der demokratische Rechtsstaat kennt nur eine politische Praxis, die sich ... kontinuierlich rechtfertigen muß. Auch seine Institutionen können sich nur im Medium einer selbstkritischen Vergewisserung stabilisieren, - angesichts der Frage, ob der ... Gehalt der Verfassungsprinzipien tatsächlich so weit ausgeschöpft ist, wie die historischen Umstände es erlauben."[15]

Das heißt, die Bürger sind bereit, sie sind imstande, und es ist ihnen gestattet, Ansprüche an die politischen Führungs- und Verwaltungsinstanzen zu stellen. Deren Abweisung ist begründungspflichtig und erhebt den legitimen Anspruch auf gesellschaftspolitische Rechtfertigung. Und erst in diesem Austauschprozeß zwischen Bürgern und Staat bildet sich die Legitimität einer politischen Ordnung heraus. Diese konstituiert sich eher im Bereich der Bürger und ihrer republikanischen Gesinnung; und weniger auf der Ebene des Staates. Staatsräson - wenn man diesen Begriff dafür überhaupt noch verwenden will und nicht stattdessen von Bürgerräson reden mag - Staatsräson also hat sich aus Common sense und Civic culture zu begründen, also aus einem von der gesellschaftlichen Erfahrung ausgehenden Selbstbewußtsein der Bürger. Der Legitimationsprozeß staatlicher Politik begründet sich aus dem Konsens und aus der Kritik der Bürger; er verläuft, vereinfacht gesprochen, von unten nach oben und nicht, wie bei Dolf Sternberger, von oben nach unten.

Die Verfassung stattet darüber hinaus die ihrer selbst bewußten Bürger mit den Argumenten der noch uneingelösten Versprechungen und (!) realen Möglichkeiten zur Erweiterung ziviler Rechte und Freiheiten aus. Staatliche Struktur wird zwar auch, aber nicht vordringlich durch Verfassungsnormen geregelt. Der von Sternberger gegeißelte utopische Gehalt demokratischer Argumentationen (und Verfassungstexte) wird von Habermas gerade gegen die schlechte Realität zum zugkräftigen Argument gemacht. Die "Doppelbödigkeit" der Verfassungen aus Anspruch und struktureller Härte, die Sternberger versucht definitorisch und normativ dem Zugriff der Bürger zu entziehen, macht Habermas zur Grundlage seiner Argumentation:

> "Unsere aus dem Geist des modernen Vernunftrechts entsprungenen Verfassungen haben nämlich einen doppelten Boden insofern, wie der radikale Geist der Verfassungensprinzipien immer auch hinausschießt über das, was in den Institutionen des Staates faktisch schon verkörpert ist ... Die Prinzipien der Verfassung weisen über das Ensemble der jeweils geltenden Gesetze hinaus. Damit zieht die Spannung zwischen Norm und Wirklichkeit in die Verfassungswirklichkeit selber ein."[16]

Doch ebenso wie Sternberger versucht, die politische Legitimität durch die paternalistische Struktur seines Patriotismus abzusichern, so vertrauen auch Dahrendorf und

---

15 Habermas 1986, 19 f.

16 ebda.

Habermas nicht auf die Selbstverständlichkeit, auf die Eigenstabilität des von ihnen bevorzugten staatsbürgerlichen Selbstbewußtseins. Die Legitimation und die Überzeugungskraft einer solchen Gestaltung der Politik aus dem Zentrum organisierter Bürgerlichkeit erscheint auch ihnen nicht selbstevident.

Die Bedingung dafür, daß die "zivile Gesellschaft" ihrer Vorstellung Stabilität bekommt, ist eben die verläßliche Einhaltung der sie tragenden staatsbürgerlichen Regeln und wohl auch "Gesinnungen" und "Tugenden" durch die Bürger. Und diese Stabilität und Verläßlichkeit des republikanischen Selbstbewußtseins kommt nicht aus sich selbst heraus; es bedarf zu ihrer Herstellung und Aufrechterhaltung nach Auffassung von Dahrendorf - der hier mehr als politischer Soziologe denn als Gesellschaftstheoretiker spricht - spezifischer "Ligaturen";[17] also Tiefenstrukturen und verbindliche Gemeinsamkeiten, mit denen sich offene Gesellschaften im Vergleich zu autoritären immer schwer tun. Verläßliche - und das heißt im Allgemeinen verbindliche - Orientierungen kollektiver Gemeinsamkeit, die auch Dahrendorf und Habermas unverhofft als "Patriotismus" titulieren, und die das gesamte Konzept tragen sollen.

Ihrer Meinung nach scheint die Möglichkeit eines solchen kollektiven Bewußtseins in dem Stolz der deutschen Bürger darauf bestehen zu können, den Faschismus und nun auch das SED-Regime auf Dauer überwunden zu haben,[18] sowie in dem Stolz auf die "gemeinsam erbauten Institutionen, also die Verfassung im weitesten Sinne".[19] Diese Form der "Westorientierung", d. h. eines postnationalen Patriotismus sei die "einzige Form des Patriotismus", die die Deutschen dem Ausland nicht entfremdeten.

Praktisch heißt dies freilich, das beide nicht nur einen Patriotismus, eine kollektive und wohl auch homogene, also einheitliche kulturelle Identität für notwendig halten; sie scheinen es auch sinnvoll und richtig zu finden, diese mittels moralischer Imperative zu stiften. Es ist in diesem Sinne die Rede von "Empfindungen", die es "sich zu haben lohne" und von einer "Gesinnung", die konstitutierend wirke für diese Gesellschaft.

Auch Habermas und Dahrendorf suchen also nach Möglichkeiten, die von ihnen für "richtig" gehaltenen Einstellungen durchzusetzen; die politischen und vorpolitischen Anschauungen der Bürger zu beeinflussen. Auch sie streben eine Stabilisierung des politischen Lebens in der "zivilen Gesellschaft" nicht nur durch die kodifizierten Regelungen, die Gesetze, an; sondern sie entwerfen zusätzliche moralische Imperative und diskutieren Wege ihrer institutionellen Absicherung.

Einig sind sie sich mit Dolf Sternberger darüber, daß Nationalismus diese Homogenität nicht stützen sollte und in einer "zivilen Gesellschaft" wohl auch nicht könnte. Einig sind sie sich auch darin, daß es eines Patriotismus, einer mehr oder weniger verbindlichen kollektiven und institutionalisierten Identität der Deutschen, bedürfe.

---

17 Dahrendorf 1990b.

18 Habermas 1990, 151.

19 so Dahrendorf, Merkur 1990, 827.

Gar kein Konsens, sondern unversöhnliche Gräben bestehen allerdings in der Frage, wie eine solche homogene Identität zu erlangen wäre. Dolf Sternberger ist bereit, zur Durchsetzung der moralischen Imperative auch das Gewaltmonopol des Staates konsequent einzusetzen, eine Verkörperung des patriarchischen "Zucht-", also Erziehungs- und "Züchtigungsrechtes";[20] er personifiziert die autoritative Variante des Verfassungspatriotismus, die zur Aufrechterhaltung der staatstragenden Gesinnungen letztlich auch die Mittel des staatlichen Gewaltmonopols einzusetzen bereit ist; denn der staatlichen Stabilität zu dienen ist letztlich auch der zentrale Sinn des Bürgersinns. Insofern verkörpert Sternbergers Auffassung die alte deutsche staatszentrierte Politik, die sich aufgrund faschistischer Erfahrungen von nationalen Parolen hat reinigen lassen, den Weg zur "zivilen Gesellschaft" hingegen nicht konsequent beschreitet. Sie instrumentalisiert deren modus vivendi für ihren traditionellen Etatismus.

Habermas und Dahrendorf dagegen stehen letztlich ratlos, zumindest jedenfalls ohne machtstaatliche Patentrezepte den realen Herausforderungen ihres Gesellschaftsmodells gegenüber. Ihr Appell an Bürgergesinnung und Verfassungspatriotismus scheint (wenigstens noch) zivilreligiöse Potentiale zum Zwecke seiner eigenen Stabilität mobilisieren zu wollen, gefährdet zugleich freilich die aufklärerische Basis, von der sie auszugehen beanspruchen.

*

Die Feststellung mangelnder Konsequenz des Habermas'schen Entwurfs ist unter einem weiteren Gesichtspunkt auch der Ansatzsatzpunkt einer Theorie der Zivilgesellschaft wie sie von Ulrich Rödel, Günter Frankenberg und Helmut Dubiel[21] formuliert wird. Eines ihrer zentralen Anliegen liegt gerade darin, die Zweiteilung der Welt, wie sie dem Habermas'schen Verständnis einer kommunikativ verfaßten Lebenswelt und des sach- und herrschaftslogisch determinierten Wirtschafts- und Bürokratieapparates zugrunde liegt, zu überwinden. Sie wollen diese "Zwei-Reiche-Lehre",[22] die Unterscheidung von System und Lebenswelt, nicht länger gelten lassen und propagieren die Möglichkeit einer durchgängigen, auch Ökonomie und Bürokratie erfassenden, Demokratisierung der Gesellschaft. Demokratie bedeutet für sie die konsequente und voraussetzungslose Installation gleichberechtigter kommunikativer Prozesse. Inhalt dieser Prozesse werden dann - anders als bei Habermas - ausnahmslos alle Thematiken, die im Verlauf moderner Gesellschaften einer Regelung bedürfen.

Ausgangspunkt ihrer Theorie einer kommunkativen 'Civil society' ist das, was sie den Tatbestand einer "restlosen Säkularisation der Legitimationsgrundlagen von Herrschaft"[23] nennen. Aufgrund der endgültigen Auflösung religiöser, metaphysischer u. ä.

---

20 Sternberger 1947, 20.

21 1989; im Folgenden: R/F/D.

22 R/F/D 1989, 158.

23 R/F/D 1989, 20 und passim.

Legitimationsstrukturen politischer Herrschaft sei der Weg frei zu einer Verständigung aller Bürger über ihre Probleme und Projekte auf rationaler Grundlage.

Diese Aufhebung und Erosion aller metaphysischen Legitimationsgrundlagen gibt ihnen die Gewißheit, es sei nunmehr allein in die Kompetenz und den (freien) Willen der Bürger gelegt, Demokratie in jeglichen institutionellen und kommunikativen Bezügen umzusetzen:

> "Wir lassen uns von der Vorstellung leiten, daß politische Institutionen unter Bedingungen restlos säkularisierter Legitimationsgrundlagen von Herrschaft primär vom Zusammenhandeln der Menschen abhängen. Politische Institutionen in modernen Demokratien sind eben keine dauerhaft gehärteten gesellschaftlichen Tatsachen. Ihre Existenzweise und Entwicklung ist nicht abzulösen von den Handlungen, Motivlagen und Wertorientierungen der Menschen. Sie sind nicht mehr (?, H.L.) zu trennen von den Bildern, in denen sich Bürger zu sich selbst und zu ihrem politischen Gemeinwesen in Beziehung setzen."[24]

Einmal abgesehen von der Frage, ob es sich hier um eine neuere Entwicklung handelt oder ob nicht die Möglichkeit auch elitärer Herrschaft schon immer von den Vorstellungen der Menschen über ihre eigene Lebensformen und (Un)Beherrschbarkeiten abhing, ist hier ein attraktives Modell formuliert. Denn ohne Zweifel folgen aus der Tatsache einer Säkularisierung der Legitimationsgrundlagen von Herrschaft wichtige Konsequenzen für den Zusammenhalt moderner Gesellschaften.

Insbesondere die These, die Struktur der gemeinschaftsbildenden Symbole müsse in die Analyse von Politik und Gesellschaft einbezogen werden, deutet auf eine zentrale Leerstelle moderner politischer Theorie, nämlich die mangelnde Wahrnehmung der Formen symbolischer Politik, hin.[25]

Gerade in diesem Punkt liegt denn auch das Zentrum, an dem sich Richtigkeit und Möglichkeit einer Politik entscheiden, die sich der (symbolischen) Orientierung an einem "Verfassungspatriotismus" bedient bzw. auf einer solchen Orientierung abstützt. Dies fordert in Form einer vorweggenommenen Konsequenz aus dem gemeinsam erarbeiteten Modell einer 'Civil society' Helmut Dubiel.[26] Er bringt den "Verfassungspatriotismus" als die positive Möglichkeit einer zivil-religiösen Orientierung ins Gespräch und sucht auf diesem Weg (durchaus im Einklang mit Sternberger, Habermas und Dahrendorf) eine neue Variante "gesamtgesellschaftlicher Verbindlichkeit"[27] zu etablieren; einer Verbindlichkeit, die in Folge der Säkularisierungsprozesse erodiert war. "Verfassungspatriotismus" wird so zu einem neuen politischen Konzept "symbolischer

---

24 R/F/D 1989, 19 f.

25 Vgl. Voigt 1989; Lietzmann 1990.

26 1987, 1048.

27 ebda.

Repräsentation von Gesellschaft und Macht";[28] und das symbolische Artefakt "Verfassungspatriotismus" scheint geeignet, an die Stelle der überlieferten, aber aufgebrauchten Legitimationsbilder zu treten.[29]

Bei ihren grundsätzlichen Überlegungen zur Struktur und Inhalten symbolischer Politik gehen R/F/D wohl zurecht davon aus, daß sich metaphysische Konstrukte traditioneller Art nicht länger mehr zur Stabilisierung politischer Macht instrumentalisieren lassen:

> "Die Position der Macht, die ehedem der Monarch und zuletzt der unselige Führer verkörperten, und die durch den Rückbezug auf die ehrwürdige Tradition, das Gottesgnadentum oder auch auf den Mythos der Einheit von Volk und Führer gerechtfertigt worden war, *bleibt heute symbolisch leer* (Hervorhebung im Original, H.L.). Gegenüber dieser leeren Stelle der Macht wird in der Republik ein öffentlicher Raum *im wahrsten Sinne freigegeben,* der *symbolischer Natur* ist (Hervorhebung von mir, H.L.)."[30]

Doch bei aller Anerkennung der realen Wichtigkeit von Symbolen im politischen Leben, wird hier ganz offensichtlich über das Ziel hinausgeschossen: denn ihre Realität haben Symbole immerhin doch nur als Symbole. Symbolische Politik und ihre Wirkung auf das Denken und Handeln der Menschen ernst zu nehmen, kann doch nicht bedeuten, die Bilder, mittels derer sich symbolische Politik artikuliert, d. h. deren sich die Symbolik bedient, als unmittelbar wirklichkeitsgetreue Abbilder der Realität anzusehen. Man würde beiden, der Realität wie auch den Symbolen, damit Gewalt antun; beziehen sich diese auf die Träume und Vorstellungen, die sich die Menschen von der Welt machen, so sichert sich jene in den Bildern doch zugleich dadurch (nur?) ab und wird für die Menschen vollziehbar und (z. T.) erträglich.

In der Darstellung der Autorentrias R/F/D klingt es nun freilich so, als folge aus der Herstellung der *symbolisch* von Macht bereinigten Sphären in der politischen Gesellschaft ihre *tatsächliche* Machtfreiheit in quasi-naturgesetzlicher Konsequenz. Der Befreiung der Köpfe von den Altlasten religiöser und quasi-religiöser politischer Metaphysik folge die Rationalisierung der Gesellschaft im Sinne einer menschheitsgerechten, nicht-diskriminierenden Politik zwar nicht automatisch, aber doch ohne Hinzutreten weiterer grundlegender Vorbedingungen nach; die symbolisch freigesetzten Menschen bräuchten ihr Glück gewissermaßen nur noch zu ergreifen. Nach der Säkularisierung der Herrschaftslegitimation scheint es damit keiner weiteren Bedingung der Möglichkeit mehr dafür zu bedürfen,

---

28 Rödel 1990, 21.

29 Vgl. a. Dubiel 1990, 141.

30 R/F/D 1989, 43.

"daß eine plurale Leistungsgesellschaft den öffentlichen Raum der Republik *auch wirklich ausfüllt*, von der Autorität der Macht unabhängig und autonom kommunikations- und handlungsfähig wird."[31] (Hervorhebung von mir, H.L.)

Gerade so, als ob mit der Zerfaserung der Herrschaftssymbolik und ihrer Ersetzung z. B. durch den Gestus eines "Verfassungspatriotismus" auch die strukturelle Rückbindung der Herrschaft entfalle; als ob es nicht noch etliche Sklerotisierungen innerhalb der Gesellschaft gebe, die sich auch bei der Berufung auf einen "Verfassungspatriotismus" oder auf die Menschenrechte als Grundlage der Macht nicht grundlegend erschüttern ließen. Politische Marktökonomie und politisch-bürokratische Entscheidungsapparate seien nur als zwei widerständige Enklaven genannt, die sich nicht allein durch ein Wechsel der politischen Symbole, durch Verfassungsgebung oder ein sie tragendes Bewußtsein aus der Welt herauseskamotieren lassen. Nicht, daß die Dominanz einer 'Civil society', die Dominanz der ihre Freiheit selbst organisierenden Menschen nicht auch über solche Strukturen herstellbar wäre; allein auf die Schiene "symbolischer Repräsentanz" gesetzt, geräte dieses Projekt allerdings doch eher zu einem Fiasko.

Eine sich auf die Ebene symbolischer Politik allein kaprizierende Theorie der 'Civil society' (wie sie von R/F/D vorliegt mit der entsprechenden von Dubiel formulierten Propagierung eines "Verfassungspatriotismus") verschließt sich in diesem Sinne der umfassenderen Realität und der Komplexität der konkreten Geschichte. In "emphatischer Arglosigkeit" (B. v. Greiff) werden Modelle entworfen, deren Inkompatibilität mit den realen Prozessen allein zu Lasten der letzteren zu gehen scheinen.

*

Umso gravierender erscheint vor diesem Hintergrund der krude Umgang mit den theoretischen Traditionen, in deren Licht sich diese gesellschaftstheoretischen Versuche so demonstrativ stellen. Berufen sie sich doch manifest und Kontinuität suggerierend auf Hannah Arendt, Cornelius Castoriadis und Claude Lefort.[32] Doch in ihrer Vereinnahmung als "anti-totalitäre" Theorietradition werden zumindst die ersten beiden - abgesehen von weiteren Unvereinbarkeiten - angesichts der genannten realitätsscheuen Halbierung der Theorie um starke Anteile ihrer Verdienste gebracht; dem soll hier nun noch in aller Kürze und mit dem gewählten Bezug auf die Durchsetzung von "Verfassungspatriotismus" nachgegangen werden.

Man mag Hannah Arendt eines mitunter auch sympathisch chaotischen Idealismus zeihen; gerade in einem Punkt jedoch läßt sich ihr dieser nicht vorwerfen: Sie hat immer den historisch spezifischen Aspekt des amerikanischen Prozesses der Verfas-

---

31 R/F/D 1989, 102.

32 R/F/D 1989, 52 und passim.

sungsgründung, der in ihm sich ausdrückenden Konstituierung einer 'civil society', deutlich hervorgehoben. Deren Übertragung auf andere, insbesondere kontinentaleuropäische Gesellschaften erschien ihr immer als ein ideologisches Plagiat; es galt ihr als Zeichen von Blindheit gegenüber den der amerikanischen Entwicklung zugrunde liegenden sehr konkreten innen- wie kolonialpolitischen Konstellationen:

> "Daß die amerikanische Verfassung (im Unterschied zu der gegen konkrete Herrschaftsstrukturen *opponierenden* französischen Revolution, H.L.) primär dazu bestimmt ist, *Macht zu konstituieren*, und daß die Sorge, diese Macht wiederum in Schranken zu halten, sekundärer Natur ist, haben die europäischen Interpreten und Verfassungsexperten zumeist völlig übersehen."[33] (Hervorhebung im Original)

Daß gerade dieser Akt der Konstitution, der auch im Zusammenhang der neueren Debatten um eine verfassungspatriotische 'civil society' viel zitierte "Gründungsakt",[34] seine historischen und gesellschaftlichen, d. h. seine politischen Voraussetzungen in dem einmaligen und nicht wiederholbaren Status eines Machtvakuums[35] in der neuen Welt hatte, geht in der Feier einer möglichen "nachholenden Gründung" in der Bundesrepublik des Jahres 1989 durch R/F/D[36] verloren.[37] Für sie erscheint bereits der Verlust der "Machtsymbole" im Zuge der fortschreitenden Säkularisierung Anlaß genug, um über eine reale Neukonstituierung von "Macht" zu spekulieren. Daß sie dabei wohlweislich auf eine Erörterung der wirklichkeitswissenschaftlichen Bedingungen einer solchen Möglichkeit verzichten wollen, erscheint aufgrund der entgegenstehenden Machtstrukturen deshalb eher einleuchtend. Denn sollten im vereinigten Deutschland unserer Tage Wege zur Heranführung der Menschen an eine demokratische Handhabung ihrer Probleme gefunden werden, so gälte es zunächst auch Strategien und Möglichkeiten der Eindämmung und der Depotenzierung bestehender Machtzentren zu entwickeln und nicht nur solche zum Zerfall und zur Delegitimierung der die Macht tragenden Symbole.

> "Zu glauben, daß die europäischen Nachkriegsverfassungen des zwanzigsten oder ihre Vorgänger des neunzehnten Jahrhunderts, die alle dem Mißtrauen gegen die Macht im allgemeinen und der Furcht vor der revolutionären Macht des Volkes im besonderen ihr Dasein verdanken, die gleiche Staatsform errichten konnten wie die amerikanische Verfassung, die der stolzen Überzeugung entsprang, ein Machtprinzip entdeckt zu haben, auf

33 Arendt 1965, 191.

34 R/F/D 1989, 53 und passim; Vollrath 1990, 68.

35 Arendt 1965, 193.

36 1989, 71 ff, 74 ff.

37 Vgl. a. Mandt 1974, 91 f.

dem sich eine *perpetual union* gründen läßt, heißt sich von bloßen Worten zum Narren halten lassen".[38]

Angesichts des ausufernden Bezugs auf Hannah Arendt und der Propagierung einer "nachholenden Gründung" läßt sich bereits an diesem Punkt der Vorwurf falscher Parallelisierung und der Idealisierung historischer Abläufe zu überhistorischen Wahrheiten, kurz: der Vorwurf "politischer Romantik", erheben. Deutlicher ergibt sich diese Romantisierung anglo-amerikanischer Verfassungspolitik freilich noch aus einem anderen Mißverständnis der Arendt'schen Theorie.

So gilt das ganze Streben einer (z. B. von R/F/D unter Berufung auf Arendt vorgelegten) modernen Theorie der 'Civil society' der durchgängigen Demokratisierung des gesellschaftlichen Raumes; durchaus plausibel klang es deshalb, Habermas die Konstituierung einer inkonsequenten "Zwei-Reiche-Lehre" aus System und Lebenswelt vorzuwerfen.[39] Das Ziel einer 'civil society' bestehe demgegenüber in einer Gesellschaft prinzipieller und anerkannter Gleichheit, die im allgemeinen Umgang auf Diskriminierungen zu verzichten gelernt habe ("die wechselseitige Anerkennung der *Gleichheit* aller" im Rahmen ihrer Zugehörigkeit zum Ganzen der Gesellschaft";[40] Hervorhebung im Original). "Verfassungspatriotismus" wäre in diesem Sinne also auch keine (eingeschränkt) "politische" Grundhaltung, sondern eine Orientierung, deren Maßstab sich auf die gesamte gesellschaftliche Interaktion zu beziehen hätte.

Zur Begründung solcher Allgemeinheit und gesellschaftlicher Gleichheit kann allerdings auf Hannah Arendt nicht Bezug genommen werden. Gilt doch gerade für sie als Objekt der Demokratisierung, d. h. der 'Civil society' und eines sie tragenden "Verfassungspatriotismus", nur der engere Bereich des "politischen Gemeinwesens", während sie noch vor den Ungleichheiten, der Entfremdung und den Abhängigkeitsverhältnissen in den eher "gesellschaftlichen" Arenen die Reichweite ihres Gleichbehandlungsgebotes enden läßt.

> "Was Gleichheit für das politische Gemeinwesen ist - nämlich dessen innerstes Prinzip - ist Diskriminierung für die Gesellschaft. Gesellschaft, das ist jenes sonderbare, irgendwie zwitterhafte Reich zwischen Politischem und Privatem, in welchem seit Beginn der Neuzeit die Menschen den größten Teil ihres Lebens verbringen ... Ohne irgendeine Form von Diskriminierung würde eine Gesellschaft einfach aufhören zu existieren."[41]

> "Wie dem auch sei. Diskriminierung ist ein ebenso unabdingbares gesellschaftliches Recht wie Gleichheit ein politisches ist. Es geht nicht darum, wie die Diskriminierung abgeschafft werden kann, sondern um die

---

38 Arendt 1965, 201.

39 R/F/D 155 ff, 158.

40 R/F/D 1989, 108.

41 Arendt 1957, 104 f.

Frage, wie sie auf den Bereich der Gesellschaft, wo sie legitim ist, beschränkt werden kann."[42]

Es wäre nicht notwendig, auf diese Diskrepanz zwischen dem von den Vertretern der modernen 'Civil society' geäusserten Anspruch auch gesellschaftlicher Gleichheit und einer scheinbar geradlinigen Rezeption Hannah Arendts hinzuweisen, wenn sich bei dem neueren Bemühen um eine 'Entstaatlichung' zugleich auch ein angemesser gedanklicher Aufwand abzeichnete, mehr als nur die von originär *staatlichen* Institutionen geprägten Ungleichbehandlungen in das theoretische Gesichtsfeld zu bekommen. Doch die Ausprägungen bestehender *gesellschaftlicher* Ungleichheit kommen neben den mit Verve vorgetragenen Attacken gegen Staatsoktroi und Totalitarismus nicht zum Tragen. Gleichwohl wäre aber doch bei einem angemessenen Verständnis moderner Vergesellschaftung davon auszugehen, daß auch sie, wenn schon nicht ausdrücklich politisch gewollt, so doch zumindest implizit politisch geduldet sind. Keine gesellschaftlich relevante Entscheidung, und erst recht keine über die Zuweisung oder Vorenthaltung materieller wie immaterieller Vorteile (ein gutes Beispiel ist die allgemeine Benachteiligung der Frauen), ist unter den Bedingungen moderner Gesellschaften aus dem Kontext politischer Entscheidungsfindung wegzudenken. Alle diese Entscheidungen auch im gesellschaftlichen Bereich stehen politisch zur Disposition.[43]

Unter diesem Gesichtspunkt sind auch die gesellschaftlichen Diskriminierungen Ausdruck politischer Entscheidungen, politischen Handelns und damit notwendiges Objekt einer Politik der 'Civil society'. Theoretische Ansätze, die sich einer Tradition verpflichtet sehen, die - wie diejenige Hannah Arendt's - dies nicht nur nicht so sieht, sondern sogar explizit fordert, gesellschaftliche Diskriminierungen aus dem Radius des Diskriminierungsverbots auszuklammern, 'werden von der Geschichte bestraft'. Sie träumen sich eine Spaltung von "politischer Gemeinschaft" und "Gesellschaft" hinein, die nicht nur politisch äußerst belastet ist, sondern sich vor allem nicht auf der Höhe ihrer Zeit und ihres Gegenstandes befindet: der entwickelten politischen Gesellschaft der Gegenwart.

Zusätzlich geraten solche Verkürzungen wie die von R/F/D mangels der Verdeutlichung ihrer Differenz zu Arendts Dualismus von idealem politischem Gemeinschaftsdenken und relativ zynischem Realismus bezüglich der gesellschaftlichen Praxis unter den Vorwurf gerade einer ähnlichen "Zwei-Reiche-Lehre", wie sie sie Habermas so engagiert (und zu Recht) zum Vorwurf machen.

Der Entwurf einer 'Civil society', wie ihn R/F/D vorgelegt haben, gleicht damit eben doch immer mehr auch den anderen Vorstellungen eines "verfassungspatriotisch" bebilderten, symbolisch präparierten Politikkonzepts wie sie von Habermas, Dahrendorf und (mit Einschränkungen) von Vollrath vorgelegt wurden. Ja, selbst die Verwandtschaft mit den Sternberger'schen, gänzlich staatspolitisch orientierten, Überlegungen

42 a.a.O., 105.

43 Vgl. Greven 1990, 224.

werden deutlich. Dies ist umso erstaunlicher, als sie sich ja von diesen abzusetzen beabsichtigten. Doch, daß sie gegen den Vorwurf einer romantischen Zivilisierung des Staatlichen ohne eine komplementäre Egalisierung der Gesellschaft nur schwach gewappnet sind, erweist sich noch an einem letzten Argument.

Pikanterweise herrscht gerade zwischen Cornelius Castoriadis und Claude Lefort, den beiden neben Arendt genannten Kronzeugen für eine Theorie der 'Civil society', ein grundlegender Dissens bezüglich der Einbeziehung auch gesellschaftlicher Macht- und Diskriminierungsstrukturen in eine Theorie der 'Civil society'.

> "Für Lefort, zumindest wie ich (Castoriadis,H.L.) ihn verstehe, kann sich die Gesellschaft nur instituieren, indem sie sich teilt und gleichzeitig auf diese Teilung durch die Errichtung des Staates antwortet. Der Begriff des 'Staates' bezeichnet hier die von der Gesellschaft *getrennte* 'politische Macht' ..."[44] (Hervorhebung im Original, H.L.)

In der Tat zeichnet sich die Theorie Lefort's und in seiner Folge auch die von R/F/D durch die Spezifik aus, eine strikte analytische Trennung zwischen dem Bereich interessenorientierter und Machtbezogener Auseinandersetzung in der Gesellschaft und dem Bereich symbolisch (nach Möglichkeit) von Macht freigehaltener Kommunikation in der Sphäre des Politischen aufrechtzuerhalten.

> "(So erfolgt) mit der Säkularisation der Legitimationsgrundlagen der Macht, die den Übergang zur Moderne in der Sphäre des Politischen kennzeichnet, ... eine Dekorporierung der Macht mit der Folge, daß Macht und Gesellschaft ... auseinandertreten können."[45]

> "Die Sphäre des Politischen bezeichnet dann den Ort, an dem der unaufhebbare und unabschließbare Konflikt innerhalb der Zivilgesellschaft über ihre Geschichte ausgetragen werden kann."[46]

Indem so der konflikthaften Gesellschaft ein abstrakt eigener Rahmen zugewiesen wird, scheint es erst möglich, von den Auswirkungen der realen, in der Gesellschaft vorfindlichen Machtstrukturen auf die Sphäre des Politischen abzusehen. Diese wirken nicht unmittelbar auf die sogenannten "politischen" Strukturen, die daraufhin weiterhin "symbolisch" von der Macht freigehalten werden können.

> "Demokratische Institutionen ... bezeichnen dann genau die Verfahren, die die Machtausübung der Zivilgesellschaft über sich selbst auf der Grundlage

---

44 Castoriadis 1990, 82.

45 Rödel 1990, 22.

46 a.a.O., 14 ff., 16.

des Konflikts ermöglichen, ohne diesen oder die Macht selbst abschaffen zu wollen, und gleichzeitig die Stelle der Macht symbolisch leer zu halten."[47]

Was auch immer die Intention einer solchen ideellen Konstruktion sein mag, so bekümmert sie sich doch offensichtlich nicht mehr um die realen Strukturen moderner Gesellschaften. Auch wenn es in diesem Modell darum ginge, eine Zuspitzung gesellschaftlicher Konfrontationen dadurch zu verhindern, daß es die Instrumentalisierung des staatlichen Gewaltmonopols durch die mächtigsten gesellschaftlichen Gruppen (theoretisch) unmöglich zu machen sucht, suggeriert es doch zugleich die Möglichkeit einer politischen Arena, die sich von den gesellschaftlichen Interessen zu emanzipieren vermöchte. Durch dieses Vorgehen gerät sie freilich in die Gefahr, gesellschaftliche Macht zu ontologisieren (wie Castoriadis vorwirft), während gleichzeitig die "verfassungspatriotisch" orientierten politischen Institutionen so tun, als handelten sie außerhalb des machtgestützten Gefüges. Die "Runden Tische" im Umwälzungsprozeß in Ostdeutschland und Osteuropa beispielsweise konnten so zwar den Anspruch symbolisieren, kommunikativ und außerhalb der Bahnen institutionalisierter Macht zu operieren; die Behauptung freilich, sie hätten deshalb tatsächlich ausserhalb der Machtbahnen gestanden, wird wohl mit politikwissenschaftlichem Anspruch niemand erheben.

Daß von Seiten Lefort's und R/F/D's diejenigen, die eine solche "ursprüngliche Trennung" (Lefort) der politischen und der gesellschaftlichen Sphäre in der 'Civil society' nicht mitvollziehen mögen, des Totalitarismus (im Sinne eines Stalinismus oder Faschismus) geziehen werden, macht die Auseinandersetzung um diese Variante des "Verfassungspatriotismus" nicht angenehmer. Diesen nicht-(verfassungs)patriotischen Gesellen wird unmittelbar das Bedürfnis unterstellt, sie hätten die Vorstellung und die Durchsetzung einer umfassenden Homogenisierung der gesamten Gesellschaft und ihrer politischen Institutionen im Auge; also eine Gleichschaltung. Denn die einzige denkbare Konsequenz aus dem Wunsch, die Spaltung von machtfreier Institution und interessengespaltener Gesellschaft aufzulösen, bestehe in der Idealisierung einer vollständigen Machtfreiheit und Homogenität auch der Gesellschaft.

Wie aber könnte so ein Vorwurf aufrechterhalten werden, wenn doch gerade auf einem auch konfliktbestimmten, interessenorientierten Umgang mit den Institutionen der politischen Sphäre bestanden würde? Gerade das verharmlosende Idealbild einer symbolisch und potentiell tatsächlich machtfreien Sphäre des Politischen, wie es in den verschiedenen Theorien der 'Civil society' vorgetragen wird und wie es sich unter dem versöhnlichen Mantel des "Verfassungspatriotismus" anbietet, würde aufgelöst.

Castoriadis, von R/F/D in vielen Punkten als Kronzeuge für ihre 'Civil society' herangezogen, formuliert:

"Es geht denjenigen, die sich gegen eine solche Trennung wenden nicht darum, eine Homogenität anzusteuern oder die Unterschiede und Anders-

47 Rödel 1990, 17.

heiten in der Gesellschaft zu beseitigen. Vielmehr geht es um die Abschaffung der politischen Hierarchie, d. h. jener Teilung der Gesellschaft, die sich in "Macht" und "Nicht-Macht" spaltet. Und wir wissen auch, daß diese Macht nicht einfach und allein im engen Sinne politischer Art ist. Es gibt auch eine Macht über die menschliche Arbeit und Konsumption, eine Macht über die Frauen, über die Kinder usw. Unser Ziel ist die wirkliche Gleichheit auf der Ebene der Macht wie auch eine Gesellschaft, die sich an diesem Prinzip orientiert."[48]

Gegen eine Spaltung der Vorstellung in eine Zivilgesellschaft (société civile, civil society), die ihren Konflikten Rechnung trägt, und eine politische Sphäre, die sich von einem ethischen "Verfassungspatriotismus" anleiten läßt, besteht er deshalb auf der Fortentwicklung der "Zivilgesellschaft" zu einer "politischen Gesellschaft",[49] die sich auf keiner (!) Ebene dem Bewußtsein wie der Austragung der interessenbedingten Konflikte verschließt und auf allen (!) Ebenen die Anerkennung des Gleichbehandlungsgebots zur Geltung zu bringen sucht.

*

Im Ergebnis läßt sich feststellen, daß eine Theorie der 'Civil society, die die unmittelbare Verknüpfung des gesellschaftlichen und des politisch-institutionellen Bereichs zu "überwinden" beansprucht und sich bewußt einer Trennung dieser Teilbereiche verschreibt, einer Romantisierung der politischen Prozesse Vorschub leistet; auch dann, wenn sie zu Recht die bislang unterschätzte Bedeutung politischer Symboliken in die Diskussion bringt. Die Verwechselung der spezifischen Realität der politischer Symbole und ihrer Wichtigkeit im politischen Prozeß mit der ganz anderen Realität der politischen Praxis wie sie neben den, trotz der und aufgrund der Symbole sich entwikkelt (mit all ihren "invisible hands", beabsichtigten und unbeabsichtigten Nebenfolgen), schafft zwar die romantisierende Hoffnung, sich auf die Symbolik verlassen zu können; sie schafft aber wenig Klarheit bezüglich der alltäglichen Realität und ihrer Möglichkeiten in diesem Land zu dieser Zeit.

Ein Konzept der 'Civil society' und der Demokratisierung, das sich im Zuge der symbolischen Repräsentation einer neuen Politik auf einen "Verfassungspatriotismus" beruft, scheint diese hoffnungsgetragene Spaltung des Realitätssinns noch maßgeblich zu verstärken. Denn wie sich zeigte, bliebe ein solcher "Verfassungspatriotismus" in seiner Reichweite auf den im engen Sinne politischen Bereich gebunden.

Bei Sternberger, der seine "verfassungspatriotische" Gesinnung noch eindeutig an der machtstaatlichen, patriarchalisch begründeten Struktur des souveränen Staats orientiert, wird dies am deutlichsten. Für ihn ist die Trennung der Sphären von Staat und Ge-

---

48 Castoriadis 1990, 88.

49 a.a.O., 87.

sellschaft noch konstitutiv; und "Verfassungspatriotismus" symbolisiert im Bild des gestrengen patris familiae die machtgebundene Integration in die Staatlichkeit.

Auch Habermas und Dahrendorf bleiben der Dichotomisierung von Staat und Gesellschaft in entscheidenden Punkten verbunden; dies selbst dann, wenn sie eingestandener Maßen dem - wie bei Sternberger - abgetrennten Bereich der politischen Institutionen mit viel weitgehenderen, liberaleren und vom Patriarchalismus geläuterten Konzepten zu Leibe zu rücken planen. Ihr Dilemma bleibt freilich, nicht genügend deutlich machen zu können, weshalb ausgerechnet die Symbolik eines "Patriotismus", die bisher in Deutschland doch eher von martialischen und ausgrenzenden Phantasien und Praxen geprägt wurde, geeignet sein soll, eine tolerantere und auf Verständigung orientierte politische Kommunikation hervorzubringen. Sternberger mit seiner auf Leben und Tod orientierten "Vaterlandsliebe" scheint hier viel näher an der symbolischen Praxis der deutschen Geschichte angesiedelt.

Daß schließlich Rödel, Frankenberg und Dubiel mit dem Anspruch angetreten waren, eine Theorie der "Zivilgesellschaft" vorzulegen, die die bisherige Spaltung der gesellschaftlichen und der politischen Sphäre aufheben und der Symbolkraft in der Politik zur Geltung verhelfen könnte, verdeutlicht ihre Unzufriedenheit mit dem bisherigen Lösungsangeboten. Ihre Verwicklung allerdings in die neuerliche Dichotomisierung Hannah Arendt's (die ja auch für Sternberger und Habermas ein wichtiger theoretischer Bezugspunkt war) und den "anti-totalitären" Aufklärungs-Habitus von Claude Lefort blokkiert ihre Möglichkeiten und bindet sie an das altbekannte Manko: Auch sie trennen die (symbolische) Demokratisierung staatlicher Macht von der Sphäre vorerst fortbestehender gesellschaftlicher Diskriminierung und Machtausübung. Scheint im institutionell-politischen Bereich eine Stillegung oder Eindämmung der Macht- und Gewaltstrukturen vorstellbar, so wird diese im gesellschaftlichen Bereich quasi-marktökonomischen Prozessen überantwortet. Diese gespaltene Form der "Selbstregierung" erhält in der Konsequenz die "Zwei-Reiche-Lehre" und ist gegenüber der Praxis einer politischen Gesellschaft, die längst bereichsübergreifend sowohl im gesellschaftlichen Bereich politisch, wie im politischen Bereich gesellschaftlich (auch symbolisch) agiert, defizitär.

*

Alle genannten Versuchen verbindet daher zunächst ein spezifisches Merkmal; und das liegt in ihrem ausgeprägten Bedürfnis, im "Bereich des Politischen" ein gemeinsames, und das heißt von Macht und Interessendifferenz gereinigtes, symbolisches Bewußtsein zu schaffen. Ob sich dieses Bedürfnis der eher komplizierenden Metapher, man wolle die "symbolische Stelle der Macht freihalten" bei Rödel u. a. bedient oder ob es mit Dahrendorf fragt: "Können offene Gesellschaften Sinn stiften?", immer geht es um den, durch die Symbolik z. B. eines "Verfassungspatriotismus" stillgestellten, Kern des Politischen. Um diesen herum toben, wie um das Auge eines Sturms, die Turbulenzen der gesellschaftlichen, der ökonomischen, der bürokratischen, der konkurrenzhaften Welt.

Auch Carl Joachim Friedrich hatte, wie anfänglich erwähnt, in den fünfziger Jahren von einer "Negativen Revolution" in Westdeutschland gesprochen und das mangelnde ideelle Zentrum, die mangelnde ethische Ernsthaftigkeit der Deutschen bei ihrem Wiederaufbau angeklagt.

Habermas veröffentlichte nun vor kurzem einen Band mit dem programmatischen Titel "Nachholende Revolution", der sich ebenfalls mit der Auffüllung des defizitären demokratisch-ethischen Kerns im Vollzug der deutschen Einigung befaßt.

Rödel, Frankenberg und Dubiel propagieren ihrerseits die "Nachholende Gründung" und besorgen sich ebenfalls um die Bildung eines interessenbereinigten politisch-moralischen Bewußtseins im kommunikativen Zentrum der in Deutschland zu bildenden Zivilgesellschaft.

Anhand dieser um ganz ähnlichen Defizite besorgten, zweifellos gut gemeinten Ratschläge aus zwei Epochen ließe sich für die Menschen in einem vereinigten Deutschland womöglich erweisen, daß sie zwar gut daran tun, ihrer Vergangenheit sich bewußt und offensiv zu stellen; Defizite dabei drohen ebenso offensichtlich in der Gesellschaft der ehemaligen DDR wie sie für zumindest Westdeutschland seit über vierzig Jahren evident sind. Daß es aber dem Demokratisierungsprozeß dieser beiden politischen (Teil)Gesellschaften sicher von Nutzen wäre, wenn sie sich auf eine ihren alltagspragmatischen Interessen enthobene Variante des politischen Bewußtseins, der politischen Symbolik verpflichten ließen, scheint dagegen gänzlich unklar; dabei wäre es dann sogar fast zu vernachlässigen, welcher enthobenen Symbolik sie sich bedienten; ob sie sich eher in einem "Verfassungspatriotismus", in einem "Deutschen Nationalismus" oder noch einem anderen symbolischen Sujet verpflichtet, in einem solchen symbolisch repräsentiert fühlten. Denn nur eine Integration der Interessen der Menschen in die Politik, in diesem Sinne: eine "Repräsentanz" ihrer realen gesellschaftlichen Differenz, würde dem Anspruch gerecht, den eine Gesellschaft und ihre Organisation erfüllen könnten.

Literatur

H. Arendt, 1957, Little Rock, in: Dies., Zur Zeit. Politische Essays, München 1989.

Dies., 1965, Über die Revolution, München.

K. D. Bracher, 1987, Betrachtungen zur Entwicklung des Staatsverständnisses in der Bundesrepublik Deutschland in: Zum Staatsverständnis der Gegenwart, Hg. v. M. Hättich, München, S. 101-110.

C. Castoriadis, 1990, Das Gebot der Revolution, in: U. Rödel 1990, S. 54 ff.

R. Dahrendorf, 1990a, Die Sache mit der Nation. in: Merkur 44. Jg., S. 823-834.

Ders., 1990b, Die offene Gesellschaft und ihre Ängste. Rede auf dem 25. Soziologentag in Frankfurt. in: Frankfurter Rundschau v. 13.10.

Ders., 1990c, "Eine deutsche Identität". in: Merkur, 44. Jg, S. 231-235.

H. Dubiel, 1987, Die Ökologie der gesellschaftlichen Moral. in: Merkur 41. Jg., S. 1039-1049.

Ders., 1990, Zivilreligion in der Massendemokratie? in: Soziale Welt, S. 123-143.

C. J. Friedrich, 1950, The Negative Revolutions and the Union of Europe. in: L. Bryson (ed.), Perspectives on a Troubled Decade. New York/London S. 329-338

J. Gebhardt, 1987, Verfassungspatriotismus. Anmerkungen zur symbolischen Funktion der Verfassung in den USA. in: Zum Staatsverständnis der Gegenwart, Hg. v. M. Hättich, München, S. 111-130.

M. Th. Greven, 1990, Die politische Gesellschaft als Gegenstand der Politikwissenschaft. in: Ethik und Sozialwissenschaft Vol. I, S. 223 ff.

J. Habermas, 1986, Über den doppelten Boden demokratischen Rechtsstaats. in: Eine Art Schadensabwicklung. Frankfurt/Main 1987, S. 18-23.

Ders., 1987, Geschichtsbewußtsein und posttraditionale Identität. Die Westorientierung der Bundesrepublik. in: Eine Art Schadensabwicklung. Frankfurt/Main 1987, S. 159-179.

Ders., 1990a, Nachholende Revolution und linker Revisionsbedarf. Was heißt Sozialismus heute? in: Die nachholende Revolution, Frankfurt/Main 1990, S. 179-204.

Ders., 1990b, Nochmals: Zur Identität der Deutschen. in: Die nachholende Revolution, Frankfurt/Main 1990, S. 205-223.

H. Lietzmann, 1990, Alltagsmythen in der Rechtsprechung des Bundesverfassungsgerichts. in: Voigt, R. (Hg.), Durchsetzung und Wirkung von Rechtsentscheidungen, Baden-Baden.

H. Mandt, 1974, "Responsible Government" und kontinentale Demokratietheorie. in: Civitas. Jahrb. f. Sozialwissenschaft Bd. XIII, 84 f.

U. Rödel (Hg.), 1990, Autonome Gesellschaft und libertäre Demokratie. Frankfurt.

Ders./G. Frankenberg/H. Dubiel, 1989, Die demokratische Frage. Frankfurt.

A. Schwan, 1987, Verfassungspatriotismus und nationale Frage. in: Zum Staatsverständnis der Gegenwart, Hg. v. M. Hättich, München S. 85-100.

D. Sternberger, 1947, Begriff des Vaterlands, in: Ders., Staatsfreundschaft. Schriften Bd. IV, Frankfurt/Main 1980, S. 9-33.

Ders., 1959, Autorität, Freiheit und Befehlsgewalt. in: Ders., Staatsfreundschaft. Schriften Bd. IV, Frankfurt/Main 1980, S. 115-143.

Ders., 1963, Staatsfreundschaft. in: Ders., Staatsfreundschaft. Schriften Bd. IV, Frankfurt/Main 1980, S. 209-245.

Ders., 1982, Verfassungspatriotismus. Rede bei der 25-Jahr-Feier der "Akademie für Politische Bildung." in: Ders., Verfassungspatriotismus. Schriften Bd. X, Frankfurt/Main 1990. S. 17-31.

Voigt, Rüdiger (Hg.), 1989, Politik der Symbole. Symbole der Politik. Opladen

E. Vollrath, 1990, Deutschland als Verfassungsdemokratie. in: Liberal, Jg. 33, S. 68-77.

3. Kapitel

Entwicklungsstadien des modernen Staates: Zwischen Marktfixierung und Staatsorientierung

Markt versus Staat: Theoriegeschichtliche Entwicklungen und aktuelle Trends

Peter Nahamowitz

Nach den umstürzenden Ereignissen in Osteuropa und der Sowjetunion spricht viel für die These, daß im jahrzehntelangen Systemwettstreit das westliche Gesellschaftssystem (mit seinen Grundelementen: kapitalistische Marktwirtschaft und parlamentarischer Rechtsstaat) den endgültigen Sieg über den realsozialistischen Gesellschaftstyp (mit seinen Grundelementen: zentral bürokratisierte Planwirtschaft und autoritäre Einparteienherrschaft) errungen hat und die zukünftige Gesellschaftsentwicklung eine grundlegende Systemalternative, auch in Gestalt eines "demokratischen" und "freiheitlichen" Sozialismus, nicht mehr offenhält. Zu diskreditiert erscheinen gegenwärtig alle Formen sozialistischen Wirtschaftens.

Aus dem historischen Augenblick geborene Aussagen über säkulare Entwicklungen sind freilich mit Vorsicht zu genießen und haben sich in der Wissenschaftsgeschichte schon oft als falsch herausgestellt. Wissenschaftler sind nicht die besseren Propheten. Im übrigen hält China noch eine bedeutende realsozialistische Bastion.

Immerhin ist der nicht nur von der Bevölkerung, sondern auch der von den politischen Eliten des Realsozialismus artikulierte Wunsch nach Einführung der Marktwirtschaft bereits ein starkes Indiz für die überlegene Funktionsfähigkeit des westlichen Wirtschaftssystems. Sie zeigt sich objektiv - bei freilich hoher Arbeitslosigkeit - nicht nur in einer ungleich besseren Güterversorgung und höheren Arbeitsproduktivität, sondern auch in einer weniger beschädigten Umwelt. Für die linke Perspektive wird Systemkritik an der kapitalistischen Marktwirtschaft damit nicht obsolet, sie relativiert sich aber und verliert ihren fundamentalistischen Charakter. Aus der negatorischen Fundamentalkritik am System wird die konstruktive Kritik im System. Für die weiter bestehende Notwendigkeit derartiger Systemkritik sprechen nicht nur die historische Erfahrung immer wieder auftretender schwerer Wirtschaftskrisen, sondern vor allem auch gegenwärtige Anzeichen und Indikatoren. Hinzuweisen ist nicht nur auf die sich ubiquitär verstärkenden ökologischen Krisensymptome sowie die strukturelle Benachteiligung der dritten Welt, sondern auch auf die aktuellen Indikatoren einer neuen Weltwirtschaftsrezession.

Für die systemimmanente Kritik ist die Alternative Markt oder Staat von grundlegender Bedeutung. Die Frage lautet: Wie ist das Verhältnis von marktwirtschaftlicher Eigendynamik und staatlicher Beeinflussung in der kapitalistischen Gesellschaft zu optimieren? Dieser Frage gegenüber sind Überlegungen zur Bedeutung eines "dritten" Sektors zwischen Markt und Staat[1] von nachrangigem Interesse. Die bi-polare Pro-

1 Gretschmann 1981, 1983.

blemstellung Markt versus Staat hat säkulare Bedeutung und ist in der Theoriegeschichte äußerst kontrovers behandelt worden. Freilich gab es immer Phasen relativer Ruhe und Konsolidierung einer vorherrschenden Auffassung. An theoriegeschichtlichen Knotenpunkten prallen jedoch die Paradigmen aufeinander und kommt es zu scharfen Auseinandersetzungen - die Monetarismus-Debatte der siebziger Jahre ist dafür ein gutes Beispiel.

1. Der Paradigmawechsel der siebziger und achtziger Jahre

Bekanntlich kam es in den siebziger Jahren zu einer weltweiten Renaissance marktorientierter und staatskritischer Konzepte, welche nicht auf die Wirtschaftswissenschaft beschränkt blieb, sondern auf die anderen Sozialwissenschaften und auch die Rechtswissenschaft übergriff[2]. Milton *Friedman*, das monetaristische Schulenoberhaupt, bekam 1976 den Nobelpreis für Wirtschaftswissenschaften verliehen. Damit erhielt das radikale Marktparadigma die höchste akademische Weihe.

Das erstaunliche Phänomen, daß es als Reaktion auf eine evidente Systemkrise, die Weltwirtschaftsrezession 1974/75, zu einer Wiedergeburt neoklassischer Idealisierungen des freien Marktes kam, und nicht umgekehrt zu einer Verstärkung der im Zuge der weltweiten studentischen Protestbewegung entstandenen kapitalismuskritischen Tendenzen und/oder etatistischer Strömungen, bedarf der Erklärung. Es hat den Anschein, daß der Staat mit samt seinen Steuerungsinstrumenten Geld und Recht Sündenbockfunktion übernehmen mußte. Vor die Wahl gestellt, entweder das Marktsystem als solches oder den Staat für die wirtschaftlichen Probleme mit ihren gravierenden sozialen Folgen verantwortlich zu machen, wählte die tonangebende Elite in Wissenschaft und Politik die Alternative, welche den ökonomischen nucleus des Gesellschaftssystems exkulpierte.

Das politische System war es, welches verantwortlich gemacht wurde für steigende Arbeitslosigkeit, sinkendes Wachstum, Stagflation, Staatsverschuldung und die meisten anderen gesellschaftlichen Übel. Die keynesianische, und erst recht die marxistische, Erklärungsoption, welche ja im analytischen Kern darin übereinstimmen, in der Marktwirtschaft endogene Systemdefekte und inhärente Instabilitäten zu diagnostizieren, wurden kurzerhand vom Tisch gewischt. Das schockartige Erwachen aus dem "kurzen Traum immerwährender Prosperität"[3] führte sogar zu der spezifischen historischen Verdrängungsleistung, daß die früheren wirtschaftlichen Einbrüche, vor allem die Weltwirtschaftskrise der dreißiger Jahre, welche kaum einem übermäßigen Staatsinterventionismus angelastet werden können, als Lehrbeispiele für "Marktversagen" ignoriert wurden. Das durch die schwere wirtschaftliche Störung in eine Krise seiner ökonomischen Identität und seines wirtschaftlichen Selbstvertrauens gestürzte Gesell-

2 Nahamowitz 1988.

3 Vgl. Lutz 1984.

schaftssystem mobilisierte alle Verteidigungs- und Verdrängungskräfte, dafür erschien sogar der Preis einer fundamentalen Staatskritik -, zumindest in den Augen einer altkonservativen Staatsauffassung[4] ein schweres Sakrileg - nicht zu hoch.

Die eben entwickelte "Sündenbock"-These erklärt den Sachverhalt sicherlich nicht vollständig. Ein beobachtbares, tatsächliches Steuerungsversagen der Wirtschaftspolitik zu Beginn der siebziger Jahre, vor allem bei der Kontrolle der Preisentwicklung, spielte ebenfalls eine Rolle. Für die einsetzende und später immer weitergehende Generalisierung der Kritik am Staat kann dieses doch eher begrenzte Staatsversagen jedoch kaum als hinreichende Erklärung gelten.

Äußerst hilfreich für die Strategie einer einseitigen Schuldzuweisung war, daß mit der neoliberalen/neoklassischen Wirtschaftstheorie, welche auch in den seit Ende der dreißiger Jahre keynesianisch dominierten angelsächsischen Ländern zu überwintern vermocht hatte - Friedman verkündet seine marktradikalen Thesen in den USA bereits seit Ende der vierziger Jahre - ein Paradigma bereitstand, welches mit seiner Kernthese von der inhärenten Marktstabilität das theoretische Rüstzeug für die ökonomische Systemapologie zu liefern versprach. In Erfüllung dieser Aufgabe schreckten die Vertreter der modernen neoklassischen Konzepte (Monetarismus, Angebotspolitk) weder vor offenkundig wirklichkeitsfremden Prämissen, z. B. der Unterstellung freier Konkurrenzmarktverhältnisse, noch offensichtlichen Datenmanipulationen zurück[5].

In der Bundesrepublik fielen die neuen Lehren deswegen auf besonders fruchtbaren Boden, weil hier der Keynesianismus nach dem Weltkrieg nicht hatte Fuß fassen können; völlig dominant war in den fünfziger und sechziger Jahren die neoliberale Freiburger Schule bzw. ihr politischer Ableger, das von Alfred *Müller-Armack* entwickelte Konzept der "sozialen Marktwirtschaft". In der Bundesrepublik erlebte der Keynesianismus nur ein kurzes Zwischenhoch, welches mit der von der Großen Koalition durchgeführten Großen Haushalts- und Finanzreform von 1967/69 begann und Mitte der siebziger Jahre bereits sich seinem Ende zuneigte. 1974 erteilten Sachverständigenrat und Bundesbank auf dem monetären Sektor dem Konzept einer konjunkturreagiblen (antizyklischen) Geldpolitik eine Absage und bekannten sich programmatisch zur monetaristischen Strategie stetiger Geldmengensteuerung. Für die Finanzpolitik entwikkelte der Sachverständigenrat eine eigene Version von Angebotspolitik[6].

Die Mühlen der praktischen Wirtschaftspolitik in der Bundesrepublik mahlten freilich langsamer, vor allem bei der Finanzpolitik. Eine interventionistische Fiskalpolitik war in den siebziger Jahren immer noch angesagt, das von 1977 - 1981 laufende "Zukunftsinvestitionsprogramm" ist das herausragende und erfolgreiche Beispiel für eine moderne keynesianische Konjunktur- und Wachstumspolitik[7]. Die Wende in der Wirtschaftspolitik erfolgte erst zu Beginn der achtziger Jahre noch unter der soziallibe-

---

4 Z. B. Forsthoff 1971.

5 Siehe ausführlich Förterer 1979.

6 Näher dazu Spahn 1979.

7 Vgl. Scharpf 1987, S. 182 ff.

ralen Regierung, als mitten in der zweiten Weltwirtschaftsrezession 1980 - 1982 mit ihren erheblichen Produktionseinbußen und dramatisch steigender Arbeitslosigkeit der Schwenk hin zu den staatsabstinenten Konzepten des Monetarismus und der Angebotspolitik vollzogen wurde. "Konsolidierung der Staatsfinanzen" und Reduktion der Staatsquote hieß nun die wirtschaftspolitische Losung. Zur komplementären Beschwörungsformel avancierte "Deregulierung", also die Forderung nach Abbau ökonomisch wirksamer Verbote, Gebote und Auflagen.

Dereguliert wurde in den achtziger Jahren mehr oder minder drastisch überall: in den USA bei der Umweltpolitik, den Airlines, der Anti-Trust-Gesetzgebung, nicht zuletzt bei den jetzt in einer schweren Krise steckenden Spar- und Darlehenskassen, in der Bundesrepublik beim Kündigungsschutz für Mieter und im Arbeitsrecht[8]. "Dereguliert" wurde hierzulande auch der "Streikparagraph" 116 AFG mit der Folge eines erheblichen Verlustes an Streikfähigkeit der Gewerkschaften. Freilich wurde sowohl unter dem Konsolidierungsaspekt als auch unter dem Deregulierungsaspekt - in der Bundesrepublik und international - in der wirtschaftspolitischen Praxis keineswegs alles so heiß gegessen, wie es von der sich zunehmend radikalisierenden Theorie gekocht wurde.

Unter den großen Industrieländern betrieb eigentlich nur Großbritannien erfolgreich die Konsolidierung des Staatshaushalts; 1989 wurde dort sogar der materielle Budgetausgleich erreicht, wozu freilich die Einnahmen aus dem Nordseeöl einen erheblichen Beitrag leisteten. In den USA hingegen wurde allen marktwirtschaftlichen Lippenbekenntnissen der Reaganomics zum Trotz die Staatsverschuldung in unglaublicher Schnelligkeit in astronomische Höhen gesteigert; wegen der einseitigen Bevorzugung der Militärausgaben und der Kürzung bei den Sozialausgaben ging unter kritischen Ökonomen zu Recht die Rede vom "rechtskeynesianischen deficit-spending" um. Die Bundesrepublik hielt bei der Konsolidierungspolitik etwa die Mitte zwischen Großbritannien und den USA. Am Ende der sozialliberalen Koalition und zu Beginn der konservativ-liberalen Regierung kam es zu drastischen Kürzungen bei den Sozialleistungen. Und mit dem Verzicht auf die Fortsetzung einer keynesianischen Konjunkturpolitik und dem "Vergessen" des Stabilitätsgesetzes[9] wurden schwere Beschäftigungsverluste in Kauf und eine jahrelange Arbeitslosigkeit von über zwei Millionen offiziell Beschäftigungsloser hingenommen. Gleichwohl, oder gerade deswegen, stieg die Staatsverschuldung, wenn auch in verringertem Umfang, weiter[10]. Fairerweise muß man aber der neuen Regierung bescheinigen, vermittels der im Rahmen ihrer "Qualifizierungsoffensive" sehr rasch erfolgten, kräftigen Aufstockung der AFG-Mittel,

---

8 Im Arbeitsrecht wurde durch das Beschäftigungsförderungsgesetz von 1985 die Möglichkeit befristeter Arbeitsverträge erweitert. Vgl. näher Höland 1990.

9 Rürup, Seidler 1984.

10 Die Bundesschulden erhöhten sich zwischen 1983 und 1988 um 167 Mrd. DM. Ohne die überwiesenen Bundesbankgewinne von 55 Mrd. DM sowie die Erlöse aus der Privatisierung von Bundesunternehmen in Höhe von über 6 Mrd. DM wäre in diesem Zeitraum die Steigerung noch deutlicher ausgefallen.

vor allem für berufliche Umschulung und Weiterbildung, wenigstens partiell eine aktive Arbeitsmarktpolitik betrieben zu haben.

Beim Deregulierungsvorhaben bewahrte die Bundesregierung insgesamt gesehen einigermaßen Augenmaß. Vor allem im Umweltrecht traten sogar einige Verschärfungen in Kraft[11]. Die Privatisierung öffentlicher Unternehmen und der Verkauf staatlicher Wirtschaftsbeteiligungen wurde eher zögerlich betrieben. Vollständig mißlang der Abbau der direkten und indirekten Wirtschaftssubventionen - ein Kernstück marktorientierter Konsolidierungspolitik.

Als aussagekräftigster Gesamtindikator für die tatsächliche Durchschlagskraft der neokonservativen Strategie des staatlichen Steuerungsverzichts kann die allgemeine nominale Staatsquote verwendet werden. Der Anteil der Staatsausgaben (einschließlich Sozialversicherung) am Bruttosozialprodukt entwickelte sich in der Bundesrepublik folgendermaßen:

Tabelle Nr. 1:

Allgemeine Staats(ausgaben)quote						
1960	1965	1970	1975	1980	1985	1988
32,9%	37,2%	39,1%	49,5%	48,6%	47,5%	46,6%

Quelle: Brümmerhoff 1990, S. 183.

Die Tabelle zeigt eine im Zeitablauf deutlich gestiegene Staatsquote. Die Spitze im Jahr 1975 ist wegen der in diesem Jahr sich voll auswirkenden ersten Weltwirtschaftsrezession überzeichnet, da einerseits das Bruttosozialprodukt zurückging (das nominale Wachstum dieses Jahres um 6,1% bedeutet real einen Rückgang um 1,6%) und andererseits die Staatsausgaben wegen der gesteigerten Kosten der Arbeitslosigkeit sowie für Zwecke der Konjunkturankurbelung überproportional stiegen. Für unsere Fragestellung nach der tatsächlichen Wirksamkeit der Politik des staatlichen Steuerungsverzichts interessant ist die Entwicklung in den achtziger Jahren. Der Rückgang um zwei Prozentpunkte ist kein unerheblicher Effekt, aber kaum als Trendwende zu interpretieren. Es ist lediglich die Spitze des in drei Jahrzehnten gewachsenen Staatssokkels gekappt worden. Auch dieser Effekt wird freilich rückgängig gemacht werden durch die vermehrten staatlichen Ausgaben zur Finanzierung der Folgekosten der deutschen Einheit, welche durch eine gesteigerte Kreditaufnahme sowie Steuer- und Abgabenerhöhungen (1991 und 1992 im Volumen von insgesamt 72 Mrd. DM) gedeckt werden sollen.

11 Ich nenne das neue Umwelthaftungsrecht sowie die am 1. Januar 1989 in Kraft getretene Novelle des Abwasserabgabengesetzes.

Zwischen der marktradikalen Rhetorik der Politiker und Wissenschaftler und der tatsächlichen Entwicklung besteht offensichtlich eine erhebliche Kluft. Anders gesagt: Das politische und gesellschaftliche System der Bundesrepublik erweist sich drastischen Politikschwenks gegenüber zwar nicht als resistent, aber doch nur als relativ reagibel - eine Erkenntnis, welche sich in etwa in Übereinstimmung mit den Ergebnissen anderer Analysen befindet[12].

Das bisher Gesagte kann zu zwei Thesen zugespitzt werden. Erstens zeigt sich bereits auf der Ebene der neueren ökonomischen Theorieentwicklung ein Pendelschlag zwischen Marktfixierung und Staatsorientierung, der sich in der Bundesrepublik als Abfolge Neoliberalismus-Keynesianismus-Neoliberalismus/Neokonservativismus darstellt. Zweitens besteht eine erhebliche Diskrepanz zwischen den Postulaten der Theoretiker und der politischen Umsetzung. Auf die unvollständige Realisierung der marktradikalen Forderungen in der Bundesrepublik ist eben hingewiesen worden. Die Diskrepanz zeigt sich aber auch aus der Sicht des Keynesianismus. Weder zur Überwindung der Rezession 1974/75 noch im weiteren Verlauf der siebziger Jahre zur Bekämpfung der fortbestehenden und aus damaliger Sicht hohen Arbeitslosigkeit wurde eine konsequente keynesianische Expansionspolitik betrieben, obwohl das Konzept der antizyklischen Fiskalpolitik damals noch die offizielle konjunkturpolitische Doktrin der sozialliberalen Koalition war[13].

Im Folgenden wird die These vom Pendelschlag zwischen dem Markt- und dem Staatsparadigma theoriegeschichtlich weiterverfolgt und untermauert. Bei diesem Unterfangen soll die Sympathie für das staatsinterventionistische Paradigma nicht übermäßig unterdrückt werden.

2. Der Pendelschlag zwischen Markt und Staat: Vom Merkantilismus zum Monetarismus

Ökonomische Diskussionen und Konzeptionen entstehen nicht im (theorie-) geschichtslosen Raum. Die wirtschaftswissenschaftliche Grundsatzdiskussion um die wahre Mechanik des kapitalistischen Marktes und das richtige Verhältnis von Staat und Markt im Wirtschaftsprozeß hat eine lange Tradition. Das Thema steht seit den Physiokraten, vor allem aber seit dem Kampf der klassischen politischen Ökonomie gegen absolutistische Intervention und merkantilistische Bevormundung, mehr oder weniger explizit auf der Tagesordnung der ökonomischen Diskussion. Das Problem Markt versus Staat präzisierend geht es vornehmlich um die Frage, ob die staatlichen Einflußnahmen auf den kapitalistischen Marktprozeß der gesellschaftlichen Wohlstandsmehrung dienlich oder abträglich seien.

12 Z. B. Katzenstein 1989.

13 Näher Scharpf 1987, S. 151 ff.; Nahamowitz 1989.

Die Fragestellung wird freilich weder in der Theoriegeschichte noch gegenwärtig im Sinn eines strikt konträren und umfassenden "Entweder" (Markt) - "Oder" (Staat) thematisiert, sondern prinzipiell als bisektorales Verhältnis von "Sowohl" (Markt) - "Als auch" (Staat). Auch die klassische politische Ökonomie eines Adam Smith hat dem Staat die Wahrnehmung nicht unwichtiger ökonomischer Funktionen zumindest theoretisch konzediert, ebenso wie das die moderne radikalliberale Konzeption des Monetaristen Milton Friedman tut. Die liberale Theorie weiß gewisse elementare Sicherungs- und Kompensationsfunktionen des Staates in bezug auf den Wirtschaftsprozeß durchaus zu schätzen. Der Kampf geht um das richtige "Mischungsverhältnis" von Marktdynamik und Staatstätigkeit im wirtschaftlichen Gesamtsystem, was nicht ausschließt, sondern geradezu bedingt, daß die Theoretiker liberaler Provenienz in gewissen ökonomischen Funktionsfeldern, vor allem im Bereich des Konjunkturzyklus und des Arbeitsmarkts, den Staatseinfluß vollständig - ausgenommen allerdings häufig die Geldpolitik - eliminieren wollen, während die Staatsinterventionisten ihn in diesen sozial eminent bedeutsamen Kernbereichen gerade für unerläßlich halten. In moderner ökonomischer Diktion lautet dann die konjunkturpolitische Gretchenfrage: Ist der Markt inhärent stabil oder tendiert er, wenn sich selbst überlassen, zu gravierenden Ungleichgewichten bei Konjunktur und Arbeitsmarkt (und bedarf daher der politischen Stabilisierung)? Theoriegeschichtlich ist die Konjunktur- und Beschäftigungstheorie der Brennpunkt der Auseinandersetzung zwischen Markt und Staat.

In der dogmengeschichtlichen Entwicklung ist es einzig die *Marx*sche Theorie, die in ihrer finalen Orientierung das überkommene Spannungsverhältnis von Markt und Staat radikal und prinzipiell transzendiert. Denn mit der Überwindung der bürgerlichen Gesellschaft und dem Fortschreiten zu einer kommunistischen "Gemeinschaft frei assoziierter Produzenten" als dem Ziel der menschlichen Geschichte entfällt überhaupt die streitgenerierende Bi-Polarität: Die kapitalistische Tauschwertproduktion ist transformiert in ein System selbstbestimmter Gebrauchswerterzeugung und der Staat "abgestorben"[14]. Von diesem Gedanken leiten sich auch die modernen Vorstellungen von einem "autonomen" Wirtschaftsbereich ab, der als "dritter" Sektor die tradierte Bi-Sektoralität von Markt und Staat sprengt. Dieser Wirtschaftsbereich, ökonomisch freilich gegenwärtig ohne größere Bedeutung, erhebt als Non-profit-Sektor den Anspruch, sich von der Fessel des kapitalistischen Gewinnkalküls zu lösen[15].

2.1 Die merkantilistische Doktrin

Das merkantilistische Regime des 16., 17. u. 18. Jahrhunderts sieht es - in Deutschland als Kameralismus auf der politischen und rechtlichen Grundlage des weiten Polizeibegriffs[16] - als eine zentrale Aufgabe an, die neue kapitalistische Erwerbs-

---

14 Vgl. die ausgezeichnete Zusammenfassung der Marxschen Theorie bei Hofmann 1970, S. 91 ff.

15 Gretschmann 1983.

16 Vgl. Blank 1972, S. 317 ff.

weise, welche - keimhaft noch - sich zu entwickeln beginnt, mit Konsequenz und starker Hand, die auch vor Zwang und brutaler Härte nicht zurückschreckt, zu fördern. Es ist die Epoche, in der nach der Marxschen Analyse unter unsäglichen Opfern der vor allem bäuerlichen Bevölkerungsschichten der schmerzhafte Prozeß der "ursprünglichen Akkumulation des Kapitals"[17] vonstatten geht. In weniger gesellschaftskritischer Akzentuierung findet Max *Weber* in dieser Entwicklungsphase den Beginn der "rationalen Kapitalrechnung"[18].

Die neue Erwerbsweise verlangt als Grundvoraussetzung die Entstehung eines Standes gewerblicher Unternehmer sowie die Existenz eines hinreichend großen und relativ mobilen Potentials an "freien" Arbeitskräften; sie erfordert des weiteren die stetige Erweiterung der Märkte und die Förderung der einheimischen Wirtschaft. Die Gründung und Begünstigung von Manufakturen, eine rigorose Arbeitsgesetzgebung zur Disziplinierung der neuen Klasse freier Lohnarbeiter, die ausreichende Versorgung mit Rohstoffen, die Erschließung von Bodenschätzen (vor allem Gold und Silber), die sukzessive Homogenisierung des inneren Marktes, eine strikte Gewerbekontrolle, die systematische Förderung der Ausfuhr und Erschwerung der Einfuhr mit dem Ziel einer autarken Wirtschaft und einer aktiven Handelsbilanz - damit sind trotz unübersehbarer Heterogenität in der theoretischen Anschauung und der Wahl der praktischen Mittel[19] die zentralen Elemente merkantilistischer Wirtschaftspolitik bezeichnet.

Die merkantilistischen Wirtschaftstheoretiker entwickeln, die Zeichen der Zeit erkennend, zur Rationalisierung der landesherrlichen Wirtschaftspolitik begründete und systematisierte Vorschläge. Philipp Wilhelm v. *Hörnigk* (1638-1712) entwirft zu diesem Zweck einen neun Hauptregeln umfassenden Vorschlagskatalog in einem 1685 in der zweiten Auflage erscheinenden Buch mit dem programmatischen Titel "Österreich über alles, wann es nur will". Die Regeln[20] sind theoriegeschichtlich von einigem Interesse. Nachgerade amüsant ist die damals noch sehr anschauliche und konkrete Sprache der Ökonomen. Nicht zuletzt auch wegen ihres Aktualitätsbezugs für die gegenwärtige Wirtschaftspolitik seien Hörnigks Regeln nachfolgend gekürzt aufgeführt:

1. Regel: Gold- und Silberförderung ("... Für allen Dingen was Gold und Silber betrifft/ daran ist keiner Mühseeligkeit noch Kostens zu schonen/ es über die Erde zu bringen.").

---

17 Für die dramatische Schilderung dieses definitiven "Ausgangspunkts" der kapitalistischen Produktionsweise vgl. das 24. Kapital im Marxschen Kapital Bd. 1. Marx beginnt die Schilderung mit einem Vergleich: Die ursprüngliche Akkumulation spiele in der politischen Ökonomie "ungefähr dieselbe Rolle wie der Sündenfall in der Theologie" (Marx 1972, S. 741).

18 Weber 1972, 48 ff.

19 Näher Hesse 1979, S. 34 ff.

20 Eine kommentierte Wiedergabe findet sich auch bei Hofmann 1966, S. 29 ff.

2. Regel: Verarbeitung von Rohstoffen im eigenen Land ("... Alle in einem Land fallende Güter/ so in ihrer rohen Gestalt nicht genutzet werden mögen/ seynd innerhalb desselben zu verarbeiten; (...)").

3. Regel: Vermehrung und Marktintegration der Bevölkerung sowie Produktivitätssteigerung ("... zu Vollstreckung obiger beyder Reguln gehören Leute/ sowohl zum Beyschaffen oder Herfürbringen und Bauen der rohen Güter/ als zu deren Verarbeitung; dannenhero auf die Bevölkung eines Lands so viel Menschen nur immer sich drinnen ernähren Können/ als eines wohlgeordneten Staats höchste/ aber leider! bey vielen wenig geachtete Angelegenheit zu schauen ist. Und solche Leute seynd in alle mögliche Weiß und Wege aus dem Müssiggang in eine nahrhaffte Profession zu bringen; Zu allerhand Inventionen/Künsten und Hand-Arbeiten zu unterrichten und aufzumuntern/ und wo nöthig die Lehrmeister dessen aus der Fremde hereinzuvermögen.").

4. Regel: Vorrang des Handels und Investition von Gold und Silber in die Zirkulation ("... Gold und Silber/ so einmal in das Land/ es sey aus eigenem Bau/ oder aus der Fremde/ durch Industrie kommen/ ist in keinerley Weiß noch Wege/ es sey für was es wolle/ soviel nur immer möglich/ wieder hinaus zu vertragen/ noch zuzugeben/ daß es in Küsten oder Kasten vergraben werde/ sondern immerzu in der Circulation bleibe: auch nicht/ daß es viel in solche Fabric gerathe/ wo es gleichsam destruirt wird/ und nicht wieder zu Nutzen zu bringen. (...)".

5. Regel: Bevorzugung einheimischer Güter beim Verbrauch ("die Lands-Inwohner aus allen Kräfften dahin zuhalten/ daß sie sich an ihren einheimischen Gütern begnügen/ mit solchen allein ihre Lüsternheit und Pracht begräntzen ...").

6. Regel: Bezahlung fremder Waren nicht mit Edelmetallen, sondern mit einheimischen Waren ("... Solches bey denen Fremden/ soweit es nur immer möglich/ von erster Hand/ nicht um Gold und Silber/ sondern in Austauschung anderer inländischer Waaren abzuholen ...").

7. Regel: Kauf fremder Rohprodukte und eigene Weiterverarbeitung ("... Sothane frembde Waaren sollen alsdann in roher Gestalt genommen/ innerhalb Lands fabricirt/ und der Manufactur Lohn allda selbst verdienet werden ...").

8. Regel: Export von Fertigprodukten gegen Gold und Silber (" ... Nacht und Tage ist darob zu seyn/ wie die im Land gefallene überflüssige Güter bey denen Ausländern in verarbeiteter Gestalt/ soweit solches nöthig/ und zwar um Gold und Silber anzuwerden ...").

9. Regel: Schutz der einheimischen Waren, auch wenn diese teurer und qualitativ schlechter sind, denn es ist besser, "für eine Waar zwey Thaler geben/ die im Land bleiben/ als nur einen/ der aber hinaus gehet".

Diese Maximen, von denen Hörnigk apodiktisch sagt: "Es ist keine Nothdurfft diese Grund-Reguln einer allgemeinen Lands-Öconomie mit mehrerm zubeleuchten. Ihre Vernunfftmäßigkeit ligt für jedem Klugen von selbst zu Tag", wurden in unterschiedlichem Ausmaß von allen wirtschaftlich entwickelten Staaten Europas übernommen[21]. Sie erfreuen sich in der heutigen Wirtschaftspolitik zu einem beträchtlichen Teil offensichtlich wieder steigender Popularität - ein weiteres Indiz für die Diskrepanz zwischen marktwirtschaftlichen Willensbekundungen und wirtschaftspolitischer Praxis. Hinzuweisen ist auf die Regel eins (Vor allem, wenn man Gold und Silber durch Uran und Erdöl ersetzt), Regel drei (siehe den staatlich geförderten Produktivitätswettlauf der modernen Industrieländer, der treffend als "technologischer Merkantilismus" bezeichnet worden ist), Regel fünf ("buy british" als Slogan des indirekten Protektionismus), Regel sechs (siehe die internationalen Koppelungsgeschäfte Ware gegen Ware), schließlich Regel neun (siehe die zahlreichen protektionistischen Maßnahmen aller entwickelten Industrieländer, von der zeitraubenden Zollabfertigung über die komplizierte technische Normung bis zur Errichtung von Zollschranken und direkter Marktabschließung).

2.2 Physiokratie und klassische politische Ökonomie

In den Konzepten und Modellen der französischen Physiokraten spiegelt sich das wachsende Selbstbewustsein des Bürgertums wider. Der zuerst 1758 veröffentlichte "Tableau Economique" von Francois *Quesnay* (1694-1774) unterteilt die Nation in die "produktive Klasse", die "Klasse der Grundeigentümer", zu der auch der König gehört, und die "sterile Klasse"[22]. Anders als die Merkantilisten sehen die Physiokraten den nationalen Reichtum nicht im Handel begründet, sondern in der (agrarischen) Produktion.

Das Anliegen des Tableau Economique ist es, die Austauschbeziehung zwischen den drei Klassen in einem stationären Kreislaufmodell darzustellen. Ist bereits die Abqualifizierung der zweiten und dritten Klasse als nichtproduktiv von gesellschaftspolitischer Brisanz für das absolutistisch geführte Feudalsystem, so richtet sich unter den dreißig "Maximes générales du gouvernement économique d'un royaume agricole" bereits die dritte wirtschaftspolitische Maxime Quesnays mit ihrer Forderung nach freiem Handel und freier Konkurrenz gegen das Zentrum des merkantilistischen Systems.

Gleichwohl sieht die physiokratische Lehre die Wirtschaftsentwicklung noch nicht als autonomes, grundsätzlich politikfreies System. In ihrem Selbstverständnis kombiniert sich das Eintreten für Laisser-faire mit dem Plädoyer für staatliche Regulierung - für die sie als "Kompaß für die Leitung des Staates", als "Kunstlehre" staatlicher

---

21 Fusfeld 1975, S. 26 ff.

22 Quesnay 1758.

Steuerung, Ratschläge erteilt[23]. In der Grundsatzfrage Markt versus Staat nimmt die Physiokratie eine Zwischenstellung ein zwischen dem merkantilistischen Staatsholismus und den radikaleren Freiheitsparolen der klassischen politischen Ökonomie; sie ist damit theoretischer Reflex einer gesellschaftlichen Umbruchsituation, in der das merkantilistische Zeitalter zu Ende geht und die bürgerliche Epoche heraufzieht.

Seit dem letzten Drittel des 18. Jahrhunderts, und besonders im Anschluß an die siegreiche französische Revolution, meldet das Bürgertum verstärkt den Anspruch an, die staatliche Bevormundung abzustreifen und Wirtschaft und Gesellschaft nach eigenen Bedürfnissen und Idealen zu regeln[24]. Das heißt im Kern radikale Ausdifferenzierung des ökonomischen Systems aus dem vormals als einheitlich verstandenen "body politique"[25]. Die sich nun als Wissenschaft etablierende Nationalökonomie analysiert die Gleichgewichtsbedingungen eines Wirtschaftssystems, von dessen Mechanik die liberalen Ökonomen annehmen, daß sie immanenten selbstgesetzten Gesetzmäßigkeiten folgt. Die Hauptvertreter der klassischen politischen Ökonomie Adam *Smith*, David *Ricardo*, Jean-Baptiste *Say* und John Stuart *Mill* werden zu glühenden Verfechtern der nach Autonomie strebenden marktwirtschaftlichen Ordnung.

In Adam Smith's "simple system of natural liberty" sorgt die "invisible hand" des Wert- und Preismechanismus für den harmonischen Selbstlauf des Systems. Antriebsmotor ist der private Eigennutz des "homo oeconomicus", die "private vices" verwandeln sich in "public virtues" und bewirken die Nutzenmaximierung aller Gesellschaftsmitglieder. Trotz der Vision eines selbstregulativen Wirtschaftssystems anerkennt Smith die Notwendigkeit der staatlichen "law and institutiones". Legitime Staatsaufgabe ist erstens die Sicherung der Landesverteidigung, zweitens die Aufrechterhaltung der inneren Sicherheit und der Rechtspflege und drittens die Produktion nichtgewinnbringender Güter und Dienste (vor allem im Bereich der Infrastruktur), wobei letztere Staatsfunktion allerdings als faktisch unerheblich angesehen wird[26].

Trotz der enormen Produktionssteigerungen der sich nun rasch entwickelnden kapitalistischen Erwerbsweise erwuchsen den klassischen Ökonomen bald - noch vor Karl Marx - scharfe Kritiker und Gegner. In der Diskussion spielt - neben den ebenfalls zentralen werttheoretischen Problemen der Entstehung und Legitimität des Profits - von

---

23 Hofmann 1966, S. 43. Z. B. lautet die achte These Quesnays: "Die wirtschaftliche Regierung befördere ausschließlich die produktiven Ausgaben und den Handel mit Rohprodukten und überlasse die sterilen Ausgaben sich selbst".

24 Gretschmann (1981, S. 106 f.) meint, daß die Erklärung der Durchsetzung des Liberalismus aus dem Emanzipationsinteresse des Bürgertums zu kurz greift. An der Ausdifferenzierung des Marktsystems habe auch der Staat ein Interesse gehabt, und zwar aus Gründen der Handlungsentlastung. Das erscheint einleuchtend, konnten doch die z.T. hoch verschuldeten absolutistischen Staaten (Preußens Verschuldung betrug am Ende des 18. Jahrhunderts 48 Mio. Taler, fast das Doppelte der jährlichen Steuereinnahmen, 1820 belief sich die Schuldenlast auf über 217 Mio. Taler) doch hoffen, sich auf der Basis einer florierenden Wirtschaft zu sanieren.

25 Brüggemeier 1982, S. 61.

26 Smith 1776. Zu Smith vgl. auch Fusfeld 1975, S. 45 ff.; Hesse 1979, S. 55 ff.

Anbeginn an die konjunkturtheoretische Frage der immanenten Stabilität des Marktes die Hauptrolle. Folgt man der klassischen Diskussion, so hat die Stabilitätsunterstellung die Richtigkeit des von Say im Jahre 1803 aufgestellten Theorems vom Gleichgewicht von gesamtwirtschaftlichem Angebot und gesamtwirtschaftlicher Nachfrage zur entscheidenden Voraussetzung: "Es ist die Produktion selbst, die den Erzeugnissen Absatzmärkte eröffnet"[27].

Die These, daß die Produktion sich ihre eigene Nachfrage schafft, wird von Smith, Ricardo und Mill geteilt, und zwar ausdrücklich nicht nur für eine Tausch-, sondern auch für die Geldwirtschaft. Das Geld ist nur Tauschmittler; daß es nachfragemindernd gespart werden kann, wird ignoriert: "Produkte werden stets mit Produkten oder Diensten gekauft; Geld ist nur das Mittel, welches den Austausch besorgt. Von einer bestimmten Ware kann zuviel erzeugt worden sein; hier kann der Markt so überführt sein, daß sich das darauf verwandte Kapital nicht bezahlt macht. Bei allen Waren jedoch ist dies unmöglich der Fall"[28].

Von den oppositionellen Ökonomen Lord *Lauderdale*, Thomas *Malthus* und Jean *Sismondi* wird die Annahme eines sich von selbst einstellenden gesamtwirtschaftlichen Ausgleichs von Angebot und Nachfrage dagegen entschieden zurückgewiesen. Trotz einer noch fehlerhaften Sicht kreislauftheoretischer Zusammenhänge (als nachfragewirksam werden nur die Lohneinkommen, nicht aber die Gewinneinkommen angesehen) kann Malthus in wesentlichen Aspekten als früher Vorläufer des großen bürgerlichen Kritikers der Klassik, John Maynard *Keynes*, angesehen werden. Seine Theorie der wirtschaftlichenEntwicklung ist eine Theorie wirtschaftlicher Stagnation aufgrund unzureichender "tatsächlicher Nachfrage". Nachgerade typisch keynesianisch ist die Forderung nach einer Verminderung der großen Einkommen, um übergroßes Sparen zu vermindern, und der Ruf nach einem staatlichen Ausgabenprogramm in Rezessionszeiten[29].

Die klassische politische Ökonomie vollendet sich in dem liberal-sozialreformerischen Werk John Stuart Mills, welches gleichsam die "weiche", spätklassische Reaktion auf die in der "sozialen Frage" wie in einem Brennglas deutlich werdenden Fehlgriffe der "invisible hand" darstellt. Der von Marx erbittert bekämpfte jüngere Mill[30] postuliert - zwar auf der Basis von Privatautonomie, individueller Freiheit und Sayschem Theorem - nicht nur das Recht der Arbeiter auf gewerkschaftliche Organisation und Streik, sondern befürwortet sozialpolitische Schritte zur Verbesserung der Lage der Arbeiterschaft, z. B. Arbeitszeitverkürzung und sonstige um sozialen Ausgleich zwischen den beiden Hauptklassen bemühte Reformmaßnahmen wie genossenschaftlich geführte Arbeiterunternehmen[31]. Der von Mill anvisierte Weg der Sozialreform, den später die

27 Say 183, S. 138 (Übersetzung).

28 Ricardo 1817, Kapitel 21 (Übersetzung).

29 Vgl. zu Lauderdale, Sismondi und Malthus näher Fusfeld 1975, S. 87 ff.

30 Das Kapital Bd. I, S. 138, 539 ff.

31 Mill 1848.

"deutsche Finanzklassik" etatistisch überhöhen und radikalisieren sollte, stellt die mittlere wirtschaftspolitische Lösung für die deutlich werdenden sozialen Unzuträglichkeiten der kapitalistischen Produktionsweise dar. Die beiden anderen "Lösungsvorschläge", welche das 19. Jahrhundert entwickelt, weisen in extrem entgegengesetzte Richtung: Die blinde Systemapologie des sogenannten Manchesterliberalismus mit der Konsequenz der Ablehnung jeglicher sozialpolitischer Maßnahmen des Staates auf der einen, die radikale Systemkritik Marxens auf der anderen Seite.

2.3 Die Marxsche Kritik der politischen Ökonomie

Die Harmoniegläubigkeit der liberalen Klassiker, welche später im simplen und simplifizierenden Extrem des Manchesterliberalismus eine zugespitzte Form erhalten sollte[32], kritisiert als erster systematisch Karl Marx. Seine auf der Basis der Wert- und Mehrwerttheorie entfalteten Theoreme (Anarchie der Produktionsweise, periodischer Profitratenzusammenbruch infolge zyklischer Überproduktion; langfristiger "tendentieller Fall der Profitrate", massenhafte Verelendung, Kapitalkonzentration u. a.) behaupten im Ergebnis die nach immanenten Gesetzen sich vollziehende Selbstdestruktion des kapitalistischen Wirtschaftssystems - das Gegenteil der klassischen Stabilitätsthese[33]. Die Realität des zeitgenössischen England mit den regelmäßig wiederkehrenden Überproduktionskrisen und dem vorherrschenden Arbeitsleid und Massenelend des städtischen Industrieproletariats stützte augenfällig die radikale Kritik der Gleichgewichtsannahmen der klassischen politischen Ökonomie[34].

Die Funktion des Staates - von Marx, obwohl beabsichtigt, nicht systematisch untersucht, - erfährt eine ambivalente Einschätzung. Einerseits erscheint er gegenüber den Widerständen des kapitalistischen Wirtschaftssystems durchaus durchsetzungsstark, z. B. bei der Einführung des sogenannten Normalarbeitstages oder bei der Anti-Kartellpolitik, andererseits ist er bloßes Vollzugsorgan des ökonomischen Wertgesetzes[35]. Letztlich jedoch spielt bei Marx die bi-polare Problemstellung Markt versus Staat keine Rolle. In einer Kombination aus ökonomischer Krisendialektik und revolutionärer Aktion wird in seiner Vision die kapitalistische Gesellschaft mit innerer Zwangsläufigkeit in einen transformatorischen Zustand versetzt, in dem für diesen Dualismus zunehmend kein Platz ist. Im evolutionären Endzustand des Kommunismus tritt an die Stelle des systemischen Gegensatzes von Gesellschaft, Wirtschaft und Staat die "Gemeinschaft der frei assoziierten Produzenten".

---

32 Näher zum Manchesterliberalismus Kromphardt 1987, S. 120 ff.

33 Die moderne Chaos-Forschung greift im Grunde alte Erkenntnisse der marxistischen Theorie (Anarchie-These) auf, ohne es freilich zu wissen.

34 Marx 1972/1973. Speziell zu den konjunkturtheoretischen Implikationen der Marxschen Theorie Glastetter 1987, S. 146 ff.

35 Zu dieser Ambivalenz bei Marx vgl. Nahamowitz 1978, S. 36 ff.

2.4 Die deutsche Finanzklassik

Die "deutsche Finanzklassik" mit ihren führenden Repräsentanten Lorenz von *Stein*, Adolph *Wagner* und Albert *Schäffle* visiert in der zweiten Hälfte des 19. Jahrhunderts einen etatistischen Mittelweg an zwischen dem Systemvertrauen der klassischen politischen Ökonomie und der radikalen Systemablehnung durch Marx. Von der liberalen Klassik setzt sie sich analytisch und wirtschaftspolitisch durch ihre Annahme weitgehender funktioneller Angewiesenheit des Marktes auf staatliche Steuerung scharf ab; im Gegensatz zu Marx postuliert sie weder die radikale Klassenspaltung der Gesellschaft noch die revolutionäre Systemtransformation. In der Tradition der deutschen idealistischen Staatsphilosophie entwickelt sie vielmehr eine spezifisch deutsche sozialstaatliche (Stein) bzw. staatssozialistische (Wagner) Programmatik, welche sich an den sozialen Unzuträglichkeiten der Marktprozesse (Pauperismus) legitimiert und zudem in ihrer sozialetatistischen Grundtendenz die Realität des Wilhelminischen Obrigkeitsstaates für sich hat. Während die Bausteine der Steinschen Theorie wie "soziale Frage", "arbeitender Staat", "soziales Königtum", Anerkennung des Marktsektors[36] noch ökonomisch diffus sind, entwickelt der Kathedersozialist Wagner, von dessen Lehren gemeinhin heute nur das "Gesetz der wachsenden Staatstätigkeit" bekannt ist, ein präzisiertes staatssozialistisches Reformprogramm[37]. Auf der Basis einer phänomenologischen Marktkritik (Warenform der Arbeitskraft, Marktdarwinismus, Monopolisierungstendenzen," regellose Produktionsordnung", Verteilungsungerechtigkeit)[38] wird ein wirtschaftspolitischer Reformkatalog vorgeschlagen, dessen Brisanz auf der Hand liegt. Gretschmann[39] bezeichnet seine Elemente in moderner Diktion:

"(1) Veränderung der Produktions- und Allokationsregeln und deren Zuweisung in staatliche Kompetenz im Sinne von Planung statt Anarchie;

(2) Umverteilung des gesamten Produktionsertrags zugunsten der breiten Bevölkerungsmehrheit, vor allem der Unterschicht, durch Lohnsteigerungen und öffentliche Güter;

(3) Einführung eines Netzes sozialer Sicherung wie Krankheits-, Unfall-, Witwen-, und Waisenrenten etc.;

(4) Verstaatlichung, insbesondere von Monopolbranchen und -sektoren und generelle Überführung des privaten Sektors in zunehmend öffentliche Regie;

---

36 Stein 1860/1878. Zu Stein ausführlich Gretschmann 1981, S. 62 ff.

37 Wagner 1894.

38 An der Phänomenologie der Analyse setzt die bissige und polemische Kritik von Marx an Wagner an, der - im Anschluß an Rodbertus - eine Art subjektiver Werttheorie ohne Tauschwert vertritt und von Marx durchgängig "vir obscurus" (Dunkelmann) genannt wird (Marx 1974, S.355 ff.).

39 Gretschmann 1981, S. 74.

(5) Steuerliche Abschöpfung von Nicht-Arbeitseinkommen, Spekulations- und Konjunkturgewinnen, letztlich jeglicher windfallprofits;

(6) Sozial umverteilende Steuerpolitik."

Zum Abschluß der Darstellung der deutschen Finanzklassik sei noch ein Aspekt hervorgehoben, den ebenfalls Gretschmann herausgearbeitet hat. In der finanzklassischen Programmatik zeigen sich Rudimente eines "dritten" Sektors, der, gemeinwirtschaftlich und genossenschaftlich strukturiert, die Dichotomie von Markt und Staat tendenziell und auf spezifische Weise durchbricht[40].

2.5 Die neoklassische Mikroökonomie

In der Entwicklungsphase, in welcher die kapitalistische Erwerbsweise zum Ende des 19. Jahrhunderts hin sich ökonomisch und sozial zu stabilisieren beginnt, ergreift die herrschende Richtung in der bürgerlichen Ökonomie bereitwillig die Gelegenheit, die von der oppositionellen Theorie ebenso wie von den Realverhältnissen geübte lästige Systemkritik zu verdrängen und das alte System- und Gleichgewichtsvertrauen zu demonstrieren[41]. Die neoklassische Preislehre eines W. S. *Jevons* singt das hohe Lied des Laisser-faire und reaktiviert das Saysche Theorem[42]. Das praxisferne "Glasperlenspiel"[43] der walrasianischen und paretianischen Lehre untersucht in einem geschlossenen System unzähliger, sich simultan determininierender Gleichungen die Bedingungen für das allgemeine Preisgleichgewicht, dem unter Bedingungen freier Konkurrenz allokative Effizienz und wohlfahrtsökonomische Optimalität normativ zugeschrieben wird[44]. Die neoklassische Grenzproduktivitätstheorie versucht, dem Marxschen Ausbeutungstheorem den Boden zu entziehen.

Der individualistische Ansatz in der Grenznutzenlehre und die mikroökonomische Fundierung der neoklassischen Lehre lassen gesamtsystemische Steuerungsprobleme schon methodisch nicht in den Blick treten. Der Staat als potentielle Steuerungsinstanz wird in den externen Datenkranz der Modellbildung verwiesen oder nach dem Robinson-Modell individualistisch konstruiert; seiner Steuerungsleistung bedarf die ideale neoklassische Gleichgewichtswelt relativer Preise mit ihrem Vertrauen auf einen funktionierenden Preis-, Lohn- und Zinsmechanismus[45] ohnehin nicht, es sei denn zur Auf-

---

40 Ebd., S. 68 ff., 76 ff.

41 Vgl. auch Hofmann 1964, S. 112 ff.

42 Jevons 1871.

43 Preiser 1975, S. 58.

44 Walras bezeichnet 1861 die affirmative Stoßrichtung seiner Lehre mit aller wünschenswerten Deutlichkeit: "Il faudrait prouver que la libre concurrence procure le maximum d'utilité" (zit. nach Hesse 1979, 278, Anm. 88).

45 Dazu ausführlich Glastetter 1987, S. 126 ff.

rechterhaltung der freien Konkurrenzverhältnisse[46] oder aus gewissen, eng umgrenzten monetären Erfordernissen[47].

2.6 Der deutsche "Keynesianismus vor Keynes" und der marxistische Reformismus der 20er Jahre

In Reaktion auf die nach dem ersten Weltkrieg zutage tretenden Wirtschaftsprobleme bildete sich in den zwanziger Jahren in Deutschland eine Außenseitergruppe reform- und praxisorientierter Ökonomen, welche sich dem Streit der historischen und neoklassischen Schule, der die damalige nationale Wirtschaftswissenschaft lähmte[48], entzog. Zu der Gruppe gehörte vor allem die sogenannte Kieler Schule mit Adolf *Löwe*, Gerhard *Colm* , Hans *Neisser* und Fritz *Burchardt*. Hinzu kamen Emil *Lederer* mit seinem Schülerkreis sowie Eduard *Heimann*[49]. Ihr zentrales Thema war die analytische Verarbeitung der sozialen und ökonomischen Folgen der Rationalisierungswelle der zwanziger Jahre, welche bereits lange vor Ausbruch der Weltwirtschaftskrise zu einer Sockelarbeitslosigkeit von mehr als einer Million Arbeitnehmer in Deutschland geführt hatte. Aufgegriffen wurde damit das klassische, vor allem auch für Marx bedeutsame Problem des Zusammenhangs von Akkumulation, technischem Fortschritt und Beschäftigung. Die wirtschaftspolitischen Vorschläge dieser "Keynesianer vor Keynes" propagierten eine "aktive Konjunkturpolitik" und liefen auf ein antizyklisches deficit spending des Staates hinaus. Zugrunde lag die Auffassung, daß "die Marktwirtschaft nicht automatisch zum Ausgleich der Prozeßdaten führe". Ökonomisch prinzipieller und tiefgreifender als die konjunkturpolitischen Postulate waren die allokationspolitischen Forderungen nach planmäßiger Steuerung der Investitionen zur Bändigung des "entscheidenden Unruhefaktors" technischer Fortschritt[50].

Einen alternativen und radikaleren Strang interventionistischen Denkens entwikkeln ebenfalls in den zwanziger Jahren die dem marxistischen Reformismus nahestehenden sozialdemokratischen Theoretiker des "organisierten Kapitalismus". Bereits in seinem 1910 veröffentlichten "Finanzkapital" wies der Austromarxist Rudolf *Hilferding* auf die dominierende Macht jener Verbindung von industriellem Kapital und Bankkapital, die er "Finanzkapital" nannte, und auf das Phänomen durch Kartelle organisierter und Monopolprofite ermöglichender Märkte hin. Am Ende stand die Vision eines "Generalkartells" als einer mit Zentralbank und Staatsapparat kooperierenden, monopolistischen Superinstanz, welche durch bewußte Regelung der gesamten Produktion ten-

---

46 Walras antizipiert mit der Anerkennung dieser Staatsfunktion die ordoliberale Programmatik, vgl. Hesse, S. 286. Zu den methodischen Unterschieden zwischen Walras und Pareto vgl. ebenfalls Hesse, S. 282 ff.

47 Fusfeld 1975, S. 124.

48 Näher zu dieser methodischen Grundsatzdebatte Kruse 1959, S. 165 ff.

49 Ausführlich zu den "Keynesianern vor Keynes" Krohn 1985. Bibliographisch sei aus dieser Gruppe nur Lederer (1922; 1979) angeführt.

50 Krohn 1985, S. 325 ff.

dentiell die Anarchie des Marktes überwindet[51]. Reformpolitisch fällt dem Staat die Aufgabe zu, die organisiert kapitalistische Wirtschaft schrittweise in eine demokratisch kontrollierte, sozialistische Wirtschaft zu transformieren[52]. Für dieses Anliegen bezeichnet das Konzept der "Wirtschaftsdemokratie" sowohl den einzuschlagenden, reformerischen Weg als auch das zu erreichende Ziel. Seine drei Hauptelemente: Verstaatlichung, staatliche Wirtschaftslenkung sowie Arbeitermitbestimmung, sollten das Marktsystem stark zurückdrängen, aber nicht vollständig eliminieren[53].

Obwohl auch Keynes einen Trend des Hinüberwachsens des privaten in den öffentlichen Sektor sieht, hat die Keynessche Theorie doch im Kern einen anderen methodischen und politischen Status als jene frühe austromarxistische Version des "organisierten Kapitalismus". Hilferding und *Naphtali* geht es aus marxistischer Theorietradition heraus um radikale Kapitalismusanalyse und sozialistische Systemtransformation; Keynes entwickelt eine auf Praxis angelegte Beschäftigungstheorie zur Systemstabilisierung, wobei die systemtranszendierenden Elemente nicht nur politisch weniger radikal ausfallen, sondern auch eher Nebenprodukte der Beschäftigungstheorie sind. Die "Keynesianer vor Keynes" unterscheiden sich von Keynes durch ihr zentrales Interesse für die Folgewirkungen des dynamischen technischen Fortschritts.

2.7 Die Keynessche Revolution

Als in der Weltwirtschaftskrise der dreißiger Jahre dieses Jahrhunderts auf dem Gütermarkt der Preismechanismus unvollständig[54] und auf dem Arbeitsmarkt nicht zureichend funktioniert, erlebt die Neoklassik ihr "Waterloo". Ihr theorieinternes "Gleichgewicht" wurde jedoch nicht nur durch die wirtschaftlichen Realverhältnisse, sondern ebenfalls auf der wissenschaftlichen Ebene empfindlich gestört. Der von Keynes gegen die neoklassischen Annahmen vorgetragene Angriff trifft das Selbstverständnis und Selbstvertrauen der herrschenden bürgerlichen Ökonomie im Vergleich zur Marxschen Kritik, die als Kritik eines Außenseiters relativ leicht verdrängt werden konnte, sehr viel folgenreicher. Denn jetzt erfolgt der wissenschaftliche Angriff aus dem bürgerlichen Lager selbst und mit den anerkannten Methoden der etablierten Wirtschaftswissenschaft. Keynes kritisiert alle klassischen Wirtschaftswissenschaftler als "orthodox", welche dem Sayschen Theorem anhingen.

> "Die Anschauung, daß wir die Funktion der gesamten Nachfrage ohne weiteres übersehen (d. h. ignorieren, P.N.) können, bildet die Basis der Wirtschaftslehre von Ricardo, die dem, was man uns über ein Jahrhundert

---

51 Hilferding 1910/1968.

52 Hilferding 1927.

53 Naphtali 1928/1977. Eine kritische Würdigung des austromarxistischen Reformismus findet sich bei Hofmann 1970, S. 182 ff.

54 Nämlich nur auf dem von Monopolbindungen und Kartellabsprachen freien und relativ kleinen Wirtschaftssektor.

lang gelehrt hat, zugrundeliegt. Malthus hat zwar Ricardos Doktrin, daß die wirksame Nachfrage unmöglich unzureichend sein könne, heftig bekämpft, aber umsonst.

Der völlige Sieg Ricardos erscheint merkwürdig und rätselhaft. Er muß dem Umstand zugeschrieben werden, daß die Doktrin in hohem Maß der Umwelt angepaßt war, in die sie geworfen wurde.

Aber obschon die Doktrin selbst bis vor kurzem von den orthodoxen Ökonomen unangefochten blieb, hat ihr ausgesprochenes Versagen für Zwecke wissenschaftlicher Voraussage im Lauf der Zeit das Ansehen ihrer Adepten sehr geschmälert"[55].

Keynes' im Ansatz bereits in den zwanziger Jahren entwickelte makroökonomische Analyse[56] widerlegt die Annahme von den sich auf den Arbeits-, Güter- und Kapitalmärkten immer wieder aufs Neue einpendelnden Gleichgewichten: Weder der Lohn- noch der Zinsmechanismus funktioniert in der Rezession. Der Lohnmechanismus nicht wegen der tarifvertraglichen Lohnrigiditäten, der Zinsmechanismus nicht, weil ein bestimmter Mindestzins nicht unterschritten wird; denn hier bewirken die auf Zinssteigerung gerichteten Erwartungen der Sparer, daß das Sparvolumen nicht zinsverbilligend auf den Kapitalmarkt fließt, sondern gehortet wird ("Liquiditätsfalle"). Im übrigen wirken Lohnsenkungen in der Rezession bzw. Depression wegen der damit verbundenen Verminderung der konsumtiven Nachfrage krisenverschärfend.

Keynes diagnostiziert im kapitalistischen Marktsystem einen fundamentalen Systemdefekt: die endogen und systematisch induzierte Gefahr unzureichender gesamtwirtschaftlicher Güternachfrage und daraus folgender Arbeitslosigkeit. Denn die Konsumquote sinkt in den "reichen" und durch eine ungleiche Einkommens- und Vermögensverteilung gekennzeichneten Volkswirtschaften aufgrund der zunehmenden Sparneigung. Die so entstehende Nachfragelücke kann auch durch die Investition, das andere große Nachfrageaggregat neben dem Konsum, nicht ausgeglichen werden. Denn die langfristig sinkende Rentabilität der Sachkapitalinvestition ("sinkende Grenzleistungsfähigkeit des Kapitals") in Verbindung mit einem starren Mindestzins bewirkt, daß Sachinvestitionen im Verhältnis zur Anlage auf dem Kapitalmarkt immer unattraktiver werden. Eine besondere Pointe erhält die Keynes-Theorie durch die Unterscheidung von "Vollbeschäftigungsgleichgewicht" und "Gleichgewicht bei Unterbeschäftigung": Auch wenn auf dem gesamtwirtschaftlichen Gütermarkt Gleichgewicht besteht, Sparen und Investieren also ausgeglichen sind, muß dieses nicht mit Vollbeschäftigung verbunden sein; vielmehr kann Unterbeschäftigung herrschen.

Die Vorschläge von Keynes zur Erlangung des "Vollbeschäftigungsgleichgewichts", deren erklärtes Interesse die Rettung des kapitalistischen Wirtschafts-

---

55 Keynes 1936, S. 27 f.

56 Keynes 1926.

systems ist, laufen im Kern auf das leidenschaftliche Plädoyer für das systematische Einspringen des Staates in die Nachfrage- und Funktionslücken des Marktes hinaus. Gefordert wird in erster Linie staatliches "deficit spending" zur Nachfragestimulierung; dessen Wirkung wird durch Multiplikator- und Akzeleratoreffekte verstärkt. Eine Politik des "leichten Geldes" ist hilfreich. Sehr entschieden setzt sich Keynes drittens für eine sozial ausgeglichene Einkommens- und Vermögensverteilung ein, anzustreben im Wege der Steuergesetzgebung. Denn die Umverteilung zugunsten der ärmeren Bevölkerungsschichten steigert den Konsum.

Die Keynessche Revolution findet angesichts der durch die Weltwirtschaftskrise bewirkten Erschütterungen breite wissenschaftliche und politische Resonanz. Bereits der Nationalsozialismus und Roosevelts "New Deal" arbeiten ansatzweise nach den wirtschaftspolitischen Rezepten eines Autors, dessen politische Position als marktkritisch, aber nicht, wie die Marxsche, als umfassend systemkritisch zu beschreiben wäre.

> "Der wichtigste Aspekt der New Deal-Philosophie war der Glaube, daß die Gesellschaft sich durch Eingriffe des Staates selbst und ihre Mitglieder vor den der industriellen marktorientierten Wirtschaft innewohnenden zerstörerischen Kräften schützen mußte. Diese bedeutete eine starke Abwendung von der Philosophie des sich selbst regulierenden, frei schwebenden Marktes, innerhalb der Menschen, Ressourcen und Vermögen wesentlich als Güter behandelt wurden"[57].

Im Paradigmenwettstreit Markt versus Staat bringt die Theorie des Vollbeschäftigungsgleichgewichts eine Funktionsverschiebung zugunsten des Staates: "Die zentralen Leitungen, die zum Zweck der Vollbeschäftigung erforderlich sind, bringen natürlich eine große Ausdehnung der überlieferten Aufgaben der Regierung mit sich"[58].

Es wäre aber falsch, in Keynes nur den technokratischen Konjunktur- und Beschäftigungstheoretiker zu sehen. Bereits sein Vorschlag, zur Erhöhung der Konsumquote Umverteilungsmaßnahmen zugunsten der ärmeren Schichten vorzunehmen, beinhaltet sozialpolitischen Sprengstoff. Mit seinem Ruf nach einer korporatistischen Wirtschaft "halbautonomer Körperschaften im Rahmen des Staates"[59], stärker vielleicht noch mit seinem Postulat einer "ziemlich umfassende(n) Verstaatlichung der Investition"[60] überschreitet er den privatkapitalistischen Rahmen hin zu einem System des "organisierten" Kapitalismus, dessen "gemeinwirtschaftlicher" Einschlag ihn sogar in gewisser Hinsicht als in der Nachfolge kathedersozialistischer Vorstellungen der deutschen Finanzklassik stehend erscheinen läßt.

---

57 Fusfeld 1975, S. 143 f.

58 Keynes 1936, S. 320.

59 Keynes 1926, S. 41.

60 Keynes 1936, S. 319.

2.8 Die ordoliberale Freiburger Schule und das Konzept der sozialen Marktwirtschaft

In etwa zeitgleich mit der Herausbildung der Keynesschen Beschäftigungstheorie entstand Ende der zwanziger, anfangs der dreißiger Jahre in Deutschland eine ökonomische Denkschule, welche den "Ordoliberalismus" aus der Taufe hob. Die Hauptvertreter dieser "Freiburger Schule" genannten Richtung waren Walter *Eucken*, Franz *Böhm*, Leonhard *Miksch* und Wilhelm *Röpke*. Das spezifische Interesse galt der Aufrechterhaltung, besser: Wiederherstellung, des aufgrund der gerade für das zeitgenössische Deutschland charakteristischen Kartellierungs- und Vermachtungsprozesses gefährdeten, besser: ruinierten, marktwirtschaftlichen Wettbewerbsmechanismus. Die Bewahrung einer freien (atomistischen) Konkurrenz wurde zur vornehmsten Staatsaufgabe, die Wettbewerbsordnung (Ordo) geradezu zur "staatlichen Veranstaltung" erklärt. Gemäß dem Theorem von der "Interdependenz der Ordnungen" bedingen sich demokratischer, wirtschaftsunabhängiger Staat und freie Konkurrenzwirtschaft notwendig gegenseitig.

In der nachdrücklichen Legitimierung der staatlichen Wettbewerbspolitik ist der charakteristische Unterschied dieser - deswegen auch als "neo"-liberal bezeichneten - Wirtschaftskonzeption zum "Altliberalismus"[61] zu sehen. Die ordoliberale Ablehnung des "Laisser-faire-Liberalismus" bezieht sich auf dieses Politikfeld. Adam Smith etwa, der Hauptvertreter des klassischen Liberalismus, erkannte zwar die immanenten Gefährdungen des Wettbewerbs, leitete jedoch daraus nicht die Forderung nach staatlicher Wettbewerbspolitik ab[62]. Die Wettbewerbspolitik wird freilich als das einzige Politikfeld angesehen, in welchem der Staat stark zu sein hat. Hier allerdings soll ein unabhängiges und entschlossenes Monopolamt Kartelle verbieten und Wirtschaftsmonopole "auflösen" bzw., wo das nicht möglich ist, "beaufsichtigen". Ansonsten liegen die ordoliberalen Vorstellungen ganz auf der vertrauten liberalen Linie. Privateigentum an Produktionsmitteln, Vertrags-, Gewerbe- und Handelsfreiheit sowie der freie Leistungs- und Preiswettbewerb bilden die Basis des Wirtschaftssystems, aus der es seine Dynamik und seine Überlegenheit gegenüber der sozialistischen "Zentralverwaltungswirtschaft" bezieht. Innerhalb der von der "Ordnungspolitik" (Wettbewerbspolitik) zu unterscheidenden Konjunkturpolitik hat die im Dienst der Preisniveaustabilität stehende Währungspolitik Priorität. Für diesen Bereich der Wirtschaftspolitik gilt das Postulat der "Konstanz der Wirtschaftspolitik" im Sinne wirtschaftspolitischer Verstetigung und der Ablehnung diskretionärer Steuerung[63]. Das monetaristische Konzept einer preisstabilitätsbewußten, stetigen Geldmengensteuerung findet in dieser geldpolitischen Präferenz sowie im Verstetigungsideal eine frühe programmatische Fundierung - Ausfluß der gemeinsamen konjunkturpolitischen Prämisse von der inhärenten Stabilität des Marktes.

---

61 Müller-Armack 1956, S. 390.

62 Dazu Kromphardt 1987, S. 85.

63 Zum Vorstehenden vgl. Eucken 1952.

Die ordoliberale Konzeption mit ihrer utopischen Forderung nach (Wieder-) Herstellung der atomistischen Konkurrenzwirtschaft findet in Müller-Armacks Ausarbeitung der "sozialen Marktwirtschaft" ihr politisch handhabbarer gemachtes Umsetzungskonzept. In den fünfziger Jahren setzte es sich zunehmend durch und ist heute noch das offizielle Leitbild der Gesellschafts- und Wirtschaftspolitik in der Bundesrepublik. Abgeschwächt wird in ihm die Wettbewerbspolitik, die Forderung lautet nun nur noch recht vage, Monopole, Oligopole und Kartelle "unter Kontrolle zu nehmen". Ansonsten wird der ökonomische Interventionismus akzentuiert. "Konjunkturpolitische Maßnahmen" sowie "eine bewußte Politik des wirtschaftlichen Wachstums" werden befürwortet, die Sozialpolitik "in Form von Fürsorgeleistungen, Renten- und Lastenausgleichszahlungen, Wohnungsbauzuschüssen, Subventionen usw." soll die "Einkommensverteilung korrigier(en)"[64]. Hiermit wurde, worauf Jürgen Kromphardt zu Recht hinweist[65], ein interventionistischer Freiraum eröffnet, in den Ende der sechziger Jahre das keynesianische Konzept der antizyklischen Globalsteuerung hineinstoßen konnte.

2.9 Die neokonservative Gegenrevolution: Monetarismus und Angebotsökonomie

Mit im Vergleich zu den anderen westlichen Industrieländern erheblicher Verspätung setzte der Keynesianismus sich nun auch in der Bundesrepublik durch. Unmittelbarer Anlaß war die Rezession 1966/67, die das Wirtschaftswunderland erstmals mit Wachstumsrückgang und bedrohlich steigender Arbeitslosigkeit konfrontierte. Diese Erfahrung und die Wahlerfolge der rechtsradikalen NPD riefen der politischen Elite das Trauma des Scheiterns der Weimarer Republik derart drastisch in Erinnerung, daß sie sich zur einzigen Großen Koalition in der Geschichte der Bundesrepublik auf Bundesebene zusammenfand und mit Hilfe der so gewonnenen parlamentarischen Zweidrittelmehrheit das überkommene Wirtschaftsverfassungsrecht des Grundgesetzes keynesianisch und interventionistisch anreicherte[66]. Die allzu oberflächlich der antizyklischen Steuerungstechnik vertrauende und übertrieben steuerungsoptimistische Konzeption wurde freilich recht schnell auch von keynesianischen Ökonomen kritisiert, als "hydraulischer Keynesianismus" und sogar "Bastardkeynesianismus".

Die Fundamentalkritik allerdings am keynesianischen Interventions- und Wohlfahrtsstaat wurde vom Boden des neoklassischen/neoliberalen Paradigmas aus, d. h. von der tradierten und vertrauten Gegenposition her, vorgetragen. Die neokonservative Gegenrevolution - "neo"-konservativ deswegen, weil im Gegensatz zur altkonservativen

64 Müller-Armack 1956, S. 391.

65 Kromphardt 1987, S. 186.

66 Hinzuweisen ist vor allem auf die Art. 91a, b; 104a Abs. 4; 109 Abs. 2; 115 GG sowie das Stabilitäts- und Wachstumsgesetz. Auf dieser rechtlichen Grundlage wurden dann in der Folgezeit zahlreiche Konjunkturprogramme durchgeführt.

Auffassung, welche den starken Staat idealisierte, dieser nun vehement und auf breiter Front kritisiert wird - nahm das herrschende interventionistische Paradigma in den Zangengriff von Monetarismus einerseits, Angebotspolitik andererseits.

Thomas *Meyer* hat in einer viel beachteten und von den führenden Monetaristen konsentierten Zusammenfassung zwölf Strukturmerkmale des Monetarismus aus den unterschiedlichen Theorievarianten herausdestilliert[67]. Von ihnen seien die für unsere Fragestellung Markt versus Staat primär bedeutsamen sieben Markmale in aller Kürze aufgeführt:

(1) Neo-Quantitätstheorie. Die Neo-Quantitätstheorie des Geldes als das Fundament des monetaristischen Lehrgebäudes behauptet den bestimmenden Einfluß von Veränderungen der Geldmenge (des sog. Geldangebots) auf gesamtwirtschaftliche Nachfrage, nominelles Einkommen und Sozialprodukt. Die Betonung des monetären Faktors setzt die Konzeption in Gegensatz zur keynesianischen Theorie, welche in erster Linie den auf die Veränderungen der Grenzleistungsfähigkeit des Kapitals bezogenen unternehmerischen Erwartungen und der staatlichen Finanzpolitik den determinierenden Einfluß auf die aggregierte Nachfrage, Sozialprodukt und Beschäftigung zuerkennt und den monetären Einflußgrößen (und da dem Zins, weniger der Geldmenge) nur eine untergeordnete Funktion zuweist.

(2) Transmissionsprozeß. Der monetaristische Transmissionsprozeß beschreibt den Übertragungsweg der monetären Impulse in die reale Güterwelt. Die Übertragung wird bewirkt vermittels einer Portfolioumschichtung, welche innerhalb der drei relevanten Vermögensbestandteile Geld (Kasse), Finanzaktiva und Realaktiva erfolgt. Die Anpassung der Vermögensstruktur ist die Reaktion der Vermögenshalter auf geldpolitisch induzierte Veränderungen der relativen Ertragsraten ihrer Vermögensbestandteile.

(3) Marktstabilität. Die Stabilität des privaten Sektors der Volkswirtschaft ist der dritte elementare Baustein der Theorie. Dabei rekurrieren die Monetaristen anders als die Klassiker und die modernen Angebotstheoretiker nicht auf das im realen Sektor angesiedelte Saysche Theorem. Der private Sektor ist vielmehr stabil in dem eher pauschalen Sinn, daß er auf Störungen und Schwankungen dämpfend, d. h. mit abnehmender Amplitude, und nicht verstärkend reagiert. Dadurch wird die Wirkung von Schocks flexibel aufgefangen und absorbiert. Die Instabilitäten und Unwägbarkeiten des ökonomischen Prozesses gehen nach monetaristischer Auffassung auf das Konto der staatlichen Geld-, Kredit- und Fiskalpolitik.

(4) Regelbindung. Die Regelbindung für das Geldmengenwachstum ist das praktische Kernstück des Konzepts. Friedman schlug anfänglich ein vierprozentiges, später ein zweiprozentiges Wachstum der Geldmenge pro Jahr vor.

67 Mayer 1978.

(5) Kein Trade-Off. Diese These verneint, außer in kurzfristiger Perspektive, einen gegenläufigen Zusammenhang ("Trade-Off") zwischen dem Grad der Unterbeschäftigung und der Inflationsrate. Einen derartigen Zusammenhang behauptet die modifizierte Phillippskurve und gibt damit nach keynesianischer Auffassung den politischen Instanzen prinzipiell die Möglichkeit, zwischen dem Vollbeschäftigungsziel und dem Preisstabilitätsziel zu wählen.

(6) Zielpriorität der Geldwertstabilität. Monetaristen billigen - im Gegensatz vor allem zu keynesianischen Ökonomen - der Geldwertstabilität einen höheren Rang zu als der Vollbeschäftigung. Schichtensoziologisch bevorzugt eine derartige Prioritätensetzung die Geldvermögensbesitzer und benachteiligt vor allem die Problemgruppen des Arbeitsmarkts (ältere, ungelernte, ausländische Arbeitnehmer, Frauen), welche in der Rezession am ehesten den Arbeitsplatz verlieren[68].

(7) Ablehnung des Staatsinterventionismus. Die monetaristische Abneigung gegen staatliche Steuerungseingriffe in den Wirtschaftsprozeß steht in engem Zusammenhang mit dem Vertrauen in die inhärente Stabilität des Marktes und führt zu einer generellen Ablehnung stabilisierender (diskretionärer) Fiskal- und Geldpolitik. Beide Formen der Wirtschaftspolitik gelten nicht nur als freiheitsfeindlich, sondern auch als unnötig und sogar schädlich; primär die diskretionäre und antizyklische Geldpolitik wird als destabilisierend angesehen.

Zusammenfassend kann das monetaristische Konzept folgendermaßen umrissen werden: Auf der Basis der Neo-Quantitätstheorie des Geldes, des dazugehörigen Transmissionsprozesses und des Glaubens an die inhärente Stabilität des Marktes wird im Rahmen genereller Ablehnung staatlicher Ermessenspolitik die Fiskalpolitik verworfen und Stabilisierungspolitik auf von der Zentralbank zu exekutierende Geldmengensteuerung reduziert. Auch die konjunkturpolitisch einzig zugelassene Geldpolitik darf nicht diskretionär erfolgen, sondern hat sich einer Regelbindung zu unterwerfen. Die von der Phillips-Kurve eröffnete Alternative zwischen den Steuerungszielen hoher Beschäftigungsstand und Preisstabilität wird negiert und auf diesem theoretischen und empirischen Hintergrund der Preisstabilität eine gewisse Priorität eingeräumt.

Verläßt man den Rahmen der Konjunkturpolitik, gesteht die monetaristische Auffassung mit der Begründung: "Der konsequente Liberale ist kein Anarchist", dem Staat die folgenden vier Aufgabenbereiche zu[69]:

(1) In ihrer Funktion als "Spielleiter und Schiedsrichter" hat die Regierung die Eigentumsrechte zu definieren, für die Einhaltung von Verträgen zu sorgen und den Rahmen für das Geldwesen zu schaffen.

---

68 Stobbe 1975, S. 403.

69 Vgl. Friedman 1976, S. 45 ff.

(2) Im Bereich der "technischen Monopole" (Energie- und Wasserversorgung, Telefonnetz) ist staatliches Tätigwerden prinzipiell legitim. Allerdings zieht Friedman von den drei Möglichkeiten: Privatmonopol, Staatsmonopol oder öffentliche Kontrolle, das "maßvolle Privatmonopol" als das "kleinste Übel" vor.

(3) Bei den Folgewirkungen wirtschaftlichen Handelns für andere ("neighborhood effects"), Hauptbeispiel ist die Umweltverschmutzung, darf der Staat eingreifen, z. B. angemessene Entschädigungsleistungen erzwingen.

(4) Als "Pater familias" hat der Staat sich der geistig Behinderten anzunehmen und für das Wohl der Kinder zu sorgen.

Abschließend ist auf eine bemerkenswerte Entwicklung in der neokonservativen Theoriebildung für den Bereich der Wettbewerbspolitik hinzuweisen. Während der deutsche Neoliberalismus eine strikte Wettbewerbspolitik fordert und Friedman deren grundsätzliche Berechtigung noch nicht in Abrede stellt (wenn auch mit charakteristischen Abschwächungen), wird das Wettbewerbsrecht von der amerikanischen Chicago School of Antitrust Analysis prinzipiell abgelehnt. Auch hier sorge der Markt (jedenfalls auf längere Sicht) von sich aus für befriedigende Verhältnisse. Dieser in den siebziger Jahren entstandene wettbewerbspolitische Zweig der ursprünglich allein mit dem Monetarismus identifizierten Chicago-Schule hat zu Beginn der achtziger Jahre erheblichen Einfluß auf die Antitrust-Politik der Reagan-Regierung gewonnen. Mit dieser Denkschule ist der Brückenschlag zur angebotstheoretischen Konzeption bereits hergestellt[70].

Die seit Beginn der achtziger Jahre die Wirtschaftspolitik der westlichen Industrieländer prägende Angebotsökonomie (supply-side-economics) belebt das Saysche Theorem in emphatischer Weise wieder:

> "So bleibt der Grundgedanke des Sayschen Gesetzes unwandelbar gültig. Das Angebot erzeugt die Nachfrage. Es kann kein Überangebot an Gütern, nur ein Überangebot an schlechten Waren geben. In einer notwendigerweise unterversorgten Welt, dem ureigensten Feld der Wirtschaftswissenschaft, bedeutet ein scheinbares Überangebot von Gütern jeglicher Art einen Mangel an kreativer Produktion, an neuen Angeboten, an neu geweckten Wünschen"[71].

Der "dynamische Unternehmer", angetrieben von der Aussicht auf überdurchschnittliche Pioniergewinne, enteilt mit seinen Innovationen, vor allem mittels neuer Produkte, immer wieder der Konkurrenz und reizt Kaufkraft und Nachfrage an. Der auf diese Weise angebotsseitig fortlaufend aufrechterhaltene "Prozeß schöpferischer Zerstö-

---

70 Vgl. auch die ausführliche kritische Auseinandersetzung bei Schmidt, Rittaler 1986.

71 Gilder 1981, S. 56.

rung" ist der Motor der kapitalistischen Wirtschaftsentwicklung. Mit der Übernahme dieser Sichtweise ist Joseph *Schumpeter* neben Say der zweite geistige Vater der Angebotsökonomie[72].

Gemäß dieser Analyse hat sich die Wirtschaftspolitik auf die Entfesselung der unternehmerischen Kreativität und Innovationsfähigkeit zu konzentrieren. Im einzelnen heißt das vor allem folgendes:

(1) Abbau des Staatseinflusses zugunsten des privaten Sektors durch Verringerung von Steuern und Abgaben sowie Senkung der Sozialleistungen. Durch die Senkung der Steuersätze kann auch die staatliche Verschuldung zurückgeführt werden, denn die ausgelösten Anreizeffekte führen zu mehr Leistungsbereitschaft, einer Zunahme der Investitionen und insgesamt höheren Einkommen, so daß im Ergebnis die staatlichen Steuereinnahmen sogar steigen (sog. Laffer-Kurve). Eine Privatisierung öffentlicher Unternehmen soll den als Unternehmer unwirtschaftlich arbeitenden Staat ablösen und die Marktkräfte stärken.

(2) In Verfolgung einer Strategie der "Deregulierung" sollen die unternehmerische Investitionsbereitschaft hemmenden Verbote und Vorschriften aufgehoben werden, vor allem im Umweltschutz und im Arbeitsrechtsschutz.

(3) Eine restriktive Geldpolitik soll die Inflationsrate senken.

(4) Abbau konzentrationshemmender Wettbewerbsvorschriften. Es gilt die Erkenntnis: "Je dynamischer und erfindungsreicher eine Wirtschaft ist, um so mehr Monopole wird sie hervorbringen"[73]. Auch in diesem Punkt muß Schumpeter, der stets das hohe Lied des Großunternehmens gesungen hat, als Vordenker gelten.

Mit dem Monetarismus verbindet die Angebotsökonomie das neoklassische Fundament, nicht geteilt wird die monetaristische Auffassung von der Dominanz monetärer Impulse in der wirtschaftlichen Entwicklung. Steuersenkungen gehören zwar auch zum Instrumentarium des Keynesianismus, aber nur in der Rezession und zum Zwecke antizyklischer Nachfragesteigerung; sie können also wieder rückgängig gemacht werden. In der angebotstheoretischen Konzeption zielen Steuersenkungen hingegen auf die Angebotsseite und sind definitiv[74].

3. Die Zukunft des Staatsinterventionismus

Bei unserer Nachzeichnung des theoriegeschichtlichen Pendelschlags zwischen Markt und Staat sind wir in der Gegenwart angelangt. Das folgende Schaubild Nr. 1, in

---

72 Schumpeter 1911.

73 Gilder 1981, S. 54.

74 Zur Angebotsökonomie vgl. einerseits Walter 1985 und andererseits Kromphardt 1987, S. 198 ff.

Schaubild Nr. 1:

STAAT **MARKT**

Merkantilismus
P. W. von Hörnigk (1685)
J. H. G. von Justi (1755)

Physiokraten
F. Quesnay (1758)

Klass. Pol. Ökonomie
A. Smith (1776)
J. B. Say (1803)
D. Ricardo (1817)
J. St. Mill (1848)

Th. Malthus (1798)

Deutsche Finanzklassik
L. von Stein (1860/78)
A. Wagner (1894)
A. Schäffle (1867)

Neokl. Mikroökonomie
W. S. Jevons (1871)
L. Walras (1874-77)
V. Pareto (1906)

Marxistischer Reformismus
R. Hilferding (1927)
F. Naphtali (1928)

Deutsche Keynesianer vor Keynes
E. Lederer (1922)

J. M. Keynes (1936)

Freiburger Schule
W. Eucken (1952)
W. Röpke (1958)

Soziale Marktwirtschaft
A. Müller-Armack (1956)

Neue Keynesianische Makroökonomik
E. Malinvaud (1977)
H. Gerfin (1983)

Monetarismus
M. Friedman (1969)
K. Brunner (1970)

Angebotsökonomie
G. Gilder (1981)
Sachverständigenrat (1977/78)

dem die Theorievertreter mit dem Erscheinungsjahr ihres Hauptwerks aufgeführt sind, soll einen zusammenfassenden Überblick über diese bi-polare theoriepolitische Bewegung geben. Hinzuweisen ist auf die Selektivität der Rekonstruktion, in deren Mittelpunkt Theorien der wirtschaftlichen Entwicklung, d. h. in erster Linie Konjunkturtheorien, standen. Sie sind das klassische Thema der ökonomischen Wissenschaft und das traditionelle Hauptfeld der Auseinandersetzung Markt versus Staat[75]. Die Theorien wurden je nach ihrer Nähe zum Staats- oder Marktparadigma in das Schema plaziert. So wurde etwa die Freiburger Schule wegen ihres Rufs nach dem ordnungspolitisch starken Staat etwas links vom klassischen Liberalismus eingeordnet.

Ausgeblendet blieben die modernen Wachstumstheorien[76]. Gestreift nur wurde das neue Feld des Umweltschutzes, bei dem es ebenfalls um die grundsätzliche Legitimität und richtige Dosierung der staatlichen Steuerung geht[77]. In das Schaubild nicht aufgenommen wurde die Marxsche Theorie, da sie den Markt-Staat-Dualismus prinzipiell transzendiert.

Auch zu Beginn der neunziger Jahre noch wird die wirtschaftspolitische Programmatik der westlichen Industrieländer von Angebotsökonomie und Monetarismus geprägt, wobei die erste Konzeption dominiert. Auf die zwischen Programmatik und wirtschaftspolitischer Praxis freilich bestehenden, deutlichen Diskrepanzen ist eingangs bereits hingewiesen worden. Die Unfähigkeit der amerikanischen Regierung, das gigantische Budgetdefizit zu senken, und die bereits vor Ausbruch des Golf-Konflikts erfolgte Ankündigung von Steuererhöhungen zeigen deutlich die Verfehlung der konzeptionellen Leitlinie. Aber auch in der programmatischen Orientierung selbst zeigen sich im Mutterland der "Deregulierung" deutliche Aufweichungstendenzen.

So werden die Antitrust-Politik und der Umweltschutz in den USA wieder stärker betont. Die negativen Folgen der "Deregulierung" bei den Airlines wie Konkurse, Konzentration und schlechtere Serviceleistungen werden allgemein kritisiert. Die Kosten der staatlichen Sanierung des zuvor liberalisierten und später zusammengebrochenen Spar- und Darlehenskassensystems werden auf 500 Mrd. Dollar geschätzt und als riesige Belastung empfunden. In seinem Bericht zur Lage der Nation im Januar 1991 hat Präsident Bush ein verstärktes Engagement des Staates bei der Bildung und Infrastruktur, vor allem bei der Erneuerung des Straßennetzes, angekündigt. Schließlich wurde der Spitzensatz bei der Einkommensteuer von 28% auf 31% angehoben. Dieser Trend zu mehr staatlicher Steuerung und Regulierung wird freilich von Gegentendenzen flankiert; zu erwähnen ist vor allem das aktuelle Vorhaben, das amerikanische Bankenwesen mit seinen sachlichen und regionalen Restriktionen mit dem Ziel einer Angleichung an das Universalbankensystem zu liberalisieren.

---

75 Vgl. Hofmann 1966.

76 Zu ihnen vgl. ebd., S. 222 ff.

77 Vgl. Brunowsky, Wicke 1984; Maier-Rigaud 1988.

Bei der Konjunkturpolitik gibt es angesichts der in fast allen westlichen Industrieländern gegenwärtig auftretenden Rezessionstendenzen Anzeichen für eine Renaissance des Keynesianismus. Jedenfalls geht einem führenden deutschen Wirtschaftsmagazin zufolge diese Angst bei den angebotsorientierten Ökonomen der Industriestaaten-Organisation OECD um[78]. Innovationen in der keynesianischen Theorie und Rezeptur, vorgenommen unter dem Eindruck der neoklassischen Kritik und dem Druck gemachter Erfahrungen, lassen den Ansatz für eine Wiederauferstehung gerüstet erscheinen.

Auf die unterschiedlichen Varianten der keynesianischen Theorie kann an dieser Stelle nur hingewiesen werden[79]. Kurz eingegangen sei aber auf die seit Mitte der siebziger Jahre auf der Grundlage der Forschungen des französischen Ökonomen Edmond *Malinvaud*[80] sich herausbildende "Neue Keynesianische Makroökonomik", und das vor allem deswegen, weil diese neokeynesianische Konzeption mit ihrer Unterscheidung von "neoklassischer" und "keynesianischer" Arbeitslosigkeit einen plausiblen Kompromißpfad zwischen Markt und Staat vorzeichnet. "Neoklassische" Arbeitslosigkeit entsteht, wenn sich trotz ausreichender Nachfrage für den Unternehmer das Angebot wegen der zu hohen Kosten (für Löhne, Zinsen und Tilgung sowie Energie) nicht lohnt; eine staatliche Nachfragestimulierung nach keynesianischem Muster würde daher in die Leere laufen. "Keynesianische" Arbeitslosigkeit hingegen entsteht dadurch, daß das kostenmäßig an sich lohnende Angebot durch die unzureichende Nachfrage "rationiert" wird. Zur Bekämpfung dieses Typs von Arbeitslosigkeit, der charakteristisch für die verfestigten Beschäftigungsprobleme in der Bundesrepublik während der achtziger Jahre war, ist eine mittelfristig expansive und auf qualitative Wachstumsfelder ausgerichtete Finanzpolitik geeignet, vor allem dann, wenn sie von einer "akkomodierenden" Geldpolitik und einer moderaten Lohnpolitik unterstützt wird. Äußerst hilfreich zusätzlich ist eine staatliche Förderung der beruflichen Weiterbildung und Umschulung[81]. Angesichts der sich in Ostdeutschland verschärfenden Wirtschaftsprobleme sowie der sich auch in Westdeutschland abzeichnenden Rezessionsphase erscheint eine solche aktive Beschäftigungspolitik als unverzichtbar.

Ein ganz anderer Sektor, auf dem in neuerer Zeit "Marktversagen" manifest geworden ist, und zwar in seiner drastischen Form, ist der Rüstungsexport. Der Golf-Krieg hat gezeigt, zu welchen Folgen die Laisser-faire-Haltung der Politik führen kann. Zur Vermeidung ähnlicher Katastrophen in der Zukunft ist eine schärfere regulative Wirtschaftspolitik zur Kontrolle der Rüstungsexporte unerläßlich.

---

78 Wirtschaftswoche Nr. 1/2 1991, S. 23.

79 Vgl. Bombach u. a. 1976 ff.

80 Malinvaud 1977.

81 So das Fazit der wirtschaftspolitischen Empfehlungen neokeynesianischer Autoren. Vgl. Krupp u. a. 1986. Als deutscher Vertreter der "Neuen Keynesianischen Makroökonomik" ist vor allem Gerfin (1983) zu nennen.

"Marktversagen" liegt, wie auch liberale Ökonomen gegenwärtig bereit sind einzuräumen, noch in weiteren Bereichen vor[82]. Vor allem das gegenwärtig erreichte Ausmaß der Umweltzerstörung und -gefährdung macht ein entschlossenes und präventives Staatshandeln, welches sich aller geeigneter, also auch regulativer, Instrumente bedient, notwendig. Die Zeit, auf die sich von selbst einstellende ökologische Einsichtsfähigkeit der Wirtschaftssubjekte zu setzen, dürfte kaum mehr vorhanden sein.

Die Zeichen der neunziger Jahre, so der Ausblick bis zur Jahrtausendwende, deuten auf eine Renaissance interventionistischer Wirtschaftspolitik in all ihren Erscheinungsformen (Konjunktur-, Struktur- und Beschäftigungspolitik; Gebote und Verbote; finanzielle Anreize; Seelenmassage und Drohungen; Kooperationen mit der Wirtschaft u. a.) hin. Motor hierfür bleibt hierzulande - unabhängig von den konjunkturellen Schwankungen der Weltwirtschaft einerseits, dem Auftreten ökologischer Katastrophen andererseits - der wirtschaftliche Wiederaufbau Ostdeutschlands. Das 1991 gestartete "Gemeinschaftswerk Aufschwung Ost" zeigt deutlich in die interventionistische Richtung.

Die umfassende Aufgabenzuweisung bedeutet für die Politik freilich keinen Freibrief: Marktversagen schließt "Staatsversagen" nicht aus. Staatsversagen entsteht vor allem aus zwei Gründen: aus endogenen bürokratischen Tendenzen, die Lähmung und Wucherung zugleich bedeuten, sowie aus der parteipolitischen Durchdringung der administrativen Steuerungszentren. Aufgabe einer kritischen Öffentlichkeit, der parlamentarischen Opposition sowie nicht zuletzt der Wissenschaft ist es, die staatliche Fehlsamkeit zu minimieren.

---

82 Krüger 1990.

Literatur

Blank, Hans-Joachim (1972), Verwaltung und Verwaltungswissenschaft, in: Gisela Kress und Dieter Senghaas (Hrsg.), Politikwissenschaft, Frankfurt am Main, S. 315 ff.

Bombach, Gottfried u. a. (Hrsg.) (1976 - 1984), Der Keynesianismus, Bd. I - IV, Berlin u. a.

Brüggemeier, Gerd (1982), "Wirtschaftsordnung und Staatsverfassung"- "Mischverfassung des demokratischen Interventionskapitalismus" -"Verfassungstheorie des Sozialstaats". Drei Modelle der Verflechtung von Staat und Wirtschaft? - Eine Problemskizze, in: Rechtsformen der Verflechtung von Staat und Wirtschaft, Jb. für Rechtssoziologie und Rechtstheorie, Bd. VIII, S. 60 ff.

Brümmerhoff, Dieter (1990), Finanzwissenschaft, München, Wien.

Brunner, Karl (1970), The "Monetarist Revolution" in Money Theory, in: Weltwirtschaftliches Archiv, Vol. 105.

Brunowsky, Ralf-Dieter, Lutz Wicke (1984), Der Öko-Plan, München, Zürich.

Eucken, Walther (1952), Grundsätze der Wirtschaftspolitik, Tübingen-Zürich.

Forsthoff, Ernst (1971), Der Staat der Industriegesellschaft, München.

Förterer, Jürgen (1979), Die stabilitätspolitischen Vorschläge Milton Friedmans, Berlin.

Friedman, Milton (1969), The Optimum Quantity of Money and Other Essays, London.

Friedman, Milton (1976), Kapitalismus und Freiheit, München.

Fusfeld, Daniel R. (1975), Geschichte und Aktualität ökonomischer Theorien, Frankfurt am Main/New York.

Gerfin, Harald (1983), Ursachen der Arbeitslosigkeit, in: Perspektiven der deutschen Wirtschaftspolitik, hrsg. von Horst Siebert, Stuttgart u. a., S. 41 ff.

Gilder, George (1981), Reichtum und Armut, Berlin.

Glastetter, Werner (1987), Konjunkturpolitik, Köln.

Gretschmann, Klaus (1981), Steuerungsprobleme der Staatswirtschaft, Berlin.

Gretschmann, Klaus (1983), Wirtschaft im Schatten von Markt und Staat, Frankfurt am Main.

Hesse, Günter (1979), Staatsaufgaben, Baden-Baden.

Hilferding, Rudolf (1927), Die Aufgaben der Sozialdemokratie in der Republik, Protokoll der Rede auf dem Kieler Parteitag der SPD.

Hilferding, Rudolf (1968), Das Finanzkapital, Frankfurt am Main, 2 Bd. (1. Aufl. 1910).

Hofmann, Werner (Hrsg.) (1964), Sozialökonomische Studientexte, Bd. 1, Wert- und Preislehre, Berlin.

Hofmann, Werner (Hrsg.) (1966), Sozialökonomische Studientexte, Bd. 3, Theorie der Wirtschaftsentwicklung, Berlin.

Hofmann, Werner (1970), Ideengeschichte der sozialen Bewegung des 19. und 20. Jahrhunderts, Berlin.

Höland, Arnim (1990), "Befristete Arbeitsverträge nach dem Beschäftigungsförderungsgesetz (BeschFG 1985)" -Ergebnisse der Untersuchung im Auftrag des Bundesministers für Arbeit und Sozialforschung, in: Zeitschrift für Rechtssoziologie, S. 257 ff.

Hörnigk, Philip Wilhelm von (1685), Österreich über alles, wann es nur will, Nürnberg (2. Aufl.).

Hunt, E.K., Howard J. Sherman (1977), Ökonomie aus traditioneller und radikaler Sicht, Bd. 2, Kronberg/Ts.

Jevons, William Stanley (1871), The Theory of Political Economy, London.

Justi, Johann Heinrich Gottlob von (1755), Staatswirtschaft, oder systematische Abhandlung aller ökonomischen und Kameralwissenschaften, die zur Regierung eines Landes erfordert werden, Leipzig.

Katzenstein, Peter J. (Hrsg.) (1989), Industry and Politics in West Germany. Toward the Third Republic, Ithaca/ London.

Keynes, John Maynard (1926), The End of Laisser-Faire, London.

Keynes, John Maynard (1936), The General Theory of Employment, Interest and Money, London. Deutsche Ausgabe: Allgemeine Theorie der Beschäftigung, des Zinses und des Geldes, Berlin 1936.

Krohn, Claus-Dieter (1981), Wirtschaftstheorien als wirtschaftliche Interessen. Die akademische Nationalökonomie in Deutschland 1918-1933, Frankfurt.

Kromphardt, Jürgen (1987), Konzeptionen und Analysen des Kapitalismus, Göttingen (2. Aufl.).

Krüger, Anne O. (1990), Eisernes Dreieck, in: Wirtschaftswoche, Nr. 50, S. 88 ff.

Krupp, Hans-Jürgen u. a. (Hrsg.) (1986), Wege zur Vollbeschäftigung, Freiburg.

Kruse, Alfred (1959), Geschichte der volkswirtschaftlichen Theorien, Berlin (4. Aufl.).

Lederer, Emil (1922), Grundzüge der ökonomischen Theorie, Tübingen.

Lederer, Emil (1979), Kapitalismus, Klassenstruktur und Probleme der Demokratie in Deutschland 1910-1940. Ausgewählte Aufsätze, hrsg. von Jürgen Kocka, Göttingen.

Lutz, Burkhart (1984), Der kurze Traum immerwährender Prosperität, Frankfurt am Main/New York.

Maier-Rigaud, Gerhard (1988), Umweltpolitik in der offenen Gesellschaft, Opladen.

Malinvaud, Edmond, (1977), The Theory of Unemployment Reconsidered, Oxford.

Malthus, Thomas (1798), An Essay on the Principle of Population as it effects the Future Improvement of Society, London.

Marx, Karl (1974), Randglossen zu Adolph Wagners "Lehrbuch der politischen Ökonomie", MEW 19, S. 355 ff., Berlin.

Marx, Karl (1972/1973), Das Kapital, Bd. I-III, MEW 23-25, Berlin.

Mayer, Thomas (1978), Die Struktur des Monetarismus, in: Beihefte zu Kredit und Kapital, Heft 4, S. 9 ff.

Mill, John Stuart (1848), Principles of Political Economy with Some of Their Applications to Social Philisophy, London.

Müller-Armack, Alfred (1956), Stichwort Soziale Marktwirtschaft, in: Handwörterbuch der Sozialwissenschaften, 9. Bd., S. 390 ff.

Nahamowitz, Peter (1978), Gesetzgebung in den kritischen Systemjahren. Eine Rekonstruktion spätkapitalistischen Staatshandelns, Frankfurt am Main/New York.

Nahamowitz, Peter (1988), Autopoiesis oder ökonomischer Staatsinterventionismus?, in: Zeitschrift für Rechtssoziologie, S. 36 ff.

Nahamowitz, Peter (1989), Stabilisierung des Arbeitsmarkts durch Recht? - Die Implementation von StWG und Finanzpolitik -, in: Jahresschrift für Rechtspolitologie, S. 80 ff.

Naphtali, Fritz (1977), Wirtschaftsdemokratie, hrsg. und eingel. von Rudolf F. Kuda, Köln, Frankfurt am Main (1. Aufl. 1928).

Pareto Vilfredo (1906), Manuala di economia politica, Mailand.

Preiser, Erich (1975), Nationalökonomie heute, München (12. Aufl.).

Quesnay, Francois (1758), Maximes générales d'un royaume agricole, in: A. Oncken (ed.), Oeuvres économiques et philosophiques de F. Quesnay, Frankfurt 1888.

Ricardo, David (1817), On the Principles of Political Economy and Taxation, London.

Röpke, Wilhelm (1958), Jenseits von Angebot und Nachfrage, Zürich/Stuttgart.

Rürup, Bernd; Seidler, Hanns (1984), Das vergessene Stabilitätsgesetz, in: Konjunkturpolitik, S. 259 ff.

Sachverständigenrat zur Begutachtung der gesamtwirtschaftlichen Entwicklung (1977/1978), Jahresgutachten, Mehr Wachstum - mehr Beschäftigung.

Say, J.-Babtiste (1803), Traité d'économie politique, Paris.

Scharpf, Fritz W. (1987), Sozialdemokratische Krisenpolitik in Europa, Frankfurt am Main/New York.

Schäffle, Albert (1867), Das gesellschaftliche System der menschlichen Wirtschaft, Tübingen (2. Aufl.).

Schmidt, Ingo, Jan B. Rittaler (1986), Die Chicago School of Antitrust Analysis, Baden-Baden.

Smith, Adam (1776), An Inquiry into the Nature and the Causes of the Wealth of Nations, London.

Spahn, Heinz-Peter (1979), Die Stabilitätspolitik des Sachverständigenrats, Frankfurt am Main/New York.

Schumpeter, Joseph (1911), Theorie der wirtschaftlichen Entwicklung, München u. a.

Stein, Lorenz von (1878), Lehrbuch der Finanzwissenschaft, 2 Bd., Leipzig (4. Aufl.; 1. Aufl. 1860).

Stobbe, Alfred (1975), Gesamtwirtschaftliche Theorie, Berlin u. a.

Wagner, Adolph (1894), Grundlegungen der politischen Ökonomie, Leipzig (3. Aufl.).

Walras, Leon (1874-1877), Eléments d'économie politique pure, Lausanne u. a.

Walter, Norbert (1985), Angebotsorientierter Politikansatz, in: Friedrich Buttler u. a., Staat und Beschäftigung, BeitrAB 88, S. 1 ff.

Weber, Max (1972), Wirtschaft und Gesellschaft, Studienausgabe, Tübingen.

Winkler, Heinrich August (Hrsg.) (1974), Organisierter Kapitalismus, Göttingen.

Abbau und Ausbau der öffentlichen Wirtschaft in den 80er Jahren

Gerold Ambrosius

I. Vorbemerkung*

Es entbehrt nicht einer gewissen Ironie, daß genau zu der Zeit, als das Privatisierungsprogramm der Bundesregierung von 1985[1] endgültig realisiert wurde,[2] der Bund durch den Beitritt der DDR zur BRD in den Besitz eines gewaltigen Produktivvermögens gelangte.[3] Keine der deutschen Zentralregierungen seit 1871 besaß in einem solchen Umfang eigene Unternehmen wie die Bundesregierung seit dem 3. Oktober 1990.[4] Für den Unternehmensbereich im Gebiet der bisherigen DDR gilt zwar ebenfalls der Grundsatz, "die unternehmerische Tätigkeit des Staates durch Privatisierung so rasch und so weit wie möglich zurückzuführen",[5] dennoch wird das Verhältnis von öffentlicher und privater Produktion auf lange Zeit ein zentrales Thema der Wirtschaftspolitik bleiben.

Wie überall in der Welt soll auch in der Bundesrepublik die Privatisierung öffentlicher Unternehmen die öffentlichen Haushalte entlasten, die Leistungsfähigkeit der betreffenden Betriebe steigern, vor allem aber einen Beitrag zum allgemeinen ordnungspolitischen Ziel der Deregulierung und Liberalisierung leisten.[6] Privatisierung ist geradezu zum Symbol der Entstaatlichung geworden. Privatisierung, Entbürokratisierung durch Rechts- und Verwaltungsvereinfachung bzw. Deregulierung und Beschränkung des öffentlichen Ausgabenvolumens sind die Bestandteile einer Politik, die den partiellen Rückzug des Staates aus der Wirtschaft zum Ziel hat.[7] Obwohl die öffentliche Wirt-

---

* Für Mitarbeit und hilfreiche Anmerkungen danke ich Wolfgang Pohl.

1 Gesamtkonzept für die Privatisierungs- und Beteiligungspolitik des Bundes v. 26.3.1985, Bulletin Nr. 34 v. 28.3.1985.

2 Vgl. Fritz Knauss, Privatisierung in der Bundesrepublik Deutschland 1983 - 1990. Bilanz und Perspektiven, Köln 1990.

3 Siehe Einigungsvertrag v. 31.8.1990, Bulletin Nr. 104 v. 6.9.1990.

4 Vgl. Gerold Ambrosius, Der Staat als Unternehmer. Öffentliche Wirtschaft und Kapitalismus seit dem 19. Jahrhundert, Göttingen 1984.

5 Gesamtkonzept 1990 für die Privatisierungs- und Beteiligungspolitik des Bundes, Bulletin Nr. 141 v. 5.12.1990.

6 Vgl. Hartmut Brede (Hrsg.), Privatisierung und die Zukunft der öffentlichen Wirtschaft, Baden-Baden 1988; Achim v. Loesch, Privatisierung öffentlicher Unternehmen. Ein Überblick über die Argumente, Baden-Baden 1987.

7 Seit 1983 gibt es eine von der Bundesregierung ins Leben gerufene Kommission zur Rechts- und Verwaltungsvereinfachung, seit 1987 eine zur Deregulierung. Gesellschaft für öffentliche Wirtschaft und Gemeinwirtschaft (Hrsg.), Entstaatlichung, Verstaatlichung, Status quo - Europa wohin?, Baden-Baden 1982.

schaft eine der markantesten staatlichen Interventionsformen darstellt, gibt es keine brauchbare Theorie, mit der dieses Phänomen erfaßt werden kann. "Brauchbar" meint, daß die Ansätze operational formuliert sind, d. h. empirisch überprüft werden können, und eine gewisse raum- und zeitübergreifende Dimension besitzen. Diese kritische Einschätzung trifft sowohl Ansätze liberaler bzw. neoklassischer Provenienz wie die Theorie der öffentlichen Güter, der Verfügungsrechte, der Transaktionskosten oder der Neuen Politischen Ökonomie[8] als auch Ansätze politik-ökonomischer Provenienz wie die traditionellen marxistischen oder Spätkapitalismustheorien.[9] Alle diese Modelle bewegen sich auf einem Abstraktionsniveau, das eine erklärungsrelevante Ursachenanalyse der Entwicklung öffentlicher Produktionsmittel nicht zuläßt.

Dieser Vorwurf trifft zwar nicht die Ansätze einer eigenständigen Theorie der öffentlichen Wirtschaft.[10] Da diese aber den Anspruch haben, die strukturelle Binnendifferenzierung der öffentlichen Wirtschaft zu erfassen, sperren sie sich gegen einfache, eindimensionale Interpretationen. Nicht zuletzt berücksichtigen sie die politisch-ideologischen und historischen Gründe, die die Entwicklung der öffentlichen Wirtschaft beeinflußt haben, unter denen der "historische Zufall" eine nicht unbedeutende Rolle spielt.

Die Tatsache, daß es eine Theorie der öffentlichen Wirtschaft, die historischen wie systematischen Ansprüchen genügt, nicht gibt, braucht nicht zu einer bloßen Beschreibung der Entwicklung zu führen. Es werden Hypothesen formuliert, die allerdings hinsichtlich ihres theoretischen Gehaltes recht bescheiden sind. Es geht um eine positive Erklärung bzw. Interpretation dessen, was gewesen ist, und nicht um normative Aussagen zur Gestaltung von Politik. Dabei spielt die wirtschaftshistorische Perspektive eine besondere Rolle, d. h., die jüngste Vergangenheit wird vor dem Hintergrund säkularer Entwicklungen betrachtet. Im Kern sollen folgende Fragen beantwortet werden: Wie verhielten sich die Veränderungen des Wirtschaftssystems und die der öffentlichen

---

8 Vgl. z. B. einen von Peter Friedrich herausgegebenen Sammelband zur Theorie der öffentlichen Unternehmung, der in Kürze erscheint; darin Werner W. Engelhardt, Der Beitrag der Theorie des institutionellen Wandels von D. C. North zur Theorie der öffentlichen Unternehmen und Genossenschaften; Charles B. Blankart, Öffentliche Unternehmen aus der Sicht der Gemeinwirtschaftslehre und der Neuen Politischen Ökonomie, in: Zeitschrift für öffentliche und gemeinwirtschaftliche Unternehmen 9 (1983), 14 - 29; ders., Ökonomie der öffentlichen Unternehmen. Eine institutionelle Analyse der Staatswirtschaft, München 1980; Jr. P. F. Brucato, David G. Davies, Property Rights and Transaction Cost: Theory and Evidence of privatly-owned and government-owned Enterprises, in: Zeitschrift für die gesamte Staatswissenschaft 143 (1987), S. 7 - 33.

9 Vgl. Gerold Ambrosius, Zur Geschichte des Begriffs und der Theorie des Staatskapitalismus und des staatsmonopolistischen Kapitalismus, Tübingen 1981; Karl Kühne, Neomarxismus und Gemeinwirtschaft, Frankfurt a. M. / Köln 1978; ders., Neue Linke und Gemeinwirtschaft, Köln 1980.

10 Vgl. die Arbeiten, die im Kreis des wissenschaftlichen Beirates der Gesellschaft für öffentliche Wirtschaft entstanden und die u. a. mit folgenden Namen verbunden sind: Theo Thiemeyer, Peter Eichhorn, Gerhard Himmelmann, Gerhard Weisser, Hans Ritschl, Karl Oettle, Werner W. Engelhardt.

Wirtschaft zueinander? Auf welche Weise wandelte sich das Verhältnis von Staat und Wirtschaft unter dem speziellen Aspekt der öffentlichen Wirtschaft?

In einem ersten Schritt werden wichtige Veränderungen des bundesdeutschen Wirtschaftssystems in den 80er Jahren herausgearbeitet. Dabei steht der Begriff "80er Jahre" weniger für den Zeitraum 1981 bis 1990, sondern mehr für die Phase seit der Krise Mitte der 70er Jahre. In einem zweiten Schritt wird der sich parallel dazu vollziehende Wandel der öffentlichen Wirtschaft aufgezeigt. In einem dritten Schritt werden dann beide Entwicklungen aufeinander bezogen.

II. Die 1980er Jahre aus wirtschaftshistorischer Perspektive

1. Wirtschaftlicher Strukturwandel

Die "80er Jahre" begannen 1974/75 mit einer schweren Krise, die nicht nur zum zweiten Mal in der Geschichte der BRD zu einem realen Rückgang des Sozialproduktes führte, sondern das endgültige Ende des langen Nachkriegsbooms bedeutete. Bereits 1981/82 kam es erneut zu einer Rezession. Seitdem setzte ein langer, wenn auch schwacher Aufschwung ein, der erst am Ende der 80er Jahre wieder in höhere Wachstumsraten mündete.[11]

Eng mit diesem Bruch im Wachstumspfad war ein tiefgreifender Strukturwandel verbunden: die Deindustrialisierung.[12] Der Rückgang der industriellen Beschäftigtenzahl setzte zwar schon 1965 ein, der des Beschäftigtenanteils 1970. Aber erst seit Mitte der 70er Jahre begann sich die Bundesrepublik kräftig zu entindustrialisieren. Millionen von industriellen Arbeitsplätzen wurden seither abgeschafft.[13] Die These, daß die Industrie in der Zwischenzeit vom Subjekt zum Objekt der wirtschaftlichen Entwicklung geworden ist, dürfte zu weit greifen, auch wenn Schlagworte wie das von der postindustriellen Gesellschaft dies vielleicht suggerieren. Ohne Zweifel verloren aber die Produktionsprozesse, die man traditionell als industriell bezeichnet, an Bedeutung. Hinsichtlich des intraindustriellen Strukturwandels beschleunigte sich die Entwicklung von den arbeitsintensiven niedrigproduktiven Niedriglohnbranchen mit geringer Arbeitsqualifikation zu den kapitalintensiven hochproduktiven Hochlohnbranchen mit hoher Arbeitsqualifikation.

Der Abbau des sekundären Sektors ist die eine Seite des intersektoralen Strukturwandels, der Ausbau des tertiären die andere. Auch in dieser Hinsicht verleitet ein Schlagwort - diesmal das von der Dienstleistungsgesellschaft - vielleicht zu falschen Schlußfolgerungen. Würde man damit nur den Ausbau sozialer und konsumorientierter

11 Nicht umsonst setzte die Strukturberichterstattung der Wirtschaftsforschungsinstitute in den 70er Jahren ein; vgl. die entsprechenden Berichte.

12 Vgl. H. Lindner, Die De-Industrialisierungsthese. Eine Analyse ihrer empirisch-statistischen Grundlagen, Tübingen 1987.

13 Vgl. OECD, Labour Force Statistics, erscheint jährlich.

Dienstleistungen zum Ausdruck bringen wollen, so wäre dies nicht richtig. Neben dieser Art von Dienstleistungen waren es - seit der zweiten Hälfte der 70er Jahre sogar in stärkerem Maße - die sog. produktionsorientierten Dienstleistungen, die die Tertiarisierung der Wirtschaft bewirkten.[14]

Sie brachten in technisch-organisatorischer Hinsicht zugleich den Übergang von der traditionellen standardisierten Massenfertigung - dem sog. fordistischen Produktionsmodell - zur flexibel automatisierten Prozeßtechnik - von den "economies of scale" zu den "economies of scope". Die Folgen dieser immer stärkeren Durchdringung der Produktionsprozesse durch sog. flexible Fertigungssysteme waren gehobene Ansprüche an eine adäquate Infrastruktur im Bereich der Telekommunikation, von Forschung und Entwicklung oder auch des traditionellen Verkehrswesens.

Die Tertiarisierung der Produktion führte außerdem zu einer noch intensiveren Verflechtung zwischen dem sekundären und dem tertiären Sektor. Man könnte fast von einer qualitativ neuen Beziehung sprechen. Auch die intrasektorale Verflechtung nahm zu. Einzelne Produktionsbereiche wurden in einem bis dahin nicht gekannten Maße von Unternehmen aus-, aber auch eingelagert.[15] Der technologische Wandel ließ neue Industrien entstehen oder bestehende expandieren, die keinem der beiden Sektoren mehr eindeutig zuzuordnen sind: Datenverarbeitung, Kommunikationstechniken, Raumfahrt, Mikroelektronik etc.[16]

Inter- und intrastrukturelle Verflechtung und inter- und intraregionale verhalten sich komplementär. Bei der zunehmenden regionalen Integration handelt es sich zwar um einen stetigen Prozeß, in dem Schübe nur schwer festzumachen sind. Man kann aber davon ausgehen, daß die Massenmotorisierung seit den 50er Jahren, die in den 70er Jahren voll wirksam wurde, die Entwicklung beschleunigte. Die BRD erreichte einen Verdichtungsgrad, eine räumliche Verflechtung und damit eine regionale Flexibilität der Produktion, die noch in den 50er Jahren kaum vorstellbar war.[17] Regionale oder lokale Wirtschaftsgebiete können seither politisch-institutionell immer weniger abgegrenzt werden. Maßnahmen im Rahmen der regionalen Strukturpolitik können wirkungslos bleiben oder sogar kontraproduktiv wirken.

Neben der binnenwirtschaftlichen Verflechtung gibt es die außenwirtschaftliche. Mehr als ein Drittel des Sozialprodukts geht oder kommt über die Grenzen. Die 80er Jahre ordnen sich in einen mehr oder weniger stetig verlaufenden Trend ein, der seit dem Zweiten Weltkrieg die Volkswirtschaften immer stärker zusammenführte. Außerdem deutete sich in den 80er Jahren an, daß die europäische Integration recht bald eine

---

14 Fritz W. Scharpf, Strukturen der postindustriellen Gesellschaft, oder: Verschwindet die Massenarbeitslosigkeit in der Dienstleistungs- und Informationsökonomie?, discussion paper, IIM/LMP 84 - 23, Wissenschaftszentrum Berlin, 1985.

15 Horst Albach, Dienstleistungen in der modernen Industriegesellschaft, München 1989, S. 4 ff.

16 Vgl. F. Stille u. a., Strukturverschiebungen zwischen sekundärem und tertiärem Sektor, Berlin 1988.

17 Vgl. Raumordnungsbericht 1990, hrsg. von der Bundesregierung, Bonn 1990.

neue Dynamik gewinnen würde. Der Prozeß des Zusammenwachsens scheint unumkehrbar.

Schließlich soll der beginnende ökologische Umbau der Wirtschaft erwähnt werden, der ebenfalls eine säkulare Zäsur in der langen Industriegeschichte darstellt. Der Boom der Nachkriegszeit führte die traditionelle Industriewirtschaft und -gesellschaft auf einen Höhepunkt, zeigte aber auch die "Grenzen des Wachstums", die außerordentliche Belastung von Mensch und Umwelt auf. Die ökologischen Probleme sind so tiefgreifend und berühren so sensible Bereiche einer hochzivilisierten Gesellschaft, daß ihre ganze Tragweite erst allmählich realisiert wurde. Erst in den 80er Jahren setzte sich die Erkenntnis durch, daß der Markt allein diese Probleme nicht bewältigen kann, daß Staat und Gesellschaft gefordert sind, um die Lebensgrundlagen der Menschen zu erhalten.

Insgesamt fand in den 80er Jahren zwar eine Umstrukturierung des Produktionspotentials statt: von rohstoff-, sachkapital- und arbeitsintensiver zu wissenschaftsintensiver Produktion, von binnenmarktorientierter zu weltmarktorientierter Produktion, von der Waren- zur Dienstleistungsproduktion, von umweltbelastender zu umweltverträglicher Produktion. Gemessen an den Anpassungserfordernissen war das Tempo des Strukturwandels aber langsam. Die 80er Jahre brachten insofern eine neue Erfahrung, als sich die strukturellen Ungleichgewichte diesmal im konjunkturellen Aufschwung zumindest teilweise nicht verringerten, sondern vergrößerten.

Die mit dem Wachstumsbruch, der Deindustrialisierung und der Tertiarisierung, der hochgradigen Verflechtung und der ökologischen Belastung verbundenen neuen Herausforderungen stellten sich in erster Linie bestimmten Bereichen des Dienstleistungssektors wie Forschung und Entwicklung, Information und Kommunikation, Consulting und Marketing usw., aber auch den Bereichen der traditionellen Infrastruktur wie Verkehr oder Ver- und Entsorgung. Zugleich war die regionale und sektorale Strukturpolitik erneut gefordert. Es ging darum, - stärker als jemals zuvor - die technische Innovationsfähigkeit zu fördern und die Modernisierung voranzutreiben, um damit die internationale Wettbewerbsfähigkeit der deutschen Wirtschaft zu erhalten.

2. Wandel der Wirtschaftspolitik

Es kann kaum verwundern, daß eine grundsätzliche Diskussion über die Wirtschaftsordnung und die Wirtschaftspolitik einsetzte, nachdem die Steuerungsprobleme so hochkomplexer Systeme wie die der westeuropäischen Industriestaaten augenfällig geworden waren. Nicht nur die wirtschaftlichen Strukturen veränderten sich seit den 70er Jahren, sondern gleichzeitig das Verhältnis von Staat und Wirtschaft - wenn auch im theoretisch-konzeptionellen Denken stärker als in der praktischen Wirtschaftspolitik. In den Wirtschafts- wie in den anderen Sozialwissenschaften wurde am "Mythos Staat" gekratzt, der Staat "entzaubert" oder das "Staatsversagen" wiederentdeckt.[18] Dabei wurde die "Institution Staat" an sich kritisiert, seine Aufnahme- und Verarbeitungskapazität von Problemen, der Glaube an die "Machbarkeit der Dinge". Gleichzeitig übte man Kritik an den konkreten Interventionsmitteln. Die Krise des Staates wurde vor allem als Krise des Steuerstaates und des zentralisierten Gesetzgebungs- und Verordnungsstaates verstanden.[19]

Daran, daß das Paradigma einer makroökonomischen Stabilisierungspolitik tatsächlich in den 70er Jahren in eine Krise geraten war, kann kein Zweifel bestehen. Weder die konjunkturellen noch die strukturellen Probleme konnten durch die Globalsteuerung gelöst werden. Im Gegenteil, es traten neue Finanzierungsprobleme hinzu.

Die Gründe für das Versagen des Keynesianismus werden natürlich je nach ideologisch-politischer Position unterschiedlich gewichtet. Sieht man von den Extremen ab, so gibt es aber eine Reihe von Gründen, die allgemein akzeptiert sind und die hier zumindest erwähnt werden sollen, weil sie das Politikverständnis der 80er Jahre wesentlich prägten: 1. Die Krise seit Mitte der 70er Jahre war vor allem eine strukturelle und weniger eine konjunkturelle. 2. Die bundesdeutsche Wirtschaft war wie nie zuvor in internationale Wirtschaftszusammenhänge und supranationale Institutionen eingebunden. 3. Die föderative Struktur der Bundesrepublik verhinderte gesamtstaatliche Strategien. 4. Konzeptimmanente Faktoren erschwerten die Umsetzung des theoretischen Ansatzes in praktische Politik (Probleme der Diagnose, Prognose, Mittelwahl, Dosierung, Wirkungsverzögerung usw.). Vor dem Hintergrund dieser diagnostizierten Schwachstellen des keynesianischen Ansatzes müssen die alternativen Politikstrategien in den 80er Jahren gesehen werden.

Als Wege aus der Krise der Wirtschaftspolitik wurden Alternativen zum bisherigen staatlichen Handeln formuliert und auch praktiziert, von denen im hier behandelten Zusammenhang folgende besonders relevant sind. Auf liberaler Seite setzte man verstärkt auf den Markt als zentrale Institution der Allokation und Distribution. Die Renaissance der neoklassischen Mikroökonomik zielte aber weniger auf eine bloße Rehabilitierung der formalen Gleichgewichtstheorie alten Stils. Es ging vielmehr um eine grundsätzliche Kritik an der wohlfahrtsstaatlichen Absicherung wirtschaftlichen Handelns und am Versuch, die wirtschaftliche Entwicklung makroökonomisch zu steuern. Der Staat sollte sein Interventionspotential generell einschränken; er sollte sich zumindest partiell aus der Wirtschaft verabschieden. Es kann nicht verwundern, daß die unternehmerische Dynamik im Schumpeterschen Sinne wiederentdeckt wurde.[20] Ein Teil

---

18 Ernst Cassirer, Der Mythos des Staates, Frankfurt a. M. 1985; Helmut Willke, Entzauberung des Staates, Königstein/Ts. 1983; Norbert Kloten, Der Staat in der Sozialen Marktwirtschaft, Tübingen 1986.

19 Rolf Richard Grauhan, Rudolf Hickel (Hrsg.), Krise des Steuerstaates. Widersprüche, Perspektiven, Ausweichstrategien, Opladen 1978; Manfred Glagow (Hrsg.), Gesellschaftssteuerung zwischen Korporatismus und Subsidiarität, Bielefeld 1984.

20 Vgl. Dieter Bös, Hans Dieter Stolper (Hrsg.), Schumpeter oder Keynes? Berlin/Heidelberg 1984.

der liberal-konservativen Politik leitete - wenn auch zögernd - konkrete Schritte zur Verwirklichung dieses Ziels ein. Bei einem anderen Teil wurde diese Position eher rhetorisch vertreten denn praktisch verfolgt. Er hielt an einer aktiven staatlichen Politik fest, war aber hinsichtlich der eingesetzten Instrumente pragmatischer. Staatlicher Interventionismus wurde nicht mehr an gesamtwirtschaftlichen Zielen ausgerichtet, sondern an einzelwirtschaftlicher Rentabilität. Der Staat sollte sich auf die Aufgaben beschränken, die er trotz der starken außenwirtschaftlichen Abhängigkeit und der Einbindung in supranationale Institutionen, trotz der strukturellen Probleme und der engen Verflechtung mit Aussicht auf Erfolg bewältigen konnte. Dazu gehörte eine Aufwertung staatlicher Technologieförderung als Voraussetzung für ein Bestehen im internationalen Wettbewerb.[21]

Eine zweite Alternative lief auf eine stärkere Dezentralisierung und Regionalisierung sowie einen höheren Grad an Delegation und innerer Differenzierung der Wirtschaftspolitik hinaus.[22] Das Ziel war nicht, den Staatsinterventionismus generell abzubauen, sondern die Politik durch eine größere Problemnähe wirksamer zu gestalten. Um dies zu gewährleisten, sollten verstärkt nicht-institutionelle oder neben-staatliche Strategien verfolgt werden. Es sollten nicht nur neue problemadäquate Aufgaben für die Wirtschaftspolitik formuliert werden, die Politik sollte auch stärker institutionell gegliedert und ihre Instrumente stärker variiert werden. Diese Alternative setzte ebenfalls auf den Markt und die privatwirtschaftliche Dynamik, wollte jedoch bewußt steuern. Es wurde aber weder eine globalsteuernde Makropolitik noch eine ordnungssetzende Mikropolitik angestrebt, sondern eine Mesopolitik, die gezielt die Modernisierung der Wirtschaft unterstützt. Sicherung der internationalen Wettbewerbsfähigkeit, Förderung zukunftsweisender Innovationsprozesse, ökologische Umstrukturierung und Schaffung und Erhaltung langfristig sicherer Arbeitsplätze waren die Ziele, ausdifferenzierte, marktnahe Instrumente die Mittel. Die Nähe dieser alternativ-ökologischen zu sozialkonservativen Positionen war unverkennbar, selbst wenn es vom ideologischen Ansatz her tiefgreifende Unterschiede gab.

Was nun die Stellung und Funktion der öffentlichen Wirtschaft in diesen wirtschaftspolitischen Reformkonzepten anbelangt, so bestanden sehr unterschiedliche Meinungen. Es wurde ebenso ein möglichst weitgehender Abbau wie eine aktivere Rolle gefordert. Auf den ersten Blick scheint es nicht schwierig zu sein, die grundsätzlichen Auffassungen bestimmten parteilichen oder verbandlichen Positionen zuzuordnen. Auf den zweiten Blick wird aber deutlich, daß sich die öffentliche Wirtschaft gegen eine solche einfache Zuordnung sperrt. Es dürfte kaum möglich sein, klare Linien zwi-

---

21 z. B. Lothar Späth, Wende in die Zukunft, Reinbek bei Hamburg 1985; Christian Watrin, Zur sozialen Dimension marktwirtschaftlicher Ordnungen, in: Zur Theorie marktwirtschaftlicher Ordnungen, hrsg. von E. Streißler, C. Watrin, Tübingen 1980, S. 476 ff.

22 Vgl. Hans-Friedrich Hollederer, Rolf Seehauser (Hrsg.), Neue Wege der Wirtschaftspolitik, München 1985; Fritz W. Scharpf, Marlene Brechmann (Hrsg.), Aktive Arbeitsmarktpolitik, Frankfurt a. M. 1982; Harald Mattfeld (Hrsg.), Wirtschaftspolitik und Arbeitnehmerinteressen, Pönitz 1986.

schen den politischen Lagern zu ziehen, schon gar nicht, wenn es um konkrete Fragen des Ausbaus oder der Privatisierung von öffentlichen Unternehmen geht.[23]

III. Die Entwicklung der öffentlichen Wirtschaft in den 1980er Jahren

1. Makroökonomische Daten

Die öffentliche Wirtschaft der Bundesrepublik umfaßt neben den Regiebetrieben - unmittelbare Wirtschaftstätigkeit bzw. ausgegliederte betriebswirtschaftliche Einheiten direkter oder mittelbarer staatlicher Verwaltungen - Unternehmen in öffentlich-rechtlicher (Eigenbetriebe, Sondervermögen, Anstalten, Stiftungen) und in privatrechtlicher Form (AG, GmbH).[24]

Es ist nicht möglich, die öffentlichen Unternehmen in der BRD in ihrer Gesamtheit zu erfassen. In der Volkswirtschaftlichen Gesamtrechnung werden sie nicht gesondert ausgewiesen.[25] In der Finanzstatistik sollen zwar alle selbständigen öffentlichen Unternehmen unabhängig von der Rechtsform ermittelt werden. Tatsächlich stehen aber nur Daten für die Wirtschaftsbereiche "Versorgung und Verkehr" und seit Mitte der 80er Jahre für die "Entsorgung" zur Verfügung, wobei die Regiebetriebe gar nicht erfaßt werden; sie zählen nicht zu den öffentlichen Unternehmen.[26] Die deutsche Sektion des Europäischen Zentralverbandes der öffentlichen Wirtschaft (CEEP) erstellt seit den 70er Jahren zusammen mit dem Statistischen Bundesamt die wohl umfassendste Liste von etwa 4000 öffentlichen Unternehmen, wobei diese Liste ebenfalls die Regiebetriebe gar nicht und sicherlich eine Vielzahl selbständiger öffentlicher Unternehmen auch nicht berücksichtigt.[27] Grundsätzlich wird auf eine mehr als 50-prozentige Beteiligung der öffentlichen Hand abgestellt. Die folgenden Daten stellen daher Mindestgrößen dar und sind - da sich die Erfassungskriterien etwas verändern - nicht vollständig vergleichbar.

---

23 Carl Böhret, Aufgabenwandel öffentlicher Unternehmen im Spiegel von Parteien und gesellschaftlichen Gruppen, in: P. Eichhorn, P. Münch (Hrsg.), Aufgaben öffentlicher und gemeinwirtschaftlicher Unternehmen im Wandel, Baden-Baden 1983, S. 63 ff.; Gesellschaft für öffentliche Wirtschaft und Gemeinwirtschaft (Hrsg.), Öffentliche Unternehmen in der sozialen Marktwirtschaft heute, Baden-Baden 1984.

24 Vgl. Helmut Brede, Achim v. Loesch (Hrsg.), Die Unternehmen der öffentlichen Wirtschaft in der Bundesrepublik Deutschland. Ein Handbuch, Baden-Baden.

25 Ihre Zurechnung erfolgt ohne Nachweis der öffentlichen Eigentumsverhältnisse zum Sektor "Unternehmen". Vgl. Statistisches Bundesamt (Hrsg.), Volkswirtschaftliche Gesamtrechnungen, Fachserie 18, Reihe 1. 3, Konten und Standardtabellen, Hauptbericht, 1987, S. 81.

26 Vgl. Statistisches Bundesamt (Hrsg.), Fachserie 2: Unternehmen und Arbeitsstätten, Reihe 3: Abschlüsse der öffentlichen Versorgungs- und Verkehrsunternehmen, jährlich.

27 Vgl. Europäischer Zentralverband der öffentlichen Wirtschaft (CEEP), Die öffentliche Wirtschaft in der Europäischen Gemeinschaft, erscheint alle drei Jahre.

Anteil der öffentlichen Unternehmen an allen Wirtschaftsbereichen (in %) an

	den Bruttoanlage-investitionen	der Brutto-wertschöpfung	den abhängig Beschäftigten
1971	14,1	9,1[a]	8,9
1972	14,0	9,6[a]	8,9
1973	14,3	9,8[a]	9,0
1974	15,8	9,9[a]	9,0
1975	15,2	10,1[a]	9,0
1976	14,1	10,7	9,3
1977	12,1	10,3	9,2
1978	11,9	10,4	9,1
1979	11,9	10,5	8,6
1980	12,7	10,2	8,7
1981	13,7	10,4	8,8
1982	14,8	10,7	8,9
1983	13,7	9,8	7,9
1984	14,1	9,8	7,9
1985	14,4	9,4	6,9
1986	14,6	8,8	6,5
1987[b]	14,4	8,9	6,3
1988[b]	13,6	8,6	6,8

a Nettowertschöpfung
b Vorläufige Ergebnisse

Quelle: Jahrbuch der CEEP 1975, 1978, 1981, 1984, 1987, 1990.

Die hier wiedergegebenen makroökonomischen Daten vermitteln den Eindruck, daß sich die volkswirtschaftliche Bedeutung der öffentlichen Wirtschaft in den 70er und 80er Jahren nicht grundlegend verändert hat. Es läßt sich eine leicht antizyklische Entwicklung erkennen. Insgesamt blieben die Anteilswerte aber recht konstant. Allein der Beschäftigungsanteil ging deutlich zurück, was auf die Teil- oder Vollprivatisierung der großen Industriekonzerne des Bundes zurückzuführen ist. Durch diese Privatisierung wurden nicht nur die eigentlichen Konzerne nicht mehr berücksichtigt, sondern auch ihre zahlreichen Beteiligungen. Natürlich besaßen die öffentlichen Unternehmen in den verschiedenen Wirtschaftsbereichen eine ganz unterschiedliche Bedeutung. So fielen z. B. im Bereich Versorgung und Verkehr durchweg drei Viertel aller Investitionen und Erwerbstätigen auf sie, im Bereich Handel dagegen weniger als 1 %. Auf solche Differenzierungen kann hier nicht weiter eingegangen werden. Der Aussagewert makroökonomischer Daten über die öffentliche Wirtschaft ist insofern begrenzt.[28]

2. Gebietskörperschaften

a. Bund

Ein recht guter, wenn auch nicht kompletter Überblick über das öffentliche Betriebsvermögen des Bundes ergibt sich aus den Beteiligungsberichten des Bundesfinanzministeriums[29], die jährlich erscheinen. Die unmittelbaren Beteiligungen werden vollständig erfaßt, die mittelbaren mit einem Beteiligungsanteil von mindestens 25 % und einem Nennkapital von wenigstens 100.000 DM. Die Tendenz der Entwicklung der Beteiligungen ist eindeutig: Von 1980 bis 1989 ging die Zahl der unmittelbaren und mittelbaren Bundesbeteiligungen von 899 - die höchste Zahl in der Nachkriegszeit - auf 337 zurück. Das war zum großen Teil die Folge einer Sanierungspolitik, die dazu führte, daß wichtige Industrieunternehmen schon in der ersten Hälfte der 80er Jahre ihren Beteiligungsbesitz erheblich strafften. Dennoch kann man sagen, daß die Bundesregierung 1986 "eine wirtschaftshistorisch bedeutsame neue Privatisierungsphase" einleitete:[30] Soweit möglich, sollte ein vollständiger Rückzug des Staates aus industriellen Führungsunternehmen erfolgen. Von 1987 bis 1989 wurden die Beteiligungen an der VEBA AG, Volkswagen AG, VIAG, Industrieverwaltungsgesellschaft IVG und Salzgitter AG ganz aufgegeben. Auch im Dienstleistungsbereich kam es zu Privatisierungen. Bei der Deutschen Siedlungs- und Landesrentenbank wurde der Bundesanteil verringert. Der Bundesanteil an der Deutschen Lufthansa AG ging im Zuge von Kapitalerhöhungen zurück. Die Deutsche Bundesbahn zog sich teilweise aus der Deutschen Verkehrs-Kredit-Bank AG und dem Speditionskonzern Schenker & Co. GmbH zurück. Keine materielle, aber eine formale Privatisierung fand bei der Deutschen Bundespost mit der Aufteilung in drei Teilsondervermögen - Deutsche Bundespost Telekom, Deutsche Bundespost Postdienst, Deutsche Bundespost Postbank - statt.

Die wenigen neuen Beteiligungen, die der Bund und seine Sondervermögen im Laufe der 80er Jahre eingingen, lagen durchweg im Dienstleistungsbereich: Raumfahrt, Kultur, Verkehr, Forschung, Geld und Kredit, Finanzierung.[31]

---

28 Vgl. auch Deutsches Institut für Wirtschaftsforschung (Hrsg.), Zur gesamtwirtschaftlichen Bedeutung öffentlicher Unternehmen (Bearle D. Vesper), in: DIW Wochenbericht 52 (1985), S. 133 ff.; vgl. auch Georg Werner, Bessere Berichterstattung des Staates über seinen Unternehmensbesitz, Wiesbaden 1990; Fritz Knauss, Berichterstattung über öffentliche Unternehmen, in: Zeitschrift für öffentliche und gemeinwirtschaftliche Unternehmen 12 (1989), S. 100 ff.

29 Bundesministerium der Finanzen (Hrsg.), Beteiligungen des Bundes im Jahre 1989, jährlich.

30 Fritz Knauss, Privatisierung, S. 31.

31 Vgl. die Beteiligungsberichte in den 80er Jahren. Zu einzelnen Unternehmen z. B. Wolfgang Wild, Die Deutsche Agentur für Raumfahrtangelegenheiten (DARA) GmbH. Ein Unternehmen des Bundes für die Raumfahrt, in: Zeitschrift für öffentliche und gemeinwirtschaftliche Unternehmen 14

b. Länder

Bei der Privatisierung konnte der Bund nicht autonom entscheiden, sondern mußte sich mit den Ländern abstimmen, die entweder selbst an dem zu privatisierenden Unternehmen beteiligt waren oder zumindest von der Privatisierung betroffen wurden. Anders als auf Bundes- spielten auf Länderebene ideologische Gründe bei der Frage "pro oder contra öffentliche Wirtschaft" eine untergeordnete Rolle.

Es ist nicht möglich, sich einen genauen Überblick über die Entwicklung der öffentlichen Unternehmen der Länder in den 80er Jahren zu verschaffen. Sie werden völlig unzureichend erfaßt. Allein das Land Berlin veröffentlicht jährlich einen Beteiligungsbericht,[32] Hamburg seit 1988. Immerhin liegt für das Jahr 1985 ein exakter Überblick des gesamten direkten und mittelbaren Beteiligungsbesitzes aller Länder vor.[33] In diesem Jahr hielten die Bundesländer 253 direkte und 6240 mittelbare Beteiligungen mit einem Gesamtwert von 16,7 Mrd. DM. Wie beim Bund kam es in den 80er Jahren zu einer Reihe von Privatisierungen. Anders als beim Bund wurden aber auch zahlreiche neue Beteiligungen eingegangen. Selbst in einem Land wie Niedersachsen, das in der ersten Hälfte der 80er Jahre noch am ehesten bereit war, dem Bund in seiner Privatisierungseuphorie zu folgen, wurden zahlreiche Krisenunternehmen - u. a. im Bereich der Fischwirtschaft - übernommen und neue Unternehmen ins Leben gerufen, z. B. Gesellschaft für Sondermüllbeseitigung oder Deponie-Betriebsgesellschaften. Die Länder gründeten Wirtschaftsförderungsgesellschaften, beteiligten sich an Rundfunk- und Fernsehanstalten, engagierten sich in der Forschung und Hochtechnologie, der Datenverarbeitung und bauten ihren Einfluß im Geld- und Kreditwesen - nicht nur über die Landesbanken - aus.[34] Sie verstärkten ihr unternehmerisches Engagement im Ausstellungs-, Kongreß-, Messe-, Werbungs-, Beschaffungs-, Consulting- oder Informationsbereich. U. a. über die Landesbanken[35] stiegen sie bei sehr unterschiedlichen Unternehmen ein, so daß selbst unter den Befürwortern öffentlicher Unternehmen Kritik an einer

---

(1991), S. 91 ff.; Klaus Hammer, Die Deutsche Ausgleichsbank, Porträt eines bundeseigenen Kreditinstituts, in: ebd. 11 (1988), S. 190 ff.

32 Zu Berlin siehe Otto Huter, Christoph Landerer, Die Berliner Eigenbetriebe als Instrumente kommunaler Politik, Berlin 1984; Kurt Lange, Politische Steuerung öffentlicher Unternehmen am Beispiel der Berliner Eigenbetriebe, Diss., Berlin 1986.

33 Stefan Ryll, Michael Stelte, Die Verflechtungsstruktur des öffentlichen Beteiligungsbesitzes von Bund und Ländern. Föderative Verflechtungsstruktur, Bedeutung und Kontrolle des Kapitalbeteiligungsbesitzes des Bundes und der Bundesländer, DFG-Projektreport, Berlin 1991, wird demnächst veröffentlicht; Gerhard Huber, Stefan Ryll, Kapitalbeteiligungen von Bund und Ländern. Eine Analyse auf Basis einer Verflechtungsrechnung, in: Zeitschrift für öffentliche und gemeinwirtschaftliche Unternehmen 12 (1989), S. 287 ff.

34 Vgl. die z. B. im Handelsblatt abgedruckten Berichte über den Unternehmensbesitz der Länder zwischen dem 12.3. und 9.7.1986; Artikelserie der für Beteiligung zuständigen Länderminister und -senatoren in: Öffentliche Wirtschaft und Gemeinwirtschaft 29 (1980), S. 45 ff.

35 Dietrich Dickertmann, Die Kreditinstitute der Länder, in: Zeitschrift für öffentliche und gemeinwirtschaftliche Unternehmen 8 (1985), S. 38 ff., S. 164 ff.; Hans Fahning, Die Hamburgische Landesbank - Girozentrale -, Porträt eines landeseigenen Unternehmens, in: ebd. 9 (1986), S. 65 ff.

expansiven, wenig abgestimmten Beteiligungspolitik der Länder laut wurde. Insgesamt dürfte der Unternehmens- bzw. Beteiligungsbesitz der Länder eher ausgeweitet worden sein.[36]

c. Gemeinden (Gemeindeverbände)

Noch unübersichtlicher als bei den Ländern ist die Situation bei den Gemeinden (Gemeindeverbänden). Erinnert sei daran, daß es 87 kreisfreie Städte und 237 Landkreise, zahlreiche kreisangehörige Gemeinden und Gemeindeverbände gibt, deren Unternehmen bzw. Beteiligungen allenfalls sporadisch erfaßt werden. Quantitative Aussagen sind daher nur in sehr begrenzter Form möglich.[37]

Wie beim Bund, so nahm die Öffentlichkeit auch bei den Gemeinden in den vergangenen Jahren vor allem die Privatisierungen wahr. Sog. Hilfstätigkeiten wurden tatsächlich in größerer Zahl Privaten überlassen:[38] Gebäudereinigung, Schreibarbeiten, bestimmte Reparaturdienste, Bewachungsaufgaben, Fortbildungsmaßnahmen, Wäschereiarbeiten usw. Auch Aufgaben der Leistungsverwaltung wurden privatisiert, allerdings in sehr viel geringerem Ausmaß: Unterhaltung von öffentlichen Grünflächen, von Verkehrssignalanlagen und -einrichtungen, von Parkuhren und Parkhäusern, von Bestattungseinrichtungen, Sportanlagen usw. In selteneren Fällen wurden Mülldeponien, Müllabfuhr, Schlachthöfe, Krankenhäuser, Verkehrsbetriebe, Datenverarbeitung oder Kultureinrichtungen an Private abgetreten. Privatisierungen sind in der Geschichte des kommunalen Betriebsvermögens im übrigen nichts neues, sondern seit jeher praktiziert worden. Ohne Zweifel fanden sie aber seit der zweiten Hälfte der 70er Jahre in größerem Umfang als zuvor statt. Ausschlaggebend hierfür war nicht nur der liberale Zeitgeist, sondern der wachsende finanzielle Druck, unter dem die Kommunen standen; mit der Privatisierung wollte man die öffentlichen Haushalte entlasten.

---

36 Vgl. Bernd Janson, Landesunternehmen, in: Klaus Chmielewicz, Peter Eichhorn (Hrsg.), Handwörterbuch der Öffentlichen Betriebswirtschaftslehre, Stuttgart 1989, Sp. 875 ff.; Gerhard Rombach, Sondervermögen und Unternehmen der öffentlichen Hand - eine Darlegung und Bewertung aus der Sicht eines Bundeslandes (Freistaat Bayern), in: Arbeitspapier Nr. 19 des Schwerpunktes Finanzwissenschaft / Betriebswirtschaftliche Steuerlehre der Universität Trier, 1989.

37 Eine Umfrage bei allen Städte-, Gemeinde- und Landkreistagen brachte nur in einem Fall eine positive Antwort. Nur der Landkreistag Nordrhein-Westfalen hatte einen umfassenden Überblick über die Entwicklung der öffentlichen Unternehmen seiner Mitglieder in den 80er Jahren. Für die Landkreise liegt außerdem eine vollständige Erhebung für das Jahr 1980 vor: Peter Eichhorn, Ernst Schneider, Unternehmen und Beteiligungen der Landkreise, Baden-Baden 1986. Verwiesen sei noch auf die periodisch erscheinende statistische Erhebung des Verbandes Kommunaler Unternehmen, die allerdings nur die Versorgungsunternehmen erfaßt, und die des Bundesverbandes der Deutschen Gas- und Wasserwirtschaft. Bernd Schiefer, Entwicklung der Unternehmen und Beteiligungen der nordrhein-westfälischen Kreise seit 1980, in: Wirtschaftsverwaltungs- und Umweltrecht 1990, Heft 1.

38 Vgl. die Umfrage des Deutschen Städtetages, Möglichkeiten und Grenzen der Privatisierung öffentlicher Aufgaben, Köln 1986 (Reihe A.DST - Beiträge zur Kommunalpolitik, Heft 7).

Mit dem Hinweis darauf, daß Gemeinden "schon immer" privatisiert haben, soll zum Ausdruck gebracht werden, daß schon immer eine Umschichtung des kommunalen Betriebsvermögens stattgefunden hat. Dies gilt auch für die 80er Jahre. Die Kommunen engagierten sich in verschiedenen Branchen neu oder in größerem Ausmaß als zuvor. Im Bereich der Ver- und Entsorgung ist vor allem auf die Abfallbeseitigung bzw. die Entsorgung von Sonderabfällen hinzuweisen. Es entstanden nicht nur neue (Sonder-)Mülldeponien und Müllverbrennungsanlagen. Es wurden Institute für Entsorgung und Umwelttechnik gegründet, die Konzepte zur Lösung des wachsenden Entsorgungsproblems entwickeln sollten.[39] Selbst in einem so alten Unternehmensbereich wie dem Kredit- und Versicherungswesen kam es in den 80er Jahren zu Neugründungen. Wirklich neu waren die Vermögensverwaltungsgesellschaften, die nicht nur die bisherigen unmittelbaren Beteiligungen erfaßten, sondern über die sich die Gemeinden (Gemeindeverbände) an weiteren Unternehmen beteiligten. Im Bereich von Kultur und Freizeit wurden Regiebetriebe in rechtlich selbständige Unternehmen umgewandelt, es kam aber auch zu Neugründungen: Lokalfunkgesellschaften, Freizeit-, Erholungs- und Bildungseinrichtungen etc. Ebenso fanden Neu- bzw. Umgründungen im sozialen Bereich statt. Einrichtungen, die zuvor im Rahmen der öffentlichen Verwaltung betrieben worden waren, wurden in Unternehmen - oftmals in privatrechtlicher Form - umgewandelt: Altersheime, Behindertenwerkstätten und andere soziale Dienste. In einer Vielzahl von Kommunen und Kreisen entstanden Wirtschaftsförderungsgesellschaften oder ähnliche Unternehmen: Gesellschaften für Innovation und Technologietransfer, Technologiezentren, Strukturfördergesellschaften etc.[40]

Insgesamt wurden in den 80er Jahren zwar zahlreiche Hilfstätigkeiten und Aufgaben der kommunalen Leistungsverwaltung - kommunale Einrichtungen und wirtschaftliche Unternehmen - privatisiert. Zugleich kam es aber zu Neugründungen. Es fand eine Umschichtung von den "traditionellen" zu den "modernen" produktionsorientierten und sozialen Dienstleistungen statt, wobei sich das kommunale Betriebsvermögen letztlich ausweitete.

3. Rechtsformen und Führungsstile

Hinsichtlich der Rechtsformen setzte sich in den 80er Jahren ein Trend fort, der seit Beginn des 20. Jahrhunderts beobachtet werden kann: vom kameralistisch geführten Regiebetrieb zur kaufmännisch geführten Unternehmung in privatrechtlicher Form. Diese formale Privatisierung - nur die Rechtsformen änderten sich, nicht aber die Ei-

---

39 Vgl. Gerhard Himmelmann (Hrsg.), Öffentliche Unternehmen in der Abfallwirtschaft, Baden-Baden 1991; Jürgen Falkenberg, Peter Probst, Die Gründung eines kommunalen öffentlichen Unternehmens, in: Zeitschrift für öffentliche und gemeinwirtschaftliche Unternehmen 10 (1987), S. 50 ff.

40 Wolfgang Nispek, Der Beitrag öffentlicher Unternehmen zur Entwicklung von Technologieparks, in: Zeitschrift für öffentliche und gemeinwirtschaftliche Unternehmen 8 (1985), S. 301 ff.; vgl. auch die verschiedenen Unternehmensporträts in ebd.

gentumsverhältnisse - beschleunigte sich in einer ersten Welle in den 20er Jahren. Eine zweite Welle folgte seit den 70er Jahren, die bis Ende der 80er Jahre nicht auslief.[41] In einigen Bundesländern scheint es zwar zu einer "Wiederentdeckung" des Eigenbetriebes gekommen zu sein.[42] In anderen hat sich der Trend zur privatrechtlichen Organisationsform aber noch verstärkt.[43] Die Neugründungen auf Gemeinde-, Gemeindeverbands- und Landesebene fanden durchweg in der Form der GmbH oder AG statt. Gleichzeitig wurde eine große Zahl von Unternehmen in diese Rechtsformen umgewandelt. So blieb zwar der Anteil der AGs an den fast 700 Mitgliedsunternehmen des Verbandes Kommunaler Unternehmen mit 6 % in den 70er und 80er Jahren konstant. Der Anteil der GmbHs stieg dagegen zwischen 1974 und 1983 von 15 % auf 25 % und bis 1989 weiter auf 31 %. Gleichzeitig nahm der Anteil der Eigenbetriebe von 75 % auf 57 % ab.[44] Von den 39 in den 80er Jahren gegründeten Unternehmen der Landkreise Nordrhein-Westfalens erhielten 26 die Rechtsform der GmbH, und nur ein Unternehmen entstand als Eigenbetrieb.[45] Das Ziel dieser formalen Privatisierung war durchweg das gleiche: Mit dem Übergang von der verwaltungsorientierten, bürokratischen Betriebsführung zu einer flexibleren, kaufmännischeren Unternehmensleitung sollte produktiver und damit kostengünstiger produziert werden. Die öffentlichen Betriebe wurden auf diese Weise zunehmend in das marktwirtschaftliche System integriert.

IV. Stellung und Funktion der öffentlichen Wirtschaft im wirtschaftlichen System der 1980er Jahre

Im folgenden sollen die Ergebnisse der Kapitel II und III aufeinander bezogen werden. Grundsätzlich kann festgehalten werden, daß in den 80er Jahren die öffentliche Wirtschaft insgesamt nicht abgebaut, sondern umgeschichtet wurde. Diese Umschichtung bedeutete zwar, daß das industrielle Betriebsvermögen eingeschränkt wurde, zugleich aber neue Unternehmen in den modernen Branchen des tertiären Sektors entstanden. Die öffentliche Hand paßte damit ihre Unternehmen und Beteiligungen dem intersektoralen Strukturwandel an. In der zweiten Hälfte des 19. Jahrhunderts ging es darum, den Wandel vom Agrar- zum Industriestaat infrastrukturell abzusichern und damit die Voraussetzungen für den endgültigen Durchbruch der Industrialisierung zu

41 Vgl. Jürgen Backhaus, Öffentliche Unternehmen. Zum Wirtschaftsrecht, den Funktionen und Rechtsformen öffentlicher Unternehmen, Frankfurt a. M. 1980; Dirk Ehlers, Die Entscheidung der Kommunen für eine öffentlich-rechtliche oder privatrechtliche Organisation ihrer Einrichtungen und Unternehmen, in: DÖV 1986, S. 897.

42 Christoph Landerer, Vor- und Nachteile verschiedener Rechtsformen öffentlicher Unternehmen und Betriebe, in: WSI-Mitteilungen 4/1990, S. 214.

43 Landkreistag Nordrhein-Westfalen (Hrsg.), Eildienst 7-8/90. Sonderheft: Unternehmen und Beteiligungen der nordrhein-westfälischen Kreise, S. 134.

44 Verband kommunaler Unternehmen (Hrsg.), Kommunale Versorgungsunternehmen 1987 und 1988 in Zahlen, Köln 1990, S. 20.

45 Landkreistag Nordrhein-Westfalen (Hrsg.), Eildienst, S. 134 ff.

schaffen.[46] Seit den 1970er Jahren geht es darum, die kaum weniger dramatische Tertiarisierung der Volkswirtschaft zu erleichtern. Man kann sagen, daß die Gebietskörperschaften durchaus flexibel auf die mit diesem volkswirtschaftlichen Strukturwandel verbundenen Herausforderungen reagierten. Dies gilt sowohl für ihr unternehmerisches Engagement im Bereich der neuen produktionsorientierten Dienstleistungen wie Forschung, Technologie- oder allgemein Wirtschaftsförderung als auch für neue Impulse im Bereich der traditionellen Infrastruktur, z. B. im öffentlichen Nahverkehr oder im Post- und Fernmeldewesen. Ebenso wurden die ökologischen Herausforderungen der jüngsten Vergangenheit offensiv im Rahmen öffentlicher Unternehmenstätigkeit angenommen. Die zahlreichen Neugründungen von Unternehmen im Rahmen der Entsorgungswirtschaft spiegeln das ebenso wider wie die Reaktion alter Unternehmen, z. B. bei der Wasserversorgung oder beim Verkehr. Auch die immer engeren internationalen Wirtschaftsbeziehungen fanden ihren Niederschlag in der öffentlichen Wirtschaft. Immer öfter wurden supranationale öffentliche Unternehmen gegründet, um internationale Projekte durchzuführen. Die internationale Kooperation wurde durch öffentliche Unternehmen wesentlich gefördert.[47]

Die Umschichtungen der öffentlichen Wirtschaft spiegeln aber nicht nur den inter- und intrasektoralen Wandel der Wirtschaft wider, sie sind zugleich Ausdruck des neuen Verständnisses von Wirtschaftspolitik. Anders als in Österreich ist in der Bundesrepublik nie ernsthaft der Versuch gemacht worden - obwohl das Stabilitätsgesetz dies vorsieht -, die öffentliche Wirtschaft in den Dienst der makroökonomischen Stabilisierungspolitik zu stellen.[48] Instrumente der mesoökonomischen Strukturpolitik waren sie dagegen immer - wenn auch mehr oder weniger intensiv genutzt.[49] Im Hinblick auf das beschriebene neue Verständnis einer differenzierten Wirtschaftspolitik und der mesoökonomischen Tradition der öffentlichen Wirtschaft ergibt sich für G. Himmelmann "nicht zufällig eine sehr dichte konzeptionelle Affinität. Der Eindruck der Parallelität beider Konzepte läßt sich vertiefen, wenn man darauf verweist, daß vielfältige Formen der makro-ökonomischen Steuerung schon heute - trotz mikro-ökonomischer Rhetorik - tatsächlich betrieben werden und daß gerade in den Bundesländern - selbst unter liberal-

46 Gerold Ambrosius, Staat, S. 50 ff.

47 Peter Eichhorn, Achim v. Loesch, Die Zukunft der öffentlichen Unternehmen, in: H. Brede (Hrsg.), Privatisierung, S. 325.

48 Dieter Vesper, Ziele, Aufgaben und Bedeutung öffentlicher Unternehmen in der Bundesrepublik Deutschland, in: H. Heseler, R. Hickel (Hrsg.), Wirtschaftsdemokratie gegen Wirtschaftskrise. Über die Neuordnung ökonomischer Machtverhältnisse, Hamburg 1986, S. 69 ff.; Gesellschaft für öffentliche Wirtschaft und Gemeinwirtschaft (Hrsg.), Öffentliche Unternehmen in Rezession und Aufschwung, Köln 1977; Gerhard Himmelmann, Steuerungsinstrument öffentliche Wirtschaft? Zur politisch-ökonomischen Theorie öffentlicher Unternehmen, in: Zeitschrift für öffentliche und gemeinwirtschaftliche Unternehmen 9 (1986), S. 395 ff.

49 Gerold Ambrosius, Die öffentliche Wirtschaft in der Weimarer Republik. Kommunale Versorgungsunternehmen als Instrumente der Wirtschaftspolitik, Baden-Baden 1984; Alfred Maußner, Peter Kalusche, Kommunale Unternehmen als Instrumente der Strukturpolitik, Baden-Baden 1982.

konservativen Regierungen - eine gezielte meso-ökonomische Strukturpolitik mit öffentlichen Unternehmen praktiziert wird, um in der Konkurrenz föderativer Eigeninteressen bestehen zu können."[50] Dies gilt in noch stärkerem Maße für die kommunale Ebene, auf der ideologische oder parteipolitische Positionen den Einsatz öffentlicher Unternehmen praktisch nicht beeinflussen. Es wäre sicherlich übertrieben, wollte man von einer Wiederentdeckung dieses Instruments durch Länder und Gemeinden sprechen. Daß es andererseits seit der zweiten Hälfte der 70er Jahre erneut an Bedeutung gewonnen hat, kann nicht geleugnet werden. Das Ende des Booms, in dem regionale und sektorale Strukturprobleme durch rasches Wirtschaftswachstum gemildert werden, spielt dabei eine wichtige Rolle. Die regionale Konkurrenz unter den Gebietskörperschaften mußte sich fast zwangsläufig verschärfen. Es gibt aber noch andere Ursachen für eine "Renaissance" des "Instruments" öffentliche Unternehmung.

Himmelmann führt folgende Gründe an:[51] Öffentliche Unternehmen zeichneten sich durch eine Nähe zu den technischen, ökologischen und strukturellen Problemen aus, die seit der zweiten Hälfte der 70er Jahre immer schärfer hervortraten. Es fällt auf, daß die Mehrzahl der öffentlichen Unternehmen, die Anfang der 80er Jahre bestanden, vor allem aber die Neugründungen seither in strukturellen und ökologischen Problembereichen tätig sind. Öffentliche Unternehmen waren zum zweiten durch Marktkonformität und Flexibilität gekennzeichnet. Der Vorwurf gegen die Politik der 60er und 70er Jahre, sie sei zentralistisch, bürokratisch und unflexibel gewesen, trifft nicht die öffentlichen Unternehmen. Sie ermöglichten vielmehr eine marktnahe Strategie der Wirtschaftspolitik - eine der Forderungen, die fast durchgängig in allen politischen Lagern erhoben wurde. Zum dritten konnten öffentliche Unternehmen dezentral in spezifischen Regionen und Sektoren der Wirtschaft tätig sein und die zentralstaatliche Politik ergänzen und stützen. Viertens erfüllten öffentliche Unternehmen spezifische, begrenzte Aufgaben und besaßen eine direkte Wirksamkeit. Sie trifft daher nicht die Kritik an den traditionellen Subventions- und Förderprogrammen mit ihrer großen Streuung und ihren unkontrollierten Mitnahmeeffekten. Fünftens soll darauf hingewiesen werden, daß öffentliche Unternehmen die öffentlichen Haushalte nicht nur belasteten, sondern auch entlasteten. Vor allem erweiterten sie - da sie sich durch eigene Kreditaufnahme finanzieren - das investiv für öffentliche Zwecke zur Verfügung stehende Kapital. Dies Argument spielte bei den konkreten Neugründungen, vor allem aber bei der Verlagerung von Aufgaben aus der Verwaltung in selbständige Unternehmen eine Rolle. Schließlich besaßen öffentliche Unternehmen sechstens ein besonderes binnenwirtschaftliches Politikpotential. Die Ausweitung der öffentlichen Unternehmertätigkeit in bestimmte Bereiche - z. B. Landesentwicklungsgesellschaften, kommunale Wirtschaftsförderungsgesellschaften - kann auch als Reaktion auf die Tatsache interpretiert werden, daß das makroökonomische Steuerungspotential angesichts der zunehmenden Internationalisierung

---

50 Gerhard Himmelmann, Zukunft der öffentlichen Wirtschaft: Re-Vitalisierung eines oft verkannten Instruments der Meso-Ökonomie, in: H. Brede (Hrsg.), Privatisierung, S. 368.

51 Ebd., S. 368 ff.

der Wirtschaft immer weniger wirksam war. Die Liste der Argumente von Himmelmann kann noch erweitert werden. Es spricht siebtens einiges dafür, daß öffentliche Unternehmen und öffentliche Regulierung bzw. Subventionen in einem inversen Verhältnis zueinander stehen. Dies läßt sich für die konkreten Neugründungen der 80er Jahre zwar nur schwer beweisen. Dennoch sollte der Ausbau der öffentlichen Unternehmertätigkeit auch als Reaktion auf eine dominante Politikströmung angesehen werden, die auf Entregulierung, Liberalisierung, Dezentralisierung und Subventionsabbau setzte. Die dezentrale Struktur der öffentlichen Wirtschaft entspricht achtens der des marktwirtschaftlichen Systems, das zumindest vom liberalen Anspruch her ebenfalls dezentral angelegt sein sollte und in weiten Teilen auch tatsächlich ist. Die öffentliche Wirtschaft ist somit nicht nur ein konstitutives Element einer "mixed economy" westeuropäischen Zuschnitts, sie ist nicht nur wirtschaftssystemkonform, sie ist darüber hinaus ein Element, das dieses System ausdrücklich stärkt. Diese wirtschaftsordungspolitische Perspektive blieb angesichts der Vehemenz, mit der die Forderungen nach materieller Privatisierung vorgetragen wurden, weitgehend unbeachtet.[52]

Die dezentrale Struktur der öffentlichen Wirtschaft besaß nicht nur eine wirtschafts-, sondern zugleich eine staatspolitische Perspektive.[53] Schon im dezentral aufgebauten Staat des Kaiserreichs waren öffentliche Unternehmen einerseits ein wichtiges Element kommunaler Selbstverwaltung, andererseits ein Ausdruck des "machtstaatlichen Etatismus" auf Länder- und Reichsebene.[54] Nicht umsonst waren die zentralstaatlichen Ambitionen im Nationalsozialismus darauf gerichtet, die unteren Gebietskörperschaften auch in diesem Bereich zu entmachten.[55] Die vertikale Dezentralisierung der öffentlichen Wirtschaft, die in den 80er Jahren zunahm, stärkte somit das föderative Gefüge der Bundesrepublik. Gleichzeitig festigt der Staat damit das marktwirtschaftliche System. Dezentrale Staatsstruktur und wettbewerbliche Marktwirtschaft ergänzen sich. Dezentralisierung der öffentlichen Wirtschaft bedeutet mehr Wettbewerb und damit Sicherung der marktwirtschaftlichen Ordnung. Der Staat als Unternehmer verhält sich umso marktwirtschaftskonformer, je stärker er selbst dezentralisiert ist und je stärker seine eigene Dezentralisation auf die öffentlichen Unternehmen durchschlägt. Im Zusammenhang mit der Privatisierung warnt G. Püttner daher zu Recht vor zu radikalen Forderungen: "Es sollte durchaus darauf geachtet werden, daß der deutsche Staat

---

52 Vgl. Thesen des Wissenschaftlichen Beirats (der Gesellschaft für öffentliche Wirtschaft) zu den Aufgaben öffentlicher und gemeinwirtschaftlicher Unternehmen im Wandel, in: P. Eichhorn, P. Münch (Hrsg.), Aufgaben, S. 31 ff.

53 Vgl. Günter Püttner, Zur Marktwirtschaftsadäquanz des dezentralisierten Staates, in: H. Brede (Hrsg.), Privatisierung, S. 29 ff.

54 Gerold Ambrosius, Zur Geschichte der öffentlichen Wirtschaft, in: Steuerungsinstrument öffentliche Wirtschaft?, discussion paper IIVG/dp 86 - 214, Wissenschaftszentrum Berlin, 1986, S. 1 ff.; Gerhard Himmelmann, Geschichtliche Entwicklung der öffentlichen Wirtschaft, in: H. Brede, A. v. Loesch (Hrsg.), Die Unternehmen der öffentlichen Wirtschaft, S. 31 ff.

55 Horst Matzerath, Nationalsozialismus und kommunale Selbstverwaltung, Stuttgart u. a. 1970, S. 381 ff.

ein marktwirtschaftsadäquater Staat bleibt und sich nicht zu einem zentralistischen, uniformen Staat entwickelt, der dann leicht zu einem Gegengewicht gegen die Marktwirtschaft werden und auch demokratisch-pluralistisch verarmen könnte."[56]

V. Zusammenfassende Thesen

1. In den 1980er Jahren fand nur beim Bund ein Abbau der öffentlichen Wirtschaft - die materielle Privatisierung öffentlichen Produktionsvermögens - statt. Bei den Ländern und Gemeinden vollzog sich ein Umbau, der eher zu einem Aus- als zu einem Abbau der öffentlichen Wirtschaft führte. Faßt man die öffentlichen Unternehmen bzw. die Beteiligungen der verschiedenen Gebietskörperschaften als Einheit auf, so wurden Industriebetriebe und traditionelle Hilfstätigkeiten an Private abgetreten und neue produktionsorientierte, ökologische und soziale Dienstleistungen übernommen. Diese Umschichtung des öffentlichen Betriebsvermögens spiegelt den inter- wie intrasektoralen Strukturwandel wider, der an allen modernen Volkswirtschaften seit den 70er Jahren hohe Anforderungen stellt und der auf eine Deindustrialisierung und Tertiarisierung, auf einen technologischen Modernisierungsschub und auf eine neue Qualität regionaler und sektoraler Verflechtung hinausläuft. Die öffentliche Wirtschaft paßte sich diesem säkularen Strukturwandel nicht nur an, sie leistete vielmehr einen aktiven Beitrag zu seiner Bewältigung.

2. Die Entwicklung der öffentlichen Wirtschaft entsprach außerdem dem neuen wirtschaftspolitischen Regime der 80er Jahre. Mit dem wirtschaftspolitischen Paradigmawechsel, der beim Übergang von der sozial-liberalen zur konservativ-liberalen Regierung endgültig vollzogen wurde, entstanden für die öffentlichen Unternehmen neue Handlungsmöglichkeiten. Zwischen der erneut betonten mikroökonomischen Ordnungspolitik und der abgelehnten makroökonomischen Stabilisierungspolitik eröffnete sich ein Bereich mesoökonomischer Strukturpolitik, der auf einen differenzierteren und sensibleren Mittel-einsatz zielte. Das Instrument "öffentliche Unternehmung" war nicht nur marktkonform und entsprach damit dem liberalen Zeitgeist, es besaß zugleich Problemnähe, Flexibilität, konnte dezentral und gezielt eingesetzt werden und büßte durch die zunehmende internationale Verflechtung nicht an Wirksamkeit ein. Es paßte somit zu einem Politikansatz, der sich zwar - zumindest was die öffentlichkeitswirksame Rhetorik betraf - auf die liberale Ordnungspolitik konzentrierte, der aber durchaus nicht auf staatliche Eingriffe verzichten wollte. Zwischen der Privatisierung industrieller Bundeskonzerne und dem Ausbau öffentlicher Dienstleistungsunternehmen bestand somit kein Widerspruch.

56 Günter Püttner, Marktwirtschaftsadäquanz, S. 38.

3. Im Hinblick auf das Verhältnis von Staat und Wirtschaft kann weder von einem Abschied vom noch von einer Rückkehr zum Staat gesprochen werden. Es handelt sich eher um eine zunehmende Verdichtung dieses Verhältnisses. Die Ansätze, die es antagonistisch interpretiert haben, haben es zwar nie zutreffend beschrieben. Zweifellos nahm aber im Laufe des Übergangs vom liberalen Ordnungsstaat zum modernen Interventionsstaat der Verflechtungsgrad zu und damit die Konfrontation ab. Mit der öffentlichen Unternehmung fand der Staat bereits im 19. Jahrhundert - vor dem Hintergrund eines sich entwickelnden liberalen, marktwirtschaftlichen Systems - sozusagen das systemkonformste Instrument der Regulierung. In der privatrechtlichen Form, die zunehmend auch bei öffentlichen Unternehmen angewandt wurde, zerfließen die Grenzen zwischen Staat und Wirtschaft endgültig. Die 1980er ordnen sich in dieser Beziehung in einen säkularen Trend ein; eine neue Qualität bieten sie nicht. Allenfalls besitzt das Instrument "öffentliche Unternehmung" eine größere Affinität zum konstatierten wirtschaftspolitischen Paradigmawechsel, da es marktwirtschaftsadäquater als andere gehandhabt werden kann.

Abschied vom Staat in der Umweltpolitik[1]

Gerhard W. Wittkämper[2]

1. Einführung: Abschied vom Staat in der Umweltpolitik?

Die moderne Industrie-, Dienstleistungs- und Informationsgesellschaft hat dem Staat immer differenziertere Funktionen zugewiesen. Grob können vier Funktionen des Staates unterschieden werden: Die Regulative Ordnungsfunktion, die Legitimationsfunktion, die Infrastrukturfunktion und die Entsorgungsfunktion.[3] Das angebliche Staatsversagen in der Umweltpolitik wird in der Diskussion immer wieder an der Bewältigung der gesellschaftlichen Folgekosten festgemacht.[4]

Überhaupt herrscht weitgehend Uneinigkeit über die Rolle und die Bedeutung des Staates auf dem Feld der Umweltpolitik. Einerseits relativieren Jänicke und Münch die Bedeutung von Staatstätigkeit.[5] Andererseits bleiben beinahe[6] alle Diagnosen und Analysen der Umweltpolitik explizit oder implizit, faktisch oder normativ letztlich auf die Vorstellung eines politischen Mittelpunktes bezogen, wie sie Hartkopf entwickelt hat.[7]

Deshalb wird häufig punktuell argumentiert, z. B.: "Das Politische sei aus den offiziellen Armen Parlament, Regierung, politische Verwaltung in die Grauzonen des Korporatismus abgewandert".[8]

---

1 Im folgenden verwenden wir die Abkürzungen: *ABl* = Amtsblatt (der Europäischen Gemeinschaften); *BT* = Deutscher Bundestag, Drucksache; *EEA* = Einheitliche Europäische Akte; *SRU* = Rat von Sachverständigen für Umweltfragen; *UBA* = Umweltbundesamt; *UNEP* = United Nations Environmental Program; *Umweltbericht* 1990 = Umweltbericht 1990 des Bundesministers für Umwelt, Naturschutz und Reaktorsicherheit, BT11/7168 vom 03.05.1990.

2 Herr Armin Sandhövel, M. A., Münster, hat für den folgenden Teil 1 die Grundlagen erarbeitet.

3 Jänicke, M.: Staatsversagen. Die Ohnmacht der Politik in der Industriegesellschaft. München 1986, S. 19 ff.

4 Dierkes, M./Zimmermann, K.: Umweltpolitik. Zwischen Erstarrung, Innovation und Überforderung, in: Zeitschrift für Umweltpolitik und Umweltrecht, 3/1988, S. 197-208, vgl. auch: Dreier, H./Hofmann, J. (Hg.): Parlamentarische Souveränität und technische Entwicklung, Berlin 1986; Jänicke, M. (Hg.): Umweltpolitik. Beiträge zur Politologie des Umweltschutzes, Opladen 1978.

5 Jänicke, M./Münch, H.: Ökologischer und wirtschaftlicher Wandel im Industrieländervergleich, in: Schmidt, M. (Hg.): Staatstätigkeit. PVS Sonderheft 19/1988, S. 398-405.

6 Wiesner, J.: Ein "Öko-Soziales Interdependenz-Modell": Entwurf zu einer politischen Theorie der Umweltbeziehungen, in: Zeitschrift für Umweltpolitik, 4/1983, S. 315-348.

7 Hartkopf, G./Bohne, E.: Umweltpolitik, Bd. 1: Grundlagen, Analysen und Perspektiven, Opladen 1983, S. 114-130; auch: Hartkopf, G.: Möglichkeiten und Grenzen reglementierender Umweltpolitik, in: Zeitschrift für Umweltpolitik und Umweltrecht, 3/1988, S. 231-242.

8 Beck, U.: Risikogesellschaft. Auf dem Weg in eine andere Moderne. Frankfurt/Main 1986, S. 308; vgl. auch: ders.: Risikogesellschaft, Überlebensfragen, Sozialstruktur und ökologische Aufklärung, in: Aus Politik und Zeitgeschichte, 36/1989, S. 3-13.

Insgesamt bleiben aber alle Versuche, die einen Funktionsverlust des politischen Systems behaupten, erstaunlich theoretisch und ohne konkretes empirisches Fundament. Das gilt auch für die Diskussion um (Neo-) Korporatismus und Umweltpolitik: Korporatismus bezeichnet in Anknüpfung an alte ständestaatliche Vorstellungen die Organisation und Beteiligung gesellschaftlicher Interessengruppen am politischen System. Alemann versteht demgegenüber den Begriff "Neokorporativismus" als eine politisch-gesellschaftliche Strategie, d. h. als ein Bündel gemeinsamer Mittel, in unterschiedlichen Gesellschaften und Teilbereichen mit divergierenden Interessen und Ideologien"[9] und unterscheidet drei Dimensionen: Die Akteure und ihre Interessen, die Politikebene und die Politikarena der Interessenvermittlung. Obwohl korporatistische Erklärungsmuster vornehmlich in den Politikbereichen Tarif, Struktur und Sozialpolitik als Vermittlung zwischen Staat, Kapital und Arbeitnehmern Anwendung gefunden haben, ist schon frühzeitig auf neokorporatistische Verflechtungen in anderen Politikbereichen aufmerksam gemacht worden, z. B. auf die Rolle der Dachverbände und Bürgergruppen in der Umweltpolitik. Doch ist festzustellen, daß Bemühungen, die Brauchbarkeit des Begriffs mittels empirischer Analysen aufzuzeigen, kaum auszumachen sind - vielmehr ein "Überangebot an konzeptioneller Diskussion herrscht".

Die Forschungsliteratur gelangt über die Benennung von Verbänden und ihren Strukturen selten hinaus.[10]

Wir werden im folgenden das Fragezeichen des Themas verstärken müssen. Dies geschieht in der Weise, daß im folgenden Teil 2 die innerstaatlichen Akteure der Umweltpolitik skizziert werden, sodann im Teil 3 die Ziele, im Teil 4 die Merkmale des Umweltproblems, im Teil 5 die geoökologische, die globale und die sozialökologische Verflechtung als Zusatzmerkmale und im Teil 6 die Prinzipien der Umweltpolitik. Dieser Teil ist zugleich der Schlußteil. Mehr Abschied vom Staat, als in den Prinzipien zum Ausdruck kommt, ist nicht zu erwarten!

2. Die Akteure der Umweltpolitik

Wie in jedem anderen Handlungsraum der Politik auch, so lassen sich auch in der Umweltpolitik, abhängig von Zeit, Raum, Sachen und Personen unterschiedliche Akteure ausmachen. Als Inhaber der formellen Gestaltungskompetenz die Gestaltungsakteure, als Inhaber von beeinflussender Zwangs- oder Belohnungsmacht die Beeinflussungsakteure sowie als Teil des jeweiligen Publikums oder der jeweiligen Öffentlichkeit die peripheren Akteure, die Meinungen, Haltungen und Stimmungen prä-

9 Alemann, U.: Korporatismus, in: Nohlen, D./Schultze, R. O. (Hg.): Politikwissenschaft. Theorie - Methoden - Begriffe, Bd. 1., München, 2. Aufl., 1989, S. 472 ff. (473); vgl. auch: ders. (Hg.): Neokorporatismus, Frankfurt/Main, 1981; Heinze, G.: Verbändepolitik und Neokorporatismus, Opladen 1981; Aleman, U./Forndran, E. (Hg.): Interessenvermittlung und Politik, Opladen 1983.

10 Leonhard, M.: Umweltverbände. Zur Organisation von Umweltschutzinteressen in der Bundesrepublik Deutschland, Opladen 1986.

gen, soweit sie nicht als Wählerinnen und Wähler Gestaltungs- und/oder Beeinflussungskompetenz ausüben.

Diese Akteure des Handlungsraums[11] bilden ein jeweils komplexes Netzwerk, sie formen den Handlungsraum, indem sie Situationen deuten, Organisations- und Zielwahlentscheidungen treffen, Interaktionsmuster prägen und praktizieren, Konflikte transformieren und, vor allem in kritischen Situationen, die Strukturen und Prozesse des Handlungsraums neu gestalten.

Damit ist angedeutet, daß im folgenden ein sozusagen komplettes Akteursbild der Umweltpolitik nicht gegeben werden kann und soll. Es geht eher darum, einzelne Akteursgruppen von besonderer Bedeutung in einer Auswahl darzustellen. Das vollständige Akteursbild ist jedoch verfügbar.[12]

Die Staatsaufgabe "Umweltschutz" erforderte angesichts ihrer Merkmale (Teil 4) in der Bundesrepublik seit jeher ein Zusammenwirken der Ebenen des Bundesstaates im Geiste des kooperativen Föderalismus.[13]

Ausdruck der gemeinsamen Verantwortung von Bund und Ländern sind insbesondere die folgenden Gremien:

- Regelmäßige Konferenz der Umweltminister ("Umweltministerkonferenz" UMK),

- Ständiger Abteilungsleiterausschuß Bund/Länder für Umweltfragen (StALA-Bund/Länder),

- Arbeitsgemeinschaften für einzelne Umweltbereiche.

Besondere Verantwortungen kommen seit dem Wirksamwerden des Beitritts der ehemaligen Deutschen Demokratischen Republik zur Bundesrepublik Deutschland gemäß Artikel 23 des Grundgesetzes am 3. Oktober 1990 auf den Bund und die Länder Brandenburg, Mecklenburg-Vorpommern, Sachsen, Sachsen-Anhalt und Thüringen zu.

Das ergibt sich zum einen aus der in Art. 16 des Staatsvertrages vom 18. Mai 1990 zur Währungs-, Wirtschafts- und Sozialunion verankerten Zielsetzung einer deutschen Umweltunion, die am 1. Juli 1990 in Gesetzeskraft erwuchs.

Das ergibt sich zum anderen aus Art. 34 des Einigungsvertrages vom 31. August 1990 und seinen Besonderen Bestimmungen in den Anlagen I und II hinsichtlich des fortgeltenden Rechts.[14]

---

11 Nedelmann, B.: Handlungsraum politischer Organisationen. S. 9 ff. (18 ff.) in: Sozialwiss. Jahrbuch für Politik. Bd. 4, München 1975.

12 BT 11/7168; UBA: Daten zur Umwelt 1988/89, Berlin 1989; UNEP: Infoterra, Nairobi 1987.

13 Kölble, J.: Umweltschutz. in: Deutsche Verwaltungsgeschichte; Jeserich/Pohl/v. Unruh, Bd. 5, Stuttgart 1987, 844 ff.

14 Stern, K./Schmidt-Bleibtreu, B. (Hg.): Staatsvertrag zur Währungs-, Wirtschafts- und Sozialunion, München 1990, 61 ff.; dies. (Hg.): Einigungsvertrag ... München 1990, insbes. 165 f., 806 ff.

Für die Einzelheiten dieser föderativen Politikverflechtung ist auf Kölble (1987) und Posse (1986) zu verweisen.[15]

Unter den *Organen des Bundes* tragen für Umweltschutz *besondere* Verantwortungen:

a1. Das Bundesministerium für Umwelt, Naturschutz und Reaktorsicherheit (BMU).

Das mit Organisationserlaß des Bundeskanzlers vom 5. Juni 1986 gebildete Bundesumweltministerium nimmt folgende Aufgaben wahr: Grundsatzfragen der Umweltpolitik, grenzüberschreitende Zusammenarbeit, Wasserwirtschaft, Abfallwirtschaft, Immissionsschutz, Umwelt und Gesundheit, Schutz vor Gefahrstoffen, Naturschutz, Bodenschutz, Sicherheit kerntechnischer Einrichtungen, Strahlenschutz, nukleare Ver- und Entsorgung, Verhütung der Meeresverschmutzung durch das Einleiten von Abfällen und anderen Stoffen in das Meer.

a2. Der Deutsche Bundestag.

Ausdruck der von ihm wahrgenommenen besonderen Verantwortungen sind z. B.:

- Die öffentliche Anhörung des Rechtsausschusses des Deutschen Bundestages am 14. Oktober 1987: Verankerung des Umweltschutzes im Grundgesetz.
- Der Erste und Dritte Zwischenbericht der Enquete-Kommission: Vorsorge zum Schutz der Erdatmosphäre und der Erde.[16]
- Der Zweite Bericht der Enquete-Kommission: Vorsorge zum Schutz der Erdatmosphäre zum Thema: Schutz der tropischen Wälder.[17]

a3. Der Rat von Sachverständigen für Umweltfragen (SRU).

Er wurde mit Erlaß vom 28.12.1971 "zur periodischen Begutachtung der Umweltsituation und der Umweltbedingungen in der Bundesrepublik Deutschland und zur Erleichterung der Urteilsbildung bei allen umweltpolitisch verantwortlichen Instanzen sowie in der Öffentlichkeit ... gebildet." (§ 1). Er "soll die jeweilige Situation der Umwelt und deren Entwicklungstendenzen darstellen sowie Fehlentwicklungen und Möglichkeiten zu deren Vermeidung oder zu deren Beseitigung aufzeigen."

Seither hat er "Materialien zur Umweltforschung" herausgegeben sowie folgende Gutachten und veröffentlichte Stellungnahmen:

---

15 Kölble, wie Fn. 13; Posse, A. U.: Föderative Politikverflechtung in der Umweltpolitik, München 1986.

16 BT 11/3246 vom 02.11.1988; 11/8030 vom 24.05.1990.

17 BT 11/7220 vom 24.05.1990.

- Auto und Umwelt[18]

- Die Abwasserabgabe. Wassergütewirtschaftliche und gesamtökonomische Wirkungen[19]

- Umweltgutachten 1974[20]

- Umweltprobleme des Rheins. 3. Sondergutachten März 1976[21]

- Umweltgutachten 1978[22]

- Umweltchemikalien. Entwurf eines Gesetzes zum Schutz vor gefährlichen Stoffen. Stellungnahme des Rates 1979

- Umweltprobleme der Nordsee. Sondergutachten Juni 1980[23]

- Energie und Umwelt. Sondergutachten März 1981[24]

- Flüssiggas als Kraftstoff. Umweltentlastung, Sicherheit und Wirtschaftlichkeit von flüssiggasgetriebenen Kraftfahrzeugen. Stellungnahme des Rates. Bonn 1982

- Waldschäden und Luftverunreinigungen. Sondergutachten März 1983[25]

- Umweltprobleme der Landwirtschaft. Sondergutachten März 1985[26]

- Luftverunreinigungen in Innenräumen. Sondergutachten Juni 1987[27]

- Zur Umsetzung der EG-Richtlinien über die Umweltverträglichkeitsprüfung in das nationale Recht. Stellungnahme des Rates. Bonn 1987

- Umweltgutachten 1987[28]

- Altlasten. Sondergutachten 1990, und Abfallwirtschaft, Sondergutachten 1990[29]

---

18 Gutachten September 1973.

19 Zweites Sondergutachten Februar 1974.

20 BT 7/2802.

21 BT 7/5014.

22 BT 8/1938.

23 BT 9/692.

24 BT 9/872.

25 BT 10/113.

26 BT 10/3613.

27 BT 11/613.

28 BT 11/1568.

29 BT 11/6191 (Altlasten), BT 11/8493 (Abfallwirtschaft).

a4. Nachgeordnete Behörden, die das Bundesumweltministerium unterstützen, sind:[30]

- das Umweltbundesamt (UBA) in Berlin,
- die Bundesforschungsanstalt für Naturschutz und Landschaftsökologie (BFANL) in Bonn,
- das Bundesamt für Strahlenschutz (BfS) in Salzgitter.

Daneben gibt es eine Reihe weiterer Behörden und Forschungseinrichtungen, die anderen Ressorts zugeordnet sind, u. a. das Institut für Wasser-, Boden- und Lufthygiene (WaBoLu) des Bundesgesundheitsamtes in Berlin.

a4.1 Das Umweltbundesamt

Es arbeitet in den Bereichen Luftreinhaltung, Lärmbekämpfung, Abfallwirtschaft, Wasserwirtschaft, Bodenschutz und Umweltchemikalien sowie in sektorübergreifenden Umweltfragen. Zu seinen Aufgaben gehören vor allem

- die wissenschaftliche Unterstützung des Bundesumweltministers, vor allem bei der Erabeitung von Rechts- und Verwaltungsvorschriften,
- die Unterstützung bei der Prüfung der Umweltverträglichkeit von Maßnahmen des Bundes,
- die Entwicklung von Hilfen für die Umweltplanung,
- die Aufklärung der Öffentlichkeit in Umweltfragen,
- die Bereitstellung von Umweltdaten,
- die Abwicklung des Umweltforschungsplans des Bundesumweltministeriums,
- die Bereitstellung zentraler Dienste und Hilfen für die Ressortforschung und für die Koordinierung der Umweltforschung des Bundes,
- die Abwicklung des Investitionsprogramms zur Verminderung von Umweltbelastungen.

Auf dem Gebiet der Erfassung, Bewertung und Zulassung von chemischen Stoffen oder Produkten nimmt das Amt eine Reihe von Vollzugsaufgaben nach dem Chemikaliengesetz, dem Wasch- und Reinigungsmittelgesetz sowie dem Pflanzenschutzge-

---

30 Umweltbericht 1990, 30.

setz wahr. Es betreibt ein Labor für Abfalltechnik und Wasseranalytik sowie ein Luftmeßnetz.

a4.2 Die Bundesforschungsanstalt für Naturschutz und Landschaftsökologie.

Sie erarbeitet wissenschaftliche Grundlagen zum Schutz, zur Pflege und zur Entwicklung von Natur und Landschaft. Der Forschungsbereich umfaßt den Naturschutz und die biologischen Disziplinen Vegetationskunde und Tierökologie, die Landschaftspflege mit Landschaftsökologie, Landschaftsplanung und Erholungsvorsorge.

a4.3 Das Bundesamt für Strahlenschutz

In ihm sind Vollzugsaufgaben des Bundes nach dem Atomgesetz und dem Strahlenschutzvorsorgegesetz zusammengefaßt. Es unterstützt darüber hinaus fachlich das Bundesumweltministerium in Angelegenheiten des Strahlenschutzes, der kerntechnischen Sicherheit und der Entsorgung radioaktiver Abfälle.

a4.4 Das Institut für Wasser-, Boden- und Lufthygiene des Bundesgesundheitsamtes

Es unterstützt das Bundesumweltministerium wissenschaftlich in der Umwelthygiene und auf den Gebieten Luftreinhaltung, Lärmbekämpfung, Gewässerschutz, Abfallentsorgung und Bodenschutz. Es bilanziert und bewertet Umweltschadstoffe vor allem in bezug auf die menschliche Gesundheit. Auf Versuchsanlagen werden Forschungsvorhaben im Gewässerschutz sowie zur Wirkung von Luftverunreinigungen auf Pflanzen und Böden durchgeführt.

b. Länder[31]

Das Grundgesetz weist den Ländern im Umweltschutz weitreichende Aufgaben zu. So haben sie für Naturschutz und Landschaftspflege und beim Wasserhaushalt, wo der Bund lediglich eine Rahmenkompetenz hat, eigene Gesetzgebungskompetenzen. Bei Gesetzgebungsvorhaben, bei denen der Bund die konkurrierende Gesetzgebungskompetenz besitzt (Immissionsschutz, Abfallwirtschaft, Strahlenschutz), wirken die Länder an der Gesetzgebung des Bundes über den Bundesrat mit.

Die Mitverantwortung der Länder für den Umweltschutz ist vor allem durch ihre Zuständigkeit für den Vollzug der Umweltrechtsvorschriften des Bundes und der Länder begründet.

---

31 Umweltbericht 1990.

Beim Vollzug des Atomgesetzes besteht Bundesauftragsverwaltung. Die Aufsicht des Bundes erstreckt sich auf Rechtmäßigkeit und Zweckmäßigkeit der Gesetzesausführung. Der Bundesumweltminister kann den obersten Landesbehörden bundesaufsichtliche Weisungen erteilen.

c. Kommunen[32]

Zu den traditionellen Aufgabenbereichen der Kommunen, wie Bauleitplanung, Verkehrs- und Grünplanung, Stadtreinigung und Abwasserbeseitigung, sind zahlreiche neue Aufgaben getreten, so

- der Ausbau der Abfallverwertung,
- die Sanierung von Altlasten,
- die Sanierung alter Kanalisationsnetze,
- Sanierungs- und Vorsorgemaßnahmen im Lärmschutz,
- die Intensivierung von Naturschutz und Landschaftspflege,
- die Beachtung der Umweltverträglichkeit bei der Energieversorgung.

Beispiele aus der Arbeit der Kommunen sind Abfallverwertung, Stadtökologie, umweltfreundliches Beschaffungswesen, Verkehrsberuhigung, Förderung des Fahrradverkehrs, salzfreier Winterdienst und kommunale Umweltberichte.

d. Politisch-gesellschaftliche Akteure

So, wie in der Arbeits- und Sozialpolitik das Prinzip der *Sozialpartnerschaft* gilt, verankert das Kooperationsprinzip (Teil 6) in der Bundesrepublik eine *Umweltpartnerschaft*, deren hauptsächliche Teilhaber Bund, Länder und Gemeinden einerseits und andererseits Bürger, Umweltorganisationen, Verbraucherorganisationen, Wirtschaft, Gewerkschaften, Wissenschaft und Technik und Kirchen sind. Eine besondere Verantwortung kommt den *Politischen Parteien* im Rahmen dieser Umweltpartnerschaft zu. Unter ihnen sind die grün-alternativen Parteien, auf Bundesebene im Bundestag "Die Grünen"[33] zumeist mit der Umweltfrage groß geworden.

Umweltpolitische Schwerpunkte finden sich aber auch in der Protestbewegung um 1968[34], in allen sog. "neuen sozialen Bewegungen"[35], in der Friedensbewegung[36] und in der New-Age-Bewegung.[37]

---

32 ebd.

33 Ismayr, W.: ZParl 3/1985, 299 ff.,; Poguntke, T.: ZParl 3/1987, 368 ff.

34 Leggewie, C.: in: Aus Politik und Zeitgeschichte, B 20/1988, 3 f.

35 Pappi, F. U.: in: Aus Politik und Zeitgeschichte, B 26/1989, 17 ff.

Eine Vielzahl gesellschaftlicher Organisationen[38] widmen sich in der Umwelt-, Landschaftsschutz- und Naturschutzbewegung Umweltfragen. Viele von ihnen sind in der Arbeitsgemeinschaft für Umweltfragen e. V., (AGU), Bonn, zusammengeschlossen. Zu nennen sind weiter vor allem:

- Bund für Umwelt und Naturschutz Deutschland e. V. (BUND), Bonn;
- Bundesverband Bürgerinitiativen Umweltschutz e. V. (BBU), Bonn;
- Die Arbeitsgemeinschaft ökologischer Forschungsinstitute (AGÖF), Bremen, mit sieben Mitgliedsinstituten, darunter:
- Öko-Institut e. V., Freiburg;
- Greenpeace e. V. (GP), Hamburg;
- Deutscher Naturschutzring (DNR), Bonn;
- Robin Wood, Gewaltfreie Aktionsgemeinschaft für Natur und Umwelt e. V., Bremen;
- Deutscher Bund für Vogelschutz (DBV), Deutscher Naturschutzverband e. V., Bonn;
- Umweltstiftung WWF Deutschland (World Wildlife Fund) (WWF), Frankfurt a. M.

Im Bereich Natur und Landschaftssschutz sind zu nennen:

- Deutscher Rat für Landespflege (DRL), Bonn, sowie
- Arbeitsgemeinschaft für Landesentwicklung (AGL), Bonn.

e. Akteure im transnationalen Bereich

Auf sie ist hier nach dem Inhalt des Themas nicht einzugehen. Nur soviel sei angemerkt: 1985 legte Mayer-Tasch ein beschwörendes Katastrophenszenario zur Umweltpolitik im transnationalen Bereich vor.[39] Auch heute kann von einem verantwortlichen Umgang mit dem Lebensraum Erde nicht die Rede sein. Zu viele Probleme wie beispielsweise

- Veränderungen der Atmosphäre und des Klimas,
- Bedrohung des Wasserhaushalts,

---

36 Leif, T.: in: Aus Politik und Zeitgeschichte, B 26/1989, 28 ff.

37 Vgl. die Beiträge in: Aus Politik und Zeitgeschichte, B 40/1989.

38 Oeckl, A. (Hg): Taschenbuch des öffentlichen Lebens, Bonn 1989/90, 606 ff.

39 Mayer-Tasch, P. C.: in: Aus Politik und Zeitgeschichte, B 20/1985, 3 ff.

- Bedrohung und Zerstörung des Artenreichtums,

- ungehemmtes Bevölkerungswachstum

harren noch der Lösung,[40] wie auch die Themenausgabe "Weltökologie" der Wochenzeitung "Das Parlament"[41] mit vielen Beiträgen darstellte.

Aber der Umweltschutz ist zu einer gesicherten Dimension der internationalen Politik geworden.[42] Die globalen Umweltprobleme sind schärfer erkannt worden.[43] Eine Vielzahl von transnationalen Akteuren wirkt regional und global.[44] Den aktuellen Stand der Mitwirkung der Bundesrepublik auf der regionalen und globalen Umweltschutzebene schildert der Umweltbericht 1990 des Bundes.[45] Ein Netzwerk multilateraler Verträge und bilateraler Verträge im Umweltschutzbereich ist Fundament und Ausdruck des transnationalen Bemühens um den Schutz der Umwelt.[46]

3. Ziele des Umweltschutzes

In dem ersten Umweltprogramm einer Bundesregierung vom 14.01.1971[47] werden drei Ziele des Umweltschutzes genannt:

- "dem Menschen eine Umwelt zu sichern, wie er sie für seine Gesundheit und für ein menschenwürdiges Dasein braucht ...

- Boden, Luft und Wasser, Pflanzen und Tierwelt vor nachteiligen Wirkungen menschlicher Eingriffe zu schützen ...

- Schäden oder Nachteile aus menschlichen Eingriffen zu beseitigen."

Die EG-UVP erweitert in Art. 3 die Schutzgüter, und deshalb nennt das UVPG in 2 (1) folgende *Schutzgüter*:

- "Menschen, Tiere und Pflanzen, Boden, Wasser, Luft, Klima und Landschaft einschließlich der jeweiligen Wechselwirkungen,

- Kultur- und sonstige Sachgüter."

---

40 Spektrum der Wissenschaft, 11/1989.

41 Nr. 19/20, 04./11.05.1990.

42 v. Weizsäcker, E. U.: Umweltschutz, in: Genscher, H. D. (Hg): Nach vorn gedacht, Bonn 1987.

43 Simonis, U. E./v. Weizsäcker, E. U.: Globale Umweltprobleme. Neun Thesen, in: Europa-Archiv 45 (1990), 1 ff.

44 Hohmann, H.: Die Entwicklung der internationalen Umweltpolitik und des Umweltrechts durch internationale und europäische Organisationen, in: Aus Politik und Zeitgeschichte, B 47/48, 1989, 29 ff., mit weiteren Nachweisen, auch: UNEP, wie Fn 12.

45 BT 11/7168.

46 Burhenne, ab 1974, vgl. Hohmann, wie Fn 44, S. 29; Rüster/Simma/Bock, 1970, UBA Texte 10/90.

47 BT VI/2710, 6.

Im Umweltbericht 1990[48] fällt die Zielformulierung des Umweltschutzes dementsprechend sehr viel weiter aus und äußert sich auch zu ihren Grundlagen, d. h. "der Verantwortung des Menschen für die Schöpfung. Verantwortliches Handeln für die Umwelt ist die Erfüllung des ökologischen Generationenvertrages." Auf dieser Basis sind die Ziele, "den Zustand der Umwelt so zu erhalten und zu verbessern, daß

- bestehende Umweltschäden vermindert und beseitigt werden,

- Schäden für Mensch und Umwelt abgewehrt werden,

- Risiken für Menschen, Tiere und Pflanzen, Natur und Landschaft, Umweltmedien (Luft, Wasser, Boden) und Sachgüter minimiert werden,

- Freiräume für die Entwicklung der künftigen Generationen sowie Freiräume für die Entwicklung der Vielfalt von wildlebenden Arten sowie Landschaftsräumen erhalten bleiben und erweitert werden."

Wie sehr die Ziele des Umweltschutzes vom *Handlungsraum* abhängen, zeigt die Formulierung der Ziele im ersten Aktionsprogramm der *EG* von 1973: Die EG setzt sich die Ziele stark menschorientiert (anthropozentrisch), "die Lebensqualität, den Lebensrahmen, den Lebensraum und die Lebensbedingungen der zu ihrem Bereich gehörenden Völker zu verbessern. Mit ihrer Hilfe soll die wirtschaftliche Expansion in den Dienst des Menschen gestellt werden, indem für ihn eine Umwelt mit den bestmöglichen Lebensbedingungen geschaffen und diese Expansion mit der immer dringlicher werdenden Notwendigkeit der Erhaltung des natürlichen Lebensraums in Einklang gebracht wird."[49]

Diese menschorientierte Zielsetzung wird heute als zu einseitig empfunden. Sie drückt nicht aus, daß die Umwelt ihren Eigenwert hat. Daher sollte man eher weniger anthropozentrisch *zusammenfassend* drei Hauptziele des *Umweltschutzes* i. S. aller Maßnahmen, die Umweltbelastungen oder Umweltgefährdungen beseitigen, mindern oder ihnen vorbeugen, unterscheiden:

- "Beseitigung bereits eingetretener Umweltschäden;

- Ausschaltung oder Minderung aktueller Umweltgefährdungen;

- Vermeidung künftiger Umweltgefährdungen durch Vorsorgemaßnahmen"[50]

Inhaltlich geht es also um

- schadensorientierte Ziele,

---

48 BT 11/7168, 1.

49 ABl. C 112,5.

50 SRU, 1987, 43.

- gefährdungsorientierte Ziele und
- präventionsorientierte Ziele

Dem trägt die seit dem 1. Juli 1987 in Kraft befindliche EEA durch Art. 130r (1) EWG-V Rechnung, der lautet:

"(1) Die Umweltpolitik der Gemeinschaft hat zum Ziel,

- die Umwelt zu erhalten, zu schützen und ihre Qualität zu verbessern,
- zum Schutz der menschlichen Gesundheit beizutragen,
- eine umsichtige und rationelle Verwendung der natürlichen Ressourcen zu gewährleisten."

4. Die Merkmale des Umweltproblems

Für Umweltpolitik, Umweltrecht und Umweltverwaltung sind fünf Merkmale des Umweltproblems von zentraler Bedeutung:

a) Das Merkmal der *Komplexität*: Die Anzahl und Verschiedenartigkeit der Verbindungen, die zwischen den Teilen dessen, was Umwelt genannt wird, möglich sind, sind groß.

b) Das Merkmal der *Kompliziertheit*: Es ist in vielen Fällen unmöglich, schwierig oder umständlich, im Handlungsraum Umweltschutz schlüssige Bewertungen vorzunehmen. Als Beispiel sei die Bewertung von Altlasten angeführt, die den Menschen belasten.[51]

c) Das Merkmal der *Dynamik*: Dynamik wird hier nicht als Lehre von den Kräften der Bewegungsänderung, sondern in einem weiteren Sinne als laufende Veränderung von Strukturen, Prozessen und ihren Zuständen im Zeitablauf verstanden. Ein Beispiel aus dem Zweiten Bericht der Enquete-Kommission Vorsorge zum Schutz der Erdatmosphäre zum Thema: Schutz der tropischen Wälder vom 24.05.1990:[52]

> "Die Vernichtung der tropischen Wälder hat dramatisch zugenommen: 1980 belief sich nach Schätzungen der Ernährungs- und Landwirtschaftsorganisation der Vereinten Nationen die jährliche Vernichtung in geschlossenen tropischen Wäldern auf etwa 75.000 qkm und in offenen Tropenwäldern auf etwa 39.000 qkm. Nach neuen, vorläufigen Schätzungen beträgt die Zunahme der Vernichtungsrate gegenüber 1980 90 Prozent. Dies bedeutet, daß

51 SRU 1990, 54 ff.

52 BT 11/7220, 103.

derzeit allein im Bereich geschlossener Primärwälder jedes Jahr 142.000 qkm Wald zerstört werden. Bis zum Jahr 1980 war die tropische Waldfläche bereits auf etwa die Hälfte ihres ursprünglichen Bestandes reduziert. Zu diesem Zeitpunkt gab es noch etwa 19,4 Millionen qkm tropische Wälder, die etwa 13 Prozent der Landoberfläche bedeckten. Heute umfaßt der Bestand insgesamt wahrscheinlich nur noch 18 Millionen qkm. Bis zum Jahre 2050 wird ein weiterer Rückgang auf etwa 5 bis 8 Millionen qkm erwartet. In vielen Ländern wird dann kaum noch Wald verblieben sein."

d) Der Aspekt der "*Sinnblindheit*", der "*Entmündigung der Sinne*,"[53] des Angewiesenseins auf "*Erfahrung aus zweiter Hand*" und, darausfolgend, der Emotionalisierung und Politisierung von Wirklichkeitsbewertung:

> "Gegenüber vielen Gefahren sind wir mit all unseren Sinnen blind. Während unsere Wahrnehmung Normalität meldet, verwandeln sich - in Abhängigkeit von Expertenstreitigkeiten, Grenzwert-Pluralismus usw. - die Quellen des Lebens in Quellen der Gefahr bzw. umgekehrt. Unter diesen Bedingungen müssen die Menschen verlernen, was bisher selbstverständlich richtig war: ihren Augen zu trauen, und lernen, was bisher als absurd galt: ihren Sinnen zu mißtrauen, um überleben zu können"[54]

e) Der Aspekt der *Vernetzung und Verflechtung*, verstanden als sich überlagernde und zusammenwirkende Ursache-Wirkungs-Zusammenhänge, deren "Entflechtung" häufig schwierig ist, und die oft nur in einer ganzheitlichen Zusammensicht begriffen werden können. Als Beispiel seien aus dem Sondergutachten 1980 des SRU: "Umweltprobleme der Nordsee" die dort behandelten Quellen der Stoffeinträge in die Nordsee zitiert:

- "Stoffeintrag durch deutsche Flüsse (Rhein, Elbe, Weser, Ems, Eider),
- Stoffeintrag durch Abwassereinleitungen von der deutschen Küste aus,
- Abfallbeseitigung auf See,
- Stoffeintrag aus der Atmosphäre,
- Stoffeintrag durch die Schiffahrt,
- Stoffeintrag durch Off-shore-Tätigkeit."

---

53 Beck, U.: Vom Leben in der Risikogesellschaft, S. 3 ff.; Slovic, P.: Risikowahrnehmung, S. 24 ff., beide in: gdi-impuls 3/87.

54 Beck, wie vor, 1987, 8.

5. Transnationalität und geoökologische sowie sozialökologische Dimensionen des Umweltproblems als Zusatzmerkmale

Durch die EEA sind die Kompetenzen der EG im Bereich Umweltschutz bedeutend gestärkt worden.[55] Seit jeher nimmt die EG aktiv an einem großen Spektrum internationaler Initiativen im Bereich des Umweltschutzes teil. Sie hat mehrere internationale Konventionen mitunterzeichnet und arbeitet in den Umweltprogrammen von internationalen Organisationen wie der OECD, dem Europarat, der ECE sowie im Umweltprogramm der Vereinten Nationen (UNEP) mit.

Beispiele für die Beteiligung der Gemeinschaft an internationalen Umweltinitiativen[56] sind:

- Übereinkommen über den internationalen Handel mit gefährdeten Arten freilebender Tiere und Pflanzen;[57]
- Protokoll über die Zusammenarbeit bei der Bekämpfung der Verschmutzung des Mittelmeers durch Öl und andere Schadstoffe in Notfällen;[58]
- Übereinkommen zur Erhaltung der wandernden wildlebenden Tierarten;[59]
- Übereinkommen über die Erhaltung der europäischen wildlebenden Pflanzen und Tiere und ihrer natürlichen Lebensräume;[60]
- Übereinkommen über weiträumige grenzüberschreitende Luftverunreinigung;[61]
- Übereinkommen über die künftige multilaterale Zusammenarbeit auf dem Gebiet der Fischerei im Nordostatlantik;[62]
- Übereinkommen über die Erhaltung der lebenden Meeresschätze der Antarktis;[63]
- Übereinkommen zur Lachserhaltung im Nordatlantik;[64]
- Protokoll über den Schutz des Mittelmeers gegen Verschmutzungen vom Lande aus;[65]

---

55 Art 130r-t EWG-V.

56 Fundstellennachweis des geltenden Gemeinschaftsrechts, Brüssel/Luxemburg, 15. Aufl., 1990, 523.

57 ABl. L 384 31.12.82, S. 7 f.

58 ABl. L 162 19.06.81, S. 6.

59 ABl. L 210 19.07.82, S. 11.

60 ABl. L 038 10.02.82, S. 3.

61 ABl. L 181 04.07.86; S. 1.

62 ABl. L 227 12.08.81, S. 22.

63 ABl. L 252 05.09.81, S.27.

64 ABl. L 378 31.12.82, S. 25.

65 ABl. L 067 12.03.83, S. 19.

- Konvention über die Fischerei und den Schutz der lebenden Ressourcen in der Ostsee und den Belten;[66]

- Übereinkommen zur Zusammenarbeit bei der Bekämpfung der Verschmutzung der Nordsee durch Öl und andere Schadstoffe (Übereinkommen von Bonn);[67]

- Wiener Übereinkommen zum Schutz der Ozonschicht;[68]

- Montrealer Protokoll über Stoffe, die zu einem Abbau der Ozonschicht führen.[69]

Warum diese transnationale Umweltpolitik? Auf diese Frage hat der SRU 1974 mit grundlegenden Hinweisen auf geoökologische, globale und sozialökologische Verflechtung geantwortet,[70] die den Blick auf die Transnationalität des Umweltproblems lenken.

Zum *geoökologischen Verflechtungsgrad* führte der SRU 1974 u. a. aus:

"Ein Blick auf die Landkarte zeigt, daß die Bundesrepublik Deutschland wie übrigens nur wenige Staaten der Erde aufgrund ihrer geographischen Lage ihre Umweltprobleme mit vielen Nachbarn teilt: Ihr geoökologischer Verflechtungsgrad mit der Außenwelt ist sehr hoch. Grenzen bestehen zu neun europäischen Staaten. ... Nur durch Meeresstraßen und -buchten getrennt oder als Unterlieger an wichtigen Flüssen besteht zusätzlich eine ökologische Wechselwirkung zwischen der Bundesrepublik Deutschland und mindestens sieben weiteren Staaten, wie Liechtenstein, England, Norwegen, Schweden, Finnland, UdSSR und Polen. Als Oberlieger an der Donau steht die Bundesrepublik Deutschland in ökologischer Beziehung zu den Unterliegern Österreich, Ungarn, Jugoslawien, Rumänien und Bulgarien. ... Wasser und Abwasser: Die meisten großen und viele kleinere Flüsse Europas überschreiten in ihrem Lauf Staatsgrenzen. Für die Bundesrepublik seien hier vor allem Rhein, Elbe, Donau, Mosel, Saar und Werra genannt, die alle zu den starkbelasteten Gewässern zählen. ... Luft: Auch verschmutzte Luft macht an den Landesgrenzen nicht halt."

Zur *globalen Verflechtung* bemerkte der SRU:

"Der globale Charakter des Umweltproblems ergibt sich aus der fast totalen Geschlossenheit des ökologischen Systems der Erde, prägnant beschrieben mit dem Begriff "Raumschiff Erde." Dieses System erfährt seine Einflüsse

66 ABl. L 237 26.08.83, S. 5.

67 ABl. L 188 16.07.84, S. 9.

68 ABl. L 297 31.10.88, S. 10.

69 ABl. L 297 31.10.88, S. 21.

70 SRU 1974, 187 ff.

durch einen weitverzweigten Regelkreis, in welchem jede Veränderung eines Teilsystems vielfältige Änderungen an nahezu allen übrigen Systemteilen bewirkt."

Zum *sozialökologischen Verflechtungsgrad* schließlich führte der SRU aus:

"Die Europäische Gemeinschaft hat den größten Anteil am Gesamtaussenhandel der Erde. Zugleich sind die Anteile des Außenhandels am Bruttosozialprodukt in der Europäischen Gemeinschaft sehr hoch. Dies hat eine entscheidende umweltpolitische Konsequenz: Da ein hoher Anteil der Wirtschaftsaktivitäten auf einem Austausch von Gütern, Diensten und Menschen mit dem Ausland beruht, haben die umweltpolitischen Probleme, die sich im Zusammenhang mit wirtschaftlichen Aktivitäten stellen, fast immer zugleich eine internationale Dimension. ..."

Als Beispiele für sozialökologische Verflechtungen mit umweltpolitischen Folgen nannte der SRU u. a., daß im Zusammenhang mit dem Aussenhandel Wettbewerbsverzerrungen entstehen oder beim Handel mit Lebensmitteln und Agrarprodukten Schädigungen über die Grenze getragen werden können."

Als weitere Beispiele zitierte er "umweltpolitisch bedingte Produk-tionsstandards", "Transitverkehr oder ... zwischenstaatlicher Verkehr auf Schiene, Straße, Wasser oder in der Luft", aber auch die Gastarbeiterfrage und den "deutlichen Trend der ausländischen Arbeitnehmer, in die industriellen Verdichtungsräume zu ziehen."

6. Prinzipien

Grundlegende Sätze einer wissenschaftlichen Disziplin oder Grundsätze für Denken und Handeln, die Allgemeingültigkeit haben sollen, nennt man Prinzipien. In dieser letzteren Bedeutung berufen sich die bisherigen vier allgemeinen Umweltprogramme bzw. Berichte der Bundesregierungen[71] sowie einzelne Konzepte,[72] vor allem auf drei Prinzipien:

6.1 Das Prinzip der Umweltvorsorge oder Vorsorgeprinzip (Vermeidungsprinzip)

Vorsorge versteht sich in einem weiten Sinne als:

- Gefahrenabwehr,

---

71 BT VI/2710 vom 14.10.1971; 7/5684 vom 14.07.1976; 10/4614 vom 02.01.1986 und 11/7168 vom 03.05.1990.

72 Z. B. die Bodenschutzkonzeption vom 07.03.1985, BT 10/2977.

- Risikovorsorge und
- Zukunftsvorsorge.

"Umweltschutz ist zunächst *Gefahrenabwehr*. Der Staat muß schützend eingreifen, wenn menschliche Eingriffe erkennbar geeignet sind, Schäden für Mensch und Umwelt herbeizuführen.

Umweltpolitik muß ferner die Risiken für Mensch und Umwelt entsprechend dem Fortschreiten wissenschaftlicher Erkenntnisse und technischer Entwicklungen so gering wie möglich halten. *Risikovorsorge* verlangt umweltpolitische Entscheidungen vielfach auch schon da, wo noch keine Gefahr, sondern nur ein begründeter Gefahrenverdacht besteht. Es darf nicht abgewartet werden, bis die Wissenschaft letzte Klarheit gewonnen hat, etwa über den Kausalzusammenhang zwischen bestimmten Luftschadstoffen und der Schädigung der Wälder, Gewässer und Gebäude oder gar der Gefährdung der menschlichen Gesundheit.

Umweltpolitik als *Zukunftsvorsorge* soll neue umweltverträgliche technische Entwicklungen anstoßen und neue umweltverträgliche Wachstumsmöglichkeiten aufzeigen. Ziel der Umweltvorsorge ist es, die natürlichen Lebensgrundlagen zu schützen und zu entwickeln und im Sinne eines ökologischen Generationenvertrages zu sichern und neu zu schaffen."[73]

Das so verstandene Prinzip der Vorsorge verlangt im einzelnen:

- Umweltvorsorge durch Risikominimierung;
- Umweltvorsorge durch Umweltforschung und Umwelttechnologie;
- Umweltvorsorge durch Umweltbeobachtung;
- Umweltvorsorge durch mittel- und längerfristige Zielsetzungen;
- Umweltvorsorge durch systematisches und planvolles Vorgehen;
- Umweltvorsorge durch Erfolgskontrolle staatlichen Handelns.

6.2 Das Verursacherprinzip

"Das Verursacherprinzip im Umweltschutz ist Kostenzurechnungsprinzip und ökonomisches Effizienzkriterium. Danach müssen grundsätzlich demjenigen die Kosten einer Umweltbelastung angelastet werden, der für ihre Entstehung verantwortlich ist. ...

---

73 BT 11/7168, 26.

Die öffentliche Hand sollte grundsätzlich nur dann mit den Kosten für die Beseitigung von Umweltschäden belastet werden, wenn der Verursacher nicht oder nicht mehr festgestellt werden kann oder wenn akute Notstände beseitigt werden müsen und dies mit Instrumenten, die mit dem Verursacherprinzip im Einklang stehen, nicht rasch genug erreicht werden kann"[74] (Gemeinlastprinzip).

Das Verursacherprinzip hat eine Vielzahl von Anwendungs- und Wirkungsbedingungen.[75] Zu ihnen bemerken die Leitlinien Umweltvorsorge:[76]

"Das Instrumentarium einer verursacherorientierten Umweltpolitik reicht in der Praxis von Geboten und Verboten über flexible Kompensa-tionsregelungen bis hin zu Umweltabgaben. Im Einzelfall muß sich die Auswahl umweltpolitischer Maßnahmen daran ausrichten, in welcher ökonomisch effizienten und ökologisch wirksamen Weise eine möglichst hohe Umweltqualität erreicht werden kann."

Zur Logik des Verursacherprinzips gehören auch häufig übersehene ökonomische Anreizinstrumente an die Verursacher. Mit ihnen befaßte sich der SRU ausführlich 1987.[77]

6.3 Das Kooperationsprinzip

Der Umweltbericht 1990 umschreibt dieses Prinzip wie folgt: [78]

"Das Kooperationsprinzip ist ein politisches Verfahrensprinzip, das auf eine möglichst einvernehmliche Verwirklichung umweltpolitischer Ziele gerichtet ist. Dabei hat die Kooperation zwischen staatlichen und gesellschaftlichen Stellen Grenzen: So kann der Staat nicht auf die ihm von der Verfassung oder durch Gesetz zugewiesenen Kompetenzen verzichten ..."

Mit den Leitlinien Umweltvorsorge 1986 ist dabei zwischen verschiedenen Kooperationsebenen zu unterscheiden:[79]

a) Kooperation zwischen Staat und Gesellschaft: Hier geht es um das Zusammenwirken aller staatlichen und gesellschaftlichen Kräfte im Willensbildungs- und Entscheidungsprozeß sowie bei der Realisierung umweltpolitischer Zielsetzungen.

---

74 BT 11/7168, 27.

75 Vgl. dazu SRU 1978, 562 f.

76 BT 10/6028, 12 f.

77 Umweltgutachten, BT 11/1568, 68-70.

78 BT 11/7168, 27.

79 BT 10/6028, 11 f.

Weil jeder einzelne *Bürger* durch sein Verhalten zu Art und Umfang von Umweltbelastungen beiträgt, kann er durch den Erwerb umweltfreundlicher und schadstoffarmer Produkte sowie durch umweltschonende Verhaltensweisen daran mitwirken, daß die Umwelt so wenig wie möglich belastet wird. Ferner ist hohes Umweltbewußtsein der Bevölkerung für die Verwirklichung umweltpolitischer Ziele eine wichtige Voraussetzung.

b) Kooperation zwischen Bund und Ländern.

c) Internationale Kooperation: Aufgrund der geographischen Lage in der Mitte Europas und der engen internationalen wirtschaftlichen Verflechtungen ist für die Bundesrepublik Deutschland die enge internationale Kooperation zur Lösung der grenzüberschreitenden und globalen Umweltprobleme unverzichtbar.

6.4 Die EG-Prinzipien

Im Art. 130r EWG-V werden das Vorsorgeprinzip, das Verursacherprinzip und das Integrationsprinzip verankert:

> "(2) Die Tätigkeit der Gemeinschaft im Bereich der Umwelt unterliegt dem Grundsatz, Umweltbeeinträchtigungen vorzubeugen und sie nach Möglichkeit an ihrem Ursprung zu bekämpfen, sowie dem Verursacherprinzip. Die Erfordernisse des Umweltschutzes sind Bestandteil der anderen Politiken der Gemeinschaft."

Der seit dem ersten Aktionsprogramm der EG 1973[80] entwickelte Prinzipienbestand der EG ist jedoch sehr viel umfangreicher und umfaßt sieben Prinzipen:[81]

a) Vorbeugen ist besser als Heilen - die Politik sollte den Schäden viel mehr schon an ihrer Quelle vorbeugen und nicht nur später ihre Folgen bekämpfen (Vorsorgeprinzip).

b) Der Verursacher muß die Kosten für die Vorbeugung und Beseitigung von Schäden tragen (Verursacherprinzip).

c) Umweltschutzmaßnahmen sollten auf einer angemessenen Ebene ergriffen werden (Subsidiaritätsprinzip oder Prinzip der angemessenen Ebene). Das bedeutet im einzelnen: "Bei jeder Art von Umweltbelastung muß die Aktionsebene (örtlich, regional, national, gemeinschaftsweit, international) festgestellt werden, die der Art der Belastung sowie der zu schützenden geographischen Zone am besten angepaßt ist.

---

80 ABl. C 112, 1 ff.

81 EG 1987, 23.

Auf Gemeinschaftsebene müssen die Aktionen konzentriert werden, die auf dieser Ebene am wirksamsten sein können; die Prioritäten müssen mit besonderer Sorgfalt festgelegt werden."

d) Eine gemeinschaftliche Umweltpolitik sollte soweit wie möglich auf die koordinierte und harmonisierte Entwicklung nationaler Politiken ausgerichtet sein, ohne dabei den nationalen Fortschritt zu behindern (Koordinierungsprinzip).

e) Umweltpolitik kann und muß mit der sozioökonomischen Entwicklung kompatibel sein (Kompatibilitätsprinzip).

f) Die in einem Staat der EG durchgeführten Maßnahmen dürfen keine nachteiligen Effekte für die Umwelt eines anderen Staates mit sich bringen. Die Gemeinschaft und ihre Mitgliedstaaten müssen im Rahmen internationaler Umweltschutzinitiativen aktiv zusammenarbeiten. Bedeutende Umweltpolitiken in einzelnen Ländern dürfen nicht länger isoliert geplant und durchgeführt werden (Kooperationsprinzip). Das Kooperationsprinzip bezieht die EG aber auch auf Bürger und Öffentlichkeit.

g) Die Gemeinschaft und ihre Mitgliedstaaten sollten ferner ihre Umweltpolitiken nicht ohne Berücksichtigung der Entwicklungsländer formulieren (Prinzip der Rücksichtnahme).

6.5 Prinzipien der Umweltpolitik - Zusammenfassung und Schlußthese

In der Umweltpolitik sind vor allem vier Prinzipien entwickelt wor-den, die auch internationale Bedeutung haben. Im einzelnen handelt es sich um das Verursacherprinzip, das Gemeinlastprinzip, das Vorsorgeprinzip und das Kooperationsprinzip.

a) Das *Verursacherprinzip* besagt in erster Linie, daß die Kosten für die Vermeidung oder Beseitigung von Umweltschäden dem Verursacher der Gefahr oder der Schäden zuzurechnen sind. Insgesamt bedeutet es: Umweltpolitik muß beim Verursacher ansetzen.

   Für das internationale System bedeutet dieses Prinzip z. B.: Jeder Staat muß für die Vermeidung oder Beseitigung von Umweltschäden, die von seinem Gebiet ausgehen, grundsätzlich selbst haften. Er kann von anderen Staaten nicht verlangen, daß sie sich an diesen Kosten beteiligen.

   So klar dieses Verursacherprinzip sich anhört, so schwer ist es, bei der Verflechtung von Bedingungsketten oder bei der Folge von Bedingungsketten den Verursacher zu ermitteln. Häufig sind die Kosten nicht berechenbar. Auch bei Altlasten stößt das Verursacherprinzip an Grenzen, ebenso bei unerwünschten Verteilungswirkungen in akuten Notlagen (Tschernobyl), und insgesamt ist das Verursacherprinzip häufig auch administrativ aufwendig.

b) Deshalb gibt es als Notbehelf das *Gemeinlastprinzip*, nach welchem der Staat anstelle des Verursachers mit öffentlichen Mitteln tätig wird, was insbesondere auch dann erforderlich ist, wenn die Anwendung des Verursacherprinzips unerwünschte Wirkungen hätte, z. B. wenn dabei regional oder gesamtwirtschaftlich nachteilige Beschäftigungswirkungen kurzfristig eintreten würden.

c) Neben dem Verursacherprinzip mit dem Korrekturelement Gemeinlastprinzip dient das *Vorsorgeprinzip* zur vorbeugenden Abwehr umweltrelevanter Gefahren. Es besagt, daß umweltpolitische und sonstige staatliche Maßnahmen so getroffen werden sollen, daß von vornherein möglichst sämtliche Umweltgefahren vermieden und damit z. B. die Naturgrundlagen geschützt und schonend in Anspruch genommen werden. Politisch zielt das Vorsorgeprinzip darauf ab, nicht nur nachträglich auf eingetretene Umweltschäden zu reagieren, sondern Umweltbelastungen von vornherein so gering wie möglich zu halten. Damit will das Vorsorgeprinzip die Umweltprobleme an der potentiellen Quelle bekämpfen und will Langfristwirkungen erst gar nicht entstehen lassen.

d) Das vierte Prinzip ist das *Kooperationsprinzip*. Innerstaatlich bedeutet es Mitverantwortlichkeit und Mitwirkung der Betroffenen von umweltbeeinträchtigenden Aktivitäten und Beteiligung aller relevanten gesellschaftlichen Kräfte bei geplanten oder durchzuführenden umweltschützenden Aktivitäten.

   Zwischenstaatlich und international bedeutet das Kooperationsprinzip, daß eine Harmonisierung der nationalen mit den internationalen Umweltstandards erfolgen muß, und daß auf der regionalen internationalen Ebene und der universellen internationalen Ebene Umweltprobleme nicht im Alleingang, sondern nur mit den anderen Partnern des geoökologischen und sozialökologischen Verflechtungssystems gelöst werden können.[82]

Vor diesem Hintergrund ergibt sich unsere Schlußthese:

Die Prinzipien sind ohne den Akteur Staat nicht realisierbar. Andere Prinzipien, die diesen Akteur ablösen könnten, sind nicht entwickelt worden. Dies gilt auch für das Konzept einer ökologisch-sozialen Marktwirtschaft:

---

82 Vgl. auch zu diesen Prinzipien Wicke, L.: Umweltökonomie, München 1982, 75 ff.; Hartkopf, G./Bohne, E.: Umweltpolitik, Bd. 1: Grundlagen, Analysen und Perspektiven, Opladen 1983, 91 ff.; Hoppe, W./Beckmann, M.: Umweltrecht, München 1989, 17 ff.; Kloepfer, M.: Umweltrecht, München 1989, 71 ff.

Nach dem Konzept der ökologisch-sozialen Marktwirtschaft soll ein erheblicher Teil der ökologischen Steuerung der Wirtschaft statt über Gesetze und Reglementierung des Staates durch den Markt erfolgen:

> "Wo Markt und Wettbewerb funktionieren, erfolgen ... die Anpassung von Produzenten und Verbrauchern an neue ökologische Zwänge und Forderungen rasch und umfassend. Dabei tritt nicht die nachträgliche Beseitigung von Umweltschäden in den Vordergrund, sondern die Veränderung von Produktionsprozessen und Konsumentscheidungen, die Umweltbelastungen gar nicht erst entstehen lassen ..."[83]

Dieser theoretische Ansatz wirft vielfältige Fragen nach den marktkonformen Instrumenten einer ökologisch-sozialen Marktwirtschaft auf, die intensiv diskutiert werden.[84] Getestet und beantwortet sind sie bis heute nicht.

---

83 Schlecht, O.: Der ethische Gehalt der Sozialen Marktwirtschaft, in: Hohmann, K. u. a.: Die Ethik der Sozialen Marktwirtschaft. Thesen und Anfragen. Stuttgart/New York 1988, 5 ff. (19).

84 Stober, R.: Handbuch des Wirtschaftsverwaltungs- und Umweltrechts, Stuttgart 1989, 86 f.; Möller u. a. (Hg.), Umweltökonomik, Königstein 1982, Teil E, 253 ff.; Wicke, wie Fn. 82, 1982, 91 ff.

Der Krieg als Entwicklungsbedingung staatlicher Sozialpolitik

Eckart Reidegeld

1. Vorbemerkung

In einer aktuellen historischen Situation, in der der Golfkrieg von Anfang 1991 (erneut) gezeigt hat, daß der Krieg mit seinen gewaltigen Zerstörungen an Gesundheit und Menschenleben, seinen ökonomischen und ökologischen Folgen, seinen teilweise unkalkulierbaren politischen Auswirkungen ein verwerfliches Mittel der Politik sein sollte, kann dieser Beitrag keine einfachen "Lehren aus der Geschichte" vermitteln, er kann jedoch sehr wohl den politischen Reflexionshorizont erweitern und Aufklärung anbieten.[1] Diese Absicht setzt voraus, daß die beiden Weltkriege - um die es in diesem Band ausschließlich geht - aus analytischer und nicht aus vorwiegend moralischer Perspektive betrachtet werden, so schwer dies auch vor dem Hintergrund vergangener und gegenwärtiger Erfahrungen mit dem Krieg fallen mag.

Diesem Beitrag, der die Entwicklung der staatlichen Sozialpolitik unter den Bedingungen von Krieg und Kriegsvorbereitung in Deutschland analysiert, geht es weder darum, die staatliche Sozialpolitik zu denunzieren, indem sie in einen Zusammenhang mit dem Kriegsgeschehen gebracht wird, noch geht es ihm darum, die Auffassungen zu bestärken, die dem Krieg Positives dadurch abgewinnen wollen, indem sie darauf hinweisen, daß dieser der "Vater aller Dinge" sei. Er kann heute zu leicht auch das Ende aller oder vieler "Dinge" sein. Für seine Opfer hatte er von vornherein nur diesen Charakter. Unzweifelhaft ist, daß der Erste Weltkrieg manche Entwicklungen gefördert hat, die schon in seinem zerstörerischen Verlauf und auch später als "fortschrittlich" gewertet werden; dazu zählt die staatliche Sozialpolitik. Neben ökonomischen Krisen und revolutionären Erhebungen sind es Kriege, die zu tiefgreifenden, relativ raschen und kurzfristigen "Formveränderungen" des staatlichen Herrschaftapparats führen. Dieser allgemeine Zusammenhang trifft in hohem Maße für den deutschen Staat der beiden Weltkriege zu; in beiden Zeiträumen durchläuft er einen Zyklus von Machtgewinn und Machtverlust. Eine staats- und gesellschaftswissenschaftliche Analyse findet, auf den Krieg und die Kriegsvorbereitung angewendet, reichlich Material.

---

1 Ähnlich und auf die historische Friedensforschung bezogen die Einleitung zu dem Band: Lehren aus der Geschichte? Historische Friedensforschung. Frankfurt a.M. 1990, 7.

2. Imperialismus und Sozialreform

In seinem Standardwerk zur Sozialpolitik in der Weimarer Republik behauptet der sozialdemokratische Politiker und Wissenschaftler Preller, der Erste Weltkrieg habe sich im Sinne der Sozialreform der Vorkriegszeit "als der große Schrittmacher der Sozialpolitik" erwiesen. Er schließt sich sogar einer Auffassung an, nach der es im Grunde der Revolution nach dem Weltkrieg gar nicht bedurft habe, um die zentralen sozialpolitischen Gesetze der Weimarer Republik durchzusetzen: "Ihre Grundlagen waren tatsächlich ohne Ausnahme während des Krieges gelegt worden. Anerkennung der Gewerkschaften, volle Koalitionsfreiheit, Arbeiterausschüsse, Tarifvertragswesen, Schlichtungseinrichtungen, Arbeitsmarktorganisation, Erwerbslosenunterstützung, einzelne Arbeitsschutzbestimmungen, Mutterschutz, Mieterrecht und Wohnungswirtschaft - sie alle hatten im Kriege ihren Beginn, zum Teil hatten sie in dieser Zeit ihre Gestalt, zum Teil wenigstens die Umrisse ihrer Formen erhalten."[2] Sieht man von der Geringschätzung der Revolution als sozialstaatsbildendem Faktor ab, so muß man diesen Ausführungen Prellers unter Zugrundelegung der historischen Faktizität weitgehend beipflichten.

Damit allerdings ist man gezwungen, eine Ansicht zu akzeptieren, die den gängigen Auffassungen von Sozialpolitik und Krieg widerspricht. Wenn und insoweit man staatliche Sozialpolitik als "soziale Politik" zugunsten "sozial Schwacher" begreift,[3] sie ausschließlich als eine Frucht des Drängens der Arbeiterbewegung, als Errungenschaft, die den politischen (Klassen-)Gegnern Stück für Stück abgetrotzt werden mußte, ansieht und den Krieg ausschließlich mit Gewalt, Barbarei und Zerstörung assoziiert, dann scheint es zwischen ihnen nur schwer eine Brücke, einen Zusammenhang "positiver Art" zu geben und die "Schrittmacherfunktion" wird undenkbar.

Eine ausschließlich derartige Auffassung von Sozialpolitik ist, selbst wenn man "soziale" Motive bei ihrem Zustandekommen nicht ausschließen darf, nie bei den wissenschaftlichen und politischen "Eliten" des Kaiserreichs beheimatet gewesen und erst wenn man ihre Auffassung kennt, läßt sich der Zusammenhang von Krieg und Sozialpolitik entschlüsseln.

Seit den "beunruhigenden" Tagen und Jahren nach dem Epochenereignis der Französischen Revolution von 1789 gelten Reformen sozialpolitischer Art als Mittel der "Befriedigung gesellschaftlicher Spannungen", als Vorbeugungsmittel gegen die Gefahr eines "Umsturzes" von unten. Diese Gefahr vermutet man zunächst im sozialen Substrat einer beängstigend ansteigenden "Massenarmuth", im Pauperismus, später in der sich organisierenden und sich ihrer Lage bewußt werdenden sozialdemokratisch-freigewerkschaftlichen Arbeiterbewegung.

---

2 Preller, Ludwig: Sozialpolitik in der Weimarer Republik. Düsseldorf (1949) 1978, 85.

3 Vgl. in diesem Zusammenhang etwa die Definition praktischer Sozialpolitik bei: Lampert, Heinz: Sozialpolitik. Berlin, Heidelberg, New York 1980, 7.

Diese Auffassung von staatlicher Sozialpolitik setzt sich in der Epoche des Imperialismus fort und findet eine teilweise neuartige und eigentümliche Gestalt. In der Situation extremer Nationalstaatenkonkurrenz, in der es, dem Selbstverständnis der damaligen Herrschaftsträger zufolge, um einen "Platz an der Sonne" (so der spätere Reichskanzler von Bülow) für das Deutsche Reich geht, in der die außereuropäische Welt unter den Großmächten schon beinahe aufgeteilt ist, und Deutschland sich als zu kurz gekommen wähnt, in der der Krieg kein Tabu, sondern eine Tatsache ist, mit der zu rechnen sei, fällt ein neuer, ein "sorgenvoller" Blick auf das "Massenvolk der Proletarier" und seine Interessenorganisationen.

Um die Jahrhundertwende hat die Industrialisierung das Deutsche Kaiserreich nicht nur zu einer respektablen Industriemacht aufsteigen lassen,[4] deren Fähigkeit und Machtwille sich unter anderem in einer gewaltigen, wesentlich gegen England gerichteten Flottenrüstung manifestiert, die Industrialisierung hat auch die Bevölkerungsstruktur grundlegend verändert. 1907 zählen von je 100 "Erwerbenden" 54,8 zu den Lohnarbeitern und "Dienenden", Menschen die bei den Reichstagswahlen der Sozialdemokratie zu respektabler parlamentarischer Repräsentanz verhelfen.[5] Dieses wiederum signalisiert den Herrschaftsträgern die Hinneigung der "arbeitenden Massen" zu einer politischen Kraft, die als "Reichsfeind", als Partei des "Umsturzes", als Organisation "vaterlandsloser Gesellen" verschrieen ist. Für die einer "Weltmachtpolitik" anhängenden Kräfte der wilhelminischen Gesellschaft erhebt sich angesichts dieser Zusammenhänge die Frage, "... ob man Machtpolitik, Geschichtspolitik mit einem Volke treiben kann, dessen Mehrzahl proletarisiert ist."[6]

In dieser Situation lassen sich mehrere grundsätzliche Standpunkte zur Innenpolitik unterscheiden. Unübersehbar und vielbeschrieben ist die Tendenz, durch imperialistische Expansionspolitik, durch den notfalls gewaltsamen Kurs einer Machtpolitik, den inneren Status quo zu festigen, zu einer innenpolitischen und das heißt auch: sozialpolitischen Stagnation zu kommen.[7] Diese Position paßt zu den Tendenzen, die staatstragenden Institutionen und Kräfte (Schule, Militär,[8] Presse, spezielle Propagandavereine

4 Vgl. dazu etwa die Daten und Zeitreihen in: Hoffmann, Walther G.: Das Wachstum der deutschen Wirtschaft seit der Mitte des 19. Jahrhunderts. Berlin, Heidelberg, New York 1965.

5 Bei den Reichstagswahlen des Jahres 1912 erzielen die sozialdemokratischen Kandidaten 34,8 % der Wählerstimmen, die Parlamentsfraktion umfaßt 110 Abgeordnete gegenüber 43 im Jahre 1907 und 81 im Jahre 1903; Zahlen aus: Rovan, Joseph: Geschichte der deutschen Sozialdemokratie. Frankfurt a.M. 1980, 84.

6 Naumann, F. (riedrich): Das politische Erbe Bismarcks. In: Derselbe: Die Politik der Gegenwart. Wissenschaftliche Vorträge. Gehalten in Hamburg und Heidelberg. Berlin-Schöneberg 1905, 3 - 11, hier: 9.

7 Vgl.: Wehler, Hans-Ulrich: Das Deutsche Kaiserreich 1871 - 1918. 4., durchgesehene und bibliographisch ergänzte Auflage. Göttingen 1980, 172 ff.

8 Vgl. in diesem Zusammenhang auch als Materialsammlung: Höhn, Reinhard: Sozialismus und Heer. Band III. Der Kampf des Heeres gegen die Sozialdemokratie. Bad Harzburg 1969.

usw.) gegen die Arbeiterbewegung zu mobilisieren, den Bürgerkrieg zu planen[9] und nach anderen "Gewaltmaßregeln" zu rufen.[10]

Demgegenüber stehen die Kräfte, die das Ziel der "Weltpolitik" teilen, aber einen Status quo der Innenpolitik und den Einsatz von Gewalt gegen den "inneren Feind" ablehnen. Sie setzen auf verstärkte Sozialpolitik und auf Parlamentarisierung, um durch Versöhnung der "inneren Gegensätze" eine machtvolle, von den "Massen" unterstützte und mitgetragene, notfalls gewaltgeprägte Außenpolitik erst zu ermöglichen. "Die Hauptsache bleibt immer die Freude eines Volkes an seinem Staatswesen, die großmütige, unbeugsame Entschlossenheit, alles für dessen Erhaltung und Größe jederzeit aufzuopfern. Das ist aber eine Gesinnung, welche heute ohne die Teilnahme der Arbeiter an der politischen Gewalt nur schwer gedeihen kann", schreibt der bekannte "Kathedersozialist" Herkner.[11] Neben dieser auf eine Änderung der politischen Verfassung abhebenden Strategie, erlebt das um die Mitte des 19. Jahrhunderts von Lorenz von Stein entwickelte Konzept eines "Königthums der socialen Reform" als Herrschaftstechnik eine neue publizistische Beachtung.[12]

Mit dem Ziel rechtzeitig, präventiv und auf nicht primär gewaltförmigem Weg die "inneren Hemmungen kraftvoller Außenpolitik"[13] zu beheben, wird schon vor der Wende zum 20. Jahrhundert ein Zusammenhang von Arbeiterfrage, Sozialreform und deutschem Weltmachtstreben geläufig und kritisch gegen die Kräfte gewendet, die die Sozialpolitik als Instrument der Nationalisierung, der inneren Umwandlung und Integrierung der Arbeiter und der freigewerkschaftlich-sozialdemokratischen Arbeiterbewegung als gescheitert ansehen und einen vorübergehenden Stillstand der Sozialreform, der Ausdehnung der Staatstätigkeit auf Fragen des Arbeits- und Arbeiterlebens herbeiführen können.[14]

Von den Befürwortern der Sozialreform werden die "staatserhaltenden" und "volksstärkenden Segnungen" staatlicher Interventionen in die Gesellschaft betont. "Eine starke Wehrmacht und ihre gewaltigen Geldforderungen können nicht auf tönernen Füßen Bestand haben, sondern bedürfen als ehernen Unterbau ein gesundes, kräfti-

---

9 So plant das Militär im Falle eines Aufruhrs gegen sozialdemokratische Organisationen Verhaftungen, Verbote, 'Schießwaffengebrauch'; vgl.: Militär und Innenpolitik im Weltkrieg 1914 - 1918. Erster Teil. Bearbeitet von Wilhelm Deist. Düsseldorf 1970, XXXIII ff.

10 Vgl.: Francke, E. (rnst): Nun erst recht Sozialreform! In: Soziale Praxis und Archiv für Volkswohlfahrt, 22 (1912) 9, Sp. 233 - 237, hier: Sp. 233.

11 Herkner, Heinrich: Die Arbeiterfrage. Eine Einführung. 5., erweiterte und umgearbeitete Auflage. Berlin 1908, 59.

12 Vgl.: Stein, Lorenz von: Das Königthum, die Republik, und die Souveränität der französischen Gesellschaft seit der Februarrevolution 1848. Leipzig 1850, bes. 48, 49.

13 So der treffende Titel eines Vortrages vor dem "Alldeutschen Verband", gehalten im Juni 1918; vgl.: Bodelschwingh, Franz von: Innere Hemmungen kraftvoller Außenpolitik. Hannover 1918

14 Vgl.: Krüger, Dieter: Ein "Morgenrot wirklicher Sozialreform". Die 'Gesellschaft für Soziale Reform' und die Entwicklung der Arbeitsbeziehungen im Ersten Weltkrieg. In: Mai, Gunther (Hg.): Arbeiterschaft in Deutschland 1914 - 1918. Düsseldorf 1985, 29 - 76, hier: 33 ff.

ges, zahlreiches Volk und ein blühendes, ertragreiches Wirtschaftsleben,"[15] schreibt der einflußreiche Generalsekretär der "Gesellschaft für Soziale Reform", Ernst Francke. Er fordert im Anschluß an die Februar-Erlasse Kaiser Wilhelm II. aus dem Jahre 1890 unter anderem die Verwirklichung von "Friedensinstitutionen" wie: Arbeiterausschüsse, Arbeitskammern, Berufsvereine, Tarifvertragsrecht, Vermittlungswesen, Reichseinigungsamt. Dabei ist beachtenswert, daß er damit, der sozialpolitischen Linie der "Gesellschaft für Soziale Reform" entsprechend und aus dem Inhalt der Februarerlasse abgeleitet, den Gedanken der "Gleichberechtigung" und einer Selbsthilfe der Arbeiter in Form von staatlich regulierten Konfliktschlichtungsinstitutionen vertritt.[16] Vor allem auf diese Formen der Sozialreform bezieht sich Ludwig Preller, wenn er von der "Sozialreform der Vorkriegszeit" spricht, deren Verwirklichung der Krieg vorangebracht habe. Angesichts eines beginnenden Geburtenrückgangs fordert Francke aber auch aus kriegsbezogener Sicht sozialpolitische Maßnahmen zur Steigerung "unseres Nachwuchses": "Wo sollen denn sonst auf die Dauer die Soldaten und die Millionen herkommen?"[17]

Nicht "Weltbeglückung", so schon Max Weber in seiner 1895 publizierten berühmt-berüchtigten akademischen Antrittsrede, sei der Zweck der "sozialpolitischen Arbeit", sondern die soziale Einigung der Nation für die "... schweren Kämpfe der Zukunft."[18] Sozialpolitik, bereits von Bismarck als Politik der Nation für die Nation betrachtet und ausgestaltet, wird immer wieder als "Staatsnotwendigkeit" deklariert, sie solle versöhnen, die Leistungsfähigkeit des "Volkes" heben, kurz: die "nationale Effizienz" steigern,[19] im internationalen Wettlauf Vorsprung und Spitzenstellung sichern: "Dem nationalen Drang nach außen muß der soziale Fortschritt im Innern entsprechen."[20] Mitunter wird die "Weltpolitik" in eher defensiver Weise auch als notwendige "materielle" Voraussetzung einer effektiven Sozialpolitik angesehen und gerechtfertigt.[21]

"Angstvolle" und analysierende Blicke fallen in diesem Zusammenhang auf die Freien Gewerkschaften und die Sozialdemokratie. Zwar glaubt man wohl kaum daran,

---

15 Francke, E.(rnst): Reichsmacht und Sozialreform. In: Soziale Praxis und Archiv für Volkswohlfahrt, 22 (1913) 29, Sp. 833 - 836, hier: 835.

16 Vgl. denselben: Der Kaiser und die Sozialreform. In: Soziale Praxis und Archiv für Volkswohlfahrt, 22 (1913) 37, Sp. 1041 - 1045, hier: 1044.

17 Francke, E.(rnst): Reichsmacht ... a.a.O. (=Anm.15), Sp. 835

18 Weber, Max: Der Nationalstaat und die Volkswirtschaftspolitik. Akademische Antrittsrede. Freiburg i.B. und Leipzig 1895, 33.

19 Eine Debatte, die, wie manche andere dieser Zeit, nicht auf das Deutsche Reich beschränkt ist; vgl.: Searle, G. R.: The Quest for National Efficiency. A Study in British Politics and Political Thought, 1899 - 1914. Berkely and Los Angeles 1971.

20 Francke, Ernst: Weltpolitik und Sozialreform. In: Schmoller, Gustav, Sering, Max, Wagner, Adolph: Handels- und Machtpolitik. Reden und Aufsätze im Auftrag der "Freien Vereinigung für Flottenvorträge". Stuttgart 1900, 85 - 132, hier: 131 f.

21 Vgl.: Wehler, Hans-Ulrich: Das Deutsche Kaiserreich ... a.a.O. (= Anm. 7), 177.

daß in ihr noch "jene katalinarische Energie" der revolutionären Tat glühe;[22] die Tatsache, daß der "Weg der Revolution" verlassen ist, müsse als feststehend angenommen werden.[23] Gleichzeitig sieht man bei aller Widersprüchlichkeit der Stellungnahmen der Arbeiterbewegung zu den Fragen von Armee, Flotte, Krieg und Frieden vieles, was die weltmacht- und kriegsbereiten Kräfte zutiefst irritiert: Internationalismus, Pazifismus, Antikriegsaktionen, Debatten um einen kriegsverhindernden Massenstreik, nicht kriegsbereiten, antikriegerischen Eigensinn also.

Auf die Gewerkschaften, die am 31. Dezember 1913, nach einem beispiellosen Bedeutungszuwachs, insgesamt 4.631.361 Mitglieder zählen, sei es angekommen, erinnert sich der sozialliberale Reformer Lujo Brentano. "Als der Krieg ausbrach, bestand in Regierungskreisen große Besorgnis, wie diese (die Gewerkschaften, E.R.) sich dazu stellen würden. Würden sie dem Heeresruf ohne weiteres sich fügen? Ein bloßer Ausstand der Rüstungsarbeiter konnte alles gefährden."[24] Ganz im Gegensatz zu den Kräften, die den Krieg als Wahrer des innenpolitischen Status quo ersehnen, plagt den Reichskanzler im Sommer 1914 die Sorge, daß ein "Weltkrieg mit seinen gar nicht zu übersehenden Folgen die Macht der Sozialdemokratie, weil sie den Frieden predigt, gewaltig steigern und manche Throne stürzen könnte."[25]

Diese Schlaglichter mögen verdeutlichen, mit welch großem "Gewicht" sich für die Herrschaftsträger neben die militärische, wirtschaftlich und finanzielle Rüstung die Frage nach dem Verhalten und nach dem Umgang mit der Arbeiterbewegung und die Frage der Ausgestaltung der Sozialpolitik gestellt hat.

3. Von den Grundzügen des "modernen Krieges"

Die sozialpolitische Kriegsentwicklung kann nicht ohne die sozialreformerische Vorkriegsdiskussion verstanden werden. Diese ist allerdings nur eine notwendige, keine hinreichende Bedingung für das Verständnis der "Schrittmacherfunktion" des Ersten Weltkrieges. Auch die Aktionen und Stellungnahmen der Arbeiterbewegung und die bekannte und beachtete Tatsache, daß der Deutsch-Französische und der Russisch-Japanische Krieg von 1870/71 bzw. 1904/05 in Revolutionen übergegangen sind, reichen zur Erklärung nicht aus. Letztlich resultiert die Tatsache, daß die Bahn der Sozialreform im Ersten Weltkrieg beschritten wird, aus dem "Wesen" dieser "Urkatastrophe" des 20. Jahrhunderts. Die Grundzüge des zu führenden Krieges sind teilweise in der Kriegsvorbereitung bereits veranschlagt und insofern den Entscheidungsträgern bewußt, zu erheblichen Teilen enthüllen sie sich erst während des Kriegsverlaufs. Im Grunde ist schon seit dem Debakel der veralteten preußisch-sächsischen Armee in der Doppel-

22 So die Ausdrucksweise von : Weber, Max: Der Nationalstaat ... a.a.O. (=Anm. 18), 31.

23 Vgl.: Naumann, F.(riedrich): Demokratie und Kaisertum. Ein Handbuch für innere Politik. 4., neu bearbeitete Auflage. Berlin-Schöneberg 1905, 15.

24 Brentano, Lujo: Mein Leben im Kampf um die soziale Entwicklung Deutschlands. Jena 1931, 312.

25 Zit. nach: Wehler, Hans-Ulrich: Das Deutsche Kaiserreich ... a.a.O. (Anm. 7), 199.

schlacht bei Jena und Auerstedt im Jahre 1806 bekannt, daß die "moderne", die "französische" Kriegsart in einem erheblichen Maße von der Mitwirkung des "Volkes" abhängig geworden ist. Die Technifizierung und der gewaltige Umfang des Menschen- und Materialeinsatzes hat diese Abhängigkeit auf eine neue Stufe gehoben.

In Anbetracht der geschilderten Zusammenhänge wird auch der propagandistischen Vorbereitung und Begleitung des Krieges ein hoher Stellenwert eingeräumt. Tatsächlich gelingt es im Deutschland des Jahres 1914 auch in der Arbeiterschaft Kriegsbegeisterung und ein "vaterländisches Gemeinschaftsgefühl" zu entzünden. Dabei spielen das Herrscherhaus,[26] die "vaterländische Presse", dabei spielen auch anfängliche Siege, die Hoffnung auf eine kurze Kriegsdauer, die Überzeugung einen "gerechten" Verteidigungskrieg zu führen, zunächst auch die erfahrene "Kameradschaft" im Kriege eine zentrale Rolle.

Andererseits wird den herrschenden Kräften schon bald nachdem Krieg ins "Stocken" gerät deutlich vor Augen geführt, daß dieser Krieg wie kein anderes soziales Fundamentalereignis geeignet ist, soziale Spannungen und politischen Dissenz zu vertiefen, die soziale Integration und Stabilität auf eine harte Probe zu stellen. Schon bald wird sichtbar, daß dieser "moderne Krieg" für die Mehrzahl der Menschen in unterschiedlichem Ausmaß Knappheits-, Verelendungs- und Ausbeutungssituationen schafft, daß er mithin den Lebensstandard sinken läßt und Klassenfronten ausprägt. Die Menschen müssen zu Millionen unter organisiertem Zwang für die Kriegführung leiden, kämpfen, sterben, Verwandte und Freunde verlieren, allein sein, die Zerstörung ihrer materiellen Lebensgrundlagen hinnehmen usw. usf.. Sie sind gezwungen, alles Persönliche in den Hintergrund zu drängen, für den Staat und seine Zwecke zu leben, zu opfern und ein Rädchen in der "ungeheuren Maschinerie" des Kriegsstaates zu sein, der ihre Kraft nahezu restlos "aufsaugt" und gewaltsam über zentrale Lebensbedürfnisse hingwegschreitet. Das sind Belastungen, die zum Verlust der "Massenloyalität" beitragen, zu Verbitterung, Empörung, Protestbereitschaft, Protesten und (im Ersten Weltkrieg) revolutionären Massenaktionen führen.[27]

Unter den Bedingungen des Krieges stellen derartige Entwicklungen eine unmittelbare, schwere und doppelte Gefahr für den Staat und die bestehenden Gesellschaftsverhältnisse dar. Diese sind einmal durch das "eigene Volk" und seine Aktionen bedroht. Zum anderen und soweit sich das "Zerbrechen des inneren Friedens" auf den Militärapparat direkt (durch Übergreifen der Unruhen etwa) und/oder indirekt (durch Störung der Kriegsproduktion, des Transports, der Kommunikation usw.) auswirkt, durch die gegnerischen Staaten. Diese können wegen der abnehmenden Kampfkraft der

---

26 Ein "Musterbeispiel" einer solchen "gemeinschaftsstiftenden" Aktion ist der Aufruf Kaiser Wilhelm II. zum Ausbruch des Ersten Weltkrieges; vgl. zum Text und zum Zustandekommen dieser "Staatsschrift": Harnack, Axel von: Der Aufruf Kaiser Wilhelm II. beim Ausbruch des Ersten Weltkrieges. In: Die Neue Rundschau, 1953, 612 - 620.

27 Ähnlich: Kocka, Jürgen: Klassengesellschaft im Krieg 1914 - 1918. Göttingen 1973, 49 f.

Streitkräfte ihren Herrschaftsbereich ausdehnen und zum Niedergang der Staatsgewalt beitragen.

Es kennzeichnet beide Weltkriege, daß der Staat diesen Gefährdungen seiner Herrschaft unter anderem durch die Errichtung einer nach innen gerichteten Repressionsstruktur begegnet.[28] Es ist geradezu typisch, daß mit der Erklärung des Kriegszustandes (wie im Ersten Weltkrieg) oder schon vorher und dann noch einmal bei Kriegsausbruch, Schutz- und Freiheitsrechte gegen den Staat suspendiert werden und das innerstaatliche Sanktionssystem eine drastische Verschärfung erfährt. Neue Sanktionstatbestände und Sanktionsinstanzen bilden sich heraus, bis es - wie im Zweiten Weltkrieg - zu einer wahren Inflation der Bedrohung durch und der Verhängung schwerster Freiheits- und Todesstrafen kommt.

Der Staat, der zum Zwecke der Gewaltausübung nach außen "Menschen und Materialmassen" instrumentalisiert, der Millionenheere auf der Basis der allgemeinen Wehrpflicht rekrutiert, wie dies 1914 - 1918 erstmals in vollem Ausmaß der Fall ist,[29] ist "unerbittlich" gezwungen, auf Arbeiterschichten zurückzugreifen, die teilweise sozialistisch und später auch: kommunistisch organisiert sind oder waren und wegen ihrer bzw. der bei ihnen vermuteten pazifistischen, internationalistischen, gesellschafts- und staatskritischen Einstellung als besonders "unsicher" gelten.[30]

Gerade dem Kern dieser Arbeiterschichten, den Facharbeitern und den übrigen industriellen Arbeitskräften kommt - dem Entwicklungsstand der Industrialisierung der Kriegsführung entsprechend - eine Schlüsselstellung zu. Sie werden in beiden Weltkriegen sowohl für die Massenproduktion von Kriegsmaterial, den Ersatz des gewaltigen Verbrauchs von Kriegsmitteln in den Materialschlachten dringend benötigt, sie sind gleichzeitig aber auch als Soldaten unverzichtbar, da sie die Fähigkeit besitzen oder leicht erwerben können, das technische Kriegsgerät zu bedienen und instand zu halten. In den hochmechanisierten und motorisierten Truppenteilen tätig, sind sie extrem hohen Risiken für Gesundheit und Leben ausgesetzt. Sie bilden das eigentlich "leistende und leidende" Rückgrat der "modernen Kriegsart". Diese Tatsache wird noch dadurch unterstrichen, daß eine relativ hohe Einberufungsquote gerade dieser Schichten und Gruppen aus der sozialen Klasse der abhängigen Arbeit unterstellt werden muß.[31] Alle vor dem Ersten Weltkrieg gängigen Maßnahmen, Sozialisten aus dem Heer möglichst fernzuhalten bzw. sie einer Sonderbehandlung zu unterwerfen,[32] um den bedingungslosen Gehorsam und die Schlagkraft dieses innen- und außenpolitischen Gewaltinstruments

---

28 Vgl. in diesem Zusammenhang den hervorragenden Beitrag von: Lederer, Emil: Zur Soziologie des Weltkrieges. In: Archiv für Sozialwissenschaft und Sozialpolitik, 39 (1915) 347 - 384, hier: 371.

29 Vgl.: Meyer, Peter: Kriegs- und Militärsoziologie. München 1977, bes. 78 ff.

30 Vgl. in diesem Zusammenhang die Wiedergabe der Einstellung der Militärs und Regierungsspitzen zur Sozialdemokratie in: Militär und Innenpolitik ... a.a.O. (=Anm. 9), XV f.

31 Vgl.: Speier, Hans: Class Structure and "Total War". In: American Sociological Review, 4 (1939) 370 - 380.

32 Vgl. dazu wiederum: Höhn, Reinhard: Sozialismus, ... a.a.O. (=Anm.8).

zu erhalten, hätten vor dem Hintergrund dieses Kriegsbildes und der Millionen freigewerkschaftlich-sozialdemokratisch organisierten bzw. orientierten Arbeiter eine Verminderung der Siegchance und Schlagkraft beinhaltet.

4. Staatliche Sozialpolitik als Herrschaftsmethode im Ersten Welt-krieg

4.1 Der "Geist" des 4. August 1914

Im Bewußtsein des innenpolitischen Risikos des Weltkrieges, aus der "Urangst" der Politiker und Militärs vor "inneren Unruhen" im Rücken der kämpfenden Truppen heraus,[33] sucht der damalige Reichskanzler von Bethman Hollweg "in letzter Minute" Kontakt zur SPD, und die Gewerkschaften erhalten für den Fall der Einordnung in die Kriegspolitik Anfang August die Zusage ihrer Existenzsicherung.[34] Dies ist der Beginn eines innerhalb und außerhalb der sozialistischen Arbeiterbewegung schon bald umstrittenen Prozesses der "Kooperation" mit dem Staat. In einer Situation des "nationalen Taumels", der auch vor den Arbeitern und der Arbeiterbewegung nicht halt gemacht hat, stimmt die Sozialdemokratie unter diesen Bedingungen am 4. August 1914 geschlossen den Kriegskrediten zu,[35] und die Gewerkschaftsspitze beschließt und setzt durch, daß alle Streiks und Streikgeldzahlungen zu unterbleiben haben. Die Arbeitskämpfe kommen beinahe völlig zum Erliegen, ein allgemeiner "Wirtschaftsfrieden" zu Kriegsbeginn setzt ein.

Damit sind, wohl kaum die Tragweite dieser Beschlüsse ahnend, von der Arbeiterbewegung wichtige Voraussetzungen für die Führung eines Krieges geschaffen worden, der mit "allen Mitteln", unter höchstmöglicher Ausschöpfung aller Ressourcen geführt werden soll. "Der Volkskrieg", formuliert zugespitzt schon 1899 ein General der Infantrie, "ist dadurch furchtbar, daß er in den betheiligten Ländern Alles in seinen Strudel hineinzieht."[36] Dieser "innere Friede",[37] die Tatsache, daß sich die Arbeiterbewegung zunächst beinahe geschlossen auf den Boden des "nationalen Staates", des

---

33 Vgl. zu dieser "Urangst" in der Form, wie sie schon vor 1914 grassiert und eine wichtige Wurzel der Dolchstoßlegende darstellt: Dix, Arthur: Volkswirtschaftliche Kriegsvorsorge. In: Vierteljahrshefte für Truppenführung und Heereskunde, 10 (1913) 3, 441 - 452; Dix bezieht sich auf Wirtschaftsstörungen als Ursache von Unruhen. Von der Notwendigkeit des Ausschaltens "lärmender Agitation im Innern" schreibt: Blume, W.(ilhelm) von: Die Grundlagen unserer Wehrkraft. Berlin 1899, 162 f.; verneinend zu der Möglichkeit einer Revolution im Kriege: Naumann, Fr.(iedrich): Demokratie ... a.a.O. (Anm. 23), 14 f.

34 Vgl. dazu: Meyer, Thomas et al.: Lern- und Arbeitsbuch Geschichte der Deutschen Arbeiterbewegung. Bonn 1984, 304; zu den Gewerkschaften: Quellen zur Geschichte der deutschen Gewerkschaftsbewegung im 20. Jahrhundert. Band 1: Die Gewerkschaften in Weltkrieg und Revolution 1914 - 1919. Köln 1985, bes. 11 ff., 74 ff.

35 Vgl. zu Details: Miller, Susanne: Burgfrieden und Klassenkampf. Düsseldorf 1974, 31 ff.

36 Blume, W.(ilhelm) von : Die Grundlagen ... a.a.O. (=Anm. 33), 168..

37 Vgl. in diesem Zusammenhang: Thimme, Friedrich (Hg.): Vom inneren Frieden des deutschen Volkes. Ein Buch gegenseitigen Verstehens und Vertrauens. Leipzig 1916.

"Vaterlandes" stellt,[38] kurz: der "Geist" des 4. August,[39] nicht zuletzt durch die geschickte politische Behandlung der Arbeiterbewegung[40] und durch die Inszenierung der Überzeugung erreicht, das Deutsche Reich führe einen "gerechten Verteidigungskrieg", bedeutet für den Militärstaat in mehrfacher Beziehung einen bedeutenden Ausbau seiner Macht- und Herrschaftsposition.

Dadurch, daß der Krieg nicht zugleich nach "innen" und "außen" geführt wird, gewinnt der Staat nicht nur an kriegsbereiter Zustimmung. Er gewinnt auch die Unterstützung seiner Kriegspolitik durch die Gewerkschafts- und sozialdemokratische Parteiorganisation. Gerade weil der Militärstaat eine eigene Administration und eigenes Personal vor allem für bestimmte sozialpolitische und versorungswirtschaftliche Aufgaben nicht zur Verfügung stellt und hat, beinhaltet der "Einbau" der Arbeiterbewegung eine Erweiterung seiner administrativen und auch finanziellen Kapazität. Selbst durch den Kriegsbeginn mit seinen gewaltigen Umstellungen im Sozial- und Wirtschaftsleben an den Rand ihrer Existenz gebracht, engagiert sich die Gewerkschaftsbürokratie unmittelbar bei der Vermittlung von Arbeitslosen zu Erntearbeiten, sie organisiert ein umfangreiches Unterstützungswesen für den Fall der Arbeitslosigkeit, für Angehörige der Einberufenen, für Kriegsbeschädigte, Kriegshinterbliebene usw., betreibt also "soziale Kriegsarbeit" erheblichen Umfangs.[41] Zudem besitzen die Partei- und Gewerkschaftsvertreter zunächst Glaubwürdigkeit, Fachkunde und Rückhalt beim (einfachen) "Volk", was der Effizienz der Maßnahmen zugute kommt.

Militärstaat und Arbeiterbewegung - insbesondere die Gewerkschaften - werden in eine enge, "vertrauensvolle", der äußeren Gewaltentfaltung dienende Beziehung gebracht, die sich bald auf die Ebene der Reichsämter, die Landesverwaltungen, die kommunalen Dienststellen, die stellvertretenden Generalkommandos und andere Stellen bezieht. In publizistisch stark beachteter Weise dokumentiert sich dieses neue Verhältnis, als am 14. November 1914 "... deutsche und preußische Minister, Generäle und Admiräle, Präsidenten der gesetzgebenden Körperschaften, selbst des preußischen Herrenhauses, und Oberbürgermeister dem Hauptquartier der deutschen Gewerkschaftswelt, dem Berliner Gewerkschaftshaus, einen langen Besuch abstatten"[42], um damit den neuen "Geist" der "Arbeitsgemeinschaft" nach außen sinnfällig zu dokumentieren. Die Gewerkschaften und die - gemäßigten - Sozialdemokraten avancieren so zu einem - allerdings umstrittenen - Faktor des politisch-administrativen und öffentlichen "Lebens",

---

38 Vgl. etwa: Haenisch, Konrad: Der deutsche Arbeiter und sein Vaterland. Berlin-Karlshorst 1915

39 Das meint jene Reichstagssitzung, auf der die Sozialdemokratie den Kriegskrediten und einer Vielzahl von kriegsbezogenen Gesetzen zustimmt; vgl.: Stenographische Berichte des Deutschen Reichstags. Band 306. 13. Legislaturperiode. Zweite Session. 1914, 1 ff.

40 Vgl. dazu die instruktiven Hinweise bei: Delbrück, Clemens von: Die wirtschaftliche Mobilmachung in Deutschland 1914. München 1924, 100 f.

41 Vgl. vor allem die zahlreichen Hinweise bei: Umbreit, Paul: Der Krieg und die Arbeiterbewegung. Die deutschen Gewerkschaften im Kriege. Stuttgart, Berlin, Leipzig 1928.

42 Brentano, Lujo: Mein Leben ... a.a.O. (=Anm. 24), 313.

sie werden teilweise regelrecht "hofiert" und mit "Vorliebe" als Redner oder zu ehrenamtlicher bzw. amtlicher Tätigkeit herangezogen.[43]

Diese brisante und mit vielerlei Vorbehalten eingegangene "Symbiose" von Staat und Arbeiterbewegung kann nicht lediglich als "kopflose Anpassungsstrategie" zur Rettung der eigenen Organisation und sozialen Existenz oder als ausschließliche Folge eines "Dammbruchs patriotischer Gefühle" verstanden werden. Zur Kooperation trägt auch die bald deutlich geäußerte Hoffnung bei, durch den Staat für diese Loyalität honoriert zu werden, die Hoffnung, daß der Staat "... die jahrzehntelang geübte Praxis der Diskriminierung von Sozialdemokratie und Freien Gewerkschaften aufgebe, eine Parlamentarisierung des Regierungssystems einleite und den Rechtsstatus der Gewerkschaften als Interessenvertretung der lohnabhängigen Arbeiterschaft gesetzlich garantiere. Man hoffte auf verfassungs- und sozialpolitische Konzessionen der Monarchie, wollte die politische und gewerkschaftliche Gleichberechtigung erringen und wünschte, daß sich die Staatsorgane und Unternehmer aus ihrer Frontstellung gegen die Arbeiterbewegung zurückzögen ..."[44]

Dazu "paßt" spiegelbildlich die Auffassung wichtiger Herrschaftsträger, daß staatsbedrohende Störungen an der "Heimatfront" (und im Heer) wirkungsvoll nur dann zu vermeiden sind, wenn die kooperationsbereiten Kräfte der Arbeiterbewegung Rückhalt und Einfluß bei den kriegsentscheidend gewordenen arbeitenden "Massen" behalten würden. Dieses Ziel müsse dadurch sichergestellt werden, daß die Arbeiterbewegung auf sozialpolitische Fortschritte hinweisen könne, in denen die Arbeiter eine Wahrnehmung und Förderung ihrer Interessen sehen könnten.[45]

4.2 "Anerkennung" und "Gleichberechtigung"

Ein Krieg, der unter Einbeziehung der "Massen" geführt wird, erzeugt bedeutenden sozialpolitischen Handlungsbedarf. In der Situation des Ersten Weltkrieges werden Vorkehrungen getroffen, den Zusammenbruch der Sozialversicherung zu vermeiden und diese an den Krieg anzupassen. Sie wird aber auch - wie im Zweiten Weltkrieg - an der Finanzierung des Krieges und den Kriegsfolgen beteiligt. Bestimmte Arbeitsschutzvorschriften werden gelockert, um die "Volkskraft" zu Rüstungs- und Versorgungszwecken bis zur Grenze der Leistungsfähigkeit ausschöpfen zu können. Die Maßnahmen zur Unterstützung der "Kriegerfamilien" und Kriegshinterbliebenen schwellen zu einem bedeutenden Zweig der Sozialpolitik an und sind im Ersten Weltkrieg durch drastische Unzulänglichkeiten gekennzeichnet. Hinzu treten sozialpolitische Maßnahmen

43 Vgl. die mit starken Vorbehalten gegen die Sozialdemokratie argumentierende Schrift von: Eichhorn, Konrad: Sozialdemokratie und Arbeiterpolitik nach dem Kriege. Hildesheim 1915, 3.

44 Quellen zur Geschichte ... a.a.O. (=Anm. 34), 13.

45 So die Grundtendenz der Aussagen zahlreicher interner Dokumente der Regierungs- und Militärstellen der damaligen Zeit.

für Soldaten und Kriegsverletzte.[46] Die Frauenerwerbstätigkeit, die bedeutende Ausmaße annimmt, bedarf der Regulierung, um nicht zu einer "biologischen Ruinierung" der Nation zu führen.[47] Die Arbeitslosenunterstützung wird vom Odium der Armenpflege befreit, um bei den kriegsbedingt arbeitslosen Menschen Verbitterung zu vermeiden. Diese und viele andere Gebiete der "Kriegsfürsorge" bzw. der "sozialpolitischen Kriegsarbeit" sind aus staatlich-militärischer Sicht von großer Bedeutung zur Erhaltung der sozialen Integration und Stabilität der Kriegsgesellschaft und bieten der Arbeiterbewegung des Ersten Weltkrieges ein unerschöpfliches Feld der Mitwirkung und der "Verhinderung des Schlimmsten".

Um die für die Arbeiterbewegung bald zur Zerreißprobe geratende Integration in die Kriegspolitik zu festigen, werden gegen teilweise erheblichen Widerstand im Staatsapparat selbst und vor allem in Kreisen der Schwerindustrie zahlreiche Zugeständnisse gemacht, die eine "gleichberechtigte Mitwirkung" an zentralen, arbeitsbezogenen Fragen beinhalten. Gerade auf diesem Gebiet sind die personellen und ideellen Querverbindungen zur sozialreformerischen Debatte der Vorkriegszeit besonders eng. Kriegsarbeitsgemeinschaften zwischen bestimmten Unternehmergruppen und Gewerkschaftsvertretern entstehen,[48] als Institutionen "geregelter Konfliktschlichtung" überziehen mit Förderung der Militärbehörden zahlreiche Schlichtungsstellen und Schiedsämter Deutschland. Sie sollen das "Einvernehmen der Klassen" als "Vorbedingung des Sieges" fördern.[49] Als Form der "wirtschaftlichen Gleichberechtigung" wird das Tarifvertragswesen ausgebaut.[50] Erhebliche Widerstände sind zu überwinden und Zeitverzögerungen sind in Kauf zu nehmen, als es darum geht, die diskriminierenden Bestimmungen gegen die Arbeiterbewegung im Vereinsgesetz und in der Gewerbeordnung zu beseitigen. Von der Verwirklichung der "Gleichberechtigung" auf politischem Gebiet, der "rechtzeitigen" Aufhebung etwa des preußischen Dreiklassenwahlrechts kann - mit erheblichen negativen Folgen für die Stimmung der "Massen" - keine Rede sein.[51]

Von zentraler Bedeutung für die maximale Entfaltung der staatlichen Macht "nach außen" ist die möglichst zweckrationale Verknüpfung von Wirtschaft, Arbeitsmarkt und

---

46 Vgl. als Schriften aus der Arbeiterbewegung: Hirsch, Paul: Kriegsvorsorge in Berlin und Vororten. Berlin 1915; Leipart, Th.(eodor): Kriegsinvaliden und Gewerkschaften. Berlin 1915; hier zahlreiche Hinweise und Dokumente zur gewerkschaftlichen Politik.

47 Die Neigung, sich mit "Frauenfragen" unter dem Blickwinkel der Bevölkerungspolitik zu befassen, ist durch das Kriegsgeschehen und die damit einhergehenden Bevölkerungsverluste sowie durch das Zusammendenken von "Volkszahl" und "nationaler Stärke" angeregt worden; vgl. als allerdings erst ab 1918 sozialdemokratische Stimme: Grotjahn, A.(lfred): Der Wehrbeitrag der deutschen Frau. Zeitgemäße Betrachtungen über Krieg und Geburtenrückgang. Bonn 1915; vgl. auch: Rosenthal, Max: Volkserneuerung und der Krieg. Geburtenpolitik und Kinderfürsorge. Existenzfragen des Deutschen Volkes. 2. Auflage. Breslau 1915.

48 Vgl. dazu grundlegend die Arbeit von: Bieber, Hans-Joachim: Gewerkschaften in Krieg und Revolution. Teil I. Hamburg 1981, 125 ff.

49 Die konfliktvermeidende Funktion betont: Preller, Ludwig: Sozialpolitik ... a.a.O. (=Anm. 2), 36.

50 Vgl. denselben, ebenda, 38.

51 Vgl.: Militär und Innenpolitik ... a.a.O. (Anm. 9), 355 ff.

militärpolitischer Strategie. Mit dem Ziel der Erzeugung eines Maximums an Kriegsmaterial, gehört in diesen Zusammenhang die zweckentsprechende Gewinnung, Motivierung, Verteilung, Qualifizierung und der Einsatz des durch die Kriegführung verknappten Arbeitskräftepotentials. Diese für die Kriegführung zentrale Aufgabe war in der Vorkriegszeit zwar angemahnt[52] aber nur unzulänglich vorbereitet worden.[53] Ein lückenhaftes und unvollständiges, dazu sehr vielgestaltiges Arbeitsnachweiswesen, das unter dem Eindruck des Krieges durch eine Reichszentrale und Zentralauskunftsstellen ergänzt wird, kann den mit den kriegsbedingten Produktionsumstellungen einhergehenden arbeitsmarktpolitischen Anforderungen nicht genügen. Nachdem die anfängliche, durch den "Kriegsstoß" verursachte Arbeitslosigkeit der Vergangenheit angehört und im Zuge der Rüstungskonjunktur und der Menschenverluste im Krieg Arbeitskräfteknappheit eintritt, steht eine umfassende staatliche Mobilisierung der (Arbeits-)Kräftereserven auf der politischen Agenda.

Im Verlauf der Vorbereitung entsprechender gesetzgeberischer Maßnahmen wird deutlich, daß die Reichsleitung und wichtige Teile des Militärapparats in dieser Frage vor einer Verfügung einer diktatorisch durchzusetzenden reinen Arbeitsdienstpflicht zurückschrecken. Auch auf diesem Gebiet sei eine Kooperation mit den Arbeiterorganisationen zu suchen. "Ein militärischer oder gesetzlicher Zwang zur Arbeit würde auf diesen Willen und auf die Hilfsbereitschaft der Gewerkschaften lähmend und zerstörend wirken."[54] Die Abwendung von der auch von weiten Teilen der Industrie geforderten Arbeitspflicht, die Einschaltung des Parlaments und der Gewerkschaften (aller Richtungen), Maßnahmen die die innenpolitischen Voraussetzungen militärischer Kraftentfaltung erhalten und teilweise neu schaffen sollen, führen zur Verabschiedung des "Gesetz über den vaterländischen Hilfsdienst" vom 5. Dezember 1916.[55] Dieses Gesetz wird von den Kräften, die auf Härte und Zwang gegenüber den Arbeitern und der Arbeiterbewegung setzen, die das sozialpolitische Herrschaftsmodell der Einbindung, der "Anerkennung" und "Gleichberechtigung" nicht teilen oder sogar vehement ablehnen, mit Entsetzen betrachtet.[56]

Das bemerkenswerte Gesetz, das abschätzig von seinen Gegnern als "sozialpolitisches Versuchskarnickel" und von den Befürwortern als "großes Werk" und "bahnbrechender Erfolg" bezeichnet wird,[57] stellt den Arbeitsmarkt, die "Menschenökonomie im Kriege" weitgehend unter staatlich-militärische Regie. Es wird

---

52 Vgl.: Dix, Arthur: Volkswirtschaftliche Kriegsvorsorge ... a.a.O. (=Anm. 33), 450.

53 Vgl. grundlegend auch: Faust, Anselm: Arbeitsmarktpolitik im deutschen Kaiserreich. Arbeitsvermittlung, Arbeitsbeschaffung und Arbeitslosenunterstützung 1890 - 1918. Stuttgart 1986, 198 ff.

54 Sichler, Richard, Tiburtius, Joachim: Die Arbeiterfrage, eine Kernfrage des Weltkrieges. Bonn o.J., 13; vgl. auch die Auffassung des Kriegsamtschefs Groener; Dokument 198 in: Militär und Innenpolitik ... a.a.O. (=Anm. 9), 511 ff.

55 RGBl. I 1916, 1333; grundlegend zur Entstehung dieses Gesetzes: Feldman, Gerald D.: Armee, Industrie und Arbeiterschaft in Deutschland 1914 bis 1918. Berlin, Bonn 1985, 169 ff.

56 Vgl.: Bieber, Hans Joachim: Gewerkschaften ... a.a.O. (=Anm. 48), 301.

57 Vgl. denselben, ebenda, 301.

zu diesem Zweck jedoch keine bloße Zwangs- bzw. Befehls-Gehorsams-Struktur errichtet. Zahlreiche Ausschüsse sind als Entscheidungsinstanzen vorgesehen und ermöglichen eine paritätische Beteiligung von Arbeit und Kapital unter militärischem bzw. bürokratischem Regiment. Darüber hinaus sieht das Gesetz auf betrieblicher Ebene "ständige Arbeitsausschüsse" und "Angestellten-Ausschüsse" vor. Diese Ausschüsse der abhängig Beschäftigten kennen keine Bevormundung durch Militär oder Bürokratie und werden zu Vorläufern der Betriebsräte.[58] Dieses Gesetz, das vor allem auch die Unternehmer zwingt, die Gewerkschaften als "berufene" Vertreter der Arbeiter und Angestellten zu respektieren und mit ihnen zusammenzuarbeiten, enthält weitere Vorschriften, die Interessen der Arbeiter (etwa an Lohnerhöhung und besseren Arbeitsbedingungen) und der Arbeiterbewegung (Vereins- und Versammlungsfreiheit) verbürgen.

Der reichliche Gebrauch, der von der Hinzuziehung der Arbeitervertreter auch, aber nicht nur in Form des "Paritätenmodells"[59] gemacht wird, die überwiegend kooperative und integrative Politik gegenüber der "gemäßigten" Arbeiterbewegung hat schwerwiegende Folgen für deren Orientierung und organisatorischen Bestand.[60] Im April 1917 gründet sich die Unabhängige Sozialdemokratische Partei Deutschlands und dokumentiert in aller Deutlichkeit die schon lange vorher sichtbare Parteispaltung.

Der Niedergang der militärisch-staatlichen Macht jedoch wird durch das beschriebene Herrschaftsmodell nicht mehr verhindert, Streiks und Unruhen breiten sich aus, die die gesellschaftliche Integration und Stabilität auflösenden Wesenszüge und Auswirkungen des "modernen Krieges" setzen sich durch. Der "Geist" des 4. August, die "Ideen von 1914", der "Burgfriede" zerbricht. Die mit der Inflation und der schlechten Versorgungslage einsetzende Abwärtsbewegung der Lebenshaltung der Vielen, die unendlichen Opfer an Leben und Gesundheit, das Beispiel der russischen Revolution von 1917 und zahlreiche andere Faktoren tun ihre Wirkung. Die "nationale Durchhaltepolitik" der Gewerkschaftsvorstände findet zunehmend weniger Rückhalt

---

58 Vgl.: Flatow, Georg: Kommentar zum Betriebsrätegesetz. 8. Auflage. Berlin 1921, 12 f.

59 So die Begriffsbildung bei: Saldern, Adelheit von: Wilhelminische Gesellschaft und Arbeiterklasse: Emanzipations- und Integrationsprozesse im kulturellen und sozialen Bereich. In: Internationale wissenschaftliche Korrespondenz zur Geschichte der deutschen Arbeiterbewegung, 13 (1977) 469 - 505, hier: 497 f.

60 Während des Krieges wird ein erstaunlich umfangreiches Schrifttum verfaßt, das sich rechtfertigend oder ablehnend mit dem Kriegskurs der Arbeiterbewegung befaßt. Manche Partei- und Gewerkschaftsblätter lassen sich mit großer Eindeutigkeit der einen oder anderen Richtung zuordnen. Eine regelrechte Presse- und Bücherschau enthält die folgende Schrift: Zimmermann, Waldemar (Hg.): Der Krieg und die deutsche Arbeiterschaft. Bekenntnisse und Betrachtungen aus der organisierten Arbeiterwelt. Jena 1915. Gegen den Kriegskurs wendet sich z.B.: Borchardt, Julian: Vor und nach dem 4. August 1914. Hat die deutsche Sozialdemokratie abgedankt? Berlin 1915; Lensch, Paul: Die Sozialdemokratie ihr Ende und ihr Glück. Leipzig 1916; rechtfertigend und bejahend etwa: David, Eduard: Die Sozialdemokratie im Weltkrieg. Berlin 1915; Haenisch, Konrad: Krieg und Sozialdemokratie. Drei Aufsätze. Hamburg 1915; Stampfer, Friedrich: Sozialdemokratie und Kriegskredite. Berlin 1915; von "patriotischen Gefühlen" überwältigt: Braun, Lily: Die Frauen und der Krieg. Leipzig 1915

und die auf den Klassenkampf und direkte Aktionen setzende "oppositionelle Gegenphalanx" gewinnt an Boden. Die militärische Niederlage rückt im Sommer des Jahres 1918, also schon einige Zeit bevor die revolutionären Unruhen im Reich ausbrechen, in greifbare Nähe. Das verhindert keineswegs die Ausbildung und Propagierung der "Dolchstoß-Legende", der von Haß und Enttäuschung des Weltmachtstrebens geprägten Auffassung, die politische Linke habe dem "im Felde unbesiegten Heer" von der "Heimatfront" her einen "Dolchstoß" in den Rücken versetzt.

5. Staatliche Sozialpolitik als Herrschaftsmethode im "Dritten Reich"

5.1 Die Entwicklung bis 1939

Es wirkt noch heute erschreckend "... wie auf breiter Front (aus dem Ersten Weltkrieg, E.R.) keine andere Lehre gezogen wurde, als einen neuen, noch gewaltigeren und erbarmungsloseren Konflikt so bald wie möglich in Friedenszeiten zielstrebig und planmäßig vorzubereiten."[61] Der letztendliche Erfolg dieses "Strebens", das schließlich im Inferno des Zweiten Weltkriegs mündet, hängt eng damit zusammen, daß es zu Beginn der Weimarer Republik zu keinem radikalen personellen und institutionellen Neuanfang, zu keiner definitiven Änderung der Machtstrukturen in zentralen politischen und gesellschaftlichen Bereichen gekommen ist. Während die vorübergehend zur politischen Macht gelangende reformistische Arbeiterbewegung das Programm der Sozialreform auf wichtigen Gebieten und unter dem Eindruck der revolutionären Unruhen "vollenden" kann[62] und sich (damit) gleichzeitig gegen grundlegende Umgestaltungen, gegen einen wirklich "kühnen" Reformkurs bzw. noch weitergehende Maßnahmen wendet,[63] beginnt die politische Rechte und beginnen die militärischen und sonstigen "Eliten" ihre Lehren auch aus der "sozialpolitischen Flankierung" des Ersten Weltkrieges zu ziehen. Es sind dies Lehren aus einem Krieg, der nach der Auffassung vieler Funktionsträger des Kaiserreichs, hierin der "Dolchstoß-Legende" nahestehend, unter anderem auch oder vor allem an der "Arbeiterfrage", an Fehlern der kriegsbezogenen "Massen-" und "Menschenbehandlung" gescheitert ist.[64]

---

61 Wehler, Hans-Ulrich: Krisenherde des Kaiserreichs 1871 - 1918. 2., überarbeitete und erweiterte Auflage. Göttingen 1979, 101.

62 Den hohen Anteil von Vorstellungen der bürgerlichen Sozialreform meinend, der so von der Arbeiterbewegung in Sozialpolitik umgesetzt wurde, spricht der Sozialwissenschaftler G. Briefs nicht ganz zu Unrecht davon, zum Schluß habe das Bürgertum noch mehr konstruktive Gedanken mit "sozialistischem Einschlag" gehabt, als der Sozialismus selbst; vgl.: Briefs, Goetz: Das gewerbliche Proletariat. In: Grundriss der Sozialökonomie. IX. Abteilung. Das soziale System des Kapitalismus. I. Teil. Die gesellschaftliche Schichtung im Kapitalismus. Tübingen 1926, 142 - 240, hier: 232.

63 Vgl.: Wehler, Hans-Ulrich: Das Deutsche Kaiserreich ... a.a.O. (=Anm. 7), 218 ff.

64 Vgl. die Schrift: Sichler, Richard, Tiburtius, Joachim: Die Arbeiterfrage ... a.a.O. (=Anm. 54); vgl. auch die Einschätzung des Hilfsdienstgesetzes bei: Ludendorff, Erich: Meine Kriegserinnerungen 1914 - 1918. Berlin 1919, bes. 258 ff.

Als Ergebnis komplexer "Lern-", Wahrnehmungs-, Verarbeitungs- und Auseinandersetzungsprozesse kommt es, mit dem Jahr 1933 beginnend, zur Ausbildung einer neuen kriegsbezogenen Herrschafts- und Gewaltapparatur und einer darin eingeschlossenen staatlichen Sozialpolitik, die in vielen Punkten das "genaue" Gegenteil von dem darstellt, was in den Jahren 1914 bis 1918 praktiziert wurde. Beide Entwicklungsphasen staatlicher Sozialpolitik sind geradezu negativ aufeinander bezogen und die Analyse gewinnt an "Tiefenschärfe", wenn man beide Zeiträume "zusammendenkt".

Von geradezu strategischer Bedeutung ist die Tatsache, daß während der Zeit des Nationalsozialismus ein grundsätzlicher Bruch mit den Vorstellungen der "bürgerlichen Sozialreform" vollzogen wird. Die entsprechenden Gedankengänge und die darauf aufbauende Sozialpolitik gelten als völlig verfehlt. Das, was wichtige Herrschaftsträger vor dem Ersten Weltkrieg anstrebten, aber nicht durchsetzen konnten, das, was im Urteil der Zeitgenossen schließlich auf die Bahn der Sozialreform zwang, soll nunmehr präventiv beseitigt werden: die Arbeiterbewegung. Trotz aller Anpassungsbemühungen an die politisch rechtsstehenden und nationalsozialistischen Kräfte mit dem Ziel der Erhaltung der Existenz und Organisation,[65] ein Einbau, eine "Anerkennung", eine "Gleichberechtigung", überhaupt irgendeine Berechtigung für die Arbeiterbewegung liegt nicht im Sinne der neuen, der NS-Machthaber. Die Vorbereitung auf den neuen Krieg beginnt mit der restlosen und aktiven "Überwindung" der, wie es jetzt abwertend heißt, sozialen Ordnung des "Klassenwahnsinns und Klassenkampfes", für die traditionelle Arbeiterbewegung ist in der neuen Kriegsgesellschft und im neuen Kriegsstaat kein Platz, sie wird zum ersten "... und - neben den Juden - ... am nachhaltigsten betroffenen Opfer des Nationalsozialismus."[66]

Die Zerschlagung der Arbeiterbewegung wird begleitet von einer Ausschaltung der nunmehr als "Novemberverbrecher" bezeichneten Vertreter der Arbeiterbewegung aus sämtlichen Beiräten, (Selbstverwaltungs-) Gremien und Ausschüssen der Sozialpolitik. Darüber hinaus wird der gesamte Staatsapparat von diesen Kräften - wie es im NS-Jargon heißt - "gesäubert": Systematisch werden die Arbeiter und Angestellten um jeden Einfluß auf den Prozeß der politischen Willensbildung gebracht. Die Verbände der Sozialreform verlieren ihren Einfluß und sind ab Mitte der 30er Jahre "... entweder aufgelöst oder in ihrer Wirksamkeit entscheidend eingeschränkt."[67] Der kollektivrechtlichen Sozialpolitik fehlt mit der Ausschaltung der Arbeiterbewegung ein Träger und der andere, die Arbeitgeberverbände, lösen sich bald auf.

---

65 Vgl. dazu etwa: Scharrer, Manfred: Anpassung bis zum bitteren Ende. Die freien Gewerkschaften 1933. In: Derselbe (Hg.): Kampflose Kapitulation. Arbeiterbewegung 1933. Reinbek bei Hamburg 1984, 73 - 120.

66 Mai, Gunther: Arbeiterschaft zwischen Sozialismus, Nationalismus und Nationalsozialismus. In: Backes, Uwe, Zitelmann, Rainer (Hg.): Die Schatten der Vergangenheit. Impulse zur Historisierung des Nationalsozialismus. Frankfurt a. M., Berlin 1990, 195 - 217, hier: 195

67 Vgl.: Prinz, Michael: "Sozialpolitik im Wandel der Staatspolitik"? Das Dritte Reich und die Tradition bürgerlicher Sozialreform. In: Bruch, Rüdiger vom (Hg.): Weder Kommunismus noch Kapitalismus. München 1985, 219 - 244, hier: 229.

Diese Entwicklung beinhaltet nicht, daß das Ziel der Integration der Arbeiter und ihrer Unterordnung unter den schon bald sichtbar werdenden Kriegskurs des Regimes aufgegeben wird. Was sich ändert, sind die Formen und Methoden der Integrationspolitik. Die traumatische Verarbeitung der Niederlage des Jahres 1918 und das Bewußtsein von der Bedeutung der "arbeitenden Massen" für den Krieg wie von den Belastungen eines neuen Krieges für die Bevölkerung, führen sogar zu besonders intensiven Integrationsbemühungen, denen allerdings die Anerkennung und die Berücksichtigung jeder Klassenbewegung abgeht.

Im Rahmen der vielpropagierten "Volksgemeinschaft" und mit Blick auf den neuen Krieg, kommt der Regelung der Arbeitsbeziehungen eine besondere Bedeutung zu. Entsprechend dem Konzept der "Volksgemeinschaft", das Konflikte, Klassen oder auch nur Interessengegensätze grundsätzlicher Art negiert und letztlich autoritär auf den "Führer" bzw. den staatlichen Willen hin orientiert ist, wird auch das Arbeitsleben als Grund- und Teilbereich dieser übergreifenden "Gemeinschaft" rekonstruiert. Mit dem "Gesetz zur Ordnung der nationalen Arbeit" (AOG) vom 20. Januar 1934[68] avanciert dementsprechend der Begriff der "Betriebsgemeinschaft" in den Rang eines Schlüsselbegriffs des neuen Arbeitsrechts. Der Unternehmer wird zum "Führer des Betriebes", die Arbeiter und Angestellten werden zur "Gefolgschaft". Beide, so die Rechtsnorm, arbeiten "... gemeinsam zur Förderung der Betriebszwecke und zum gemeinsamen Nutzen von Volk und Staat" (§ 1 AOG). An die Stelle der zunächst noch bestehenden nazifizierten Betriebsräte treten "Vertrauensräte", denen der jeweilige "Führer des Betriebes" und "Vertrauensmänner" angehören und deren Zweck sein soll, das "gegenseitige Vertrauen" zu vertiefen und auf die Beilegung aller Streitigkeiten innerhalb der "Betriebsgemeinschaft" hinzuwirken.[69] Die mit Gesetz vom 19. Mai 1933 entstehenden "Treuhänder der Arbeit"[70] haben die Kompetenz, Tarifordnungen zu erlassen. Diese sind mithin nicht länger Ausdruck der Auseinandersetzungen der Tarifparteien, sondern staatliche Anordnung. Über "Pflichtverletzungen", "gemeinschaftsfeindliches Handeln", "Verhetzung der Gefolgschaft" usw. wacht eine "soziale Ehrengerichtsbarkeit". Das Weimarer Arbeitsrecht, in vielfacher Weise durch den Ersten Weltkrieg vorangebracht, wird mit dem AOG aufgehoben.

Dieses Teilstück der Negation des sozialpolitischen Herrschaftsmodells des Ersten Weltkriegs, das zu wesentlichen Teilen auf einem "Bündnis" von Arbeiterbewegung und Militärstaat beruhte, ist zutreffend als "Entinstitutionalisierung des Konfliktes

---

68 RGBl. I 1934, 45.

69 Vgl. zur offiziellen Kommentierung: Mansfeld, W., Pohl, W., Steinmann, G., Krause, A.B.: Die Ordnung der nationalen Arbeit. Kommentar. Berlin, Leipzig, Mannheim, München 1934.

70 RGBl. I 1933, 285.

zwischen Arbeit und Kapital" beschrieben worden.[71] Die "Betriebsgemeinschaften" erleben ein wechselvolles Schicksal. Staatliche, parteibezogene und private Machtansprüche und Auseinandersetzungen, kriegsvorbereitende, ressourcenmobilisierende und lenkende Maßnahmen durchdringen sich.

Die "Betriebsgemeinschaften" und Aspekte des übrigen Arbeiterlebens sind ohne die Aktivitäten der "Deutschen Arbeitsfront" (DAF) nicht angemessen denk- und darstellbar. Sie stellt die organisatorische Form der "Eingliederung" der Arbeiter und Angestellten dar. Die DAF, ein der NSDAP angeschlossener Verband, keine Klassenorganisation also, die (unter Einsatz von Zwang) Ende 1942 25 Millionen Mitglieder hat,[72] entwickelt sich trotz der Tatsache, daß sie z.B. im AOG nicht mit nennenswerten Aufgaben berücksichtigt ist, zu einem gewaltigen Apparat der Indoktrination, der Schulung und Betreuung sowie der "Vertretung" im Betrieb und im Freizeitbereich. Unter dem Druck der "arbeitenden Massen" und auch als Folge der Unterwanderung durch Kräfte der ehemaligen Arbeiterbewegung, ergreift sie immer wieder auch gewerkschaftsähnliche Aktivitäten.[73] "Begreiflicherweise gewann der normale deutsche Arbeiter den Eindruck, die DAF und ihre 'Walter' seien allgegenwärtig."[74]

Der Ansatzpunkt der "gleichberechtigten Mitwirkung", der "verschwenderischen" Praktizierung des "Paritätenmodells", die Regelung des Arbeitseinsatzes durch das "Gesetz über den vaterländischen Hilfsdienst", findet im "Dritten Reich" keine Nachahmung. Im Unterschied zur damaligen Vorgehensweise wird die Einschränkung der Freiheit auf dem Arbeitsmarkt durch administrative Verfügung nicht erst während des Krieges und angesichts erheblicher Bedrängnis durch die gegnerischen Staaten vorgenommen. Bereits im Rahmen der "Arbeitsschlacht" zur Überwindung der Massenarbeitslosigkeit der Weltwirtschaftskrise kommt es zu gravierenden Freiheitsbeschränkungen, bei denen die in der Weimarer Republik geschaffene und nunmehr völlig nazifizierte Reichsanstalt für Arbeitsvermittlung und Arbeitslosenversicherung "treue" Dienste leistet.

Die "Lehre" aus dem Ersten Weltkrieg, "... die in Kriegszeiten erforderliche Ergänzung und Intensivierung des sozialen Apparats schon im Frieden vorzubereiten",[75] führt dazu, daß der gigantische Aufrüstungskurs im "Dritten Reich" schon "mitten im

---

71 Vgl.: Siegel, Tilla: Thesen zur Charakterisierung faschistischer Herrschaft. In: Ästhetik und Kommunikation, 9 (1978) 59 - 70, hier: 63; vgl. insgesamt: Kranig, Andreas: Lockung und Zwang. Zur Arbeitsverfassung im Dritten Reich. Stuttgart 1983; Spohn, Wolfgang: Betriebsgemeinschaft und innerbetriebliche Herrschaft. In: Sachse, Carola et al.: Angst, Belohnung, Zucht und Ordnung. Opladen 1982, 140 - 208; vgl. auch die "klassische" Studie von: Mason, Timothy W.: Sozialpolitik im Dritten Reich. 2. Auflage. Opladen 1978.

72 Vgl. dazu und besonders zur Person des Leiters neuerdings: Smelser, Ronald: Robert Ley. Hitlers Mann an der "Arbeiterfront". Eine Biographie. Paderborn 1989.

73 Vgl. denselben, ebenda, 201 ff.

74 Derselbe, ebenda, 201.

75 So: Sitzler: Soziale Rüstung einst und jetzt. In: Soziale Praxis. Zeitschrift für Aktienwesen, Gesellschaftsrecht und Sozialpolitik, 49 (1940) 3, Sp. 65 - 68, hier: 67

Frieden", spätestens seit Mitte 1934 intensiv administrativ "begleitet" wird. Hier liegt der Ausgangspunkt einer nunmehr bis 1945 ununterbrochenen Kette von Maßnahmen zur "Bewirtschaftung der Arbeitskraft", die "naturgemäß" nicht mehr zum Ausgangspunkt von "Kompensationsgeschäften" mit der Arbeiterbewegung und ihr nahestehenden Parteien werden kann. In der nunmehr durch Zwang und Terror, durch Indoktrination und Demagogie, durch lebenslagestabilisierende Maßnahmen und Entwicklungen (insbesondere durch die Behebung der Massenarbeitslosigkeit), durch Anreize "von oben", durch Rückzug ins Private, durch Hinnahme, Anpassung, Angst, aber auch: durch Zustimmung und anfängliche Begeisterung "von unten" realisierten "Geschlossenheit" des "Volkes", gegen die Formen des Widerstandes, des Protests, vereinzelte sehr begrenzte Streiks und Arbeitsniederlegungen keine herrschaftsgefährdende Qualität erreichen können,[76] kommt es zur administrativen, zur hoheitlichen Verfügung über immer umfangreichere Segmente des Arbeitsmarktes.[77]

Zu den "Lehren", die die Herrschaftsträger des "Dritten Reiches" aus dem Ersten Weltkrieg ziehen, zählen Maßnahmen, die die "bitteren Probleme" vermeiden helfen sollen, vor denen die "Kriegerfamilien", die Kriegshinterbliebenen und Kriegsbeschädigten gestanden haben. Auch auf diesem Gebiet profitiert das "Dritte Reich" vom "sozialpolitischen Fortschritt" aus der Weimarer Republik, vom Reichsversorgungsgesetz des Jahres 1920. Unübersehbar und vergleichsweise erfolgreich sind die Versuche, durch mengen-, preis- und lohnlenkende Maßnahmen eine Währungs- und Versorgungskatastrophe, wie sie den Ersten Weltkrieg kennzeichnete, zu vermeiden.[78]

In dieses Bild des Zusammenhangs von "Krieg und Sozialpolitik" gehört die Tatsache, daß die Sozialpolitik des "Dritten Reiches" vielfach ihre Leistungen an politisch-soziales "Wohlverhalten" knüpft. Auf diese Weise soll die integrative Wirkung verstärkt werden. Darüber hinaus brechen auf breiter Bahn "erb-" und "rassentheoretische" Gesichtspunkte in eine Sozialpolitik ein, deren Basis damit nicht mehr die reine Staatszugehörigkeit ist. Diese Tendenzen[79] der Ausgestaltung der Sozialpolitik zu einer "Volkspflege", der sozialpolitischen Praxis des Ersten Weltkrieges fremd, entstammt einer menschenverachtenden krass verfehlten biologistisch-rassistischen Sichtweise, die weit in die deutsche und die sonstige europäische und außereuropäische Geschichte zurückreicht.[80] Der nach diesen Gedankengängen ausgebaute "Sozialstaat" kennt aber

---

76 Vgl. dazu zusammenfassend: Herbert, Ulrich: Arbeiterschaft im "Dritten Reich". Zwischenbilanz und offene Fragen. In: Geschichte und Gesellschaft, 15 (1989) 3, 320 - 360.

77 Vgl. ausführlicher: Reidegeld, Eckart: Krieg und staatliche Sozialpolitik. In: Leviathan, 17 (1989) 4, 479 - 526, hier: 514 ff.

78 Vgl.: Overy, Richard J.: "Blitzkriegswirtschaft"? Finanzpolitik, Lebensstandard und Arbeitseinsatz in Deutschland 1939 - 1942. In: Vierteljahrshefte für Zeitgeschichte, 36 (1988) 3, 379 - 435.

79 Vgl. zu diesen: Mann, Uwe, Reidegeld, Eckart: Die nationalsozialistische 'Volkswohlfahrtspflege' - Organisatorische Entwicklung, Dimensionen ihrer Ideologie, Einblicke in ihre Praxis. In: Zeitschrift für Sozialreform, 33 (1987) 4, 229 - 251, Heft 5, 261 - 275.

80 Vgl. in diesem Zusammenhang: Labisch, Alfons, Tennstedt, Florian: Der Weg zum "Gesetz über die Vereinheitlichung des Gesundheitswesens" vom 3. Juli 1934. Teil 1. Düsseldorf 1985, 147 ff.

auch einen direkt geopolitisch-militärbezogenen Aspekt. Staatliche Politik soll das durch die Menschenverluste im Ersten Weltkrieg und den Geburtenrückgang aktivierte Gespenst eines "Volkstodes", der gleichzeitig das Ende aller Weltmachtbestrebungen beinhaltet, bannen helfen.[81] Der Mensch wird aus dieser Perspektive als Material des Machtstaates betrachtet, das seinen Expansionsplänen zu dienen bestimmt ist. Neben die Funktion der Sozialpolitik als Instrument der inneren Integration und Formung einer Kriegsgesellschaft tritt die Funktion, das menschenverachtende äußere Expansionsprogramm sicherzustellen.

Seit der Zeit, zu der sich der "Volkskrieg" als "überlegene Kriegsart" verallgemeinert hat, finden sich in der Geschichte ähnliche Gedanken. Die Volkszahl und die psychische und physische Verfassung des Volkes gilt seit jeher in der Militärwissenschaft als eine "Quelle der Wehrkraft".[82] Es finden sich bei imperialistisch denkenden Autoren seit dem Ende des 19. Jahrhunderts aber auch schon Gedanken, die rassistische Ideen einflechten und dem nahe kommen, was unter der NS-Herrschaft in die Tat umgesetzt wird.

5.2 Sozialpolitik im Zweiten Weltkrieg

Im Gegensatz zum Ersten Weltkrieg ist der Zweite nicht Anlaß zu grundlegenden Veränderungen im sozialpolitischen Herrschaftsmodell; diese wurden schon seit 1933 vorgenommen. Erneut erfolgen, sozusagen "sachzwanghaft", gewisse Anpassungen des sozialpolitischen Systems an das Kriegsgeschehen. Die zur "Reichsversicherung" umbenannte und autoritär umgestaltete Sozialversicherung überspringt die Grenzen des ursprünglichen Reichsgebietes und wird in die Gebiete eingeführt, die nach den Vorstellungen der NS-Machthaber dauerhaft zum (großdeutschen) Reich zugeschlagen werden sollen. Die Lebenslage der Bevölkerung wird während der ersten Kriegshälfte, vor allem auch zu Lasten der Bevölkerung der eroberten Länder, relativ erfolgreich stabilisiert. Dies gilt teilweise auch noch für die erste Zeit nach der Wende des Kriegsgeschehens, bis die Kriegsgesellschaft und der Militärstaat im Zusammenbruch diesen Bemühungen ein Ende setzt. Bis weit in den Krieg hinein kommt es sogar noch zu Reallohnsteigerungen. Das Regime versteht es, zu Unmut führende Maßnahmen "rechtzeitig" zurückzunehmen und stets ist die Furcht präsent, es könne zu ähnlichen Formen des Absinkens der Lebenshaltung der Massen kommen, wie im Verlauf des Ersten Weltkrieges.[83]

Der Krieg bringt eine weitere Verschärfung des Arbeitseinsatzes und wiederum wird ein regelrechter "Kampf um die Facharbeiter" zwischen "Front und Heimat" aus-

81 Vgl. etwa die Schrift: Hoffmann, Geza von: Krieg und Rassenhygiene. Die bevölkerungspolitischen Aufgaben nach dem Kriege. München 1916

82 Vgl. etwa: Bernhardi, Friedrich von: Deutschland und der nächste Krieg. Stuttgart und Berlin 1912, 277 ff.

83 Vgl. dazu: Herbert, Ulrich: Arbeiterschaft ... a.a.O. (= Anm. 76), 345 ff.

getragen. Ein umfangreiches, über bürokratische Prozeduren (und nicht - wie im Ersten Weltkrieg - über ein "paritätisches" Ausschußwesen) abgewickeltes Instrumentarium der Lenkung der "Menschenkraft" wird fortentwickelt und umgesetzt. Der umfangreiche "Rückgriff" auf ausländische Arbeitskräfte erlaubt es auch auf diesem Gebiet, einen Teil der Kriegslasten auf die Bevölkerung der besetzten Länder abzuwälzen. Gleichzeitig wird durch diese Maßnahme eine erhöhte Einberufung zum Militärdienst möglich. Die Arbeitsverwaltung wächst sich unter diesen Bedingungen zu einer "riesenhaften, fast ganz Europa umspannenden Arbeitseinsatzorganisation" aus.[84] Ohne diese Arbeitskräfte und ohne die vielfältige Ausbeutung der besetzten Territorien wäre dieser menschen- und materialverschlingende Krieg schon früh zu Ende gegangen. Ein besonderes, nach rassistischen Gesichtspunkten diskriminierendes, äusserst hartes Arbeits- und Sozialrecht entsteht für diese überwiegend mit Gewalt zur Kriegsarbeit gezwungenen Menschen.[85]

Zu Beginn des zweiten Kriegswinters zeigt sich die "sozialpolitische Schrittmacher-Funktion" (auch) des Zweiten Weltkrieges in Gestalt eines "Sozialwerk für das Deutsche Volk" der DAF.[86] Diese umfassend angelegte Ausarbeitung für die Zeit nach dem "Endsieg" wird Grundlage einer regelrechten Welle sozialpolitischer Propaganda. Den "Massen" soll ein die Kriegsbereitschaft förderndes positives Zukunftsbild entworfen werden. Ein kommendes großes "Reich des Friedens, der Arbeit, der Wohlfahrt, der Kultur", ein neuer "deutscher Sozialstaat" wird geradezu als Kriegsziel und zu erwartendes Kriegsergebnis suggeriert.

Das "Sozialwerk" zeigt noch einmal "gebündelt" wesentliche Grundzüge der NS-Sozialpolitik. Es kommt "selbstverständlich" ohne eine Beteiligung einer Klassenorganisation aus und es ist auch nicht als Ergebnis eines demokratischen Auseinandersetzungsprozesses gedacht. Es hat bürokratisch-expertokratische Züge (etwa auf dem Gebiet der Lohngestaltung), es soll die Leistungsfähigkeit fördern, kennt Mindestleistungen und soll die "breite Masse" eng an den NS-Staat binden. Das "Sozialwerk" kennt Leistungsausschlüsse nach politischen und "biologischen" Kriterien. Es soll die Bevölkerungspolitik des Regimes fördern, indem es unter anderem Zusatzleistungen für kinderreiche "Volksgenossen" vorsieht, aber auch auf dem Gebiet des "sozialen Wohnungsbaues" entsprechende Wohnungsgrössen für kinderreiche Familien einplant. Die Attraktivität des "Sozialwerks" mag durch die Tatsache gewonnen haben, daß die vorgeschlagenen Leistungsstandards teilweise für damalige Verhältnisse ausgesprochen hoch waren.

---

84 Vgl. grundlegend denselben: Fremdarbeiter. Politik und Praxis des "Ausländer-Einsatzes" in der Kriegswirtschaft des Dritten Reiches. Berlin, Bonn 1985.

85 Vgl. denselben, ebenda, 190 ff.

86 Dieses ist im Detail besprochen bei: Recker, Marie-Luise: Nationalsozialistische Sozialpolitik im Zweiten Weltkrieg. München 1985, 82 ff.

6. Resümee

Der deutsche Staat sieht sich angesichts des "riskanten" Charakters des "modernen Krieges" zweimal vor die Notwendigkeit gestellt, zu integrativer und zur "Kriegsarbeit" motivierender Sozialpolitik zu greifen. Die Unerläßlichkeit verstärkter sozialpolitischer Aktivitäten ergibt sich für die Herrschaftsträger aus der "Urangst" vor dem "rothen Gespenst", vor der (sozialistischen) Arbeiterbewegung und aus der Tatsache, daß die "arbeitenden Massen" für die Führung eines "modernen Krieges" unentbehrlich geworden sind.

Im Bewußtsein der Gefährdung und Verletzlichkeit des staatlichen Herrschaftsgefüges im Krieg, eine Erscheinung, die vor allem aus der Störanfälligkeit der Kriegsmaschinerie durch massenhafte Verweigerung, nicht kriegsförderlichen Eigensinn und produktionsstörende kollektive Aktionen bedingt ist, gewinnt der Staat in begrenztem Umfang an "Handlungsautonomie". Er wird - wenn man das so ausdrücken will - stärker und rücksichtsloser und greift aus der Einsicht heraus, daß der Krieg gegen die Arbeiter (als Soldaten und Produzenten von Kriegsmaterial vor allem) überhaupt nicht zu gewinnen sein wird, zu Integrationsstrategien, die ohne diesen Hintergrund nicht zu verstehen sind.

Im Gesamtzusammenhang der beiden anderen "großen" Integrationsmittel, der Gewalt nach innen und der ideologisch-propagandistischen Blendung, gewinnt die staatliche Sozialpolitik ihr Eigengewicht und ihre spezifische Ausformung. Aus der Erkenntnis bzw. der Erfahrung heraus, daß soziale Spannungen und Konflikte eine militärische Schwächung bedeuten, kommt es angesichts der beiden Weltkriege zu "inneren Reformen" mit dem Ziel, die Einordnung der "Massen" nicht nur auf Gewalt und Propaganda zu bauen, sondern auch durch Sozialpolitik die Einwilligung, zumindest die widerstandslose Duldung des Kriegsgeschehens bei den Herrschaftsunterworfenen zu erreichen.

Die gewaltigen Unterschiede in der Herrschaftspraxis 1914 - 1918 bzw. 1933 - 1945 liegen einmal in der Gewichtung der Herrschafts- bzw. Integrationsmittel überhaupt. Der Gewalt, dem Terror kommt im "Dritten Reich" ein vergleichsweise viel größerer Stellenwert zu. Darüber hinaus ergeben sich Unterschiede in der Ausgestaltung und Intensität der Ideologie und Propaganda. "Naturgemäß" hat (neben der Legitimation des Kriegsbeginns und der Kriegführung) die "Gemeinschaftspropaganda" eine ganz hervorgehobene Bedeutung. Der für die Sozialpolitik entscheidende Unterschied liegt in der "Behandlung" der Arbeiterbewegung, dem eigentlichen "Trauma" der Herrschenden. "Einbau" und gewaltsame Ausschaltung sind die beiden "Antworten".

Der kriegführende bzw. der ab 1933 den Krieg vorbereitende Staat ist über beträchtliche Zeiträume ein "starker Staat". Nicht nur werden unter dem Primat der Selbsterhaltung und der Ausübung der Gewalt nach außen Millionen Menschen der militärischen Disziplin unterstellt, nicht nur führen die integrativen bzw. repressiven innenpolitischen Strategien zu einer beachtlichen Ausdehnung des Staatsapparats. Der historische Staat der beiden Weltkriege gewinnt direktive Qualitäten auch gegenüber der kapitalistischen Wirtschaft, um einen möglichst optimalen Einsatz der produktiven Ressourcen zum Zwecke der Gewaltausübung zu erreichen. Die Kehrseite dieses Strebens bildet die teilweise oder "totale" Aufhebung der "Freiheit des Arbeitsmarktes", die "Menschenökonomie".

Bei aller anfänglichen "Stärke" und trotz aller Sozialpolitik diskreditieren die beiden Weltkriege in ihrem Verlauf den Staat und seine Bürokratie vor allem in weiten Kreisen des "einfachen Volkes". Das hängt einmal mit dem Zwangscharakter und der teilweise terroristischen Qualität seiner Maßnahmen zusammen. Es ergibt sich aber auch daraus, daß der Staat im Verlaufe des Krieges zu einem nur noch den Mangel verwaltenden Instrument wird und auf diese Weise in der Phase des Niedergangs vor allem Verbitterung und Enttäuschung hervorruft. Er kann die psycho-physischen, sozialen und materiellen Kriegsschäden bestenfalls nur noch abmildern. Selbstverständlich zeigt die frühe oder späte Einsicht, daß man "umsonst" geopfert und gelitten hat, daß man mißbraucht worden ist, Wirkung. Am Ende beider Weltkriege hat der ehemals "starke Staat" in unterschiedlichem Ausmaß den Tiefpunkt seiner Macht und Legitimität erreicht.

4. Kapitel

Zum Funktionswandel des Staates: Vom verflochtenen Staat zur "Assoziativen Demokratie"?

Die Verflechtung von Staat und Drittem Sektor auf kommunaler Ebene

Volker Ronge

Das Thema der Verflechtung öffentlicher Aufgabenerfüllung bzw. ihrer Träger ist als politologisches bislang vorwiegend in binnenstaatlicher Perspektive abgehandelt worden.[1] Insbesondere in Reaktion auf enttäuschte (bundes-)politische Planungseuphorie wurde in den 70er Jahren im Rahmen der sog. Implementationsforschung die allein schon qua Verfassung komplizierte "Transitivität" des bundesdeutschen Staatswesens mit seinen drei gebietskörperschaftlichen Ebenen (Bund, Länder, Kommunen) - und zwar als Planungshindernis - entdeckt und untersucht. Nur vereinzelt, wenngleich zu Recht, ist diesem Ansatz kritisch entgegengehalten worden, daß er eine "gouvernementale Sichtweise" enthalte.[2] Die Politik und Verwaltungswissenschaft hatte damals die - jede Politikimplementation weiter komplizierende - "Ausfransung" des Staates in Gestalt sog. verselbständigter Verwaltungsträger und erst recht den sog. Dritten Sektor noch nicht wahrgenommen; dies hat sich jedoch in den letzten Jahren verändert.[3]

Mit der Verwendung des Begriffs der Verflechtung schließe ich an die politologische Diskussion in den 70er Jahren an; dabei erzwingt der hier verfolgte Zusammenhang natürlich eine gewisse terminologische Uminterpretation. Unter der Überschrift der "Politikverflechtung" war es um "die Problematik einer mehrere Gebietskörperschaften übergreifenden Problemverarbeitung" gegangen.[4] Dabei wurde - über das Konzept eines "politisch-administrativen Systems" - gleichwohl eine sozusagen gesamtstaatliche Homogenität unterstellt, von woher sich Variationen in der Dimension Zentralisierung/Dezentralisierung ergeben konnten.[5] Demgegenüber handelt es sich beim Verhältnis zwischen Staat und Drittem Sektor von vornherein nicht um eine Binnendifferenzierung einer übergreifend-gemeinsamen Einheit, sondern um zwei zunächst als getrennt und autonom zu konzipierende und dann in bestimmter Weise interagierende Sphären (oder Systeme). Der Verflechtungsbegriff ist in diesem Zusammenhang also *systemtranszendierend und -übergreifend* gemeint.

Denen, die in den letzten Jahren versucht haben, verstärkte sozialwissenschaftliche Aufmerksamkeit auf den Dritten Sektor - als eigenständigen gesellschaftlichen Leistungsbereich neben profitbestimmter Privatwirtschaft und Staat - zu lenken, ist von

---

1 Vgl. Hesse 1978, 9.

2 Bullinger et al. 1978, 33.

3 Vgl. dazu - aus der deutschen Literatur - etwa Schuppert 1981, Ronge 1988, Reichard 1990, Seibel 1990.

4 Hesse 1978, 10.

5 Vgl. Scharpf 1978, 23.

vornherein bewußt gewesen, daß zwischen dem Dritten Sektor und dem Staat ein erhebliches Maß an Verflechtung besteht - was die Unterscheidung zwischen ihnen als solche keineswegs dementiert oder delegitimiert. Diese Verflechtung gilt jedenfalls für die deutsche Konstellation; beispielsweise in den USA sieht die Sache etwas anders aus. Während in den "voluntary" oder "independent" sector in den USA in erster Linie privates Spenden- oder Stiftungskapital fließt, was ihn von der "öffentlichen Hand" deutlich abhebt, herrscht in Deutschland eher ein Modus vor, bei dem privat-gemeinnützige "freie Träger" - ökonomisch gesprochen: Produzenten öffentlicher Güter - mit Mitteln agieren, die in erheblichem Ausmaß von der öffentlichen Hand stammen.

Besonders deutlich wird dieser Zusammenhang in der Wohlfahrtspflege, wo die "freien Träger", ihrerseits zu großen und einflußreichen Verbänden (sog. Spitzenverbänden oder Ligen der freien Wohlfahrtspflege) zusammengeschlossen, ein breites Aufgabenfeld "gemeinnützig" beackern und dafür in erheblichem Umfang von der öffentlichen Hand finanziert werden.[6] Seitens der "freien Träger" wird in diesem Zusammenhang manchmal sogar eine Norm der "Gewaltenteilung (sic!) zwischen Richtlinienkompetenz (die sie für sich selbst beanspruchen; VR) und der geldgebenden Instanz (d. h. dem Staat; VR)" reklamiert.[7]

Hinter dem spezifisch deutschen Muster des Dritten Sektors steht insbesondere die Subsidiaritätsideologie,[8] die sich oft - sicherlich auch zur Rechtfertigung unter säkularisierten gesellschaftlichen Verhältnissen - mit der (natürlich kaum evaluierbaren) These verbindet, dieses Verflechtungsmodell sei billiger und/oder effektiver als die Alternative konsequent wohlfahrts*staatlicher* Leistungsverwaltung. Das Subsidiaritätsprinzip "adelt" in dieser Sicht sozusagen die freigemeinnützige Aktivität so sehr, daß der Staat sie geradezu aus Eigeninteresse heraus finanzieren (und somit aufrechterhalten) muß.

Warum bzw. inwiefern ist die Frage der Verflechtung von Institutionen des Staates und des Dritten Sektors überhaupt von Interesse? Vom - meistens im Vordergrund stehenden - Aspekt eventueller Staatsentlastung,[9] die sich freilich nur von einer allemal fragwürdigen Theorie öffentlicher Aufgaben her bestimmen ließe, abgesehen, sind vor allem zwei Punkte relevant: erstens die durch derartige Verflechtung bewirkte Komplizierung eines mit öffentlichem Haushaltsmitteleinsatz verbundenen staatlichen *Steuerungs*anspruchs (unter Voraussetzung einer staatlichen Gesamt*verantwortung*); zweitens die durch solche Verflechtung möglicherweise bewirkte gesteigerte Politik*partizipation* bzw. Interessenberücksichtigung.

Am unten noch näher erläuterten Beispiel der Jugendwohlfahrt(spolitik) läßt sich die hier interessierende komplexe Konstellation eingängig plausibel machen. Die - in

6 Vgl. zu diesem - sozialwissenschaftlich relativ wenig beachteten - Bereich vor allem Heinze/Olk 1981.

7 Siehe z. B. Kairies 1991, 52.

8 Vgl. dazu grundsätzlich Nell-Breuning 1976.

9 Vgl. Kirberger 1978.

diesem Fall sogar gesetzlich normierte - Verflechtung von Staat und Drittem Sektor stellt sich in der Sprache des Gesetzes (KJHG = SGB VIII) in aller Kürze folgendermaßen dar:

- *Kooperation Staat-Dritter Sektor unter vorausgesetzter Autonomie*: "Die eigenverantwortliche Tätigkeit der Jugendverbände und Jugendgruppen ist unter Wahrung ihres satzungsgemäßen Eigenlebens ... zu fördern."[10]

- *Staatliche Verantwortung und dementsprechender Steuerungsanspruch*: "Die Träger der öffentlichen Jugendhilfe haben für die Erfüllung der Aufgaben nach diesem Buch (gemeint ist SGB VIII; VR) die Gesamtverantwortung ..."[11]

- *Partizipation und Interessenvertretung*: "Durch Jugendverbände und ihre Zusammenschlüsse werden Anliegen und Interessen junger Menschen zum Ausdruck gebracht und vertreten."[12]

Über die bereits genannten analytischen Fragen hinaus reicht eine sozusagen evolutionäre Perspektive, in der die Entwicklung der Verflechtung selbst zum Gegenstand gemacht wird. Im Hinblick auf diese Frage ist vor allem auf die (Neo-) Korporatismusthese zu verweisen,[13] die allerdings meistens die Verflechtung zwischen Staat und - privat-unternehmerischer - Ökonomie (durch sozioökonomische Verbände, insbesondere Arbeitgeber- und Arbeitnehmerorganisationen) im Visier hat, nicht aber diejenige zwischen Staat und Drittem Sektor anspricht. Das Konzept ist allerdings auch für diesen Bereich - vielleicht sogar gerade für diesen Bereich - von Nutzen.

Im Verfolg der Verflechtungsfrage ist aber allemal noch jede Menge banale empirische Aufklärung über die Faktizität und die vorkommenden Modalitäten der Verflechtung zu leisten, denn in dieser Hinsicht besteht erheblicher Mangel.

1. Bestimmung des Dritten Sektors

Fragt man genauer und in empirischer Absicht nach dem - Kooperation, vielleicht gar institutionelle Verflechtung implizierenden - Verhältnis von Staat und Drittem Sektor, so bedarf dies zunächst einer etwas präziseren Bestimmung von letzterem, nachdem in dieser Hinsicht mancherlei Unklarheiten und Mißverständnisse naheliegen und bestehen. Diese sind wohl vor allem Folge paralleler anderer Entwicklungen, die häufig mit dem Thema des Dritten Sektors vermengt werden, vor allem der Tendenz einer "Ausfransung" der staatlichen Administration in Richtung von "verselbständigten Verwaltungstrabanten" mit mehr oder weniger weitreichender Autonomie.

---

10 § 12 Abs. 1.

11 § 79 Abs. 1.

12 § 12 Abs. 2 Satz 3.

13 Vgl. Alemann/Heinze 1981, Heinze/Olk 1981.

Reichard (1990) hat kürzlich eine einleuchtende Unterscheidung von vier (mit unterschiedlichen Zugangsweisen verbundenen) Aspekten des Gesamtthemas getroffen, mit der der Dritte Sektor eine präzisere Charakterisierung erfährt:

a) Verselbständigung bzw. Dezentralisierung von staatlichen Verwaltungseinheiten

b) Strategisch anti-staatliche funktionale Äquivalente zu staatlicher Tätigkeit

c) Öffentliche Wirtschaft

d) (Eigentlicher) Dritter Sektor "als Zwischenzone zwischen den Polen Markt, Staat und Familie".[14] Unter dieser Überschrift werde "die institutionelle Gemengelage von verselbständigten Staatsinstitutionen, Nonprofit-Organisationen und alternativen Einrichtungen untersucht. Der Untersuchungsbereich ist also wesentlich breiter als bei den vorgenannten Ansätzen."[15]

Dieser analytischen Differenzierung hinzuzufügen ist hinsichtlich des Dritten Sektors eine m. E. wesentliche Unterscheidung zwischen einerseits wohlorganisierten Institutionen wie z. B. Stiftungen, Genossenschaften oder Verbänden und andererseits - oft gerade gegen solche Institutionen gerichteten - eher losen "informellen", instabilen Projekten, Gruppen, Initiativen usw., wie sie z. B. in der sog. Selbsthilfe verbreitet sind.[16] Beide Formen sind zu unterscheiden, wenngleich sie als Kontinuum, nicht als unvereinbare Gegensätze betrachtet werden müssen.

Mit anderen Worten: Der konzeptionelle Ansatz des Dritten Sektors ist nicht - und sei es antithetisch - auf den Staat oder die (Privat-)Wirtschaft bezogen, ist nicht etatistisch oder (institutionell) ökonomistisch angelegt, sondern betrachtet ein dazu alternatives Tertium, das - konzeptionell auf gleicher Ebene wie Staat und Wirtschaft, nämlich makrosoziologisch - einerseits privat, aber nicht gewinnorientiert, andererseits gemeinnützig, aber nicht staatlich ist. Im Hinblick auf eine Verflechtung von Drittem Sektor und Staat folgt daraus mit Notwendigkeit ein dualistischer Ansatz,der von der "Gleichursprünglichkeit" bzw. Autonomie der Beteiligten ausgeht.

Das deutsche Modell des Dritten Sektors unterscheidet sich im hier interessierenden Punkt, wie gesagt, vom amerikanischen - von woher allerdings die derzeitige wissenschaftliche Diskussion in der Hauptsache stammt; die für dieses Modell charakteristische privat-öffentliche Verflechtung zu gemeinnützigem Zweck hat jedoch schon eine gewisse Tradition und ist von daher eigentlich wenig aufregend. Interessant sind in diesem Zusammenhang höchstens Konstellationen, in denen der Staat sich nicht wie üblicherweise auf die bloße *Finanzierung* freigemeinnützig *autonom erbrachter* Leistungen reduziert, also quasi mäzenatisch fördert, sondern trotz Leistungserbringung durch freie Träger im Zusammenhang der Finanzierung eine gewisse eigene Verant-

14 Reichard 1990, 493.

15 ebd., 493 f.

16 Vgl. dazu Evers 1990.

wortung für den outcome aufrechterhält, zumindest aufrechterhalten möchte. Dieser Fall impliziert - wenn nicht, wie meistens behauptet, gleich eine Art Verschmelzung beider Seiten - eine über die bloße *finanzielle Förderung* aus dem öffentlichen Haushalt hinausgehende *kooperative Verflechtung* zwischen Institutionen des Dritten Sektors und staatlichen Verwaltungsinstitutionen.

2. Beispiel Jugendwohlfahrt(spolitik)

Ein aufschlußreiches - weil besonders weitreichendes und zugleich legal fixiertes - Beispiel für dieses Muster bietet auf kommunaler Ebene die *Jugendwohlfahrt(spolitik).* Dieses Beispiel ist keineswegs abseitig; denn in der Entwicklung des spezifisch deutschen Sozialwesens mit seiner starken Drittsektorkomponente hat der Kinder- und Jugendschutz schon sehr frühzeitig eine wesentliche Rolle gespielt.[17] (Zur Frage, ob es sich hier um eine bloße Ausnahme handelt, siehe unten.)

Nach dem diesen Politikbereich weitgehend regelnden Jugendwohlfahrtsgesetz (JWG) bzw. seit 1990 Kinder- und Jugendhilfegesetz (KJHG) - das durch Ausführungsgesetze landesrechtlich und durch Satzungen kommunalrechtlich ergänzt (und dadurch hinsichtlich der konkreten Ausgestaltung stark diversifiziert) wird - gehört die Jugendhilfe zu den Pflichtaufgaben der Kommunen (was deren grundsätzliche Verantwortlichkeit für diese Aufgabe impliziert), die in diesem Zusammenhang allerdings von (Bundes-)Gesetzes wegen gehalten sind, "die freiwillige Tätigkeit zur Förderung der Jugendwohlfahrt unter Wahrung ihrer Selbständigkeit und ihres satzungsgemäßen Charakters zu unterstützen, anzuregen und zur Mitarbeit heranzuziehen."[18] Dies ist die - in diesem Fall, wie gesagt, sogar gesetzlich fixierte - Konkretisierung des Subsidiaritätsprinzips für den Bereich der Jugendwohlfahrtspolitik. Die Existenz eines "freien" Dritten Sektors findet in diesem Politikfeld also gesetzliche Anerkennung, und der Politik der "öffentlichen Hand" wird per Gesetz aufgegeben, diesen Dritten Sektor nicht nur zu respektieren, sondern ihn - nicht zuletzt finanziell - zu fördern, sich mit ihm zu arrangieren, mit ihm zu gemeinsamer Aufgabenerfüllung zusammenzuwirken. Gleichwohl verbleibt die politische Gesamtverantwortung für diese öffentliche Aufgabe beim Staat.[19]

Ist bereits die hier vorzufindende gesetzliche Festschreibung des Subsidiaritätsprinzips ungewöhnlich, so gilt dies umso mehr für die diesen Fall bestimmende Ausgestaltung der institutionellen Zusammenarbeit zwischen den einschlägigen öffentlichen/kommunalen und freigemeinnützigen Institutionen. In geradezu einmaliger Weise finden die freigemeinnützigen Verbände in diesem Politikfeld folgendermaßen Eingang in die Kommunalverwaltung: Das Jugendamt, die zuständige kommunale Behörde, ist gemäß § 13 JWG bzw. § 70 KJHG dualistisch organisiert. Es besteht einerseits aus dem

---

17 Vgl. Heinze/Olk 1981, 99 sowie 104.

18 § 7 JWG, vgl. § 12 KJHG.

19 Vgl. Dreyer sowie Heck in Gernert 1990, 178 bzw. 189 f.

Jugendwohlfahrtsausschuß (bzw. jetzt Jugendhilfeausschuß) - in dem neben Ratsmitgliedern auch sog. sachkundige Bürger und vor allem, mit einem bestimmten Quorum, Vertreter der freien Wohlfahrts- und der Jugendverbände mit Stimmrecht (!) sitzen[20] - und andererseits aus der Verwaltung des Jugendamtes. In einem kommunalpolitischen Handbuch heißt es dazu: "In der Praxis beschränkt sich die Arbeit des JWA oft im wesentlichen auf die Verabschiedung des Jahreshaushaltes, mit dem nicht nur die Mittel für seine eigene Arbeit, sondern vor allem auch die Mittel für die Arbeit der freien Träger und die fachspezifischen Arbeitsfelder der Verwaltung bereitgestellt werden."[21] So zutreffend diese Darstellung aus Praktikersicht sein dürfte (die Frage ist aber noch stark empiriebedürftig), so wenig trifft es die Sache, von einer "beschränkten" Wirksamkeit des JWA zu sprechen. Dessen - in aller Offizialität erfolgender - kommunalpolitischer Einfluß ist vielmehr, im Lichte anderer Politikfelder betrachtet, ungewöhnlich weitreichend. Das für unseren Zusammenhang Wesentliche ist dabei nicht die darin auch enthaltene parlamentarische Einflußnahme auf die Verwaltung - der JWA ist schließlich ein (wenn auch in seiner Zusammensetzung und Funktion ungewöhnlicher) Ratsausschuß -, die Gewaltenteilungsvorstellungen entgegensteht, sondern die formelle und sachlich weitreichende Einbeziehung der Institutionen des Dritten Sektors in die kommunal-staatliche Aktivität.

3. Institutionelle Verflechtung: Der Jugendwohlfahrts- bzw. Jugendhilfeausschuß

Der angesprochene, die Verflechtung von Staat und Drittem Sektor in der Jugendwohlfahrt konkretisierende Modus der Zweigliedrigkeit des Jugendamtes verdient noch eine nähere Betrachtung. Genaugenommen handelt es sich um eine hierarchisch strukturierte Differenzierung nach dem - vom politisch-administrativen System her bekannten - Muster des Verhältnisses von Politik und Verwaltung. Dabei bildet, in Analogie, der Jugendwohlfahrtsausschuß (JWA) - bzw. jetzt Jugendhilfeausschuß - die politische Instanz, welche die Verwaltung (des Jugendamts) "führt". Wie ebenfalls aus dem allgemeinen Politik-Verwaltungs-Verhältnis bekannt, kann sich - und wird sich tatsächlich häufig - diese rechtliche Hierarchie in der Realität auch in ihr Gegenteil verkehren.[22]

Die Geschichte der Institution des JWA ist aufschlußreich,[23] sie reicht zurück in die Anfänge der Weimarer Republik. Das Reichsjugendwohlfahrtsgesetz von 1922/1924 hatte für die - von ihm zum erstenmal konzipierten - (kommunalen) Jugend-

---

20 Vgl. zu den komplizierten Details: Münder 1988, 45 ff.

21 Keil 1984, 222.

22 Vgl. Münder 1988, 23 und 28 ff.

23 Vgl. Münder 1987.

ämter eine Organisationsform vorgesehen, die man nur als radikale Unterminierung der Idee des - staatlichen - Amtes interpretieren kann. In § 9 Abs. 2 RJWG hieß es:

> "Als stimmberechtigte Mitglieder des Jugendamtes sind neben den leitenden Beamten in der Jugendwohlfahrt erfahrene und bewährte Männer und Frauen aller Bevölkerungskreise, insbesondere aus den im Bezirk des Jugendamtes wirkenden freien Vereinigungen für Jugendwohlfahrt und Jugendbewegung, auf deren Vorschlag zu berufen. Diese Vereinigungen haben Anspruch auf 2/5 der Zahl der nichtbeamteten Mitglieder."

Hinter dieser "Unterwanderung" des Jugendamtes - vergleichbar vielleicht einer weitgehenden Unternehmensmitbestimmung durch Gewerkschaften - standen damals, so Münder,[24] "reformpädagogische" Vorstellungen und Ziele. Einerseits sollte das neu installierte Jugendamt sozusagen mit einem Fuß außerhalb der hoheitlichen, hierarchisch-arbeitsteiligen und bürokratischen (kommunalen) Verwaltung bleiben, andererseits sollte eben damit ein institutionalisierter Einfluß von (jugendlichen) Betroffenen und von (pädagogischen) Experten auf die Jugendpolitik gesichert werden; die uns hier interessierenden freien Träger sind dabei explizit genannt. Zu diesem Zweck also wurde eine höchst unkonventionelle Mixtur zweier sehr unterschiedlicher Rechts- und Funktionsformen - staatlich-hoheitliches Amt und mitgliedschaftliche (gemeinnützige) Privatvereinigung - in Kauf genommen.

Unter der Nazi-Herrschaft wurde dieses Modell bezeichnenderweise abgeschafft zugunsten eines "ordentlichen", typenreinen Jugendamtes, dem ein bloßer Beirat attachiert wurde. Nach dem Krieg wurde diese nationalsozialistische Novellierung des RJWG von den Alliierten jedoch aufgehoben, wodurch der alte Rechtszustand wieder auflebte.

Mit der 1. Novelle zum RJWG von 1953 wurde dann der Jugendwohlfahrtsausschuß in seiner bis heute bestehenden, ganz außergewöhnlichen Konstruktion[25] restituiert.[26]

Betrachtet man die Funktion und Rolle des JWA (bzw. JHA) vor dem Hintergrund eines sozusagen konventionellen Kooperationsmodells, bei dem der Staat zwar freien Trägern die autonome Erfüllung von öffentlichen Aufgaben zur gemeinnützingen Erledigung überläßt, diese dabei aber nach eigenen Kriterien und Prioritäten finanziell fördert, so zeigt sich doch eine erhebliche Differenz. Über ihre formelle Beteiligung am JWA/JHA bestimmen die freien Verbände nämlich unmittelbar über die Verausgabung und Verteilung öffentlicher Haushaltsmittel (und somit über einen Teil ihrer Einnahmen) mit. Diese Bestimmung erfolgt selbstverständlich im Rahmen des kommunalen Haushaltsplans, der vom Rat zu beschließen ist. Normalerweise sind und werden die

---

24 Münder 1988, 6.

25 Siehe Münder 1988, 7.

26 Vgl. § 71 KJHG.

Haushaltstitel aber so pauschaliert, daß die konkrete Verteilung und Zweckbestimmung tatsächlich erst im JWA/JHA erfolgt.[27] Man könnte hier durchaus demokratietheoretische Probleme sehen, aber darum geht es uns hier nicht vorrangig.

Die Einflußnahme der freien Verbände auf die Verteilung öffentlicher Haushaltsmittel wird hier hervorgehoben, weil sie an den Nerv staatlicher Ausdifferenzierung und eines demokratischen Staates geht. Es gibt daneben weitere politische Entscheidungen von erheblichem Gewicht, bei denen die freien Verbände via JWA/JHA mitbestimmen, beispielsweise die Einrichtung und örtliche Plazierung von Jugendhilfeeinrichtungen (wie z. B. Kindergärten oder Jugendzentren) oder, sehr delikat, die Anerkennung von - weiteren - Vereinen und Verbänden als förderungswürdige freie Träger.

Die im Jugendwohlfahrtsbereich institutionalisierte besondere Form der Verflechtung zwischen Staat/Kommune und Drittem Sektor impliziert strukturell ein hohes Konfliktniveau.[28] Dabei lassen sich analytisch bestimmte Konfliktfronten unterscheiden:

- zwischen JWA/JHA und Rat (kommunaler Vertretungskörperschaft)
- zwischen JWA/JHA und Verwaltung im Jugendamt
- unter den freien Trägern, die im JWA/JHA vertreten sind
- zwischen den im JWA/JHA vertretenen und den dort nicht vertretenen freien Trägern.

Die in der Kommunalverwaltung einzigartige dualistische Struktur des Jugendamtes ist immer wieder kritisch diskutiert worden. Es gibt Befürworter wie Kritiker.[29] Festzustellen ist freilich, daß dieses Modell die Reform des Jugendhilferechts überlebt hat. Die Bundesregierung hat diese Entscheidung u. a. damit begründet, daß sie in dieser Konstellation einen institutionellen Ansatz zur Mitwirkung der Bürger an Politik und Verwaltung sieht, der in die generelle Tendenz der politischen Entwicklung passe und deshalb, wo bereits vorhanden, nicht rückgängig gemacht werden sollte.[30]

Aus solcher Sicht ergibt sich ein Zusammenhang zwischen der Politikbeteiligung des Dritten Sektors und politischer "Bürgernähe", wie er in etwas anderer Weise auch im Kontext der sog. Selbsthilfeinitiativen postuliert wird.[31] Diese Bürgernähe erfolgt in diesem Fall in korporatistischer Weise. Die Korporatismusdiskussion ist bislang eher

---

27 Vgl. Münder 1988, 35.

28 Vgl. Münder 1988, 39 ff.; in anderer Hinsicht: Evers 1990, 207 f.

29 Vgl. Dreyer in: Gernert 1990, 180 f.

30 Vgl. ebd. 181.

31 Vgl. Evers 1990.

institutionalistisch geführt worden;[32] der Aspekt der Partizipation und Interessenrepräsentation sollte jedoch gleichrangig Berücksichtigung finden.

Die verbandliche Repräsentation im JWA ist, wie bereits angedeutet, sehr kompliziert und uneinheitlich, vor allem wegen der Unterschiedlichkeit der landesrechtlichen Ergänzungsregelungen. Für unseren Themenzusammenhang sind dabei zwei Aspekte von Interesse. Erstens sind bei den stimmberechtigten "freien" Vertretern zwei Gruppen zu unterscheiden: Interessenvertreter der Jugendverbände einerseits und Vertreter der - sozialpädagogisch tätigen - Jugendwohlfahrtsverbände andererseits.

Zweitens impliziert - und provoziert erforderlichenfalls - die frei-verbandliche Vertretung im JWA/JHA eine Interessenkoordination im in der Regel hochkomplexen und durch Konkurrenz bestimmten Vorfeld. Diese Interessenkoordination hat in beiden angesprochenen Verbandsspektren unterschiedliche Gestalt. Während der (Jugend-) Wohlfahrtsbereich in der Regel über die etablierten Wohlfahrtsverbände und deren eingespielte Kooperations- und Koordinationsmuster wohlstrukturiert ist (was meist zu Rotationsmodellen der Repräsentation führt), erfolgt die Koordination der Jugendverbände - aus der heraus sich die Delegierung von Vertretern im JWA/JHA ergibt - häufig, aber keineswegs überall, durch Zusammenschlüsse aller einschlägigen Vereinigungen in sog. Jugendringen.[33]

4. Interessenaggregation und -abstimmung im Vorfeld - und zum Zwecke - der Verflechtung von Staat und Drittem Sektor: Jugendringe und Arbeitsgemeinschaften

Mit der - hier thematisierten - Verflechtung von Staat und Drittem Sektor ist von vornherein ein Problem verbunden, das sich aus einem strukturellen Unterschied dieser beiden Sektoren ergeben muß. Die Idee der Verflechtung impliziert irgendwie geordnete und verläßliche Beziehungen, Interaktionen, Kommunikationen - was auch immer -, und diese wiederum müssen auf geordneten Strukturen der "Beteiligten" beruhen. Nun sind aber die beiden hier in Frage stehenden Sektoren unterschiedlich "ordnungsgeneigt": Der Staat stellt ein - über Recht und Organisation vermittelt - ausgesprochen wohlgeordnetes Gebilde dar (die zweifellos auch vorhandenen staatsinternen Brechungen treten demgegenüber stark zurück), während der Dritte Sektor (aus vielen Gründen, um die es hier nicht geht) ein vergleichsweise "anarchisches", häufig durch Konkurrenz bestimmtes Erscheinungsbild trägt.

Auf gesamtgesellschaftlicher Ebene hat dieses Problem schon nach dem 1. Weltkrieg - und für den gesamten Bereich der Sozialfürsorge - zur Herausbildung eines *Kartells* von Spitzenverbänden der freien Wohlfahrtspflege geführt.[34] Diese "Liga" gibt

---

32 Vgl. Heinze/Olk 1981.

33 Vgl. Münder 1988, 49 f.

34 Vgl. Heinze/Olk 1981, 103.

dem Dritten Sektor eine Struktur und erzeugt für das Politik-Gegenüber seine Verhandlungsfähigkeit.

Die oben dargestellte Normierung des JWA/JHA bedeutet unter diesem Gesichtspunkt eine Maßnahme, die Verflechtung zwischen Staat und Drittem Sektor dadurch überhaupt erst zu ermöglichen, daß letzterer durch Repräsentation sozusagen verflechtungsfähig wird. Bei dieser Repräsentation kann, was die Jugend*wohlfahrt* betrifft, auf die (auch auf kommunaler Ebene) meistens relativ gut - nämlich kartellartig - strukturierte "Landschaft" der Wohlfahrtsverbände rekurriert werden. Hinsichtlich des anderen Teils - der Jugend*interessen* - ist die Lage weitaus schwieriger. Die Interessenvereinigungen in diesem Bereich bieten das eben angesprochene "anarchische" Bild jedenfalls dann, wenn (bzw. insofern, als) sie nicht fachlich, sondern politisch orientiert sind. Dabei soll nicht verkannt werden, daß Überlappungen mit den Wohlfahrtsverbänden bestehen, die strukturierend und vereinfachend wirken.

In vielen Kommunen haben sich vor diesem Hintergrund sog. *Jugendringe* gebildet, d. h. eine organisatorische Aggregation aller am jeweiligen Ort vorhandenen jugendpolitischen Interessenvereinigungen.[35] Wegen der der Gesamtmenge dieser Interessen"gruppen" impliziten Interessen(vertretungs)konkurrenz kann ein derartiger organisatorischer Zusammenschluß natürlich nur relativ loser Natur sein. Der Begriff des "Rings" und das Selbstverständnis als "Arbeitsgemeinschaft"[36] sollen gerade dies ausdrücken; es handelt sich eben nicht um einen Verband oder eine ähnlich strenge Organisation, obwohl nicht selten, aus öffentlichen Mitteln finanziert, ein Büro, hauptamtliches Personal, eigene Aktivitäten, vielleicht sogar eigene Einrichtungen und eine eigene Zeitschrift vorhanden sind.

Diese Jugendringe vereinfachen und ordnen die "soziale Welt" für die jeweilige staatliche Verwaltung - die, wie aufgezeigt, in diesem Fall (durch den JWA/JHA) bereits institutionell mit ihrem "Feld" von Dritt-Sektor-Organisationen verflochten ist. Es kommt offenbar nicht selten vor, daß die Mittelverteilung zumindest teilweise vom JWA/JHA an den Jugendring delegiert wird.

Daß die von den Jugendringen eingenommene intermediäre Position und mediative Funktion heikel und labil ist, läßt sich denken: "Der Zwiespalt zwischen Orientierung an der Kommune und Orientierung an Jugendlichen scheint allgemein ein neuralgischer Punkt zu sein."[37] Die Kooperation mit dem Staat bzw. der Kommune, vor allem mit dem Jugendamt, "rückt den Jugendring in offensichtliche Nähe zur kommunalen Verwaltung. Diese Nähe zur Behörde provoziert die Skepsis vieler Jugendlicher."[38]

Das neue Jugendhilfegesetz (KJHG) hat nun als weiteren Modus der "Feldstrukturierung" und Verflechtung sog. *Arbeitsgemeinschaften* eingeführt:

---

35 Vgl. dazu: Hafeneger 1980; Bierl/Dumberger-Babiel 1980; Berner 1986.

36 So Bierl/Dumberger-Babiel 1980, 557.

37 ebd., 560.

38 ebd.

"Die Träger der öffentlichen Jugendhilfe sollen die Bildung von Arbeitsgemeinschaften anstreben, in denen neben ihnen die anerkannten Träger der freien Jugendhilfe sowie die Träger geförderter Maßnahmen vertreten sind. In den Arbeitsgemeinschaften soll darauf hingewirkt werden, daß die geplanten Maßnahmen aufeinander abgestimmt werden und sich gegenseitig ergänzen." (§ 78)

Diese Soll-Norm ist selbsterklärend. Ihre sozialwissenschaftliche Bedeutung besteht einerseits darin, daß sie eine tendenzielle Verstärkung der "korporatistischen" Verflechtung indiziert, andererseits kann man prognostizieren, daß sich mit den Arbeitsgemeinschaften - als nichtintendierte Nebenfolge - eine matrixartige Konfliktkonstellation in der Jugendhilfepolitik einstellen wird: zur Dimension unterschiedlicher Interessen von staatlichen und "freien" Institutionen kommt jetzt eine institutionelle Etablierung - miteinander konkurrierender - fachlicher Interessenlagen hinzu.

5. Wandel im Verhältnis von Staat und Drittem Sektor?

Der vorliegende Band wird durch die Frage nach Tendenzen im Verhältnis von Staat und Gesellschaft zusammengehalten. Diese Frage ist deshalb auch für unseren speziellen Fall der Verflechtung von Staat - hier Kommune - und Drittem Sektor in der öffentlichen Aufgabenerfüllung (bzw. der Produktion öffentlicher Güter) zu stellen. Jedenfalls mit Blick auf die faktischen Verhältnisse zwischen Staat und freigemeinnützigen Verbänden in der Wohlfahrtspflege stellt sich die Entwicklungshypothese allerdings auf jeden Fall komplizierter dar, als die bloße Frage eines *Mehr oder Weniger* an staatlicher Aktivität.

Die Frage nach Tendenzen im Verhältnis von Staat und Drittem Sektor läßt sich, auf unser Thema eingeschränkt, wiederum gut am Beispiel der Jugendwohlfahrtspolitik analysieren und zwar durch den glücklichen Umstand, daß deren gesetzliche Grundlage, wie erwähnt, nach vielen Jahren der Auseinandersetzung - und insofern ausgesprochen reflektiert - soeben eine tiefgreifende Revision erfahren hat, woraus sich eine bestimmte Entwicklungstendenz ablesen läßt.

Dabei sind - für unseren politologischen Zusammenhang - drei Tendenzen auszumachen: Kommunalisierung, (koordinierende) Planung und "Formierung".

a) Die bislang zu erheblichen Teilen auf Landesebene angesiedelte Verantwortlichkeit für die Jugendhilfe wurde mit dem neuen Gesetz (KJHG) deutlich auf die Kommunen dezentralisiert. So wichtig und folgenreich dieser Umstand auch ist, so braucht er hier doch nicht diskutiert zu werden, weil unsere Fragestellung von vornherein auf die kommunale Ebene gerichtet ist. Festzuhalten ist bloß, daß sich die vorher z. T. auf Landesebene bestehende Verflechtung von Staat und Drittem Sektor jetzt durchgängig in allen Kommunen vorfindet.

b) Gegen die allgemeine Tendenz seit den 70er Jahren hat der Planungstopos vom JWG zum neuen KJHG eine bemerkenswerte Ausweitung erfahren.[39] Im JWG kam die Planungsvokabel nur an einer einzigen Stelle - und dazu noch adjektivisch diminuiert - vor. Gemäß § 7 JWG war das Jugendamt aufgefordert, mit freien Trägern der Jugendwohlfahrt "zum Zwecke eines *planvollen* Ineinandergreifens aller Organe und Einrichtungen der öffentlichen und freien Jugendhilfe zusammenzuwirken" (Hervorhebung von mir; VR).

Aus dieser - bloß - auf das Ergebnis, den outcome gerichteten Koordination der Aktivitäten von Staat und Drittem Sektor, die zudem nur vereinzelt als gesetzliche Aufforderung zu förmlicher Planung aufgefaßt worden war, ist im neuen KJHG eine ausgefeilte *prozessuale* Kooperation geworden, als deren Ergebnis am Ende überall ein expliziter - kommunaler - Jugendhilfe*plan* stehen soll.

Damit soll nicht gesagt werden, daß explizite Jugendhilfeplanung erst mit dem - und aufgrund des - neuen KJHG begonnen hat. Im Gegenteil, auch unter der Ägide des alten Gesetzes hat es Bestrebungen in Richtung auf Planung gegeben.[40] Mit dem neuen Gesetz ist allerdings eine normative Generalisierung der Planung vorgenommen worden.

Das neue KJHG schreibt den kommunalen Jugendämtern eine "Jugendhilfeplanung" vor (§ 80). Dazu wird eine grobe Systematik des Planungsprozesses sowie ein Katalog von zu berücksichtigenden Zielen und Kriterien vorgegeben. Die spezielle Jugendhilfeplanung solle mit anderen Sach-Planungen abgestimmt werden. Für unseren Zusammenhang von Interesse ist dann die den Ämtern aufgegebene Verpflichtung, "die anerkannten Träger der freien Jugendhilfe in allen Phasen ihrer Planung frühzeitig zu beteiligen".[41]

Darüber, wie man sich diese Planungsverflechtung nach KJHG vorgestellt hat, gibt ein Referentenentwurf für die JWG-Novellierung von 1978 etwas detailliertere Auskunft. Damals war das Planungsthema noch wesentlich ausführlicher entworfen worden, als es schließlich im KJHG passierte. In diesem Gesetzentwurf des - zuständigen - BMJFG wurde das Thema Planung sehr ausführlich in drei Paragraphen abgehandelt. In einem dieser Paragraphen (§ 107) wurde die Zusammenarbeit mit den freien Trägern folgendermaßen geregelt: "Der öffentliche Träger der Jugendhilfe arbeitet mit den anerkannten freien Trägern der Jugendhilfe bei der Vorbereitung und Aufstellung der Jugendhilfepläne partnerschaftlich zusammen." Das realisierte KJHG formuliert diese "Partnerschaft" etwas zurückhaltender als "Beteiligung" und "Anhörung" der freien durch die öffentlichen Träger.[42] Wegen eines Verweises auf landesrechtliche Regelungen, die bisher noch nicht vorliegen, ist die konkrete Ausgestaltung allerdings noch offen (und außerdem von Land zu Land unterschiedlich möglich).

---

39 Vgl. Heck in: Gernert 1990, 187 ff.

40 Vgl. Wischnewsky 1982.

41 § 80 Abs. 3 KJHG.

42 § 80 Abs. 3.

Wenn man unter "Planung" eine determinierende Vorgabe an das - hier politische - Handeln (einer Institution) versteht, also eine Handlungsprogrammierung,[43] so läßt sich sagen, daß die Verflechtung zwischen Staat und Drittem Sektor, wie sie im neuen KJHG für den Bereich der Jugendhilfeplanung normiert worden ist, bis ins Herz der Sache reicht. Indem die freien Träger wie normiert an der - in solcher Weise verstandenen - Jugendhilfeplanung partizipieren, bestimmen sie die Jugendhilfepolitik im Kern mit. Mit der Jugendhilfeplanung wird also die institutionell eingeführte Einbeziehung des Dritten Sektors in die staatliche Politik fortgeführt und verfestigt.

Für den mit dem Thema "politischer Planung" vertrauten Beobachter kommt diese Einführung von Planung in den 90er Jahren ein bißchen überraschend. Diese Überraschung weicht jedoch dem Verständnis, wenn man das besondere Planungsmodell berücksichtigt, um das es hier geht. Während sich traditionell - ebenso wie für die mehr oder weniger verselbständigten, aber letztlich doch "im Dunstkreis" der staatlichen Verwaltung verbleibenden "para-staatlichen Organisationen" (PGOs) - unter der Planungsvokabel in erster Linie die Frage der - staatlichen - *Steuerung* und Steuerbarkeit stellte (siehe Reichard 1990, 505), muß sich im durch größere Distanz und Autonomie bestimmten Verhältnis von Institutionen des Staates und des Dritten Sektors äquivalent die Frage der (längerfristig fixierten) *Kooperation* im Hinblick auf ein gemeinsames Ziel stellen.[44]

Diese Planungsaufgabe ist im Jugendhilfebereich wegen der überkommenen Verflechtung von Staat und freien Trägern eigentlich schon immer gegeben und virulent geblieben; sie gesetzlich - und zwar in der realisierten Weise - zu normieren, war deshalb nur folgerichtig. Die zwischenzeitliche Desillusionierung gegenüber staatlicher Planung konnte hier, wo es um Zusammenwirken geht, also nicht Platz greifen.

c) Mit dem Begriff der "Formierung" beziehe ich mich auf die bereits erwähnte gesetzliche Aufforderung an die Kommunen, zusammen mit den freien Trägern sog. Arbeitsgemeinschaften zu bilden.[45] Diese Sollbestimmung verfestigt mit Sicherheit die Kooperation beider Seiten, indem sie sie in diverse fachliche Gebiete hinein verästelt und auf Dauer stellt.

Was sich - zusammenfassend - im geschilderten Fall entwicklungsmäßig getan hat, ist mit der Frage "mehr oder weniger Staat" unangemessen angegangen. Denn in der Jugendwohlfahrt ist seit längerem eine relativ stabile Kooperation und Abgrenzung zwischen Staat und freien Trägern vorhanden und zudem verfassungsrechtlich abgesichert.[46] Kaum überraschend ist von daher die dualistische Struktur des Jugendamts im neuen Gesetz beibehalten worden.[47] Das gesetzlich eingeführte Mehr an Planung impli-

---

43 Vgl. Luhmann 1971.

44 Vgl. zur - gerade auch staatliche und nichtstaatliche Akteure - "*koordinierenden* Planung" bereits: Kirberger 1978, 319 ff. Siehe ferner Ronge 1991.

45 § 78 KJHG; vgl. Articus in: Gernert 1990, 186.

46 Vgl. Heinze/Olk 1981, 106.

47 Vgl. Dreyer in: Gernert 1990, 180.

ziert keine Verschiebung in den Kompetenz- und Machtverhältnissen, sondern reflektiert diese nur, weil die Verbände an dieser Planung effektiv zu beteiligen sind.[48]

Die wesentliche Tendenz sehe ich also in der weiteren institutionellen Verfestigung der - im Wohlfahrtsbereich seit langem bestehenden - Verflechtung zwischen Staat (Kommune) und "freien" Trägern, die sich vor allem in der Jugendhilfeplanung sowie in Gestalt der Arbeitsgemeinschaften ausdrückt.

6. Andere kommunalpolitische Politikfelder

Die Frage nach Tendenzen ließe sich natürlich auch sozusagen rein quantitativ auffassen: Breitet sich das für die Jugendhilfepolitik geschilderte - ohne Zweifel sehr besondere und besonders extreme - Verflechtungsmuster zwischen Staat und Drittem Sektor auch zunehmend in anderen Politikbereichen aus? Wir können diese Frage hier nur folgendermaßen unvollständig beantworten: Der geschilderte Fall bildet jedenfalls im Grundsatz keine Abweichung von einer ganz anderen Normalität, keine nicht verallgemeinerungsfähige Ausnahme.

Einen tendenziell ähnlichen Fall präsentiert z. B., empirisch inzwischen recht detailliert rekonstruiert, die kommunale Kulturpolitik mit ihrem Verflechtungsverhältnis zwischen kommunaler Verwaltung und "freien" Kulturinitiativen, die sich ihrerseits zu so etwas wie einer "Szene" zu formieren tendieren.[49] Allerdings ist in diesem Bereich die Institutionalisierung der Kooperation von Staat und Drittem Sektor nicht so weit getrieben wie in der Jugendwohlfahrt(spolitik). Immerhin zeigt sich (auch) hier eine Tendenz, den Modus bloßer staatlicher Förderung "freier" Kulturarbeit durch organisatorische Strukturierung letzterer im vorstaatlichen Raum zu transzendieren: mit dem Ziel von und in Richtung auf Mitbestimmung der freien Träger, ihre Selbstverwaltung, Stabilität und Berechenbarkeit der staatlichen Förderung usw.

Ein weiteres einschlägiges Beispiel, das allerdings m. W. noch wenig untersucht worden ist, bietet der Sport bzw. die kommunale Sportpolitik und -förderung.[50]

Unter dem Gesichtspunkt von Tendenzen soll hier zum Schluß noch ein anderes Beispiel diskutiert werden, weil es neuartig und außerdem in bestimmter Hinsicht originell ist. Es signalisiert, daß die korporatistische Verflechtungs-Tendenz zwischen Staat und Drittem Sektor zumindest noch virulent ist und daß hier noch Innovationen möglich sind. (Für eine weitergehende Tendenzen-Behauptung müßte man die gesamte Kommunalpolitik synoptisch untersuchen.)

---

48 Vgl. auch Kirberger 1978, 319 ff.

49 Siehe dazu: Ronge 1988, 128 ff.; Ronge/Hopp 1988; Gau 1989, 241 ff.

50 Vgl. dazu: Neumann 1984.

7. Lokalradio nach dem Zweisäulen-Modell

Das nordrhein-westfälische sog. Zweisäulen-Modell für lokalen Hörfunk[51] enthält genaugenommen sogar eine institutionelle Verflechtung aller drei derjenigen Sektoren, in deren Rahmen der Dritte Sektor konzeptionell steht: Privatwirtschaft, Staat (Kommune) und privat-gemeinnützige Träger. Eine sog. Betriebsgesellschaft (BG) muß nach diesem Modell mit einer sog. Veranstaltergemeinschaft (VG) vertraglich verbunden sein, um ein lokales Hörfunkprogramm zu verbreiten. In der privat-unternehmerischen, für den ökonomischen Sendebetrieb zuständigen BG halten die jeweiligen Kommunen in der Regel (und von Gesetzes wegen) einen Minderheitskapitalanteil. Auf der anderen Seite sind die Kommunen durch Ratsmitglieder auch in den VGen vertreten, die in der Rechtsform privater Vereine gemeinnützig für das Programm zuständig sind. Es ist wichtig anzumerken, daß der politische Sinn dieses Zweisäulenmodells darin besteht, dem Lokalfunk - in NRW anders als in anderen Bundesländern projektiert - eine gewisse gemeinnützige Ausrichtung zu verpassen, ihn nicht gänzlich zum privatökonomischen Unternehmen werden zu lassen.

Unser Interesse gilt hier lediglich der Verflechtung zwischen Kommune und Drittem Sektor;[52] diese erfolgt *in der VG* und zwar nach einem komplizierten Muster, auf das es hier im Detail nicht ankommt. Seine Grundstrukturen sind:

- Die kommunale Gemeinschaft bzw. Öffentlichkeit wird (ähnlich wie bei den Rundfunkräten der öffentlich-rechtlichen Rundfunkanstalten) korporatistisch repräsentiert durch Vertreter gesetzlich vorgegebener sog. "gesellschaftlich relevanter" Interessengruppen bzw. (nicht organisierter) Interessen.

- Im Rahmen dieser vom Prinzip her korporatistischen Repräsentation befinden sich auch - eigentlich einer anderen Logik entstammende - Delegierte der gebietskörperschaftlichen Vertretungskörperschaft (des Rates).

- Die finanziellen Mittel, mit denen diese "verflochtene" VG ein Hörfunkprogramm produziert, sollen zwar, wofür die BG zuständig und woran sie interessiert ist, auf dem (Werbe-)Markt verdient werden; insofern handelt es sich also nicht um Mittel aus dem öffentlichen Haushalt (der Kommune). Andererseits ist die Kommune an der BG finanziell - und somit auch haftungsmäßig - beteiligt.

Im Hinblick auf das Verflechtungsthema erbringt das Lokalfunkbeispiel zwei interessante Erkenntnisse: Erstens hat sich hier empirisch gezeigt, welche Repräsentationsprobleme mit dem korporatistischen Repräsentationsmodus verbunden sind.[53] Anders als im Jugendhilfefall fehlen hier ja die für den Wohlfahrtsbereich typischen Pro-

---

51 Vgl. Prodoehl 1987.

52 Vgl. dazu: Ronge/Arndt 1991.

53 Siehe im einzelnen: Ronge/Arndt 1991.

blemlösungstechniken des Kartells und der erforderlichen "Anerkennung" von noch nicht etablierten durch bereits etablierte Organisationen des Dritten Sektors.

Zweitens weist der Lokalfunkfall eine originelle Innovation auf, durch die zumindest ein strukturelles Problem korporatistischer Interessenrepräsentation, nämlich die - selektiv wirkende - Voraussetzung bereits bestehender Interessen*organisation*, abgemildert wird. Nach dem Gesetz sind nämlich nicht nur - gesetzlich enumerierte - *organisierte* Interessen in der VG vertreten, sondern auf einer speziellen "Bank" auch *nichtorganisierte* Interessen"sektoren", wie Bildung und Wissenschaft, Kunst und Kultur oder "ausländische Mitbürger". Damit ist ein - neben die ortsbezogen-pauschale und die korporatistische Variante - dritter Modus der Repräsentation in die Politik eingeführt: die Repräsentation gesellschaftlicher System-Funktions-Bereiche.

8. Abschied vom Staat?

Was bedeutet das Gesagte für die viel weiter ausgreifende Fragestellung - des vorliegenden Bandes - nach der tendenziellen Rolle des Staates in der Gesellschaft?

Mit unserem Ausgangspunkt, der Berücksichtigung eines Dritten Sektors, haben wir die genannte Frage, die sich konzeptionell aus der dichotomischen Verbindung bzw. Konfrontation von Staat und Gesellschaft - oder verengt von Staat und Wirtschaft - herleitet, sozusagen apriori unterlaufen. Stattdessen haben wir uns auf die in Deutschland traditionell vorhandene Kooperation zwischen Staat und Drittem Sektor konzentriert. Hier sind unterschiedliche Verflechtungskonstellationen - und darin entsprechender sozialer Wandel - denkbar. Gefunden haben wir - auf der Staatsebene der Kommune - einen Modus intensiver institutioneller Kooperation, der gleichwohl die Eigenständigkeit beider Seiten nicht aufhebt, sondern wahrt. Die vorfindbare Tendenz besteht, entgegen manch korporatismustheoretischer Behauptung, nicht in einer entdifferenzierenden Verschmelzung beider Seiten, sondern in einer zunehmenden Komplexierung ihrer Kooperation. Diese impliziert eine Tendenz zur Selbstorganisation im Dritten Sektor.

Literatur

Alemann, U. v./Heinze, R. G. (Hrsg.), 1981, Verbände und Staat, 2. Aufl., Opladen.

Berner, W., 1986, Kommunalpolitische Strategien für Jugendringe. In: deutsche jugend, S. 494 ff.

Bierl, K./Dumberger-Babiel, W., 1980, Zur Situation der Kreisjugendringe. In: deutsche jugend, S. 556 ff.

Bullinger, D., et al., 1978, Kritische Thesen zur Theorie der Politikverflechtung. in: J. J. Hesse (Hrsg.): Politikverflechtung im föderativen Staat. Baden-Baden, S. 33 ff.

Evers, A., 1990, Im intermediären Bereich - Soziale Träger und Projekte zwischen Haushalt, Staat und Markt. In: Journal für Sozialforschung, S. 189 ff.

Gau, D., 1989, Kultur als Politik (phil. Diss. Universität Köln); inzwischen publiziert: München.

Gernert, W. (Hrsg.), 1990, Freie und öffentliche Jugendhilfe. Stuttgart/ München/Hannover.

Hafeneger, B., 1986, Zur Arbeit von Stadt und Kreisjugendringen. In: deutsche jugend, S. 218 ff.

Heinze, R. G./Olk, Th., 1981, Die Wohlfahrtsverbände im System sozialer Dienstleistungsproduktion. In: KZSS, S. 94 ff.

Hesse, J. J., 1978, Einführung. In ders. (Hrsg.), Politikverflechtung im föderativen Staat. Baden-Baden, S. 9 ff.

Kairies, P., 1991, Das Kinder und Jugendhilfegesetz - Überlegungen, Anmerkungen. In: Soziale Arbeit, S. 50 ff.

Keil, K.-J., 1984, Kommunale Familien- und Jugendpolitik. In: Sozialdemokratische Gemeinschaft für Kommunalpolitik in Nordrhein-Westfalen e. V. (Hrsg.), Der kommunale Wirkungskreis. Handbuch für die Arbeit in Rat und Ausschüssen (SGK-Schriftenreihe Bd. 10), Düsseldorf. S. 218 ff.

Kirberger, W., 1978, Staatsentlastung durch private Verbände. Baden-Baden.

Luhmann, N., 1971, Politische Planung, In: ders. (Hrsg.), Politische Planung, Opladen, S. 66 ff.

Münder, J., 1987, Der Jugendwohlfahrtsausschuß. Neuwied.

Nell-Breuning, O. v., 1976, Das Subsidiaritätsprinzip, In: Theorie und Praxis der sozialen Arbeit, S. 6 ff.

Neumann, E., 1984, Kommunale Sport- und Freizeitpolitik, in: Sozialdemokratische Gemeinschaft für Kommunalpolitik in Nordrhein-Westfalen e.V. (Hrsg.), Der kommunale Wirkungskreis. Handbuch für die Arbeit in Rat und Ausschüssen (SGK-Schriftenreihe Bd. 10). Düsseldorf, S. 234 ff.

Prodoehl, H. G., 1987, Organisationsprobleme des lokalen Rundfunks. In: Media Perspektiven, S. 229 ff.

Reichard, C., 1990, Verselbständigte Verwaltungseinheiten im Vergleich. In: Die Verwaltung, S. 491 ff.

Ronge, V., 1988, Theorie und Empirie des "Dritten Sektors". In: J. J. Hesse et al. (Hrsg.), Jahrbuch zur Staats- und Verwaltungswissenschaft Bd. 2, Baden-Baden, S. 113 ff.

Ronge, V., 1991, Thema Jugendhilfeplanung. In: Zentralblatt für Jugendrecht, S. 517 ff.

Ronge, V./Arndt, U., 1991, Repräsentationsprobleme im Zwei-Säulen-Modell des Lokalfunks und ihre Lösung. In: Rundfunk und Fernsehen, S. 193 ff.

Ronge, V./Hopp, H., 1988, Stadtkultur - soziologisch betrachtet. Wuppertal.

Scharpf, F. W., 1978, Die Theorie der Politikverflechtung: ein kurzgefaßter Leitfaden. In: J. J. Hesse (Hrsg.), Politikverflechtung im föderativen Staat. Baden-Baden, S. 21 ff.

Schuppert, F. G., 1981, Die Erfüllung öffentlicher Aufgaben durch verselbständigte Verwaltungseinheiten. Göttingen.

Seibel, W., 1990, Gibt es einen dritten Sektor? Ein Forschungsüberblick. In: Journal für Sozialforschung, S. 181 ff.

Wischnewsky, B., 1982, Kommunale Jugendplanung. München.

"Rückzug" des Staates oder subtilere Steuerung im Bereich der Arbeits- und Sozialpolitik?

Erhard Treutner

1. Einleitung

Seit vielen Jahren reißt die grundsätzliche Kritik am Wohlfahrts- und Sozialstaat, seinen Aufgaben und seinen Steuerungsformen nicht ab. Der Staat wird für zahlreiche gesellschaftliche Mängel, aber auch für zahlreiche Defizite politischer oder administrativer Maßnahmen verantwortlich gemacht, so insbesondere im Bereich der Wirtschaft und des Arbeitsmarktes sowie im Sozialbereich. Daraus wird oft die Forderung nach einer weitgehenden "Deregulierung" abgeleitet, daß heißt nach Verringerung staatlicher Regelungsdichte und -tiefe sowie nach Abbau öffentlicher Leistungen.[1]

Insbesondere im Bereich der Arbeits- und Sozialpolitik wurde versucht, über theoretische Analysen und Konzepte zur Deregulierung hinaus praktische Schritte zur Entstaatlichung, zu einem partiellen Rückzug des Staates und einer begrenzten Übertragung von mehr Verantwortlichkeiten auf die privaten Akteure einzuleiten. Besonders bekannt wurde in diesem Zusammenhang für den Sektor der Arbeitspolitik das 1985 erlassene Beschäftigungsförderungsgesetz, das nach Ansicht seiner Befürworter "arbeitsrechtliche Blockierungen" auf dem Arbeitsmarkt beseitigen helfen sollte sowie für den Bereich der Sozialpolitik die verstärkte Bemühung, dem Gedanken der "Subsidiarität" mehr zur Geltung zu verhelfen. Vor allem in der Sozialpolitik ging es dabei neben ordnungspolitischen Gesichtspunkten (Abbau sozialstaatlicher Ansprüche und Leistungen) zugleich um die Verringerung der Finanzlast des Staates.

Die Frage, der sich dieser Beitrag zuwendet, lautet, ob wir es bei solchen Entwicklungen tatsächlich einfach mit Deregulierungen zu tun haben oder ob diese Entwicklungen vielschichtiger sind und in allgemeine Trends gesellschaftlicher und staatlicher Entwicklungen eingeordnet werden müßten, deren Vielfalt sich keineswegs zureichend mit Begriffen wie Deregulierung, Entstaatlichung oder Privatisierung beschreiben ließe. Zwar gibt es zweifellos politisch-administrative Maßnahmen, die hier zugeordnet werden können, aber es muß gefragt werden, ob es sich dabei möglicherweise nur um einen Ausschnitt der zu beobachtenden Trends handelt (die teilweise auch noch mißverständlich gedeutet werden). Die tatsächliche Entwicklung der Rolle von Staat und Administration in der Gesellschaft folgt möglicherweise insgesamt grundlegenderen, breiter angelegten und längerfristig wirksamen Anforderungen und Tendenzen in

---

1 Vgl. hierzu R. Soltwedel u.a., Die Deregulierungsdebatte in der Bundesrepublik, Tübingen 1986; als Überblick über die Diskussion vgl. G. Kirch, Die Deregulierungsdebatte - Anmerkungen zu einem borniertem Streit, in: Th. Schmid, Entstaatlichung - neue Perspektiven auf das Gemeinwesen, Berlin 1988, S. 38 - 50.

der Gesellschaft. Staatliches Handeln müßte dann eine entsprechend große Breite von gesellschaftlichen Interessen und Funktionserfordernissen abdecken und entsprechend vielfältig sein. Die Kritik an der "Bürokratisierung" und an Mängeln politisch-administrativen Handelns sowie das vor allem liberalistisch motivierte oder mit der knappen Finanzlage des Staates begründete Interesse am Abbau staatlicher Tätigkeit stellten dann nur einzelne Elemente innerhalb einer breiten Palette von Anforderungen an Form und Inhalt staatlichen Handelns dar. Sie mögen zur Zeit in der Öffentlichkeit eine größere Aufmerksamkeit und einen gewissen Rückhalt finden, aber selbst im Hinblick auf die so eindeutig als "Deregulierung" apostrophierten schon genannten Entwicklungen im Arbeits- und Sozialbereich stellt sich die Frage, ob damit nicht auch (zugleich) ganz andere Entwicklungen verbunden sind (nämlich z.B. auch Elemente stärkerer Intervention, erhöhter Kooperation zwischen Staat und gesellschaftlichen Akteuren oder sonstige neue Formen der Verknüpfung von Staat und Gesellschaft.[2]) Ist die aktuelle Entwicklung des Verhältnisses zwischen Politik und Administration einerseits und der Gesellschaft mit ihren Individuen andererseits - jenseits einzelner Elemente von Deregulierung - eventuell durch neuartige Verknüpfungen von öffentlichen und privaten Ressourcen, Interessen, Intentionen, Handlungen oder Handlungsmustern gekennzeichnet? Zeichnen sich unter Umständen neue "Mischungen" und Verschränkungen von staatlichem und privatem Handeln ab?

Hier soll ein Beitrag zur Bearbeitung dieser Fragestellungen geleistet werden, indem - nach einer kurzen Einführung in die aktuelle Diskussion (vgl. 2.) - entsprechende einschlägige Entwicklungen im Bereich der Arbeits- und Sozialpolitik daraufhin überprüft werden, ob es sich dabei um Deregulierung oder neue Formen der Regulierung handelt (vgl. 3. und 4.). Abschließend soll gefragt werden, ob und welche allgemeineren Schlußfolgerungen im Hinblick auf die Entwicklung der Form des Staatshandelns daraus gezogen werden können (vgl. 5.).

2. Die aktuelle Diskussion zur Entwicklung staatlicher Steuerung

Die Diskussion um Leistungsfähigkeit bzw. Grenzen und Mängel staatlicher Regulierung hat bekanntlich eine lange Tradition und umfaßt viele Aspekte und Einzelprobleme. Dabei wurde - vor allem in jüngerer Zeit - auch immer wieder darauf hingewiesen, daß die Defizite des Staats- und Verwaltungshandelns auch aus seiner unzureichenden Problemadäquanz und auch aus der zu geringen Sensibilität staatlicher Organe gegenüber gesellschaftlichen Problemen und Interessen oder Bedürfnissen Betroffener, aber u.U. auch aus ungenügender Implementationskraft der Administrationen resultieren. Daher wandte sich die Aufmerksamkeit im Bereich der Staats- und Verwaltungs-

---

2 Zu dieser Frage vgl. auch D. Rucht/E. Treutner, Regulierung gesellschaftlicher Arbeit: Auf dem Weg zu einem neuen Steuerungsmodus? in: A. Görlitz/R. Voigt (Hg.), Grenzen des Rechts, Jahresschrift für Rechtspolitologie 1/1987, S. 115 - 141.

wissenschaften in den letzten zehn bis fünfzehn Jahren verstärkt auch den konkreten Beziehungen zwischen Verwaltungen und ihrer Umwelt sowie den organisatorischen und personellen Bedingungen qualitativ befriedigenderen, problemadäquateren Verwaltungshandelns zu. Die Reaktionen auf die festgestellten Defizite des Staatshandelns blieben also nicht auf Forderungen nach Entbürokratisierung, "Rückzug" des Staates und Deregulierung beschränkt. Vielmehr entstanden in dem Zusammenhang auch Untersuchungen zur Bedeutung und Bedingungen problemsensibleren, situativen, informalen oder kooperativen Verwaltungshandelns, sowie zu Implementationsbedingungen und -problemen in der Verwaltung.[3]

Wir finden in der heutigen aktuellen Debatte zum Staats- und Verwaltungshandeln daher verschiedene Positionen nebeneinander:

Zunächst einmal gibt es die - analytisch und/oder programmatisch begründete - Ansicht, staatliche Interventionen verlören z.Zt. an Bedeutung, der Staat sei sozusagen auf dem Rückzug und mache (notwendigerweise) vermehrt privater Initiative und dem Handeln privater Akteure Platz; im Interesse gesellschaftlicher Entwicklung müsse diesen Trends auch in Zukunft verstärkt zur Durchsetzung verholfen werden. Dieses Konzept wird in seiner "reinsten" Form vor allem von Wirtschaftswissenschaftlern vertreten[4] und findet in den Sozialwissenschaften weniger eindeutige Vertreter. In abgewandelter Form erscheint dieses Konzept im Bereich der sozialpolitischen Diskussion in Verbindung mit den schon angesprochenen Versuchen, dem Gedanken der "Subsidiarität" staatlichen Handelns gegenüber Selbsthilfe-Bemühungen wieder mehr Aufmerksamkeit und Gewicht zu verschaffen.[5]

Die von Befürwortern der Deregulierung vorgetragenen Argumente besagen, daß nur durch Rückzug des Staates einem Teil der Mängel administrativen Handelns sowie gesellschaftlicher Fehlentwicklungen begegnet werden könnte. Dabei wird für den Bereich gesellschaftlicher Arbeit z.B. auf durch Verrechtlichung von Arbeitsbeziehungen und von Arbeitsmarktprozessen verursachte angebliche "Verkrustungen" oder "Inflexibilitäten" des Arbeitsmarktes mit der Folge hoher Arbeitslosigkeit hingewiesen und für den Sozialbereich auf zunehmende Nichtfinanzierbarkeit, Unabgestimmtheit von Maßnahmen mit dem tatsächlichen Bedarf oder Mißbrauch von Leistungen, die unter anderem wesentlich auch daraus resultieren, daß Selbstverantwortlichkeit, Eigeninitiative

3 Vgl. z.B. E. Treutner/S. Wolff/W. Bonß, Rechtsstaat und situative Verwaltung, Frankfurt/Main 1978; E. Bohne, Informales Verwaltungshandeln im Gesetzesvollzug, in: E. Blankenburg/K. Lenk, Organisation und Recht, Jahrbuch für Rechtssoziologie und Rechtstheorie Bd. VII, Opladen 1980; M. Bulling, Kooperatives Verwaltungshandeln (Vorverhandlungen, Arrangements, Agreements und Verträge) in der Verwaltungspraxis, in: Die öffentliche Verwaltung (DÖV) 1989, S. 277 ff.; R. Mayntz (Hg.), Implementation politischer Programme, Königstein/Ts, 1980.

4 Siehe FN 1.

5 Zum Diskussionsstand vgl. etwa R.G. Heinze (Hg.), Neue Subsidiarität: Leitidee für eine zukünftige Sozialpolitik? Opladen 1986.

und vorhandene private Ressourcen (Potentiale zur Selbstregulierung und Selbsthilfe) nicht genügend genutzt würden.[6]

Ganz im Gegensatz zu dieser "Deregulierungs-Position" sehen andere Autoren den vorherrschenden Trend bei der Entwicklung des Staatshandelns weniger in der Deregulierung, sondern eher in einer Verstärkung von Staatstätigkeiten bzw. zumindest in einer Beibehaltung des bisherigen Niveaus von staatlichen Interventionen und Leistungen. Dabei sei allerdings möglicherweise ein gewisser Formwandel staatlicher Regulierungsakte zu erkennen.

So verweist J. J. Hesse darauf, daß sich trotz vielfältiger Bemühungen um Rechts- und Verwaltungsvereinfachung "die Zahl verhaltenslenkender Interventionen in zentralen, daß heißt zukunftsentscheidenden Politikbereichen" vermehre und zwar u.a. auch als Reaktion auf die Auslagerung öffentlicher Aufgaben "im Zuge von Privatisierung, Deregulierung und Kommunalisierung", da das die Bedeutung staatlicher Orientierungs- und Kontrollfunktionen erhöhe.[7] Hesse verweist darauf, daß der Staat wegen der zunehmenden Unsicherheit, die mit neuen Technologien und damit auch mit entsprechenden gesellschaftlichen oder administrativen Entscheidungen im Bereich der Informationstechnik, Energiepolitik und Rüstungswirtschaft verbunden sein können, zunehmend in die Rolle eines Großversicherers gedrängt werde, der Schäden nicht mehr nur nachträglich beseitigen solle, sondern sie präventiv zu verhindern habe. Das bedinge vermehrt "vorausschauende Planung, Risikokalkulation und neue Verfahren der Entscheidungsvorbereitung" (a.a.O., FN 7).

Auch J. Esser und J. Hirsch arbeiten heraus, daß z.Zt. weniger ein "Rückbau" des Sozialstaates zu verzeichnen sei, als vielmehr dessen Umbau. Ihrer Ansicht nach geht es heute trotz einer zunehmenden Dezentralisierung und Segmentierung administrativer Strukturen nicht um "weniger Staat", sondern vielmehr "zeigt das neue Regulierungsmodell auf eine weitere Durchstaatlichung der Gesellschaft, dezentraler und segmentierter organisiert, feingliedriger und differenzierter in die gesellschaftlichen Strukturen hineinreichend".[8]

---

6 Solche Überlegungen haben ihren Niederschlag auch in staatlicher Programmatik gefunden. So heißt es z.B. in den bayerischen "Richtlinien für die Wahrnehmung und Organisation öffentlicher Aufgaben" aus dem Jahre 1984: "Der Staat soll sich die Ordnung gesellschaftlicher Belange nur dann zur Aufgabe machen, wenn die Aufgabe nicht der Selbsthilfe der Beteiligten ... oder einer anderen außerhalb der unmittelbaren Staatsverwaltung stehenden Organisation nach den Grundsätzen der Subsidiarität und Pluralität überlassen werden kann". Vor dem Erlaß von Normen solle geprüft werden, ob das Ziel einer Regelung nicht auch "nahezu ebenso gut in freiheitsschonender Weise und mit marktkonformen Mitteln" zu erreichen sei. Vgl. dazu Verwaltungsvereinfachung in Bayern, Heft 3, Juli 1984, S. 117.

7 J. J. Hesse, Verhandungslösungen und kooperativer Staat - Plädoyer für einen erweiterten Blick in die Praxis -, in: W. Hoffmann-Riem/E. Schmidt-Aßmann (Hg.), Konfliktbewältigung durch Verhandlungen, Baden-Baden 1990, S. 100 ff.

8 Vgl. J. Esser/J. Hirsch, Der CDU-Staat: Ein politisches Regulierungsmodell für den "nachfordistischen" Kapitalismus, in: Prokla Heft 56, (1984); S. 62.

Diese Autoren weisen also auf einen "Doppelcharakter" der momentanen Entwicklung hin: die Sensibilisierung politisch-administrativer Strukturen, Entscheidungsträger und Verfahren mag zwar oberflächlich gesehen unter Umständen - z.B. wegen der vermehrten Beteiligung privater Akteure an Prozessen der Problembearbeitung - als Trend zur Deregulierung erscheinen; aber dabei handelt es sich zugleich um einen Prozess, der eine feinere Kontrolle und einen differenzierteren und tiefergehenden Zugriff von Staat und Verwaltung auf gesellschaftliche Prozesse ermöglicht.

Auch C. Offe kommt zu ähnlichen Resultaten, indem er mögliche Folgewirkungen sog. Deregulierungsakte in die Überlegungen und Untersuchungen mit einbezieht. Seines Erachtens weist die aktuelle Politik, die anscheinend auf Deregulierung zeigt, ebenfalls deutliche Elemente von Interventionen und Regulierungen auf. Auch bei der angeblichen Deregulierung handele es sich "um eine durch staatliche Politik veranlaßte, einschneidende Veränderung von Lebensverhältnissen und Marktchancen, wobei der Unterschied lediglich darin zu sehen ist, daß diese "Gestaltung" im einen Falle - dem der Regulierung - durch Handlungen, im anderen aber durch förmliche Unterlassung zustande kommt".[9] Sowohl der Zielsetzung als auch den Folgen nach stelle auch das, was als Deregulierung bezeichnet werde, zu großen Teilen staatliche Regulierungen dar.[10]

Neuerdings wird zur Frage aktueller Entwicklungstrends des Staats- und Verwaltungshandelns eine dritte Position relativ breit vertreten, nämlich die Ansicht, daß kooperativere Beziehungen zwischen Administrationen und ihrem jeweiligen Klientel an Bedeutung gewinnen. Entsprechendes wird besonders für den Bereich der regionalen Wirtschaftspolitik und Wirtschaftsförderung, aber auch für die Raumordnungs- und Umweltpolitik festgestellt.[11] Dabei öffnen sich Verwaltungen - wie eine Reihe von Untersuchungen belegen - den Interessen in ihrer Umwelt und der möglichen Betroffenen mehr, beziehen sie z.T. in Vorüberlegungen zu möglichen Entscheidungen ein und greifen auch zum Mittel von Vereinbarungen und Absprachen mit potentiellen Regelungsadressaten, wodurch hoheitliches Handeln teilweise entbehrlich wird. Solche informalen Verwaltungshandlungen und Absprachen oder auch öffentlich-rechtlichen Verträge treten an die Stelle des einseitigen Verwaltungshandelns durch Verwaltungsakte. Ihr Ziel ist es, insbesondere bei komplexen, unübersichtlichen und viel Information und Informationsverarbeitung erfordernden Problemstellungen durch engen Kontakt mit den Betroffenen möglichst problemgerechte Entscheidungen zu ermöglichen.[12]

---

9 C. Offe, Sozialwissenschaftliche Aspekte der Diskussion, in: J.J. Hesse/Ch. Zöpel (Hg.), Der Staat der Zukunft, Baden-Baden 1990, S. 110 f.

10 Vgl. dazu auch die Forderung von Soltwedel, wonach die Regierung heute die Aufgabe habe, "einen klaren Willen zur Deregulierung zu entwickeln und sich der Führungsrolle bewußt zu werden, die sie im Deregulierungsprozeß wahrnehmen muß" (R. Soltwedel u.a., a.a.O. (FN 1), S. 285).

11 Dazu z.B. J. J. Hesse, 1990 (FN 7), S. 97 ff.

12 So M. Bulling, 1989, (FN 3), S. 277. Schon früher entspr. E. Bohne, Informales Verwaltungs- und Regierungshandeln als Instrument des Umweltschutzes, in: Verwaltungsarchiv (VerwArch.) 1984, S. 343 ff. und H. Bauer, Informelles Verwaltungshandeln im öffentlichen Wirtschaftsrecht, Verw-

Denn rein hoheitliche Regelungen erweisen sich häufig als zu unsensibel und direktiv und damit als zu konfliktträchtig und zu zeit- und kostenaufwendig (vor allem wenn sie auf Widerstand stoßen und evtl. später noch einmal überprüft werden müssen). Vorverhandlungen und Absprachen lassen demgegenüber "elegantere" Lösungen möglich werden.

Allerdings scheint m.E. in diesem Zusammenhang bemerkenswert zu sein, daß solche Verfahrensformen nicht in allen Verwaltungsbereichen an Bedeutung gewinnen, sondern typischerweise in solchen, in denen es die Verwaltung - wie im Bereich der Wirtschaftsförderung oder bei der Durchsetzung von Umweltschutz-Auflagen - mit einem starken Klientel zu tun hat. So stößt man auf solche kooperativen Verfahrensformen z.B., wenn es um den Vollzug des Bundes-Immissionsschutzgesetzes, des Wasserhaushaltsgesetzes oder des Abfallbeseitigungsgesetzes gegenüber Unternehmen geht, sowie im Wirtschaftsförderungsrecht, im Außenwirtschafts- oder Kartellrecht.

Ihre Bedeutung und Attraktivität ergibt sich u.a. daraus, daß trotz Verzichts auf hoheitliches Handeln in solchen Kooperationen durchaus Absprachen mit Bindungswirkung für beide Seiten entstehen können, weil sie effiziente, kostengünstige und leichter zu handhabende Alternativen zum hoheitlichen Verfahren darstellen. Verstöße gegen solche Absprachen würden nicht nur erneuten Aufwand für neue Absprachen nötig machen sondern brächten für die Seite der Verwaltungsumwelt das Risiko mit sich, daß doch eine hoheitliche Regelung ergeht.[13]

Letztlich greift diese aktuelle Debatte um kooperative Elemente im Verwaltungshandeln die relativ alte Diskussion um das Verhältnis von Verwaltungen zu ihrer Umwelt wieder auf[14] und verweist auf die im Grunde schon immer vorhandene Funktion des Staates, neben der hoheitlich-steuernden Funktion auch solche des "social engineering" zu übernehmen sowie Rahmenbedingungen für "Selbstregulierung" bereit zu halten. Kooperatives Verwaltungshandeln dient als funktionales Äquivalent für hoheitlich-administrative Durchsetzung von Normen oder für Normen selbst. Es läßt keinen regel-

---

Arch. 1987, S. 241 ff., sowie C.-E. Eberle, Arrangements im Verwaltungsverfahren, in: Die Verwaltung 1984, S. 439 ff. und J. Becker, Informales Verwaltungshandeln zur Steuerung wirtschaftlicher Prozesse im Zeichen der Deregulierung, in: Die öffentliche Verwaltung (DÖV) 1985, S. 1003 ff. Zur Darstellung der aktuellen Diskussion um Verhandlungslösungen zwischen Verwaltungen und ihrer Umwelt vgl. W. Hoffmann-Riem, Verhandlungslösungen und Mittlereinsatz im Bereich der Verwaltung: Eine vergleichende Einführung, in: W. Hoffmann-Riem/E. Schmidt-Aßmann (Hg.) 1990 (FN 7), S. 13 ff. und Ph. Kunig, Alternativen zum einseitig-hoheitlichen Verwaltungshandeln, in: W. Hoffmann-Riem/E. Schmidt-Aßmann (Hg.) 1990 (FN 7), S. 43 ff. sowie J. J. Hesse, 1990 (FN 7), S. 97 ff. und R. Wolf, Normenvertretende Absprachen und normvorbereitende Diskurse: Konfliktmanagement im "hoheitsreduzierten Staat" - Aufgabenfelder für Konfliktmittler? in: W. Hoffmann-Riem/E. Schmidt-Aßmann (Hg.) 1990 (FN 7), S. 129 ff.

13 So W. Hoffmann-Riem 1990, (FN 12) S. 19.

14 Vgl. dazu schon N. Luhmann, Funktionen und Folgen formaler Organisation, Berlin 1964.

freien Raum, sondern soll die Qualität und Akzeptanz staatlicher Regulierung erhöhen.[15]

Diese kurze Referierung der Diskussion zeigt, daß die neuere Entwicklung staatlichen Handelns sehr unterschiedlich eingeschätzt wird. Zwar werden in der neuesten Diskussion sehr stark die kooperativen Elemente staatlichen Handelns herausgearbeitet, aber es muß doch gefragt werden, ob entsprechendes Staats- und Verwaltungshandeln "jenseits von Regulierung und Deregulierung" tatsächlich den aktuellen Entwicklungstrend der Form des Verwaltungshandelns repräsentiert. Konzentriert sich diese Debatte möglicherweise nur auf einen kleinen Ausschnitt der Verwaltungswirklichkeit, in dem diese Entwicklungen tatsächlich merklich in Erscheinung treten und läßt aber andere Bereiche und Entwicklungen eher unterbelichtet? Bewirkt die Orientierung vor allem an den Praxisfeldern von Umweltschutz oder Wirtschaftsförderung die Gefahr einer gewissen Verzerrung in sich, da wir es hier mit einem relativ starken Klientel von Politik und Verwaltungen zu tun haben? Wie sehen die Entwicklungen im Verhältnis von Staat und eher schwachem Klientel - etwa im Sozialbereich oder in der Arbeitspolitik - aus? Findet sich dort Entsprechendes oder herrschen dort evtl. andere Trends vor?

3. "Rückzug" des Staates oder neue Formen der Regulierung in der Arbeitspolitik?

3.1 Trends zur Deregulierung

Im Bereich gesellschaftlicher Arbeit gibt es seit einigen Jahren eine Reihe neuer Regelungen, die oft als Beleg dafür gewertet werden, daß der Staat in der Bundesrepublik generell auf dem Rückzug ist. Vor allem das Beschäftigungsförderungsgesetz (BeschFG) vom Jahre 1985 wird in einigen seiner Bestimmungen als Musterbeispiel für aktuelle Deregulierungen angesehen. Das gilt insbesondere für seine zentrale Vorschrift, die - im Interesse einer sog. Flexibilisierung des Arbeitsmarktes - die Befristung von Arbeitsverhältnissen erleichtert und damit zugleich Kündigungsvorschriften relativiert (vgl. Art. 1, § 1 des BeschFG). Ein weiterer Abbau von Schutzvorschriften für die Arbeitskraft wird dadurch realisiert, daß die Möglichkeiten zur Leiharbeit erweitert wurden (Art. 8 BeschFG) und daß ausdrücklich Arbeit auf Abruf (KAPOVAZ, vgl. Art. 1, § 4 BeschFG) zugelassen wird.[16] Auch die Lockerung von Vorschriften des Jugendarbeitsschutzgesetzes aus dem Jahre 1984 wird in diesem Zusammenhang genannt: danach können die Arbeitszeitbedingungen Jugendlicher durch verfahrensmäßige Regelungsangebote (durch Tarif- und Betriebsvereinbarung) denjenigen der Erwachsenen

15 Zu den verschiedenen Medien und Formen solcher Steuerung und ihrer theoretischen Klassifikation vgl. auch K. König/N. Dose, Klassifizierungsansätze staatlicher Handlungsformen - Eine steuerungstheoretische Abhandlung, Speyerer Forschungsberichte 1989, insbes. Kap. 5 und 6.

16 Zur Einschätzung dieser und anderer neuer gesetzlicher Bestimmungen vgl. u.a. B. Keller, Noch mehr De-Regulierung - oder stärkere Re-Regulierung?, in: WSI-Mitteilungen 6/1990 S. 366 ff.

angenähert werden (vgl. die §§ 21a und b JArbSchG). Außerdem wurden für Arbeitsverträge im Hochschulbereich die Möglichkeiten zur Befristung erleichtert und im Schwerbehindertengesetz 1986 Lockerungen des Arbeitsschutzes eingeführt.[17]

Diese Regelungen enthalten ohne Zweifel eine Verringerung des arbeitsrechtlichen Schutzes abhängig Beschäftigter. Denn da das Arbeitsrecht in marktwirtschaftlich organisierten Gesellschaften die Funktion hat, der auf dem Arbeitsmarkt strukturell schwächeren Seite, dem Arbeitnehmer, ausreichenden Schutz seiner Arbeitskraft zu gewähren, beinhaltet seine Abschwächung zugleich eine Minderung des Arbeitnehmerschutzes und Elemente von Deregulierung.[18]

Eine Verringerung dieses Schutzes ergibt sich heute außerdem auch aufgrund unterlassener Anpassungen sozialstaatlicher, arbeitsrechtlicher Regelungen an veränderte Arbeitsmarktstrukturen und veränderte Schutzbedürfnisse der Arbeitnehmer.[19] In diesem Zusammenhang sei z.B. darauf verwiesen, daß viele Arbeitnehmer, die Werk- und "freie" Dienstverträge eingegangen sind, formal als Selbständige gelten, obwohl sie faktisch als Abhängige arbeiten. Häufig wird dabei eine randständige Beschäftigungsform begründet, die des arbeitsrechtlichen Schutzes bedürfte, aber, da sie vom Normtypus der Vollzeitbeschäftigung weit abweicht, überhaupt nicht unter arbeitsrechtliche Regelungen fällt.[20] Auch die Zunahme von Beschäftigungsverhältnissen unterhalb der Sozialversicherungspflichtgrenze stellt eine Entwicklung dar, auf die vom Gesetzgeber mit arbeitsschutzrechtlichen Maßnahmen reagiert werden müßte.[21]

Darüber hinaus kann die zunehmend stärkere Individualisierung von Vertragsverhältnissen zu einer weiteren "Durchlöcherung" des Arbeitnehmerschutzes führen. Unter Bezugnahme auf notwendige Flexibilisierungen, Berücksichtigung gewandelter Wertevorstellungen oder die Notwendigkeit spezieller Regelungen für Einzelfälle kann den restriktiven Anforderungen des Arbeitsrechtes mehr und mehr ausgewichen werden (U. Mückenberger spricht in diesem Zusammenhang von einer "progressiven Regression" zum Einzelarbeitsvertrag).[22]

---

17 Hier sei auch auf den (noch nicht verabschiedeten) Entwurf eines neuen Arbeitszeitgesetzes verwiesen, der flexiblere tägliche und wöchentliche Arbeitszeiten möglich machen soll. (Vgl. dazu ArbZG: Gesetzentwurf der Bundesregierung, Entwurf eines Arbeitszeitgesetzes vom 25.05.1987, BT - Drucksache 11/360). Mit ihm soll auch die Nachtarbeit für Arbeiterinnen erleichtert werden, sowie das Arbeiten an Sonn- und Feiertagen (vgl. näher Keller 1990 (FN 16), S. 369).

18 Zu Details siehe z.B. U. Mückenberger, Deregulierendes Arbeitsrecht - Die Arbeitsrechtsinitiativen der Regierungskoalition, in: Kritische Justiz Heft 3/1985, S. 255 - 271.

19 Vgl. S. Rosner, Gesellschaft im Übergang? Frankfurt/Main 1989, S. 206.

20 Zu diesen Quasi - Lohnarbeitsverhältnissen siehe S. Rosner a.a.O. (FN 19), S. 115 f.

21 Dazu und zur Zunahme der geringfügigen Beschäftigung, der Selbständigen und der Arbeitnehmer mit befristetem Arbeitsvertrag vgl. Ch.F. Büchtemann, "Deregulierung" des Arbeitsmarktes: Begriffsbestimmung und sozialstaatliche Implikationen, in: Ch.F. Büchtemann/H. Neumann (Hg.) Mehr Arbeit durch weniger Recht?, Berlin 1990, S. 229 ff.

22 U. Mückenberger, Zur Rolle des Normalarbeitsverhältnisses bei der sozialstaatlichen Umverteilung von Risiken, in: Ch.F. Büchtemann/H. Neumann (Hg.), (FN 21) S. 179 f.

Diese unterschiedlichen Formen der Verringerung des Arbeitnehmerschutzes bergen das Risiko in sich, daß der sog. "Normalarbeitsvertrag" und der "Normalarbeitstag" (U. Mückenberger), die sichern sollen, daß die Belastungen der Arbeitskraft ein durchschnittliches "Normalmaß" nicht überschreiten, zunehmend in Frage gestellt und in ihrem Bestand aufgeweicht werden. Die geschilderten Maßnahmen stellen einen Abbau oder zumindest eine Verringerung des Wirkungsgrades arbeitsschützender Vorschriften dar. Sind sie aber zugleich Ausdruck eines generellen "Rückzuges" des Staates oder nur Element einer anderen staatlichen Ordnungspolitik und veränderter staatlicher Regulierung?

3.2 Nebeneinander von Deregulierung und neuen Formen der Regulierung

Inzwischen liegen eine Reihe von Untersuchungen über die Folgewirkungen vor allem des Beschäftigungsförderungsgesetzes vor. Aus ihnen ergibt sich, daß die sog. deregulierenden Maßnahmen z.T. relativ folgenschwere Auswirkungen und Struktureffekte für den Arbeitsmarkt haben. Sie schaffen für die Arbeitsvertragsparteien neue rechtliche Rahmenbedingungen, die diese je nach Interesse und Marktmacht auszufüllen trachten, wobei die Unternehmerseite sich in der Regel durchsetzt.

Zu den Effekten der neuen Regelungen, insbesondere der Erleichterung von Befristungen zählt u.a., daß der Einstieg in die Beschäftigung sich heute zu einem Teil in anderer Form als früher vollzieht: Probezeiten werden inzwischen oft - über die Sechs-Monats-Frist hinaus, bis zu maximal achtzehn Monaten - verlängert.[23] Zum Teil folgt nach einer befristeten Einstellung die Übernahme in ein Dauerarbeitsverhältnis, aber häufig erweist sich das befristete Arbeitsverhältnis auch als sog. "Drehtür" zwischen Beschäftigung und Arbeitslosigkeit: Unternehmer nutzen die Möglichkeit zu einer längeren Befristung von Arbeitsplätzen nicht nur zu einer ausgedehnteren und gründlicheren Erprobung der Arbeitskräfte direkt am Arbeitsplatz, sonder auch zu einer neuartigen Personalplanung, weil sie jetzt auf konjunkturelle Entwicklungen und den konkreten Arbeitsanfall direkter mit Einstellungen und Entlassungen reagieren können. Sie arbeiten also mit einem sehr knappen Personalstand, was für einen Teil abhängig Beschäftigter - je nach Arbeitsanfall - die Entlassung bedeuten kann (mit der Chance, irgendwann wieder - und evtl. wieder befristet - beschäftigt zu werden). So werden Segmentierungen und Differenzierungen auf dem Arbeitsmarkt verschärft: sog. Randbelegschaften werden stärker von Kernbelegschaften abgegrenzt und zugleich wächst die Zahl der zur Randbelegschaft gehörenden Personen.[24]

Die neuen Regelungen ermöglichen somit einen (begrenzten) Umbau des Arbeitsmarktes, stellen aber keinen grundsätzlich anderen Regelungstypus dar, als die früheren Normen und repräsentieren auch keinen ganz anderen Typus staatlichen Han-

---

23 So B. Keller, Ein Irrweg der Deregulierung: Das Beschäftigungsförderungsgesetz, in: WSI-Mitteilungen Heft 5/1989, S. 274 ff. (278).

24 Zur quantitativen Entwicklung vgl. B. Keller 1989 (FN 23), S. 277.

delns. Sie haben sachlich andere Konsequenzen, aber sie sind nicht Ausdruck einer durchgängigen, eindeutigen und konsistenten Politik der Deregulierung.[25] Der Begriff der Deregulierung erweist sich daher in diesem Zusammenhang als ungenau, weil die angesprochenen Regelungen keine echte Deregulierung im Sinne eines Abbaus der Regelungsdichte und -intensität mit sich bringen, "sondern eher Änderung des Inhalts von Normen und eine Verlagerung der Regelungsebene ... zugunsten der Arbeitgeber ...".[26]

Die Ansicht, daß es sich bei den neuen arbeitsrechtlichen Regulierungen um keinen "Rückzug" des Staates handelt, wird gerade auch von Autoren geteilt, die sich intensiv mit den empirischen Auswirkungen solcher Regulierungen beschäftigt haben.[27]

Auch sie arbeiten heraus, daß es hier i. d. R. nicht so sehr um eine Verringerung der Regelungsdichte oder von arbeitsrechtlichen Vorschriften geht, sondern um deren Veränderung und eine gewisse Dezentralisierung von Regelungskompetenzen, indem diese tendenziell mehr auf Tarifparteien, die Betriebsebene und individuelle Arbeitsmarktparteien "verschoben" werden (a.a.O., FN 27). Diese Veränderungen kommen vor allem Unternehmensinteressen entgegen, weil sie von den innerhalb der neuen Rahmenregeln möglich werdenden flexibleren und differenzierteren Einzelregelungen i. d. R. den größeren Nutzen haben. Dies ist allerdings nicht immer so: U.U. können z.B. die Regeln zur Flexibilisierung von Arbeitszeiten angesichts der sich bei einem (allerdings noch recht kleinen) Teil der Arbeitskräfte wandelnden Wünsche an Lage und Dauer der Arbeitszeit (vor allem nach variableren Arbeitszeiten und mehr Teilzeitarbeit)[28] auch den Interessen der Arbeitnehmer mehr entgegenkommen und entsprechend differenziertere und autonomer gestaltete Regelungen möglich machen. Wir haben es insofern mit einer gewissen Steigerung von Möglichkeiten zur "Selbstregulierung" zu tun. Dies findet sich ansatzweise z.B. dann, wenn Betriebe und Arbeitnehmer gemeinsame Interessen an der Flexibilisierung von Arbeitszeiten haben (etwa wenn Frauen flexiblere Arbeitszeiten oder Teilzeitarbeit nachfragen, um Beruf und Familie miteinander vereinbaren zu können). Unter solchen Umständen erfolgt schon heute die Abstimmung über flexible Arbeitszeiten gelegentlich in Verhandlungssystemen innerhalb rechtlicher Rahmenbedingungen.[29]

Im übrigen ist neben neuen deregulierenden Elementen oder alternativen Regulierungen im arbeitsrechtlichen Bereich z.T. auch eine Erhöhung staatlicher Regulie-

---

25 So auch B. Keller 1990 (FN 16), S. 369 f.

26 G. Linne/St. Voswinkel, Befristete Arbeitsverträge: Aspekte eines Arbeitsverhältnisses ohne Bestandsschutz, SAMF-Arbeitspapier 1989-5 Paderborn 1989, S. 19.

27 Vgl. etwa Ch.F. Büchtemann/H. Neumann, Mehr Arbeit durch weniger Recht? Eine Einführung, in: dies., (Hg.) 1990, (FN 21) S. 32.

28 Vgl. dazu z.B. die Untersuchung von U. Engfer/K. Hinrichs/C. Offe/H. Wiesenthal, Arbeitszeitsituation und Arbeitszeitverkürzung in der Sicht der Beschäftigten, in: C. Offe, Arbeitsgesellschaft - Strukturprobleme und Zukunftsperspektiven, Frankfurt/Main 1984, S. 167 - 204 (insbes. S. 178 ff).

29 Zu dieser Fragestellung siehe auch D. Rucht/E. Treutner 1989 (FN 2) und die Studie von A. Gerzer/M. Jaeckel/J. Sass, Flexible Arbeitszeit - vor allem ein Frauenthema, in: Th. Schmid (Hg.), Das Ende der starren Zeit, Berlin 1985, S. 97 - 127.

rungsintensität feststellbar. Sie findet sich z.B. bei den Maßnahmen, welche der Verwirklichung der Gleichstellung von Frauen am Arbeitsmarkt dienen sollen.[30] Einen anderen in diesem Zusammenhang wichtigen Regelungsbereich, der sich durch verstärkte staatliche Regulierung auszeichnet, stellt der Bereich der Arbeitssicherheit dar.[31]

Das in diesem Zusammenhang wichtige Arbeitssicherheitsgesetz (ASiG) regelt die medizinische Beobachtung der Arbeitsbedingungen, um eine verläßliche Einschätzung von Gesundheitsrisiken zu ermöglichen. Über die Untersuchung von Arbeitssituationen einzelner Arbeitnehmer wird es möglich, zu bestimmen, welchen Risiken einzelne Arbeitnehmer an bestimmten Arbeitsplätzen ausgesetzt sind und darüber hinaus, welche Konsequenzen daraus individuell für ihre Beschäftigung abgeleitet werden können. Auf der Basis des Arbeitssicherheitsgesetzes kann es so zur Erhebung von Daten und Einrichtung von Datenbanken kommen, die es ermöglichen, die Anforderungen zu bestimmen, denen eine Arbeitskraft an bestimmten Arbeitsplätzen gewachsen sein muß und danach seine Einsetzbarkeit und seinen tatsächlichen Einsatz zu regeln.

Simitis (a.a.O., FN 31) stellt in diesem Zusammenhang - aber auch für § 2 Abs. III Kündigungsschutzgesetz (Kriterium der "sozialen Auswahl") sowie im Hinblick auf die Zumutbarkeitsklausel des Arbeitsförderungsgesetzes - heraus, wie arbeitsrechtliche Vorschriften heute z.T. eine neue Eingriffsintensität und -tiefe gegenüber Beschäftigten mit sich bringen können.

M. E. zeigt dieser kleine Überblick über neue arbeitsrechtliche Entwicklungen bereits, daß dabei nicht einfach nur bestehende Regulierungen aufgehoben und Regelungsdichte und -intensität verringert werden, sondern daß z.T. neue Regeln an ihre Stelle gesetzt werden. Damit geht zugleich eine begrenzte Modifizierung ordnungspolitischer Konzepte einher, deren Durchsetzung wiederum dem Staat obliegt.[32] Insgesamt läßt sich für den Bereich der Regulierung gesellschaftlicher Arbeit sagen, daß hier Elemente von Deregulierung neben neuen Regulierungen stehen, die differenziertere Regelungen möglich machen und evtl. sogar erhöhte Regulierungsintensität aufweisen. Ein allgemeiner "Rückzug" des Staates ist daher in diesem Bereich nicht konstatierbar.

Vor dem Hintergrund modifizierter politischer Kräfteverhältnisse in der Bundesrepublik und angesichts neuer, vor allem technologisch bedingter Möglichkeiten zu "rationellerem" Arbeitskräfteeinsatz haben die vor allen unternehmerischen Interessen und Bemühungen um "flexiblere", an betriebliche Anforderungen und Bedingungen "angepaßtere" rechtliche Rahmenbedingungen zu z.T. subtileren Regelungen geführt, die mehr Differenzierungen von Arbeitsverträgen und -verhältnissen zulassen.

---

30 So auch F. Buttler, Regulierung und Deregulierung in der Beschäftigungskrise, in: Ch. F. Büchtemann/H. Neumann (Hg.) 1990 (FN 21), S. 82.

31 Vgl. dazu die Ausführungen von S. Simitis, zur Verrechtlichung der Arbeitsbeziehungen, in: F. Kübler (Hg.), Verrechtlichung von Wirtschaft, Arbeit und sozialer Solidarität, Frankfurt/Main 1985, S. 117 ff.

32 So auch S. Simitis 1985 (FN 31), S. 107.

4. "Rückzug" des Staates oder subtilere Steuerung im Bereich der Sozialpolitik?

Auch viele der im Bereich der Sozialpolitik feststellbaren neuen Entwicklungen werden in der Diskussion oft verallgemeinernd als "Rückzug" des Staates und "Deregulierung" gewertet. Das trifft zweifellos auf einen Teil neuer Regelungen zu, wie etwa Novellierungen des AFG oder des BAFöG, die eine Verminderung von Ansprüchen oder eine Senkung von Leistungen für die Betroffenen mit sich bringen.[33] Aber neben diesen relativ eindeutigen Beispielen für einen "Rückzug" des Staates stehen andere, die gelegentlich auch als Deregulierung bezeichnet werden, jedoch eher eine Neuverteilung sozialer Risiken mit sich bringen - also eher eine Veränderung des jeweiligen Regelungsinhaltes. Hier wären etwa die Rentenreform 1992 oder die Gesundheitsreform 1988 zu nennen, die bestimmte Gruppen von Betroffenen neu belasten.[34] M. E. müßte - ähnlich wie oben für die Arbeitspolitik - auch für sozialpolitische Entwicklungen jeweils genauer geprüft werden, welches ihre Konsequenzen sind und ob damit tatsächlich ein Abbau staatlicher Aktivitäten verbunden ist.

Die Frage, ob der Sozialbereich z.Zt. von einem generellen Trend zur Deregulierung bestimmt wird, soll hier exemplarisch am Beispiel der zunehmenden Betonung des Subsidiaritätsgedankens in der Sozialpolitik (Betroffene sollen mehr auf Selbstverantwortung, Eigeninitiative und Selbsthilfe verwiesen werden) und der damit verbundenen praktischen Folgen behandelt werden.[35] Denn dies Beispiel der "Neuen Subsidiaritätspolitik" gilt vielen als besonders eindeutiger Beleg für Tendenzen staatlichen Rückzugs, insbesondere durch Beschneidung sozialstaatlicher Leistungen und finanzielle Entlastung der öffentlichen Hand.

4.1 Das Beispiel der "Neuen Subsidiarität": Rückzug des Staates?

Soweit Sozialpolitik dem Subsidiaritätsprinzip mehr praktische Bedeutung zukommen läßt, findet sich zweifellos auch ein gewisses Maß an staatlichem Abbau von Leistungen (oder zumindest an Versuchen, das weitere Ansteigen der Belastungen zu bremsen). Ein Beispiel dafür stellen Bemühungen um stärkere Mobilisierung von Selbsthilfe im Pflegebereich dar, welche die enorm wachsenden Lasten der öffentlichen

---

33 Vgl. die ausführliche Darstellung zum Abbau staatlicher Sozialleistungen, vor allem in der ersten Hälfte der 80'er Jahre, bei W. Bäcker, Sozialpolitik als Instrument konservativer Gesellschaftsgestaltung, in: H. J. Kröger/G. Pohl (Hg.), Ellenbogengesellschaft, Hamburg 1986, S. 43 ff. (insbes. S .46 f.) sowie die Zusammenstellung entspr. Angaben bei W. Hanesch, Armutspolitik in der Beschäftigungskrise, Wiesbaden 1988, S. 100 ff. und 120 ff.

34 Hierzu G. Bäcker, Lebenslage und soziale Reformen, in: D. Döring/W. Hanesch und E.-U. Huster (Hg.), Armut im Wohlstand, Frankfurt/Main 1990, S. 378 ff. Bei den entsprechenden Neuregulierungen geht es vor allem darum, angesichts sich verändernder demographischer und gesellschaftlicher Rahmenbedingungen zukünftige Kostenentwicklungen einzugrenzen, also Ausgabenzuwächse zu begrenzen.

35 Vgl. als Überblick hierzu R.G. Heinze (Hg.) 1986 (FN 5) oder die Darstellung bei K. Blessing, Die Zukunft des Sozialstaats, Opladen 1987.

Hand in diesem Bereich verringern sollen oder solche um Anerkennung und Förderung privater Kindergarteninitiativen, weil jene benötigte Kindergartenplätze billiger bereitstellen, als staatliche Einrichtungen. Aber gilt entsprechendes generell?

Die praktischen Folgen einer auf mehr Subsidiarität setzenden Politik sind besonders am Beispiel Berlins herausgearbeitet worden. Das ist nicht verwunderlich, weil gerade in Berlin mit ausgesprochen hohem theoretischem und praktischem Anspruch eine Umsteuerung in der Sozialpolitik in Richtung auf mehr Selbsthilfe vollzogen wurde.[36] Die Analysen der Berliner Entwicklungen seit etwa 1981, insbesondere des seit 1982 vom damaligen CDU-Senat entwickelten Berliner Förderungsmodells für Selbsthilfe zeigen, daß dort die Möglichkeiten und Chancen, die in vermehrter Nutzung von Selbsthilfe und Selbsthilfegruppen liegen können, relativ weit erkannt wurden und durch eine entsprechende Politik nutzbar gemacht werden sollten.[37] Sie zeigen auch, daß eine Nutzung solcher Selbsthilfepotentiale zwar ohne eine gewisse öffentliche Förderung kaum möglich ist (im Falle Berlins betrug der Jahresetat für Selbsthilfeförderung zwischen 5 und 10 Mio. DM), aber auch zu Einspareffekten, einem Rückgang staatlicher Leistungen und einem gewissen Abbau öffentlicher Verantwortlichkeit führen kann. Das Ziel der Selbsthilfeförderung, die ehrenamtliche Sozialarbeit - gerade auch in neuen sozialen Brennpunkten, wie etwa der Aids- oder Suchtproblematik oder im Hinblick auf den sog. Pflegenotstand - zu nutzen und dadurch für die öffentliche Hand Mittel einzusparen, konnte z.T. erreicht werden.[38] Insbesondere am Beispiel des Berliner Förderungsprogramms für Sozialstationen wurden Einsparungen in größerem Umfange möglich.[39]

Im Zusammenhang mit der "neuen Subsidiaritätspolitik" kann es aber zugleich auch zu einer Ausweitung staatlicher Tätigkeit kommen. Denn die stärkere Betonung von Subsidiarität und Selbsthilfe wird in der Praxis häufig vom Entstehen öffentlicher "Selbsthilfeförderung" begleitet, weil Selbsthilfeaktivitäten nicht ganz ohne staatliche Unterstützung auskommen. Die Berliner Entwicklung kann nicht verallgemeinert werden. Viele Kommunen haben vielmehr letztlich ihre Finanzaufwendungen erhöht, weil die z.T. sehr problemsensible Arbeitsweise von Selbsthilfegruppen Anerkennung und Nachahmung gefunden hat und so immer mehr Selbsthilfegruppen entstehen und Förde-

---

36 Vgl. hierzu etwa verschiedene Publikationen des früheren Senators für Gesundheit und Soziales von Westberlin, Ulf Fink; so etwa U. Fink, Subsidiarität - Lösung für sozialpolitische Probleme der Gegenwart, in: R.G. Heinze (Hg.) 1986 (FN 5), S. 157 ff. oder U. Fink, Möglichkeiten und Grenzen der Selbsthilfebewegung in: Deutscher Caritasverband (Hg.), der Sozialstaat in der Krise? Freiburg 1984, S. 130 ff.

37 Vgl. dazu etwa F. Krotz, Die Instrumentalisierung in der Selbsthilfe - Erfahrungen mit dem "Berliner Modell" in: P. Grottian u.a., Die Wohlfahrtswende, München 1988, S. 82 ff.

38 Dazu F. Krotz 1988 (FN 37) S. 102 ff.

39 So G. Lütke, Die Sozialstationen: Qualitativer Umbau oder Abbau gesundheitlicher Versorgung? in: P. Grottian u.a., 1988 (FN 37), S. 122 ff, insbes. S. 126 ff.

rung beantragen.[40] Diese "Sogwirkung" der Selbsthilfeförderung führte zu einem rasch steigenden Finanzbedarf, den die Kommunen dann wegen der qualitativ guten Resultate der Selbsthilfetätigkeit z.T. trotz knapper Kassen mit der Bereitstellung zusätzlicher Finanzmittel (ohne gleichwertige Einsparungen) ein Stück weit zu befriedigen versuchen (so z.B. in München, Bremen, Düsseldorf, Nürnberg und manchen anderen Städten).

4.2 "Neue Subsidiarität" und subtilere Steuerung des Staates

a) Subtilere Einflußmaßnahmen

Im Zusammenhang mit der zunehmenden Betonung des Subsidiaritätsgedankens in der Sozialpolitik läßt sich - neben Abbau und Ausdehnung von Staatstätigkeiten - zusätzlich eine neue (in der Form "weiche", aber recht effiziente) Art staatlicher Regulierung erkennen, die hier als subtile Einflußnahme oder Steuerung bezeichnet werden soll. Dabei erhält die Verwaltung z.T. ganz neue Einwirkungsmöglichkeiten in bisher eher "staatsfreien" Bereichen und zwar auf folgende Weise:

Bei der Selbsthilfeförderung entwickeln sich zwischen Sozialverwaltungen und ihrem Klientel oft sehr spezifische Beziehungen und Kommunikationen, die der Bürokratie Einfluß auf einen Teil bisher autonomer (ohne staatliche Beteiligung sich vollziehender) Entwicklungen und Gruppenprozesse im Sozialbereich geben.[41] Hierzu trägt zunächst schon einmal bei, daß die Vergabe öffentlicher Fördermittel in aller Regel an aus der Sicht der Verwaltung ausreichende Informationen über die Zielsetzungen der antragstellenden gesellschaftlichen Gruppen, die Problemstruktur in ihrem Arbeitsfeld, ihre organisatorische und personelle Situation sowie ihre Arbeitsweise geknüpft wird. Der Verwaltung werden damit zusätzliche Informationen über sensible gesellschaftliche Problembereiche zugänglich. Vor deren Hintergrund kann sie ihr eigenes Handeln im Prinzip problemadäquater, zielgerichteter und wirksamer gestalten. Die so erlangten Informationen können ihr aber auch als "Frühwarnung" im Hinblick auf soziale Konfliktpotentiale dienen und von ihr beim Aufbau von effizienteren Gegenstrategien zur Durchsetzung ihrer verwaltungseigenen Zielsetzungen und Interessen genutzt werden.[42] Gerade angesichts der Bedeutung der sozialen Problemlagen, um die sich selbstorganisierte Gruppen häufig kümmern, und der damit evtl. verbundenen sozialen Sprengkraft

---

40 Vgl. F. Schulz-Nieswandt, Wirkungen von Selbsthilfe und freiwilliger Fremdhilfe auf öffentliche Leistungssysteme, München 1989 (z.B. S. 63 ff.).

41 Dazu W. Kraus, Die Veränderung von Selbsthilfegruppen durch öffentliche Förderung, in: E.v. Kardorff/H. Oppl (Hg.), Selbsthilfe und Krise der Wohlfahrtsgesellschaft, München 1989, S. 161 ff.

42 In einer Studie zu München heißt es dazu z.B., die Verwaltung habe im Zusammenhang mit ihrer Selbsthilfeförderung "einen guten Überblick über das soziale Leben in der Stadt gewonnen und über das Potential der Initiativen" (W. Kraus/W. Knaier, Selbsthilfeinitiativen und Kommunale Selbsthilfeförderung. Weinheim 1989, S. 307).

kann solche zusätzliche Information für Verwaltungen von hohem strategischem Wert sein.[43]

Die Chancen zur Ausweitung staatlicher Einflußnahme erhöhen sich bei der Selbsthilfeförderung außerdem deshalb, weil Gruppen, die öffentliche Förderung beantragen, ihre "Strukturen" an bestehende Verwaltungserwartungen anpassen müssen.

So müssen sie z.B. evtl. die Form eines Vereins annehmen, sich eine Satzung geben, eine arbeitsteilige Organisation einführen, Ziele und Programme festlegen, die in bestimmten Zeiträumen abzuarbeiten sind, Anträge in der geforderten Form erstellen, Kostenpläne aufstellen und vieles andere mehr. Außerdem müssen sie darauf achten, daß sie in der Verwaltung ressortmäßig zugeordnet werden können, also z.B. eindeutig als Akteure im Sozialbereich oder im Gesundheitsbereich in Erscheinung treten (und damit evtl. Abschied von ganzheitlichen Vorstellungen über die notwendige Verknüpfung von gesundheitlichen und sozialen Problemen nehmen). Aus einer allein durch eine gemeinsame Zielsetzung zusammengehaltenen Gruppen wird so eine "Organisation", die administrativen Anforderungen an Zielsetzung, Organisationsstruktur, ausreichende Professionalität im Umgang mit Formvorschriften, Programmatik, Berechenbarkeit bei ihrer Arbeit etc. entsprechen muß.

Im Ergebnis kann sich so ein indirekter und subtiler, aber zugleich weitreichender Einfluß der Verwaltung auf Problemsicht, Ziele und Aktionsformen der Betroffenen ergeben. Die betroffenen Gruppen erleiden nicht nur einen gewissen Autonomieverlust, sie werden nicht nur "kalkulierbarer", handhabbarer und leichter zu lenken (so W. Kraus/W. Knaier 1989, (FN 42), S. 314), sondern es verändert sich auch ihre Problemsicht. In den Worten der Betroffenen wird z.T. von einer sich entwickelnden "inneren Zensur" gesprochen (a.a.O. S. 314) bzw. davon, daß sie "unpolitischer" werden und z.B. auch ihre präventiven Zielsetzungen aus dem Auge verlieren (a.a.O. S. 291 f.).

Oft werden sie - zunächst vielleicht unmerklich und dann immer stärker - für Zielsetzungen und Interessen der Verwaltung selber in Anspruch genommen und übernehmen diese im Laufe der Zeit sogar in ihren eigenen Handlungshorizont. So können aus "systemkritischen" Gruppen Elemente der "Systemstabilisierung" werden.[44]

b) Neue Formen kooperativer Regulierung

Im Sozialbereich entwickeln sich außerdem in den letzten Jahren und zwar gerade auch im Zusammenhang mit der "neuen Subsidiaritätspolitik" und bei Verfahren zur Selbsthilfeförderung vermehrt kooperative Formen des Verwaltungshandelns. Denn

---

43 Hier sei darauf verwiesen, daß es im Bereich der Sozialpolitik auch immer wieder Überlegungen gegeben hat, durch Früherkennung sozialer Krisenpotentiale und rechtzeitigen Aufbau von Gegenstrategien sozialen, gesundheitlichen und psychischen Problemgruppen sozusagen präventiv zu begegnen, um die soziale Kontrolle besser aufrecht erhalten und ausbauen zu können (vgl. W. Reichel, Der vorverlegte Eingriff. Zur Verrechtlichung von Prävention, in: M. Wambach (Hg.), Der Mensch als Risiko, Frankfurt/Main 1983, S. 89 ff.).

44 So G. Vobruba, Prävention durch Selbstkontrolle, in: M. Wambach (Hg.) 1983 (FN 43), S. 41.

soweit Selbsthilfepotentiale im Sinne der Sozialverwaltung genutzt und sozusagen in die Dienstleistungsstrategien der Verwaltung einbezogen werden sollen, soweit also die Administration Betroffene sich nicht einfach selbst überläßt, sondern im Interesse einer ausreichenden Problembearbeitung und zur Vermeidung dysfunktionaler Folgeprobleme eine Selbsthilfeförderung betreibt, treffen hierbei Organisationen (nämlich Verwaltungen und Selbsthilfegruppen) mit z.T. sehr unterschiedlichen Zielsetzungen sowie Organisations- und Handlungsstrukturen aufeinander, die Verfahren empfehlenswert machen, die darauf Rücksicht nehmen.

Selbsthilfegruppen pflegen in der Regel sehr problemsensible Vorgehensweisen: Ihre Mitglieder sind von den zu bewältigenden Aufgaben selbst betroffen, stehen sich persönlich oft relativ nahe und haben in der Regel gegenseitige Hilfe in unmitttelbarer wechselseitiger Kommunikation zum Ziel. Die Gruppen sind eher klein und überschaubar und ihre Strukturen sind auf eine möglichst gleichberechtigte Zusammenarbeit aller Mitglieder ausgerichtet, so daß das Prinzip von "Selbstorganisation" und "Autonomie" sehr große Bedeutung hat. Wenn bürokratische Verwaltungen, deren Arbeitsweise eher durch eine gewisse Problem-Abstraktion und Anonymität sowie einen hohen Formalisierungsgrad gekennzeichnet ist, im Kontakt mit diesen Gruppen die Besonderheiten ihrer Organisationsstrukturen und Arbeitsweisen - insbesondere die genannten Prinzipien von "Selbstorganisation" und "Autonomie" - überhaupt nicht berücksichtigen würden, so wären nicht nur Konflikte die Folge, sondern es könnte auf Seiten der Selbsthilfegruppen zu Demotivation und Blockaden der Arbeit, zu einem Ersterben des freiwilligen Engagements, geringerer Leistungsfähigkeit und einem Schwinden ihrer Problemlösungskapazität kommen.

Sozialverwaltungen befinden sich daher bei ihrem Kontakt zu Selbsthilfegruppen oft in einem Dilemma. Um solche dysfunktionalen Folgewirkungen bürokratischen Handelns zu vermeiden oder zu mindern, müßten Verwaltungen Verfahren wählen, die dem spezifischen Charakter solcher Gruppen möglichst gerecht werden. Andererseits müssen sie aber auch den üblichen administrativen Handlungsprinzipien, z.B. den haushaltsrechtlichen Anforderungen nach öffentlicher Kontrolle genügen. Sie müßten daher Wege dafür finden, daß sich kommunale soziale Dienstleistungen und Selbsthilfe ergänzen, evtl. miteinander vernetzen lassen. In diesem Zusammenhang werden nun stärker kooperative Verfahrensweisen bedeutsam. Dabei kann es sich z.B. um die Beteiligung betroffener Gruppen an Verwaltungsentscheidungen (etwa über die Vergabe von Fördermitteln) oder an der Erarbeitung von Teilen einschlägiger Planungen und ihrer Umsetzung handeln. Solche begrenzten Dezentralisierungen nehmen z.B. die Form an, daß Entscheidungskompetenzen auf Beiräte übertragen werden, zu denen auch Vertreter der Betroffenen und ihrer Organisationen gehören.[45]

---

45 Solch ein Beiratsmodell wurde z.B. von der Kommunalen Gemeinschaftsstelle für Verwaltungsvereinfachung (KGSt) als Beispiel für die Form von Förderverfahren empfohlen (so KGSt-Bericht Nr. 12/1984: "Bürger und Verwaltung III: Bürgerengagement-Selbsthilfe, Helfergruppen, Bürger-

Die Kontakte und "Schnittstellen" zwischen den mit solchen neuen sozialpolitischen Förderungsmaßnahmen der "neuen Subsidiaritätspolitik" befaßten Verwaltungseinheiten und betroffenen Organisationen sind nun keineswegs durchwegs so kooperativ ausgestattet. Häufig dominieren auch dabei eher traditionelle Formen von Verwaltungshandeln, welche die Bemühungen Betroffener um "Autonomie" relativ wenig berücksichtigen. Und soweit kooperative Verfahrensstile gepflegt werden, haben sie oft nur symbolische Bedeutung und betreffen nicht die zentralen Entscheidungssituationen.[46] Aber trotzdem dürfen die genannten Tendenzen und Entwicklungsansätze zu kooperativeren Verwaltungsstrukturen auch im Sozialbereich nicht übersehen oder vernachlässigt werden.

Ein Beispiel für solche Tendenzen stellt etwa die zunehmende Beratungstätigkeit von Verwaltungen für Selbsthilfegruppen dar, wobei sich zwischen Verwaltungen und diesen Gruppen wechselseitige Informationen und Abstimmungen über die jeweiligen Strategien und Aktivitäten entwickeln können. Die Verwaltung wirkt in vielen Städten auch durch Einrichtung oder Unterstützung von Kontakt- und Informationszentren, Selbsthilfezentren etc. beim Aufbau solcher interaktiver und kooperativer Strukturen mit.[47] Dabei wird die Transparenz von Verwaltungshandeln und -entscheidungen erhöht, denn Interaktion bedeutet in der Regel Informationsaustausch, Entscheidungsbegründung und (zumindest begrenztes) Zulassen von Gegenargumenten.

Im einzelnen kann die Kooperation so weit gehen, daß die Verwaltung Selbsthilfegruppen Hilfestellung bei der Abfassung von Anträgen auf Förderung gibt, daß Teile der Programmplanung gemeinsam ausgehandelt und entwickelt werden und eine arbeitsteilige Aufgabenbewältigung abgesprochen wird. Darüber hinaus gibt es von Seiten der Sozialverwaltung für Betroffene und Selbsthilfegruppen viele unorthodoxe praktische Hilfestellungen, wie z.B. Hilfen im Verkehr mit anderen Ämtern (etwa mit dem Liegenschaftsamt, soweit es um die Beschaffung von Räumlichkeiten geht).

Solche Interaktionen gehen über herkömmliche Formen der "Beteiligung" von Bürgern an Verwaltungsverfahren hinaus. Sie können tendenziell (aber selten) den Beziehungen zwischen Sozialverwaltungen und Wohlfahrtsverbänden entsprechen. Besonders weitgehende Kooperationen entwickeln sich i. d. R. dort, wo einzelne verfahrensmäßige Kompetenzen bei der Entscheidungsvorbereitung auf Einrichtungen außerhalb der Verwaltung (z.B. die genannten Beiräte, an denen Selbsthilfegruppen beteiligt sind) übertragen werden.[48]

---

mitverantwortung", Köln 1984). Die Beiräte können paritätisch (wie in München und Nürnberg) oder nicht-paritätisch (wie in Berlin) besetzt sein.

46 Vgl. E. Treutner, Sozialverwaltung zwischen öffentlicher Regulierung und subjektiven Interessen, in: A. Görlitz/R. Voigt (Hg.), Rechtspolitologie und Rechtspolitik, Jahresschrift für Rechtspolitologie Nr. 3/1989, S. 119 ff. (127 ff.).

47 Vgl. dazu etwa die Darstellung bei H. Braun/P. Röhrig, Die Praxis der Selbsthilfeförderung, Frankfurt/Main 1987

48 Dazu E. Treutner 1989 (FN 46).

5. Erhöhte Vielfalt öffentlicher Regulierungsformen im Arbeits- und Sozialbereich

Die Untersuchung des Arbeits- und Sozialbereichs zeigt also, daß die öffentlichen Regelungen in diesem Bereich durch ein Nebeneinander verschiedener Formen gekennzeichnet sind. Einerseits gibt es zwar Trends und Elemente von Deregulierung, andererseits aber auch neue Regulierungen und z.T. sogar eine Ausweitung und Intensivierung der Regulierungstätigkeit. Darüber hinaus finden sich auch neue Formen subtilerer, differenzierterer, kooperativerer und dezentralerer Regulierungen, die neue Verknüpfungen von politisch-administrativem System und politischen Akteuren erkennbar werden lassen, den Verwaltungen aber auch neue Einflußfelder und Einflußnahmen eröffnen.

Insbesondere in Teilen der Sozialverwaltung kommt es gelegentlich zu einer gewissen Verschränkung von Handlungspotentialen und -initiativen von Verwaltungen und privaten Akteuren. Manchmal bilden sich dabei sogar "Vernetzungen" von Abstimmungsprozessen zwischen den jeweils betroffenen Akteuren (Kommune, Selbsthilfegruppen und auch Wohlfahrtsverbände) heraus.[49] Denn wenn außeradministratives Handeln in die Dienstleistungsstrategie der Kommunalverwaltung einbezogen werden soll, so kann es weniger direkt administrativ gesteuert werden, als vielmehr eher über die Entwicklung von Interaktionen und relativ kooperativen Strukturen zwischen Verwaltung und Privatpersonen.

Für den Bereich gesellschaftlicher Arbeit läßt sich ebenfalls feststellen, daß neben Elementen von Deregulierung und intensiverer Regulierung zugleich neue Formen der Regulierung auftauchen, bei denen gesellschaftlichen Akteuren mehr Regelungskompetenzen übertragen werden.

Die Untersuchung des Arbeits- und Sozialbereiches zeigt also auch neue Elemente der Verknüpfung von politisch-administrativem System und Gesellschaft, von öffentlichen und privaten Ressourcen, Handlungsintentionen und -praktiken sowie verstärkte Interaktionen und Aushandlungen. Die oben referierte Diskussion, wonach kooperative Elemente im Verhältnis von Verwaltung und Gesellschaft an Bedeutung gewinnen, kann hier allerdings nur mit großen Einschränkungen bejaht werden. Es handelt sich dabei um keine generelle Entwicklung, sondern nur um einen Trend in Teilbereichen, der außerdem von anderen z.T. gegenläufigen Entwicklungstrends begleitet wird. Staatliche Regulierungen werden tendenziell auch im Arbeits- und Sozialbereich situativer, dezentraler, sowie bereichs- und problemspezifischer; dabei nehmen aber nicht nur die Chancen zu kooperativer Interaktion mit dem jeweiligen Klientel zu, sondern auch die Chancen zu subtileren Eingriffen staatlicher Einrichtungen in den Privatbereich. Das solche differenzierten Regelungsformen für die betroffenen Subjekte sehr nachteilige Folgen haben können, wenn sie ungleiche Interessen und Machtpotentiale

49 Näheres hierzu bei H. Keupp/B. Röhrle (Hg.), Soziale Netzwerke, Frankfurt/Main 1987.

haben, wurde am Beispiel der Lockerung von arbeitsrechtlichen Schutznormen erkennbar.

Insgesamt macht eine genauere Betrachtung des Arbeits- und Sozialbereichs also deutlich, daß die Forderung nach einem breiten Abbau staatlicher Aktivitäten und Leistungen und die Annahme, daß solch ein genereller Rückzug des Staates aus der Gesellschaft aus funktionalen Erfordernissen z.Zt. auch im Gange sei, in der Realität keine Entsprechung findet. M. E. verdient die derzeitige Entwicklung eher insofern Aufmerksamkeit, als sich angesichts steigender Komplexität gesellschaftlicher Probleme und aktuellen gesellschaftlichen Wandels eine zunehmende Variation der Form staatlichen Handelns feststellen läßt. Je nach Anforderungen der jeweiligen Situation und Problemstellung finden oder verstärken sich z.T. Elemente von Deregulierung oder intensiverem Staatseingriff, aber auch subtilere Steuerungsformen, die eine differenziertere, "problemadäquatere" und effizientere Bezugnahme auf Aufgaben und Klientel der Verwaltung ermöglichen sollen. Das Verhältnis von Staat und Gesellschaft scheint in Reaktion auf sich wandelnde Anforderungen insofern mehr in Bewegung geraten zu sein und sich tendenziell neu zu ordnen.

Entlastung des Staates durch Liberalisierung und Privatisierung? Zum Funktionswandel des Staates im Telekommunikationssektor

Edgar Grande

1. Einleitung[1]

Nach der ideologischen und theoretischen "Entzauberung des Staates"[2] gilt der Telekommunikationssektor seit einigen Jahren als Modellfall für die Notwendigkeiten und Möglichkeiten einer "Entstaatlichung" der Ökonomie. Wie in kaum einem anderen Bereich "klassischer" Staatstätigkeit scheint hier aus technologischer Opportunität, ökonomischer Dynamik und politischer Programmatik eine neue "Ordnung" zu entstehen, in der nicht mehr staatliche "Fürsorge", sondern private Initiative vorherrscht. Die staatlichen Fernmeldeverwaltungen und ihre Monopole wirken antiquiert, "Liberalisierung", "Deregulierung" und "Privatisierung" lauten die Devisen der neuen Zeit. Dem Staat scheint nur noch die Aufgabe zu bleiben, den eigenen Rückzug zu organisieren und den "freien Wettbewerb", der sich auf dem von ihm geräumten Terrain entfalten soll, in geordnete Bahnen zu lenken.

Daß die "alte" Rolle des Staates in der Telekommunikation ihrem Ende zugeht, das soll hier gar nicht bestritten werden - trotz der immer noch hörbaren Forderungen nach einer "Reform der Reform", nach einer Rekonstituierung der abgeschafften oder eingeschränkten Fernmeldemonopole. Will man sich über die faktisch vorhandenen "Entstaatlichungs"-Potentiale in diesem Sektor Gewißheit verschaffen, dann ist es mit einer solchen Feststellung jedoch nicht getan. Von größerer theoretischer Relevanz - und praktischer Brisanz - ist vielmehr die Frage, wieweit und wohin sich denn der Staat zurückzieht, ob seine "neue" Rolle in der des Schiedsrichters privaten Treibens aufgeht, ob damit tatsächlich eine Entlastung des Staates stattfindet und schließlich, ob der Telekommunikationssektor damit ein Modell für einen generellen Rückzug des Staates aus der Ökonomie abgeben kann.

Diese Fragen stehen im Mittelpunkt des folgenden Beitrags. Seine zentrale *These* lautet, daß die aktuellen Entwicklungen im Telekommunikationssektor nicht, wie vielfach angenommen wird, einen generellen Funktionsverlust (oder -verzicht) des Staates bedeuten, sondern im Kern einen Funktions*wandel* anzeigen. Denn gleichzeitig mit dem

---

1 Für die Durchsicht und Kommentierung des Manuskripts danke ich meinen Kollegen Jürgen Häusler und Volker Schneider.

2 Willke 1983.

(zumindest partiellen) Rückzug aus bisherigen Tätigkeitsbereichen, und teilweise als Folge dieses Rückzugs, ist der Staat mit einer Fülle neuer Aufgaben konfrontiert.

2. Der Staat in der Telekommunikation I: Das klassische Modell

Seit ihren Anfängen im 19. Jahrhundert zählte die Telekommunikation in allen kapitalistischen Demokratien zu den staatlich zu erbringenden oder zumindest zu gewährleistenden Infrastrukturaufgaben. Das Fernmeldewesen, so die bis vor wenigen Jahren gebräuchliche Bezeichnung,[3] wurde als ökonomischer "Ausnahmebereich" behandelt, in dem staatliche Betätigung durchaus als legitim galt. In seiner "klassischen" Form, die in Deutschland nahezu idealtypisch realisiert war, wurde das Fernmeldewesen als staatliche *Verwaltung* betrieben, deren Aktivitäten durch extensive *Monopolrechte* vor privater Konkurrenz geschützt wurden und der gegenüber die Bürger einen *Leistungsanspruch* besaßen. Die expliziten, in der Regel gesetzlich festgeschriebenen Aufgaben der Fernmeldeverwaltungen - Aufbau, Betrieb und Entwicklung der technischen Kommunikationssysteme - bildeten den Bereich der *intensiven Politisierung* des Telekommunikationssektors.

Institutionell hatten sich hierzu in den einzelnen Ländern unterschiedliche Organisations- und Regulierungsstrukturen historisch herausgebildet:[4] staatlich regulierte private Unternehmen wie in den USA, staatliche Verwaltungen mit umfassenden Leistungsverpflichtungen wie in Deutschland, Großbritannien, Frankreich, Japan, oder eine Koexistenz privater Unternehmen und staatlicher Verwaltungen, wie zum Beispiel in einigen skandinavischen Ländern. Jenseits dieser organisatorischen Vielfalt bestand in allen Ländern eine intensive staatliche Normierung des Telekommunikationssektors. Das Errichten und Betreiben öffentlicher Fernmeldenetze war in der Regel ebenso Gegenstand staatlicher Monopolrechte wie die Zulassung, der Anschluß und die Wartung von Benutzereinrichtungen. Wo die Fernmeldemonopole von privaten Unternehmen wahrgenommen wurden, wie in den USA, waren diese einer umfangreichen Kontrolle durch staatliche Regulierungsbehörden unterworfen, um den öffentlichen Vorsorgungsanspruch sicherzustellen.

Diese institutionelle Präsenz machte jedoch nur einen Teil der "Verstaatlichung" der Telekommunikation aus. Denn *materiell* intervenierte der Staat darüber hinaus, erleichtert und abgesichert durch seine formellen Rechte, auf vielfältigste Weise und aus verschiedensten Gründen in das Fernmeldewesen: die Fernmeldegebühren waren immer "politische Preise", die aus sozial-, konjunktur- oder regionalpolitischen Gründen manipuliert wurden; die Beschaffungsaufträge der Fernmeldeverwaltungen waren oftmals von industriepolitischen Motiven geleitet; beim Ausbau der Übertragungskapazitäten

3 Die Begriffe "Fernmeldewesen" und "Telekommunikation" werden im weiteren synonym verwendet. Beide bezeichnen "jede Form der nachrichtentechnisch unterstützten Fernkommunikation" (Witte 1984, 332).

4 Vgl. Bruce et al. 1986, Heuermann et al. 1986, Schneider 1991.

spielten gelegentlich medienpolitische Ziele eine Rolle; und schließlich wurden bei der Festlegung der Leistungsstandards der technischen Systeme und Geräte Interessen der nationalen Sicherheit mitberücksichtigt. Dies alles, und noch manches mehr, umfaßt den Bereich der *extensiven Politisierung* des Telekommunikationssektors. Nicht alle diese Ziele waren zu jeder Zeit relevant, sie waren auch nicht gleichrangig, der Telekommunikationssektor war aber immer *politisch überdeterminiert*. Telekommunikationspolitik bestand immer aus einer komplexen "Ökologie von Spielen", ihr Ergebnis war immer ein komplizierter Policy-Mix.[5] Die Geschäftspolitik der Fernmeldeverwaltungen und -unternehmen war dadurch gekennzeichnet, daß sie - über ihre genuinen Funktionen hinaus - die Vielzahl politischer Anforderungen in der Regel *diskret* berücksichtigten und *intern* ausbalancierten. Nicht zuletzt dadurch verschafften sie sich jenen politischen Konsens, der ihre Aktivitäten bis in die jüngste Vergangenheit absicherte.

3. Technologische Innovationen und politische Anpassungsprobleme

Die Ausnahmestellung des Telekommunikationssektors in den kapitalistischen Industrieländern war nicht nur politisch gewollt, sie war auch technisch-ökonomisch begründet. Für Ökonomen galt er lange Zeit als Beispiel für ein "natürliches Monopol".[6] Damit war gemeint, daß aufgrund von Größen- und Verbundvorteilen gerade der *Ausschluß* von Wettbewerb die *effizienteste* Form der Leistungserbringung ist. Die Stabilität und Effizienz dieses "natürlichen Monopols" basierte auf zumindest zwei Prämissen: (a) einer *technisch* stabilen und eindeutigen Trennung zwischen staatlichen und privaten Funktionen und (b) einer *ökonomisch* überschaubaren und begrenzten (lange Zeit mono-funktionalen) Nutzung von Telekommunikationssystemen. Kurz: Das Fernmeldewesen war charakterisiert durch wenige Dienste (Telefon, Telegraph, Telex), für die jeweils gesonderte Netze und eine begrenzte Zahl von Endgeräten zur Verfügung standen und die eindeutig von anderen privaten und staatlichen Aktivitäten gesondert waren.

Entscheidend für das Verständnis der Entstaatlichungsprozesse und -forderungen im Telekommunikationssektor ist nun, daß durch technologische Innovationen in den vergangenen zwanzig Jahren die Voraussetzungen für die bisherige Ausnahmestellung dieses Sektors brüchig geworden sind. Dabei gibt die vielbemühte Formel von der "Konvergenz von Telekommunikation und Datenverarbeitung"[7] nur unvollständig und, wie inzwischen in der Telekommunikationsindustrie erkannt wird,[8] auch nicht völlig zutreffend die Vielschichtigkeit dieses technologischen Transformationsprozesses wie-

---

5 Vgl. Grande/Schneider 1991.

6 Vgl. Müller/Vogelsang 1979, Sharkey 1982.

7 Nora/Minc 1978.

8 Vgl. Klumpp 1991.

der, der durch Entwicklungen in vier Bereichen vorangetrieben wurde: der Mikroelektronik, der Datenverarbeitung, der Digitalisierung der Nachrichtenübertragung und -vermittlung, sowie der Entwicklung neuer Formen der Nachrichtenübertragung (Glasfaser, Satelliten, Mobilfunk u. a.). Zusammengenommen hatten diese technologischen Innovationen gravierende Konsequenzen für sämtliche Funktionsbereiche der Telekommunikation: Netze, Dienste und Endgeräte.

Im *Netzbereich* erfolgte zum einen eine Diversifikation und Spezialisierung von Übertragungsmöglichkeiten. Innerhalb der terrestrischen Netze entstand eine Vielzahl von Spezialnetzen für spezifische Nutzerbedürfnisse, z. B. die Datenkommunikation mit ihren unterschiedlichen Übertragungsgeschwindigkeiten, -kapazitäten und -formen. Außerdem erhielten die terrestrischen Netze Konkurrenz durch nicht-terrestrische Übertragungsformen (Satellitenkommunikation, Mobilfunk). Zum anderen eröffnete die Digitalisierung aber auch die Möglichkeit, einen Teil der so entstandenen dienstespezifischen Netze in neue Universalnetze zu integrieren (z. B. ISDN). Und schließlich wurden die Telekommunikationsnetze mit der Einführung computergesteuerter Vermittlungssysteme "intelligent", d. h. sie können mehr als nur Verbindungen zwischen zwei Teilnehmern herstellen. Telekommunikationsnetze sind inzwischen in der Lage, Informationen auch zu speichern, zu verarbeiten und abzurufen. Dadurch verwischen die Grenzlinien zwischen (öffentlichen) Netzfunktionen und (privaten) Endgeräten und EDV-Anlagen. Diese Entwicklung wird noch verstärkt dadurch, daß "intelligente" Endgeräte und digitale private Nebenstellenanlagen Funktionen (insbesondere Vermittlungsfunktionen) übernehmen können, die bislang öffentlichen Netzen vorbehalten waren.

Im *Dienstebereich* entstand eine Vielzahl von neuen Nutzungsformen. Zu den herkömmlichen "Basisdiensten" (Telefon, Telex) kamen neue Grunddienste (z. B. Datenübertragungsdienste) und sogenannte "Mehrwertdienste" hinzu. Diese Mehrwertdienste werden auf der Basis von Grunddiensten angeboten, fügen diesen aber neue Leistungsmerkmale hinzu (z. B. Informations- und Mailbox-Dienste). Die Diversifikation des Diensteangebots macht insbesondere in integrierten Netzen die Abgrenzung zwischen verschiedenen Dienstekategorien immer schwieriger. Dies betrifft die Unterscheidung (a) zwischen (öffentlicher) Telekommunikation und (privater) Datenverarbeitung, (b) zwischen Basis- und Mehrwertdiensten der Telekommunikation und (c) zwischen Telekommunikationsdiensten und Programmen der Massenkommunikation.

Mit den Fortschritten in der Mikroelektronik entstanden schließlich "intelligentere", multifunktionale Telekommunikations*endgeräte*. Den konventionellen Endgeräten konnten neue Leistungsmerkmale zugefügt werden und Funktionen, für die bislang noch gesonderte Geräte notwendig waren, wurden in einem Endgerät integriert. Damit verschwammen die Grenzlinien zwischen Telekommunikationsendgeräten und Geräten der Datenverarbeitung, Bürokommunikation und Unterhaltungselektronik.

All dies hatte zwei Konsequenzen. *Zum einen* wurden die etablierten und lange Zeit stabilen Abgrenzungen zwischen staatlichen und privaten Funktionen im Bereich der Telekommunikation durchlässig. Dies weckte "Begehrlichkeiten" bei privaten Betreibern und Nutzern von Telekommunikationssystemen, die in Konkurrenz zu den staatlichen Fernmeldeverwaltungen und den etablierten Geräteherstellern die neuen Telekommunikationsmärkte zu nutzen versuchten. Und *zum anderen* begann sich im Telekommunikationssektor jene "Mannigfaltigkeit der Situationen" (W. von Humboldt) breit zu machen, die zumindest für Liberale immer schon ein Anlaß war, an der Leistungsfähigkeit des Staates zu zweifeln.[9] Zeitgenössisch gewendet hieß dies, daß die ökonomischen Potentiale der neuen "Unübersichtlichkeit" besser durch den (flexiblen) "Wettbewerb als Entdeckungsverfahren" (Hayek) als durch eine (unbewegliche) staatliche Verwaltung ausgeschöpft werden könnten.

Insgesamt veränderten sich durch diese technologischen Transformationen die Anforderungen an den Staat und dessen Handlungsbedingungen im Telekommunikationssektor grundlegend.[10] Sie eröffneten neue Handlungsoptionen, stimulierten politische Reorientierungen (Liberalisierung, Deregulierung, Privatisierung), veränderten die Interessen der bislang zentralen Akteure (Fernmeldeverwaltungen, Gerätehersteller, Diensteanbieter, Nutzer) und sie eröffneten neuen Akteuren (EDV-Hersteller, neue Diensteanbieter) den Zugang zu diesem Sektor. Auf diesen *besonderen* Bedingungen basierte die politische Neubestimmung der staatlichen Funktionen im Telekommunikationssektor, die insbesondere in der vergangenen Dekade das *allgemeine* Bild dieses Sektors charakterisierte.

4. Liberalisierung und Privatisierung: Die Transformation des klassischen Modells

Begünstigt durch diesen technologischen Wandel begann in den meisten kapitalistischen Industrieländern eine Neudefinition der staatlichen Funktionen und eine Reform ihrer Organisation im Telekommunikationssektor. Sei es inkrementell (wie in den USA), sei es radikal (wie in Großbritannien) oder sei es moderat (wie in der Bundesrepublik) - vielerorts kamen Bemühungen in Gang, das klassische Modell staatlicher Organisation, Regulierung und Intervention zu restrukturieren. Die Einsicht, daß "die neuen technischen Entwicklungen auch ein neues institutionelles Arrangement (verlangen)",[11] wurde kaum angezweifelt. Umstritten war jedoch, welche Rolle der Staat in diesem "neuen institutionellen Arrangement" spielen sollte. Hierauf gab es in den einzelnen Ländern gänzlich unterschiedliche Antworten.[12]

---

9 Vgl. Sachs 1988.

10 Vgl. Werle 1990.

11 Glotz 1987, 140.

12 Auf die Gründe für diese Differenzen soll hier nicht näher eingegangen werden. Siehe dazu ausführlich Grande 1989 und Grande/Schneider 1991.

Die Möglichkeiten einer "Entstaatlichung der Telekommunikation"[13] wurden schon frühzeitig in den *USA* aufgezeigt. In einem inkrementellen Prozeß, der bereits in den fünfziger Jahren einsetzte und in dessen Mittelpunkt die nationale Regulierungsbehörde für den Telekommunikationssektor, die 1934 gegründete "Federal Communications Commission" (FCC), und die Gerichte standen, wurde der Geltungsbereich des staatlichen Fernmeldemonopols und der staatlichen Regulierung sukzessive zurückgedrängt. Mit zwei Entscheidungen in den Jahren 1956 ("Hush-a-Phone") und 1959 ("Above 890") ließ die FCC erstmals Ausnahmen vom Endgeräte- und Netzmonopol des öffentlichen Netzbetreibers, der AT&T, zu. Durch die "Carterphone"-Entscheidung 1968 wurde der Anschluß von Endgeräten durch unabhängige Hersteller an das Netz von AT&T zugelassen und damit der Endgerätebereich dem Wettbewerb geöffnet. Mit zwei Computer-Entscheidungen (1971 und 1980) wurden die Grenzlinien zwischen (öffentlicher) Sprach- und (privater) Datenübertragung neu definiert und der expandierende Bereich der Mehrwertdienste dereguliert. 1980 schließlich erlaubte die FCC den Marktzutritt im öffentlich vermittelten Telefonverkehr. Mit der Entflechtung von AT&T, die 1984 in Kraft trat, wurden im Telekommunikationssektor die wettbewerbsfähigen Bereiche von den nicht-wettbewerbsfähigen Bereichen (vor allem dem örtlichen Telefonverkehr) getrennt, und die bisher für AT&T geltenden Tätigkeitsbeschränkungen aufgehoben. Damit wurde insgesamt in den vergangenen dreißig Jahren die Organisation und staatliche Regulierung des Telekommunikationssektors in den USA grundlegend transformiert: Mit Ausnahme des örtlichen Fernsprechverkehrs wurden die wichtigsten Wettbewerbsbeschränkungen aufgehoben und die Organisation der dominanten Fernmeldegesellschaft wurde den neuen Wettbewerbsbedingungen angepaßt.

Verglichen mit der Entwicklung in den USA zeigten sich die westeuropäischen Länder lange Zeit bemerkenswert resistent gegenüber dem technologisch-ökonomischen Anpassungsdruck, mit dem ihre Fernmeldeverwaltungen konfrontiert wurden. Zwar gab es Versuche, die öffentlichen Netzbetreiber zu reorganisieren, um sie in die Lage zu versetzen, die durch den technologischen Wandel eröffneten kommerziellen Opportunitäten effizienter zu nutzen; und es gab auch, oftmals widerwillige, Bemühungen der Fernmeldeverwaltungen, ihre Monopolrechte flexibler zu handhaben - alles in allem wurde an der "klassischen" Rolle des Staates in der Telekommunikation aber festgehalten.

Das erste westeuropäische Land, das nach US-amerikanischem Vorbild eine "Entstaatlichung" der Telekommunikation anstrebte, war *Großbritannien*.[14] Im Zuge der generellen Reorientierung der britischen Wirtschaftspolitik nach der konservativen Regierungsübernahme 1979 avancierte der Telekommunikationssektor zu einem Exerzierfeld für die Durchsetzung der marktwirtschaftlichen Programmatik der Regierung Thatcher. Innerhalb weniger Jahre erfolgte eine grundlegende Neudefinition der Rolle

13 Knieps 1985.

14 Vgl. Heuermann/Neumann 1985, Grande 1989, Arzt et al. 1990.

des Staates in der Telekommunikation. Mit dem *Telecommunications Act* von 1981 wurde das Post Office, das staatliche Post- und Fernmeldeunternehmen, in zwei getrennte Geschäftsbereiche für Post und Telekommunikation (British Telecom) aufgespalten. Gleichzeitig wurde der Anschluß privat beschaffter Endgeräte an das öffentliche Netz und deren Wartung durch Private zugelassen.[15] Außerdem wurden die gesetzlichen Voraussetzungen für die Zulassung konkurrierender Netzbetreiber und privater Anbieter von Mehrwertdiensten geschaffen. Auf dieser Grundlage wurde im Februar 1982 der Mercury Communications Ltd. eine Lizenz zum Errichten und Betreiben eines zweiten landesweiten, privaten Fernmeldenetzes erteilt.[16] Im Oktober 1982 trat eine allgemeine Lizenz in Kraft, die das Angebot privater Telekommunikationsdienste, mit Ausnahme des Wiederverkaufs reiner Sprachdienste, erlaubte. Mit dem zweiten Telekommunikationsgesetz der Regierung Thatcher, dem *British Telecommunications Act* von 1984, wurden die rechtlichen Voraussetzungen für die Privatisierung von British Telecom geschaffen und eine unabhängige Regulierungsbehörde nach US-amerikanischem Muster, das Office of Telecommunications (OFTEL), eingerichtet. Schließlich wurden im November 1984 50,2 % der Anteile von British Telecom verkauft. Nach einer Konsolidierungsphase in der zweiten Hälfte der achtziger Jahre hat die britische Regierung inzwischen beschlossen, die verbliebenen Wettbewerbsbeschränkungen weitgehend aufzuheben. 1989 wurde auch der reine Wiederkauf von Sprachdiensten zugelassen und im März 1991 gab die Regierung ihre Absicht bekannt, den Netzbereich völlig dem Wettbewerb zu öffnen. Außerdem sollen die restlichen staatlichen Anteile an British Telecom veräußert werden.[17]

Zur gleichen Zeit wie in Großbritannien wurden in *Japan* umfangreiche Pläne zur Transformation des klassischen Organisations- und Regulierungsmodells[18] in der Telekommunikation vorbereitet und durchgesetzt.[19] Eine erste Liberalisierung der Nutzung der öffentlichen Telekommunikationsnetze war bereits zu Beginn der siebziger Jahre erfolgt. Diese betraf die gemeinsame Nutzung von Mietleitungen und die Benutzung von Telefonleitungen für die Datenkommunikation. 1982 wurde dann in einem zweiten Schritt die Mitbenutzung von Mietleitungen durch Dritte liberalisiert und die Möglichkeit eröffnet, für kleinere und mittlere Unternehmen private Mehrwertdienste anzubie-

---

15 Lediglich für den Fernsprechhauptanschluß galt eine Übergangsfrist bis zum Ende des Jahres 1984.

16 1983 wurde entschieden, den Netzwettbewerb - zunächst befristet für sieben Jahre - auf das Duopol von British Telecom und Mercury zu beschränken.

17 Vgl. Financial Times, 6.3.1991, 1, 8, 18.

18 Bis zur Mitte der achtziger Jahre entsprach das japanische Organisations- und Regulierungsmodell in seinen Grundzügen dem der großen westeuropäischen Länder (Bundesrepublik, Großbritannien, Frankreich): Der inländische Fernmeldeverkehr war in den Händen eines öffentlichen Unternehmens, der NTT (Nippon Telegraph and Telephone), das kontrolliert wurde vom Ministerium für Post- und Telekommunikation (MPT). Die internationale Telekommunikation wurde 1953 einer gesonderten privatrechtlichen Gesellschaft, der KDD (Kokusai Denshin Denwa), übertragen. Beide Unternehmen besaßen umfassende Monopolrechte für ihren jeweiligen Geschäftsbereich.

19 Vgl. Neumann 1987.

ten. Diese Reformen bewegten sich noch im Rahmen des klassischen Modells und beabsichtigten, dessen Grenzen neu abzustecken. Die Transformation dieses etablierten Modells erfolgte durch zwei Gesetze, die im Dezember 1984 verabschiedet wurden. Das *NTT Company Law* wandelte den öffentlichen Netzbetreiber in eine Aktiengesellschaft privaten Rechts um und gab der Regierung das Recht, bis zu zwei Drittel der NTT-Aktien zu verkaufen. Von dieser Möglichkeit zur Privatisierung machte die Regierung schrittweise Gebrauch. Das *Telecommunications Business Law* hob im Grundsatz "alle vorher zugelassenen (administrativen) Monopolstellungen auf. Der Telekommunikationsbereich wird nicht mehr als öffentliche Aufgabe in der bisherigen Form angesehen. Im Vordergrund steht die Gestaltung dieses Sektors als Markt".[20] Die Liberalisierung erstreckte sich auch auf den Netzbereich, in dem verschiedene Kategorien von Netzbetreibern definiert und zunächst sechs private Betreiber öffentlicher Telekommunikationsnetze neu zugelassen wurden.[21] Der Dienste- und Endgerätebereich wurde (nahezu) unbeschränkt dem Wettbewerb freigegeben.

Nicht zuletzt vor dem Hintergrund dieser Entwicklungen in den USA, in Großbritannien und Japan wurden in der zweiten Hälfte der achtziger Jahre die staatlichen Fernmeldemonopole in einer Reihe von westeuropäischen Ländern zur Diskussion und Disposition gestellt.[22] In Italien hatte 1984 die Commissione Morganti einen Untersuchungsbericht zur Reform des Fernmeldewesens vorgelegt, es folgten 1985 in den Niederlanden die Empfehlungen der Steenbergen-Kommission und 1987 der Bericht der Witte-Kommission in der Bundesrepublik.[23] Diese zum Teil vergeblichen (Italien), zum Teil mühsamen (Bundesrepublik) Reformbestrebungen in Westeuropa wurden intensiviert durch Aktivitäten der Kommission der *Europäischen Gemeinschaften*, die eine Harmonisierung und Liberalisierung der Telekommunikationsmärkte als einen entscheidenden Schritt zur Verwirklichung eines einheitlichen europäischen Binnenmarktes ansah.[24] In einem *Grünbuch* "Über die Entwicklung des Gemeinsamen Marktes für Telekommunikationsdienstleistungen und Telekommunikationsgeräte", das im Juni 1987 vorgelegt wurde, wurden weitreichende Überlegungen über die "grundlegende Anpassung der institutionellen und ordnungspolitischen Strukturen"[25] im Fernmelde-

---

20 Neumann 1987, 57.

21 Im einzelnen wurde drei Kategorien von Netzbetreibern (I, IIa und IIb) festgelegt: öffentliche Netzbetreiber, die Fernmeldedienste auf der Basis eigener Übertragungseinrichtungen anbieten (Kategorie I); Netzbetreiber, die Dienste auf der Basis von Mietleitungen landesweit oder grenzüberschreitend anbieten (Kategorie IIa); alle anderen Dienste, insbesondere Mehrwertdienste für kleinere Nutzergruppen fallen in die nicht näher bestimmte letzte Kategorie (IIb). Die Unterschiede zwischen diesen Kategorien sind deshalb wichtig, weil sie in unterschiedlichem Maße staatlich reguliert sind.

22 Zur Entwicklung in Frankreich und Italien siehe auch Grande/Schneider 1991.

23 In der Bundesrepublik hatte bereits 1981 die Monopolkommission in einem Sondergutachten vergeblich eine Liberalisierung des Fernmeldewesens gefordert.

24 Vgl. Ungerer 1989.

25 Kommission der Europäischen Gemeinschaften 1987, 7.

wesen angestellt. Die Kommission akzeptierte (mit Ausnahmen) die bestehenden Monopole im Netzbereich und bei einer begrenzten Zahl von Grund- und Basisdiensten, insbesondere beim Telefondienst. Diese Monopole sollten die Grundlage für den Aufbau einer leistungsfähigen, europäischen Telekommunikationsinfrastruktur bilden. Sie schlug aber vor, alle anderen Telekommunikationsdienste, insbesondere Mehrwertdienste, sowie das Angebot von Endgeräten für den Wettbewerb zu öffnen. Außerdem sollten bei den Fernmeldeverwaltungen die hoheitlichen Aufgaben (z. B. Zulassung und Regulierung) von den betrieblichen Funktionen getrennt werden und die Gebührenstrukturen stärker an den Kostenstrukturen orientiert werden. Auf der Basis dieser Empfehlungen hat die Kommission in der Folge zwei Richtlinien zur Liberalisierung des Endgerätemarktes (1988) und des Dienstemarktes (1990) erlassen.[26]

Die *Bundesrepublik Deutschland* zählt in diesem internationalen Transformationsprozeß zu den Ländern, die eine Reform der staatlichen Funktionen in der Telekommunikation erst spät und dann auch nur "halbherzig" vornahmen. Die seit den späten siebziger Jahren zunehmende Kritik an der Deutschen Bundespost und ihrem Monopol, die zunächst insbesondere von Seiten der Computerindustrie und der Wirtschaftsministerien des Bundes und einiger Bundesländer vorgetragen wurde, blieb lange Zeit politisch folgenlos. Erst 1984 wurde die Einsetzung einer "Regierungskommission Fernmeldewesen" beschlossen, die den Auftrag erhielt, "Umfang, Grenzen und Struktur staatlicher Aufgaben im Bereich des Fernmeldewesens" zu untersuchen.[27] Die Kommission nahm ihre Arbeit im April 1985 auf. Im Verlauf ihrer Beratungen erfuhr die ordnungspolitische Diskussion in der Telekommunikation auch in der BRD eine deutliche Intensivierung und Radikalisierung. Während bis dahin vor allem das Endgerätemonopol der DBP kontrovers war, konzentrierten sich die Auseinandersetzungen in der Folge zunehmend auf das Dienste- und Netzmonopol. Forderungen zur Zulassung privater Netzbetreiber waren seinerzeit nicht nur vom wirtschaftspolitischen Sachverständigenrat der Bundesregierung erhoben worden, solche Überlegungen wurden auch in der FDP angestellt. Auf der anderen Seite lehnte die parlamentarische Opposition (SPD, Grüne) und die Deutsche Postgewerkschaft (DPG) eine Lockerung des Fernmeldemonopols völlig ab. Die Regierungskommission Fernmeldewesen schlug im Sommer 1987 in ihrem Abschlußbericht einen Kompromiß zwischen diesen beiden Extrempositionen vor. Ihr Konzept zur "Neuordnung der Telekommunikation"[28] sah eine (an Bedingungen geknüpfte und mit Ausnahmen versehene) Beibehaltung des Netz- und Telefondienstmonopols vor. Alle anderen Dienste und der gesamte Endgerätebereich sollten jedoch für den Wettbewerb geöffnet werden. Außerdem befürwortete die Kommission eine Reorganisation der DBP.

---

26 Vgl. Delcourt 1991.

27 Regierungskommission Fernmeldewesen 1987, 9.

28 Regierungskommission Fernmeldewesen 1987.

Dieser Kompromißvorschlag folgte weitgehend den Zielvorstellungen für eine "Postreform", wie sie die Bundesregierung zuvor schon öffentlich bekannt gegeben hatte.[29] Das Poststrukturgesetz (PostStruktG), das schließlich im April 1989 vom Bundestag verabschiedet wurde und zum 1. Juli 1989 in Kraft getreten ist, folgt im wesentlichen diesen Leitlinien. Wie die EG-Kommission strebt es einen "Mittelweg" (Schwarz-Schilling) an zwischen einer radikalen Transformation des klassischen PTT-Modells auf der einen Seite, und einer Konservierung dieses Modells auf der anderen Seite.

Das Poststrukturgesetz enthält zunächst eine Neudefinition staatlicher und privater Funktionen in der Telekommunikation. Es geht von dem Grundsatz aus, daß künftig auch im Fernmeldewesen der "Wettbewerb die Regel und das Monopol des staatlichen Anbieters die zu begründende Ausnahme" sei.[30] Das staatliche Netzmonopol bleibt prinzipiell erhalten. Wettbewerb zu den öffentlichen Netzen ist nur in "Randbereichen" zugelassen, zu denen die Bundesregierung explizit Satellitenfunkanlagen mit geringen Datenübertragungsraten, mobile Funkdienste und das zellulare Funktelefonnetz zählt. Im Dienstebereich gibt es nur noch ein Monopol für den Telefondienst. Alle anderen Basis- und Mehrwertdienste werden für den Wettbewerb freigegeben. Innerhalb des Wettbewerbsbereichs wurde eine Kategorie von sogenannten "Pflichtleistungen" geschaffen, zu deren Angebot der öffentliche Netzbetreiber verpflichtet ist. Welche Dienste zu diesen Pflichtleistungen zählen, ließ das Gesetz allerdings offen.

Gleichzeitig mit der Liberalisierung des Fernmeldemonopols wurde mit dem Poststrukturgesetz eine Reform der Organisation der DBP vorgenommen. Diese Neustrukturierung der DBP umfaßt vor allem vier Aspekte: die Trennung von Hoheits- und Unternehmensaufgaben im Gesamtbereich des Post- und Fernmeldewesens; die Schaffung von drei öffentlichen Unternehmen (für Post, Postbank und Telekommunikation) unter dem Dach der DBP; die Einrichtung einer neuen Leitungsstruktur für die drei Unternehmen der DBP; und schließlich die Vergrößerung der personellen und finanziellen Flexibilität der DBP-Unternehmen. Der "Bundesminister für Post und Telekommunikation" - so seine neue Amtsbezeichnung - hat nicht mehr die Leitung der DBP, sondern soll künftig nur noch politische und hoheitliche Aufgaben wahrnehmen. Er soll insbesondere als oberste Regulierungsinstanz im Telekommunikationssektor fungieren. Zu seinen Regulierungsaufgaben zählen die Kontrolle des Angebotsverhaltens und der Tarife des öffentlichen Netzbetreibers, die Lizensierung von neuen Netzbetreibern und Diensteanbietern sowie die Festlegung technischer Standards. Die unternehmerischen Aufgaben des Staates im Fernmeldewesen werden künftig von einem Teilunternehmen der DBP, der DBP Telekom ausgeübt. Die Telekom wird von einem Vorstand geführt und von einem Aufsichtsrat kontrolliert. Das Unternehmen ist nach betriebswirtschaftlichen Gesichtspunkten zu führen. Um die Leistungsfähigkeit des

29 So z. B. in ihrer Antwort auf die Forderungen des wirtschaftspolitischen Sachverständigenrates (Bundesregierung 1986, 22-23).

30 Bundesregierung 1988, 3.

Unternehmens zu verbessern und seine Wettbewerbsposition gegenüber privaten Konkurrenten zu stärken, wurden einige, wenngleich nicht alle, der bislang bestehenden politischen und rechtlichen Restriktionen bei der Unternehmensführung beseitigt. Insgesamt ging es bei dieser Organisationsreform darum, "die Bundespost von den Hemmnissen zu befreien, die einer aktiven Marktpolitik im Wege stehen".[31]

Welche neue institutionelle Lösung auch immer in den verschiedenen Ländern gefunden wurde, zumindest in der Tendenz haben die "neuen institutionellen Arrangements" eines gemeinsam: die "alte" Rolle des Staates wurde signifikant reduziert. Staatliche Leistungsangebote und Exklusivrechte wurden teilweise oder ganz aufgegeben - private Akteure, betriebswirtschaftliche Kalküle und Wettbewerb beginnen die Szenerie zu beherrschen. Und dort, wo der Staat seine Positionen nicht zur Gänze aufgeben will, verlieren seine Aktivitäten ihren "Amtscharakter", wird versucht, den Staat zu kommerzialisieren und "eine marktnahe und leistungsfähige Unternehmensorganisation zu verwirklichen".[32]

All das führte in der Konsequenz zu einer signifikanten "Entstaatlichung" des Telekommunikationssektors - rasant dort, wo das Feld vollständig Privaten überlassen wurde, schleichend dort, wo der Staat zum Unternehmen mutierte und sich sein Handeln von den "Gesetzen der Marktwirtschaft" diktieren läßt. Die Folgen dieses Rückzugs sind umstritten. Denn von den neuen "Gesetzen" scheinen zumindest kurzfristig nicht alle in gleichem Maße zu profitieren: Erfolgsmeldungen über neue Diensteangebote, mehr Flexibilität und größere Wahlmöglichkeiten bei Diensten und Endgeräten kontrastieren auffällig mit Klagen über schlechtere Dienstequalität, reduzierte Leistungsangebote und höhere Gebühren für private Haushalte. Auf diese Aspekte der "Entstaatlichung", so wichtig sie zur Beurteilung ihrer *Wünschbarkeit* auch sind, soll hier nicht weiter eingegangen werden. Ich will mich statt dessen einem anderen Punkt zuwenden, der bei der Analyse staatlicher Funktionen in der Telekommunikation nicht vernachlässigt werden darf: der Rückkehr des Staates in einer "neuen" Rolle.

5. Der Staat in der Telekommunikation II: Die neue Rolle des Staates

Auch wenn der Staat im Telekommunikationssektor Terrain preisgegeben hat, so entstand damit doch keine (mehr oder weniger große) "staatsfreie" Zone, für die nur noch "günstige Rahmenbedingungen" zu schaffen wären, in der ansonsten aber die "reinen Marktgesetze" herrschten. Die bisherige Praxis der Liberalisierung und Privatisierung hat eine erstaunliche Präsenz des Staates gezeigt, in einer neuen Rolle zwar,

---

31 Regierungskommission Fernmeldewesen 1987, 27. - An diesem Punkt zeigt sich die Janusköpfigkeit der bundesdeutschen Variante der "Entstaatlichung" der Telekommunikation: Auf der einen Seite wurden private Aktivitäten von staatlichen Restriktionen befreit, auf der anderen Seite entledigte sich der Staat selbst einiger Fesseln, um in dem von ihm zugelassenen Wettbewerb gegen private Unternehmen bestehen zu können.

32 Bundesregierung 1988, 3.

aber mit ungebrochener Vitalität. Dabei scheint es sich keineswegs nur um auslaufende Restbestände des alten Funktionsmodells zu handeln, sondern um neue, dauerhafte Funktionen innerhalb der neugeschaffenen institutionellen Arrangements. Wenigstens in drei Problembereichen ist eine Intensivierung des staatlichen Engagements zu beobachten: Bei der Sicherung der ökonomischen Effizienz des neuen Funktionsmodells, bei der Gewährleistung seiner sozialen Effizienz und beim Schutz der Privatsphäre.

5.1. Neue Regulierungsprobleme I: Ökonomische Effizienz

Zur Kennzeichnung der Telekommunikationsreformen wird vielfach ein Begriff verwendet, für dessen Popularität Hoffnungen wie Befürchtungen in gleichem Maße verantwortlich zu sein scheinen: "Deregulierung". Eine solche Etikettierung übersieht freilich, daß mit der Liberalisierung und Privatisierung die Regulierungsprobleme und -aktivitäten im Telekommunikationssektor nicht abgenommen, sondern signifikant *zugenommen* haben. Die bisherigen Erfahrungen mit der Liberalisierung haben gezeigt, daß gerade die Durchsetzung der angestrebten ökonomischen Effizienz permanenter staatlicher Kontrolle und Intervention bedarf. Denn die Zulassung von Konkurrenz ist nur ein erster, keineswegs hinreichender Schritt auf dem Weg zu den gewünschten Wettbewerbsmärkten. Langfristig mag richtig sein: "Immer dann, wenn intensiver Wettbewerb herrscht und keine ungleichgewichtigen Auflagen für einzelne Wettbewerber bestehen, erübrigt sich auch im Telekommunikationsbereich die Notwendigkeit staatlicher Regulierung".[33] Bis dahin ist es aber noch ein weiter Weg. Auch nach der Liberalisierung der Telekommunikationsmärkte besitzen die Betreiber der öffentlichen Netze - seien sie in staatlichem oder privatem Besitz - eine marktbeherrschende Stellung, die ihnen erheblichen Einfluß auf die Marktchancen ihrer Konkurrenten gibt. Das zeigt sich gerade dort, wo man sich vom Wettbewerb am meisten versprochen hat: bei Netzen und neuen Diensten. Denn überall sind neue Netzbetreiber und Diensteanbieter (zunächst) angewiesen auf die Nutzung des bestehenden öffentlichen Netzes. Über die Festlegung von Zusammenschalt- und Nutzungsbedingungen und die Gebührengestaltung kann der öffentliche Netzbetreiber die Angebotsbedingungenen und Gewinnaussichten seiner Konkurrenten unmittelbar steuern. Deshalb gilt kurzfristig: "Die Intensivierung des Wettbewerbs ist kein hinreichender Ersatz für die Kontrolle des Marktverhaltens eines im Markt dominanten Unternehmens. Auch in allen anderen Ländern, die dem Wettbewerb einen größeren Spielraum im Telekomunikationsbereich eröffnet haben, ist dieser Sektor nach wie vor staatlicher Regulierung unterworfen".[34]

Gemeint ist hiermit auch Großbritannien, das Musterbeispiel einer radikalen Telekommunikationsreform, wo sich der von den Neokonservativen angestrebte Rückzug des Staates aus dem Fernmeldewesen bislang zumindest als Illusion erwiesen hat. Davon zeugt nicht nur die Vielzahl von Auflagen, die in der Lizenz von British Tele-

33 Bundesregierung 1988, 39.

34 ebd.

com enthalten sind, sondern auch die Fülle von Aufgaben, die die neu geschaffene Regulierungsbehörde - mit wenig Personal und geringem Sanktionspotential - wahrzunehmen hat. Trotz aller Deregulierungsrhetorik sind die britischen Telekommunikationsmärkte hochgradig *administrierte Märkte*, auf denen "the scale and effectiveness of competition ultimately remain a matter of political will".[35] Aber weder der staatlichen Regulierungsbehörde noch den privaten Wettbewerbern ist es bislang gelungen, die Marktmacht von British Telecom zu brechen.[36] Nicht von ungefähr hat die britische Regierung unlängst entschieden, beides zu intensivieren: Wettbewerb *und* Regulierung. Hier, wie zuvor bereits in den USA,[37] wurde deutlich, daß die Liberalisierung der Telekommunikationsmärkte keine einmalige Maßnahme ist, sondern ein *dynamischer Prozeß*, der permanenter staatlicher Intervention bedarf.[38] Mit der Etablierung neuer "Rahmenbedingungen" ist der Staat nicht aus der Pflicht entlassen, sondern erst recht in die Pflicht genommen.

Auch die Entwicklung in der Bundesrepublik zeigt, daß die Leitlinie der Bundesregierung, "mit möglichst wenigen Regulierungseingriffen auszukommen",[39] nur schwer einzuhalten ist. Der Mobilfunk, einer jener "Randbereiche", in denen die Bundesregierung Netzwettbewerb zugelassen hat, ist hierfür ein gutes Beispiel. Der Zulassung von Wettbewerb folgten zahlreiche Regulierungsprobleme und -entscheidungen. Die Entscheidung über die Zahl der Wettbewerber und die Auswahl aus der Fülle der potentiellen Konkurrenten wurde nicht dem Markt überlassen - diese Entscheidung behielt sich der zuständige Minister vor. Und der Minister für Post und Telekommunikation war auch weiterhin gefordert. Denn die neuen Wettbewerbsbedingungen bergen erheblichen Konfliktstoff in sich. Einerseits sollen "chancengleiche Wettbewerbsbedingungen zwischen der Telekom und einem zweiten Wettbewerber geschaffen werden"; andererseits darf durch den Wettbewerb "keine materielle Aushöhlung des Telefondienstmonopols der Telekom erfolgen".[40] Daß beides nicht so leicht miteinander zu vereinbaren ist, beweisen die Auseinandersetzungen um die Festlegung der Gebühren für die Nutzung des vorhandenen Telefonnetzes durch den neuen Konkurrenten. Während der Betreiber des neuen "D2-Netzes", die Mannesmann Mobilfunk GmbH, Leitungskosten von 15 bis 20 Prozent der Gesamtaufwendungen für angemessen hielt, bestand die DBP Telekom auf einem Anteil von 40 bis 50 Prozent. Die Entscheidung soll der Minister treffen. Wie immer diese Entscheidung auch ausfallen wird, eines war Minister Schwarz-Schilling schon zuvor bewußt geworden: "Mit der Deregulierung im

---

35 Solomon 1986, 192.

36 Im Netzbereich hat Mercury, der Konkurrent von British Telecom, erst einen Marktanteil von ca. 5% erreicht.

37 Vgl. Tunstall 1986.

38 Auch in den USA ist das Ergebnis des Liberalisierungsprozesses bislang keine "Deregulierung", sondern "regulated competition" (Crandall 1990, 70).

39 Bundesregierung 1988, 39.

40 Bundesregierung 1988, 28.

Telekommunikationsbereich in der Bundesrepublik fallen zunehmend Regulierungsaufgaben an".[41]

5.2. Neue Regulierungsprobleme II: Soziale Effizienz

Staatliche Interventionen wurden aber nicht nur ergriffen zur Durchsetzung "chancengleichen Wettbewerbs". Denn bei allem Optimismus über die ökonomischen Effekte des Wettbewerbs war die "Entstaatlichung" des Telekommunikationssektors allerorten begleitet von einiger Skepsis über seine sozialen Konsequenzen. Marktwirtschaftlich konsequent gewesen wäre, "daß man sich mit der Entscheidung für Wettbewerb im Grundsatz gleichzeitig dafür entschieden hat, daß soziale Ziele wie Effizienz, Verteilungsgerechtigkeit und die gleichmäßige Versorgung mit Kommunikationsdienstleistungen durch die Ergebnisse des Wettbewerbsprozesses selbst realisiert werden"[42] - oder daß man diese sozialen Ziele in der Telekommunikation aufgibt. Beides war politisch bislang nicht durchsetzbar, der Rückzug des Staates stieß dort auf politische Grenzen, wo soziale Ziele gefährdet schienen. Es blieb auch weiterhin Aufgabe des Staates, für die gleichmäßige Versorgung der Bevölkerung - gerade auch mit unrentablen, aber (sozial)politisch erwünschten Kommunikationsdiensten - zu sorgen und die Qualität dieser Dienste zu sichern. Um dieses soziale Ziel zu erreichen, wurden unterschiedliche Wege beschritten: Auflagen an private Netzbetreiber, wo der Staat sich aus der unmittelbaren Leistungspflicht entlassen hatte, oder eine Beschränkung der Wettbewerbsbereiche, wo der Staat selbst weiterhin Leistungsverpflichtungen auf sich nahm.

Großbritannien steht beispielhaft für den ersten Fall. Denn mit der Privatisierung von British Telecom wurden dem Unternehmen seine gemeinwirtschaftlichen Verpflichtungen nicht erlassen. Im Gegenteil, diese Verpflichtungen wurden sowohl im British Telecommunications Act als auch bei der Lizensierung von British Telecom nochmals ausdrücklich bekräftigt. Eine Reihe von Bestimmungen in der Lizenz sollen sicherstellen, daß British Telecom auch als privates Unternehmen seinen bisherigen gemeinwirtschaftlichen Aufgaben nachkommt. Unter anderem wurde British Telecom dazu verpflichtet:

- seine Dienste landesweit anzubieten;
- einen Telefonauskunftsdienst, einen Wartungsdienst und einen öffentlichen Notrufdienst anzubieten;
- öffentliche Sprechstellen bereitzustellen;

41 Handelsblatt, 17.5.1990, 17.

42 Heuermann/Neumann 1985, 369.

- und seine Preise für den Netzanschluß, für Orts- und Ferngespräche nur in einem festgelegten Rahmen zu erhöhen.

Erkennbar ist hieran die Befürchtung, daß ein ausschließlich an seiner betrieblichen Rentabilität orientiertes Unternehmen all diese Leistungen nicht bzw. nicht im gewünschten Umfang erbringen wird. Daß solche Zweifel nicht völlig grundlos sind, das zeigen die sich häufenden Klagen über die Qualität der Dienste und Leistungen nach der Privatisierung von British Telecom.[43] Seit 1988 sind zwar wieder unverkennbar Qualitäts- und Leistungsverbesserungen eingetreten, dazu beigetragen haben aber auch Pressionen und Interventionen der staatlichen Regulierungsbehörde.

In der Bundesrepublik wurde ein anderer Weg beschritten. Trotz der Liberalisierung beansprucht die Bundesregierung "eine besondere staatliche Verantwortung"[44] für die Telekommunikation. Die infrastrukturelle Grundversorgung soll gesichert, das Prinzip der Tarifeinheit beim Telefondienst gewahrt, günstige Nahbereichsregelungen und Gebührenvergünstigungen für Ortsnetze in Randlagen, Berlin und den Berlinverkehr erhalten bleiben. Diese Ziele sollen zum einen erreicht werden durch den Ausschluß von Wettbewerb in zentralen Bereichen: im Netzbereich und beim Telefondienst. Und zudem wurden der DBP Telekom Leistungsverpflichtungen auferlegt bei anderen - noch nicht näher definierten - Diensten, die dem Wettbewerb geöffnet wurden. Für unseren Zusammenhang interessant hieran ist nun nicht, daß der Staat mit seinen Monopolbereichen einen (beträchtlichen) Teil seiner alten Funktionen behält; wichtiger hier sind die neuen Regulierungsaufgaben, die sich ihm dadurch stellen, daß er seine sozialen Ziele unter neuen (Wettbewerbs-)Bedingungen erreichen muß. Ich will dies an zwei zentralen Problembereichen verdeutlichen: der Festlegung von Pflichtleistungen und dem Schutz der Monopolbereiche.

Die Kategorie der "Pflichtleistungen", die mit dem Poststrukturgesetz geschaffen wurde, beleuchtet exemplarisch die schwierige Gratwanderung zwischen ökonomischen und sozialen Zielen, die das "neue institutionelle Arrangement" der Telekommunikationspolitik abverlangt. Werden diese Pflichtleistungen aus infrastrukturpolitischen Gründen extensiv definiert, dann entstehen der DBP Telekom gravierende Wettbewerbsnachteile; werden sie dagegen im Sinne eines chancengleichen Wettbewerbs eng begrenzt, dann geraten soziale Ziele in Gefahr. Der Regulierungsaufwand, der aus dieser Problematik resultiert, ist nicht nur deshalb groß, weil von der Regulierungsinstanz "fallweise"[45] entschieden werden muß, sondern auch, weil die Entscheidungen im Detail erfolgen müssen und sich nicht nur an allgemeinen Kriterien orientieren können. Der Fragenkatalog, den das Bundesministerium für Post und Telekommunikation am Ende des Jahres 1990 an "Interessenten" zur Kommentierung verschickte, gibt einen

---

43 Vgl. Arzt et al. 1990, 178-190.

44 Bundesregierung 1988, 34.

45 ebd.

Eindruck von den neuen Regulierungsaufgaben des Staates. Gefragt wurde unter anderem:

- "Welche Leistungsmerkmale (z. B. Flächendeckung, Tarifeinheit im Raum, Qualität, kompatible Standards, Entgelte) müßte eine Pflichtleistungsregulierung umfassen?
- Wonach sollte sich die Entscheidung richten, ob neuen Leistungsangeboten der Charakter von Infrastrukturleistungen zugeschrieben wird und sie damit nötigenfalls zu Pflichtleistungen werden müßten?
- Sollten Pflichtleistungen auf das schon bestehende Leistungsangebot begrenzt werden, das dann durch besondere Auflagen zu Pflichtleistungen erklärt wird?
- Ist in ihren Augen die gesamte Leistung zur Pflicht zu erklären, oder halten sie es für sinnvoll, eventuell nur bestimmte Teile von Leistungen zur Pflicht zu erklären?
- Müssen sich die Pflichtleistungen hinsichtlich Standard, Umfang und Flächendekkung an der heutigen Post- und Fernmeldeversorgung orientieren?"

Wie auch immer die Antworten auf diese und zahlreiche andere Fragen aussehen werden, die Antworten müssen von staatlichen Instanzen gefunden werden. Und eine staatliche Regulierungsbehörde muß kontrollieren, intervenieren und sanktionieren, um sicherzustellen, daß die DBP Telekom ihren Verpflichtungen nachkommt.

Ein weiterer Problembereich ist die Trennung von Monopol- und Wettbewerbsbereichen in der Telekommunikation. Eine Schlüsselfunktion hat hierbei das Telefondienstmonopol. Durch die Einnahmen aus dem Telefondienstmonopol soll künftig nicht nur die öffentliche Netzinfrastruktur finanziert werden, auch die finanziellen Belastungen der DPB Telekom durch Infrastrukturauflagen bei Pflichtdiensten - und die Defizite des Postdienstes der DBP - sollen damit ausgeglichen werden. Der Sicherung der Grenzen zwischen Monopol- und Wettbewerbsbereichen kommt in der Bundesrepublik deshalb entscheidende Bedeutung bei der Gewährleistung der Gemeinwohlverpflichtung der DBP Telekom zu. Mit der gesetzlichen Festschreibung von Grenzen ist es jedoch nicht getan, entscheidend ist die praktische Sicherung der Grenzlinien und das Verhindern von Grenzüberschreitungen. Auch hierbei ergeben sich neue Regulierungsaufgaben. Erstens stellt sich das Problem, wie Formen der Mischkommunikation bewertet werden. Die Bundesregierung hat das Telefondienstmonopol nicht auf die reine Sprachübertragung beschränkt, sondern ausdrücklich Ergänzungen und Erweiterungen der Sprachübertragung in das Monopol einbezogen. Folglich muß in der Praxis im Einzelfall entschieden werden, ob ein privat angebotener Dienst das staatliche Telefondienstmonopol verletzt. Das Poststrukturgesetz liefert für solche Entscheidungen kein operationales Kriterium. Zweitens stellt sich das Problem, wie die Sprachkommunikation von anderen Kommunikationsformen (Bild, Text u. a.) abgegrenzt werden kann. Denn mit der Integration der verschiedenen Kommunikationsdienste in einem diensteintegrierten

Netz (ISDN) wird diese Unterscheidung zumindest *technisch* nicht mehr möglich sein. Auch hier werden administrative Kontrollen erforderlich sein.

Alles in allem wurde deutlich: Solange der Staat nicht zu jener marktwirtschaftlichen Radikalität bekehrt werden kann, wonach "telecoms have stopped being a social service and started becoming a vital source of competitive advantage",[46] solange werden staatliche Leistungen, Regulierungen, Kontrollen und Interventionen auch in einem liberalisierten und privatisierten Telekommunikationssektor eine zentrale Rolle spielen.

5.3. Neue Regulierungsprobleme III: Schutz der Privatsphäre

Die staatlichen Regulierungen, von denen bisher die Rede war, hatten alle die Funktion, die Nutzung technischer Kommunikationsmöglichkeiten zu erweitern und zu verbessern: ökonomisch effizient im einen Fall, sozial effizient im anderen. Eine dritte Kategorie von Regulierungsaufgaben hat die Funktion, negative externe Effekte dieser Kommunikationsvielfalt zu beschränken. Die hiermit angesprochenen Regulierungsprobleme sind nicht "neu" in dem Sinne, daß sie aus der "Entstaatlichung" der Telekommunikation resultierten, wenngleich diese die Bedingungen der Regulierung negativer externer Effekte verändert hat. Neu sind diese Regulierungsprobleme, weil sie sich unmittelbar aus der Modernisierung der Telekommunikationsinfrastruktur ergeben oder sich mit dieser qualitativ verschärft haben. Zu diesen "Netzfolgen"[47] zählen, neben den oben genannten Infrastrukturfragen, Aspekte des Datenschutzes und der "Verletzlichkeit" der Netze. Während eine Verringerung der Verletzlichkeit von Telekommunikationsnetzen primär in einer Modifikation der *technischen* Konzeption der Netze gesehen wird,[48] wirft der Schutz der Persönlichkeitsrechte in der "Informationsgesellschaft" eine Reihe von *Regulierungs*problemen auf.

Die Planung und Einführung neuer Telekommunikationsnetze und -dienste war von dem Grundsatz geleitet, daß jeder mit jedem jederzeit über alles nachrichtentechnisch vermittelt kommunizieren können sollte. Technische Kommunikationsbarrieren, die dem entgegenstanden, sollten beseitigt, die Netze integriert und offen gestaltet, die Dienste und Endgeräte flexibel genutzt werden können. Damit wird aber gleichzeitig die bisherige Trennung zwischen öffentlicher Kommunikation und Privatsphäre brüchig. Die Privatsphäre wird in dieser offenen Kommunikationsinfrastruktur in zweifacher Hinsicht schutzbedürftig:

- Verhindert werden muß die Belästigung mit unerwünschter Information *von anderen*;

- und verhindert werden muß der unerlaubte oder unerwünschte Zugriff auf personenbezogene Daten *durch andere*.

---

46 Economist, 17.10.1987, 6.

47 Kubicek 1991, 179.

48 Vgl. Roßnagel et al. 1989.

Kurz: Wo technische Kommunikationsbarrieren durch technologische Entwicklungen abgebaut werden, müssen sie durch staatliche Regulierungen zum Schutz der Privatsphäre ersetzt werden, solange diese als schützenswert gilt. Das macht zum einen eine Anpassung bestehender Schutzgesetze, z. B. der Datenschutzgesetze, erforderlich.[49] Damit dürfte es aber kaum getan sein. Die Erfahrungen in den USA, deren umfangreiches und differenziertes Angebot an Telekommunikationsdiensten in Westeuropa als beispielhaft gilt, haben gezeigt, daß "almost every new service has raised new types of privacy issues and concerns".[50] Die Antwort hierauf war eine Vielzahl von ad hoc-Gesetzen des Bundes und der Bundesstaaten,[51] die das Sammeln, Speichern und Zugreifen auf individuelle Daten regeln und kontrollieren.

In der Bundesrepublik wurden Datenschutzfragen mit der Einführung des ISDN zu einem zentralen Thema der Telekommunikationspolitik.[52] Im Mittelpunkt stand die zentrale Speicherung von Verbindungsdaten durch die DBP Telekom, der Einzelgebührennachweis und die Rufnummernanzeige. In allen diesen Fällen ging es (und geht es noch immer) darum, die betrieblichen Interessen der DBP Telekom und die Nutzungsmöglichkeiten neuer Telekommunikationsdienste in Einklang zu bringen mit dem durch das Bundesverfassungsgericht formulierten Recht auf "informationelle Selbstbestimmung", wonach der Einzelne befugt ist, "grundsätzlich selbst über die Preisgabe und Verwendung seiner persönlichen Daten zu bestimmen".[53] Eine solche Harmonisierung von Normen und Interessen ergibt sich, dies haben die Konflikte der vergangenen Jahre gezeigt, nicht automatisch, diese kann nur über staatliche Regulierung hergestellt werden.

6. Vom "Leistungsstaat" zum "Regulierungsstaat"

Durch die Liberalisierung und Privatisierung des Telekommunikationssektors wurde die alte Rolle des Staates signifikant reduziert. Das "klassische" Modell einer staatlichen Leistungsverwaltung mit exklusiven Rechten wurde ersetzt durch ein neues institutionelles Arrangement, in dem der Staat seine Leistungsverpflichtungen reduzierte und kommerzialisierte sowie privaten Aktivitäten Raum schuf. Der "Leistungsstaat" scheint in der Telekommunikation an sein Ende gekommen zu sein, zumindest in seinem bisherigen Umfang. Diese "Entstaatlichung" der Telekommunikation ist jedoch nur die eine Seite der Medaille. Auf der anderen Seite ist eine erstaunliche Vielzahl *neuer* staatlicher Aktivitäten zu erkennen: Gesetze, Verordnungen, Auflagen,

---

49 Die Datenschutzgesetze gehen noch "von der technischen Konstellation der 70er Jahre aus, die von isolierten Großrechnern bestimmt war" (Kubicek 1991, 192). Einer ihrer zentralen Begriffe ist die "speichernde Stelle", ein Konzept, das in vernetzten, offenen Systemen an Griffigkeit verliert.

50 Noam 1989, 13.

51 Vgl. Noam 1989, 25-39.

52 Berger et al. 1988, Kubicek/Berger 1990, Informationstechnische Gesellschaft 1990.

53 Bundesverfassungsgericht 1984, 1.

Kontrollen, Interventionen und Sanktionen, mit denen der Staat gegenüber privaten Akteuren die (alten und neuen) staatlichen Leistungs*ansprüche* durchzusetzen beabsichtigt. Der Staat scheint sich vom "*Leistungsstaat*" zum "*Regulierungsstaat*" gewandelt zu haben. Er wurde entlastet, weil er nicht mehr jede gesellschaftlich erwünschte Leistung selbst zu erbringen hat; ob ihn seine neuen Funktionen aber weniger belasten, das bleibt noch dahingestellt. Denn seine neuen Regulierungsfunktionen dürfen nicht verwechselt werden mit der Garantie eines allgemeinen "Ordnungsrahmens" für private (unternehmerische) Aktivitäten oder der Steuerung von "Kontexten". Festzulegen ist nicht nur der "große Rahmen", zu regulieren ist vielfach von Fall zu Fall und im Detail. Die "Mannigfaltigkeit der *Situationen*" erfordert von ihm eine "Mannigfaltigkeit der *Interventionen*".

Die Tatsache, *daß* der Staat (in zwar unterschiedlichem, aber insgesamt zunehmendem Maße) Regulierungsaufgaben in der Telekommunikation übernimmt, ist freilich keineswegs selbstverständlich. Der Staat hat seine alte Rolle nicht freiwillig aufgegeben; und er hat auch seine neue Rolle nicht aus "eigenem Antrieb" übernommen. In beiden Fällen bedurfte es des politischen Drucks: in Parlamenten, Amtsstuben und vor Gerichten. Gewandelt hat sich damit auch das Erscheinungsbild der Telekommunikationspolitik. Wo vormals verdeckter politischer Konsens dominierte, da bestimmen jetzt offene politische Konflikte die Szenerie. Daran, und an der neuen Rolle des Staates in der Telekommunikation, dürfte sich auf absehbare Zeit nichts ändern. So lange der Wettbewerb nicht "fair", das Angebot der Telekommunikationsleistungen nicht "gerecht" und die Privatsphäre in der "Informationsgesellschaft" nicht "geschützt" ist, so lange bleibt die "Entstaatlichung" der Telekommunikation eine romantische Illusion. Denn: "Abschaffen läßt sich am Ende nur ein Staat, den keiner mehr braucht".[54]

54 Gäng 1988, 87.

Literaturverzeichnis

Arzt, Clemens/Knud Bach/Klaus W. Schüler, 1990: Telekommunikationspolitik in Großbritannien. Auswirkungen von Liberalisierung und Privatisierung. Köln.

Berger, Peter/Herbert Kubicek/Michael Kühn/Barbara Mettler-Meibom/Gerhard Voogd, 1988: Optionen der Telekommunikation. Materialien für einen technologiepolitischen Bürgerdialog. 3. Bd. Ministerium für Arbeit, Gesundheit und Soziales des Landes Nordrhein-Westfalen. Düsseldorf.

Bruce, Robert A./Jeffrey P. Cunard/Marc D. Director, 1986: From Telecommunications to Electronic Services: A Global Spectrum of Definitions, Boundary Lines and Structures. London.

Bundesregierung, 1986: Jahreswirtschaftsbericht der Bundesregierung 1986. Stuttgart.

Bundesregierung, 1988: Die Reform des Post- und Fernmeldewesens in der Bundesrepublik Deutschland. Konzeption der Bundesregierung zur Neuordnung des Telekommunikationsmarktes. In: Deutscher Bundestag, 11. Wahlperiode, Drucksache 11/2855. Bonn.

Bundesverfassungsgericht (Hrsg.), 1984: Entscheidungen des Bundesverfassungsgerichts. 65. Band. Tübingen.

Crandall, Robert W., 1990: Entry, Divestiture and the Continuation of Economic Regulation in the United States Telecommunications Sector. In: Giandomenico Majone (Hrsg.), Deregulation or Re-regulation? Regulatory Reform in Europe and the United States. London, 59-71.

Delcourt, Bernard, 1991: EC Decisions and Directives on information technology and telecommunications. In: Telecommunications Policy 15, 15-21.

Gäng, Peter, 1988: Von einigen Widersprüchen des staatsfernen Lebens. In: Thomas Schmid (Hrsg.), Entstaatlichung: Neue Perspektiven auf das Gemeinwesen. Berlin, 75-87.

Glotz, Peter, 1987: Abweichende Vorstellung des Kommissionsmitglieds Dr. Peter Glotz. In: Regierungskommission Fernmeldewesen, Neuordnung der Telekommunikation. Heidelberg, 140-141.

Grande, Edgar, 1989: Vom Monopol zum Wettbewerb? Die neokonservative Reform der Telekommunikation in Großbritannien und der Bundesrepublik Deutschland. Wiesbaden.

Grande, Edgar/Volker Schneider, 1991: Reformstrategien und staatliche Handlungskapazitäten. Eine vergleichende Analyse institutionellen Wandels in der Telekommunikation in Westeuropa. In: PVS 32, 452 - 478.

Heuermann, Arnulf/Karl-Heinz Neumann, 1985: Die Liberalisierung des britischen Telekommunikationsmarktes. Berlin.

Heuermann, Arnulf/Karl-Heinz Neumann/Thomas Schnöring/Bernhard Wieland, 1986: Telekommunikation im Vergleich - Eine problemorientierte Übersicht über die Länder USA, Großbritannien, Frankreich, Niederlande, Schweden und Japan. In: Jahrbuch der Deutschen Bundespost 37, 165-236.

Informationstechnische Gesellschaft (Hrsg.), 1990: Datenschutz im ISDN. Frankfurt.

Klumpp, Dieter, 1991: Technikfolgenprobleme aus Sicht der Hersteller: Ist ein gesellschaftlicher Diskurs möglich? In: Edgar Grande/Rainer Kuhlen/Gerhard Lehmbruch/Heinrich Mäding (Hrsg.), Perspektiven der Telekommunikationspolitik. Opladen, 198-215.

Knieps, Günter, 1985: Entstaatlichung im Telekommunikationsbereich. Tübingen.

Kommission der Europäischen Gemeinschaften: Auf dem Wege zu einer dynamischen europäischen Volkswirtschaft. Grünbuch über die Entwicklung des Gemeinsamen Marktes für Telekommunikationsdienstleistungen und Telekommunikationsgeräte. Brüssel, KOM (87) 290.

Kubicek, Herbert, 1991: Telekommunikationspolitik und die Folgen für Privatsphäre und Arbeitswelt. Ein regulierungstheoretischer Ansatz. In: Edgar Grande/Rainer Kuhlen/Gerhard Lehmbruch/Heinrich Mäding (Hrsg.), Perspektiven der Telekommunikationspolitik. Opladen, 178-197.

Kubicek, Herbert/Peter Berger, 1990: Was bringt uns die Telekommunikation? ISDN - 66 kritische Antworten. Frankfurt/New York.

Müller, Jürgen/Ingo Vogelsang, 1979: Staatliche Regulierung. Baden-Baden.

Neumann, Karl-Heinz, 1987: Die Neuorganisation der Telekommunikation in Japan. Berlin.

Noam, Eli, 1989: Privacy in Telecommunications Services. New York, State of New York Public Services Commission.

Nora, Simon/Alain Minc, 1978: L'informatisation da la societé. Paris.

Regierungskommission Fernmeldewesen, 1987: Neuordnung der Telekommunikation. Heidelberg.

Roßnagel, Alexander/Peter Wedde/Volker Hammer/Ulrich Pordesch, 1989: Die Verletzlichkeit der "Informationsgesellschaft". Opladen.

Sachs, Wolfgang, 1988: "Mannigfaltigkeit der Situationen". Über Wilhelm von Humboldts Versuch, die Grenzen der Wirksamkeit des Staates zu bestimmen. In: Thomas Schmid (Hrsg.), Entstaatlichung: Neue Perspektiven auf das Gemeinwesen. Berlin, 26-37.

Schneider, Volker, 1991: The Governance of Large Technical Systems: The Case of Telecommunications. In: Todd R. La Porte (Hrsg.), Responding to Large Technical Systems: Control or Anticipation. Dordrecht, 18-40.

Sharkey, William W., 1982: The theory of natural monopoly. Cambridge.

Solomon, Jonathan H., 1986: Telecommunications evolution in the UK. In: Telecommunications Policy 10, 186-192.

Tunstall, Jeremy, 1986: Communications Deregulation. The Unleashing of America's Communications Industry. Oxford.

Ungerer, Herbert, 1989: Telekommunikation in Europa. Luxemburg.

Werle, Raimund, 1990: Telekommunikation in der Bundesrepublik Deutschland. Expansion, Differenzierung, Transformation. Frankfurt/New York.

Willke, Helmut, 1983: Entzauberung des Staates. Überlegungen zu einer sozietalen Steuerungstheorie. Königstein/Ts.

Witte, Eberhard, 1984: Telekommunikationspolitik. In: Jahrbuch für Sozialwissenschaft 35, 332-343.

Techniksteuerung im Spannungsfeld zwischen staatlicher Intervention und verbandlicher Selbstregulierung

Volker Eichener/ Rolf G. Heinze/ Helmut Voelzkow

Einführung

Die technische Regelsetzung, ein wichtiger Bereich der Techniksteuerung, erfolgt in Deutschland im wesentlichen durch privatrechtlich organisierte technische Verbände. Zu solchen Organisationen mit regelsetzender Kompetenz zählen das DIN Deutsches Institut für Normung, der Verein Deutscher Ingenieure (VDI), der Verband Deutscher Elektrotechniker (VDE) und ca. 150 weitere Verbände. Auch wenn in diesem Beitrag gezeigt wird, daß auf dem Gebiet der Techniksteuerung keine realistische Alternative zu der verbandlichen Selbstregulation existiert, ergibt sich daraus keineswegs die Forderung nach einem inaktiven Staat; im Gegenteil, es wird ein Staat gefordert, der durch eine prozedurale Steuerung sicherstellt, daß die öffentlichen Interessen an einer sozial- und umweltverträglichen Technikgestaltung hinreichend in die technische Regelsetzung einfließen.

1. Funktionen technischer Regeln

Technische Regeln erfüllen im Hinblick auf das Marktgeschehen vor allem drei Funktionen.[1] Erstens werden technische Produkte durch technische Regeln standardisiert. Indem sie Güter hinsichtlich ihrer Eigenschaften, insbesondere ihrer Qualitätseigenschaften, homogenisieren, führen sie zu einer drastischen Senkung der Transaktionskosten, die entstehen würden, wenn der Käufer bei jedem Tauschakt eine Einzelprüfung vornehmen müßte. Es wäre bspw. praktisch unmöglich, bei jedem Tanken die Benzinqualität zu überprüfen. Ein Autofahrer, der Benzin tankt, das DIN 51 600 / 51 607 entspricht, kann sich darauf verlassen, daß der Motor nicht geschädigt wird. Ein privater oder kommerzieller Käufer einer Stereoanlage, die der HiFi-Norm DIN 45 500 entspricht, kann ebenfalls ohne eigene Prüfung davon ausgehen, daß ein bestimmtes Niveau an Wiedergabequalität eingehalten wird. Ein Unternehmen, das ein Softwareprodukt erwirbt, das das Gütezeichen "DIN geprüft" trägt, kann sicher sein, daß die in der Software-Qualitätsnorm DIN 66 285 spezifizierten Mindestanforderungen an die Funktionsfähigkeit und Datensicherheit eingehalten werden. Selbst die Qualität des Trinkwassers ist durch eine technische Norm geregelt (DIN 1000).

---

1 Vgl. Voelzkow et al. 1987a und 1987b.

Zweitens kompatibilisieren Normen vertikal miteinander verflochtene Märkte, indem sie die Schnittstellen standardisieren und gewährleisten, daß auch die Produkte, die von unterschiedlichen Herstellern stammen, zusammenpassen. Daß der Stecker eines Haushaltsgeräts in die Steckdose paßt, die Schraube in das Gewinde, das Papier in die Schreibmaschine oder die Matraze in das Bett, wird vielfach durch technische Normen geregelt. Welche Kompatibilitätsprobleme durch fehlende bzw. abweichende Normen hervorgerufen werden können, wird insbesondere bei international unterschiedlichen Standards deutlich. So wird geschätzt, daß sich bei zahlreichen Produkten allein durch die Harmonisierung der europäischen Normen Kostensenkungspotentiale in der Größenordnung von 5 bis 6 Prozent realisieren lassen.[2] Die Diffusion komplexer Systemtechnologien - bspw. zur rechnerintegrierten Fertigung (CIM) - hängt sogar wesentlich davon ab, ob die Kompatibilität zwischen den Systemkomponenten durch Normschnittstellen hergestellt werden kann.

Drittens besteht eine politische Funktion technischer Regeln darin, daß sie die kollektive Vermeidung negativer externer Effekte des Technikeinsatzes bzw. die Durchsetzung öffentlicher Interessen an der Technikgestaltung ermöglichen. Zu den öffentlichen Interessen an einer Techniksteuerung durch technische Regeln gehören insbesondere

- das sozialpolitische Interesse an der technischen Sicherheit und dem Arbeitsschutz,
- das finanz-, wirtschafts- und technologiepolitische Interesse an Rationalisierung, Wirtschafts- und Technikförderung,
- das verbraucherpolitische Interesse am Verbraucherschutz,
- das umweltpolitische Interesse an umweltverträglicher Technikgestaltung,
- das arbeits- und gesellschaftspolitische Interesse an sozialverträglicher Technikgestaltung.

Aus historischer Perspektive betrachtet, war das Interesse an der technischen Sicherheit der seinerzeit innovativen Technologie (der Dampfkessel) sogar der wesentliche Anlaß für die Herausbildung des Systems der verbandlichen Techniksteuerung.[3] Bis heute finden sich wesentliche Bestimmungen zur technischen Sicherheit und zum Arbeitsschutz in den technischen Regelwerken der Verbände. Technische Regeln sind auch verbraucherpolitisch relevant, weil sie Qualitäts- und Gebrauchseigenschaften, die Produktsicherheit und nicht zuletzt die Preise technischer Güter steuern.[4] Umweltpolitische Bedeutung weisen eine Fülle von Produkt- und Verfahrensnormen auf. Ob ozonschädigendes FCKW in Schaumstoffen oder in Haushaltskühlschränken eingesetzt wird

---

2 Commission 1988.

3 Bauerdick 1991.

4 Vgl. Brinkmann 1984, Kypke 1982.

oder nicht, wird durch einschlägige DIN-Normen festgelegt, ebenso wie DIN-Normen bestimmen, wann giftige und wann ungiftige Holzschutzmittel eingesetzt werden, wie hoch die Emissionen von Heizungsanlagen sind oder welche Schallschutzwerte im Wohnungsbau einzuhalten sind.[5] Die meisten Grenzwerte zum Emissions- und Immissionsschutz werden nicht durch Gesetze festgelegt, sondern durch technische Regeln, vor allem durch die Richtlinien der VDI-Kommission "Reinhaltung der Luft". Schließlich können technische Regeln als Instrumente einer sozialverträglichen Technikgestaltung eingesetzt werden. Anforderungen an die menschengerechte Gestaltung von Arbeitsplätzen, Maschinen und Computersoftware werden ebenfalls nicht in Gesetzen und Verordnungen, sondern in DIN-Normen, VDI-Richtlinien und Sicherheitsregeln festgelegt.[6]

Durchaus vergleichbare Funktionen können der ebenfalls verbandlich regulierten beruflichen Bildung, die Ausbildungsgänge und Berufsbilder standardisiert, im Hinblick auf den Arbeitsmarkt zugeschrieben werden.[7] Verknüpfungspunkte zwischen der technischen Normung und der beruflichen Bildung bestehen darin, daß technische Regeln nicht nur einzelne Märkte untereinander, sondern auch die Technik mit den Qualifikationsprofilen, die für den Umgang mit der Technik erforderlich sind, kompatibilisieren. Indem Normen die Mensch-Maschine-Schnittstellen standardisieren, lassen sich auch die Qualifikationsanforderungen vereinheitlichen. Über technische Regeln werden somit Schnittstellen zwischen einzelnen Gütermärkten und ihren jeweiligen Produktionstechniken und den Arbeitsmärkten einschließlich der vorgeschalteten Aus- und Weiterbildung geschaffen.

Angesichts ihrer weitreichenden ökonomischen, ökologischen und sozialen Implikationen kann die Technikgestaltung nicht der Selbststeuerung des Marktes überlassen werden, sondern bedarf einer politischen Regulierung. An der Vermeidung bzw. der Begrenzung negativer externer Effekte, an der Sozial- und Umweltverträglichkeit von Technik bestehen zwar kollektive Interessen, jedoch nicht notwendigerweise einzelwirtschaftliche Interessen. Wenn bspw. verbesserte Umweltschutzmaßnahmen zu höheren Produktkosten führen, ist weder zu erwarten, daß die einzelnen Hersteller, noch daß die einzelnen Nachfrager bereit sind, diese Kosten individuell zu tragen, wenn der Nutzenzuwachs im wesentlichen der Allgemeinheit zugutekommt. Vielmehr ist ein "Trittbrettfahrer-Verhalten" zu erwarten, das zum Versagen der Marktsteuerung bei der Produktion öffentlicher Güter führt.[8] Wenn hohe öffentliche Interessen an der Technikgestaltung existieren, die angesichts eines strukturell bedingten Marktversagens nicht erfüllt werden, stellt sich aber die Frage, warum die Techniksteuerung nicht vom Staat selbst betrieben wird.

---

5 Vgl. Lehmann/ Graßmann 1990, Eichener/ Voelzkow 1991.

6 Vgl. Eichener 1991a.

7 Vgl. dazu Voelzkow/ Hilbert 1991.

8 Vgl. zum Dilemma von individueller und kollektiver Rationalität "klassisch" Olson 1968.

2. Möglichkeiten und Restriktionen einer staatlichen Techniksteuerung

Prinzipiell kann der Staat zwar selbst technische Regelwerke in Form von Gesetzen und Verordnungen aufstellen; ob eine umfassende staatliche Techniksteuerung möglich und erfolgreich wäre, ist jedoch in Zweifel zu ziehen. Erstens ist fraglich, ob das staatliche Steuerungsinstrument "Recht" mit seinem immanenten Hang zur Statik der Dynamik der technischen Entwicklung angemessen ist, weil Innovationen nicht rechtlich programmierbar sind.[9] Gesetze und Verordnungen, so wird argumentiert, hinken hinter dem technischen Fortschritt her und entwickeln einen konservativen Charakter. Zweitens ist der Staat gerade in bezug auf innovative Technologien mit einer detaillierten Techniksteuerung häufig überfordert, weil ihm die erforderlichen Informationen, Entscheidungskriterien und Kapazitäten zur Entwicklung technischer Alternativen fehlen. Die staatliche Administration ist daher abhängig vom technischen Sachverstand und den Entwicklungskapazitäten der Wirtschaft. Zudem steht dem Staat nicht das für eine effektive Techniksteuerung erforderliche Personal zur Verfügung. Die Größenordnung des personellen Aufwands wird daran deutlich, daß allein die Normungsarbeit beim DIN von rund 40.000 hochqualifizierten Fachleuten betrieben wird, die ehrenamtlich tätig sind bzw. von den entsendenden Stellen - überwiegend Wirtschaftsunternehmen - finanziert werden. Drittens besteht bei staatlicher Intervention die Gefahr, daß sie keine Akzeptanz bei den Adressaten der Techniksteuerung findet, die nicht zuletzt aufgrund ihres Informationsvorsprungs über erhebliche faktische Obstruktionspotentiale verfügen. Staatliche Techniknormen können boykottiert werden, indem der Markt die entsprechende Technik nicht bereitstellt; sie können obsolet werden, wenn die Unternehmen andere Techniklinien verfolgen; sie können innerhalb von komplexen Interdependenzketten, die die Rechtssetzung kaum komplett zu antizipieren vermag, verwässert werden, so bspw. staatlich festgesetzte Grenzwerte durch privat regulierte Meß- und Prüfverfahren.[10]

Damit gesellt sich auf dem Gebiet der Techniksteuerung zu dem Marktversagen ein Staatsversagen. Der theoretische Ausweg aus diesem Dilemma liegt in der Techniksteuerung durch Verbände als intermediäre Instanzen zwischen Markt und Staat. In der Praxis hat sich die Techniksteuerung durch technische Normen, die von privatrechtlichen Verbänden aufgestellt werden, nicht nur in Deutschland in einem historischen Prozeß einer Oszillation zwischen Marktsteuerung und staatlichen Regulationsversuchen herausgebildet, sondern auch auf internationaler Ebene. Auf der europäischen Ebene ist das jüngste Beispiel für das Mißlingen einer staatlichen Techniksteuerung zu verzeichnen: Mit dem Weißbuch der EG-Kommission von 1985 wird das Scheitern des Versuchs einer detaillierten staatlichen Techniksteuerung offiziell eingestanden und gleichzeitig die "neue Konzeption" der technischen Harmonisierung eingeführt, die darin be-

---

9 Mayntz 1990.

10 Vgl. zu den rechtlichen und faktischen Vollzugsproblemen staatlicher Techniksteuerung im Bereich des Umweltschutzes bspw. Mayntz et al. 1978.

steht, daß sich die EG-Richtlinien auf die Festlegung grundlegender Anforderungen beschränken und gleichzeitig den europäischen Normungsverbänden CEN/CENELEC ein Mandat erteilen, diese durch Normen zu konkretisieren.[11]

Damit wurde von den Europäischen Gemeinschaften eine Konstruktion übernommen, die sich in der Bundesrepublik Deutschland seit langem bewährt hat: Der Gesetz- und Verordnungsgeber verzichtet auf eine detaillierte Techniksteuerung und beschränkt sich auf die Verwendung unbestimmter Rechtsbegriffe (z.B. "anerkannte Regeln der Technik", "Stand der Technik", "gesicherte arbeitswissenschaftliche Erkenntnisse"), deren inhaltliche Ausfüllung durch die technischen Regelwerke erfolgt, die von privatrechtlichen Verbänden aufgestellt werden.

Für die Verwendung der "Generalklauselmethode" läßt sich eine Fülle von Beispielen anführen. So verweist das Gesetz über technische Arbeitsmittel (Gerätesicherheitsgesetz) auf die "allgemein anerkannten Regeln der Technik". Die zugehörige Verwaltungsvorschrift enthält mehr als 1600 DIN-Normen, die diese Generalklausel inhaltlich ausfüllen. Die Landesbauordnungen enthalten den Satz: "Die allgemein anerkannten Regeln der Technik sind zu beachten" und die Bestimmung, daß technische Regeln von den obersten Baubehörden als zwingend zu befolgende technische Baubestimmungen bauaufsichtlich "eingeführt" werden (nach § 3 der Musterbauordnung). Die §§ 90, 91 des Betriebsverfassungsgesetzes verweisen bei Informations- und Mitbestimmungsrechten auf "gesicherte arbeitswissenschaftliche Erkenntnisse", die sich u.a. in technischen Regeln niederschlagen. Die gesetzliche Delegation der Techniksteuerung an technische Regelwerke geht bis hin zur sogenannten "starren Verweisung" auf bestimmte Normen. Bekannte Beispiele sind der Verweis des § 35h der Straßenverkehrszulassungsordnung auf das Erste-Hilfe-Material nach DIN 13 163 / 13 164 und der Verweis des § 1 der Benzinqualitätsangabeverordnung auf DIN 51 600 / 51 607.

Da technische Regeln den "jeweiligen Stand der Wissenschaft und Technik" zu berücksichtigen haben - so die Formulierung in der Verfahrensnorm DIN 820 - und daher regelmäßig auf ihre Aktualität zu überprüfen sind (DIN-Normen spätestens alle 5 Jahre), ermöglicht die Generalklauselmethode die immer häufiger angemahnte "Dynamisierung des Rechts", die für die Bewältigung der ständig neuen Risiken der technischen Zivilisation benötigt wird.[12] Damit erscheint die Erstellung technischer Regeln durch privatrechtliche Verbände nicht nur als ein Beitrag zur Staatsentlastung, sondern auch unter dem Aspekt öffentlicher Interessen als eine bessere Form politischer Steuerung, als sie der Staat vornehmen könnte: "Regeln der Technik sind ein hervorragendes Feld technisch-wirtschaftlich-sozialer Selbstverantwortung und staatsentlastender privatrechtlicher Betätigung. Je mehr die dazu Berufenen des technischen Sektors diese seltene Gelegenheit eigenverantwortlichen Handelns nutzen, umso besser für Technik

11 Kommission 1985.

12 Wolf 1987: 387.

und Wissenschaft, umso besser auch für Staat und Gemeinwohl".[13] Die Delegation der Techniksteuerung an privatrechtliche Verbände wird jedoch auch kritisch betrachtet. Als faktische "Rechtsetzung durch Private" bzw. "parastaatliche Rechtsetzung"[14] oder als "Privatisierung des Staates"[15] stellt sich die Frage nach der Legitimation der technischen Regelsetzung durch privatrechtliche Verbände.

3. "Legitimation durch Verfahren": Zur Organisation der technischen Regelsetzung

Der Staat kann sich nur dann aus der Techniksteuerung zurückziehen, wenn gewährleistet ist, daß die gesetzlich sanktionierten technischen Regelwerke dem "Gemeinwohl" verpflichtet sind und nicht etwa von Partikularinteressen dominiert werden.

Schon in den 60er Jahren wurde die Praxis der technischen Normung als einseitige Begünstigung der wirtschaftlichen Interessen kritisiert.[16] Einen folgenreichen Höhepunkt erlebte die Auseinandersetzung über die Legitimationsbasis der Normungsverbände in den 70er Jahren. Einen wichtigen Impuls erhielt diese Diskussion durch die Verbraucherschaft, "die sich - nicht zu Unrecht - bei dem Normaufstellungsverfahren unterrepräsentiert fühlte".[17] In der Diskussion wurden verschiedene Alternativen zum damaligen status quo der verbandlich getragenen technischen Normung erwogen. Die weitestgehende Position forderte sogar eine "Verstaatlichung" der technischen Normung, andere Diskussionsbeiträge verlangten eine staatliche Prüfung und Zulassungspflicht der Inhalte privater Regelwerke durch den Gesetz- und Verordnungsgeber oder die Einrichtung von "Technologiekammern", die für die Aufstellung technischer Regeln zuständig sein sollten. Zumindest wurde jedoch ein Organisationsgesetz für die technische Normung in Betracht gezogen.[18]

Diese Forderungen nach einer Verstaatlichung oder zumindest Verrechtlichung der technischen Normung sind erwartungsgemäß auf den Widerstand der Wirtschaft und der normsetzenden Organisationen gestoßen. Eine verbandliche Organisation der Normsetzung wird gerade von solchen Wirtschaftsinteressen bevorzugt, die Arbeitnehmer-, Verbraucher- oder Umweltinteressen aus Kosten- und Wettbewerbsgründen auszuschließen trachten. Da ihre Interessen auf einer schmaleren Legitimationsbasis als diese öffentlichen Interessen beruhen, besteht eine Strategie der defensiv agierenden Wirtschaftsinteressen darin, die Konflikte möglichst der öffentlichen Diskussion zu ent-

---

13 Balke 1972: 30.

14 Vgl. z.B. Brunner 1982.

15 Schwierz 1986.

16 Nickusch 1964.

17 Böttger 1979: 32.

18 Vgl. dazu Eichener/ Voelzkow 1991 und die dort angegebene Literatur.

ziehen und in einen weitgehend abgeschotteten Raum der Entscheidungsfindung zu überführen, wofür sich Normungsverbände besonders empfehlen.[19]

Im Gegensatz zu anderen europäischen Ländern, wo die Normung durch Organisationsgesetze geregelt wurde (Vereinigtes Königreich) oder wo eine Genehmigungspflicht durch einen staatlichen Normenkommissar eingeführt wurde (Frankreich), ist in Deutschland letztlich nur eine vertragliche Regelung zwischen der Bundesregierung und dem DIN als wichtigster Normungsorganisation durchgesetzt worden. In dem 1975 zwischen der Bundesrepublik Deutschland und dem DIN geschlossenen Normenvertrag wird das DIN als die zuständige Normenorganisation für das Bundesgebiet anerkannt, die die nationale Normung auch auf internationaler Ebene (ISO, CEN/CENELEC) vertritt. Die Aufstellung von Regeln zur inhaltlichen Konkretisierung unbestimmter Rechtsbegriffe wird als Aufgabe des DIN vertraglich vereinbart, wofür dem DIN als Ausgleich für seinen Beitrag zur Staatsentlastung ein staatlicher Finanzierungszuschuß (z. Z. ca. 18 % des DIN-Haushalts) zugesichert wird. Im Gegenzug verpflichtet sich das DIN, bei der Normungsarbeit "das öffentliche Interesse zu berücksichtigen". In den Vertragserläuterungen werden als Beispiele für das "öffentliche Interesse" "Sicherheitstechnik, Gesundheitsschutz, Umweltschutz, Verbraucherschutz sowie jene Bereiche, für die ein besonderes gesamtwirtschaftliches (z.B. Energieeinsparung) oder arbeitswirtschaftliches Interesse besteht", genannt. Um die "Berücksichtigung des öffentlichen Interesses" institutionell zu gewährleisten, hat sich das DIN in dem Vertrag ferner verpflichtet,

- der Bundesregierung im Rahmen ihrer fachlichen Zuständigkeiten auf Antrag Sitze in den Lenkungsgremien der Normenausschüsse einzurichten,
- die jeweils in Betracht kommenden behördlichen Stellen bei der Durchführung der Normungsarbeit zu beteiligen,
- Anträge der Bundesregierung auf Durchführung von Normungsarbeiten, für die von der Bundesregierung ein "öffentliches Interesse" geltend gemacht wird, bevorzugt zu bearbeiten,
- die Bundesministerien über das Normungsgeschehen - soweit das "öffentliche Interesse" berührt ist - zu informieren und für die Beratung und gutachterliche Stellungnahme zur Verfügung zu stehen,
- zu gewährleisten, daß die Bestimmungen der Verfahrensnorm DIN 820 (Normungsarbeit) eingehalten werden. Eine Änderung der DIN 820, die in dem Vertrag festgelegte Verpflichtungen des DIN beeinträchtigen würde, wird ausgeschlossen.

Eine Neufassung der Verfahrensnorm DIN 820 ist 1974 dem Abschluß des Normenvertrages vorausgegangen. Analoge Verfahrensregeln sind daraufhin auch von an-

---

19 Vgl. Knoepfel/ Weidner 1980.

deren regelsetzenden Verbänden festgelegt worden. DIN 820 Teil 1 - Normungsarbeit, Grundsätze - definiert Normung als "die planmäßige, durch die interessierten Kreise gemeinschaftlich durchgeführte Vereinheitlichung von materiellen und immateriellen Gegenständen zum Nutzen der Allgemeinheit... Sie fördert die Rationalisierung und Qualitätssicherung in Wirtschaft, Technik, Wissenschaft und Verwaltung. Sie dient der Sicherheit von Menschen und Sachen sowie der Qualitätsverbesserung in allen Lebensbereichen." Diese Ziele werden im Textverlauf konkretisiert: "Der Inhalt der Normen ist an den Erfordernissen der Allgemeinheit zu orientieren. Die Normen haben den jeweiligen Stand der Wissenschaft und Technik sowie die wirtschaftlichen Gegebenheiten zu berücksichtigen. Sie enthalten Regeln, die für eine allgemeine Anwendung bestimmt sind. Normen sollen die Entwicklung und die Humanisierung der Technik fördern."

DIN 820 legt weiterhin fest, daß die Normungsarbeit von ehrenamtlichen Mitarbeitern geleistet wird, die "Fachleute aus den interessierten Kreisen (z.B. Anwender, Behörden, Berufsgenossenschaften, Berufs-, Fach- und Hochschulen, Handel, Handwerkswirtschaft, industrielle Hersteller, Prüfinstitute, Sachversicherer, selbständige Sachverständige, Technische Überwacher, Verbraucher, Wissenschaft) (sind). Die ehrenamtlichen Mitarbeiter müssen von den sie entsendenden Stellen (z.B. Ausbildungs- und Forschungsinstitutionen, Behörden, Firmen, Instituten, Verbänden, Vereinen) für die Arbeit in den Arbeits- und Lenkungsgremien autorisiert und entscheidungsbefugt sein. Bei der Zusammensetzung der Arbeitsausschüsse ist der Grundsatz zu berücksichtigen, daß die interessierten Kreise in einem angemessenen Verhältnis vertreten sind." Die konkrete Besetzung der Arbeitsausschüsse erfolgt allerdings nach den Richtlinien für Normenausschüsse im wesentlichen durch Kooptation.

Zum Geschäftsgang legt DIN 820 (Teil 1 und Teil 4) fest, daß "jedermann" das Einleiten von Normungsarbeiten beantragen kann. Um der Öffentlichkeit die Möglichkeit zu geben, sich über die Normungsarbeit des DIN zu orientieren, ist die Annahme eines Normungsantrages im DIN-Anzeiger zu veröffentlichen. Die sich anschließende eigentliche Normungsarbeit erfolgt allerdings vertraulich, bis ein Normentwurf erstellt ist, der der Öffentlichkeit zugänglich gemacht wird. Die Öffentlichkeit hat während einer bestimmten Frist (meist 4 Monate) Gelegenheit, Einsprüche zum Normentwurf einzureichen. Die Einspruchsführer haben Gelegenheit, ihren Einspruch bei der Einspruchsverhandlung persönlich zu vertreten. Wenn der Normenausschuß eine Einigung über die Berücksichtigung oder Nichtberücksichtigung der Einsprüche erzielt hat, wird die Norm verabschiedet. Wenn kein Konsens erreicht wird, kann sich ein Schlichtungs- und ggf. noch ein Schiedsverfahren anschließen.

Grundsätzlich herrscht bei der Normung das Konsensprinzip: "Der Inhalt einer Norm soll im Wege gegenseitiger Verständigung mit dem Bemühen festgelegt werden, eine gemeinsame Auffassung zu erreichen - möglichst unter Vermeiden formeller Abstimmungen." Diese Formulierung schließt ein Blockieren der Normungsarbeit durch das Veto einzelner Ausschußmitglieder aus. Sie erklärt das Mehrheitsprinzip sogar ausdrücklich für zulässig. Der Mehrheitsentscheid findet seine Grenzen lediglich in der kartellrechtlich relevanten Bestimmung der DIN 820, daß die Normung "nicht zu einem wirtschaftlichen Sondervorteil einzelner führen" darf. Die Vertreter öffentlicher Interessen oder von Interessen an sozial- oder umweltverträglicher Technikgestaltung können dagegen von der Ausschußmehrheit überstimmt werden.

Darüber hinaus kommt der Sitzverteilung auch in grundsätzlich konsensual entscheidenden Gremien erhebliches Gewicht zu,[20] weil die Mehrheit über die Möglichkeit einer stärkeren Streuung von Sachkompetenz, differenzierter Argumentationsstrategien, größerer Redezeitanteile und nicht zuletzt der sozialen Diskriminierung von Minderheitsvertretern verfügt. So geraten einzelne Minderheitsvertreter häufig in eine vermeintliche Blockadeposition. "Wer aber dauernd blockiert, dessen Interessen werden letztlich als weniger berücksichtigungsfähig eingeschätzt, bis er letztlich als nicht mehr 'verständigungsfähiger' Außenseiter erscheint. Ein Urteil, das individuell unangenehm ist, vor allem aber Rollenunfähigkeit bescheinigt".[21]

Die Verfahrensregeln der DIN 820 (und ähnlicher Bestimmungen anderer regelsetzender Verbände) sollen die Legitimation der verbandlichen Techniksteuerung sichern. Ob diese Verfahrensnormen ausreichen, um den Durchgriff von Partikularinteressen auf die technische Regelsetzung zu verhindern, wird jedoch auch nach Abschluß des Normenvertrages immer wieder bezweifelt.

4. Probleme der verbandlichen Techniksteuerung: Selektive Interessenberücksichtigung

Die Legitimität der von privatrechtlichen Verbänden aufgestellten technischen Regeln, die ggf. im Rahmen der Generalklauselmethode auch staatlich sanktioniert werden, setzt voraus, daß die Normen im Konsens aller relevanten Interessen einschließlich der öffentlichen Interessen gefunden werden. Damit stellt sich die Frage einer adäquaten Interessenberücksichtigung. Zwar schreibt die Grundsatznorm DIN 820 vor, daß die interessierten Kreise in den Normungsgremien in einem "angemessenen Verhältnis" vertreten sind. Demgegenüber spiegelt jedoch bereits die personelle Zusammensetzung des Präsidiums des DIN ein deutliches Übergewicht der Wirtschaftsinteressen wider, die 58 % der Präsidiumsmitglieder stellen, während Staat und Gemeinden 13 % stellen, die Berufsgenossenschaften, Gewerkschaften und Verbraucher jeweils nur durch 1 Mitglied (je 2 %) vertreten sind.[22] Eine eindeutige Dominanz von Wirtschaftsinteressen zeigt sich auch bei der konkreten Normungsbeteiligung. Nach einer Untersuchung des DIN, die wohl immer noch aktuelle Größenverhältnisse wiedergibt, stammen 73 % der Ausschußvorsitzenden und Obleute und 75 % der Stellungnahmen zu Normentwürfen aus der Wirtschaft, 12 % der Vorsitzenden/Obleute und 14 % der

---

20 Battis/ Gusy 1988: 58.

21 Battis 1992.

22 DIN 1989: 24 f.

Stellungnahmen aus den Reihen der öffentlichen Hand und der Verbraucher und 15 % der Vorsitzenden/Obleute sowie 11 % der Stellungnahmen aus der Wissenschaft.[23]

Die Ungleichgewichte in der personellen Zusammensetzung der Normungsgremien schlagen sich nach der Meinung zahlreicher Kritiker in einer selektiven Interessenberücksichtigung bei der Normerstellung nieder. So kritisieren Battis/Gusy[24] eine Dominanz von privatwirtschaftlichen gegenüber öffentlichen Interessen, von wirtschaftlichen Interessen gegenüber Interessen an der Humanisierung der Technik, von Interessen großer Unternehmen gegenüber Interessen kleiner Unternehmen, von Herstellerinteressen gegenüber Anwender-, Benutzer- und Verbraucherinteressen und von Interessen der Antragsteller gegenüber Interessen sonstiger interessierter Kreise.

Die selektive Interessenrepräsentation, die im Gegensatz zur DIN 820 steht, läßt sich jedoch nicht als intendierter Zustand oder als Fehlverhalten des DIN interpretieren. Das DIN versteht sich selber lediglich als "runder Tisch", an dem die interessierten Kreise zusammenkommen, um die eigentliche Normungsarbeit zu leisten. Das DIN hat sogar an einer Offenheit gegenüber allen interessierten Kreisen ein institutionelles Eigeninteresse, da es nur dadurch seine Legitimationsbasis, auch gegenüber dem Staat, erhalten kann. Eine selektive Interessenrepräsentation in der Normungsarbeit ist vielmehr strukturell angelegt, weil die verschiedenen gesellschaftlichen Interessen über unterschiedliche Möglichkeiten zur Beteiligung an der Normung verfügen. Das Problem selektiver Interessenberücksichtigung entsteht bereits in dem der eigentlichen Normungsarbeit vorgelagerten gesellschaftlichen Raum.

Die interessierten Kreise müssen die Normungsarbeit überwiegend selbst finanzieren, indem sie ehrenamtlich tätige Fachleute in die Normungsgremien entsenden, indem sie - zumindest partiell - für die Normungsarbeit einschließlich ihrer Vor- und Nachbereitung Personal freistellen, indem sie die Kosten der normungsbegleitenden Forschungs- und Entwicklungsarbeiten übernehmen und indem sie die nicht unbeträchtlichen Reisekosten bestreiten. Als weitere Voraussetzung für eine wirkungsvolle Beteiligung kommt die Verfügbarkeit speziellen technischen Sachverstands hinzu, wobei es, um effektiv an der Normung mitzuwirken, keineswegs ausreicht, "nur" technischer Fachmann oder Fachfrau zu sein. Vielmehr muß ein Interessent, um im Streitfall in den Diskussionen bestehen zu können, über hohes technisches Detailwissen auf genau dem spezifischen zur Regelung anstehenden Gebiet verfügen, da die Normenausschüsse mit den Experten besetzt werden, die in Wirtschaft und Wissenschaft an vorderster Front der Forschung und Entwicklung stehen.

Eine wirkungsvolle Beteiligung an der Normung setzt damit eine hohe Partizipationsfähigkeit von Interessen voraus, d.h. die Verfügung über die notwendigen personellen und finanziellen Ressourcen sowie über den zwingend erforderlichen technischen

---

23 Reihlen 1977: 387 f.

24 1988.

Sachverstand; und sie setzt eine hohe Motivation voraus, entsprechende Ressourcen in die Normungsarbeit zu investieren.

Diese Voraussetzungen sind selbst in der privaten Wirtschaft unterschiedlich verteilt. Großunternehmen können sich ganze Abteilungen oder Stabsstellen, die nur für die Normungsarbeit zuständig sind, leisten und sich aus ihren Entwicklungsabteilungen mit dem erforderlichen Sachverstand versorgen. Die Investitionen in die Normungsarbeit zahlen sich in der Regel auch aus, weil mit den technischen Normen unmittelbar wettbewerbsrelevante Parameter festgelegt werden. Zur Realisierung individueller Vorteile am Markt - zumindest jedoch zur Abwehr individueller Nachteile - sind große Wirtschaftsunternehmen sogar gezwungen, auf die technische Normsetzung Einfluß zu nehmen. Dagegen stehen kleine und mittelgroße Unternehmen vor dem Dilemma, daß bereits die Entsendung eines einzigen Mitarbeiters in die Normungsarbeit sie häufig überfordert, während die Resultate der gesamten Branche zugutekommen. Mangelnde Kapazitäten und das "Trittbrettfahrer-Dilemma" sind damit für die häufig als unzureichend beklagte geringe Beteiligung kleiner und mittlerer Unternehmen verantwortlich. Nach den jüngsten Vorstellungen der EG-Kommission soll die Vertretung kleiner und mittlerer Unternehmen im Europäischen Normungsrat zwar gesichert, damit zugleich jedoch ihre Unterrepräsentation gegenüber der Großindustrie formell festgeschrieben werden.[25]

Diese Probleme treffen die nicht-wirtschaftlichen, öffentlichen Interessen in besonderem Maße. Öffentliche Interessen sind meist wenig organisations- und konfliktfähig.[26] Mithin fällt es ihnen besonders schwer, die für eine Normungsbeteiligung benötigten Ressourcen zu mobilisieren. Die Partizipationsdefizite beginnen bei den Verbraucher-, Umwelt- und Arbeitnehmerorganisationen bereits damit, daß sie auf die meisten Normungsverfahren überhaupt nicht aufmerksam werden. Zwar werden alle Normungsarbeiten in den DIN-Mitteilungen (Jahresbezugspreis 540 DM) öffentlich angekündigt; kaum einer der genannten Verbände verfügt jedoch über eine Stelle, die das Normungsgeschehen systematisch beobachtet und die relevanten Verfahren herausfiltert. Selbst wenn die Verbände auf ein Normungsverfahren aufmerksam werden - bzw., z.B. durch gezieltes Ansprechen seitens der Normungsorganisationen oder anderer Stellen, aufmerksam gemacht werden -, haben sie häufig Probleme, das nötige Personal zu mobilisieren, das auf ehrenamtlicher Basis regelmäßig an den Ausschußsitzungen teilnimmt, diese vor- und nachbereitet und auch über den erforderlichen Sachverstand in technischen Spezialfragen verfügt. Wenn diese Verbände in regelsetzenden Gremien vertreten sind, dann basiert dies häufig auf persönlicher Einzelinitiative, der die notwendige organisatorische Unterstützung fehlt. Diese aufzubringen, was auch die Akquisition technischen Sachverstands einschließt, sind diese Organisationen jedoch kaum in der Lage, zumal selbst zarte Ansätze der Normungsbeteiligung erhebliche personelle und finan-

25 Kommission 1990: Anhang.

26 Vgl. Offe 1969.

zielle Kapazitäten binden und somit in Konkurrenz zu den anderen, regulären Aufgaben der Verbände stehen.[27]

Diese Partizipationsdefizite wirken sich um so gravierender aus, als gerade die Vertreter von Minderheitsinteressen einer besonders intensiven Repräsentation (regelmäßige und langfristige Teilnahme, hohe Sachkompetenz, Verfügbarkeit bzw. Entwicklung von technischen Alternativen, sorgfältige Vor- und Nachbereitung der Sitzungen, Verankerung im Referenzsystem der Fachöffentlichkeit, Vernetzung mit potentiellen Koalitionspartnern etc.) bedürfen, um halbwegs erfolgreich vertreten zu werden. So vermag das bloße Einreichen von Einsprüchen zu Normentwürfen in der Regel nur marginale Korrekturen zu bewirken.

Das System der technischen Regelsetzung reproduziert somit die im gesellschaftlichen Raum bestehenden Unterschiede in der Organisations- und Konfliktfähigkeit von Interessen. Unter den kollektiven Interessen, deren Fähigkeit zur Partizipation an der technischen Normung beschränkt ist, werden insbesondere die Verbraucher-, Umwelt- und Arbeitnehmerinteressen genannt.

Die mangelnde Berücksichtigung der Verbraucherinteressen in der technischen Regelsetzung hatte bereits die Diskussion um die staatliche Regelung der Normung durch den Normenvertrag wesentlich beeinflußt. Auch nach Abschluß des Normenvertrages haben sich immer wieder spezifische Benachteiligungsmuster gezeigt. So beklagen sich die Vertreter der Verbraucherorganisationen über unzureichende Beteiligungschancen: "Die Position der Verbraucherverbände in der Normung ist unverändert gekennzeichnet durch die strukturelle Unterlegenheit, insbesondere gegenüber der Industrieseite. Die Branchenorientierung als bestimmendes Element des Arbeitsprogramms gibt der Industrieseite einen natürlichen Vorsprung in der Sicherung der personellen Beteiligung. Sie bietet ihr zudem den Vorteil der bestimmenden Einflußnahme auf die Festlegung des Arbeitsprogramms... Denn in der Regel ist es bisher so, daß in den Normenausschüssen ein oder zwei Verbrauchervertretern eine Phalanx von 10 bis 20 Industrievertretern gegenübersitzt".[28]

Ähnliche Verhältnisse sind hinsichtlich der Vertretung von Arbeitnehmerinteressen bei der für die technische Sicherheit, den Arbeitsschutz und die menschengerechte Gestaltung von Arbeit und Technik so wichtigen technischen Regelsetzung festzustellen. So hat Fuchs[29] am Beispiel des Fachnormenausschusses Ergonomie gezeigt, daß "die Vertreter aus den Unternehmen mit ihnen nahestehenden Institutionen ... ein personelles Übergewicht gegenüber den Vertretern von Staat, Berufsgenossenschaften, Gewerkschaften und Hochschulen" haben. "Bei den Unternehmensvertretern ist fast ausschließlich die Großindustrie wie Siemens, Kraftwerksunion, Thyssen, VW, Audi, MAN usw. vertreten."[30] Besonders schwach sind die staatlichen Einrichtungen vertre-

27 bei den Gewerkschaften insbesondere zur Tarifpolitik, vgl. Welsch 1990: 658.

28 Köhne 1987: 528.

29 1982: 237.

30 ebd.

ten, die nur 1 % der ehrenamtlichen Ausschußmitglieder stellen. Angesichts des personellen Übergewichts der (Groß-)Industrie zieht Fuchs die Schlußfolgerung, daß "die Industrie für den Bereich der Normen grundsätzlich selbst bestimmen kann, welche Anforderungen an Sicherheit und menschengerechter Gestaltung der Arbeit an den Produktionsprozeß gestellt werden müssen, da die von den Normungsausschüssen erarbeiteten und vom DIN herausgegebenen Normen die allgemein anerkannten Regeln darstellen, nach denen Arbeitsmittel, Arbeitsplätze, Arbeitsinhalte, -verfahren etc. beschaffen sein müssen oder sollen, auf die in Arbeitsschutzvorschriften verwiesen wird".[31] Vertretungsdefizite der Arbeitnehmerinteressen sind auch bei verschiedenen Regelsetzungsverfahren zur Gestaltung neuer Informationstechnologien, insbesondere zur Software-Ergonomie, festgestellt worden.[32] Von gewerkschaftlicher Seite bemängelt Welsch[33] denn auch eine unzureichende Beteiligung der Arbeitnehmerinteressen, konzediert jedoch gleichzeitig, daß es "eine systematisch und kontinuierliche Politik gewerkschaftlicher Normungsbeeinflussung im eigentlichen Sinne ... bislang nicht" gibt,[34] was er u.a. auf Bewußtseins- und Kapazitätsdefizite zurückführt.

In jüngerer Zeit wird schließlich die Berücksichtigung von Umweltinteressen in der technischen Normung verstärkt thematisiert. So bezeichnet der Bundesumweltminister DIN-Normen "als ein wichtiges Instrument ..., um produktbezogene Umweltschutzziele durchzusetzen".[35] Ein vom Bundesumweltminister geförderter Bericht kommt jedoch zu dem Ergebnis, daß Umweltschutzaspekte zwar in der zweiten Hälfte der achtziger Jahre in stärkerem Maße in die Produktnormung eingeflossen sind, daß aber immer noch erhebliche "umweltrelevante Defizite" zu konstatieren sind, die durch die Europäisierung der technischen Normung verschärft werden und aus einer mangelnden Repräsentation von Umweltinteressen in den Normungsgremien resultieren: "Im Bereich der umweltrelevanten DIN-Normen bestehen derzeit noch Defizite. Es existiert keine Institution, die die Interessen des Umweltschutzes in der Normung vertritt".[36] Eigene Untersuchungen[37] haben deutlich gemacht, daß die Umweltorganisationen bei der Beteiligung an der technischen Regelsetzung trotz einiger positiver Ansätze mit außerordentlich hohen Restriktionen zu kämpfen haben, die einerseits in der Intransparenz des Normungsverfahrens und andererseits in begrenzten Ressourcen der Umweltverbände liegen. Aus den gleichen Gründen sind auch die Einflußmöglichkeiten des Umweltbundesamtes begrenzt, insbesondere was die europäische Normung betrifft.[38]

---

31 Fuchs 1982: 237.

32 Vgl. Eichener 1990, 1991b.

33 1990.

34 Welsch 1990: 658.

35 Töpfer 1990.

36 Lehmann/Graßmann 1990: 76.

37 Eichener/Voelzkow 1991.

38 Vgl. auch v. Lersner 1990.

Im Gegensatz zum Anspruch der DIN 820, daß die interessierten Kreise in den Normungsgremien "in einem angemessenen Verhältnis" vertreten sind, zeigen die Analysen, daß die Berücksichtigung der außerwirtschaftlichen, öffentlichen Interessen an sozial- und umweltverträglicher Technikgestaltung institutionell nicht gesichert ist.[39] Offenbar reichen die Verfahrensvorschriften zur technischen Regelsetzung noch nicht aus, um eine selektive Berücksichtigung der konkurrierenden Interessen zu verhindern.

5. Kritik an der verbandlichen Techniksteuerung

Während in der Vergangenheit die technische Regelsetzung zumeist als rein technikimmanenter Prozeß aufgefaßt wurde, dem auch von sozialwissenschaftlicher Seite kaum Aufmerksamkeit zuteil wurde,[40] steigen derzeit die demokratischen Ansprüche an die Legitimation der technischen Regelsetzung. Die Techniksteuerung wird als zentraler Bereich politischer Steuerung identifiziert, und dementsprechend werden öffentliche Interessen an einer sozial- und umweltverträglichen Technikgestaltung verstärkt artikuliert. Tatsächlich ist eine allmähliche Öffnung der technischen Regelsetzung gegenüber "außertechnischen Wertbezügen" empirisch festgestellt worden,[41] die jedoch angesichts der dramatisch gestiegenen technischen Risiken in der "Risikogesellschaft" als zu langsam empfunden wird.

So hat insbesondere Beck[42] heftige Kritik an der technischen Normung geübt, die für ihn ein Fall "organisierter Unverantwortlichkeit" ist: "Sicherheitsfragen, die die Gesellschaftsordnungen vom Ural bis zum Atlantik erschüttern, werden in der Hochgefahrenzivilisation wie beim guten alten Kaiser Wilhelm ebenso illegitim wie real letztlich von ständisch organisierten Ingenieuren entschieden - ver- und gedeckt durch die Ermächtigungsformel 'Stand von Wissenschaft und Technik', die in allen Sicherheitsgesetzen das kleingedruckte Wesentliche der Ausführung in die Hände von Hofgutachtern und Experten legt".[43] Die "klassischen Instrumente politischer Steuerung - Rechtsverordnung und Verwaltungsvorschrift - sind in den Kernaussagen leer, jonglieren mit dem 'Stand der Technik', untergraben auf diese Weise ihre eigene Zuständigkeit und setzen zugleich an ihrer Stelle den 'wissenschaftlich-technischen Sachverstand' auf den Thron der Gefahrenzivilisation".[44] Auch Wolf,[45] auf den Beck sich hier bezieht, sieht "die Entscheidungskompetenz staatlicher Institutionen schlechthin gegenüber dem vorwiegend externen Sachverstand" in Frage gestellt. Die Delegation der faktischen Rechtsset-

---

39 Vgl. Jarass 1987: 1230.

40 Vgl. Mai 1988.

41 Ropohl et al. 1984.

42 1988.

43 Beck 1988: 11.

44 Beck 1988: 191.

45 1987: 371.

zungskompetenz an Verbände begründe damit eine "Herrschaft kraft Ingenieurwissen".[46]

Diese Variante technokratischer Steuerung, die auf dem Mythos naturwissenschaftlich-technischen Sachverstands beruht, ist mit zunehmenden Zweifeln etwa an der wissenschaftlichen Begründbarkeit von Grenzwerten[47] und einem Paradigmenwechsel in den Naturwissenschaften[48] ins Kreuzfeuer der Kritik geraten. Daß die Aufstellung technischer Regeln über eine bloße, "objektive" Feststellung des Standes von Wissenschaft und Technik hinausgeht und Wertentscheidungen beinhaltet, wird von den regelsetzenden Verbänden heute nicht mehr bestritten. DIN 820 definiert die technische Normung sogar als Interessenaushandlungsprozeß. Hier heißt es nicht etwa, daß die Normungsarbeit von Sachverständigengremien geleistet wird, sondern daß in den Arbeitsausschüssen die interessierten Kreise vertreten sein sollen. Die Richtlinie für Normenausschüsse bestimmt, daß ihnen die Ausschußmitglieder nicht etwa nur als Fachleute angehören, die nur ihrem persönlichen Gewissen und dem Sachverstand verpflichtet wären, sondern als Repräsentanten der entsendenden Institutionen, die einer förmlichen Autorisierung bedürfen und deren Mitgliedschaft in einem Gremium des DIN beim Ausscheiden aus der entsendenden Stelle oder auch nur bei einem Aufgabenwechsel automatisch erlischt: "Die in DIN-Normen getroffenen Festlegungen sind daher nicht wertfrei".[49]

Eine Konsequenz aus dem politischen Charakter der technischen Regelsetzung, der allerdings von vielen Gerichten, Akteuren des politisch-administrativen Systems und auch von Vertretern der notorisch unterrepräsentierten Interessengruppen (Gewerkschaften, Umwelt- und Verbraucherverbände) noch nicht ausreichend erkannt worden ist, lautet, daß technischen Regeln nicht die Qualität "antizipierter Sachverständigengutachten", die ihnen von einigen Gerichten zugewiesen worden ist, zukommen kann, weil die Kriterien der Neutralität und Objektivität, die von der Zivilprozeßordnung bzw. der Verwaltungsgerichtsordnung für Sachverständige gefordert werden, bei den Mitgliedern von Normenausschüssen per definitionem nicht erfüllt sind.[50]

Damit erscheint die Kritik an dem Primat des technischen Sachverstands gegenüber der Politik in einem anderen Licht: Wenn die technische Regelsetzung als interessenpolitischer Aushandlungsprozeß definiert und institutionalisiert ist, stellt sich weniger die Frage, ob Ingenieure legitimiert sind, politische Wertentscheidungen zu treffen. Abgesehen davon, daß in den Ausschüssen der technischen Verbände keineswegs nur Ingenieure vertreten sind, wäre ein Übergewicht dieser Profession dann vertretbar, wenn die verschiedenen "interessierten Kreise", also auch die verschiedenen öffentlichen Interessen, mit sachverständigen Repräsentanten an den Verhandlungen beteiligt

---

46 Wolf 1987: 365.

47 Vgl. z.B. Grimme et al. 1986: 48.

48 von der eindimensionalen Kausalität zur komplexen Dynamik, vgl. Ladeur 1986: 271 ff.

49 Budde 1987: 16.

50 Vgl. Battis/ Gusy 1988: 155 ff.

wären. Daher stellt sich eher die nicht minder kritische Frage, ob die regelsetzenden Gremien von ihrer Zusammensetzung her interessenpolitisch hinreichend legitimiert sind. Angesichts der aufgezeigten Unterschiede in der Fähigkeit der verschiedenen gesellschaftlichen Interessen, sich an der technischen Regelsetzung zu beteiligen, liegt die Gefahr eines Legitimationsdefizits der verbandlichen Techniksteuerung weniger in einer technokratischen als vielmehr in einer plutokratischen Steuerung. Es geht daher auch weniger darum, den Ingenieuren und ihren Verbänden die regelsetzende Kompetenz aus der Hand zu nehmen, um dem Primat der Politik wieder Eingang in die Techniksteuerung zu verschaffen, sondern vielmehr darum, durch eine prozedurale Steuerung zu gewährleisten, daß die ausgefächerten öffentlichen Interessen ausreichend und ggf. stärker in die verbandliche Techniksteuerung eingebracht werden.

6. Probleme der staatlichen Einflußnahme auf die technische Regelsetzung

Um eine bessere Berücksichtigung der öffentlichen Interessen zu erreichen, haben insbesondere Battis/Gusy[51] eine stärkere Beteiligung des Staates an der technischen Regelsetzung gefordert. Daß allerdings eine intensivere staatliche Einflußnahme auf die technische Regelsetzung allein nicht ausreicht, um eine adäquate Berücksichtigung der öffentlichen Interessen an einer sozial- und umweltverträglichen Technikgestaltung zu erreichen, zeigt sich am Beispiel der Baunormung, bei der ein außergewöhnlich hoher Einfluß des Staates festzustellen ist.[52]

Der hohe Staatseinfluß auf die Baunormung beruht zum einen auf besonderen Partizipationsrechten, die durch Verträge der Länder mit dem DIN geschaffen wurden, und zum anderen auf dem staatlichen Anerkennungsvorbehalt, d.h. der Macht der Landesbaubehörden, technische Normen als "allgemein anerkannte Regeln der Technik" bauaufsichtlich einzuführen oder aber diese Einführung zu verweigern, was zur praktischen Bedeutungslosigkeit einer Baunorm führen würde.[53] Empirisch hat sich jedoch gezeigt, daß die Vertreter der Landesbauministerien und der Gemeinden in den Normenausschüssen nicht unbedingt das "öffentliche Interesse" an einer sozial- und umweltverträglichen Technikgestaltung vertreten, sondern vielfach konkurrierende, durch den Ressortauftrag definierte öffentliche Interessen verfolgen, also bspw. das Interesse an einer traditionell auf die Abwehr unmittelbarer Lebensgefahr beschränkten Gefahrenabwehr, das fiskalische Eigeninteresse an kostensparendem Bauen, weitere institutionelle Eigeninteressen (z.B. an der Erhaltung von Planungs- und Handlungsspielräumen) sowie das wirtschaftspolitische Interesse an der Erhaltung bestimmter Branchen. So haben Vertreter der öffentlichen Hand bspw. bei der Erstellung der DIN 18 005 nicht

---

51 1988.

52 Vgl. Eichener/ Voelzkow 1991.

53 Vgl. auch Böckenförde 1988.

für, sondern gegen hohe Schallschutzanforderungen im Städtebau votiert.[54] Ähnliches gilt für die DIN 4109, bei deren Erarbeitung die staatlichen Vertreter ebenfalls gegen einen verbesserten Schallschutz im Wohnungsbau argumentiert haben.[55] Den bislang wohl interessantesten Fall stellen jedoch verschiedene bauaufsichtlich eingeführte Normen (DIN 18 164, 18 159, 52 612) dar, die noch die Verwendung der ozonschädigenden halogenierten Kohlenwasserstoffe (FCKW) in Schaumstoffen zur Wärmedämmung verbindlich vorschreiben. Während der Bundesumweltminister eine Normänderung forderte und auch aus der chemischen Industrie, die inzwischen Ersatzstoffe anbietet, ein Änderungsantrag gestellt wurde, hat der zuständige Arbeitsausschuß, dem auch Vertreter der Arbeitsgemeinschaft der für das Bau-, Wohnungs- und Siedlungswesen zuständigen Minister der Länder und des staatlichen Instituts für Bautechnik, Berlin, angehören, eine Normänderung bislang mit dem Hinweis auf die mangelnde Bewährung von Ersatzstoffen abgelehnt, obwohl eine vom Bundeskabinett am 30.5.1990 beschlossene Verordnung ein Verbot von FCKW zum 1.1.1995 ausspricht. Hier liegt offensichtlich ein Konflikt zwischen verschiedenen öffentlichen Interessen vor, die von unterschiedlichen Ressorts vertreten werden und für die es überdies unterschiedliche Bund-Länder-Zuständigkeiten gibt.[56]

Aus diesen Beispielen folgt, daß keineswegs davon auszugehen ist, daß "der Staat" die öffentlichen Interessen an sozial- und umweltverträglicher Technikgestaltung in bestmöglicher Weise zu verfolgen vermag. Der häufig in der Rechtswissenschaft und auch im Normenvertrag zwischen der Bundesrepublik Deutschland und dem DIN gebrauchte Singular "das öffentliche Interesse" löst sich bei näherer Betrachtung in ein Konglomerat verschiedener, miteinander konkurrierender Einzelinteressen auf, genau wie sich "der Staat" im faktischen Handeln in eine Vielzahl von Gebietskörperschaften, Ministerien, Behörden und Einzelakteuren auflöst, die aufgrund des Ressortsprinzips und faktischer Klientelverflechtung bestimmten Partikularinteressen verpflichtet sind. Dies gilt insbesondere dann, wenn ein stärkeres staatliches Engagement in der Techniksteuerung Adaptionsleistungen des politisch-administrativen Systems erfordert: "Naturwissenschaftlich-technisches Fachwissen wird damit zu einer Erfolgsvoraussetzung für staatliche Steuerungs- und Interventionsversuche".[57] Die Rekrutierung technischer Experten durch die staatliche Administration birgt jedoch die Gefahr, daß sich "vertikale Fachbruderschaften" bilden, die sich "Freiräume halbautonomer Fachpolitiken" sichern und sich eher einer professionellen Ethik, die Wolf mit einer eindrucksvollen Reihe von Zitaten belegt ("gesunder Ingenieurverstand" etc.), verpflichtet fühlen

---

54 aus Gründen der Kostenvermeidung und der Erhaltung von Planungsspielräumen; vgl. Steinebach 1987: 120 ff.

55 um nicht die Hersteller bestimmter Baustoffe wirtschaftlich zu gefährden; vgl. Böckenförde 1987: 31.

56 Statements auf einer Fachtagung der Koordinierungsstelle Umweltschutz im DIN am 17./18.12.1990, eigene Interviews, vgl. auch Lehmann/ Graßmann 1990: 20 ff.

57 Wolf 1987: 370.

als politisch definierten öffentlichen Interessen, die jenseits des professionellen, klientel- und ressortspezifischen Referenzsystems liegen. So haben bspw. unsere eigenen Untersuchungen zur staatlichen Beteiligung an der Baunormung ergeben, daß das Gefahrenabwehrgebot der Landesbauordnungen von vielen Angehörigen der staatlichen Bauverwaltung professionell-konservativ interpretiert wird; die staatlichen Vertreter bestehen lediglich auf der Wahrung des Interesses an einer Abwehr unmittelbarer Lebensgefahren (z.B. durch Einsturz) und nicht etwa auf der Durchsetzung des Interesses an einer Abwehr von Gesundheits- und Umweltgefahren.[58]

Auf der Basis dieser Analysen soll im folgenden Abschnitt ein demokratietheoretisches Modell zur Diskussion gestellt werden, das verbesserte Voraussetzungen für eine interessenpluralistische Techniksteuerung schaffen will.

7. Demokratietheoretische Anforderungen an eine prozedurale Steuerung der technischen Regelsetzung: Konturen einer assoziativen Demokratie

Wenn man sich von der Fiktion löst, daß es "den Staat" gäbe, der das "öffentliche Interesse" allein vertritt, sind zwei Schlußfolgerungen für die Repräsentation öffentlicher Interessen in der verbandlichen Techniksteuerung zu ziehen: Erstens erfordert eine adäquate Repräsentation eines breiteren Spektrums öffentlicher Interessen in der technischen Regelsetzung nicht nur eine Intensivierung, sondern auch eine Pluralisierung der staatlichen Beteiligung. Es reicht in vielen Fällen nicht aus, nur aus einem Ressort Vertreter in die Normungsgremien zu entsenden. Vielmehr sind bspw. bei allen Normungsvorhaben, die ökologische Fragen berühren, neben den Fachressorts die Umweltministerien zu beteiligen, die überdies mit verschiedenen technischen Behörden, insbesondere dem Umweltbundesamt, über den erforderlichen technischen Sachverstand verfügen. Ähnliches gilt bei gesundheitspolitischen Fragen für die Gesundheitsministerien und Behörden wie das Bundesgesundheitsamt, bei Fragen des Arbeitsschutzes für die Arbeitsministerien und Behörden wie die Bundesanstalt für Arbeitsschutz etc. Zweitens kann eine breitere Interessenrepräsentation in den regelsetzenden Gremien dadurch erreicht werden, daß der Staat die Partizipationsfähigkeit der weniger organisations- und konfliktfähigen gesellschaftlichen Interessen durch Organisationshilfen gezielt stärkt. Eine solche reflexiv-prozedurale Steuerung würde auf eine Abschwächung der aufgewiesenen Ungleichgewichte der Chancen der organisierten Interessen, sich an der technischen Regelsetzung zu beteiligen, abzielen.

Das weitestgehende Beispiel für die gezielte Stärkung der Fähigkeit organisierter Interessen, sich an der Normungsarbeit zu beteiligen, stellt nach wie vor der 1975 eingerichtete Verbraucherrat im DIN dar, der vom Bundeswirtschaftsministerium finanziert wird und zu dessen Aufgaben u.a. die Herausfilterung verbraucherrelevanter Normungsvorhaben, das direkte Einbringen von Verbraucherinteressen in die Nor-

58 Eichener/Voelzkow 1991.

mungsarbeit und die Koordination und Unterstützung der Beteiligung der Verbraucherorganisationen an der Normung gehören. Eine ähnliche Konstruktion ist seitens des Bundesumweltministeriums 1990 mit der Koordinierungsstelle Umweltschutz im DIN geschaffen worden, die die Beteiligungsfähigkeit der Umweltschutzorganisationen erhöhen soll.

Auch in den Gewerkschaften wird die Forderung nach einer staatlichen Förderung der Repräsentation der gegenüber den Wirtschaftsinteressen benachteiligten Arbeitnehmerinteressen in der Normung erhoben, um zu einer "Demokratisierung der Normungsprozesse" beizutragen: "Die Ausgangsbedingungen und Voraussetzungen für die Partizipation, die für die verschiedenen gesellschaftlichen Gruppen recht unterschiedlich sind, müßten auch in materieller Hinsicht auf ein gleiches Niveau angehoben werden. Dies beinhaltet vor allem die Forderung, den Aufwand für Organisationen, welche gesellschaftliche Interessen vertreten und deshalb nicht in der Lage sind, sich spätere finanzielle Erträge von Normungsarbeiten privat anzueignen, aus öffentlichen Mitteln zu tragen. Diese Kostenübernahme müßte auch den Aufwand für die Akquirierung externer Experten einschließen".[59]

In der europäischen Normung soll die Repräsentation der Arbeitnehmerinteressen gestärkt werden, indem die EG-Kommission dem Europäischen Gewerkschaftsbund finanzielle Mittel für die Einrichtung eines Technischen Büros zur Überwachung der europäischen Normungsarbeit zur Verfügung stellt.[60] Im Grünbuch der EG-Kommission wird an der gleichen Stelle eine höhere Bereitschaft der Verbraucher, Anwender und Arbeitnehmer gefordert, sich an der europäischen Normung zu beteiligen, und gleichzeitig eine größere Offenheit der Normungsinstitutionen gegenüber einer solchen Beteiligung eingeklagt.

Beide Strategien, sowohl die Pluralisierung der direkten staatlichen Repräsentation öffentlicher Interessen als auch die Pluralisierung der verbandlichen Repräsentation organisierter Interessen durch die gezielte Förderung der Partizipationsfähigkeit bestimmter Interessen durch den Staat, haben sich gegenseitig zu ergänzen. Dafür, beide Strategien parallel zu verfolgen, sprechen sowohl pragmatische als auch demokratietheoretische Argumente.

Ein pragmatisches Argument besteht darin, daß eine breitere Repräsentation bestimmter öffentlicher Interessen erreicht wird, wenn den Normungsgremien gleichzeitig Vertreter der zuständigen staatlichen Ressorts und der entsprechenden Interessenverbände angehören, die miteinander koalieren können.[61] Ein einzelner Vertreter eines spezifischen öffentlichen Interesses (bspw. ökologischer Städtebau) gerät nach unseren Analysen rasch in eine Minderheitsposition, die sich aufgrund der sozialen Dynamik der Normungsarbeit häufig zu einem sozial diskriminierten Außenseiterstatus verdichtet.

---

59 Welsch 1990: 659 f.

60 Kommission 1990: 24.

61 Vgl. auch v. Lersner 1990.

Das "öffentliche Interesse" hat wenig Aussicht auf erfolgreiche Berücksichtigung, wenn es in den Normenausschüssen keine Koalitionspartner finden kann.

Ein demokratietheoretisches Argument, die Repräsentation der öffentlichen Interessen durch eine staatlich gestützte verbandliche Repräsentation zu ergänzen, liegt in den angesprochenen Schwierigkeiten, ein einheitliches und eindeutig definierbares "öffentliches Interesse" quasi als Vektorsumme aus der Vielzahl miteinander konfligierender öffentlicher Einzelinteressen unter Einschluß partikularer institutioneller Eigeninteressen der verschiedenen Ressorts herauszudestillieren. Aus der Analyse, daß sich "die Einheit der Staatswillensbildung und die Einheit der Verwaltung ... zunehmend als Fiktionen" erweisen,[62] ergeben sich demokratietheoretische Konzepte, die folglich "dem Staat" das Monopol auf die Definition des "öffentlichen Interesses" absprechen und stattdessen auf Konsensbildungsprozesse setzen, die unter gleichrangiger Beteiligung staatlicher Akteure und von Vertretern einer Vielzahl von gesellschaftlichen Interessen ablaufen.[63] Auch Ritters Konzept des "kooperativen Staats" gründet sich auf die empirisch durchaus fundierte Erkenntnis, daß "der Staat" das "öffentliche Interesse" nicht mehr eindeutig zu repräsentieren vermag: "Der Staat und seine Verwaltung sind keine monolithische Einheit, sondern ein polyzentrisch handelnder Akteur; ... in der Verbundproduktion von öffentlichen Aufgaben ist der Staat nicht länger alleinige und zentrale Steuerungsstelle, sondern 'Mitspieler in einem Netz von Handelnden' (Fürst)".[64] Tatsächlich werden solche partizipativen oder kooperativen Steuerungsmodelle nicht nur bei der technischen Regelsetzung durch Verbände praktiziert, sondern bei einer Fülle weiterer Steuerungsmaterien.[65] Deshalb hat der Gesetzgeber die Fiktionen von der Einheit der staatlichen Verwaltung und einer eindeutigen Bestimmbarkeit des "öffentlichen Interesses" bspw. im Baugesetzbuch aufgegeben; dort ist im Hinblick auf die Planungsverfahren vorgeschrieben, daß verschiedene private und öffentliche Belange (im Plural!) gegeneinander und untereinander (!) abzuwägen sind (§ 1 f.).

Wenn die territoriale Repräsentation der gesellschaftlichen Interessen nicht mehr ausreicht, um eine effektive politische Steuerung auf einem Politikfeld zu gewährleisten, ist sie zu ergänzen durch eine prozedurale Steuerung[66] von Arenen funktionaler Repräsentation (durch Verbände) sowie reflexiver Repräsentation der nur schwer organisierbaren Interessen.[67] Die breite Delegation von Steuerungskompetenzen an Gremien funktionaler Repräsentation mit "funktionaler Legitimation"[68] führt zu einem

62 Ritter 1990: 72.

63 Lindblom 1965: 28 f.

64 Ritter 1990: 105.

65 Vgl. dazu Schuppert 1981.

66 Teubner 1985: 334 f.

67 Eder 1990: 162, vgl. auch Preuß 1989: 12.

68 Ritter 1990.

Demokratiemodell, das mit Cohen/Rogers[69] als "assoziative Demokratie" bezeichnet werden kann.

Gegenüber den klassischen Pluralismus-Konzeptionen zeichnet sich das Modell der "assoziativen Demokratie" durch einen aktiven Staat aus, der dafür sorgt, daß die Entscheidungsprozesse nicht von übermächtigen Partikularinteressen dominiert werden. "Gemeinwohl" wird dabei von allen relevanten und annähernd chancengleich partizipierenden gesellschaftlichen Interessen erzeugt. Die staatliche Sicherstellung der Partizipationsfähigkeit der weniger organisations- und konfliktfähigen Interessen durch die bereits erwähnten Organisations- und Finanzhilfen stellt als reflexiv-prozedurale Steuerung eine wesentliche Voraussetzung für die Funktionsfähigkeit der Entscheidungsgremien dar. Als zweite wesentliche Voraussetzung hat der Staat sicherzustellen, daß die geltenden Verfahrensregeln den demokratietheoretischen Minimalanforderungen soweit entsprechen, daß die Delegation politischer Steuerungskompetenzen an privatrechtliche Institutionen zu vertreten ist. Für die Techniksteuerung bedeutet dies, daß die regelsetzenden Institutionen demokratietheoretische Mindestanforderungen zu erfüllen haben, die bspw. schon Hesse[70] mit Gemeinwohlorientierung, Teilhabe an den Legitimitätsprinzipien der Allgemeinheit, Öffentlichkeit der internen Entscheidungsprozesse und realisierter Verantwortlichkeit umrissen hat.

Im Rahmen des Konzepts einer "assoziativen Demokratie" scheinen die Bestimmungen des Normenvertrages und der damit zusammenhängenden Verfahrensnorm DIN 820 noch nicht auszureichen. So bemängeln Battis/Gusy,[71] die Verpflichtung des DIN, das "öffentliche Interesse" zu berücksichtigen, sei "vage" und erlaube "geradezu die Zurückstellung der öffentlichen gegenüber den privaten Belangen". Daraus ergibt sich die Forderung, daß im Normenvertrag und - im Falle des DIN - in der DIN 820 die Begriffe "öffentliches Interesse" und "Gemeinwohl" zum einen genauer zu spezifizieren wären - so wäre in jedem Fall das "öffentliche Interesse" am Umweltschutz in den Zielkatalog aufzunehmen - und zum anderen die Berücksichtigungspflicht zu operationalisieren wäre, bspw. indem eine unzureichende Berücksichtigung öffentlicher Interessen eine aufschiebende Wirkung im Schlichtungs- und Schiedsverfahren erhielte, wie dies hinsichtlich der Umweltinteressen vom Bundesumweltminister gefordert wird.

Zu operationalisieren wäre auch die ausgesprochen vage Bestimmung der DIN 820 zur Ausschußzusammensetzung ("die interessierten Kreise" in einem "angemessenen Verhältnis"), die angesichts des in der Richtlinie für Normenausschüsse festgelegten Kooptationsprinzips bei der Rekrutierung der Ausschußmitglieder häufig zu einer unzureichenden Repräsentation innovativer und öffentlicher Interessen führt. Eine erhebliche Erleichterung der Partizipationsbedingungen dürfte ferner von einer Steigerung der Transparenz der Normungsarbeit ausgehen. Demokratische Minimalanforderungen

69 1990.
70 1958: 43.
71 1988: 59 f.

an Selbststeuerungsprozesse beinhalten, daß die Entscheider identifizierbar und die Argumente und Entscheidungsverläufe öffentlich nachvollziehbar sind.[72] Hierzu gehört auch die bspw. von Welsch[73] und dem Präsidenten des Umweltbundesamts[74] geforderte Verschärfung der Informationspflicht der regelsetzenden Organisationen.

Zur Durchsetzung dieser prozeduralen Steuerung steht dem Staat der gesamte Kanon der Maßnahmen zur Verfügung, den Schuppert[75] diskutiert, darunter präzisere materielle Vorgaben im Rahmen der Generalklauselmethode, die Rahmengesetzgebung bzw. eine Verschärfung der vertraglichen Verfahrensregelung, die Kontrolle durch staatliche Vertreter in den Aufsichts- und Lenkungsgremien oder finanzielle Anreize. Ein indirekt wirksames Mittel des Staates, die regelsetzenden Verbände dazu zu bringen, die öffentlichen Interessen aus eigener Motivation hinreichend zu berücksichtigen, besteht jedoch in der Drohung mit dem allgegenwärtigen Gesetzesvorbehalt oder einem - im Bauwesen vorhandenen und ggf. in anderen Technikfeldern einführbaren - Anerkennungsvorbehalt verbandlicher technischer Regeln. Die Drohung mit einer staatlichen Regulation kann ausreichen, um die regelsetzenden Verbände dazu zu bewegen, die öffentlichen Interessen von sich aus zu berücksichtigen und damit die Qualität der verbandlichen Techniksteuerung zu heben, um staatlichen Eingriffen zuvorzukommen. Der Gesetzesvorrang schwebt wie das Damoklesschwert über den technischen Verbänden - allerdings muß der Staat dafür sorgen, daß das Damoklesschwert auch scharf bleibt, d.h. er muß ein Mindestmaß an eigener technischer Kompetenz vorhalten, wie dies z.B. im Bereich des Umweltschutzes mit dem Umweltbundesamt geschieht. Gesetzesvorbehalt und Anerkennungsvorbehalt stellen im übrigen auch Kontrollinstrumente (bzw. "Notbremsen") dar, um technische Regeln, bei denen sich Partikularinteressen durchgesetzt haben, ex post außer Kraft zu setzen bzw. zu korrigieren.

Die Delegation der technischen Detailsteuerung an die regelsetzenden Verbände muß keineswegs mit einem Rückzug des Staates aus diesem Politikfeld einhergehen. Vielmehr erfordert eine "assoziative Demokratie" einen in mehrfacher Weise aktiven Staat, d.h. einen Staat,

- der sich intensiv und ressortpluralistisch an der technischen Regelsetzung beteiligt,
- der die Fähigkeit der weniger organisations- und konfliktfähigen Interessen zur Partizipation an der verbandlichen Regelsetzung gezielt fördert,
- der für Verfahrensregeln im Prozeß der technischen Regelsetzung sorgt, die eine pluralistische Interessenberücksichtigung gewährleisten, und

72 Vorschläge bei Hanning 1976: 170.

73 1990: 659.

74 v. Lersner 1990.

75 1981: 373 ff.

- der durch die Drohung mit dem Gesetzesvorbehalt und ggf. mit einem Anerkennungsvorbehalt eine hohe demokratische Qualität der verbandlichen Regelsetzung zu erreichen vermag.

Die "assoziative Demokratie" bedeutet damit weder einen "Abschied vom Recht"[76] noch einen "Abschied vom Staat". Wenn der Staat diese Elemente einer politischen und prozeduralen Steuerung praktiziert, kann die verbandliche Regelsetzung einer staatlichen Techniksteuerung nicht nur unter Effektivitätsgesichtspunkten, sondern auch unter Legitimitätskriterien überlegen sein.

---

76 Voigt 1983: 44.

Literaturverzeichnis

Balke, S. 1972: Regeln der Technik sind ein hervorragendes Feld technisch-wirtschaftlicher-sozialer Selbstverantwortung und staatsentlastender privatrechtlicher Betätigung. In: GdT-Schriftenreihe Nr. 4, Düsseldorf, S. 29-30.

Battis, Ulrich 1992: Technische Normen im Baurecht. Staatliches Handeln zur Wahrnehmung öffentlicher Interessen. In: Wilgart Schuchardt (Hrsg.).

Battis, Ulrich/ Gusy, Christoph 1988: Technische Normen im Baurecht (Umweltrechtliche Studien 3, hrsg. von Ulrich Battis, Eckard Rehbinder und Gerd Winter). Düsseldorf: Werner.

Bauerdick, Johannes 1991: Technische Sicherheit und Arbeitsschutz: von staatlicher Kontrolle zur verbandlichen Selbstregulierung. Arbeitspapier des Sonderforschungsbereichs 187 "Neue Informationstechnologien und flexible Arbeitssysteme", Ruhr-Universität Bochum.

Beck, Ulrich 1988: Gegengifte. Die organisierte Unverantwortlichkeit. Frankfurt am Main: Suhrkamp.

Böckenförde, Dieter 1987: Die Verwendung des Begriffs 'Allgemein anerkannte Regeln der Technik' und die Einbeziehung der DIN-Normen in das öffentliche Baurecht, insbesondere in die Bauordnungen der Länder. In: Normenausschuß Bauwesen (NABau) im DIN Deutsches Institut für Normung e.V. (Hrsg.), Die Regeln der Technik und die DIN-Normen im öffentlichen und zivilen Baurecht. Kolloquium am 28. Januar 1987. Berlin/ Köln: Beuth, S. 29-39.

Böckenförde, Dieter 1988: Private Baunormung und staatliche Bauaufsicht - Kooperation statt Konfrontation. In: DIN-Mitteilungen 67, S. 644-646.

Böttger, J. 1979: Ursachen und Wirkungen des Vertrages zwischen der Bundesrepublik Deutschland und dem DIN Deutsches Normungsinstitut e.V. In: DIN Deutsches Institut für Normung e.V. (Hrsg.), Technische Normung und Recht. Referate und Diskussionen der DIN-DVT-Gemeinschaftsveranstaltung am 12. und 13. Juni 1979 in Köln (Normungskunde Heft 14). Berlin/ Köln: Beuth, S. 31-42

Brinkmann, Werner 1984: Rechtliche Aspekte der Bedeutung von technischen Normen für den Verbraucherschutz. Überarbeitete und aktualisierte Fassung eines Rechtsgutachtens im Auftrage der Forschungsgruppe Verbraucherinteressen an der Universität Gesamthochschule Duisburg, DIN-Normungskunde Band 20 Berlin/ Köln: Beuth.

Brunner, Ursula 1982: Rechtsetzung durch Private. Private Organisationen als Verordnungsgeber. Zürich (Dissertation).

Budde, Eckart 1987: Grundsätze der Normungsarbeit nach DIN 820. In: Normenausschuß Bauwesen im Deutschen Institut für Normung e.V. (Hrsg.), Die Regeln der Technik und die DIN-Normen im öffentlichen und zivilen Baurecht. Berlin/ Köln: Beuth, S. 9-16.

Cohen, Joshua/ Rogers, Joel 1990: Secondary Associations in Democratic Governance. Unveröffentlichtes Manuskript, MIT/ UW-Madison.

Commission at the European Communities 1988: Research on the "Cost of Non-Europe", Basic Findings, Vol. 6: Technical Barriers in the EC: An Illustration by Six Industries/ The "Cost of Non-Europe": Some Case-Studies on Technical Barriers. Luxembourg.

Daele, Wolfgang van den 1989: Restriktive oder konstruktive Technikpolitik? In: Joachim Jens Hesse/ Rolf Kreibich/ Christoph Zöpel (Hrsg.), Zukunftsoptionen - Technikentwicklung in der Wissenschafts- und Risikogesellschaft. Baden-Baden: Nomos, S. 91-110.

DIN Deutsches Institut für Normung e. V. (Hrsg.) 1989: DIN Geschäftsbericht 1988/89. Berlin.

Eder, Klaus 1990: Prozedurales Recht und Prozeduralisierung des Rechts. Von der Schrankenziehung zur Steuerung von Beziehungsnetzen. In: Dieter Grimm (Hrsg.), S. 187-216.

Eichener, Volker 1990: Normungsbedarf für CIM-Benutzungsschnittstellen. Arbeitspapier des Sonderforschungsbereichs 187 "Neue Informationstechnologien und flexible Arbeitssysteme", Ruhr-Universität Bochum.

Eichener, Volker 1991a: Arbeitssoziologische und arbeitspolitische Aspekte ergonomischer Systemgestaltung. In: Volker Eichener/ Manfred Mai (Hrsg.): Arbeitsorientierte Technikgestaltung. Gesellschaftliche Grundlagen, innovative Modelle, Praxisbeispiele. Opladen, S. 185-216.

Eichener, Volker 1991b: Zertifizierte Software-Ergonomie: Hintergründe und Perspektiven der Software-Qualitätsnorm DIN 66 285. Arbeitspapier des Sonderforschungsbereichs 187 "Neue Informationstechnologien und flexible Arbeitssysteme", Ruhr-Universität Bochum.

Eichener, Volker/ Voelzkow, Helmut 1991: Umweltinteressen in der verbandlichen Techniksteuerung. Eine empirische Untersuchung der technischen Normung im Bereich der Stadtentwicklung. Institut für Landes- und Stadtentwicklungsforschung des Landes NRW, ILS-Taschenbücher, Dortmund.

Fuchs, Karl-Detlev 1982: Die Normung im Bereich der Arbeitsgestaltung - ein Beispiel für die Verflechtung von Staat und Wirtschaft. In: Volkmar Gessner/ Gerd Winter (Hrsg.), Rechtsformen der Verflechtung von Staat und Wirtschaft (Jahrbuch für Rechtssoziologie und Rechtstheorie, Bd.VIII). Opladen: Westdeutscher Verlag, S. 232-239.

Fürst, Dietrich 1987: Die Neubelebung der Staatsdiskussion: Veränderte Anforderungen an Regierung und Verwaltung in westlichen Industriegesellschaften. In: Thomas Ellwein et al. (Hg.): Jahrbuch zur Staats- und Verwaltungswissenschaft 1. Baden-Baden: Nomos, S. 261-284.

Grimm, Dieter (Hrsg.) 1990: Wachsende Staatsaufgaben - sinkende Steuerungsfähigkeit des Rechts. Baden-Baden: Nomos.

Grimme, L. Horst/Faust, Michael/Altenburger, Rolf 1986: Die Begründung von Wirkungsschwellen in Pharmakologie und Toxikologie und ihre Bewertung aus biologischer Sicht. In: Gerd Winter (Hrsg.), Grenzwerte. Interdisziplinäre Untersuchungen zu einer Rechtsfigur des Umwelt-, Arbeits- und Lebensmittelschutzes. Düsseldorf: Werner, S. 35-48.

Hanning, August 1976: Umweltschutz und überbetriebliche technische Normung. Schriftenreihe Recht - Technik - Wirtschaft, Bd. 9 (hrsg. von Rudolf Lukes), Köln/ Berlin/ Bonn/ München: Carl Heymanns.

Hesse, Konrad 1958: Die verfassungsrechtliche Stellung der Parteien im modernen Staat. In: VVDStRL 17: 11 ff.

Jarass, Hans D. 1987: Der rechtliche Stellenwert technischer und wissenschaftlicher Standards. Probleme und Lösungen am Beispiel der Umweltstandards. In: Neue Juristische Wochenschrift, Heft 21, S. 1225-1231.

Knoepfel, Peter/ Weidner, Helmut 1980: Normbildung und Implementation: Interessenberücksichtigungsmuster in Programmstrukturen von Luftreinhaltepolitiken. In: Renate Mayntz (Hrsg.), Implementation politischer Programme. Empirische Forschungsberichte. Königstein/ Ts.: Athenäum, S. 82-104.

Köhne, Anne-Lore 1987: Die besonderen Aspekte der Teilnahme der Verbrauchervertreter an den europäischen und nationalen Normungsarbeiten - Erfahrungen auf nationaler Ebene. In: DIN-Mitteilungen 66, Nr. 11, S. 527-529.

Kommission der Europäischen Gemeinschaften 1985: Vollendung des Binnenmarktes. Weißbuch der Kommission an den Europäischen Rat. Luxemburg.

Kommission der Europäischen Gemeinschaften 1990: Grünbuch der EG-Kommission zur Entwicklung der europäischen Normung: Maßnahmen für eine schnellere technologische Integration in Europa. Brüssel.

Kypke, Ulrich 1982: Technische Normung und Verbraucherinteresse. Strukturelle, konzeptionelle und steuerungspolitische Probleme technischer Regelwerke. Köln: Pahl-Rugenstein.

Ladeur, Karl-Heinz 1986: Alternativen zum Konzept der "Grenzwerte" im Umweltrecht - Zur Evolution des Verhältnisses von Norm und Wissen im Polizeirecht und im Umweltplanungsrecht. In: Gerd Winter (Hrsg.), Grenzwerte. Interdisziplinäre Untersuchungen zu einer Rechtsfigur des Umwelt-, Arbeits- und Lebensmittelschutzes. Düsseldorf: Werner, S. 263-280.

Lehmann, Klaus/ Graßmann, Jörg 1990: Überprüfung von produktbezogenen DIN-Normen auf Umweltrelevanz. DIN Deutsches Institut für Normung e.V., Koordinierungsstelle Umweltschutz, Berlin (hrsg. vom Bundesminister für Umwelt, Naturschutz und Reaktorsicherheit), Bonn: Bonner Universitäts-Buchdruckerei.

Lersner, Heinrich Freiherr von 1990: Presseerklärung anläßlich der Fachtagung der Koordinierungsstelle Umweltschutz im DIN am 17./ 18.12.1990.

Lindblom, Charles Edward 1965: The Intelligence of Democracy. Decision Making through Mutual Adjustment. New York: Free Press.

Mai, Manfred 1988: Soziologische Fragen der technischen Normung. In: Sozialwissenschaften und Berufspraxis Bd. 11, S. 115-127.

Mayntz, Renate 1990: Entscheidungsprozesse bei der Entwicklung von Umweltstandards. In: Die Verwaltung. Zeitschrift für Verwaltungswissenschaft, 23. Band, Heft 2, S. 137-151.

Mayntz, Renate/ Bohne, Eberhard/ Derlien, Hans-Ulrich/ Hesse, B./ Hucke, Jochen 1978: Vollzugsprobleme der Umweltpolitik. Empirische Untersuchung der Implementation von Gesetzen im Bereich der Luftreinhaltung und des Gewässerschutzes (Materialien zur Umweltforschung, Bd. 4). Stuttgart: Kohlhammer.

Nickusch, Karl-Otto 1964: Die Normativfunktion technischer Ausschüsse und Verbände als Problem der Rechtsquellenlehre. München (Dissertation).

Offe, Claus 1969: Politische Herrschaft und Klassenstrukturen. In: Gisela Kress/ Dieter Senghaas (Hrsg.), Politikwissenschaft. Eine Einführung in ihre Probleme. Frankfurt am Main: Europäische Verlagsanstalt, S. 155-189.

Olson, Mancur 1968: Die Logik des kollektiven Handelns. Kollektivgüter und die Theorie der Gruppen. Tübingen: Mohr.

Preuß, Ulrich K. 1989: Perspektiven von Rechtsstaat und Demokratie. In: Kritische Justiz, 22. Jg., S. 1-12.

Reihlen, Helmut 1977: Kosten der Normung - Nutzen der Normung. In: DIN-Mitteilungen 56, Nr. 8, S. 387-391.

Ritter, Ernst-Hasso 1990: Das Recht als Steuerungsmedium im kooperativen Staat. In: Dieter Grimm (Hrsg.), S. 69-112.

Ropohl, Günther/ Schuchardt, Wilgart/ Lauruschkat, Helmut 1984: Technische Regeln und Lebensqualität. Analyse technischer Normen und Richtlinien. Düsseldorf: VDI-Verlag.

Schuchardt, Wilgart (Hrsg.) 1992: Technische Normen und Bauen. Kooperationsprinzip und staatliche Verantwortung. EG-Binnenmarkt und eine umweltverträgliche Stadtentwicklung als Herausforderung an die Baunormung. Berlin/ Köln: Beuth (i.E.).

Schuppert, Gunnar Folke 1981: Die Erfüllung öffentlicher Aufgaben durch verselbständigte Verwaltungseinheiten. Göttingen: Schwartz.

Schwierz, Matthias 1986: Die Privatisierung des Staates am Beispiel der Verweisungen auf die Regelwerke privater Regelgeber im Technischen Sicherheitsrecht. Frankfurt am Main/ New York: Peter Lang.

Steinebach, Gerhard 1987: Lärm- und Luftgrenzwerte. Entstehung, Aussagewert, Bedeutung für Bebauungspläne. Düsseldorf: Werner.

Teubner, Gunther 1985: Verrechtlichung. Begriffe, Merkmale, Grenzen, Auswege. In: Friedrich Kübler (Hrsg.), Verrechtlichung von Wirtschaft, Arbeit und sozialer Solidarität. Vergleichende Analysen. Baden-Baden: Nomos, S. 289-344.

Töpfer, Klaus 1990: Vorwort. In: Klaus Lehmann, Klaus/ Jörg Graßmann, S. 1.

Voelzkow, Helmut/ Hilbert, Josef 1991: Staat, Politik und verbandliche Selbstregulierung. Kritische Anmerkungen zu Olsons Analyse des "Aufstiegs und Niedergangs von Nationen". In: Klaus Schubert (Hrsg.): Leistungen und Grenzen politisch-ökonomischer Theorie: Eine kritische Bestandsaufnahme zu Mancur Olson. Darmstadt: Wissenschaftliche Buchgesellschaft (i.E.).

Voelzkow, Helmut/ Hilbert, Josef/ Bolenz, Eckardt 1987a: Wettbewerb durch Kooperation - Kooperation durch Wettbewerb. Zur Funktion und Funktionsweise der Normungsverbände. In: Manfred Glagow/ Helmut Willke (Hrsg.), Dezentrale Gesellschaftssteuerung. Probleme der Integration polyzentrischer Gesellschaft. Pfaffenweiler: Centaurus, S. 93-116.

Voelzkow, Helmut/ Hilbert, Josef/ Heinze, Rolf G. 1987b: "Regierung durch Verbände" - am Beispiel der umweltschutzbezogenen Techniksteuerung. In: Poltische Vierteljahresschrift, Heft 1, S. 80-100.

Voigt, Rüdiger 1983: Regulatives Recht im Wohlfahrtsstaat. In: Rüdiger Voigt (Hrsg.), Abschied vom Recht? Frankfurt am Main: Suhrkamp, S. 19-49.

Welsch, Johann 1990: Soziale Technikgestaltung durch Demokratisierung technischer Normung. Einige Überlegungen aus gewerkschaftlicher Sicht. In: WSI-Mitteilungen, 43. Jg., Heft 10, S. 650-660.

Wolf, Rainer 1987: Zur Antiquiertheit des Rechts in der Risikogesellschaft. In: Leviathan, 15. Jg., Heft 3, S. 357-391.

5. Kapitel

Das scheinbare Paradox:

Von der Selbstblockade zum lernfähigen Staat

Politik am Limit - Über das Elend des reinen Liberalismus

Wolfgang Fach

1. Einleitung: Politik am Limit

Man kennt diese ewige Wiederkehr des Gleichen: "der Markt" versagt; bei dem Versuch, helfend einzugreifen, versagt dann "die Politik"; sie zieht sich zurück und überläßt das Marktgeschehen wieder sich selbst - nur um früher oder später, wenn neue "Fehlentwicklungen" eintreten, ein weiteres Mal auf den Plan treten zu müssen: Regulierung, De-Regulierung, Re-Regulierung, "discrimination", "reverse discrimination", "affirmative action", "Liberalisierung" usw. usf.

So gesehen hat staatliches Handeln pathologische Züge - es ist ganz und gar ziellos, trotz vieler Ziele: die Luft soll besser, das Leben sicherer, der Verkehr flüssiger werden, Flugpreise sollen tiefer sinken, Arzneien gründlicher heilen, Industrien besser florieren, Minderheiten schneller reüssieren, mal als Ergebnis frei spielender Marktgesetze, dann wieder in staatlich gelenkten Bahnen. Am Ende, so scheint es, kommt nichts heraus oder doch frustrierend wenig verglichen mit dem gewaltigen Getöse und den aufgestauten Problemen. Offenbar stößt Politik an ihr Limit, egal ob sie auf Markt- oder Staatskräfte setzt: Nichts geht mehr.

Die Malaise provoziert den Ruf nach Klarheit: "Es ist die alexandrinische Lösung - zerschlage den Knoten, der sich nicht entwirren läßt."[1] "Knoten" meint hier den Wohlfahrtsstaat, was aber keineswegs zwingend ist.

Man könnte auch daran denken, das politische Handlungspotential energisch *auszubauen*, damit der "pastorale" Staatseingriff[2] nicht immer wieder auf unbeherrschte Gegenkräfte stößt. Indes sprechen gute Gründe dafür, daß moderne Gesellschaften sich diese Option faktisch verbaut haben, unabhängig vom abschreckenden Effekt "real existierender" Desaster.[3]

Es bleibt das Rätsel, warum der zweite Weg bis heute keine Chance hatte: die *konsequente Markt-Option*. Sicher, auch dafür gibt es Erklärungen, doch ihrer Tendenz nach verfehlen sie den genauen Sachverhalt auf eine von zwei Weisen: Vermutungen, warum eine konsequente "Vermarktung" vorzeitig versandet, sind

- entweder *übergeneralisiert*, etwa nach dem Muster: "Menschliche Wesen neigen dazu, Risiken zu scheuen,"[4] Risiken aller Art, wie sie im unkontrollierten Spiel von

1 Murray 1984, 228.

2 Vgl. Foucault 1981.

3 Offe 1990a, b.

4 Harrison/Bluestone 1988, 172.

Angebot und Nachfrage unweigerlich entstehen: Gewinneinbrüche, Absatzeinbußen, Arbeitsplatzverluste usw.;

- oder *überspezialisiert*: wenn z.B. die taktiererische Regierungspraxis der "Deregulierung durch die Hinterür"[5], in einer rechtlichen Grauzone am Parlament vorbei, als Begründung dafür steht, daß renegate Volksvertreter Attacken auf den Status quo abwürgen.

Beide Erklärungs-Angebote gehen an der Nach-Frage vorbei: Warum ist es dem politischen Programm des marktfixierten Lagers zweihundert Jahre lang nicht geglückt, die überwältigende Evidenz seiner resoluten Staatskritik in einem radikalen Staatsabbau angemessen umzusetzen? "Replacing Illusions"[6] hat sich als Sysiphus-Arbeit erwiesen, vom reinen oder "richtigen Liberalismus"[7] ist trotz viel "reaktionärer Rhetorik"[8] nur wenig reaktionäre Realität geworden.

2. Markt als Mittel

Es bietet sich an, die Suche nach einer Antwort bei Adam Smith und seiner klassischen Lobrede auf den Segen des Marktes zu beginnen:

> "In einer zivilisierten Gesellschaft ist der Mensch ständig und in hohem Maße auf die Mitarbeit und Hilfe anderer angewiesen, doch reicht sein ganzes Leben gerade aus, um die Freundschaft des einen oder anderen zu gewinnen. [...] Er wird sein Ziel wahrscheinlich viel eher erreichen, wenn er deren Eigenliebe zu seinen Gunsten zu nutzen versteht, indem er ihnen zeigt, daß es in ihrem eigenen Interesse liegt, das für ihn zu tun, was er von ihnen wünscht. Jeder, der einem anderen irgendeinen Tausch anbietet, schlägt vor: Gib mir, was ich wünsche, und du bekommst, was du benötigst. Das ist stets der Sinn eines solchen Angebots, und auf diese Weise erhalten wir nahezu alle guten Dienste, auf die wir angewiesen sind. Nicht vom Wohlwollen des Metzgers, Brauers und Bäckers erhalten wir das, was wir zum Essen brauchen, sondern davon, daß sie ihre eigenen Interessen wahrnehmen."[9]

Smiths Lob fällt überraschend moderat aus: Der Markt ist ein patentes *Mittel* zur Befriedigung persönlicher Bedürfnisse, tauglicher, vor allem verläßlicher als die Liebe des Nächsten. Doch diese hat auch ihre Meriten, und daß sie dem Leben den Stempel nicht aufdrückt, geht an uns keineswegs spurlos vorüber:

---

5 Mikva 1990.

6 Sowell 1990, 166.

7 Dietze 1985.

8 Hirschman 1989.

9 Smith 1978, 16f.

> "Wo der notwendige Beistand gegenseitig aus Liebe, aus Dankbarkeit, aus Freundschaft und Achtung gewährt wird, blüht die Gesellschaft und ist glücklich"[10]

- während sie, von dürren Kalkülen gelenkt, nur funktioniert, ganz banal, wiewohl technisch in Ordnung. Wenn

> "auch unter den verschiedenen Mitgliedern der Gesellschaft keine gegenseitige Liebe und Neigung herrschen sollte, wird doch die Gesellschaft, wenn sie auch weniger glücklich und angenehm ist, nicht notwendig aufgelöst werden. Die Gesellschaft kann unter verschiedenen Menschen, so wie unter verschiedenen Kaufleuten, bestehen bleiben aus Gefühl für ihren Nutzen ..."[11]

"Gemeinschaftliches" Leben erscheint also nicht deshalb undenkbar, weil es an seiner eingebauten Irrationalität zugrunde gehen müßte - erst die *Knappheit* der Liebe macht den Tausch gesellschaftsfähig: als Notbehelf für menschliche Defekte. Das alternative Ersatzprogramm, fürs Gewissen Geld an den bürokratisierten Sozialstaat zu überweisen,[12] ist zwar für sensible Gemüter tröstlich, doch, gemessen an Effizienz und Effektivität, hoffnungslos unterlegen:

> "Der einzelne vermag ganz offensichtlich aus seiner Kenntnis der örtlichen Verhältnisse weit besser zu beurteilen, als es irgendein Staatsmann oder Gesetzgeber für ihn tun kann, welcher Erwerbszweig im Lande für den Einsatz seines Kapitals geeignet ist und welcher einen Ertrag abwirft, der den höchsten Wertzuwachs verspricht"
>
> - individuell wie kollektiv.[13]

Anders gesagt: Liebe wärmt, aber rechnet sich nicht, jedenfalls dann, wenn der Staat als guter, aber blinder Hirte darauf achten will, daß seine Mitglieder mit dem Nötigsten versehen sind. Diese "Daseinsvorsorge" wird meist *suboptimal* ausfallen. Freilich nicht immer. Auf dem Markt entstehen von alleine weder sichere noch gerechte Verhältnisse - dazu muß sich die unsichtbare Hand in eine sichtbare Faust verwandeln.[14] Mehr noch, Adam Smith kennt noch Fälle, wo manche Güter ("öffentliche") nicht angeboten werden, obwohl (auch weil) jedermann sie nachfragt, und andere

---

10 Smith 1949, 118.

11 Smith 1949, 119.

12 Murray 1984, 235.

13 Smith 1978, 371.

14 Smith 1978, 587 ff., 600 ff.

("meritorische") sich als bedenklich unattraktiv erweisen. Beidesmal plädiert er für staatliche Korrekturen.[15]

Politik flankiert den Markt, wenn dieser "versagt" - und auch da, wo er (sozusagen) nach Plan funktioniert, steht hinter ihm der souveräne Wille. Er hat dafür zu sorgen, "daß Institutionen und Gewohnheiten der Vergangenheit abgeschafft werden, desgleichen Monopole und Privilegien [...] All das geschieht im Namen der Freiheit und ökonomischen Effizienz"[16] - von Staats wegen.

Diese "Politisierung" des Markt-Platzes geht zwar weniger weit als das kontinentale Programm einer liberalen "Staatswissenschaft", die den Markt als *kassierbare* Option behandelt hat.[17] Doch steht sie in gleich großer Distanz zur reinen Marktphilosophie libertärer Prägung, der staatliche Korrekturversuche wie perverse Gewaltakte vorkommen. "Smith's Travels on the Ship of State"[18] sind keine Irrfahrten.

3. Markt als Prinzip

Im Bild geblieben: Das Staatsschiff verliert seine Orientierung (ohne deshalb den eingeschlagenen Kurs aufzugeben), als hundert Jahre später der *soziale Darwinismus* die Richtung anzugeben beginnt. Herbert Spencer, erster Prophet des neuen Dogmas, hat den Staat (fast) ganz abgeschrieben - für ihn ist er ein Hort lebensgefährlicher Verwirrungen, Verfehlungen und Widersprüche: "the coming slavery", "the sins of legislators", "the great political superstition", "overlegislation", "from freedom to bondage" oder, auf den kürzesten Nenner gebracht, "the man vs. the state".[19]

"The Man" ist bei Spencer nicht mehr der Metzger, Brauer oder Bäcker von nebenan, sondern das konkurrenzgestählte Endprodukt einer fortschrittlichen Zivilisation, die nach dem "wohltätigen" Prinzip des "survival of the fittest"[20] weniger resistente Kreaturen unnachsichtig aussortiert. "The State", von falschen Omnipotenzgefühlen geleitet und verkehrten Humanitätsidealen getrieben, will den Selektionsprozeß humanisieren - nur um dabei lernen zu müssen, daß er dem natürlich anfallenden Elend nicht wirklich beikommen kann. Bis auf weiteres herrscht eben

> "ein unglücklicher Zustand. Die Reibungen zwischen Natur und Verfassung werden unweigerlich Elend produzieren. Alle diese Übel, die uns zustoßen und für den Uneingeweihten aussehen wie offenkundige Wirkungen dieser oder jener ausschaltbaren Ursache, sind in Wahrheit unvermeidliche Begleiterscheinungen des laufenden Anpassungsprozesses."

---

15 Smith 1978, 612 ff.

16 Skinner 1979, 219.

17 Koch 1978.

18 Stigler 1975.

19 Spencer 1981.

20 Spencer 1981, 109.

Und wenn das Wehklagen auch noch so groß ist:

> "Der Prozeß *muß* weitergehen, und das Leiden *muß* ausgehalten werden. Keine Macht auf Erden, keine von Staatsmännern schlau erdachten Gesetze, keine weltverbessernden Pläne aus humanistischem Geist, keine kommunistischen Wundermittel, keine je diskutierten oder künftig aufs Tapet kommenden Reformen können dieses Leiden auch nur um ein Jota vermindern."[21]

Kurz, es gibt ein "*normales* Maß des Leidens" (Spencer), eine natürliche Menge von Tränen - kein Staat kann dieses Minimum "künstlich" absenken. Wo Regierende verblendet den unmöglichen Schritt wagen, erreichen sie mit schöner Regelmäßigkeit das genaue Gegenteil dessen, was ihnen vorgeschwebt hat:

> "So wundervoll, wie er konstruiert ist [...], kann der soziale Organismus nicht an einer Stelle traktiert werden, ohne daß alle anderen Teile mit unvorhersehbaren Konsequenzen in Mitleidenschaft gezogen würden."[22]

Probleme lassen sich weder früher noch anders bewältigen, als es natürlich - im freien Spiel der Marktkräfte - geschieht: Jede Phase des evolutionären Prozesses

> "läuft mit innerer Notwendigkeit ab; oder, wie wir auch sagen können, gemäß der Dringlichkeit des befriedigten Bedürfnisses. Jeder Mensch macht das, was sich für ihn am meisten auszahlt, also das, wofür andere am meisten zu zahlen bereit sind, was wiederum das ist, was sie unter den gegebenen Umständen am meisten begehren."[23]

Ein Bedürfnis existiert nur als kaufkräftige Nachfrage - "bevor es so auf natürliche Weise befriedigt wird, sollte es überhaupt nicht befriedigt werden."[24] Umgekehrt verschwinden schlechte Produkte, die niemand kauft - oder schwache Menschen, die keiner will. Am Markt trennen sich Spreu und Weizen, es herrscht rabiater Wettbewerb, andere Kriterien der "Wohlfahrt" haben dabei nichts verloren. Denn

> "die Wohlfahrt der gegenwärtigen Menschheit und ihre Entwicklung zu höchster Vollkommenheit werden gleichermaßen durch jene wohltätige, wiewohl strenge Disziplin gesichert, der Lebewesen generell unterworfen sind - eine Disziplin, die gnadenlos dem Guten zum Durchbruch verhilft,

---

21 Spencer 1981, 108.

22 Spencer 1981, 281.

23 Spencer 1981, 307.

24 Spencer 1981, 305.

ein glückverheißendes Gesetz, das keine Ausnahme macht, nur weil es hier und da vorübergehendes Leiden bewirkt."[25]

Auf ihre spezifische Moral hin zugespitzt, malen die Markt-Geschichten von Smith und Spencer somit ein grundverschiedenes Bild des gesellschaftlichen Lebens. Smith betont die für jedermann nützliche Seite arbeitsteiliger Produktion: sie deckt Bedürfnisse so verläßlich wie effizient, wobei an neuralgischen Punkten "das kluge Vorgehen eines geschickten Politikers" (Bernard Mandeville) durchaus gefragt ist. Spencer dagegen macht den Markt zum heiligen *Prinzip* des zivilisatorischen Fortschritts, für "real existierende" Menschen häufig eher grausam denn hilfreich, weil er im Namen künftiger Perfektion gegenwärtige Schwächen (samt ihren Trägern) ohne Bedenken ausmerzt. Eingriffe von außen verschlimmern das unabwendbare Schicksal höchstens, weil es, aufgehalten oder abgelenkt, später umso härter zuschlägt.

4. "Marktversagen"

Man könnte den politischen Frust der modernen Verfechter des "alexandrinischen" Schnitts auch so formulieren: Sie müssen mit Adam Smiths einfachen Menschen Herbert Spencers heroische Vision durchsetzen - jene gemeinen Bäkker, Brauer, Metzger sollen sich für das Glück nachfolgender Generationen gegebenenfalls ins Los ihres eigenen Untergangs schicken.

Rückblickend haben die liberalen "Staatsfeinde" erkannt, daß ihr Projekt schon verkrüppelt zur Welt gekommen ist: "Die von der Majorität gewollten Gesetze" - mit deren Hilfe das zivilisatorische Tempo gedrosselt werden sollte - "wurde den einzelnen" - jenen an der Spitze des Fortschritts - "rücksichtslos aufgezwungen. Es gab keine Noblesse. Es konnte kaum welche geben, denn von den Massen kann man sie nicht erwarten."[26] Genau genommen ist es eine fatale Mischung aus fehlender Noblesse und mangelnder Einsicht, deren Verbreitung Sorge bereitet: Der kleine Mann ist weder zum Opfergang bereit noch sieht er, daß häufig genug die versuchte Opfervermeidung gegen ihn selbst ausschlägt (statt erst seine Nachkommen zu treffen), weil sich "künstliche" (staatlich organisierte) Errungenschaften leicht wieder verflüchtigen (geschützte Arbeitsplätze fallen schließlich doch weg, gerechte Preise enden als überhöhte, rechtliche Privilegien diskriminieren ihre richtigen Adressaten oder kommen den Falschen zugute etc. pp.). Darum sind administrative Regulierung und politische Privilegierung Verhaltensmuster, die sich weltweit durchgesetzt haben. Eine deprimierende Erfahrung: Burma, Malaysia, Neuseeland, Israel, UdSSR, Kanada, Großbritannien, Nigeria, Sri Lanka, USA, Südafrika - was diese bunte Mischung (deren Spektrum sich beliebig er-

---

25 Spencer 1981, 107.

26 Dietze 1978, 183.

weitern ließe) einigt, ist das ausgedehnte Vorkommen systematischer Marktverzerrungen wegen selektiver Staatseingriffe.[27]

Auf eine bündige Formel gebracht: Das eklatanteste "Marktversagen" liegt eben darin, daß es dem Markt bisher nirgendwo gelingt, gegen den (un)gesunden Menschenverstand entscheidend an Boden zu gewinnen. Nur "der Taube wird nicht hören und nur der Blinde wird nicht sehen"[28] - doch davon gibt es offenbar, wohin man schaut, mehr als genug.

Die Masse unverbesserlicher Sünder mag dort wenig erstaunen, wo der legendäre Geist des Kapitalismus nie sehr kräftig geweht hat: in "orientalischen" Gefilden. Mehr verwundert, daß sich unser westlicher Menschenschlag so widerspenstig zeigt, obwohl doch sein Menschenverstand ("homo oeconomicus") viel weiter fortgeschritten ist.[29]

Der Ausgangspunkt des Widerstands, jener "innere" Ort, den das ökonomische Kalkül nicht kolonialisieren konnte *noch sollte*, ist eigentlich seit langem fixiert. Selbst Herbert Spencer kannte ihn. Bei Tieren wie Menschen sieht er ein "Regime des Familien-Verbands" am Werk, charakterisiert durch elterliche Fürsorge, großzügig und ohne Gegenleistung gewährt, weil die Nachkommenschaft sonst nicht überleben würde. Damit kontrastiert scharf das dominante "Regime der Erwachsenen-Gesellschaft": "Hier kommt ein Prinzip ins Spiel, das dem zuvor beschriebenen genau entgegensteht. Sein ganzes restliches Leben lang wird der Erwachsene so belohnt, wie er es verdient hat", d.h., für ihn ist die Zeit gekommen, sich selber zu helfen.[30]

Es kann "Austerität", selbst auf die Spitze getrieben, nicht umhin, ihren Gegensatz mitzudenken: als natürlich vorhandene, ja schlechthin überlebenswichtige "Caritas".[31] Aus derselben Perspektive korrigiert später F. A. Hayek jenes "traurige Mißverständnis", Liberale würden "den freiwilligen Aktivitäten kleiner Gruppen keinen hohen Wert beimessen", nur weil sie deren Moral für untauglich halten, menschliche Aktivitäten gesellschaftsweit zu organisieren.[32] Das Ärgernis, dem die (akademischen) Handels-Gehilfen ihre schlaflosen Nächte und (paternalistische) Staats-Diener ihre kopflosen Aktionen verdanken - hier liegt seine Ursache: *daß soziale Gefühle*, angestammtes Terrain verlassend, *ökonomische Kreise stören.*

> "Mit intellektuellem Rigorismus, mit religiöser Innerlichkeit bis hin zu flammender Empörung [...] wird gefordert, der Staat möge die 'Moral des Sozialen' auch auf alle Marktbeziehungen ausdehnen."[33] Und: "Unglücklicherweise haben die Armen ihnen geglaubt; sie durchschauen

27 Sowell 1990.

28 Seldon 1990, IX.

29 Shearmur 1991.

30 Spencer 1981, 103f.

31 Dazu Appleby 1978.

32 Hayek 1982 II, 150.

33 Hoppmann 1990, 16.

noch nicht, daß der schwerfällige Staatsmechanismus unfähig ist, seine selbstgewählte Wohlfahrtsmission auszuführen"[34]

- so beklagt man wie eh und je die menschelnde Borniertheit der Zeitgenossen.

5. "Menschliches Versagen" (1)

Die "kollektivistische" Expansion ist ein Fall menschlichen Versagens. Es steht hinter dem des Marktes, unbeirrt von allen Aufklärungskampagnen, offenkundig unverbesserlich.

Warum sind diese Anstrengungen so lange so wenig wirksam gewesen? Zwar konnte niemand erwarten, daß der glänzende Auftritt des Marktes von Anfang an sein Publikum blenden würde - dafür stand das Neue zu sehr über Kreuz mit dem heilen Kosmos ständisch eingehegter Lebensvollzüge.[35] Doch Markt-Argumente überzeugen ja bis heute nur im allgemeinen, während konkrete Lagen Mal für Mal eine sperrige Reserviertheit gegen ihre Konsequenzen erzeugen.

Solche Reibungsverluste könnten einen vermuten lassen, der Markt spanne das Menschliche nicht nur für seine Zwecke ein, sondern sei auch - *pace* Spencer - dafür verantwortlich, wenn Solidarität ihre Grenze notorisch überschreitet und ihren Charakter systematisch pervertiert. Tatsächlich gibt es Hinweise in diese Richtung; zusammenfassen lassen sie sich in dem Resümee, daß

> "das Aufkommen einer marktorientierten Lebensform zu neuen Gewohnheiten des kausalen Denkens geführt hat, aus denen wiederum humanitäre Einstellungen entstanden sind."[36]

Die Verbindung von Transaktion, Kausalität und Solidarität haben demzufolge zwei bürgerliche Lektionen hergestellt:

> "Die erste lehrte Leute, ihre Versprechen zu halten; die zweite brachte ihnen bei, auf entfernte Folgen ihrer Handlungen zu achten."[37]

- wobei jenes Gebot voraussetzt, daß die Menschen an eine neue *Handlungskompetenz* glauben, während dieses suggeriert, der modernen *Verantwortungsethik* genüge alleine, wer in seine Rücksicht nicht nur vertraute "Nächste" einbezieht.

Aus dem Diktat des erweiterten Aktions- und Perzeptionsradius erklärt sich die menschliche Schwäche, Interessen nicht regulär - am Markt -, sondern in einer politisierten *Cliquen-Wirtschaft* zu verfolgen. Liberale betrachten das degenerierte Gemenge gerne als lineare Fortsetzung gewöhnlicher Egozentrik:

---

34 Seldon 1990, 245.

35 Appleby 1978, Hellmuth 1986.

36 Haskell 1985, 548.

37 Haskell 1985, 551.

> "Über die Jahre hinweg", konstatiert Arthur Seldon, haben sich Interessengruppen aller Art "tief eingegraben und sie würden mit aller Macht dagegen opponieren, wollte man ihnen ihre Subventionen und Privilegien wegnehmen. [...] Das ist die Versuchung, der wir im Zweifel alle nachgäben. Wir liegen mit uns selbst im Krieg. Und wenn wir keine Mechanismen schaffen, um den selbstzerstörerischen Instinkt zu disziplinieren, werden wir unsere eigene Verarmung betreiben ..."[38]

Diese strenge Sicht der Dinge unterschlägt die "sanfte" Seite des Marktes: Egoismen weiten, Kalküle öffnen, Menschen verbinden sich. Den ambivalenten Charakter hat Hegel auf antiquierte Weise scharfsinnig beschrieben: Verbände haben danach

> "das Recht, ihre eigenen innerhalb ihrer eingeschlossenen Interessen zu besorgen [...] und für die ihr Angehörigen die Sorge gegen die besonderen Zufälligkeiten [...] zu tragen - überhaupt für sie als *zweite* Familie einzutreten, welche Stellung für die allgemeine, von den Individuen und ihrer besonderen Notdurft entferntere bürgerliche Gesellschaft unbestimmter bleibt."[39]

Anders gesagt: Marktgesellschaften schließen das Denken ihrer Mitglieder auf - vermeintliche "Monaden" (Karl Marx) entdecken kollektive Handlungsmöglichkeiten in größeren Kreisen, mit deren Hilfe sie versuchen, systembedingte Risiken ("Zufälligkeiten") organisiert abzubauen. Anders als erste tummeln sich "zweite Familien", "freiwillige Vereinigungen" (Hayek), nicht zwangsläufig am Rande des Marktes, sondern ge-deihen leicht zu markt-(und staats-)gefährdenden Cliquen, die "verknöchern, in sich verhausen und zu einem elenden Zunftwesen herabsinken"[40] bzw., moderner gesprochen, "schlechte Monopole" (Hayek) werden. Wo derartige Grenzüberschreitungen drohen, ist von jeher der wuchernden *Gemeinwohl*-Rhetorik abzulesen:

> "Die Position der Protektionisten [im England des 17. Jahrhunderts] war vollkommen auf die nationalistische Idee abgestellt, daß der Staat eine ökonomische Einheit sei. England als unabhängige Nation mußte eine nationale Politik konzipieren und alle Energien darauf richten, seine Ressourcen zu entwickeln. Es gab einige nationale Industrien, die zum Reichtum des Staates beitrugen und für das Volk Arbeitsplätze schufen; sie zu erhalten, war die erste Aufgabe des Staates."[41]

Seit dieser ersten Marktabweichung wiederholt sich das Spiel: Wer mit solchen Argumenten wirbt, rechnet sein Interesse zu denen, die nicht einfach dem freien Markt

---

38 Seldon 1990, 350.

39 Hegel 1972, § 252.

40 Hegel 1972, § 255 Zus.

41 Thomas 1963, 72.

überantwortet werden dürfen. Bis heute ist das "familiäre" Motiv, obwohl zwischenzeitlich vieltausendfach abgenutzt, eine unentbehrliche Denkfigur - des Marktes.

6. "Menschliches Versagen" (2)

An ideologischem Drive kommt dem Gemeinwohlappell nur ein Manöver gleich: das Verlangen nach sozialer *Gerechtigkeit.*[42] Nicht jener freilich, die der "unsichtbaren Hand" des Marktes übertragen ist; im Gegenteil, deren gewissenloses Wirken soll durch den Appell ans Mitleid unter allgemeiner Billigung "humanisiert" werden. Bestimmte Interessengruppen können günstige Sympathiekonjunkturen ausschlachten und marktliberale Moralgesetze hintertreiben:

> "Es war ein Unglück", rekapituliert Hayek den Aufstieg der Verbände in Amerika, "daß die damit verbundenen Probleme zum ersten Mal im Zusammenhang mit der Gewerkschaftsbewegung akut wurden - zu einer Zeit, da viele mit ihnen sympathisierten und daher Methoden tolerierten, die man sicher nicht allgemein zulassen könnte ..."[43]

Als engstirnig verschrieen, überrascht der Homo oeconomicus mit dieser menschlichen Schwäche noch mehr: seiner nutzlosen *Sympathie* für Mühselige und Beladene, deren kollektives Bemühen, sich am Markt vorbei "gerechtere" Lebenschancen zu sichern, ihm immer mal wieder als akzeptable Regung gilt, auch wenn es fremde Gewissen oder Beutel belastet.

Daß ein "moralisches Gefühl" in der liberalen Brust schlummert, war von Anfang an bekannt:

> "Wie selbstsüchtig auch immer der Mensch eingeschätzt werden mag", diagnostiziert bereits Adam Smith, "so liegen doch offensichtlich bestimmte Grundveranlagungen in seiner Natur, die ihn am Schicksal anderer Anteil nehmen lassen [...] Mitleid und Erbarmen sind von dieser Art: die Gemütsbewegung nämlich, die wir für das Elend anderer empfinden, entweder daß wir es selbst sehen oder daß es uns in sehr anschaulicher Weise bewußt wird."[44]

Welche Bewandtnis es auch immer mit einer altruistischen "Grundveranlagung" haben mochte (sie kommt bei David Hume und anderen Zeitgenossen ebenfalls vor) - für Smith stand außer Zweifel, daß die Natur zwar der erste Beweger, alles weitere aber sozial normiert ist:

---

42 Rawls 1971, Hayek 1982 II, 62 ff., Sowell 1990, 144 ff.

43 Hayek 1982 III, 89.

44 Smith 1949, 25.

> "Ehe wir", schreibt er, "einen gerechten Vergleich zwischen jenen entgegengesetzten Interessen [von mir und ihm] ziehen können, müssen wir unsere Position ändern. Wir dürfen sie weder von unserem noch auch von seinem Platz aus betrachten, weder mit unseren eigenen, noch auch mit seinen Augen, vielmehr vom Platz und mit den Augen einer dritten Person"[45]

- des sogenannten "unparteiischen Beobachters". In ihm, dem modernen Über-Ich,[46] hat die randständige Moral kleiner Kreise plötzlich einen mächtigen Agenten gefunden, der auch große Flächen abdecken, moderne Beziehungen steuern und komplexe Verhältnisse organisieren kann. Es ist das Regiment des *Gewissens*, jenes "großen Bewohners der Brust, des großen Richters und Schiedsherrn über das Verhalten".[47]

Kurz, zeitgleich mit dem "economic man" erblickt auch "the man of feeling"[48] das Licht der Welt. Er bevölkert eine moderne *"Moral-Ökonomie"*, die von ihrer feudalen Erstausgabe[49] dadurch markant abweicht, daß sie den Markt als allgemeine Ordnungsform akzeptiert und nur besondere Wirkungen durch Mitleid kompensieren will.

Andererseits unterscheidet sich diese Moral-Ökonomie auch von gemeiner Cliquen-Wirtschaft. Der Radius ihrer Gerechtigkeit übergreift partikulare Interessen und deckt prinzipiell den *ganzen Markt* ab (jedenfalls innerhalb nationaler Grenzen). Umgekehrt kann sie genau deshalb keine gesellschaftliche Gruppe verläßlich mobilisieren[50] - "flächendeckendes" Mitleid für sozial Schwächere bedarf des (direkten oder indirekten) Zugangs zur *staatlichen* Macht. So "geht das Streben der Gesellschaft dahin, in der Notdurft und ihrer Abhilfe das Allgemeine herauszufinden und zu veranstalten".[51]

Übrigens hat diese Einsicht früh auch jenem Volk gedämmert, das seiner Tradition nach vom Vater Staat wenig Gutes erwartet - den Amerikanern, genauer: deren "progressivem" Flügel.[52] Und für das Amerika unserer Tage kann man gar sagen, daß "die staatliche Regulierung mit dem Wohlfahrtsstaat identisch geworden ist - also mit der Gesellschaft selbst."[53] Private Schwäche, dem Geist des Marktes entsprungen, schlägt hier wie überall in öffentliche Stärke um.

---

45 Smith 1949, 165.

46 Raphael 1975.

47 Smith 1949, 334.

48 Fiering 1976.

49 Thompson 1979.

50 Vgl. Olson 1965.

51 Hegel 1972, § 242.

52 S. etwa James 1886.

53 Lowi 1988, 17.

7. "Staatsversagen"

Gegen öffentliche Stärke (dieser Art) hilft nur öffentliche Stärke (von anderer Art): die "höhere Aufsicht des Staates", wie Hegel jenes patente Rezept benennt, das verhindert, daß Solidarität (in der Clique) und Sympathie (mit den Menschen) dem System Schaden zufügen, sei es bedenken-, sei es bewußtlos.[54]

In marktliberalen Köpfen spuken (überraschend) ähnliche Gedanken - jedenfalls visieren auch sie einen idealen Staat an, der sich vom organisiert auftretenden oder massenhaft erscheinenden Volk so weit *distanziert*, daß ihn weder aufsässige Interessen ("Verbändeherrschaft") noch kurzsichtige Gefühle ("Stimmungsdemokratie") vereinnahmen können: "Only limited government can be decent government".[55] Herrschaft mit *beschränkter* Haftung und *reservierter* Haltung - darin liegt das Heil; das Elend wird verkörpert vom lästig präsenten, notorisch defekten Wohlfahrtsregiment:

> "Der [demokratische] Staat hat bewiesen," diagnostiziert, für seinesgleichen typisch, Arthur Seldon, "hat sich all denen als falscher Gott entlarvt, die von ihm erwartet haben, daß er Unrecht wieder gut macht, für Gerechtigkeit sorgt, Armut abschafft, Inflation und Arbeitslosigkeit bekämpft, den Lebensstandard erhöht, Wissenschaft in den Dienst des Menschen stellt, die Natur schützt und jene kulturellen Werte schützt, die von den Leuten geschätzt werden. Eine Regierung des Volkes, durch das Volk, für das Volk hat er nicht verwirklicht. Und den Millionen, die ihm vertraut haben, hat er weder Freiheit, Gleichheit oder Brüderlichkeit noch Frieden, Land oder Brot gebracht."[56]

Für den Verlust der Dezenz machen die Auguren den Aufstieg der Demokratie verantwortlich. Ein weitsichtiges Urteil solchen Tenors hat schon Spencer gefällt: "Zukünftig wird die Aufgabe des wahren Liberalismus darin liegen, die Macht der Parlamente zu zügeln."[57] Nichts anderes wird heute verlangt: "Disziplinierung der Regierungsgewalt entweder mithilfe der Verfassung oder auf anderem Wege".[58]

Disziplinierung "mithilfe der Verfassung": darüber hat vor allem Hayek zwanglos räsonniert. Ginge es nach ihm, würden die westlichen Demokratien zuvörderst eine zweite Kammer einrichten, bestehend aus "reifen" Persönlichkeiten und ausgestattet mit dem Recht, indezente Entscheidungen des Parlaments zu kassieren.[59] Disziplinierung "auf anderem Wege": dafür kommen besonders geeignete Führungsfiguren in Frage, "exceptional statesmen-politicians". Als wahrhaft herkulische Aufgabe müßte diese rar

---

54 Hegel 1972, § 255 Zus.

55 Hayek 1982 III, 11.

56 Seldon 1990, 244.

57 Spencer 1981, 166.

58 Seldon 1990, 352.

59 Hayek 1982 III, 105 ff.

gewordene Spezies sich vornehmen, "den modernen Kopien jener feudalen Barone das Werk zu legen, die einst dem König getrotzt und im Kampf um die Vorherrschaft das Land verwüstet haben."[60]

Fazit: Die Demokratie trägt den Keim des Verfalls in sich, doch ist ihre Sache nicht ganz hoffnungslos - dezent "frisierte" Volkssouveränität kann funktionieren. Freilich, unsere aktuelle Ausgabe ist davon noch weit entfernt. Sie bringt das Regieren zum Geschäft herunter: wo "Verhandlung und Tausch entscheiden", abgewickelt unter Krämern, deren Lizenz der erfolgreiche "Stimmenkauf" ist.[61]

Wo diese schlimmen Verhältnisse am weitesten gediehen sind - in Amerika -, wird ihr perverses Muster besonders klar. Der "amerikanische Politiker neuen Typs" ist ein "Politik-Unternehmer", Betreiber seines eigenen "politischen Unternehmens", bestehend aus "Geld, Personal und Beziehungen", das wiederum verschiedene Tochterfirmen umfaßt: hauptsächlich tätig auf den Märkten Parlament, Wahlkreis, Wahlkampf, Lobbying: alles in allem "eine Organisation, die zwischen acht oder zehn und deutlich mehr als hundert Personen beschäftigt". Teils agieren diese Politiker wie "kleine Ladenbesitzer", teils treten sie als große "Ideenhändler" an, immer darauf bedacht, ihr "persönliches Unternehmen" Karriere optimal voranzubringen.[62]

Dem Geschäft entspricht das Gebaren, wobei auch da sich der neue Gestus vom alten dadurch abhebt, daß er noch stärker am Tausch orientiert - "verwirtschaftet" (Herbert Krüger) - ist:

> "Normalerweise sichern sich die amerikanischen Politiker die Gunst ihrer Wähler dadurch, daß sie ihren Wahlbezirken Sondervorteile zukommen lassen: Geld aus den staatlichen Fleischtöpfen für Dämme, Kläranlagen, das Transportwesen, Militärstützpunkte und Verteidigungsaufträge. [...] Seit Mitte der siebziger Jahre wird eine neue Methode angewandt: Die Politiker erweisen ihren Wählern unzählige, kleine, persönliche Gefälligkeiten. Im Kongreß nennt man das 'soziale Arbeit'."[63]

Wohin der Trend mal schneller, mal nachhinkend geht, steht außer Zweifel: Kommerzielle Praktiken fressen sich unaufhaltsam in hoheitliche Sphären hinein. "Staatsversagen" resultiert aus dem Triumph des Marktes, auch den "Triumph der Politik"[64] verantwortet daher das "Marktversagen".

8. Fazit: Vernunft am Limit

Mit dem Staat des Status quo können die Liberalen keinen Staat machen:

60 Sheldon 1990, 354f.

61 Hayek 1982 III, 10, 32.

62 Loomis 1988.

63 Smith 1988, 162.

64 Stockman 1986.

> "Obzwar von immenser und erdrückender Macht, wenn es darum geht, den Widerstand einer Minderheit zu unterdrücken, ist er völlig unfähig, einen klaren Kurs zu halten; stattdessen stampft er wie eine Dampfwalze, die von einem Betrunkenen gesteuert wird."[65]

"Realistische" Urteile loben diese Sorte von Politik als "Kunst des Möglichen" oder verweisen auf das unvermeidliche "Bohren harter Bretter" und finden sich ab. Der liberale Standpunkt aber verlangt nach *konsequenter* Aktion. Die Grenze des "Machbaren" soll überschritten werden, koste es, was es wolle - künftige Freuden werden gegenwärtige Leiden kompensieren.

Das Elend des reinen Liberalismus liegt darin, daß er jene Frustrationstoleranz, die ihn entfesseln könnte, systematisch verknappt. Was immer seine Meriten sonst sein mögen: als *Regulationsprinzip*, dem es gelingen müßte, Mächte und Menschen auf konformes Verhalten einzustimmen, versagt der Markt kläglich. Statt "alexandrinischer" Konsequenz bestimmt einzementierte Balance den politischen Alltag - *liberale* Aktionen lösen gewöhnlich *soziale* Reaktionen aus.[66]

Eine letzte Hoffnung bleibt vielleicht: "We can agree to *talk sense*".[67] Über den verwickelten Bestand aus Interessen und Sympathien, Ansprüchen und Pressionen, Verführungen und Verblendungen richtet in letzter Instanz die menschliche Vernunft, vor der auf Dauer nur bestehen kann, was eben - vernünftig ist. Sie würde das austarierte System des sozialdemokratischen "juste milieu" früher oder später stürzen, denn daß es rational sei, sagen nicht einmal seine Verteidiger.

Der Appell an den, *diesen* Sinn ist freilich so alt wie das Regiment des Unsinns und nie erschien er weniger plausibel als heute. Seine ursprünglichen Adressaten waren die vielen (unorganisierten) "Konsumenten", deren Lebenshaltung durch wenige (aber organisierte) "Produzenten" künstlich verteuert wurde.[68] Unter solchen Voraussetzungen hätte man erwarten können, daß dem Markt irgendwann eine Gasse geschlagen würde. Inzwischen herrschen aber ungünstigere Verhältnisse - *weil* es "mehr Markt" gibt:

> "Die zentrale Spaltung verläuft nicht [mehr] zwischen Gruppen oder Klassen, die sich aus unterschiedlichen Individuen zusammensetzen, sondern zwischen dem Produzenten- und Konsumenteninteresse *innerhalb derselben Person*."[69]

Daß sich im Kampf der zwei Seelen *immer* die verbrauchende durchsetzt - und mit ihr das liberale Prinzip gegenüber dem sozialen -, ist ein frommer Wunsch (oder,

---

65 Hayek 1982 III, 11.

66 S. Lowi 1988, Phillips 1990, Stein 1990.

67 Sowell 1990, 168.

68 vgl. Appleby 1978.

69 Seldon 1990, 204.

wie bei Seldon, eine hohle Maxime). Es gibt jedenfalls keinen *vernünftigen* Grund, warum jemand (als Produzent) leiden sollte, um (als Konsument) zu genießen. Denn wer jenes muß, wird dieses kaum können.

Auch "talking sense" hilft der liberalen Sache nicht weiter. Am Ende muß sie doch den Bankrott erklären: "Die politische Akzeptanz ist das größte Hindernis".[70] Was zu beweisen war.

---

70 Sowell 1990, 184.

Literatur

Appleby, J.O 1978: Economic Thought and Ideology in Seventeenth Century England. Princeton.

Dietze, G. 1978: Zur Verteidigung des Eigentums. Tübingen.

Dietze, G. 1985: Liberalism Proper and Proper Liberalism. Baltimore.

Fiering, N.S. 1976: Irresistible Compassion: An Aspect of Eighteenth-Century Sympathy and Humanitarianism. In: Journal of the History of Ideas, 37, 195 ff.

Foucault, M. 1981: Omnes et Singulatim: Towards a Criticism of "Political Reason". In: McMurrin (ed.), The Tanner Lectures on Human Values II. Salt Lake City, 225 ff.

Gassenmaier, M. 1972: Der Typus des "man of feeling". Tübingen.

Harrison, B., B. Bluestone 1988: The Great U-Turn. New York.

Haskell, T.L. 1985: Capitalism and the Origins of Humanitarian Sensibility I,II. In: Journal of American History, 90, 339 ff., 547 ff.

Hayek, F.A. 1982: Law, Legislation and Liberty I-III. London.

Hegel, G.F.W. 1972: Grundlinien der Philosophie des Rechts. Frankfurt.

Hellmuth, E. 1986: Praktische Philosophie und Wirtschaftsgesinnung. In: Archiv für Kulturgeschichte, 68, 135 ff.

Hirschman, A.O. 1989: Reactionary Rhetoric. In: The Atlantic Monthly, May, 63 ff.

Hoppmann, E. 1990: Moral und Marktsystem. In: Ordo, 41, 3 ff.

James, E.J. 1886: The State as an Economic Factor. In: Science, 7, 485 ff.

Koch, R. 1978: "Industriesystem" oder "bürgerliche Gesellschaft". In: Geschichte in Wissenschaft und Unterricht, 29, 605 ff.

Loomis, B. 1988: The New American Politician. New York.

Lowi, T.J. 1988: Liberal and Conservative Theories of Regulation. In: Bryner/Thompson (eds.), The Constitution and the Regulation of Society. Povo, 7 ff.

Mikva, A.J. 1990: Deregulating Through the Back Door: The Hard Way to Fight a Revolution. In: The University of Chicago Law Review, 57, 521 ff.

Murray, C. 1984: Losing Ground. New York.

Offe, C. 1990a: Sozialwissenschaftliche Aspekte der Diskussion. In: Hesse/Zöpel (Hg.), Der Staat der Zukunft. Baden -Baden, 107 ff.

Offe, C. 1990b: Staatliches Handeln und Strukturen der kollektiven Willensbildung - Aspekte einer sozialwissenschaftlichen Staatstheorie. In: Ellwein/Hesse (Hg.), Staatswissenschaften: Vergessene Disziplin oder neue Herausforderung? Baden-Baden, 173 ff.

Olson, M. 1965: The Logic of Collective Action. Cambridge, Mass.

Phillips, K. 1990: The Politics of Rich and Poor. New York.

Raphael, D.D. 1975: The Impartial Spectator. In: Skinner/Wilson (eds.), Essays on Adam Smith, Oxford, 83 ff.

Seldon, A. 1990: Capitalism. Oxford.

Shearmur, J. 1991: Common Sense and the Foundations of Economic Theory, in: Philosophy of the Social Sciences, 21, 64 ff.

Skinner, A.S. 1979: A System of Social Science. Oxford.

Smith, A. 1949: Theorie der ethischen Gefühle. Frankfurt.

Smith, A. 1978: Der Wohlstand der Nationen. München.

Smith, H. 1988: Der Machtkampf in Amerika. Reinbek bei Hamburg.

Sowell, T. 1990: Preferential Policies. New York.

Spencer, H. 1981: The Man vs. the State. Indianapolis.

Stein, H. 1990: The Triumph of Adaptive Society. In: The American Economist, 34, 5 ff.

Stigler, G.J. 1975: Smith's Travels on the Ship of State. In: Skinner/Wilson (eds.), Essays on Adam Smith. Oxford, 237 ff.

Stockman, D. 1986: Der Triumph der Politik. München.

Thomas, P. J. 1963: Mercantilism and the East India Trade. London.

Thompson, E. P. 1979: Die "sittliche Ökonomie" der englischen Unterschichten im 18. Jahrhundert. In: Puls u.a., Wahrnehmungsformen und Protestverhalten. Studien zur Lage der Unterschichten im 18. und 19. Jahrhundert. Frankfurt, 13 ff.

Lernfähige Demokratie und reflexiver Staat

Heinz Kleger

Einleitung

Soziologisch aufgeklärt erscheint heute der Staat zuerst und vor allem als entzauberter, 'leergeglaubter' Staat. Für kaum einen Beobachter mit theoretischer Distanz nimmt er noch die Stellung einer einfachen Identitätsformel für die Gesellschaft ein, die ihm - sei es eine kritische, sei es eine apologetische politische Philosophie - zugeschrieben hatte. Dabei darf aber dennoch nicht übersehen werden, daß er diese überhöhte Bedeutung exakt aufgrund *gewachsener* Bedeutung verliert. Dieser Widerspruch zwischen Aufgabensteigerung auf der einen Seite und sowohl *Autoritäts-* als auch *Rationalitätseinbußen* auf der anderen Seite ist weithin bereits theoretisches Gemeingut. Mit 'decomposition of power by increase of functions'[1] ist er auf eine treffende Formel gebracht worden. Außerdem wäre es verfehlt, die Unterscheidung von Staat und Gesellschaft einfachhin für überholt zu halten - denn: "Der Entgegensetzung von Staat und Gesellschaft lag ein sehr viel unmittelbareres Problemverständnis zugrunde, nämlich der Eindruck der Unvollständigkeit des neuen bürgerlich-ökonomischen Gesellschaftskonzepts. Der Staat hatte seine Einheit als Gegensatz und als Kompensation zu der Gesellschaft. Seine Identität bedurfte keiner weiteren Reflexion."[2]

Denkt man im Gefolge der Systemtheorie die Unterscheidung von Staat und Gesellschaft als Systemdifferenzierung, so fehlt der Unterscheidung des so Differenzierten ein Begriff. Diese Überlegung zwingt zur Theorie der *umfassenden* Gesellschaft, die den Staat "nicht außer sich, sondern in sich hat"[3]. Diese praktische Immanenz des Staates - des Staates in der Gesellschaft - bedarf heute der Reflexion, für die unterschiedliche theoretische Ansätze lehrreich sind. Als gemeinsame Einsicht dieser Ansätze möchte ich Folgendes unterstellen: Die Demystifikation der 'Staatsgesellschaft' erlaubt es, die *gesellschaftlichen Problematiken breiter* und *angemessener* zu berücksichtigen und fordert zugleich, die *politische Problematik enger* und *spezifischer* zu behandeln. Im Rahmen praktisch-philosophischer Überlegungen steht damit der Staat *sich selber* gegenüber *im Verhältnis zur* Gesellschaft. Das Staatsverständnis ist reflexiv geworden, aber nicht minimal. Obwohl leergeglaubt, fällt der Staat nicht einfach in die Gesellschaft zurück. Die Differenz zur Gesellschaft bleibt. Dieser Umstand stellt die Frage nach dem *Zivilstaat.* Sagte man früher 'bürgerlicher Staat' (gleich Einheit der bür-

---

1 D. Grimm, The Modern State: Continental Traditions, in: F. - X. Kaufmann/G. Majone/V. Ostrom (Hg.), Guidance, Control and Evaluation in the Public Sector, Berlin/N. Y. 1986.

2 N. Luhmann, Politische Verfassungen im Kontext des Gesellschaftssystems, in: Der Staat 1/1973, S. 5.

3 Ebd.

gerlichen Gesellschaft) oder sagt man heute 'Sozialstaat' (gleich Einheit der sozialen Gesellschaft), so macht man es sich zu einfach.

Die erweiterte reflexive Staatsfähigkeit wird für die 'Interaktionäre' der Zivilisationsdynamik zunehmend schwieriger, weil sie - zivil eingebunden - zwar vom Monologischen entlastet, aber mit dem Dia-Logischen belastet wird. Dieser zivile Staat hat zudem soziale und demokratische Momente in sich aufgenommen, er ist diesen momentan nicht radikal entgegengesetzt wie der ordnungsstarke Privatrechtsstaat[4] suggerieren möchte.

Von diesen praktischen Prämissen gehe ich im Folgenden ebenso aus wie von der staatsphilosophischen Demystifikation des Staates.

1. Expansives Staatsverständnis

Max Webers Rechtssoziologie arbeitete die formale Rationalisierung des Rechts heraus. Als der für die entwickelte Marktgesellschaft charakteristische Rechtstyp gilt ihr das *formale Recht*; dieses entspricht dem Verkehrsbedürfnis nach 'rein *formaler* Eindeutigkeit der Rechtsgarantie' dadurch, daß es den Akteuren keine inhaltlichen Vorgaben macht, sondern Instrumente zur Verwicklichung ihrer privaten (ökonomischen) Interessen bereithält. Durch die Politisierung gesellschaftlicher Konflikte und der Versuche des Staates, schlichtend und gestaltend auf sie einzuwirken, erhält das Recht materiale Züge.

Das bekannte Beispiel für die Materialisierung des Rechts sind die Generalklauseln des Zivilrechts, in die Gerechtigkeitsvorstellungen einströmen. In den Augen Max Webers gefährdet dieser Prozeß die formal-kognitiven Qualitäten des modernen Rechts. Anderer Auffassung sind die Opponenten des *materialen Rechts*. Materialem Recht liegt insofern eine politische Stoßrichtung zugrunde, als es bestehende Machtstrukturen verändern will; es nimmt schon im Ansatz für die ökonomisch und sozial Schwächeren Partei, indem die gegnerische Prämisse kritisiert wird, daß formales Recht durch Verweis auf Eigeninteressen oder ökonomische Effizienz Macht neutralisieren kann.

Der sozialstaatliche Verrechtlichungsschub kommt entsprechend dadurch in Gang, daß an Macht als geronnenem Herrschaftszustand (vor allem ökonomisch Mächtiger) Anstoß genommen wird. Die kompensatorische Stabilisierung gesellschaftlicher Machtverhältnisse im Recht beziehungsweise durch die sozialstaatliche Intervention bleibt in der Folge ein labiles, unterschwellig oder offen stets umkämpftes 'Gleichgewicht'. In diesem Prozeß versucht das materialisierte Recht quasi gesellschaftskritisch eine machtkompensierende Funktion durch 'positive Macht' wahrzunehmen.

Diese positive Macht ist - staatlich gesehen - der intellektuell 'konstruierte', gewaltenteilige, demokratisch-soziale Verfassungsstaat, der seinem Selbstanspruch nach

4 Vgl. A. Seldon, Capitalism, Oxford 1990.

der Staat *von allen* ist - jedermanns und jeder Frau 'Politie', gewissermaßen ein moderner 'Staat des Aristoteles'.[5] Politiker, die sich auf die 'Bühne dieses gemeinsamen Staates' beziehen, wollen *mehr Macht*, um ihre Programme mit Hilfe des Staates (der nicht ohne Gewalt ist), schließlich durchsetzen zu können. Demokratische und rechtsstaatliche Machtpolitik gibt es insoweit also auch ohne die Vorstellungen eines nationalen Machtstaates. Die spezifisch demokratische Machtpolitik beruht auf der Erzeugung von Zustimmungsbereitschaft und -mehrheit aufgrund ökonomischer, parteipolitischer, medialer und wissenschaftlicher Ressourcen. In diesem legitimierten, in sich pluralistischen Rahmen ist Macht ein *strategisches Spiel* oder eine *produktive Kraft*, die von Macht als nur schwer umkehrbarer *Herrschaftszustand*, dem man/frau ausgesetzt ist, positiv unterschieden wird. Sie begründet ein *expansives Staatsverständnis*, das - freilich nur analytisch getrennt - in drei Erscheinungsformen auftritt: als Ordnungs-, Leistungs- und Interventionsstaat. Den Ordnungsstaat denken wir als 'Rechtsgesellschaft', die durch das Gewaltmonopol des Staates abgesichert ist. Seine oberste normative Bezugsebene ist die Verfassung, weswegen wir die ordnenden Aspekte auch als 'Verfassungsstaat' oder 'konstitutionelle Demokratie' ansprechen können. An dieser Stelle erweist sich die *lernfähig verfaßte Demokratie* als letzter normativer Angelpunkt produktiven staatlichen Handelns im Sinne vernünftigen Regierungshandelns.

'Staat' ist in jeder Hinsicht eine Machart des Regierungs- und Problemlösungsdenkens. Allerdings verschieben sich mit den gesellschaftlichen Problematiken die Schwerpunkte: "Das Problem des modernen Staates liegt nicht mehr allein in der Sicherung von Rechten, sondern vor allem in der Erfüllung von Leistungen. Er hat Aufgaben von gewaltigen Dimensionen zu bewältigen. Die Fähigkeit dazu - das Ausmaß seiner Effizienz - bestimmt sich unter anderem nach dem Grad seiner organisatorisch-instrumentalen Adaption an diese neue Lage. Gewaltenteilung, Gesetzmäßigkeit der Verwaltung, Unabhängigkeit der Richter, Verfassungs- und Verwaltungsgerichtsbarkeit waren die großartigen Antworten auf das alte Problem des Schutzes und Durchsetzung der Rechte; für die Sicherung der Ansprüche und der Gewährleistung seiner Leistungen haben wir Vergleichbares nur in ersten Ansätzen"[6].

Da wir hier am Gesichtspunkt der Ausschöpfung der Potentiale staatlichen Handelns interessiert sind, rücken Leistungs- und Interventionsstaat in den Vordergrund. Der Leistungsstaat ist offen funktional definiert im Verhältnis zur Gesellschaft; er ist durch das Steuermonopol abgesichert. Der Interventionsstaat schließlich ist der Versuch, entwicklungs- und prozeßpolitisch auf die Wachstumszyklen der Wirtschaft einzuwirken. Hier schlagen die Machtverhältnisse zugunsten der letzteren und ihrer 'Wachstumsideologie' aus. Trotz dieser strukturellen Schwächen und Grenzen staatlichen Handlungsspielraums, die schwer wiegen[7], *gibt* es den Verfassungsstaat als eine

---

5 Vgl. D. Sternberger, Die neue Politie, in: Jahrbuch des öffentlichen Rechts, N. F. 33/1984 (1985).

6 W. Hennis, Aufgaben einer modernen Regierungslehre, in: PVS, 1965, S. 428.

7 Vgl. Dazu C. Offe, Strukturprobleme des kapitalistischen Staates, Ffm. 1972; B. Jessop, The Capitalist State, Oxford 1982.

wichtige und nicht mehr wegdenkbare *normative* sowie den Leistungsstaat als *soziale* Realität. Beide sind zusammen gemeinsam mit dem Interventionismus zivilstaatliche Handlungsbezüge und/oder -einheiten, die lernfähige Demokratien in entwickelten kapitalistischen Industriegesellschaften in Anspruch nehmen können. Die 'Gesamtverantwortung', wenn von einer solchen noch sinnvollerweise gesprochen werden kann, obliegt dabei in meiner Sicht nicht einfach dem Staat, der schon auf praktisch-philosophischer Ebene aus dieser seiner pauschalen Kenn-Zeichnung zu entlassen ist; sie obliegt vielmehr den Bürgern und Bürgerinnen einer lernfähigen Demokratie und ihren streitbaren Auseinandersetzungsformen. Die heute geforderte und praktisch unabdingbare erweiterte Verantwortung in ökologischer und anderen Hinsichten hat deshalb die lernfähige Demokratie einer 'zivilen Gesellschaft' mit ihren "Assoziationsverhältnissen"[8] wahrzunehmen. Dazu gehört die Ausschöpfung der differenzierten staatlichen Handlungspotentiale zur *Problemlösung* einer sich (zivilisierenden) problemgeladenen Gesamtgesellschaft. In der Folge interessiert mithin der sich bewegende, 'arbeitende' Staat[9], den ich reflexiven Staat nenne und als Teil (nicht als Insgesamt) einer lernfähigen Demokratie in deren Obhut stelle. Um indessen dieser Aufgabe nachzukommen, ist der Staat in seiner heutigen differenzierten Wirklichkeit zu begreifen, wozu zahlreiche bereichsspezifische Forschungen vorliegen, auf die hier aus Raumgründen nicht Bezug genommen werden kann. Ich kann hier lediglich abstraktere Überlegungen weiterführen, die der allgemeinen Orientierung in der Staatssemantik dienen.

2. Die Aufgaben einer Zivilisierung der Evolution

Die Postulierung eines reflexiven Staates lehnt sich an jene des reflexiven Rechts an. Die von der politikwissenschaftlichen Implementationsforschung empirisch aufgezeigten Schwierigkeiten der Rechtsdurchsetzung und der Wirkung von Recht im allgemeinen werden den Theoretikern des reflexiven Rechts[10] im Rahmen einer evolutionstheoretischen Perspektive zu *Indikatoren* für *Blockaden.* Die entscheidende gesellschaftstheoretische Annahme besteht hier im Bruch mit der häufig 'nur' politisch artikulierten Behauptung, daß der Staat oder sonst ein anderes Teilsystem der Gesellschaft einen *integrativen Primat* durchaus noch übernehmen könne. Der theoretische Bruch mit dieser Behauptung erzeugt ein Bewußtsein dafür, daß neue Formen der Integration und Steuerung nötig sind, die sich faktisch auch schon ankündigen - dank der *systemra-*

---

8 Vgl. dazu C. Offe, Bindung, Fessel, Bremse, in: Zwischenbetrachtungen, Im Prozeß der Aufklärung (Hg. A. Honneth u. a.) Ffm. 1989.

9 So L. von Stein.

10 G. Teubner, Reflexives Recht, in: ARSP 68 1982, S. 13 - 59; ders., Verrechtlichung - Begriffe, Merkmale, Grenzen, Auswege, in: Verrechtlichung von Wirtschaft, Arbeit und sozialer Solidarität (Hg. F. Kübler), Ffm. 1985; zur Diskussion: Dilemmas of Law in the Welfare State (Hg. G. Teubner), Berlin/N.Y. 1986.

tionalen 'List der Gesellschaft', die den *Staat entzaubert*[11]; insbesondere die *hierarchisch strukturierte* staatliche Steuerung kann in diesem Blickwinkel den neuen Erfordernissen *zivil*gesellschaftlicher Rationalität nicht mehr genügen, nachdem sich gesellschaftliche Teilsysteme, wie Ökonomie, Politik, Wissenschaft oder Erziehung, in einem dem Individualisierungsprozeß, wie ihn Norbert Elias in seiner Theorie der Zivilisierung beschrieben hat, *analogen* Differenzierungsprozeß[12] vom Staat als *übergreifendem* Ganzen losgelöst haben[13].

Diese neue Freiheit, die in der Präponderanz der Teilsysteme besteht, ist allerdings mit dem Risiko verbunden, daß die Teilsysteme nur noch ihre funktionsbezogene partikulare Identität sehen und "den Zusammenhang des Ganzen, auf den sie in veränderter Form immer noch angewiesen sind, aus dem Auge" verlieren[14].

In Abhebung von den Staatsfunktionen und rechtlichen Programmtypen des Wohlfahrtsstaates bedeutet ein evolutionsergebener, 'postmoderner' Staat denn auch zweierlei: den Verlust des integrativen Primats des Staates sowie den Verlust des Steuerungsprimats des Rechts. Wie also läßt sich unter diesen Bedingungen eine neue Gesamtrationalität des Gesellschaftssystems überhaupt noch denken? Ähnlich wie es in der Diskussion über 'Unregierbarkeit' gängig geworden ist[15], wird auch hier eine Kluft zwischen einem neuen Bedarf an Integration und Steuerung und den tatsächlich vorhandenen Quellen der Steuerung und Integration diagnostiziert, was die wohlfahrtsstaatliche Politik in prekäre Situationen führt. Über die Staatsfunktionen zweiter und dritter Ordnung hinaus[16] kommt deshalb zunehmend eine *vierte Ordnung von Staatsfunktionen* in den Blick, "wenn man über das rechtlich codierte Staatshandeln hinaus jene faktisch bedeutsamen Abstimmungsprozesse betrachtet, bei welchen der Staat als interessierter Dritter ohne verbindlichen Primat auftritt: als Konzertierte Aktion, Wissenschaftsrat, Bildungsrat, Finanzplanungsrat, Vorstandssitzungen der Bundesbank (§§ 15 ff. Bundesbankgesetz), Konzertierte Aktion im Gesundheitswesen (§ 405a Reichsversicherungsordnung)"[17] etwa. Damit folgt nach der Diskussion über Unregierbarkeit und in engem systematischen Zusammenhang mit ihr als neue Konjunktur staatstheoretischer Reflexion nicht zufällig die Neokorporatismus-Diskussion - eine Diskussion, die - so die Hoffnung - dazu führen soll, daß die Demokratisierung nicht mehr an der Eigenkomplexität der Teilsysteme quasi aufläuft, wie dies - systemtheoretisch gedacht - not-

---

11 H. Willke, Entzauberung des Staates, Königstein/Ts. 1983, S. 144 ff.

12 Ebd., S. 114.

13 Ebd., S. 114.

14 Ebd., S. 114 (Hervorhebung H. K.).

15 Vgl. H. Kleger, Unregierbarkeit, in: Schweiz. Jahrbuch für Politische Wissenschaft 1983, S. 175-205.

16 Die Einteilung stammt von Fritz Scharpf, vgl. Willke, a. a. O., S. 55 ff.

17 Willke, a. a. O., S. 56; vgl. auch ders., Der Staat am Verhandlungstisch, in: Abschied vom Recht?, hrsg. von R. Voigt, Frankfurt a. M. 1983, S. 298-313.

wendigerweise der Fall sein muß, wenn man alles auf die traditionell-etatistische Karte der politischen Regulierung setzt.

Die regulatorische Funktion des Rechts soll an abstraktere Formen der Steuerung angeschlossen werden, die den selbstreferentiellen Strukturen von Politik und Recht sowie dem jeweiligen gesellschaftlichen Lebensbereich gerecht werden. Dann handelt es sich darum, die Teil-Rationalitäten unterschiedlicher selbstregulatorischer Systeme aufeinander *abzustimmen* und gleichzeitig Verhandlungssysteme zu etablieren, in denen die Betroffenen selbst ihre Interessen definieren können. Diese Schritte der Demokratisierung weisen in Richtung einer Minimalisierung des Staates, die nicht in die neoliberale Strategie der Deregulation einmündet. Dieser Verrechtlichungskritik geht es ausdrücklich nicht um die Alternative 'Verrechtlichung oder Entrechtlichung', sondern primär um alternative Formen sozietaler Steuerung, die Alternativen *im* Recht hervorrufen sollen. Die Staatssemantik dieses Ansatzes setzt sich allerdings deutlich vom rechtsförmigen Staatshandeln als *dem* Mittel der Steuerung ab. Die juristische, staatstheoretische und politisch-strategische Fixierung auf den Staat (hier steuerungstheoretisch verstanden) wird durch eine distanziertere Blickweise gelockert. Die entsprechende Staats*kritik* konstatiert *Defizite*: Rechtsförmiges Staatshandeln wird kritisiert, *nicht weil* es "funktionslos geworden wäre, sondern weil seine spezifische Leistungsfähigkeit den *neuen evolutionären* Anforderungen nicht mehr gewachsen ist"[18]. Die 'neuen evolutionären' Anforderungen bilden somit den Bezugspunkt dieser Überlegungen, die ich aufnehmen möchte.

Die Perspektive ist nicht der 'minimal state'[19] oder gar ultraminimale Staat[20], wie ihn sich ein bestimmter Neoliberalismus im Verbund mit dem Kapitalismus wünscht. In der *Gesellschafts*theorie muß sich der liberalistische Minimalstaat gleich welcher Variante als anachronistische Lösung ausnehmen, welche *die* Gesellschaft einen zu hohen Preis kostet. Nicht mehr zurückzunehmen ist indessen auch, daß Steuerungsressourcen, wie legitime Macht, Geld und Wissen von spezialisierten Teilsystemen erzeugt werden, die sich vorgängig ihre relative Autonomie vom Staat sichern. *Darauf* sind nun ihrerseits die staatlichen Handlungspotentiale besser einzustellen. Der listige Staat beziehungsweise das zivile Handeln der so Involvierten, das durch Verhandlungen zu steuern versucht, trivialisieren deshalb Aspekte staatlicher Souveränität der Politikformulierung zu Verhandlungsmassen, die allerdings gerade dazu eingesetzt werden, um jene Kernbereiche relativer gesellschaftlicher Autonomie (wie Tarifautonomie, Wissenschaftsautonomie, Selbstverwaltungsautonomie) staatlicher Mitregelung zugänglich zu machen, welche - dem absolutistischen Staate abgetrotzt - dessen Machtfülle zuerst begrenzen

---

18 Willke, a. a. O., S. 79 (Hervorhebung H. K.).

19 R. Nozick, Anarchy, State and Utopia, N.Y. 1974; zur Diskussion: Reading Nozick (ed. J. Paul), New Jersey 1981; vgl. auch G. Sorman, L'Etat minimum, Paris 1985.

20 P. Lemieux, Du libéralisme à l'anarcho-capitalisme, Paris 1983; in dieselbe Richtung gehen: H. Lepage, Der Kapitalismus von morgen, Ffm./N.Y. 1979 und D. Usher, Die ökonomischen Grundlagen der Demokratie, Ffm./N.Y. 1983.

sollten[21]. Durch diese List des Staates, sich als interessierter Dritter ohne verbindlichen Primat einzuschalten, gewinnt eventuell seine Steuerung an materialer Effektivität; gewiß ist vorerst allerdings nur, daß die Teilsysteme ihren Einfluß auf der gesamtgesellschaftlichen Ebene - mit diesem Staat und durch ihn hindurch - ausweiten. Das Verhältnis von Staat und Teilsystemen interpretiert *Willke* als "komplizierte Re-Integration differenzierter Teile auf einer neuen Basis der Interaktion"[22]. Hier tritt der Staat als primus inter pares dieser systemtheoretisch gefaßten Groß-Interaktion[23] auf, in der die Teilsysteme in ihr Verantwortung für die gesamtgesellschaftliche Entwicklung übernehmen. So überwindet diese theoretische Extrapolation einer realen Entwicklungsdynamik die *Hegelsche* Bestimmung des Verhältnisses von Staat und Gesellschaft als eines Verhältnisses von Allgemeinem und Besonderem. Der in faktische Verhandlungssysteme eingebundene, zivilisierte Staat streift die Schicht des hoheitlichen Machtstaats quasi ab und spielt seine Rolle im widersprüchlichen Prozeß "zunehmender Verschränkung und zunehmender Ausdifferenzierung von Staat und Gesellschaft", den man "als *Suchprozeß* nach verbesserten Formen sozietaler Steuerung"[24] zu verstehen hat. Neben dieser List staatsbezogenen zivilen Handelns existiert freilich auch eine List der Gesellschaft, die noch gewichtiger ist. Die Handelnden könnten hier die mächtigen, organisierten Interessen sein, die ihren gesamtgesellschaftlich gewonnenen Machtraum vor dem Hintergrund ihrer dadurch erweiterten Verantwortung freiwillig einschränken sollen. Der hierbei unterstellte Zwang zur Reflexion ist indes eine gewagte Annahme.

3. Erweiterte Machtkritik

Reflexives Recht bezieht sich kritisch auf *intersystemische* Konflikte, während das Augenmerk eines anderen Ansatzes, der für meine Überlegungen wichtig ist, sich auf das gegenwärtige *Verhältnis* historischer Lebenswelten zu den beiden großen

---

21 H. Willke, a. a. O., S. 133.

22 a. a. O. S. 133.

23 Tatsächlich ist Willke "inkonsequent genug", die Beeinflußung der Systeme "nach dem Muster intersubjektiver Verständigung zu analysieren" - Beispiel: Der Staat am Verhandlungstisch. Konsequent stammt diese Bemerkung aus der Perspektive von Habermas' kommunikationstheoretischem Ansatz in der Gesellschaftstheorie (ders., Der philosophische Diskurs der Moderne, Ffm. 1985, S. 422, Anm. 17). In Willkes Theorie dezentraler Kontextsteuerung bezieht sich Steuerung allein auf Inter-System-Beziehungen zwischen Teil- oder Subsystemen. Das gilt ebenso für die abstraktere Ebene, auf der die 'Theorie des reflexiven Rechts' angesiedelt ist, wie für die vergleichsweise konkretere Ebene, auf der 'neokorporatistische Arrangements' zu finden sind. Das Interaktionssystem wiederum, auf das sich diese (indirekte) Steuerung näherhin einläßt, ist gewissermaßen die Schnittmenge gemeinsamer Umwelten der (interagierenden) Teilsysteme. Da die Systeme autopoietisch agieren und somit operativ geschlossen sind, sind sie selbst von außen nicht mehr steuerbar; beeinflußbar ist lediglich noch die Interaktionsbeziehung zwischen ihnen.

24 Willke, a. a. O., S. 134 (Hervorhebung H. K.).

Systembereichen 'administrative Macht' und 'monetär gesteuerte Wirtschaft' richtet[25]. Der *essentielle* Dualismus von Lebenswelt und System reagiert auf systemtheoretische Verkürzungen in der Gesellschaftstheorie. Indem die Systemtheorie die Gesellschaft *konzeptuell* auf verschiedene Teilsysteme reduziert, verkennt sie die eigensinnige kommunikative Rationalisierung der Lebenswelt, aus der ein bestimmtes Verständnis von demokratisierter Öffentlichkeit und 'civic culture' erwächst, das zu Demokratiekonflikten in der Demokratie führt[26]. Diese Demokratiekonflikte bezüglich Aufklärung, sozialer Macht, Öffentlichkeit, Alltag und Sozialkritik sind Testfälle für die Lernfähigkeit. Daher fördern die systemtheoretischen Überlegungen nicht nur die gewünschte Autonomie der Teilsysteme, sondern setzen die Lebenswelten und die 'kommunikative Infrastruktur' als ihren gemeinsamen überlappenden Kern gleichzeitig den Übergriffen mediengesteuerter Systeme *unkritisch* aus. In diesen Übergriffen liegt eine andere Art der Staatskritik begründet, die weniger steuerungstheoretischen Interessen entspringt, mit diesen aber kombiniert werden kann.

Vor dem Hintergrund des Lebensweltkonzepts ist die Staatskritik im Interesse intersubjektiv-solidarischer Beziehungen und Konfliktlösungen formuliert, die sich nur um den Preis ihrer Deformation formalisieren lassen. Materiale Verhaltensvorschriften erlegen dem Einzelnen schablonenartige Lebensmuster auf, denen er sich anpassen muß, will er in den Schutz der Regulative kommen. Regelungsmechanismen, die anfangs den Sinn gehabt haben, Selbstbestimmung sicherzustellen, führen, wenn sie die Lebenswelt der Betroffenen zunehmend bürokratisch kontrollieren, zu sozialpathologischen Nebeneffekten. Hat man sich z. B. sinnvollerweise für präventiven Gesundheitsschutz entschieden, so bildet die notwendige Kenntnis der individuellen Gesundheitsdaten die Vorstufe einer Typisierung, welche Möglichkeiten des Freiheits- und Lebensentzugs in sich birgt.[27]

---

25 J. Habermas, Theorie des kommunikativen Handelns, Bd. 2, Ffm, 1981; der Ausschnitt über Verrechtlichung ist wiederabgedruck in: Dilemmas of Law in the Welfare State, a. a. O.

26 H. Kleger, Demokratiekonflikte in der Demokratie, in: B. Fux/M. Eisner, Politische Sprache in der Schweiz zwischen Konsens und Konflikt, Zürich 1992.

27 Die Problematik eines präventiven Gesundheitsschutzes auf betrieblicher Ebene läßt sich folgendermaßen präzisieren und zuspitzen: Die Kenntnis der individuellen Gesundheitsdaten ermöglicht zwar eine Minimierung von Gesundheitsrisiken am Arbeitsplatz, räumt aber dem Arbeitgeber gleichzeitig die Möglichkeit ein, "die Anforderungen zu präzisieren, denen ein Arbeitnehmer genügen muß, wenn er einen bestimmten Arbeitsplatz erhalten will". So kommt es, daß der Arbeitnehmer durch die rechtlich geregelte Institutionalisierung der medizinischen Beobachtung von Arbeitsplatzbedingungen gezwungen wird, "die fortschreitende Offenlegung seines persönlichen Lebensbereiches genauso hinzunehmen" wie die Konsequenzen, "die sich, um seines Schutzes willen, für seinen Lebenslauf ergeben". Paradigmatisch manifestiert sich in diesem Fall das der zunehmenden Verrechtlichung innewohnende Dilemma von "Freiheitsverbürgung und Freiheitsentzug". Er zeigt, wie ein durchaus gut gemeinter Schutzmechanismus in einen Bevormundungsmechanismus umzuschlagen droht, der eine an sich positive Maßnahme tendenziell in ihr Gegenteil verkehrt. Die Alternative zu dieser "Kolonialisierung" ist "eine schrittweise 'Reindividualisierung' der Arbeitsverhältnisse. Nur in dem Maße, in dem der einzelne Arbeitnehmer zu sich selbst findet, die Verfügungsmacht also über die eigene Lebenswelt erhält und behält, läßt sich die in den staatlichen Ein-

In das Dilemma 'Freiheitsverbürgung und Freiheitsentzug' gerät erst der historisch letzte, gegenwärtig sich vollziehende sozialstaatliche Verrechtlichungsschub, weil sich dieser des Rechts als Steuerungsmedium bedienen muß: Sozialrechtliche Maßnahmen greifen in die Lebenswelt ein. Im Gegensatz zu vorangegangenen Verrechtlichungsschüben kann die Lebenswelt ihre Ansprüche kaum noch geltend machen. Die dilemmatische Struktur dieser Verrechtlichung besteht darin, daß die Rechtsinstitutionen, die den sozialen Ausgleich verbürgen, nur über ein als Medium genutztes Sozialrecht in den betroffenen Lebenswelten wirksam werden. Staatliche Sozialpolitik gerät somit ins Dilemma von emanzipatorischer Politik und "Kolonialisierung der Lebenswelt"[28]. Dieses Dilemma erfordert von der expansiven staatlichen Politik eine selbstkritische normative Beschränkung. Denn sozialstaatliche Politik hatte bisher nur immer in *eine* Richtung, quasi vorwärts und nicht in die eigene Raumtiefe, geblickt, um die "ökonomische Macht zu disziplinieren und die zerstörerischen Auswirkungen eines krisenhaften ökonomischen Wachstums von der Lebenswelt der abhängig Arbeitenden abzuwenden"[29]. Ausgeblendet blieb dabei der Blick auf das "vielleicht unerläßliche, aber nur vermeintlich unschuldige Medium der Macht"[30] - ein Medium, das von sozialstaatlichen Programmen stark in Anspruch genommen wird, "damit sie Gesetzeskraft erlangen, aus öffentlichen Haushalten finanziert und in der Lebenswelt ihrer Nutznießer implementiert werden können"[31]. Das führt zur an sich noch neutralen, weitgehend geteilten Feststellung, daß "ein immer dichteres Netz von Rechtsnormen von staatlichen und parastaatlichen Bürokratien den Alltag der potentiellen und tatsächlichen Klienten" überzieht[32]. Erst die Perspektive einer defensiv gewordenen Verteidigung kommunikativer Strukturen der Lebenswelt im Horizont einer *erweiterten Machtkritik* läßt dann *kritisch wertend* von "Verformungen einer reglementierten, zergliederten, kontrollierten und betreuten Lebenswelt" reden.[33] Aus dieser Diagnose wird der Schluß gezogen, daß dem sozialstaatlichen Projekt ein bislang nicht akut zutagegetretener Widerspruch zwi-

---

griffen enthaltene und sie als der Arbeitnehmerperspektive legitimierenden Freiheitsverbürgung einlösen." (Sp. Simitis, Zur Verrechtlichung der Arbeitbeziehungen, in: Verrechtlichung von Wirtschaft, Arbeit und sozialer Solidarität, a. a. O., S. 118 und S. 121).

28 Vgl. dazu R. Pitschas, Soziale Sicherung durch fortschreitende Verrechtlichung?, in: Verrechtlichung (Hg. R. Voigt), Königstein/Ts. 1980, S. 150-169.

29 J. Habermas, Die Krise des Wohlfahrsstaates und die Erschöpfung utopischer Energien, in: ders. Die Neue Unübersichtlichkeit, Ffm. 1985, S. 150.

30 a. a. O. S. 151.

31 a. a. O. S. 151.

32 a. a. O. S. 151.

33 a. a. O. S. 151. Hier finden wir denn auch den Namen Foucault genannt, der für die erweiterte Machtkritik in der politischen Theorie steht. Im Geiste von Foucault arbeitet auf dem Feld der politischen Theorie, speziell dem der Verrechtlichung: F. Ewald, L'Etat providence, Paris 1986; ders., Droit: Systèmes et stratégies, in: Le Débat, no 41, sept-nov 1986, S. 63-70. Eine dichte Zusammenfassung seiner Theorie des sozialen Rechts (im Unterschied zu dem liberaler Inspiration) ist abgedruckt in: Dilemmas of Law in the Welfare State, a. a. O.

schen Ziel und Methode innewohnt[34]. Zugleich *soll* aber dieses Projekt, das zu mehr sozialer Gerechtigkeit geführt hat, auf einer *reflektierteren* Stufe fortgeführt werden können. Mehr Reflexion bedeutet dann insofern buchstäblich ein Mehr an Reflexion, als die defensive Um-Steuerung als produktive Lösung der Krise des Sozialstaates durch ein mehr an Demokratie oder durch eine Politik von unten am Staat und den Parteien vorbei, vollzogen werden soll. In anderen Worten: "Wir stehen vor dem Problem, wie sich in autonomen Öffentlichkeiten Fähigkeiten zur Selbstorganisation so weit entfalten lassen, daß die radikaldemokratischen Willensbildungsprozesse in einer an den Gebrauchswerten, überhaupt an Zwecken orientierten Lebenswelt auf Reglermechanismen und Randbedingungen der mediengesteuerten Subsysteme einen bestimmenden Einfluß gewinnen"[35]. Wenn es schließlich um einen von der Lebenswelt unter Kontrolle gehaltenen Grenzkonflikt zwischen ihr und den beiden großen Systembereichen geht, wird das mit der Systemtheorie realistisch geteilte Terrain erkennbar. Der Einsatz des Lebensweltkonzepts erfolgt auf diesem Terrain und ist defensiv. Das zweistufige, Lebenswelt und System umfassende Gesellschaftskonzept soll sich gegenüber einer "Dynamik der Abgrenzung gegen eine komplexere Umwelt", die "in die Gesellschaft selbst einwandert"[36], kritisch verhalten können.

Neben dem Gesichtpunkt der Lebenswelt als Korrektiv zu systemtheoretischen Extrapolationen tritt als weiterer kritischer Gesichtspunkt, der das Lebensweltkonzept gewissermaßen autonomistisch radikalisiert, noch eine andere Machtkritik[37] hinzu. Indem diese Machtanalyse[38] die Gesellschaft weder systemtheoretisch noch durch die

34 J. Habermas, a. a. O., S. 151.

35 J. Habermas, Entgegnung, in: Kommunikatives Handeln (Hg. A. Honneth/H. Joas), Ffm. 1986, S. 392.

36 a. a. O. S. 384.

37 Foucaults Forderung nach einem 'neuen Recht' resultiert aus seiner spezifischen Machttheorie. Foucault unterscheidet bekanntlich zwei heterogene Machtformen: Die Souveränitätsmacht, die sich im juridischen System des Gesetzes sowie den das Recht zur Anwendung bringenden Apparaturen und Institutionen verkörpert und die Disziplinarmacht, ein von der bürgerlichen Gesellschaft im 17. - 18. Jahrhundert erfundener, mit szientistischem Wissen verbundener Machttyp, der, außerhalb des Modells des Leviathans angesiedelt, sich auf die Körper stützt und kontinuierlich mittels rechtlich nicht kodifizierbarer Überwachung ausgeübt wird. Sobald nun dieser Disziplinarbereich, d. h. vor allem die Praktiken und Diskurse der Humanwissenschaften, mit den Rechtssystemen der Souveränität zu kollidieren beginnt, wie das heute der Fall ist, wird wegen ihrer Unvereinbarkeit ein schlichtender Diskurs nötig. Dieser muß, weil sich die negativen Wirkungen des Disziplinarmechanismus durch Berufung auf das öffentliche formale bürgerliche Recht nicht länger einschränken lassen, im Medium eines "neuen Rechts" geführt werden (eine Idee, die von Foucault nicht weiter konkretisiert wird): "Um im Kampf gegen die Disziplinarmacht gegen die Disziplinen vorgehen zu können, dürfte man nicht die Richtung des alten Rechts der Souveränität einschlagen, sondern müßte auf ein neues Recht zugehen, das nicht nur von den Disziplinen, sondern zugleich auch vom Prinzip der Souveränität befreit wäre." (M. Foucault, Dispositive der Macht, Berlin 1978, S. 95; vgl. auch ders., Mikrophysik der Macht, Berlin 1976).

38 Die Hauptbegriffe Foucaults, mit denen man arbeiten kann (siehe F. Ewald, oben) scheinen mir die folgenden zu sein: Genealogische Methode, politische Anatomie, Konjunkturprobleme der Macht, neue Machtökonomie, Mikromächte, Vorsichtsmaßnahmen. Die Hauptidee ist indes, daß die For-

Brille einer Verknüpfung von Systemtheorie und Lebensweltkonzept, sondern als 'Disziplinargesellschaft' wahrnimmt, führt dies - philosophisch zentriert in radikaler Autonomie und politisch repräsentiert durch neue soziale Bewegungen - zu einer noch größeren Distanznahme von *staatlicher* und gesellschaftlicher Politik. Als radikalisierte Aufklärung ist sie aufklärungskritisch: "Die 'Aufklärung', welche die Freiheiten entdeckt hat, hat auch die Disziplinen erfunden"[39]. Hinzu kommt, daß sich die 'Disziplinen' als Erscheinungsformen der Macht nicht einfach als ein einseitiges Verhältnis der Repression mit einem jeweiligen Zentrum, aus dem sie entspringen, verstehen lassen. Ist erst einmal die Gesellschaft als ganze zur 'Disziplinargesellschaft' geworden, so dominiert vor allem eine Relation: 'Macht' und 'Widerstand' - und mithin auch Widerstand gegen das 'gerecht gemeinte' Machtwissen des erweiterten Staates[40].

Damit haben wir drei theoretische Ansätze, die sich innerhalb des expansiven Staatsverständnisses auf die 'Zähmung des Staates' selbst richten, herausgeschält: *Steuerungstheorie, Lebensweltkonzept, Machtkritik.* Welche Schlußfolgerungen lassen sich aus diesen unterschiedlichen Ansätzen, die alle nicht hinter das erreichte (Wohlstands-) Niveau individueller Freiheit und sozialer Gerechtigkeit zurückfallen wollen, für die Staatssemantik und -pragmatik ziehen? Drei unterschiedliche Auffassungen von *Autonomie* umreißen den Fragehorizont:

- die Autonomie der Teilsysteme, zu der eine bestimmte Vorstellung von Demokratisierung hinzukommt, die es besser versteht, mit gesellschaftlicher Komplexität umzugehen;
- die Autonomie einer kommunikativ strukturierten Lebenswelt, von der das Demokratisierungspotential der Öffentlichkeit ausgeht, und
- die radikale Autonomie, welche das 'Disziplinar-Individuum' zu einer neuen Subjektivität ermuntern soll[41].

4. Reflexive Staatsfähigkeit

Die Staatssemantik war und ist ein Kristallisationspunkt politischer Theorien. Eine gesellschaftstheoretisch ausgerichtete Staats- bzw. politische Theorie kann nicht

---

mel von Clausewitz umgekehrt wird: Politik ist die Fortsetzung des Krieges mit anderen Mitteln. Damit bekommt die Machtanalyse allerdings einen problematischen Ausgangspunkt.

39 M. Foucault, Surveiller et punir, dtsch. Ausgabe, Ffm. 1977, S. 285.

40 Dieser entzündet sich primär an den Formen, systemtheoretisch gesprochen: an den 'Medien' sozialstaatlicher Politik, konkreter heißt das: an der Art, wie soziale Dienstleistungen und soziale Sicherheit organisiert werden. Siehe z. B. : A. Funk, H. G. Haupt, W.-D. Narr, F. Werkentin, Verrechtlichung und Verdrängung, Opladen 1984.

41 Und damit zu einer Ethik bzw. Ästhetik des individuellen Existenzstils, siehe dazu M. Foucault, Histoire de la sexualité 3: Le souci de soi, Gallimard 1984; ders., Von der Freundschaft, Berlin o. J.; ders., Freiheit und Selbstsorge, Ffm. 1985.

mehr die Theorie eines kompakten (politischen) weltanschaulichen -ismus - sei es Konservatismus, Liberalismus oder Sozialismus - sein, innerhalb dessen ein bestimmtes Staatskonzept ideologisch zu verorten ist, das heißt: sowohl gegenüber den Aufgaben einer Zivilisierung der Evolution überhöht[42] als auch gegenüber der erweiterten Machtkritik immun[43]. Die Orientierung wird aus den dargestellten Gründen komplexer und dialogischer, weswegen ich auch von Orientierung und nicht von Ideologie sprechen möchte.

Die Staatspragmatik einer reflexiven Staatsfähigkeit bezieht sich auf das politische System liberal verfaßter Gesellschaften, die - je komplexer und fortgeschrittener sie sind - zu ihrer eigenen Bestandserhaltung eines prozeßpolitisch intervenierenden Leistungsstaates bedürfen. Wenn wir die Brüche der nationalen und internationalen Gesellschaften ins Auge fassen, so können wir nicht evolutionsergeben-postmodern davon ausgehen, daß die Zivilisationsdynamik zu einem neuen Gleichgewichtszustand selbstregulativer gesellschaftlicher Teilsysteme führt. Sogar die evolutionstheoretisch distanzierten, abstrakten Fragestellungen, die von der Systemtheorie der Gesellschaft ausgehen, münden in ein Konzept dezentraler Kontextsteuerung[44], in dem Heterarchie und Gestaltung bzw. Planung zusammengeführt werden. Und erst recht eine konkret engagierte Sichtweise sieht sich vor massiven partikularen Interessen sowie realen und/oder antizipierten anomischen Dynamiken, etwa anarchischen Marktprozessen, in die zu viele Sachbereiche zurückzufallen drohen. Ohne die Beteiligung des Staates lassen sich diesbezüglich keine Steuerungen und Planungen vorstellen.

Nach der von verschiedener Seite betriebenen Demystifikation des Staates bedarf seine gesellschaftlich dekomponierte und praktisch-politisch differenzierte Identität der beständigen Reflexion durch eine lernfähige Demokratie und ihre Anforderungen an die Verfassung der Gesellschaft. 'Verfassung' als aktuelle Konstruktion einer bestimmten Gesellschaft soll dabei weder auf den rechtspositiven Text des politischen Systems noch auf die Virtualität oder Materialität einer normativen Sozial-Integration reduziert werden. Gesellschaft ist in dem Maße 'verfaßt', wie sie fähig ist, ihre inter-differentielle Bezüge *überhaupt* reflexiv zu bestimmen, d.h. als Felder des Handelns wahrzunehmen. Insofern spreche ich vom 'zivilen Handeln' in verfaßten Gesellschaften.

Innerhalb der Verfassung einer mit sich konfrontierten Gesellschaft wirkt Regierungshandeln in seiner differenzierten und zu differenzierenden zivilstaatlichen Gliederung (etwa in Inter-Nationalität, Nation, Kanton/Land, Gemeinde) als Ordnungs-, Leistungs- und Interventionsstaat. Staatliches Handeln trägt so *unverzichtbar* bei zum Pro-

42 Vgl. 2.

43 Vgl. 3.

44 G. Teubner/H. Willke, Kontext und Autonomie - Gesellschaftliche Selbststeuerung durch reflexives Recht, EUI-Working Paper 93, 1984.

zeß einer postliberalen[45] Zivilisierung der Evolution bezüglich größere generationenübergreifende und drängendere Fragen.

Ich möchte lediglich von der 'Unverzichtbarkeit' und nicht von der 'Gesamtverantwortung' des Staates sprechen. Seine vermutete 'Reichweite' ist ebenfalls nicht der entscheidende Punkt, da es mir um gegenwärtige Möglichkeiten zivilen Handelns geht.

Auf dem Hintergrund einer nicht-staatlichen Zivilisierung der Evolution als aktuelle Herausforderung und einer politischen Kultur erweiterter Machtkritik bedeutet reflexive Staatsfähigkeit die Konstruktion *und* Nutzung der dekomponierten und zivil gegliederten staatlichen Elemente und Bezüge. Der Staat, auch der 'demokratische Staat' hat keine feste Struktur; er muß von seinem Konstitutionsprozeß her gedacht werden. Dieser ergibt sich aus den sozialen und demokratischen Auseinandersetzungen der Zeit, in welche die Wissensformen des Regierungs- und Problemlösungshandelns miteinbezogen sind. Politische Theorie in ihrer demokratischen Form ist deshalb an der Konstruktion des Staates beteiligt und findet ihren Gegenstand nicht einfach vor. Diese Konstruktion kann heute keiner einheitlichen Staatsidee mehr folgen, sondern bestenfalls einer anspruchsvollen eklektischen Pragmatik. Diese Pragmatik bedarf freilich - entgegen einer Staatsideologie - einiger grundlegender Orientierungspunkte und - entgegen einer Staatsdogmatik - einer (Staats-)*Theorie*, die sich der zivilstaatlichen Politik der Staatsentlastung annimmt.[46] Diese Entlastung setzt wiederum einen *starken* reflexiven Staat bereits voraus, womit wir vor einer Schwierigkeit stehen, denn dieser Staat ist ein Leistungsstaat *in Verbindung* mit den aufklärerischen, öffentlichen, alltäglichen und sozialkritischen Elementen einer lernfähigen Demokratie[47]. Seine wohlfahrtsstaatlichen Schwierigkeiten zwischen Evolution und Rationalität unterliegen freilich einer *immanenten* Kritik[48].

Eine zweite Bedeutung von reflexivem Staat liegt daher in der Diskussion darüber, wie eine staatliche Entlastung von staatlicher Politik denk- und durchführbar ist. Diese theoretisch angeleitete und empirisch durch Evaluierungsforschung unterstützte Reflexion läuft auf eine bessere demokratische Regierbarkeit hinaus. Sie ist das genaue Gegenteil von einer klaren Grenzziehung zwischen bürgerlicher Gesellschaft und bürgerlichem Staat, die historisch-gesellschaftlich durch zivilitäre Einbindungen von beiden Seiten her überholt worden ist. Gleichwohl gibt es eine solche Staatskritik, die im Grunde die Ent-Staatlichung des (Herrschafts-)Staates kritisiert. Es ist dieselbe Richtung, die zwar in Bezug auf die sozialen Aspekte des Leistungsstaates differenziert ist,

---

45 Vgl. z. B. G. Stratenwerth, "Größtmögliche Freiheit"?, in: FS Maihofer, Ffm. 1988, S. 571 ff.; außerdem P. Saladin, Verantwortung als Staatsprinzip, Bern/Stuttgart 1984.

46 C. Offe, Die Staatstheorie auf der Suche nach ihrem Gegenstand, in: Jahrbuch zur Staats- und Verwaltungswissenschaft 1/1987, S. 317.

47 Vgl. H. Kleger, Demokratiekonflikte in der Demokratie, a. a. O.

48 Zur historisch-politischen Binnendifferenzierung dieser Kritik vgl. z. B.; H. Kleger/K. Imhof/G. Romano, Varianten der Entzauberung des Staates, Siegen 1989.

die aber folgerichtig den neueren Ungehorsam primär auch nur als vorrangige Ordungsgefährdung wahrnehmen kann. Diesen Ordnungsstaat, bei dem Ordnung geradezu mit Staat gleichgesetzt wird und Staat vor allem mit Ordnungspolitik, widerspricht in zweierlei Hinsicht der hier angezielten Staatsfähigkeit als ziviler und reflexiver. Beide Hinsichten konnotieren mit Bedeutungen von 'starkem (Herrschafts-)Staat'. Die gewichtigere Bedeutung will den starken Staat, um den prozeßpolitisch intervenierenden, nur schwer regierbaren und insoweit 'schwachen' Staat loswerden zu können. Die andere, und meines Erachtens schwächere Bedeutung will diese nicht-zivile Stärke - und das wieder wohl nur sekundär - gegen den "Vormarsch des zivilen Ungehorsams"[49].

Die reflexiv-zivile Staatsfähigkeit steht auf dem Boden der Staatspolitik für ein vernünftiges Regieren gegen die Staatspolitik des starken Staates. Die Frage ist allerdings, was vernünftiges Regieren heißt, wenn Staatpolitik beziehungsweise Staatsfähigkeit nicht mehr eine Politik mit dem überhöhten Staat sein kann. Die erste Frage, die sich dann stellt, lautet: Wie und mit welchen erwartbaren Effekten kann staatliche Politik welche gesellschaftlichen Problematiken angemessen berücksichtigen? Auch wenn diesbezüglich staatliche Politik in vielen Bereichen effektiviert werden kann und muß, so kann doch dem Staat (auch als Leistungsstaat) nicht mehr die kompensatorische Generalverantwortung für die Gesellschaft zugeschoben werden. Mit dieser Feststellung ist jedoch gleichzeitig eine zweite verbunden. Sie unterstreicht die für den reflexiven Staat konstitutive Forderung, daß die politische Problematik enger und spezifischer zu behandeln ist. Auf dem Hintergrund dieser *politisch-dialogischen* Entlastung staatlicher Politik kann der reflexiv gewordene Staat, der auch realsoziologisch ein Staat ist, der sich selber gegenüber steht *im Verhältnis zur Gesellschaft* gesellschaftlich problembewußt *re*-agieren.

Schluß

Zum Schluß komme ich noch einmal auf das Eingangszitat "der Staat halte seine Einheit als Gegensatz und als Kompensation zur unvollständigen bürgerlich-ökonomischen Gesellschaftskonzeption" zurück. Die Gesellschaftsgeschichte ist inzwischen enttäuscht darüber hinausgegangen. Die *faktisch* geschehene Entzauberung des Staates ist gesellschaftstheoretisch etwas anderes und *mehr als nur* die "Vergesellschaftung des

49 Unter diesem Titel beschreibt die Soziologin R. Meyer-Schweizer den gesellschaftlichen Umbruch in den achtziger Jahren: Sie "könnten in die Geschichte eingehen als das Jahrzehnt der großen inneren und äußeren Bewegungen. Sie sind eine logische Folge des Wertwandels und kennzeichnen das unaufhörliche Ringen um die Definition von Orientierungsmaßstäben und ihre Umsetzung in konkrete gesellschaftliche Handlungsmuster" (in: dies., Vormarsch des zivilen Ungehorsams, NZZ, 27.12.1989, Nr. 300, S. 43 ff.). Der neue Ungehorsam bezieht sich hier auf die Themen der Friedensbewegung international, die Umweltgefährdung, die Rückweisung von Drittweltflüchtlingen (insbesondere das Kirchenasyl) und die Militärgegnerschaft.

Staates" oder die "Verstaatlichung der Gesellschaft"[50]. Die ausdifferenzierten Teilsysteme und ihre Perspektiven überwiegen in der Zivilisationsdynamik, während auf der Seite des Ganzen nurmehr "Bruchstücke einer Staatstheorie"[51] zu finden sind. Der Staat wäre als Kompensation *dieser* polyzentristisch und polymorphen Gesellschaft überfordert, obgleich staatlich kompensatorische Lösungen auf dem Wege moralisch-politische Delegation *an den Staat* attraktiv scheinen.

Der Staat gehört demgegenüber handlungsmäßig dieser Gesellschaft, die als (Zivil-)Gesellschaft selbst-regierungsfähig werden muß. Was der Staat als kooperativer[52] und effektiver[53] Teil demokratischer Regierbarkeit zur Zivilität und Zivilisierung beitragen kann und beigetragen hat, wächst aus der lernfähigen Demokratie der Zivilgesellschaft heraus, die weder zur 'Wirtschafts-' noch zur 'Staatsgesellschaft' in strikter Bruchlinie zu denken ist. Sie ist auch nicht einfach zu fixieren und in Zukunft als Oppositionsbegriff zu totalisieren.

Staat in ziviler Gliederung gehört mit allen Versuchen aufgeklärter institutioneller Reform[54] und politischer Planung[55] zu den differentiellen Vermögensbeständen einer Demokratie, die eine moralisch-historisch qualifizierte Gesellschaft zur Selbstwahrnehmung und -regierung befähigt.

---

50 Vgl. H. Willke, Entzauberung des Staates, in: Jahrbuch zur Staats- und Verwaltungswissenschaft 1/1987, S. 294.

51 a. a. O. S. 290.

52 E. H. Ritter, Der kooperative Staat, in: Archiv des öffentlichen Rechts, 104/1979, S. 389 ff.

53 Vgl. dazu das 'nationale Forschungsprogramm 27' des schweizerischen Nationalfonds: Wirksamkeit staatlicher Maßnahmen (Ausführungsplan Oktober 1989).

54 Vgl. F. W. Scharpf, Grenzen der institutionellen Reform, in: Jahrbuch zur Staats- und Verwaltungswissenschaft Bd. 1/1987, Baden-Baden, S. 111 ff.

55 Vgl. E. H. Ritter, Staatliche Steuerung bei vermindertem Rationalitätsanspruch? in: Jahrbuch zur Staats- und Verwaltungswissenschaft Bd. 1/1987, Baden-Baden, S. 321 ff.

Autorenverzeichnis

PD Dr. *Gerold Ambrosius*, Freie Universität Berlin, Fachbereich Wirtschaftswissenschaften, Postanschrift: Elsasser Str. 53, 2800 Bremen.

Prof. Dr. *Heinrich Bußhoff*, Universität Würzburg, Institut für Politische Wissenschaft, Wittelsbacherplatz 1, 8700 Würzburg.

Dr. *Volker Eichener*, Ruhr-Universität Bochum, Fakultät für Sozialwissenschaft, Postfach 10 21 48, 4630 Bochum 1.

Prof. Dr. *Wolfgang Fach*, Universität Leipzig, Fachbereich Politikwissenschaft, Augustus-Platz 9, 7010 Leipzig.

Dr. *Edgar Grande*, Max-Planck-Institut für Gesellschaftsforschung, Lothringer Straße 78, 5000 Köln 1.

Prof. Dr. *Dieter Grimm*, Bundesverfassungsrichter, Schloßbezirk 3, 7500 Karlsruhe 1.

Prof. Dr. *Rolf G. Heinze*, Ruhr-Universität Bochum, Fakultät für Sozialwissenschaft, Postfach 10 21 48, 4630 Bochum 1.

PD Dr. *Heinz Kleger*, z.Zt. Universität Konstanz, Fakultät für Verwaltungswissenschaft, Postfach 55 60, 7750 Konstanz 1.

Dr. *Hans Lietzmann*, Universität der Bundeswehr München, Fakultät für Sozialwissenschaften, Werner-Heisenberg-Weg 39, 8014 Neubiberg.

Prof. Dr. *Otwin Massing*, Universität Hannover, Fachbereich Rechtswissenschaften, Hanomagstr. 8, 3000 Hannover 91.

Dr. *Peter Nahamowitz*, Universität Hannover, Fachbereich Rechtswissenschaften, Hanomagstr. 8, 3000 Hannover 91.

Prof. Dr. *Eckart Reidegeld*, Fachhochschule Dortmund, Postfach, 4600 Dortmund.

Prof. Dr. *Volker Ronge*, Bergische Universität-Gesamthochschule Wuppertal, Fachbereich Gesellschaftswissenschaften, Postfach 10 01 27, 5600 Wuppertal.

Prof. Dr. *Hagen Schulze*, Universität der Bundeswehr München, Fakultät für Sozialwissenschaften, Werner-Heisenberg-Weg 39, 8014 Neubiberg.

Prof. Dr. *Helmuth Schulze-Fielitz*, Universität der Bundeswehr München, Fakultät für Wirtschafts- und Organisationswissenschaften, Werner-Heisenberg-Weg 39, 8014 Neubiberg.

Prof. Dr. *Erhard Treutner*, Fachhochschule für Öffentliche Verwaltung Nordrhein-Westfalen, Abteilung Düsseldorf, Heesenstraße 26, 4000 Düsseldorf 11.

Dr. *Helmut Voelzkow*, Ruhr-Universität Bochum, Fakultät für Sozialwissenschaft, Postfach 10 21 48, 4630 Bochum 1.

Dr. *Rüdiger Voigt*, Universität der Bundeswehr München, Fakultät für Sozialwissenschaften, Werner-Heisenberg-Weg 39, 8014 Neubiberg.

Prof. Dr. *Gerhard W. Wittkämper*, Westfälische Wilhelms-Universität Münster, Institut für Politikwissenschaft, Scharnhorststr. 100, 4400 Münster.

Einhart Lorenz

Exil in Norwegen

Deutschsprachige Hitler-Flüchtlinge
in den Jahren 1933-1943

Mit einem Vorwort von Willy Brandt

Willy Brandt, Max Hodann, Wihelm Reich, Kurt Schwitters und Ernst Wollweber sind bekannte Namen des deutschsprachigen Exils in Norwegen. Die Mehrheit der rund 2.000 deutschen, österreichischen und tschechischen Hitler-Flüchtlinge, die nach 1933 in das Land Fridtjof Nansens kamen, waren jedoch unbekannte, „anonyme" Flüchtlinge. Ihre Geschichte ist bisher noch nicht geschrieben. Die Studie des Osloer Historikers Einhart Lorenz über ihre Organisationen, Lebens- und Arbeitsbedingungen zeigt, daß das kleine Land eine äußerst restriktive Fremdenpolitik praktizierte, in der Juden als „Europas Müll", Hitler-Gegner als „politische Landstreicher" und international anerkannte Wissenschaftler als Konkurrenz betrachtet wurden. Trotz aller Begrenzungen erhielt das Land wegen der guten politischen Arbeitsmöglichkeiten bis 1940 zunehmend Bedeutung für das Exil. Das Buch, das auf bisher ungenutzten Quellen basiert, ergänzt die bisherige Exilforschung in wesentlichen Punkten.

1992, 402 S., brosch., 88,– DM, ISBN 3-7890-2721-9
(Nordeuropäische Studien, Bd. 7)